中华泰山文库·古籍书系

泰山风景名胜区管理委员会 编

泰山志

〔明〕汪子卿 编著
孟昭水 点校

山东人民出版社·济南

图书在版编目（CIP）数据

泰山志/(明)汪子卿编著；孟昭水点校；--济南：山东人民出版社，2020.9
(中华泰山文库·古籍书系)
ISBN 978-7-209-13195-7

Ⅰ．①泰… Ⅱ．①汪… ②孟… Ⅲ．①泰山－地方志－明代 Ⅳ．①K928.3

中国版本图书馆CIP数据核字(2020)第170904号

项目统筹　胡长青
责任编辑　刘娇娇　李　涛
助理编辑　吕士远
装帧设计　武　斌　王园园
项目完成　文化艺术编辑室

泰山志
TAISHANZHI
〔明〕汪子卿　编著　孟昭水　点校

主管单位　山东出版传媒股份有限公司
出版发行　山东人民出版社
出 版 人　胡长青
社　　址　济南市英雄山路165号
邮　　编　250002
电　　话　总编室（0531）82098914
　　　　　市场部（0531）82098027
网　　址　http://www.sd-book.com.cn
印　　装　山东新华印务有限公司
经　　销　新华书店

规　　格　16开（210mm×285mm）
印　　张　32.5
字　　数　420千字
版　　次　2020年9月第1版
印　　次　2020年9月第1次
印　　数　1-1000
ISBN 978-7-209-13195-7
定　　价　320.00元

《中华泰山文库》编委会

立岱宗之弘毅

——序《中华泰山文库》

一生中能与泰山结缘，是我的幸福。

泰山在中国人民生活中有着广泛而深远的影响，人们常说“重于泰山”“泰山北斗”“有眼不识泰山”……在中国人心目中，泰山几乎是“伟大”“崇高”的同义语。秉持泰山文化，传承泰山文化，简而言之，主要就是学做人，以德树人，以仁化人，归于“天人合德”的崇高境界。

自1979年到现在，我先后登临岱顶46次，涵盖自己中年到老年的生命进程。在这漫长岁月里，纵情山水之间，求索天人之际，以泰山为师，仰之弥高，探之弥深。从泰山文化的博大精深中，感悟到“生有涯，学泰山无涯”。

我学习泰山文化，经历了一个由美学考察到哲学探索的过程。美学考察是其开端。记得在20世纪80年代，为给泰山申报世界文化与自然遗产做准备，许多专家学者对泰山的文化与自然价值进行了考察评价。当时，北京大学有部分专家教授包括我在内参加了这一工作。按分工，我研究泰山的美学价值，撰写了《泰山美学考察》一文，对泰山的壮美——阳刚之美的自然特征、精神内涵以及对审美主体的重要作用，有了较深的体悟。除了理论上的探索，我还创作了三十多首有关泰山的诗作，如《泰山颂》：

高而可登，雄而可亲。
松石为骨，清泉为心。
呼吸宇宙，吐纳风云。
海天之怀，华夏之魂。

这是我对泰山的基本感受和认识。这首诗先后刻在了泰山的朝阳洞与天外村。

我认为泰山的最大魅力在于激发人的生命活力。我对泰山文化的学习，开端于美学，深化在哲学。两者往往交融在一起。在攀登泰山时，既有审美的享受，又有哲学的启迪（泰山自然景观和人文景观的结合，体现了一种天人合一的艺术境界）。对泰山的审美离不开形象、直觉，哲学的探索则比较抽象。哲学关乎世界观，在文化体系中处于核心地位，对人的精神影响更为深沉而持久。有朋友问我：能否用一个词来概括泰山对自己的最深刻的影响？我回答：这个词应该是生命的“生”。可以说，泰山文化是以生命为中心的天人之学，其内涵非常丰富，可谓中国文化史的一个缩影。泰山文化包容儒释道，但起主导作用的是儒家文化，与孔子思想有千丝万缕的联系。《周易·系辞下》中讲“天地之大德曰生”，天地生育万物，既不图回报，也不居功，广大无私，包容万物，这是一种大德。天生人，人就应当秉承这种德行，对于人的生命来说，德是其灵魂。品德体现了如何做人。品德可以决定一个人的人生方向、道路乃至生命质量。人的价值和意义离开德便无从谈起。蔡元培先生讲：“德育实为完全人格之本，若无德，则虽体魄智力发达，适足助其为恶，无益也。”

“天行健，君子以自强不息；地势坤，君子以厚德载物。”这两句话深刻地体现了“天人合德”的思想。学习泰山文化要与时代精神相结合。泰山文化中“生”的精神对我影响很大，近四十年，我好像上了一次人生大学，感到生生不已，日新又新，这种精神感召自己奋斗、攀登，为人民事业做奉献。虽然我已经97岁，但生活仍然过得充实愉快，是泰山给了我新的生命。

泰山文化是中华民族优秀传统文化的主要象征之一，是我们民族文化的瑰宝。在这方面，历史为我们留下了浩瀚的资料，亟待整理。挖掘、整理泰山文化，是推动中华优秀文化遗产的创造性转化、创新性发展的迫切需要。

日前，泰山风景名胜区管理委员会的同志来舍下，告知他们正在编纂《中华泰山文库》。丛书分为古籍、著述、外文及口述影像四大书系，拟定120卷本，洋洋五千万言，计划三到五年完成。我听了非常振奋！这是关乎泰山文化的一件大事，惠及当今，功在后世，是一项了不起的文化工程。我对泰山风景名胜区管理委员会领导同志的文化眼光、文化自觉、文化胆识和文化担当，表示由衷钦佩；对丛书的编纂，表示赞成。我认为，编纂《中华泰山文库》丛书，将其作为一个新的文化平台，重要意义在于：

首先，对于泰山文化的集成，善莫大焉。关于泰山的文献，正所谓“经典沉深，载籍浩瀚”（刘勰《文心雕龙》）。从大汶口文化时期的象形符号，到文字记载的《诗经》，再到二十五史，直至今天，在各个历史阶段都不曾缺项。一座山留下如此完整、系统、海量的资料，这是任何山岳都无法与其比肩的，在世界范围内也具有唯一性。《中华泰山文库》的编纂，进一步开拓了泰山文化的深度和广度，对于古今中外泰山文化资料及研究成果的发掘、整理、集成、保存，都具有无与伦比的综合性、优越性和权威性，可谓集之大成；同时，作为文化平台，其建设有利于文化资源和遗产共享。

其次，对于泰山文化的研究，善莫大焉。文献资料是知识的积累，是前人智慧的结晶，是文化、文明的成果。任何研究离开资料，都是无米之炊。任何研究成果都是建立在资料的基础上。同时，每当新的资料出现，都会给研究带来质的变化。《中华泰山文库》囊括了典籍志书、学术著述、外文译著、口述影像多个门类，一方面为学术研究提供了所必需的文献资料，大大方便了研究者的工作；另一方面，宏富的文献资料便于研究者海选、检索、取舍、勘校，将其应用于研究，以利于更好地去伪存真、去粗取精，提高研究效率和研究质量。

再次，对于泰山文化的创新，善莫大焉。文化唯有创新，才会具有更强大的生命力。所以说，文化创新工作永远在路上。新时代泰山文化的创新，质言之，泰山文化如何引领新时代的精神文明，服务于新时代的精神文明建设，是一个重大课题。就其创新而言，《中华泰山文库》丛书的编纂本身就是一种立意高远的文化创新。它有目的、有计划、有系统地广泛征集、融汇泰山文献资料，集腋成裘，聚沙成塔，夯实了泰山文化的基础，成为泰山文化创新的里程碑。另外，外文书籍的编纂，开阔了泰山走向世界、世界了解泰山的窗口，对于泰山更好地走向世界、融入世界，具有重要的现实意义。而口述泰山的编纂，则是首开先河，把音频、影像等鲜活的泰山文化资料呈现给世人。《中华泰山文库》的富藏，为深入研究泰山的文化自然遗产，提供了坚实的物质保障。

最后，对于泰山文化的传承，善莫大焉。从文化的视角着眼，随着经济社会的发展变革，亟须深化对优秀传统文化重要性的认识，以进一步增强文化自觉和文化自信；通过深入挖掘优秀传统文化价值内涵，进一步激发其生机与活力；着力构建优秀传统文化传承发展体系，使人民群众得到深厚的文化滋养，不断提高文化素养，以增强文化软实力。毋庸讳言，《中华泰山文库》负载的正是这样一个优秀传统文化传承发展体系。如上所述，集成、研究、创新的最终目的，就是为了增强泰山文化的生命力，祖祖辈辈传承下去，延续、共享这一人类文明的文化成果。这是一个民族兴旺发达的源泉所在。《中华泰山文库》定会秉承本初，薪火相传，继往开来。

更为可喜的是，泰山自然学科资料的整理和研究，也是《中华泰山文库》的重要组成部分，无论是地质的还是动植物的，同样是珍贵的世界遗产。

中国共产党第十九次全国代表大会报告中指出：“文化自信是一个国家、一个民族发展中更基本、更深沉、更持久的力量。必须坚持马克思主义，牢固树立共产主义远大理想和中国特色社会主义共同理想，培育和践行社会主义核心价值观，不断增强意识形态领域主导权和话语权，推动中华优秀传统文化创造性转化、创新性发展，继承革命文化，发展社会主义先进文化，不忘本来、吸收外来、面向未来，更好构筑中国精神、中国价值、中国力量，为人民提供精神指引。”这是我们编纂《中华泰山文库》丛书工作的指南。

编纂《中华泰山文库》丛书是一项浩繁的文化系统工程，要充分考虑到它的难度、强度和长度。既要有气魄，又要有毅力；既要正视困难，又要增强信心。行百里者半于九十，知难而进，迎难而上，才能善始善终地完成这项工作。这也是我的一点要求和希望。

值此《中华泰山文库》即将付梓之际，泰山风景名胜区管理委员会的同志嘱我为之作序，却之不恭，写下了以上文字。我晚年的座右铭是：“品日月之光辉，悟天地之美德，立岱宗之弘毅，得荷花之尚洁。”所谓“弘毅”，曾子有曰：“士不可以不弘毅，任重而道远。仁以为己任，不亦重乎？死而后已，不亦远乎？”故而，名序为：立岱宗之弘毅。

杨辛

2018年7月

目　录

立岱宗之弘毅——序《中华泰山文库》……杨　辛　001

《泰山志》序……001
《岱岳志》叙……001
《泰山志》序……001

《泰山志》卷之一

山水……001
狩典……009
望典……010
望祝祀祝、辞、记、碑序附……017
祀祝……027
祀辞……035
祀记……036
碑序……039
封禅……043
历代儒臣封禅论……060

《泰山志》卷之二

遗迹……064
帝王……064
圣贤……100
列仙……102
灵宇……105
东岳庙……105
东岳上庙……115
天贶殿……116
玉帝观……121
玉皇庙……121
会真宫……122
后土殿……123
青帝观……123
三皇庙……125
碧霞灵应宫……125
天仙行宫……130
岱岳观……130
升元观……130
天书观……131
长春观……131
龙泉观……132
风伯雨师庙……132
高真院……132
三官庙……132

酆都庙……132
森罗殿……132
赵相公庙……133
城隍庙……133
三灵侯庙……134
灵派侯庙……134
渊济公庙……135
关王庙……137
鲁两先生祠……137
崔公祠……139
竹林寺……140
普照寺……140
冥福寺……140
谷山寺……140
灵岩寺……143
宫室……145
具瞻堂……145
咨岳堂……145
诚明堂……145
迎宾堂……145
过化楼……145
飞云阁……146
泰山书院……146
御香亭……146
环咏亭……146
岩岩亭……146

五松亭……147
更衣亭……147
且止亭……147
环翠亭……148
萃美亭……148
灵液亭……148
醴泉亭……148
瑞云亭……149
翠阴亭……149
观山亭……149

《泰山志》卷之三

登览……150
诗……150
丘陵歌……150
四思之一……151
飞龙篇……151
驱车篇……152
仙人篇……153
泰山吟……153
泰山吟……154
泰山吟……154
泰山吟……155
送范山人归泰山……157
望岳……157

送东岳张炼师……158
雋州遥叙封禅……158
奉和展礼岱宗……159
奉和展礼岱宗……159
登封大酺歌……160
书王母池……160
再书王母池……160
日观峰赋……160
吕公洞……161
竹林寺……162
日观峰……162
游灵岩寺……162
登泰山日观峰……162
登泰山……163
和元遗山呈泰山天倪布山张真人……163
泰山……163
茂陵封禅坛……163
汉柏……164
孙明复、石守道祠堂……164
天门铭……164
登岳……165
题李白泰山观日出图……165
登岳……166
纪梦……166
送天倪子还泰山……167
送天倪子归布山……167

汉柏 …… 167
桃花峪 …… 167
泰山喜雨 …… 168
登岳 …… 168
朝觐坛 …… 168
酆都峪 …… 168
游竹林寺 …… 169
西溪 …… 169
登泰山 …… 169
茌平早行望岳 …… 170
过泰山偶赋 …… 171
岩岩亭送陈参政归山东 …… 171
登岳 …… 171
泰山杂咏 …… 172
登泰山 …… 173
祷雪 …… 173
登泰山 …… 173
登泰山 …… 174
初登泰山 …… 174
大夫松 …… 174
登岱宗 …… 174
登泰山 …… 175
登泰山 …… 175
明堂怀古 …… 175
舍身崖 …… 175
无字碑 …… 176

登泰山次司马韵 …… 176
泰山 …… 176
登泰山 …… 176
登泰山 …… 177
登泰山 …… 177
祠岱宗不果登览有作 …… 177
登泰山 …… 178
登泰山 …… 178
登泰山 …… 178
登岳 …… 178
登岳 …… 179
泰山高 …… 181
五松 …… 181
秦松 …… 182
登岳谩题 …… 182
同余侍御再登泰山次韵 …… 183
和王阳明御帐壁间韵 …… 183
登泰山 …… 183
登岳 …… 184
登岳 …… 184
御帐坪 …… 185
回马岭 …… 185
登岳 …… 185
登岳 …… 186
登岳 …… 186
登岳 …… 186

登岳 …… 187
望岳 …… 188
登岳书感 …… 189
舍身崖 …… 189
问郑生登岱 …… 189
仰五岳歌（之一） …… 190
送太宰石熊峰东祀 …… 190
登岳 …… 191
泰山吟 …… 191
石表 …… 192
登岳 …… 192
泰山杂咏 …… 193
登岳 …… 195
登岳 …… 196
登岳 …… 196
登岳 …… 198
登岳 …… 198
望岳 …… 199
登岳 …… 199
次胡可泉望岳 …… 201
登岳 …… 201
游竹林寺 …… 202
登封坛 …… 202
快活三 …… 203
大夫松 …… 203
登封台 …… 203

秦松 …… 203
登岳 …… 203
无字碑 …… 204
登岳 …… 204
登岳 …… 204
望岳 …… 205
登岳 …… 205
登岳 …… 206
望岳 …… 206
咏日观 …… 207
登岱 …… 208
登岳 …… 208
登岳 …… 208
登岳 …… 209
五松亭 …… 209
登岳 …… 209
登岳 …… 209
泰山行台 …… 210
登岳 …… 210
舍身崖 …… 211
登日观峰 …… 211
登岳 …… 211
南天门和陈石峰 …… 211
秦松 …… 212
秦松 …… 212
秦松 …… 212

登岳 ······ 212
泰山雪后 ······ 212
五松歌用东坡韵 ······ 213
登岳 ······ 214
登岳用杜甫韵 ······ 214
登岳 ······ 214
登泰山 ······ 215
登泰山 ······ 215
登岱岳三首 ······ 215
灵岩二首 ······ 216
甘露泉一首 ······ 216
登岳 ······ 217
岱宗 ······ 217
同蔡行人登蒿里环翠亭 ······ 218
重过泰山 ······ 218
泰山别诸门人 ······ 218
登岳 ······ 218
登岳 ······ 219
怀泰岳 ······ 219
泰山颂 ······ 219
同许泰安登蒿里环翠亭 ······ 220
泰山书院古柏 ······ 220
登岳 ······ 221
舍身崖 ······ 222
登岳 ······ 222
明堂 ······ 222

登岳 …… 222

登岳 …… 223

登泰山 …… 223

登绝顶 …… 223

登岳 …… 224

从桂峰侍御二月登山阻雪 …… 224

登泰山 …… 224

登泰山 …… 225

登岳 …… 225

游竹林寺 …… 225

登岳 …… 226

玉皇阁 …… 226

游石屋 …… 226

游岱岳 …… 226

登岳 …… 227

元日登泰山南麓 …… 227

登岳 …… 227

登泰山 …… 227

酬泰安学正林鸣銮 …… 228

酬肥城教谕杨举 …… 228

登泰山 …… 229

登岳 …… 229

登岳 …… 229

又次吴初泉韵 …… 229

游灵岩寺次鲜于侁韵 …… 230

登岳 …… 230

登泰山……231
泰山纪游……232
游岱岳题名……232
登泰山二首……232
登岳……233
登岳……233
玉女池……234
登泰山忆少岩傅公……234
续梦……234
游泰岳篇……234
岱宗……236
陪侍御段公登岱　一首……237
登岱……238
叨从登岱……239
登岱绝句十首……240
又登岳二首……241
陪古松段侍御登岱岳二首……242
登岳次日遇雨，山房共坐，怅然久之，再作一首……242
登岱岳……242
河清，抚臣祗命报岱宗，获与陪祀，礼成而返，作望岳……243
钦命修理岱庙因视工登岳……244
登告岱宗即事有述，是日积雨初霁……245
登泰岳四首　附小序……245
游灵岩寺……246
泰山篇……246
登泰岳……247

祀岳纪事 …… 248
题灵岩 …… 248
登泰山 …… 249
望灵岩 …… 249
登泰山 …… 249
登日观峰 …… 250
泰山顶上作 …… 250
登泰山 …… 250
谒玉女庙 …… 251
五大夫松 …… 251
登日观 …… 251
登岱 …… 251
舍身崖 …… 252
游灵岩寺 …… 252
登岳次侍御吴初泉公韵 …… 252
次侍御吴尧山公韵 …… 253
登泰山 …… 253
游泰山宿碧霞宫公馆 …… 253
次早登泰山绝顶 …… 254
登泰山 …… 254
御帐古松 …… 254
游泰山 …… 254
游灵岩 …… 255
铁袈裟 …… 255
甘露泉 …… 255
石龟岩 …… 255

飞锡泉 …… 255
登岳 …… 255
登泰山 …… 256
登岱 …… 256
登岳 …… 257
登徂来山 …… 257
登岱岳 …… 257
登岳遇雨 …… 258
登岱 …… 258
宿岱顶道房 …… 258
岱岳登望 …… 259
暮春宿灵岩寺 …… 259
登泰山 …… 260
遥参亭 …… 260
祖殿暂憩 …… 260
御帐岩 …… 261
大夫松 …… 261
福庙偶题 …… 261
记 …… 262
容斋随笔 …… 262
闻见录 …… 263
游览记 …… 263
东平张宣慰登泰山记略 …… 264
序略 …… 265
登岱宗记略 …… 266
登泰山记 …… 266

游泰山记略 …… 267
题石刻“观海”二字 …… 268
游石屋记 …… 268
姚别驾总巡泰山记 …… 269
游泰山记 …… 270
九日登岱记 …… 272

《泰山志》卷之四

岳治 …… 274
因革 …… 274
官僚 …… 275
学校 …… 275
风俗 …… 276
城池 …… 276
公署 …… 277
星野 …… 277
封疆 …… 278
赋贡 …… 278
治绩 …… 278
陈俊 …… 279
李固 …… 279
皇甫规 …… 279
苑康 …… 279
韩韶 …… 280
凉茂 …… 280

吕虔 …… 280
贾坚儁 …… 280
申恬 …… 280
韦安石 …… 281
杨伯渊 …… 281
和安礼 …… 281
徒单绎 …… 281
董积躬 …… 281
赵王 …… 281
陈文佑 …… 282
熊以渊 …… 282
李锐 …… 282
陈以忠 …… 282
葛铁 …… 282
高屿 …… 282
戴经 …… 283
许应元 …… 283
人物 …… 284
王章 …… 284
羊陟 …… 284
羊续 …… 285
鲍信 …… 285
鲍勋 …… 285
高堂隆 …… 285
臧霸 …… 286
孙观 …… 286

羊琇 …… 287
羊祜 …… 287
胡母辅之 …… 288
羊曼 …… 289
羊鉴 …… 289
刘寔 …… 289
羊欣 …… 290
羊烈 …… 290
羊玄保 …… 290
羊侃 …… 291
羊鸦仁 …… 292
羊鹍 …… 292
傅伏 …… 293
羊敦 …… 293
徐洪客 …… 293
石介 …… 294
姜潜 …… 295
李亘 …… 296
党怀英 …… 296
石珪 …… 296
石天禄 …… 297
郭士原 …… 297
王圭 …… 297
杜英 …… 298
傅裕 …… 298
张异 …… 298

制科、献士共一百八十六人 …… 298
列女十一人 …… 302
物产 …… 304
祥异 …… 307
杂志 …… 309

书《泰山志》后 …… 312
《泰山志》点校后记 …… 313
明嘉靖三十四年《泰山志》刻本影印 …… 316

《泰山志》序

余观海内名区，若西湖、武夷、瑯琊诸山，不过泉石之胜，供瞩眺而已，尚有专志，流布遐迩。它如道宇禅宫、残碑断碣，出于骚人墨客之手，好古之士且将搨而藏之，以为传世珍。况泰山雄冠五岳，实万物生气攸始，匪直“鲁邦所瞻”而已，可以无志邪？古帝王之封禅，昭代之祭告，名公钜卿之述作，镌刻盈冈，殆非道宇禅宫碑碣之比。顾令落寞堙没于荒烟野草之间，而莫之摭收邪？

余承乏东土，往岁尝以禋祀，再陟兹山之巅，徘徊盼顾，俯仰今昔。询厥志，有司咸以未修对。余乃慨然叹曰：典孰有阙于是者乎？亟谋搜缉，而兵荒相踵，未之或遑。

今岁甲寅，侍御吴君尧山以督鹾至，因出所得顺天司训汪子卿旧纂《泰山志》。究其颠末，盖自嘉靖甲辰，子卿以需次未逮，游寓泰山，州守仲言永闻而延致之。旁罗博采，越岁余，始克成编。未几，言永去，子卿遂挟稿以行，州之人无及见之者。荏苒废坠，忽忽十余年，而尧山得之，岂山灵端有所待，而是书之成，固必以其人邪？尧山巡历之暇，更加裁定，属宪佥曹子金为之校订，知州郑聚东、学正陈宠为之增削而厘正焉。既完，乃檄济南郡守项子守礼鸠工登梓，然犹不免鲁鱼亥豕之讹。项子躬自检核，一句一字，以至点画之微，图画之末，必求其精，以无负委任之盛意，以赞成名山之全书。工成，举以告余，且乞一言，用弁诸首。余展而阅之，自山水以至杂志，总为四卷，纲列目张，条分汇析，简而核，详而有体。大可以耸天下之观，小可以备一州之事，灵迹巨丽，尽在目中。而秦汉夸大之非，国家典礼之正，与夫治迹、人物、吟咏、物产、祯祥、怪异，有关于治体者，莫不一览而周知之。后之观风者，其将有所征矣乎？余喜兹举也，获吾心之所同然，乃因项子之请，书此以识岁月云。

嘉靖甲寅孟冬吉旦，赐进士出身、嘉议大夫、南京刑部右侍郎、前奉敕巡抚山东地方都察院右副都御史吴兴沈应龙撰

《岱岳志》叙[1]

岱往无志，同寅吴侍御始为之。侍御以榷务按部济南，例得有事于岱，爰登览诸峰，因之访灵异，稽故实。见秦汉以来残镌断碣，逸仆荒榛，及近代闻人之赋述胜迹者，咸散漫岩崖，而莫可毕睹。于是询得抄本，付梓郡中。

夫岱，天下之名山也。世之慕胜者，孰不欲一蹑其间，而周瞩其所有，乃卒毕其愿者，不人人然也。梓行而胜流宇内焉，侍御之省方，殊可征已。

夫灵异幽绝者，山之胜。而兴云雨、奠疆宇者，亦惟山之自有。即天下之人，越江海逖千万里，执策而可得其异状。以心倾其胜，山之休奕覃矣，孰与雨旸若、方隅乂，上以慰九重之衷，下以跻生人之命，俾守臣群吏，得以颂其德，而称议其嘉釐于无已哉！夫神之骘民，分也。矧岱秩列震镇，生育庶汇，其宁区保大，销祲沴而布祯祥，盖自鸿蒙以逮若今，厥惟载纪，崇峻旷兹邈矣，曷假予祝，又曷假于予颂。顾不肖祇命东藩，心激民隐，兹所企愿于神者则然也。

梓成，济南守项君亟以叙请。时予方行部，日剧弗及。顷以病告，乃为是以复之。志稡诸例，而间有畔于岱者，近世诸岳镇名种种，梓志唯《华山志》，则体裁差胜云，而又病于直略也。

嘉靖乙卯之春，巡按山东监察御史、临洮雍焯书于省院之列花轩

① 《岱岳志》叙：当作《泰山志》叙。

《泰山志》序

《泰山志》四卷，明白野汪仲苏氏撰。仲苏氏名子卿，歙产也。倦游天目、钱唐之间，以文学、行谊显吴越。吴越故材艺薮泽，咸帖帖推毂。然数奇，射策有司，屡进屡报诎。仲苏氏孜孜自树，不少衰，声问益踔厉藉甚。既以经行为督学使臣所献，赴上都，发扬粤，溯淮泗，印孔林，登泰山，凌日观，摩穹苍，栖巉岩，探泉溜，扪县崖，搜残碑，抉晦蚀，稽故牒，踪迹文字以来，帝王、圣哲、瑰奇、幽异、坛壝、台殿、楼观、亭障、府寺、鸟兽、虫鱼、药草、木石，上下数千百年，亡间于微显、存不、鸿鲜，罔不毕志，斯以详矣。洪崖子章尝涉泰山之郊，顾瞻周回，神爽飞越。及得《志》读之，喟然叹曰：大哉！巍巍乎其天下之具瞻而两间之巨镇乎！夫灏气挺灵，青曦凝质，五岳攸宗，万物伊始，其诸岱宗之所由名乎？是故王者钦崇，邦家望秩，上圣降神，名贤汇集，方物呈奇，幽明受职，宜也。虽然，古有登之小天下者矣。夫以泰山絜天下，天下非小也，然而登之以小天下，其诸日跻高明，则我大而物小者乎？复有称其非能有趾，而不能无趾者矣。夫积趾为麓，积麓为阜，积阜为陵，积陵为岑，积岑为嵩，积嵩为岳，不让土壤，不辞拳石，以成其崇[①]，以极其峻。其诸君子以顺德积小以高大者乎？未也。泰山高矣，泰山而上，不属泰山，则畔援俱忘，拾级并废，小大皆空，崇高无极，将与太虚者游。而造物者一茫不知其所由来，杳莫测其所际。噫！其至矣！其至矣！

嘉靖三十有二年秋九月九日，新安洪章谨序

① 以：原作“吕”，据上下文义改。

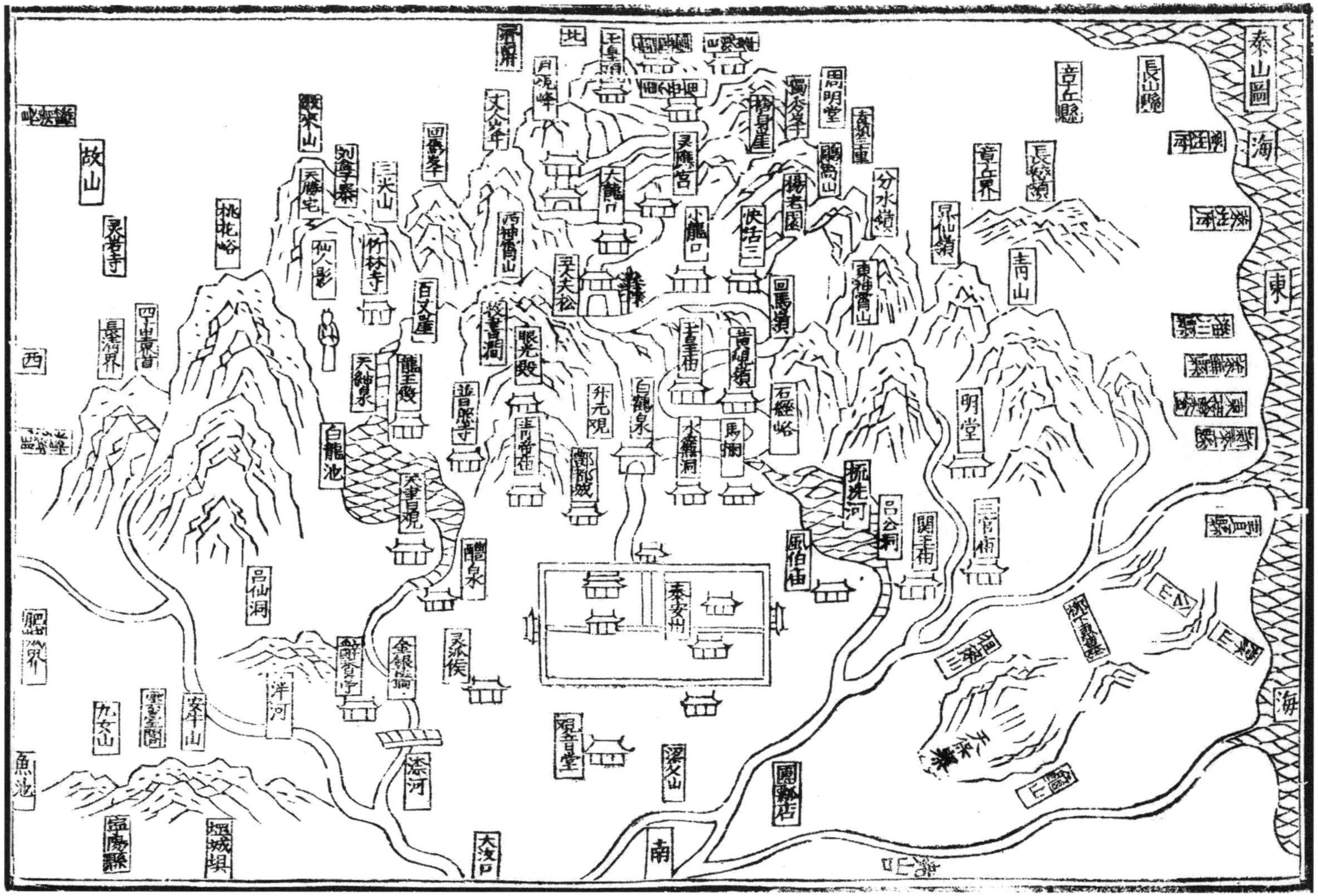
泰山圖
海
東
南
西
北
長山縣
章丘縣
章丘界
青山
明堂
分水嶺
快活三
回馬嶺
石經峪
馬棚
水簾洞
白鶴泉
升元觀
大龍口
小龍口
眼光殿
普照寺
白龍池
醴泉
泰安州
風伯廟
呂公祠
關王廟
觀音堂
大汶口
故山
桃花峪
仙人影
竹林寺
三尖山
月觀峰
周明堂
呂仙洞
魚池
九女山
肥城界
寧陽縣

泰山图

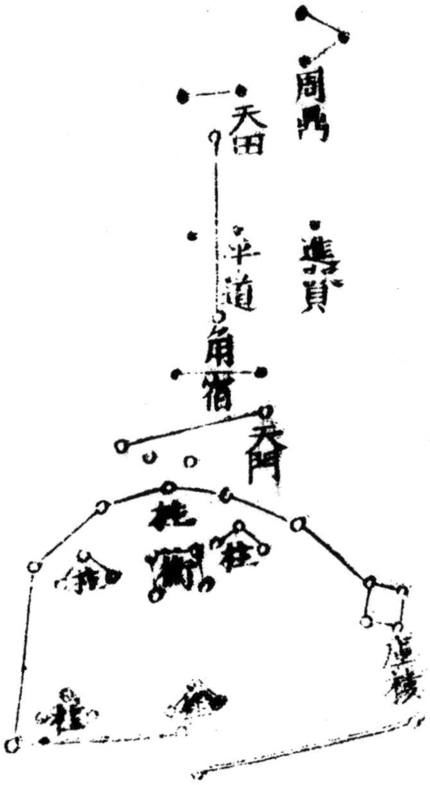

角宿图　按东方苍龙七宿，曰角、亢、氐、房、心、尾、箕。其神为黄帝[①]，司春、司木、司泰山。当并图之。又考泰山入角十二度，故今图首宿云。

① 黄帝：明查志隆《岱史・星野考》（清康熙三十八年刻本，下同）作“青帝”。

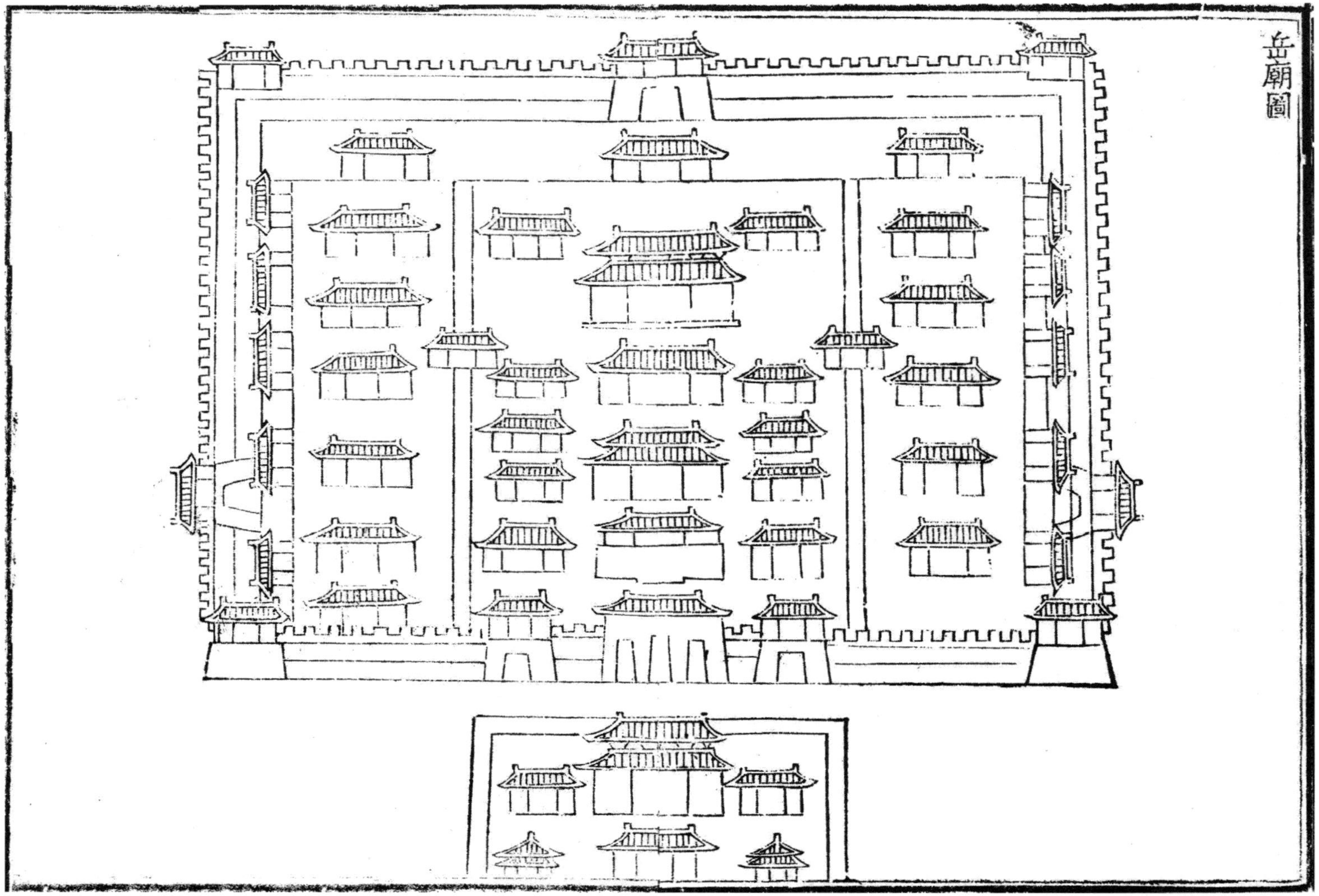

岳庙图

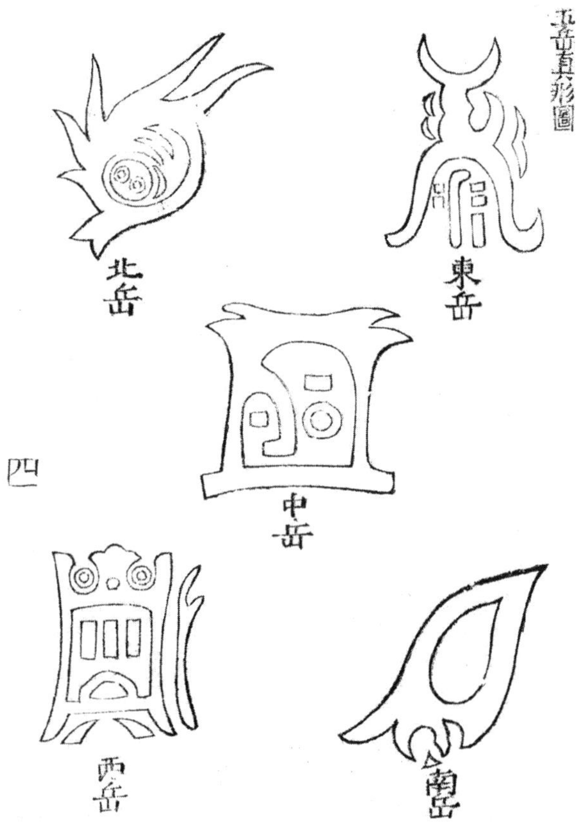

五岳真形图　右图，石刻岱祠。图说引《道经》云：五岳之神，分掌世界人物，各有攸属。岱，泰山，乃天帝之孙，群灵之府，主世界人民官职、生死、贵贱等事。又引《抱朴子》云：凡修道之士，栖隐山谷，须得《五岳真形图》佩之，则鬼魅虫虎一切妖毒，皆莫能近。又云：太初中，李充称冯翊人三百岁常负此图。人或佩之，渡江海，入山谷，或夜行，宿凶房，邪魔魑魅魍魉，悉皆隐遁，虔供居地，必获祯祥。又尝见《万花谷》记："西王母与上元夫人降汉武帝，帝视其巾器中有小书，乞瞻览。母曰：此《五岳真形图》也，乃三天太上所出，岂汝所宜佩乎！帝乞不已，与之，藏柏梁台。"余按诸说虽不可知，然此图类古符篆，必有所自，而五岳之神亦不可诬也，存之将以资愽识云[①]。

① 愽识：当作"博识"。

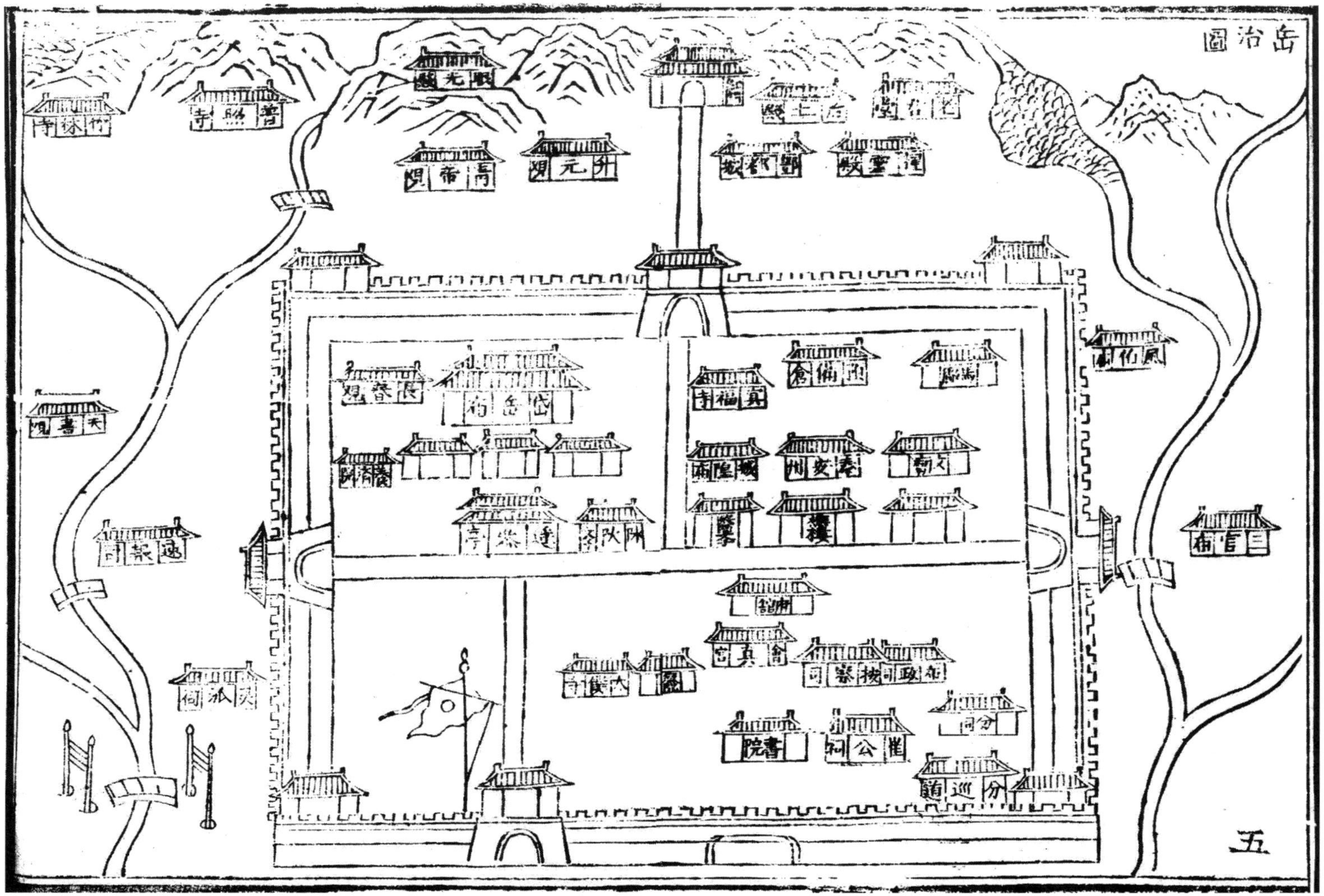

岳治图

《泰山志》卷之一

明巡按直隶监察御史　婺　吴伯朋裁定

山东按察司佥事　大梁　曹金校订

顺天府儒学训导　歙　汪子卿编辑

山水

粤稽重华咨牧肇州，封山浚川，盖曰地有名山大川，则国为之重。乃若名山莫重于岳，莫尊于岱，而巡守、柴望亦独先之，是故宗称于《书》，瞻咏于《诗》，镇于《礼》，书于《春秋》，下逮子史百氏，扩其功用，出震配乾，岂徒以盘礴峛岃矣乎？而况我国家定鼎燕冀，实惟兹山雄峙于东，侈形势，壮舆图，以奠王畿；国计漕源，亦维兹是赖，宜有以志之。是故探赜索隐，以汇经籍之文，发山川之秘，首之以大岳，而峰岩水石诸名胜附焉。犹之言天而不外乎日月星辰，言海而必及乎蓬瀛桑碣，将使遐方之人亦得而尽览之。卧游乎洞天福地，必有旷心逸度，默契吾夫子之所以小天下者矣。

泰山一曰东岳，以方位别五岳言，是为天之东柱。一曰岱宗，居东北丑寅之间，万物终始而阴阳交代之地，故曰岱；又五岳之长，众山所宗，故曰宗。由泰安州治北出登封门，三里许至红门，礌砢陀坂，循溪入谷，谽谺逶迤。度高老桥、广济桥、水帘洞、三字崖崖削数仞，上有墨书三画，风雨不磨灭，世传吕洞宾书。又名马棚崖，以形似言。回马岭石蹬渐峻，乘马至是不能上、黄岘岭势甚险峻，土多黄色、快活三过黄岘岭一径平易，故名、迎阳洞可容二十人，又名云阳洞、小天门一名御帐，一名五松亭、小大龙口石硖为众水所归，飞泉若龙喷然、十八盘古曰环道，石蹬转折，凡十有八、南天门即十八盘尽处，崎嶇萦纡，以次至岳巅四十里，曰太平顶唐玄宗所命名，即古之登封坛也。达人登之，回睇九州，廓然万里。其支麓蜿蜒，东极于海。西越灵岩、故山，以极于鳌山。北有长白而南则云云、亭亭、介丘、梁父、蒙、峄、尼丘，培塿环列，惟徂徕、鞍牛密迩山址。大哉岳乎！其环玮奇胜，多邃僻窈窕，莫克殚举，姑以其著于载籍，得于游览者志之。

以峰名者十有八，曰日观峰在岳顶东，五鼓可见海上日出、月观峰在岳顶西，对日观而言，义取“月朏庚方”，言“越观”者讹传耳、秦观峰在岳顶西、周观峰、吴观峰二观不知所在，意者观周当在岳顶西，而观吴当在南也、丈人峰在岳顶西南，特立如苍颜丈人。世称外舅曰岳丈，盖取诸此、鸡笼峰在傲来峰前，以形似名，旧志书在岳北，误矣。观宋钱伯言记可证矣、悬石峰、回雁峰在岳顶西南、独秀峰在岳阳，屹然特立，古人题刻峰名于石、狮子峰在岳阳，以形似名、莲花峰在独秀峰之东，奇簇如莲、悬刀峰、芙蓉峰、飞鸦峰俱在岳西南西溪上，见元人萃美亭记石、老鸦峰在岳顶北，古木多鸦巢、龙泉峰在斗母观东北，峰石峭拔可爱，故观名又曰龙泉、凌汉峰在普照寺后。

以岩名者九，曰两峰岩在岳顶西，两峰对峙，下有一穴如室、仙闾岩《汉书·武帝》《泰山记》云：岳顶西岩为仙闾岩、蜕仙岩在岳阳。旧《志》云：翰林王从之跏趺化此。元好问《送张天倪》诗云“蜕仙岩下愿迟留”是也、古云岩在回马岭、弄水岩、看月岩、弥高岩、锁云岩以上四岩见《州志》抄本、灵岩详见《登览志》宋人张公亮寺记。

以洞名者十有一[①]，曰白云洞在南天门迤东路旁，小径东南蹬下，西折十武，中有数石窍，时出白云，如香烟缈缈，出洞滃然布合。洞南下视环道，险甚、迎阳洞见前、吕公洞在岳之南麓，王母池侧，宋钱伯言记曰“金母洞”、遥观洞在岳南，一穴高深，游人憩此，可览群山、鬼仙洞在蒿里之阴，窈然幽暗，人莫敢深入、白鹤洞在岳西四十里，可容三十人、黄伯阳洞在岳顶北十五里，战国时黄伯阳修隐之地。旧有伯阳庵，今废。崖

① 十有一：当作“十有二”。据下文所列洞数量改。

石刻记尚存、金丝洞在岳顶北九十里，可容百余人，丘长春炼丹处。旧有庵，今废、桃花洞在岳顶西北四十里，可容数十人、朗然子洞在岳半御帐东里许，可容三十人，崖石有记刻。人迹罕至，山人避兵者知之、观音洞在竹林寺山后、娄敬洞在岳顶西百里，汉娄敬隐地。旁一洞出硝石。

以岭、嶂名者十有三，曰青岚岭在岳顶西南、回马岭见前、黄岘岭见前、雁飞岭即回雁峰，在岳顶西南，鸿雁南翔，多止于此、西横岭在岳顶西，削壁横亘数十丈、思乡岭在岳顶西，俗传人死魂归于此而思乡也、十峰岭在玉皇庙右，见庙记、分水岭在岳顶东，汉明堂后，杨老园西、升仙岭在岳顶东南、汉明堂之东北隅也、长城岭在岳之西北，各有长城岭，皆古长城钜防之地也、思谷岭在谷山寺南、仙台岭在岳北六十里，志见“封疆”、明月嶂在岳北，群峰秀列，若屏障然。

以崖名者七，曰舍身崖其北联属日观峰下，余三面崖壁，陡削数百仞，其上平广半亩许，中有石凸起丈许，岳之奇胜处也。愚民往往舍身投崖，徼轮回之福。小司寇方豪题镌凸石曰“哀愚”。有镌诗以刺之者，有告戒以官法者，惜哉！愚民终莫之悟。嘉靖三十二年，总巡济南府同知王乾元刻告示碑以重禁之、东百丈崖在岳顶西南中溪，约十丈许。曰百丈，侈言之也。其瀑布下汇为天绅泉、西百丈崖在岳顶西南，高十倍东崖，东崖南向，西崖东向，相去三百步许、仙影崖在岳顶西南傲来峰，山皆苍石，惟仙影如纸白、五花崖在岳顶南，城郭仰视岳顶不能见，崖蔽之也、鹁鸽崖在岳北，峭壁多巢野鸽、马棚崖见前。

以山名者十有六①，曰傲徕山在岳顶西南竹林寺，石巑岏矗矗，至御帐俯视之，更奇、青山在岳东南麓，汉明堂东北、黄山在岳顶西四十里，以土色名，与青山为岳之翼山也、东神霄山在岳顶东十里、西神霄山在岳顶西十里、石后山在岳顶西十里，前多巨石、孤山在岳顶北十里，峥嵘特起、玉女山在岳顶东北十里许，有玉女修真石屋在其下、石马山在岳顶西北十五里、雕窝山在岳顶西十五里，崖多雕巢、襁山在岳北十里，如驼负子状、鹤山在岳顶北十里，林木葱郁，野鹤巢此、亭禅山一名高里，又名蒿里，联属社首，在岳南三里。详见《灵宇志·森罗庙》、三尖山在岳顶西十里、徂徕山在岳之南

① 十有六：当作“十有七”，据下文所列山名数量改。

三十里，周回四十里，为岳之案山也。山之别名有玲珑山、独秀峰、天平东西二寨，其下曰白河湾，曰竹溪。唐李白、孔巢父、韩准、裴政、陶沔、张叔明隐此，号曰“竹溪六逸”。宋石介因故址筑室著书，学者称徂徕先生、八宝山在岳顶东百里，治属莱芜，一名黄山、千佛山在山东会城南五里，是为岳之北麓。

以台名者六，曰登仙台在岳顶之阳，相传吕纯阳登此、南拱台、北拱台二台俱在岳阴，巉岩拱峙，上复坦平、尧观台在岳顶东北十里玉女山顶，有石平坦如台，相传尧封禅登此、读书台在普照寺西北后山，过投书涧，山麓有石，方四五丈许，为宋孙泰山、石徂徕、胡安定读书之所。姑苏李果八分书刻石、瞻鲁台在舍身崖。

以门名者四，曰东天门在岳顶东、西天门在岳顶西、南天门、小天门俱见前。

以峪名者十，曰桃花峪在岳顶西南二十里桃花洞南，昔多桃花、仙趾峪即马蹄峪，在竹林寺山后里许，有仙人草履迹，长尺余，马蹶迹大五寸许。旧《志》书马蹄峪，掩仙迹而不名也、石经峪在岳之阳，坦石半亩许，古刻《金刚经》，楷书，有近八分者，大尺许，山人讹传王右军书、石壁峪在岳之阳，竦削如壁、大峪在傲来山竹林寺下，即中溪之路，内有白龙池、百丈崖、天绅泉诸奇景，石上有宋、元、今人诗刻、酆都峪在岳之阳，俗传为冥司，今峪南有酆都庙，本其说也。元人李简诗见《登览志》、鬼儿峪在岳之阳，俗传人死魂归于此，本张华《博物志》之说也、佛寺峪在岳东北四十里，即谷山寺，有石佛、椒子峪在岳之阳，昔有异人种椒于此、溪里峪在岳之阴，岩穴深邃，上有涌泉，四时不竭。旁有胜泉寺，今废。

以石名者有十九[①]，曰望海石在日观峰东北，人云登此望海，而实不可见。五鼓，日初出可见，是见海也、大悬石、小悬石二石俱在岳顶西，屹然相对、仙桥石在舍身崖西。悬崖对峙，相去五尺许，中有三石，撑抵如石梁，其下深险不可寻丈、试心石在仙桥石西崖，石顶半出崖外，二石钩连，下则悬崖万仞，人登践之即摇动，天下之险莫加焉。愚民云：人践之，则必恐怖动心，惟诚则无动，故云试心。少白李萼诗刺愚痛切，志见《登

① 十九：当作“二十”，据下文所列石名数量改。

览》、剑匣石在大峪，西溪之浒，有方石高二尺许，支起一石，厚尺许，博丈余，下有石匣，若成于斧凿，而实非人力为之。相传匣有宝剑，仙人取去、试剑石在大峪口，相传仙人取石匣宝剑断劈此石，半仆于地。观二石文理合一，无少异，谓非中分不可也，异哉、仙影石在试剑石旁，其影有巾有剑，伸一足而坐。石平如磨，崖影处如剥如勒，而实非人为。相传仙取石匣之剑，试于劈石者，即此仙也，故剑匣、试剑皆相近、龙文石、虎皐石二石俱在岳之阳，一有龙文，一为虎状、龙口石在岳之阳，两石相附，中喷清泉、牛心石在岳之阳，以形似名、羊阑坡石相传仙人牧羊之地、胭脂石在岳之阴，色如涂丹、红门石书见前，石红色，远望之如朱门、方正石在岳之阴，其形方正，故名。顽如石而以方正名，则人之邪正显晦亦可以自考矣、五女圈石在岳西北三十里，土人相传夜有呼号相力之声，诘朝见石累成圈，异哉！今人称五女圈，不知所起、石屋一在玉女山半，一在山趾。相传为玉女修真之所，景最奇胜。姚奎游记见《登览志》、懒张石屋在岳顶北麓，相传有懒张道人修炼于此、石舟有二，一在白龙池溪中，一在岳东南麓傅家庄。宛然如舟，过溪石远矣。

以寨名者六，曰水仙寨在岳顶西南，可容千人、仙人寨在岳顶北，可容千人、九女寨在岳顶西三尖山下，一峰高起，相传九女避兵于此、凌汉寨在岳之阳，可容数百人、天胜寨在岳顶西南傲来山前，可容万人，刘盆子、赤眉所聚之地，其后贼叔孙无忌亦据此。上有招军岭、张旗石、碓、硙之类、张远寨在岳东北四十里。以上诸寨俱可避兵。

以园名者二，曰杨老园在岳之阳，石崖险阻，世传杨老避兵于此、药园在岳之阳，世传有修真之士种药于此。

右仙台、八宝、灵岩、千佛，皆僻远州治，观者疑焉。然实支联岳麓，统曰泰山，《志》恶得而遗之。

水以泉名者三十七，曰天绅泉在傲来山百丈崖，下巅崖十丈许，悬流下泻如垂绅、白鹤泉在岳之南麓升元观后，冽而甘美，好事者尝以城中井、泉称较之，轻重亦异、护驾泉以宋真宗名，元王奕《裴稿》诗云[①]：驾幸源头犹且护，如何护不到崖山。《州志》遗

---

① 裴稿：元王奕《玉斗山人集·东行斐稿》(文渊阁《四库全书》本，下同)作“斐稿”。

之，故今人莫知其处。以杜仁杰撰《张宣慰登岳记》考之，当在黄岘岭上，御帐之下、圣水泉在回马岭、水帘泉有二，一在西百丈崖，一在岩岩亭右，刻姚霁大书三字、涤尘泉在岳之南麓后土庙内，游人多掬水涤目，俗名眼光泉、飞鸾泉在王母池右，水甚清冽，流注池中、醴泉有二，一在州治西天书观，即史称王钦若奏泰山诸醴泉，此其一也。今虽不竭，无异凡水。又尝观《法苑珠林》云：泰山之东有醴泉焉，其形如井，本体皆石，欲取饮者皆洗心，跪而挹之，则泉出如流，若或污慢，则泉缩焉，盖有神明以宰之也。今不知所在、玉环泉在谷山寺、东西二柳泉在州东南一百里、羊舍泉在州东南九十里、浊河泉在州东南一百里、水泊泉在州东南一百里、斜沟泉在州东南一百里、力沟泉在州东南九十里、马儿沟泉在州东南三十五里、谷家泉在州东北六十里、顺河泉在州东六十里、北滚泉在州东六十里、曲沟泉在州东三十里、周家泉在州东二十五里、铁佛寺泉在州东二十五里、板桥湾泉在州东五十里、鲤鱼湾泉在州东四十里、侯村泉在州南七十里、木头沟泉在州南一十里、龙湾泉在州南八里、龙堂泉在州南七十里、孔家泉在州南三十里、颜谢泉在州南七十里、胡家泉在州西南六十里、马黄沟泉在州西南九十里、张家泉在州西南五里、狗跑泉在州西南四十里、报恩泉在州西南四十里、陷湾泉在州南四十里。自柳泉以下二十八泉，其流四时不绝，俱入汶河，以达运河，漕运转输多资焉。

以池名者四，曰王母池一名瑶池，在岳之南麓。宋李谔作《瑶池记》，其碑今在岳庙延禧殿前：余尝读唐人《霍山赋》曰：太初之气[①]，有清有浊。浊结为山[②]，峻清为岳。赋禀既异，崇卑乃分，此岱为岳之宗。非特奇峰秀岭，极天下之雄观也。又为万物发生之地，自古及今，圣神之所宅。昔者，黄帝建观于岳趾，名曰岱岳，遣女七人，云冠羽衣，修奉香火，以迎西昆仑真人，历世浸远，人去名存。后建殿崇像，当涧截谷，设为池馆，以待燕游。人往往投宝货、纨绮、寓钱于其间。池水之源，乃岱岳山涧之水也，自黄岘岭会石经峪、水帘洞诸源，委汇而为斯池焉、白龙池在傲来山址，广数寻，深不可测。池上有龙神

① 太初：《全唐文》（中华书局1983年版，下同）卷七九六作“太始”。

② 浊结：《全唐文》卷七九六作“结浊”。

祠，在州祀典，岁旱祷之辄应。按察黄鳌题刻石曰“霖原”、玉女池在岳顶元君祠右，甘洌，四时不涸，详见《灵宇志·玉女考略》。一名圣母水池、封家池在岳南麓封家别墅中，通白鹤泉之下，流涓涓而汇之者也。

以井名者二，曰香井在岳南古岳庙前，伍缉之《从征记》曰：泰山庙前有大井，水极香冷，异于凡水。朱曰藩诗曰：庙前香井识投钱。盖谓此也、天井在岳之东北十里许，广数亩许，汇诸峪之水，由东转南入汶。又名天井湾。

以涧名者二，曰投书涧在凌汉峰下，以胡安定投家书名，详见《贤迹志》。何东鲁刻李果八分书涧名三大字于石、三叉涧在岳北，凡三交流而分逝东西。

以溪名者三，曰东溪、西溪、中溪其源出岳阳登仙台下及青山诸水，经汉明堂为东溪。出岳顶以西诸水，会百丈崖、白龙池、大峪为西溪。出黄岘岭下，会诸谷之水为中溪。三溪相去各十里，而西溪之景为最胜。详见《宫室志·萃美亭记》。

以河名者四，曰渿河源出岳顶西南诸谷，汇为西溪，由白龙池出大峪口，经天书观左，南流入泮，会汶以达漕河。城西郭河津曰渿河桥，西南隅河津曰金银桥、梳洗河源出黄岘岭以下诸谷之水，汇为中溪，过王母池，池上有王母梳洗楼，因名。由州东南会泮入汶、泮河源出岳顶之西桃花峪诸水，转州治东南二十里入汶、汶河其源有三：一出岳之东麓莱芜县原山，一出莱芜寨子村，皆经徂徕之阳[①]。一出岳北仙台岭诸谷之水，至州治东四十里为堑汶河，西流经徂徕之阴，会泮与诸泉水，南流三十里曰大汶口，又西南经汶上县北，以达漕河。

以湾名者七，曰龟儿湾在岳之阳、黑水湾在岳之西、忽雷湾在西溪，天将雨时，行人每闻雷声迅发于此、饮马湾在西溪、天井湾在岳北，其一在西南，《州志》书之、虬在湾在王母池上，奇石可爱，吕纯阳诗曰“无赖蛟虬知我字”是也、锣鼓湾在大峪西溪，俗传七月中元日有声如锣鼓。

《山海经》曰：泰山，环水出焉，东流注于海。其曰东者，亦《诗》言

① 徂徕之阳：当作“徂徕之阴”，此二河实际流于徂徕山之北。

“荒于大东”[①]之谓，而非以登封之地言也。曾巩《二堂记》曰：“泰山之北水[②]，与齐之东南诸水[③]，西北汇于黑水之湾，又西北汇于柏崖[④]。”此不能通汶而入漕者。

岳顶东、南三溪四河，与泉之未书者三十有五，皆会于汶。顶北诸溪涧出黄泛泉而弗名于志者，有长城、仙台诸岭障而东注，折而南逝，亦会于汶。

《禹贡》曰：海岱惟青州。又曰：海岱及淮惟徐州。岱实不属徐，而言徐者，其表识也。《诗》曰：泰山岩岩，鲁邦所瞻[⑤]。《职方》曰[⑥]：兖州[⑦]，其镇曰岱山[⑧]。《五经通义》曰：王者受命易姓，报功告成，必于岱宗。夫瞻，言其系望也；镇，言其重也。告成于兹，因高以事天也。古《岱宗记》云：梁父、长白二山，为泰山辅岳。盖言其形胜也。董学陆釴《通志》曰：济南诸山，其北麓也；兖州诸山，其南麓也；青、齐海上诸山，其左翼也；河东诸山，其右翼也。斯其为泰山矣乎！

《道藏》书云：泰山周回一百六十里畸五十步，方面各四十里。《汉官仪》云：盘道屈曲而上，凡五十余盘，自下至古封禅处四十里，至天门。郭璞云：泰山在奉高县西北，从山下至顶四十八里三百步。《茅君传》云：仙家凡三十六洞天，泰山周回三千余里，名三宫空洞之天《寰宇记》同。《博闻录》云：泰山名蓬玄太空洞天，岳帝所居，其高四千丈，环一千里。《福地

---

① 荒于大东：《诗经·鲁颂·閟宫》（高亨：《诗经今注》，上海古籍出版社1980年版，下同）作“遂荒大东”。

② 北水：《曾巩集·齐州二堂记》（中华书局1984年版，下同）作“北”。

③ 诸水：《曾巩集·齐州二堂记》作“诸谷之水”。

④ 柏崖：《曾巩集·齐州二堂记》作“柏崖之湾”。

⑤ 鲁邦所瞻：《诗经·鲁颂·閟宫》作“鲁邦所詹”。

⑥ 职方：《十三经注疏·周礼注疏·夏官司马第四》（中华书局1979年版，下同）作“职方氏”。

⑦ 兖州：《十三经注疏·周礼注疏·夏官司马第四·职方氏》作“河东曰兖州”。

⑧ 镇：《十三经注疏·周礼注疏·夏官司马第四·职方氏》作“山镇”。

记》云：泰山洞天周回三千里，鬼神之府。刘向《列仙传》云：岱宗石室中，上下悬绝，其中金床玉几。《尸子》曰：泰山之中有神房、阿阁[①]。张华《博物志》云：泰山，天帝之孙[②]。

右自《禹贡》以逮《通志》，其言大都云耳。惟《道藏》以下，或极夫蟠亘而侈言之，或即夫柴望之地而约言之也。要之，岳主其巅，牧治其址，而柴望其重也。是故大观而广志焉，而惟兹是详。若夫天孙神房、金床玉几之说，则古人谈玄记异、游仙搜神之意，亦稗官野史之不废云。

狩典

狩典何志？帝王之东巡狩也。志遗夫秦也，而汉唐以下，有书焉，有弗书焉，或狩而书幸焉者何？曰：弗书也者，弗与乎狩也。书幸者，变例也，亦弗与之意也。粤昔先王，建国以亲诸侯，省方以观民俗，于是乎有巡狩之典焉，凡以为民而非私也。后世侈以登封，私以徼福，淫于盘游，皆非所以为民也，故曰弗与乎狩也。

唐虞天子五载一巡狩，岁二月，东巡狩，至于岱宗。礼制见《舜典》。

夏后氏因之。

周制十二年一巡狩，岁二月，东巡狩，至于岱宗，覲诸侯于明堂。明堂说，见《遗迹志》；巡狩礼制，详见《周礼》及《文献通考》。

汉光武皇帝建武二十年十月，东巡狩，至于岱宗。

章帝元和二年正月，东巡狩，柴告岱宗。幸奉高，祀五帝于汶上明堂。明堂说见《遗迹志》。

---

① “阿阁”下，《尸子》（华东师范大学出版社2009年版，下同）有“帝王录”三字。

② 泰山天帝之孙：张华《博物志》（中华书局2019年版，下同）作“泰山一曰天孙，言为天帝孙也”。

安帝延光三年二月丙子，东巡狩。辛卯，柴告岱宗。

魏明帝东巡狩，凡三至岱宗，所过存问高年，恤疾苦，或赐谷帛。

唐高宗麟德二年，幸东岳。后三年封禅。

望典

志望典何？秩祀以崇礼也。夫祀，莫大乎天地，而五岳次之。矧夫天子四望，怀柔百神，而岱则首焉，恶可以弗慎且重与？乃若非分而祀之之谓儌，非礼而尊之之谓渎，不有圣人之教，其孰能知之？是故我高皇帝之于岳也，正名有制，郊望有坛，遣望有告，可谓秩之以礼，而度越唐、宋、胡元有以哉？贻谋作训，列皇承之，万世可则。若夫公卿百执事凡有事于祠者，体国事神，皆所以为民也，故得以附书之。

《舜典》：岁二月，东巡守，至于岱宗。柴，望秩于山川。

《王制》：岁二月，东巡狩①，至于岱宗，柴而望祀山川。

《周礼》：大宗伯……以血祭祭五岳②，小宗伯四望五岳。五岳视三公③。

《鲁世纪》：周公封于曲阜，伯禽为鲁侯，遂得主泰山之祀。

《春秋》：鲁僖公三十一年……夏四月，四卜郊，不从，乃免牲，犹三望。宣公三年④，公会齐侯于嬴。犹三望⑤。《公羊传》：三望者何？望祭也。然则曷

---

① 巡狩：《礼记·王制》作“巡守”。

② 以血祭祭五岳：《十三经注疏·周礼注疏·春官宗伯第三》作“以血祭祭社稷、五祀、五岳”。

③ 五岳视三公：此句出自《礼记·王制》，非源于《周礼》。按，《礼记·王制》曰：“天子祭天下名山大川：五岳视三公，四渎视诸侯。”

④ 宣公三年：当作“桓公三年”。按，《十三经注疏·春秋左传正义》：“（桓公）三年春正月，公会齐侯于嬴。”

⑤ 犹三望：《十三经注疏·春秋左传正义》作“（宣公）三年春王正月，郊牛之口伤，改卜牛。牛死，乃不郊。犹三望”。

祭？祭泰山、河、海。曷为祭泰山、河、海？山川、河、海有能润乎百里者[①]，天子秩而祭之。触石而出，肤寸而合，不崇朝而雨乎天下者[②]，唯泰山尔。……犹者何？可以已也[③]。何以书？讥不郊而望也[④]。《左氏传》：郑伯请释泰山之祀而祀周公，以泰山之祊易许田。三月，郑伯使宛来归祊，不祀泰山也。《公羊传》：天子有事于泰山，诸侯皆从。泰山之下，诸侯皆有汤沐之邑焉。《谷梁传》：许田者，鲁朝宿之邑也。邴者，郑伯之所受命而祭泰山之邑也。用见鲁之不朝于周，而郑之不祭泰山也。《文献通考》：郑桓公[⑤]，周宣王之母弟，封郑，有助祭泰山汤沐之邑，在祊，郑以天子不能复巡守故，欲以祊易许田，各从本国所近之宜。恐鲁以周公别庙为疑，故云已废泰山之祀，而欲为鲁祀周公，孙辞以有求也[⑥]。《礼器篇》：齐人将有事于泰山，必先有事于配林。

秦：始皇即帝位三年，东游海上，祠名山大川及八神。八神之次，二曰地主，祠泰山梁父。八神之祀，莫知所起，盖周之先已有之，始皇因之。及举封禅，亦祠泰山。

汉：高祖至武帝时，泰山属济北王境，内自奉祠。元狩元年，王以天子且封禅，上书献泰山，然后天子官领祠。元封五年，帝至奉高，修封，祠泰山。其后五年一修封，凡五祠焉。

宣帝神爵元年，诏太常制五岳常祀礼，皆使者持节，唯泰山与河岁五祠，余皆三祠。

光武中元元年，定北郊祀五岳。建武三十年三月，帝却封禅之议，幸鲁，退祭泰山。三十二年二月，帝举封禅，祭天于泰山下南方。又以一特牲于常祠泰山处，告祠泰山。

---

① 河海：《十三经注疏·春秋公羊传注疏》无“河海”二字。乎：《十三经注疏·春秋公羊传注疏》作“于”。

② 雨：《十三经注疏·春秋公羊传注疏》作“遍雨”。

③ 可以：《十三经注疏·春秋公羊传注疏》作“通可以”。

④ 望：《十三经注疏·春秋公羊传注疏》作“望祭”。

⑤ 桓：原作“栢”，据宋马端临《文献通考》（中华书局1986年版，下同）改。

⑥ 孙辞：《文献通考·郊社考》作“逊辞”。

章帝元和二年二月，幸祀泰山。《风俗通》：岱宗庙十月日合冻，腊月日涸冻，正月日解冻，皆太守侍祠。

魏：文帝黄初三年，祀五岳。

晋：成帝咸和八年，立北郊，五岳从祀。

梁：令郡国有五岳者，置宰祀三人，以孟春、仲冬祠之。

后魏：景穆帝立五岳庙于桑干之阴，每岁遣祠官诣诸岳镇祷焉。

唐：武德、贞观制，以五郊迎气之日祭五岳，又祭东岳于兖州。

玄宗开元初，五郊迎气之祭如旧制祝文见后。开元十三年，封泰山神为天齐王，礼秩加三公一等。是时，天台道士司马承祯言：今五岳神祠，是山林之神也。五岳皆有洞府，有上清真人降任其职，山川风雨，阴阳气序，是所理焉。冠冕章服，佐从神仙，皆有名数，请别立斋祠。玄宗奇其说，敕五岳各置真君祠。故今道书称东岳太灵苍光司命真君云。

天宝元年、七年、八年，皆以岁丰遣官祭五岳。

德宗贞元二年，诏太常卿裴郁等十人，各就方镇祭岳渎。

宋：初，祭东岳泰山于兖州。

真宗大中祥符元年，封禅礼毕，诏加号泰山天齐王为“天齐仁圣王”。五年，加上曰“天齐仁圣帝”，命学士晁迥撰《天齐仁圣帝碑铭》，今存岳庙。

晁迥《碑铭》[①]：臣闻结萃为山[②]，丽无疆之厚载；升名曰岳，表奠服之崇丘。至若根一气以混成，媲四时而首出，作镇东夏，实惟岱宗。辨乎五方，设位冠配天之大；画为八卦，建标当出震之区。邃深连空洞之宫，翕习号神灵之府。夫其魁甲艮象，握制坤轴[③]，巉嶙碕礒，穹崇岧峣。天门路界于郁苍，日观势临于杲曜。列仙遁迹，存栖真之石间；永命储休，阏与龄之金箧。滋殖百卉，函育庶类。畜泄雷雨，吐纳风云。封之所以合元符，登之

① 晁迥《碑铭》：《泰山石刻大观·东岳天齐仁圣帝碑》作“大宋东岳天齐仁圣帝碑”。
② 萃：《东岳天齐仁圣帝碑》作“粹”。
③ 握：《东岳天齐仁圣帝碑》作“枙”。

所以小天下。近缀梁社，远瞩秦吴。控压海沂，襟带洙泗。邹人所仰，鲁邦是詹。肇生物之化权，盖颐贞之寿域也。古先哲后，诞膺骏命，披皇图，稽帝文，告成功，申大报，昭姓考瑞，刻石纪号。自无怀氏迄唐明皇，登封展采，布在方册者，罔不于兹矣。开元十三年，始封神曰“天齐王”，礼秩加三公一等。绵历五代，寂寥无闻。爰暨皇朝，勃兴嘉运，叶百姓与能之望，应真人革命之秋。太祖皇帝总揽英雄，鞭挞宇宙，勤劳四征，削平多垒，方混一于寰中。太宗皇帝纂隆洪绪，懋建皇极，斟酌道德，统和天人，乃绥怀于海外。然而艰难创业，缊畜贻谋[1]。勒崇奋炎，将底绩而未暇；开先遗大，知弃世而有归。粤惟崇文广武感天尊道应真佑德钦明上圣仁孝皇帝陛下，承鼎定之基，格盂安之世，显仁以育物，广孝以奉先。宣洽重熙，财成庶政。弭息戎旅，抚柔要荒。乘国步之密清，宅天衷于醇粹。因之以丰懋[2]，加之以阜康。席庆宗庙之重，游心帝王之术。长辔远御，大道坦夷，天衢于是乎嘉亨，德教于是乎渐被。戴日戴斗，聿遵朝聘之期；太平太蒙，尽入车书之域。垂衣在上，击壤在下。得以畴咨俊茂，博访幽隐，讲求典礼，包举艺文。接千岁之统，可炳仪于封祀；当万物之盛，宜昭告于神明。然犹务谦尊而益光，体健行而不息，冲晦藏用，渊默思道。俄而天休震动，上帝顾怀。真箓洊臻，灵心有怿；总集峻命，觉悟烝黎。逾金简玉字之文，等河图洛书之宝。承是秘检，发为蕃釐，霈泽开荣，普天受赐。新建元之号，易通邑之名，茂昭降祥，耸动群听。是时东土耆老，凑阙廷以上书[3]；南司宰辅，率官师以抗表。愿循考古之道，焕发升中之仪。弗获固辞，乃徇勤请。且以增覆载之高厚，扬祖宗之纯懿也。储峙供亿，悉出于县官；经启营缮，不烦于民力。大中祥符元年冬十月，具仪制，严仗卫，陈属御，跻介丘，斋心服形，奉符行事。群司奔走，百礼修明。集巉岩之巅，凌颢英之气。坛壝清肃，牲器纯备，玉币式叙，樽彝在列。奠献克谨，缴绎用张。晏娭交三神之欢，陟配崇二圣之位。举权火[4]，升高烟，示瑶牍以环观，建云台而特起。社首之礼，抑又次焉。咸秩无文，奉行故事。朝会赦宥，涵濡荡涤。采舆诵，求民瘼，旌前列，衍徽章。参用王制，著明皇绩。大猷

① 缊畜贻谋：《东岳天齐仁圣帝碑》作“蕴蓄诒谋”。

② 丰懋：《东岳天齐仁圣帝碑》作“丰楙”。

③ 凑：《东岳天齐仁圣帝碑》作“奏”。

④ 权火：《东岳天齐仁圣帝碑》作“爟火”。

克集，神实幽赞。故自始及末，见象日昭。史氏之笔，殆不亭缀[①]。则有非烟纷郁，太阳晏温。仙芝无根，菌蠢以含秀；醴泉无源，毖涌而善利。灵辉休气，嘉谷奇木。鳞介之宗长，翔游之品类，表异骈出，旷代绝伦。岂非受职修贡，发祥介福之征乎？人谓是山[②]，崇冠群岳，功侔造化，斯不诬矣！国家稽《虞书》四巡之首，原汉氏五祠之重，述宣邦典，申严祭法。奉正直聪明之德，罄精虔嘉栗之诚，为民祈禠[③]，与国均庆。封峦之后，复增懿号曰“仁圣天齐王”，盖以形容灵造，举褒崇之礼也，名称之义大矣哉！化工生物之谓仁，至神妙用之谓圣，登隆显赫，亦云至矣。复思严饬庙貌[④]，彰灼威灵，责大匠之职，议惟新之制。于是命使属役，协辰僝功。庀卒徒，给材用；兴云锸，运风斤。程土物以致期，分国工而骋艺。规画尽妙，乐劝忘劳，逾年而成，不愆于素。栋宇加宏丽之状[⑤]，像设贲端庄之容。凡所对越，肃恭逾至。四年春，举汾阴后土之祀，成天地合答之礼。宪章明备，上下交感。纯嘏既锡，大赉施及。圆首方足，式歌且舞。猗欤！间岁顺动，焜煌景铄，而皆拟圣明之述作，从英茂以飞腾。灼叙庆灵，奉扬殊贶。纪诸盛节，悉以命篇。布日星之华，配云雨之润。并刊凤藻，散畤龟趺，播洋溢之颂声，垂极蟠之能事。而志求象罔，顺拜崆峒。辟众妙之门，广列真之宇。非止卜永年于郏鄏，是将纳雅俗于华胥者也。又以太一五佐本乎天，太宁五镇本乎地，其位参两，鸿名可齐，特尊列岳，咸加帝号，由是奉升泰山之神曰“天齐仁圣帝”。乃命案驰道之东偏，直宸居之巽位，辟地经始，别建五岳帝宫，以申崇尚之礼焉。御制《奉神述》，诏中书，召侍从之臣，谕以制作之本意。观夫圣文之梗概，以为岱镇之大，辅于柔祇[⑥]，动植之所蕃息，泉源之所滋液[⑦]。至灵允宅，阴骘攸司。钟戬谷而有征，繄黎元之是赖。旧史具载，前王式瞻。著册封之典，严祀祠之礼[⑧]。增奉邑之数，申樵苏之禁。皆以仰不测之

---

① 亭缀：《东岳天齐仁圣帝碑》作“停缀”。
② 是山：《东岳天齐仁圣帝碑》作“是山也”。
③ 祈禠：《东岳天齐仁圣帝碑》作“祈福”。
④ 饬：《东岳天齐仁圣帝碑》作“饰”。
⑤ 栋：原作“揀”，据《东岳天齐仁圣帝碑》改。
⑥ 祇：《东岳天齐仁圣帝碑》作“祇”。后据文义径改“祇”为“祇”，不再出校记。
⑦ 泉源：原作“原源”，据《东岳天齐仁圣帝碑》改。
⑧ 祀祠：《东岳天齐仁圣帝碑》作“祠祀”。

明威，显无方之妙迹也。方今兵革偃戢，华夷会同，岁获顺成，物无疵疠，率由丕应，冥助永图。固当稽彼前闻，进其尊称。谓乎唐虞曰帝，商周曰王。夫商周之王，爵人臣而有素；唐虞之帝，奉神道而何疑？况其容卫等威，冠裳制度，极徽数以宿备，宜明体以相符[①]，因而成之，礼无违者。愿延景佑，普及含生。至乎哉！声动睿辞[②]，无私广大。坦然明白之理，沛然利泽之德。曲成司牧，俾臻富寿，有以见圣人之情矣。遂志勒石，遍立于五岳庙庭，从近臣之议也。是岁冬，并命使介，分诣诸岳，定吉日，饬有司。皇帝被法服，御朝元殿，礼行乐作，而临遣之。持节受册，衮冕相继，次叙而出，观者如堵，且叹文物声名之盛，未尝有也。使者奉诏讫事，率叶素期，於穆宏观，夐超千古矣。越明年，诏五臣撰辞，各建碑于岳庙。而臣浸渍皇泽，涵泳清徽，偶集凫雁之行，遂尘龙凤之署。预承纶旨，强叩芜音，曷胜眷奖？上以庆幸，宣明盛礼，叨奉册于秦城；润色贞珉，玷弥文于鲁岳。荷辉荣之稠叠，愧才学之空虚。燥吻濡毫，谨为铭曰：

节彼泰山，蟠亘大东。一气凝神，五岳推雄。势并凫绎，秀出龟蒙。崛起海表，目为天中。高摩霄极，俯瞰旸谷。神策斯秘，昌图可卜。物性钟仁，民居获福。鲁邦是常[③]，盛德在木。百灵渊府，三宫洞天。稷丘真隐，芝童列仙。白鹿方驾，飞龙命篇。宅其胜境，几乎大年。岳长曰宗，岁交曰岱。仰止巉岩，奠兹持载。寿域既优，神聪有赉。祷祀诞隆，寅威如在。千载兴运，八纮开基。武功荡定，文教缉熙。封禅缛典，祖宗制宜。逮夫圣嗣，方毕宏规。惟帝奉符，惟神佑德。茂绩其凝，皇猷允塞。嘉应沓臻，鸿祯靡测。芃芃丰衍，元元滋息。於赫灵庙，控带名区。有诏改作，俾受全模。协心董役，丰资庀徒。技殚功倍，雷动星敷。大厦咸新，群黎改观。窈窕靓深，峥嵘轮奂。肃穆威容，洁清几案。钦修允宜，肸蚃攸赞。功懋天作，泽从云游。式谐民望，昭报神休。殊号斯荐，前古匪俦。庶安亿兆，岂止怀柔？天帝之孙，复升以帝。出乎震宫，临乎日际。事固莫京，理亦潜契。树此翠碑[④]，腾芳

---

① 明体：《全宋文》（清严可均辑，苑育新校：《全宋文》，商务印书馆1999年版，下同）作“明艳”。

② 声动：《东岳天齐仁圣帝碑》作“鼓动”。

③ 常：《全宋文》作“当”。

④ 翠碑：《全宋文》作“萃碑”。

百世。

金：每岁御署祝版，命守臣侍祠。

元：至元二十八年，加上泰山“天齐大生仁圣帝”，岁一遣官祭岳祠。

国朝：洪武三年六月二十日[①]，皇帝制曰：磅礴东海之西，中国之东，参穹灵秀，生同天地，形势巍然。古昔帝王登之，观沧海，察地利，以安民主[②]。祝曰：泰山，于敬则致，于礼则宜。自唐始加神之封号，历代相因至今。曩者元君失驭，海内鼎沸，生民涂炭。予起布衣，承上天后土之命，百神阴佑，削平暴乱，正位称职[③]，当奉天地、享鬼神以依时。统一人民，法当式古。今寰宇既清，特修祀仪。因神有历代之封号，予起寒微[④]，详之再三，畏不敢效。盖神与穹同始[⑤]，灵镇一方[⑥]，其来不知岁月几何。神之所以灵，人莫能测，其职受命于上天后土[⑦]，为人君者，何敢预焉！惧不敢加号[⑧]，特以“东岳之神”名其名[⑨]。依时祭神，惟神鉴之[⑩]。岁春秋二仲月，泰安州祀礼，先丁祭一日。

御制《岱山高文》，文曰：岱山高兮，不知其几千万仞；根盘齐鲁兮，亦不知其几千百里。影照东海兮，巍然而柱天；益于民庶兮，兴云吐雾。神龙出乎其间，降祥则甘露垂于松柏，佳岁则滂沱遍于厚坤。冬则寒风时出岩壑，杂然而有声；百川林薮，森然而如雷。坤之所载世之山，首岱山也。至如旸谷之东方[⑪]，昧谷之西，日升月腾之处，人莫知其

---

① 洪武三年六月二十日：据《泰山石刻大观·去东岳封号碑》碑拓，此句当置于碑文最后。
② 民主：《泰山石刻大观·去东岳封号碑》碑拓作“民生”。
③ 称职：《全明文》（钱伯城、魏同贤主编：上海古籍出版社1992年版，下同）、弘治《泰安州志·制诰·祭文》作“称尊”。
④ 起寒微：《全明文》无此三字。
⑤ 与穹同始：《全明文》、弘治《泰安州志·制诰·祭文》作“与穹壤同始”。
⑥ 一方：《全明文》作“东方”。
⑦ 受命：《全明文》作“必受命”。
⑧ 惧不敢：弘治《泰安州志·制诰·祭文》作“予惧不敢”。
⑨ 东岳之神：《全明文》作“东岳泰山”。
⑩ 鉴之：《全明文》作“鉴知”。
⑪ 方：《四库全书》《全明文》均无“方”字。

端。吾某年狩于东方，或登峰顶，时闻天声万籁。岱山之高也哉！柱天之势，其可云乎？俄而风生万壑，云起诸峦，隐隐雷动百川，倏忽电掣万里长虹，此岱山之神至也。至则威灵百备，神之造化如此。少时，风静云收，电敛雷息，又百川之清泰。其岱山尤其高哉！其苍松也，始天地而生，倚丹崖而长。松之所以长，千寻不比；丹崖所以高，万仞何量？盖由太古之岁月，以至于今。苍松扫丹崖而莓苔不秀，丹崖映苍松而五色交辉。猿啼云树之杪，鹤舞日观之东，雕鹖盘旋乎深谷，虽扶摇不可得而升峰。於戏！登泰山而小天下，越大海而眇江湖，信哉！

望祝 祀祝、辞、记、碑序附

后魏

孝文帝《祭岱岳文》曰：造化氤氲[①]，是生二仪。玄黄既辟，山川以离。四流含灵，五岳苞祇[②]。并兼方象[③]，出纳望羲。岱宗穹崇，梁甫盘崛。青丘碕巇，春趾郁律。肇生庶类，启光品物。上敷神工，下融灵秩。载协化文，四气以溢。百王镌成，莫不兹室。太和十九年。

唐

维某年岁次月朔甲子，嗣天子某，谨遣某官某，敢昭告于东岳岱宗：惟神赞养万品，作镇一方，式因春始，谨以玉币牺齐粢盛庶品，朝荐于东岳岱宗。尚飨。右开元初定常祭仪祝。

国朝

维洪武十年岁次丁巳八月丁未朔，皇帝谨遣曹国公李文忠、道士吴永

---

① 氤氲：清陈梦雷编《古今图书集成·方舆汇编·山川典·泰山部》（广陵书社2011年版，下同）作“氛氲”。

② 苞祇：《古今图书集成·方舆汇编·山川典·泰山部》作“苞祗”。

③ 方象：唐徐坚《初学记·泰山》（中华书局1980年版，下同）作“万象”。

舆、邓子方，致祭于东岳泰山之神曰：朕荷上天后土之眷命，蒙神之效灵，以致平群雄，息祸乱，君主黔黎于华夏，统控蛮夷，于今十年，中国康宁。然于神之祀，若以上古之君言之，则君为民而祷，岁有春祈秋报之礼[①]。于斯之际，有望于神而祭者，有巡狩于所在而燎瘗者。今予自建国以来，十年于兹，国为新造，民为初安，是不得亲临所在而祀神也。特遣开国忠臣李文忠，道士吴永舆、邓子方以代予行，奉牺牲祝帛于祠下，以报效灵。自今以后，岁以仲秋诣祠致祭，惟神鉴之。尚飨。

洪武十一年，遣道士吴永舆、官行甫告曰：惟神灵峙方岳，钟秀后祇，主司生民，厥功允大。时维仲秋，礼当报祀，特命使者奉牺牲祝帛诣祠致祭[②]，伏惟鉴知[③]。尚飨。

洪武二十八年，遣神乐观道士乐本然、国子监生王济祭曰：昔者元运将终，英雄并起，民患兵殃。时予亦与群雄并驱，辑兵保民。上帝默相，山川受命效灵，所在必克。转战五年余，方乃兵偃民息，众乐生生之计，天下太平二十八年矣。今洪武乙亥四月间，广西布政司报：蛮夷酋长、龙州赵宗寿、奉议州黄世铁，不循治化，负国殃民。兵兴之事本重，既行，不敢不告。所以告者，兵行十万，各离父母妻子，途间饥饱劳逸，山岚瘴气，患者有之，此兵行之难。兵入其境，良民受害，且大军所过，荆棘不生，民惊且疑，未有不伤者也，此其所以告也。但欲瘴疠之方，化烟岚为清凉之气，俾殄渠魁，良民安业，军士速回，各得完聚，以养父母，是其祷也。然予未敢轻告上帝，惟神鉴之，为予转达。谨告。

洪武三十年，遣神乐观道士朱铎如、监生高翥祭曰：昔元末兵争，伤生者众。予荷皇天眷命，岳镇海渎山川效灵，诸将用命，偃兵息民，今三十年矣。兵燹之余，民方安定。迩来西南戍守诸将，不能昭布仁威，但知肥己虐

① 春祈秋报：《全明文》作“春秋祈报”。

② 祠：原脱，据《古今图书集成·方舆汇编·山川典·泰山部》补。

③ 惟：《全明文》作“维”。鉴知：《古今图书集成·方舆汇编·山川典·泰山部》作“鉴之”。

人，致令诸夷苗民，困窘而奋，怒攻屯戍，致伤戍守善民者。予非敢用兵，由是不得已，指挥诸将，帅兵进讨。然山川险远，彼方草木茂盛，烟岚云雾蓊郁之气，吞吐呼吸则人多疾疫。此行人众，各辞祖父母、父母、妻子，涉险远以靖边夷，以安中夏。万冀神灵转达上帝，赐清凉之气以消烟岚，早定诸夷，速归营垒，得奉祖父母、父母，眷属团圆，是其祷也。今年九月二十六日兵行，特遣人专香帛牲醴，先诣神所，谨告。尚飨。

维永乐四年岁次丙戌七月戊子朔二十六日甲午，皇帝谨遣道士严嗣安、监生马武致祭于东岳泰山之神曰：昔者奸臣构祸，屠害诸王以及于予，予不得已，以兵自救。赖皇天眷佑，岳镇海渎效灵，获定内难，遂安社稷。爰自即位以来，休养黎庶，普天率土，均视同仁。今安南贼人黎季犛及子孙黎苍，骄盈凶悖，屡犯边疆，又侵思明府禄州等处地方。予为宽容，不肯兴师问罪，但遣使谕使还地。黎贼巧词支吾，所还之地，多非其旧。还地之后，复据西平州，逼胁命吏，又侵宁远州地方，占管人民，杀虏男女。边境之人，数年之内，罹其荼毒，岂可胜言。况安南之人，受其祸害，不遗一家。占城之地，被其劫掠，已逾数岁。遣人告谕，冀其改过，罔有悛心，益骄益甚。予为天下之主，恭天成命，安忍坐视民患而不之救？今特命将出师，声罪致讨，实出予之所不得已。心在救民，岂敢用兵。尚念兵士远行，离其父母妻子，山川险阻，岚瘴郁蒸，跋涉劳勤，易于致疾。予惟念此，深用不宁，惟冀神灵，鉴予诚悃，闻于上帝，赐以鸿庥，潜消瘴疠，大振兵威，早获渠魁，永安遐壤。今年七月十六日兵行，特遣人致香帛牲醴，先诣神所，谨告。尚飨。

永乐五年，遣道士复生、监生张礼祭曰：比者安南逆贼黎季犛及子孙黎苍，逞凶肆暴，屡坏边疆，侵夺思明府禄州等处地方。予加宽贷，不肯兴师问罪，但遣使谕使还地。黎贼巧词支吾，所还地多非其旧。还地之后，复据西平州，又侵宁远州，逼胁命吏，占管人民，劫掠资财，杀虏男女。边境之民受其残酷，安南之人并被其害。诛求百端，老幼不宁，占城之地，累年遭其劫掠。予数遣人告谕，冀其改过。而贼稔恶日甚，罔有悛心。予为天下主，视民涂炭，安忍不救？乃命将出师，声罪致讨，志在吊民，岂敢用兵！实出于不得已。赖皇天后土眷祐，岳镇海渎效灵，将士奋志贾勇，悉扫荡其孽党，抚安其良善。尚念将士暴露于外，离其父母妻子，山川险阻，道里迢递。今天气炎热，恐岚瘴郁蒸，起居失调，易于感疾。予夙夜念此，寝食不宁。万冀神灵鉴予诚悃，闻于上帝，赐以鸿庥①，潜消瘴疠，俾降清凉，使将士安宁，百疾不作。特遣人致香帛牲醴，先诣神所祭告。尚飨。

维宣德十年岁次乙卯五月壬申朔十五日丙戌，皇帝谨遣泰安州知州胡宗敏，祭告于东岳泰山之神曰：予嗣祖宗大位，统理下民，夙夜惓惓，养民为务。上祈神灵阴隆助相，俾雨旸时顺，灾沴不生，百谷用成，民用康济，国家清泰，永赖神庥。谨以香帛，达予至诚，惟神鉴格。尚飨。

维正统元年岁次丙辰五月丁卯朔十五日辛巳，皇帝谨遣吏科给事中车逊，致祭于东岳泰山之神曰：越此东土，泰岳惟崇，民物奠安，厥功允茂。予嗣承大统，谨用祭告，惟神歆格，永祐家邦。尚飨。

正统三年②，遣泰安州知州胡宗敏告曰：朕祗御下民，永怀保恤，百谷长育，兹惟厥时。颛冀明灵，特隆敷祐，无灾无沴，时雨时旸，作岁丰穰，以谷黎庶。尚飨。

正统九年，遣翰林院侍读习嘉言告曰：予奉天育民，愧凉于德，致兹久旱，灾及群生，夙夜省躬，中心惓切。神司方岳，忧悯谅同，雨农以时，冥任其责③。特兹致祷，尚冀感通，弘布甘霖，用臻丰稔，匪予之惠，时乃神庥。尚飨。

维景泰元年岁次庚午闰正月丙午朔十五日庚申，皇帝谨遣礼部左侍郎

① 鸿庥：《古今图书集成·方舆汇编·山川典·泰山部》作“鸿休”。

② 正统三年：明胡瑄纂修《泰安州志·祭文》（弘治元年刻本，以下简称弘治《泰安州志》）作“正统二年”。

③ 冥任：弘治《泰安州志·祭文》作“宜任”。

仪铭致祭于东岳泰山之神曰：越兹东土，泰岳惟崇，民物奠安，厥功允茂。予嗣承大统，谨用祭告，惟神歆格，永祐家邦。尚飨。正统改元告同。

景泰二年遣工部右侍郎张敏告曰：天降膏泽，在风雨率其职；地涌甘泉，由岳渎效其灵。敷布天地之泽，施秘风雨，岳渎不得辞其责也。今岁雨旸时顺，所以泽万物者至矣；而独泉流不浃，所以灌百川者歉焉。河不由其道，而水决于海，泰山四济之源复秘[1]，南北漕运之渠日涸，此又何如？天地均有矜惠生民之心，神何独无奉若天命之意？务使河循故道，分溉朔南，而复诞布泉源，广慰舆望。神既有以塞其责，朕亦有以赖于神。神其鉴格，专候感孚。谨告。

景泰三年，遣太子太保兼都察院都御史王文，奉香帛太牢祭曰：兹者河流泛溢，自济宁州以南，至于淮北，民居、农亩，皆被垫溺，所在救死不赡，朕实伤切于怀。夫朕敷政以惠民，神出泉以泽物，皆上帝所命。今泉流溢于淮泗，灾害及于公私，伊谁之责？固朕不德所致，神亦岂能独辞？必使泉出得宜，民以为利而不以为患，然后各得其职，仰无所负而俯无所愧。专候感通，以慰悬切。谨告。

景泰四年，遣刑部尚书薛希琏祭曰：神奠镇兹土，以庇利为职，比闻连岁伏阴，雨雪过多，农事艰举，人民乏食困毙，不胜朕心悯恻。此固朕之不德所致，然念明神受育民之责于天，其任惟均，而神则又独司阴阳阖辟之机，物理变化之运，忍令此沴为民病乎？咎固当归于朕，神亦焉得而辞？故敢以告。尚冀神庥，大布阳和之惠，溥成发育之功。专候感通，以慰舆望。谨告。

景泰四年，遣翰林院编修王佺，以香帛牲醴告曰：国以兵民为本，兵民以食为天，仁政所先，孰加于此？方秋百谷将实，重以漕运方殷，雨泽罕敷，河流多决。兵民所望，畴当副之。夫朕为国子民，而神为民捍患，

---

① 四济：弘治《泰安州志·祭文》作“泗济”。

实皆天职然。有司存朕所能为，岂敢畏难于朝夕！神之易举，讵可辞劳于指麾。沛膏雨以作丰年，助顺流而为通道。愿有祷也，冀无负焉。谨告。

景泰五年，遣太常寺少卿李宗周赍香帛牲醴祭曰：兹者农务方殷，田畴阙雨，发生罔赖，朕心恻然。神主兹方，冀不异此，雨旸寒燠时若，在神尚运神功，弘布膏泽。民物享阜安之福，神益彰庇利之仁。专候感孚，以慰恳祷。谨告。

景泰六年，遣刑部尚书薛希琏，奉香帛牲醴告曰：恭承天命，重付眇躬，民社所依，灾祥攸系，志恒内省，政每外乖。或寒燠愆期，或雨旸逾度，田畴失利，谷麦不登，忧切民心，妨及国计，究推所自，良由在兹。然因咎致灾，固朕躬罔避。而转殃为福，实神职当专。夫有咎无功，过将惟一。转殃为福，功孰与均？特致恳祈，幸副悬望。谨告。

维成化元年岁次乙酉四月丁丑朔日，皇帝谨遣尚宝寺寺丞李木致祭于东岳泰山之神曰：惟神毓秀钟灵，永表东土，奠安民物，万世允赖。兹予嗣大统，谨用祭告，神其歆鉴，佑我国家。尚飨。

成化四年，遣巡抚山东都察院左副都御史原杰告曰：比岁以来，多方灾沴。雨旸不时，我民用瘁。民之瘁矣，予曷为怀。神矜于民，忍降以灾。德泽崇深，孰与神侔？祈赞化机，溥天之休。责躬修行，予敢弗笃。庶几与神，同作民福。谨告。

成化六年，遣掌太常寺事、礼部尚书李希安告曰：迩者山东地方，爰自去秋，讫于今夏，天时久旱，泉流干涸，夏麦无成，秋田未种，运河浅涩，船运艰难，中心皇皇，深切朕念。惟神奠镇一方，人所恃赖，睹兹旱暵，宁不恻然？兹特遣官赍香帛以告于神，冀体上帝好生之德，默运化机，弘施雨泽，使田野沾足，河道通行，用纾朕虑，大慰民望。庶几神之休闻，永永无穷，神其鉴之。尚飨。

成化九年，遣礼部左侍郎刘吉祭曰：朕奉天命，统理下民，御灾捍患，实神是赖。今岁山东久旱，灾异并臻，人民缺食，艰难流运，死亡者众。

守臣以告，朕心恻然。惟神庙食此上[1]，作镇一方，见此困穷，宁不矜悯？用是特遣廷臣，远诣祠下，洁齐备仪，为民请命。伏望明神，大彰灵应，潜斡化机，时赐膏泽，用成岁丰。变灾异以为祯祥，易贫困而为富乐，庶称朕事神育民之意。中心恳切，惟神鉴知。谨告。

成化十三年，遣山东布政使司左布政使陈俨告曰：国家敬奉神明，聿严祠祀，所期默运化机，庇佑民庶。乃近岁以来，或天时不顺，地道欠宁。或雷电失常，雨旸爽候。或妖孽间作，疫疠交行。远近人民，频遭饥馑，流离困苦，痛何可言！恻然于衷，罔知攸措。惟神奠镇一方，民所恃赖，睹此灾沴，能不究心？是用特具香帛，遣官祭告。尚冀体上帝好生之德，鉴予忧悯元元之意，斡旋造化，弘阐威灵[2]，捍患御灾，变祸为福。庶几民生获遂，享报无穷，惟神鉴之。尚飨。

成化二十年，遣山东布政使戴珙祭曰：朕自在位，余二十载。礼神恤民，夙夜在念。何去秋至冬，雨雪全无。方今春首，地震京师。牟麦无收成之望，士民怀艰窘之忧。朕心恻然，惓切曷已！惟神奠位东方，为群岳首，久享民祀，宁不究心？兹特遣人致香帛，用告于神。尚冀弘阐明灵，参赞造化，默夺潜消。俾雨旸时若，物阜民康，宗社奠安，而神亦血食永永矣。尚飨。

成化二十一年，遣巡抚山东都察院左副都御史盛颙，告曰：惟神自开辟来，作镇东土，兴致雨云，茂育万物，灵明克昭，蒸民攸赖。是以历代报祀之典，有隆无替。乃今岁二、三月间，震动数次。意者人事不修不齐，渎神弗安弗宁。守臣疏达，朕心忧惶。祗备香帛，命官往祭。望乔岳以虔祈，冀鉴临而奠位。助司元化，诞福斯人。夫古今瞻仰者在兹，国家钦崇者在兹。谨告。

---

① 此上：当作“此土”。

② 弘：《古今图书集成·方舆汇编·山川典·泰山部》作“洪”。

成化二十三年，遣礼部左侍郎黄景祭曰：今岁自春及夏，天时亢旱，雨泽不降，田苗枯槁，黎庶忧惶。予甚兢惕，侧身修省，虔致祷祈，维神矜民，宁不旋斡大化，霈甘泽，以滋禾稼，以济民艰，庶民有丰稔之休，则神亦享无穷之报。谨告。

维弘治元年岁次戊申三月乙丑朔十三日丁丑，皇帝谨遣大理寺右少卿李介致祭于东岳泰山之神曰：惟神毓秀钟灵，永表东土，奠安民物，万世永赖。兹予嗣承大统，谨用祭告，神其歆鉴，佑我国家。尚飨。

弘治四年，遣通政司左通政元守直祭曰：伏自去岁一冬无雪，今春天时亢旱，雨泽愆期，田苗枯槁，黎庶忧惶，予甚兢惕。用是侧身修省，虔致祷祈。维神矜悯下民，斡旋大造，早霈甘泽，润滋禾稼，弘济民艰。庶民有丰稔之休，则神亦享无穷之报[①]。谨告。

弘治六年，遣巡抚山东地方都察院左佥都御史王霁祭曰：伏自去冬无雪，今春少雨，田禾未能播种，黎庶实切忧惶，予甚兢惕。用是侧身修省，虔致祷祈。惟神矜悯下民，斡旋大造，早霈甘泽，以滋禾稼，以济民艰。庶民有丰稔之休，则神亦享无穷之报。谨告。

弘治七年，遣内官监太监李兴、太子太保平江伯陈锐、右副都御史刘大夏、右佥都御史熊翀以香帛告曰：比者黄河不循故道，决于张秋，东注于海，既坏民田，又妨运道。特遣内外文武大臣，循行溃决之处，督工修筑。神其默相，用成厥功。使农不失业，国计不亏，不胜惓惓愿望之至。谨告。

弘治十年，遣巡抚山东地方都察院右佥都御史熊翀祭曰：自去冬今春以来，亢旱为虐，雨泽少降，麦田枯槁，田野荒芜。黎庶忧惶，予甚兢惕，侧身修省，虔致祷祈。惟神矜民，斡旋造化，大霈甘泽，以济民艰。庶年谷有丰稔之祥，则神亦享无穷之报。谨告。

① 无穷：《古今图书集成·方舆汇编·山川典·泰山部》作“无疆”。

弘治十五年，遣御马监太监李瑾祭曰：惟神气钟灵秀，职主发生，作镇东邦，群黎仰赖。兹者特遣内臣，祇奉香帛，用伸祭告，上答洪休，伏冀神明，俯垂昭鉴，愈彰仁惠，永祐家邦。尚飨。

弘治十六年，遣内官监太监齐玄祭曰：惟神作镇东方，发生品汇，斯民允赖，在古攸崇。朕自即位以来，秩祀弥谨。兹者重修庙宇，工已告成，载立丰碑，用彰功德。特遣内臣，赍奉香帛，修设斋醮，仰祈神鉴，永祐邦家。尚飨。

弘治十七年，遣都察院右副都御史徐源告曰：乃者亢阳为虐，雨泽愆期，炎埃翳空，土脉燥竭。田失播种，民罹阻饥。思厥咎征，深切祇惧。特兹斋沐，遣告神明。伏冀斡旋化工，早施甘澍，发生万汇，普济群黎，不胜恳切祈祷之至。谨告。

维正德四年岁次乙巳正月甲午朔越四日丁酉，皇帝谨遣山东布政使司左参政张文佐致祭于东岳泰山之神曰：今岁以来，雨旸愆候，田苗枯槁，黎庶忧惶。予心兢惕，虔致祷祈。惟神矜民，旋斡太和，式调和气，以济民艰。庶民有丰稔之休，神亦享无穷之报。谨告。

正德五年，遣户部左侍郎乔宇告曰：比者暵厉逾时，雨泽少降，水泉枯涸，运道良艰。意者政有乖违，上干叶气。予心警惕，内自省循，爰饬有司，各修乃事。粤惟齐鲁之地，泉源是钟，名山大川，神所居守。敬将香帛，特遣廷臣，仰冀明灵，斡旋大化，沛施甘泽①，浚发河流。庶使国饷疏通，田禾畅茂，民生有赖，邦本无疆。谨告。

正德六年，遣山东等处承宣布政使司右参议徐永告曰：去岁以来，宁夏作孽，命官致讨，逆党就擒，内变肃清，中外底定，非承洪佑，曷克臻兹！因循至今，未申告谢。属者四方多事，水旱相仍，饿莩载途，人民困苦，盗贼啸聚，剿捕未平。循省咎由，实深兢惕。伏望神慈昭鉴，幽赞化

① 甘泽：《古今图书集成·方舆汇编·山川典·泰山部》作“膏泽”。

机，灾沴潜消，休祥叶应，佑我国家，永庇生民。谨告。

正德七年，遣山东等处承宣布政使司左参政张津祭曰：近岁以来，群盗为梗，生灵被害，在在有之。命将徂征，稍臻平定，余灾未殄，尚累天和。水旱相仍，妖祥叠见，永思厥咎，良切疚心。爰与群臣，饬躬修政，同期昭格，庸迓神庥。伏冀神明，悯兹黎庶，转灾为福，绥我家邦，不胜惓惓恳祷之至。谨告。

维嘉靖元年岁次壬午三月戊申朔越十五日壬戌，皇帝谨遣詹事府掌府事吏部尚书兼翰林院学士石珤致祭于东岳泰山之神曰：惟神毓秀钟灵，永表东土，奠安民物，万世允赖。兹予嗣承大统，谨用祭告，神其歆鉴，佑我国家。尚飨。

嘉靖十一年，遣泰安州知州李旼祭曰：惟神钟灵孕秀，镇奠一方，阴翊国家，其来尚矣。朕以寡昧，恭承天命，十有一年于兹，敬事神祇，罔敢少懈。顾储宫未立，恒切于怀。兹者特具牲帛醴齐，遣官虔祷。伏望茂著神功，锡予元嗣，则我国家绵庆祀于无穷，而神亦享福于有永矣[①]。伏惟尚飨。

嘉靖十七年，遣泰安州知州丁方祭曰：比岁尝命官祷嗣于神，昨丙申孟冬之吉，仰荷天赐元储，亦神所赞佑者。兹用致谢，神其鉴歆而永惟默佑焉。尚飨。

维嘉靖三十二年岁次癸丑闰三月丁未朔越二十八日甲戌，皇帝遣巡抚山东地方都察院右副都御史沈应龙，致祭于东岳泰山之神曰：朕祗奉天命，主宰万民，夙夜兢惕，靡敢怠遑[②]。兹者淮徐守臣奏称，去夏以来，黄河涨溢，水患异常，堤岸冲决，民舍淹没，运道淤塞，百姓阻饥，不能聊生，朕闻之恻然。惟神雄镇一方，永飨秩祀[③]。兹宜体上帝好生之德，捍患御灾，

① 福：《古今图书集成·方舆汇编·山川典·泰山部》作“福祚”。
② 怠遑：《古今图书集成·方舆汇编·山川典·泰山部》作“怠荒”。
③ 飨：《古今图书集成·方舆汇编·山川典·泰山部》作“享”。

俾浚筑工成[①]，水循故道，民安常业，漕运疏通，惟神之显庥。币帛将诚，神其鉴之。谨告。

维嘉靖三十三年岁次甲寅二月壬申朔十八日己丑，皇帝遣巡抚山东地方都察院右副都御史沈应龙，致祭于东岳泰山之神曰：比因河水涨溢，粮道梗阻，已经遣官祭告。兹者明神显应，修浚工成[②]，河通运达，国计有裨。特兹致谢[③]，惟神歆鉴。谨告。

维嘉靖三十三年岁次甲寅四月辛未朔十二日壬午，皇帝遣巡抚山东地方都察院右副都御史沈应龙，祭告于东岳泰山之神曰：朕奉天命，子育万民，所冀岁稔时和，灾害不作。尔者各处地方，水旱兵荒，人民遭厄，危亡载路，灾变异常，朕心忧惕。惟神上奉帝命，奠济一方，谅垂矜悯。爰命洁士，赍捧香帛，特遣抚臣，备仪竭虔，诣祠致祭。所冀明神，大彰灵应，潜斡化机，俾气序顺调，雨旸时若，弭解灾劫，溥资丰泰。庶同朕奉天子民之意，而神亦享祀于无穷矣[④]。谨告。

祀祝

后魏

高允《祭岱岳文》：正趾坤元[⑤]，作镇东夏。齐二仪以永固，崇至德以配天。故能资元气以造物，协阴阳而变化。若其岩岭峭峙，川谷幽深，神怪谲诡，倏忽百灵，吐纳风云，育成万品，摄生之所归焉，祯祥之所萃焉。是以历代帝王之崇，封禅铭功，以告其成，七十二君，咸在兹焉。自非功侔造化，应同自然，孰能若此者哉？自我国家，肃恭禋祀，怀柔百神，邦

① 工成：《古今图书集成·方舆汇编·山川典·泰山部》作“功成”。
② 工成：《古今图书集成·方舆汇编·山川典·泰山部》作“功成”。
③ 特兹：《古今图书集成·方舆汇编·山川典·泰山部》作“兹特”。
④ 享祀：《古今图书集成·方舆汇编·山川典·泰山部》作“享惠”。
⑤ 趾：《古今图书集成·方舆汇编·山川典·泰山部》作“址”。

域之内，罔不咸秩。往以天路未夷，虽望祭有在[1]，今大化既同，奄有淮岱，谨荐于岳宗之灵。尚飨。皇兴二年。

宋

欧阳修《祭东岳文》：修此者获解郡章[2]，许还里閈，方巾车而即路，属暑雨之时行。辄以愚诚，仰干大造，蒙神之惠，赐以不违。吹清飚而散阴，暴秋阳以涸辙，遂无道路之阻，得返草茅之居。荷德之深，不知为报[3]，一觞之洁，谨用荐衷[4]。

济南守曾巩《告岱岳文》[5]：去岁之旱，有请于神。蒙畀嘉泽，田则大稔。今春河役，发民二万。更迭赍送，众又倍之。盖此齐人，出者几半。迨其反室，维夏之初。劳费既深，又违穑事。夫民数岁[6]，乃遇一稔，敝之如此[7]。今二麦方苞[8]，而亢阳为虐。吏任其咎，所不敢逃。惟民何辜，赖神终惠。能致云雨，则实在神。尚其念之，敢告[9]。

惟神含德体仁，镇兹东夏。兴云致雨，泽施八纮。今此齐邦，近在山趾。方夏久旱，麦苗将萎。吏思其繇[10]，奔走群望。而人微言贱，不能上动。频阴复散，忽已兼旬。念此疲民，弊于征敛。方岁之富，食常不足。一遇灾害，必捐沟壑。惟神威烈，覆被群生。顾此比州，宜先蒙赐。岂伊灵眷，

① “有在”下，《古今图书集成·方舆汇编·山川典·泰山部》作“旅告终阙”。
② 此者：《欧阳修全集·祭东岳文》（中华书局2001年版，下同）作“某比者”。
③ 为报：《古今图书集成·方舆汇编·山川典·泰山部》作“所报”。
④ “荐衷”下，《欧阳修全集·祭东岳文》有“尚飨”二字。
⑤ 《告岱岳文》：据《曾巩集·祭文》当作《岳庙祈雨文》。
⑥ 岁：《曾巩集·祭文·岳庙祈雨文》作“载”。
⑦ “如此”下，《曾巩集·祭文·岳庙祈雨文》《四部丛刊·元丰类稿》（上海书店出版社2018年版，下同）有“其几尚完”四字。
⑧ 苞：《曾巩集·祭文·岳庙祈雨文》《全宋文》作“包”。
⑨ 敢告：《曾巩集·祭文·岳庙祈雨文》《四部丛刊·元丰类稿》均作“故敢以告”。
⑩ 繇：《曾巩集·祭文·泰山祈雨文》作“由”。

独忍遗之。是用饬遣士民[①]，布诚祠下。情穷词急，冀获哀矜。使一雨霈然，则倒悬可解。尚其降鉴，无作神羞。

维泰山，历古至今，有天下者，巡狩封禅，勒成告代，莫不之焉。或企足动容，卒莫能至。实卓伟殊尤[②]，神明之地，故天下宗焉。二典所记，其光灵威烈，焯示万世，夫岂他山可得而视！维齐鲁[③]，获仰而事，粒食缕衣，莫匪阴施。今邦不雨[④]，自四月以迄于兹。积水之泽，尘起冥冥。粟将槁死，蝗亦滋生。虽政或不良，足以致此，而百姓何罪，宜蒙哀矜。彼撮土之山，勺水之川，尚能与民为福，锡之有年。岂如泰山，朝出一云，暮泽天下，其势之易，易于转圜[⑤]。而比近托丽，顾不能怜，殆莫之或告，告或不虔。夫民之生，盖亦艰矣。无储与藏，重敛烦使，岁一不登，多滨于死。奸强无知，或起乘时，聚为盗攘，以取诛夷。循理安业，田间之民[⑥]，亦与俱亡，奚可不伤？巩受命天子，守藩于东，敢齐以严[⑦]，告于灵宫。惟神闵人之病，助岁之功，霈然下雨，变沴为丰。尚俾斯民，以牛羊黍稷，得承事于无穷。右三首俱祈雨。

臣愚，行为时之所背，言为时之所轻，寡俦少和，眇眇茕茕。奇于人而如此，敢望信于冥冥！属东辕而进谒，托斯文而荐诚。眷齐鲁之旧邦，依大镇之峥嵘。若旱魃之方骄[⑧]，忧岁事之不登。民且瘠于沟壑，或椎埋而死兵。冀聪明之响答，霈膏雨之霄零[⑨]。言丁宁以上诉，心懒恍而潜惊[⑩]。顾

① 是用：《曾巩集·祭文·泰山祈雨文》《全宋文》作“今是用”。
② 卓伟：《曾巩集·祭文·泰山祈雨文》作“卓玮”。
③ 维齐鲁：《曾巩集·祭文·泰山祈雨文》《四部丛刊·元丰类稿》作“维齐与鲁”。
④ 邦：《曾巩集·祭文·泰山祈雨文》《四部丛刊·元丰类稿》作“二邦”。
⑤ 圜：《曾巩集·祭文·泰山祈雨文》作“圆”。
⑥ 田间：《全宋文》作“田闾”。
⑦ 齐：《曾巩集·祭文·泰山祈雨文》《四部丛刊·元丰类稿》作“斋”。
⑧ 若：《曾巩集·祭文·泰山谢雨文》作“苦”。
⑨ 霄零：《曾巩集·祭文·泰山谢雨文》作“宵零”。
⑩ 懒恍：《曾巩集·祭文·泰山谢雨文》作“惝恍”。

不能以谐世，将何以动夫威灵[1]！乃不知夫神与道而为徒，虽窅默而难明。其虚心也，物有来而必应；其公听也，无憎爱之常情。彼大虽自大，小虽谓小，吾与善而已矣，常一视而持平。故微衷得以上彻，利泽为之旁行。或噫为风，或震为霆。隐然雷出，霭然云蒸。洒甘霔以兼夕，灭灾气于无形[2]。盖西极于甸服，东属乎沧溟。人盈其望，物遂其生。黍芃芃而擢秀，粟薿薿而敷荣。使时沴遂熄，年功可成。人食丰乎钟鬴，神祀衍乎粢盛。民相安于田里，吏无用于威刑。信大恩之莫报，而至德之难名。愚所以意激而感深者，方涉世之零丁。荷降监之不昧[3]，知忠信之可凭。敢因辞以进谢，愧抽思之匪精。右谢雨。

国朝

都御史陈凤梧《告岳文》：海内名山，惟五岳为尊。而神奠位东方，生长万物，于五岳之中又特尊焉。自唐以至于圣朝，历代崇祀，威灵烜赫。盖以一方之安危休戚，神有以主之也。辛巳之秋，凤梧备员东藩，尝谒告祠下，预祈有年。既而叨蒙圣恩，简任巡抚，夙夜弗遑，惟绥怀是事。壬午之春，以徂于秋，雨旸时若，感神之惠，于是乎有孚矣。是秋暨冬，矿寇突起于龟蒙之间，荼毒赤子，追捕出境，余丑渡河而南，益肆跳梁。顷者赖神之佑，会兵剿平，中原之地，获宁谧焉。惟是齐鲁之域，深谷茂林，奸慝潜伏，其患靡常。伏仗神威，锄凶化暴，使济河海岱寇盗不兴，水旱不作，熙熙然物阜民康，斯凤梧之责可少逭焉，而崇报之典，其曷敢有忘！谨以牲醴，特伸祭告，惟神其鉴之。谨告。嘉靖二年。

泰安守许应元《告岳文》：元闻之，含泽布气，肤寸而合，不崇朝而雨天下，惟泰山之神为然。元以迂菲，出守兹土。始入境，问民之所欲，曰：

① 何以：《曾巩集·祭文·泰山谢雨文》无“以”字。
② 灾气：《曾巩集·祭文·泰山谢雨文》作“害气”。
③ 降监：《全宋文》作“降鉴”。

岁荐旱，畛莩而逋且半，诚得雨，殆其有苏！惟时元神志不一，衣裳不洁，不敢以徼于明神，屏息而待命者旬再矣。嘉谷未播，麦苗且槁，而沛泽靳于先施，是神之虐罚兹土者无已也。罢惫之民，不任亟毒，即守土者无状，宜降厥殃咎，彼蠢蠢者，诚可哀怜。敢率僚吏，竭诚以祷于明神。惟明神卒降之惠，俾无槁于道路。报神之德，曷其有极！尚飨。嘉靖十二年。

左布政使杨维聪《告岳文》：夫天下之山，莫尊于岳。然五岳之中，独岱以宗称，其名最著。滃然出云，肤寸而合，不崇朝而雨天下，其功最大。居于东方，实维生物之府，其德最盛。寰海之内，无有远近冲僻，罔不乡往，其神最灵。是故自古圣帝明王，必加敬焉，而况为有司者乎！维聪受天子命，长兹东土，典领方岳。莅任之初，得以职事过于祠下，牲醴之荐，敢有弗虔？重念维聪之不德，受兹重任，凡政之未平，民之未乂，风雨之未时，蝗厉之或作，皆有司之罪也。维聪不敢辞其罪，然于神有深望焉。默而相之，神之惠也，民之福也，非维聪之所敢私也。谨告。嘉靖十五年。

分巡济南道佥事卢问之《祭岳文》：夫惟神有奠镇区域之功，惟问之有抚治地方之责，事存分际，理通感孚。顷以按部之余，遂兴悯农之念。意以旰旱之灾，吾亵天慢民者之过也。用是省躬布戒，率守吏大小虔告，重荷洪庥，遄赐昭格。而山上之云，触石而起，肤寸而合，不崇朝而雨，待哺之民有望，而催租之吏不忧矣。其功之速之大，实显佑于东土。问之临风兴怀，殊切瞻望。谨命有司，崇修樽豆，仰答神功。尚飨。嘉靖十六年。

都御史端廷赦《告岳文》：茫茫后土，五岳盘薄，神之为宗，威灵铄铄。上扶乾纲，风雨时若，下握坤轴，是耕是获。恢我皇度，灵长有托，庇我蒸人，湛渊寥廓。凡此神功，振古如昨。廷赦奉命抚兹，礼当谒神。谒神之初，敢干神政，匪诞匪私，为民请命。夏涝为灾，冬旱复甚，阳侵阴伏，实行春令，二麦若稿，斯民之病。惟神依民，惟民依食，胡忍视民，以至此极！将神之怒，抚臣之失，罪在抚臣，民则何慝。伏望阴翊化工，昭锡灵贶，兴云降雪，慰兹渴望。如有佚罚，抚臣甘之，毋使斯民，横言罹之。式号以呼，神其听之。尚飨。嘉靖二十三年二月。

《谢岳文》：廷赦抚按无状，获戾神明，致兹冬旱，用是皇皇靡宁，匍匐祠下，为民请命。蒙神降鉴，旋收杲日，大布重云，霰雪先集，霡霂继益，沾足优渥，其应如响。吏民罔知，咸归于廷赦。自分罪愆，顾有何德可以动神，何诚可以感神[①]？实神正直仁慈，不忍以廷赦之故，累及元元。显贶休烈，礼当报谢。廷赦既荷神宥，自今伊始，益当磨光刮垢，力询民瘼，以求不为神羞，惟神祐之、鉴之。尚飨。嘉靖二十三年十二月。

巡按山东监察御史郑芸《告岳文》：惟神萃造化之灵秀，显仁威以配天。峻德独宗于诸岳，巍功茂对于八埏。崇古今之封秩，为齐鲁之具瞻。五征时应，六府奠安。芸钦承上命，揽辔兹方，风裁是秉，惟神之纲。春生秋杀，慝激淑扬，爰及藩臬，降鉴有光。精神默契，敢不肃将，祗陈牢醴，维修典常。明禋载献，维神是匡。利奏肤功，宪度孔昌，下土永赖，赫奕用章。尚飨。嘉靖二十三年。

博兴丞盛楷《告岳文》：伏睹万物发生，四海仰德，凡此下民至诚，供献惟恐不及，而珠玉香帛，金缗牛马，恒以万亿计。以禆邦国，以宽疲民，其余以颁羽人，使给衣食，是皆神之贶也。凡我司委积者，其或从而侵渔之，攘窃之，衣冠之盗，有甚于穿窬之盗也。嗟乎！民则施之，官则攘之，见利忘义，不过为肥家计耳。记曰：君子不家于丧。矧吾民之奉神者，而忍攘窃乎？是可忍也，孰不可忍也！夫窃民之供献者，近作身孽，远作子孙殃，神其殛杀之无赦！夫攘神明之物，与窃牲牷者，又何别乎？楷敬爇瓣香，敢与神誓：如静言庸违，蚤加阴谴，俾不生还乡土，以为永戒。谨告。嘉靖二十五年正月。

① 何诚：原作“何諴”，据《岱史·望典纪》改。

巡抚都御史王忬《告岳文》：盖闻懿垂编录[①]，休翊明时，以雄长乎五岳者，神之大造也。触石而出，肤寸而合，不崇朝而雨天下者，神之能事也。至于奔走天下，积致贿施，以利赖此一省者，又神之颛惠也。则夫雨旸时若，固神之当先及，而亦一方之所私望者矣。乃不雨自春，迨将中夏，达乎四境，且害三时，麦已罔秋，禾岂望岁？夜倬云汉，昼苦风霾，下民其咨，上天有憾，神之所以急此一方者，不其爽欤？且忬受命抚兹，图惟保釐，弹厥心力而已。云行雨施，实仰明神焉，势分固尔也。抑忬及庶司，或阴蓄愆罪，有乖感假，则神宜罚及厥身。顾斯民何辜，代服政者罹此荼毒！聊谨斋明思省，遣教授胡大庆告此雩事，神其欻崇朝之灵，渥千里之利，则岂惟忬与一方之人慰答其望？虽神之取信天下，辉映今古，或亦攸系矣。惟神其听之哉！尚飨。嘉靖三十一年五月。

巡抚都御史沈应龙《告岳文》：夫岳之灵，岂直以崖奔岭蹙，谷抱溪回，崛起重险，为一方镇哉？盖将赖以橐籥玄机，鼓荡元精，御灾捍患，流福生民，保卫邦家也。矧夫岱灵，甲群峰而特峙，尸摄生之神工，肸蠁芬芳，独盛千古，奔走万方，为天下望，诸岳之长者欤！乃者春则恒阳，二麦罔秋；夏则恒雨，民鲜粒食。所谓国泰呈瑞，时讹反珍者，胡罔时锡。岂天灾流行，虽圣世有所不免耶？应龙承乏抚绥，保釐东土，山川之神，实叨主之。乃历巉岩，排蒙茏，升青丘，陟春址，以修祀事，以祝景贶，以佑斯民，以祈不负于圣天子怀柔百神、肃恭明禋之典。匪徒以好古饕奇、俯瞰虚廓、仰眺寥泬，为游观乐也。维岳配天，尚弼予志，遹彰休佑，大康是邦。奠圣祚于苞桑，巩皇图于永固，则庶乎岱宗之标奇于齐鲁者为益信，而封禅于列圣者期不诬也。惟神其念之哉！尚飨。嘉靖三十一年十一月。

《祈雨文》：天地生万物，所以奉而行之者，神之职也。圣天子养万民，

① 编录：原作“编绿”，据《岱史·望典纪》改。

所以奉而行之者，应龙等之职也。今山东诸郡，旱已大甚，麦苗就稿，万姓皇皇，饿莩之形渐多，潢池之警日报，此应龙等日夜忧惶，计不知其所出也。应龙等寡昧，保釐失职，贻民荼毒，罪固难辞。惟神聪明正直，能兴云雨，亦可失职而甘受天地之罚乎？应龙钦承上命，敬共明祀，特申祇告，敢为万民乞命。伏愿鉴此精诚，斡旋造化，甘霖沛澍，四墅沾足，枯稿复苏，三农慰望。尚期消患于将萌，转祸而为福。应龙等仰荷明神无穷之锡，而神亦有无穷之休，神其听之。尚飨。嘉靖三十二年闰三月。

巡按山东监察御史冯荐《告岳文》：东土硗塉，地力远不逮古。赋役繁重，即有年，民亦流移。往遭水害，穷困不能自存，老稚在途，强壮啸聚，疾苦之状，不忍闻见。圣天子痛悯时艰，简重臣，出廪赈饥，而垂绝之生意复苏，然犹望今岁有秋也。迩麦亢旱，农事尽废，公私既竭，将曷以支？惟神震方名岳，能兴云雨，以生万物，古今祀典攸崇也。夫民有疾苦，官兹土者，分宜罢斥。窃恐神兹土者，心亦弗能自安！神宜仰体圣君之仁，俯从荐等之愿，诞敷灵液，以纾吾民之疾苦。神之德惠，将流被无穷矣！谨告。嘉靖三十二年闰三月。

巡按山东监察御史雍焯同布政司右参政林应亮，按察司副使牟朝宗、王教、王抚民、徐南金，佥事任希祖，都指挥佥事牛天赐《告岳文》：谨以牲醴，敢昭告于东岳泰山之神曰：於赫岱宗，秩祀有恒，神功丕施，毓物效灵。奠此震极，翊此坤宁。历代禋荐，酬德报成。迄我皇朝，典祀维明。焯等叨事兹土，肃将明馨，仰藉神贶，昭格用征，巩我鸿图，永跻丰升。尚飨。嘉靖三十三年十月三十日。

巡按山东监察御史段顾言，行役至止于泰安之阳，时维嘉靖戊午夏五之廿有五日也，斋沐，越二日甲戌，爰命有司，虔修牲醴，偕布政司左参议徐文通，按察司副使王世贞、李嵩，佥事王遴、张师价暨都司署都指挥佥事李春华，敢昭告于东岳泰山之神曰：於维大神，其将我假我歆也，不乎？予请先颂大神之茂育明灵，并予小子展祀之积忱微义，惟神昭察，方敢冀神之我临我享也。窃闻天地之大德曰生，而生生不息之元气、盛德气，钟焉凝焉，是曰泰山。夫泰，太和也，谓天地太和之气，尽此焉在也。衍之而时则惟春，而神实尸之；布之而方则惟东，而神实专之。大哉乾元！至哉坤元！胥兹乎生成而终始之，是所谓天地好生之府，而特为四岳之宗。乃若壁峙之峻极，盘薄之闳远，又非所论也。以故粤自有虞氏以迄昭代，咸秩祀而崇报之也固宜。予小子言，按部齐鲁，责在肃清，而激慝锄凶，若与大神之生道不相似者，然我心我精，我仪我诚，神将吐之乎？嗟乎！吾知其必弗尔矣。吾闻春生秋杀，玄化之流也；福善祸淫，明神之灵也。遏恶著良，大君宪天之政也。矧以生道杀之，而生生者斯无穷；以福机祸之，而福福者斯无穷乎？繄乃知大君显宪幽赞以成化，而予小子观风揽辔，又将以奉君之命而致之元元者也，果终异乎？於戏！神不享非礼之祀，君子不冥祀于不享之神，大神其以予之言为不戾耶？尚祈鉴我精诚，我假我歆，而毋予谴也。谨告。

济南府知府项守礼承藩臬之委，会同兖州府知府朱应奎经度泰山庙工《告岳文》：谨以牲醴庶品，昭告于天仙玉女碧霞元君之神曰：五岳司地，惟岱攸尊；百灵聚岱，惟神效坤。默运玄机，奠安东夏；明彰感应，骏奔天下。礼等分符列职，阜安民物，赖神之祥。敬恭自昔，斋心迩迩。牵于职守，不遑仰止。兹因圣上，乃眷于东。弘开内帑，大启神宫。经始之命，礼等是托。顾兹重任，夙夜祗恪。所愧凉德，清庙未明。宏基大趾，孰敢自庸。维神聪明，洋洋在上。启之谋猷，示之方向。佑我工匠，不日告成。民力以纾，圣心载宁。尚飨。嘉靖三十三年八月三十日。

祀辞

宋

鲜于侁《岳神辞》[1]：云蓊蔚兮山之巅，瞻岳灵兮望青天。崭岩嶕崒兮

① 岳神辞：《全宋文》作“岳神诵”。

磅礴无垠，巃嵸嵂崪兮宁一以为仁。草木杂而罗生兮人不可名，鸟兽蕃而走集兮虞不能知。因高错事兮道此跻升[1]，登岱勒成兮胡为而七十二君。齐余心兮不外，高余冠兮甚伟。撷芳杜兮为衣，掇紫芝兮作佩。柏实兮松华，石髓兮兰英。蕙肴陈兮玉案，明水湛兮清尊。诚拳拳兮不解，寐接神兮恍若有言。嵩高峻极兮生甫与申，周道将明兮宣以中兴。水旱不常兮虫螟以灾，稼穑卒荒兮民生流离。劳来安集兮之子之功，祐此下民兮宁遣遗神羞。

国朝

御史张铎《迎神辞》：雨滃滃兮风飒飒，望神君兮驾赤螭。魂恍恍兮远阻，驰峻坂兮陟长岐。望舒为御兮霞为裳，丰隆前导兮电为旗。迢遥戾止山东涯，苍虬玄豹何纷披。神驹宝马森相随，琼琚络佩声累累。凤凰衔珠光陆离。纷屡舞，献瑶卮，坎坎击鼓扬巫师，愿镇坤维兮祀事孔时。

《送神辞》：雨忽散兮云英英，送神君兮驾太清。天衢缥缈兮不可挹，忽侘傺兮心惊。龙翼辅兮骈阗，虎服厢兮纵横。驰驱海岳返瑶京，霓裳霞帔俨同行。玻璃流光照空明，玉童时罢云和笙，琼宫宝宇寂无声。歌万福，受瑶觥，陶陶嬉舞欢相迎，愿灵去而来兮奠此群生。

祀记

元

学士张起岩撰《祀东岳记》略：维岳奠兹东土，骏极于天[2]，为国巨屏。其方生气之所在，天地大德之所属也。故于时为春，于五行为木，于五常为仁，发祥效灵，自昔已然。肤寸而云，不崇朝而雨天下，它盖之莫与京也。七十二君之事虽无从考，然而享明禋，受嘉荐，其来尚矣。元统三年学士欧阳玄书，刻延禧殿前。

---

① 跻升：《全宋诗》（北京大学出版社1998年版，下同）作“跻陞”。

② 骏极：当作“峻极”。

奉符教谕田文举撰《代祀记》略：望秩山川，怀柔百神，此虞周之盛典也。历代以来，至于我元，岁举殷礼，崇尚祀典，复古之制也。甲申闰二月丁卯，皇上端拱九重，齐明盛服，敬授内八府宰相臣塔刺海、臣冲真明远玄静真人张德隆，以名香银盒、白金壹锭、锦幡一盒，驰驿以至岱宗祠下。是月二十七日，臣塔刺海等斋沐昭告，守土之官戮力协心，敬趋厥职，越二十九日己丑，致祭于东岳天齐大生仁圣帝，焚香祝颂，恪恭荐祼，三献肃雍，礼成而退。神之格歆，不崇朝而雨，田畴足润，年丰有望。实神岳之灵，以应天子敬恭神明之佳兆也。猗欤休哉！谨记。

翰林编修李绣《代祀记》：五岳在天地间，含泽宣气，裨赞化育，自昔为有国者所崇奉。而岱宗于次为尤尊且贵焉。圣元岁一遣使，致祀惟谨。祝称嗣天子敬遣某官某事，可谓严且重矣。至正十年庚寅月正元日，上御正朝，中书省臣奏，得旨：以宣政院副使臣桑哥、秘书少监臣贺方代祀东岳。既而以事不果行。省臣覆奏，以翰林国史院应奉臣李绣易方。越十又四日己巳，臣桑哥等偕诸道代祀官十人，入见明仁殿，皇上亲举香函，致敬以授使臣者。臣桑哥、绣乃捧香帛、祝白金，驰八乘传，即日就道。二十有二日丁丑抵祠下，翌日蒇祀，牲用少牢，酒果庶羞，精洁备具。将事之夕，端倪轩豁，万象呈露，小大执事，罔不闾怿。呜呼！神之歆此毖祀，锡羡降康，以答圣天子之至诚者，谅必有在，将命小臣，其何敢知？姑识岁月，以谂来者。

国朝

某姓德祐撰《敕祀东岳庙记》：洪武二年春正月初四日，群臣来朝，皇帝曰："朕自起义兵临濠，率众渡江，宅金陵，每获城池，必祭其境内山川。于今十五年[1]，罔敢或怠。迩者命将出师，中原底平，岳镇海渎，悉在

---

① 十五年：弘治《泰安州志》作"十有五年"。

封域。朕赖天地祖宗之灵，武功之成，虽藉人力，然山川之神，实默相予。况古者帝王之有天下，莫不礼秩尊崇，朕何敢违？”于是亲选敦朴廉洁之士往焉。臣德祐承诏，将事唯谨，二月二日祭祠下[1]，威灵歆格，祀事孔明，砻石镌文，用垂悠久。惟神发生万物，奠于东方，典祀既崇，纲维斯在，尚期阴阳以和，风雨以时，物不疵厉，民庶乂安，是我天子之所望于神明者，而亦神灵祚我邦家之灵验也。德祐姓缺，俟考。

翰林院侍读习嘉言《代祀灵应记》：去年秋不雨，冬亦不雪，今春妨东作麦，乃不有秋。皇上忧惕，四月癸卯，遣近臣十有七人，赍香帛，祷祠岳镇海渎暨钟山，宸衷尤惓切焉。嘉言忝遣，首得代祀东岳，时驰驿诣山东者三人，彼以沂山、东海也。比至，三司率官属远迓香帛，为礼甚恭。予语以祷祠之意，议分职助祷，于是宪使张君鹏偕行。五月壬子宿祠下，翌旦祇谒，予默祷曰：亢旱久矣，圣天子遣一介臣祷祠于神，神宜有所昭答焉。退偕张君令有司召民之出大牢及蔬果者，听自言其直，给以所赍钞，人人喜出望外。是日午雨，乙卯雨如注，丁巳又雨。戊午四鼓，序列祭具，星月如昼，既举三献礼，仰瞻神灵，若响若答。礼成，云倏以起，雨大作，移时方止。州之父老助祷者欢呼言：雨三日为霖，兹既幸见，奚可多得哉！遂再拜曰：皇帝子我恒矜，悯我既旱，祷以雨我，使我播种，以不饥困，恩德何其至哉！又曰：神利泽我者多矣，旱而有祷，辄雨矣，使旱不为灾，惠莫加矣。又曰：是雨也，固宸衷感通所致，良由神之克效夫灵应也，顾无所于报，愿皇帝寿万万年，神得歆禋祀于无穷也。时济郡守陈君安、泰安州守施守正暨寮属助祷者，谓灵应斯臻，盍属记于予？惟神以尊冠五岳，发育群物，灵应往日者岂少耶？殆未若今之捷于影响也。诚足副上意而慰民望矣。虽然，是岁之旱奚翅一方焉，所谓不崇朝而雨天下者，予尤有所冀也。正统九年五月。

① 祭：弘治《泰安州志》卷四作“祭于”。

礼部侍郎刘吉《代祀记》：成化癸巳夏，山东大旱，民饥，漕河浅涸，兼有黑风之异。皇上闻之矜恻，下诏蠲租赋，问民疾苦，发附近仓粮十有三万石，及内帑银四万五千两，钱六百余万缗为籴本以赈济。又念礼有逆时雨宁风旱之文，是不可缓也。特命臣吉赍祝币祭告东方山川之神，祭仪给于内帑，不烦有司。皇上恤民之心，无所不用其极。臣吉受命秉虔，兼程而进，首东岳庙下，戒有司修饬祀事，致斋三日。维时炎焰四赤，野土如焚，众情忧沮。及省牲之夕，忽有云起西南，若将雨状。未几，入夜果大雷雨，历三鼓乃止。肃恭将事，牲肥酒香，礼序乐和，神明歆飨，洋洋如在。至晚天气清朗，万汇一新。及午，复大雨，沟壑水溢，远近皆溉足，民欣然更生。时巡抚都宪臣牟俸及参政臣阮勤皆预陪祀，并合属官吏俊耆莫不喜动颜色，举手加额曰：此我圣天子大德之感也，吾民将何以图报？惟敬祝万万年寿尔！是后连日雨，咸愿有纪。夫世有饥馑，虽天之行，所贵人君心乎为民，变灾为祥，而见天心之仁爱也。此周宣所以称中兴，鲁僖所以志闵雨也。今我皇上一念忧民之诚，上通于天，天辄响应，彼周宣、鲁僖又不足侔矣。有君如此，则凡任为国为民之责者，可不思所以勉副也哉？是行臣吉实职其事而睹其应，不敢昧上之德，亦不敢没神之大惠，故因众请，刻祝文于石。谨拜手稽首，识于下方。

碑序

学士许彬撰《东岳灵应碑》略：东岳，天下名山也。山之灵，能兴云为雨，泽被万物，朝廷载在祀典，崇重甚至。大臣忧国奉公，能体朝廷之心敬神恤民，转祸为福者，法皆可书。平江侯陈公所谓敬神恤民、转祸为福者焉。景泰癸酉，山东告饥，民流离转徙，东昌尤甚。公往镇之，遂遍历州郡。旱暵方炽，抵泰安，登东岳，自为文告之。时五月十五日也。是夕霖雨大澍，远近沾足，民老稚相庆幸。今上新复大位，以山东蝗旱盗作，首命公镇之。公受命以来，忧勤惕厉。明年，亢阳不雨，公复如泰安，祷于东岳祠下。曰：吾奉天子明命，巡历东藩，职在安抚，自春涉夏，甘泽不降，民曷以苏？吾之不职，戾固莫逃，神之血食兹土，能独安乎哉？祷既，雨霡霂，枯者苏，蝗亦自毙。岁庚辰，春旱，公又将如泰山致祷，未至，而宿于灵岩，大雨通夕，田野霑足，欢欣之声，飏于四境。祭法谓：能御大菑、捍大患则祀之。若神之灵应，岂非祭法所当崇重者欤？知州李琪等请文勒石，以垂不朽，予书其事，以告东藩之人，使知圣天子神化宜民，百神效职，群吏用命，大臣能敬神恤民，转祸为福者，有所自焉。

布政使陆瑜《祷雨有感碑》略：天地之大德曰生，泰山奠于东土，体乾含元，为五岳之宗。有虞柴望于是，历代登封于是，唐宋以来，建庙加号，礼极崇重，行祠遍宇内。圣朝酌准古制，凡岳镇海渎之神，命所在守长祀事，京师列坛于郊，以隆望典。有事特遣使谒告，称神去号，礼从中正。惟东岳行祠在天下者独盛。景泰乙亥春二月至夏五月，山东郡县不雨，麦谷将槁。先是济兖诸郡连年被灾，兼以河决漕阻，民役久疲，上命刑部尚书括苍薛公往临之。复值兹旱，公忧形于色，戒所司曰：上天降灾，厥有攸征，循咎自予，于民何辜？乃斋沐，择吉祷于济南泰山行祠。是夕雨，而霑被不远。公叹曰：弗虔也，此去泰山百余里，盍往祷焉？命瑜偕按察使刘孜等从。既就道，烈日烁石，炎飚扬埃。次灵岩，望泰山绝顶，俄有片云，玉叶光洁，乘风不动。夜二鼓，公将至州，须臾顶云布阴，鼓雷闪电，雨意油然，将下复止，若迓焉者。迨旦，公谒祠，焚香恳款，退斋愈恭。明旦致祷，重阴蔽山，雷电交作，公率众升礼，而大雨如注。午及晚，三升坛，皆如之，观者叹异。是夜霶霈不止，六郡沾渥，百物勃然，漕道以通，岁臻大稔，兵农安堵，歌咏公德。非公之精诚，不足以格泰山之神；非泰山之神，奚致感应之速若此哉！昔殷圣责躬，而大雨方数千里，后世值旱，或禜门，或渍龙，或舞巫而应，或释冤而雨，若公之诚，所以格乎泰山者，鲜矣。瑜愿志诸石，以彰敬神惠民之嘉迹，庶几将来者知所则云。

都御史翁世资《祷雨有感碑》略：天，至高也；神，至幽也。孰不曰至高者难动，至幽者难感。此以势论，而不以理求也。盖人之于天，体异而气同，吾之心正，则天地之心亦正；吾之气顺，则天地之气亦顺矣。殆见寒暑自我而平，日月自我而明，旱干水溢之灾，宁不自我而消弥之邪？《书》曰：惟德动天。又曰：鬼神无常享，享于克诚。无其诚而欲动天地、感鬼神，吾见其难矣。成化八年自正月至四月不雨，泉源湮竭，布种于土者弗生，民命阽危，我皇上宵旰勤忧，乃降香帛、祝文，出内帑白金，遣臣世资祭告东岳之神。盖以神为一方钜镇，能御大菑、捍大患而告焉。即《书》所谓“禋于六宗”、《诗》所谓“靡神不举”之意。五月三日己亥，致斋建坛于岱岳庙，参政江玭、佥事董琳、济南知府白行顺皆至。卯、辰之间，天宇廓清，炎曦煽炽，薰蒸之气，如炎如焚。咸以不雨为闵。巳、午之交，黑云倏然起于西北，以渐滃合，雷声轰然，震于云中，谷应山鸣，猋风飚至，有若神灵之降临于肸蠁。癸卯、甲辰，风雨时至解坛，雨大澍连日，六郡境内罔不溥遍，人心大悦，以为此实由我皇上一德格天，而世资等奉命惟谨之所致也。曾谓高者果于难动，幽者果于难感乎？请为诸君诵之，亦以见天之与神念斯民也笃矣，诚伪之心可不谨乎？于是书其实，命泰安州知州张玘勒于丽牲之石。

督学佥事毕瑜撰《泰山灵应碑》：山东合齐鲁封疆为藩，属郡有六，而泰山雄峙其间，根蟠三百余里，秀拔天下，灵应四方，殆必有宰乎其间者。自昔帝王巡幸，加以徽号，隆以祀礼，四岳未能过之。初，是邦频年旱涝相仍，加以螟蝗为孽，疫疠为灾，上下公私困竭，老弱半沟壑，壮而逃移者倍之。壬辰之秋，都宪牟公俸握玺书，来抚是邦，夙夜忧劳，凡可以拯民者，靡不究心。明年癸巳，司设监太监刘公偶继来镇守，布宣天子德意，相与叹曰：吾民若此，使继岁不稔，上无以纾吾君东顾之忧，下无以解倒悬之苦。责且莫逃于是。协谋卜以孟冬元日，躬率属吏，各斋沐祷于泰山。曰：偶等不德，抚绥失道，民则何辜？神受上帝命，奠东土，斯民休戚，神岂恝然无意耶？礼成而退。是冬乃大雪，继而甲午二月雨，三月又雨，孟夏雨大足，乃止。千百里麦秀连郊，稿者苏，病者愈，商贾笑聚，官吏胥庆，他徙者复还，至有不耕而获者。於戏休哉！此岂人力邪？必有默相而致之者。咸谓不可无述以昭神功，属瑜纪其实，勒之金石以传。窃惟成汤忧旱，责于桑林；仁宗悯雨，叩于内殿。韩愈之驱鳄，刘琨之返风灭火，皆不能无祷于天、于神，诚积于躬，效应于彼，冥冥之中，未必无鬼神者听。矧兹岱岳、灵两间，跨四岳，职主生物，二公秉诚自咎，为斯民祝曾，泰山昧昧，有不应之邪？《书》曰：至诚感神。又曰：人谋佥同[①]，鬼神其依。于是乎有足征矣。余目击其盛，谨叙如右，复系之以铭。

铭曰：两仪未判浊与清，阴阳气结兹岳形。穹崇磅礴凌苍冥，有祷必应彰威灵。开辟造化储精英，遐方奔走咸敬承。迩来山左灾相仍，穷庐烟断郊无青，旄倪枕藉沟壑盈。伊谁画策安吾氓，赤手援溺贤公卿。秉诚特与神誓盟，赫然上诉于帝庭。云油雨沛枯稿兴，幽明感通和气蒸。平畴不耒秋有成，呻吟化作讴歌声。举手加额呼神明，天下万世资升平。成化十二年。

御史李锦《祷雨有感序》略：夫天人相与之际，神明感通之机，有不可得而诬者，顾所感何如耳。成化癸卯，齐鲁间秋八月不雨，至于甲辰春三月，土地坼裂，飞尘蔽野，麦就枯，禾失艺，民以旱灾告，官斯土者咸闵焉。按治东藩金城赵公忧惕尤甚，乃集群议，简有时望者祷于泰山。于是山东鹾司王公、济南太守蔡公适在，时季春廿有八日，二公祇服厥议，即日协心澄虑，斋沐就道。既至，步登岳顶，申告惟虔，盖四月朔日也。日之晡时，二公归憩岩岩亭，余时旅寓泰安，而迓集焉。有黑云升自西壑，须臾雷雨大作，霖霔滂沱，涧谷振响，蹊径弥满，咫尺不能辩高下[②]、别人物。余与二公欢欣踊跃，遂忘山路之崎岖、衣冠之淋漓也。既而纷纷靡靡，

① 人谋佥同：《尚书·大禹谟》作“询谋佥同”。

② 辩：当作“辨”。

通宵弗止。翌日自朝至于日中，复沛然大澍。二公暨余冒雨抵灵岩，次日别诸路，返辔而东，但见草木森蔚，郊园爽秀，枯者苏，仆者起，农舞于野，旅笑于途，樵歌牧唱，咸谓二公之积诚有以动于神，神为答之，故有此甘霖之降也。吁！是诚然矣。孰谓天人之际，无相与感通之妙哉？王公字尚忠，陕右蒲城人。蔡公字文辉，河南睢阳人。盖事有可传者，义不容以不传，固非为是夸辞以相媚也。

封禅

志封禅何？以封岱而志之也，志其事而汇其文也。志其事，见郊社之变焉；汇其文，见君臣之德焉。夫礼，莫大乎郊社，而柴类尽之矣，而又有封禅之说焉，礼之变也。是故诵其文，论其世，而要诸三才一理之极，考诸治忽安危之报，则其君之蔽哲，臣之匡谀，不可见邪。若夫七十二君之事，则河汾、许懋诸名家之论，君子览焉。

秦始皇即帝位三年，封泰山，禅梁父。王仲淹谓：封禅非古，而启于秦汉。故今志封禅，以秦为首。

汉武帝元封元年，封泰山，禅肃然，其后凡五修封，尝一禅石闾。

司马迁《封禅书》略：自古受命帝王，曷尝不封禅？盖有无其应而用事者矣，未有睹符瑞见而不臻乎泰山者也。齐桓公既霸，会诸侯于葵丘，而欲封禅。管仲曰：古者封泰山禅梁父者七十二家，而夷吾所记者十有二焉。昔无怀氏封泰山，禅云云。伏羲封泰山[①]，禅云云。神农封泰山，禅云云。炎帝封泰山，禅云云。黄帝封泰山，禅亭亭。颛顼封泰山，禅云云。帝喾封泰山，禅云云。尧封泰山，禅云云。舜封泰山，禅云云。禹封泰山，禅会稽。汤封泰山，禅云云。周成王封泰山，禅社首。皆受命然后得封禅。桓公曰：寡人北伐山戎，

① 伏羲：《史记·封禅书》作“虙羲”。

过孤竹；西伐大夏，涉流沙。束马悬车，上卑耳之山。南伐至召陵，登熊耳山以望江、汉。兵车之会三，而乘车之会六，九合诸侯，一匡天下，诸侯莫违我。昔三代受命，亦何以异乎！于是管仲睹桓公不可穷以辞，因设之以事，曰：古之封禅，鄗上之黍，北里之禾，所以为盛；江淮之间，一茅三脊，所以为藉也。东海致比目之鱼，西海致比翼之鸟，然后物有不召而自至十有五焉。今凤凰麒麟不来，嘉谷不生，而蓬蒿藜莠茂，鸱枭数至，而欲封禅，毋乃不可乎？于是桓公乃止。其后百有余年，而孔子论述六艺，传略言易姓而王，封泰山禅乎梁父者七十余王矣，其俎豆之礼不章，盖难言之。

秦始皇即帝位三年，东巡郡县，祠邹峄山[①]，颂秦功业。于是征从齐、鲁之儒生博士七十人，至于泰山下[②]。诸儒生或议曰：古者封禅为蒲车，恶伤山之土石草木。扫地而祭，席用菹秸[③]，言其易遵也。始皇闻此议各乖异，难施用，由此绌儒生。而遂除车道，上自泰山阳，至巅，立石颂秦始皇帝德，明其得封也。从阴道下，禅于梁父。其礼颇采太祝之祀雍上帝所用，而封藏皆秘之，世不得而记也。始皇之上泰山，中阪遇暴风雨，休于大树下。诸儒生既不得与用于封事之礼[④]，闻始皇遇风雨，则讥之。始皇封禅之后十二岁，秦亡。诸儒生疾秦焚《诗》《书》，诛僇文学，百姓怨其法，天下叛之，皆伪曰[⑤]：始皇上泰山，为暴风雨所击，不得封禅。此岂所谓无其德而用事者邪！

汉武帝自得宝鼎，与公卿诸侯议封禅[⑥]。封禅用希旷绝，莫知其仪礼，而群儒采封禅《尚书》《周官》《王制》之望祀射牛事。齐人丁公，年九十余，曰：封禅者，古不死之名也[⑦]。上于是乃令诸儒习射牛，草封禅仪。数年，至且行。天子既闻公孙卿及方士之言，黄帝以上封禅，皆致怪物与神通，欲放黄帝以上接神仙蓬莱[⑧]，高世比德于九皇，而颇采儒术以文之。

---

① 邹峄山:《史记·封禅书》作“驺峄山”。
② 于:《史记·封禅书》作“乎”。
③ 菹秸:《史记·封禅书》作“苴秸”。
④ “既”下,《史记·封禅书》有“绌”字。
⑤ 伪曰:《史记·封禅书》作“讹曰”。
⑥ 诸侯:《史记·封禅书》作“诸生”。
⑦ 古:《史记·封禅书》作“合”。
⑧ 神仙蓬莱:《史记·封禅书》作“神仙人蓬莱士”。

群儒既不能辩明封禅事[①]，又牵拘于《诗》《书》古文而不能骋。上为封禅祠器示群儒，或曰“不与古同”。徐偃又曰：太常诸生行礼不如鲁善。周霸属图封禅事。于是上绌偃、霸，而尽罢诸儒不用。三月，遂东幸缑氏，礼登中岳太室。东上泰山，泰山之草木叶未生，乃令人上石立之泰山巅。上念诸儒及方士言封禅人人殊，不经，难施[②]。天子至梁父，礼祠地主。乙卯，令侍中儒者皮弁荐绅，射牛行事。封泰山下东方，如郊祀太乙之礼[③]。封广丈二尺，高九尺，其下则有玉牒书，书秘。礼毕，天子独与侍中奉车子侯上泰山，亦有封。其事皆禁。明日，下阴道。丙辰，禅泰山下趾东北肃然[④]，祭后土[⑤]。封禅祠，其夜若有光，昼有白云起封中。天子从禅还，坐明堂，群臣更上寿。于是制诏御史曰[⑥]：朕以眇眇之身承至尊，兢兢焉惧不任。维德菲薄，不明于礼乐。修祠太乙，若有象景光，屑如有望，震于怪物，欲止不敢，遂登封泰山，至于梁父，而后禅肃然。自新，嘉与士大夫更始，赐民百户牛一酒十石，加年八十孤寡布帛二匹，复博、奉高、蛇丘、历城，无出今年租税。其大赦天下，如乙卯赦令。明年夏，旱。公孙卿曰：黄帝时封则天旱，乾封三年。上乃下诏曰：天旱，意乾封乎？公玉带曰：黄帝时虽封泰山，然风后、封臣[⑦]、岐伯令黄帝封东泰山，禅凡山，合符，然后不死焉。天子既令设祠具，至东泰山。泰山卑小[⑧]，不称其声，乃令祠官礼之，而不封禅焉。其后令带春祠候神物[⑨]。夏，遂还泰山，修五年之礼如前，而加以禅祠石闾。石闾者，在泰山址南方[⑩]，方士多言此仙闾也[⑪]，故上亲禅焉。

太史公曰：余从巡祭天地诸神、名山川而封禅焉。入寿宫侍祠神语，究观方士祠官之

① 群儒既不能辩明封禅事：《史记·封禅书》作“群儒既已不能辨明封禅事”。
② 施：《史记·封禅书》作“施行”。
③ 郊祀：《史记·封禅书》作“郊祠”。
④ 肃然：《史记·封禅书》作“肃然山”。
⑤ 祭后土：《史记·封禅书》作“如祭后土礼”。
⑥ 曰：《史记·封禅书》无此字。
⑦ 封臣：《史记·封禅书》作“封巨”。
⑧ 泰山：《史记·封禅书》作“东泰山”。
⑨ 春祠：《史记·封禅书》作“奉祠”。
⑩ 泰山址：《史记·封禅书》作“泰山下趾”。
⑪ 仙闾：《史记·封禅书》作“仙人之闾”。

意，于是退而论次自古以来用事于鬼神者，具见其表里。后有君子，得以览焉。若俎豆珪币之详[①]，献酬之礼，则有司存。

司马贞赞：礼载“升中”，书称“肆类”。古今盛典，皇王能事。登封报天，降禅除地。飞英腾实，金泥石记。汉承遗绪，斯道不坠。仙闾、肃然，扬休勒志。

司马相如《封禅文》：伊上古之初肇，自昊穹兮生民，历选列辟[②]，以迄于秦。率迩者踵武，听逖者风声[③]。纷纶葳蕤，堙灭而不称者，不可胜数也。继韶夏[④]，崇号谥，略可道者七十有二君。罔若淑而不昌，畴逆失而能存？轩辕之前，遐哉邈乎，其详不可得闻也。五三“六经”载籍之传，维见可观也。《书》曰：元首明哉，股肱良哉。因斯以谈，君莫盛于唐尧，臣莫贤于后稷。后稷创业于唐，公刘发迹于西戎。文王改制，于周郅隆[⑤]，大行越成，而后陵夷衰微，千载无声，岂不善始善终哉！然无异端，慎所由于前，谨遗教于后耳。故轨迹夷易，易遵也；湛恩庞洪[⑥]，易丰也；宪度著明，易则也；垂统理顺，易继也。是以业隆于襁褓，而崇冠于二后。揆厥所元，终都攸卒，未有殊尤绝迹可考于今者也。然犹蹑梁父，登泰山，建显号，施尊名。大汉之德，逢涌原泉，沕潏漫衍，旁魄四塞，云布雾散[⑦]，上畅九垓，下泝八埏。怀生之类，霑濡浸润，协气横流，武节飘逝，迩陋游原[⑧]，迥阔泳沫，首恶湮没，闇昧昭哲，昆虫凯泽[⑨]，回首面内。然后囿驺虞之珍群，徼麋鹿之怪兽，导一茎六穗于庖，牺双觡共抵之兽，获周余珍收龟于岐，招翠黄乘龙于沼。鬼神接灵圉，宾于间馆。奇物谲诡，俶傥穷变。钦哉！符瑞臻兹，犹以为德薄[⑩]，不敢道封

---

① 若：《史记·封禅书》作“若至”。
② 历选：《史记·司马相如列传》作“历撰”。
③ 听逖者：《史记·司马相如列传》作“逖听者”。
④ 继韶夏：《史记·司马相如列传》作“续昭夏”。
⑤ 于周：《史记·司马相如列传》作“爰周”。
⑥ 庞洪：《史记·司马相如列传》作“濛涌”。
⑦ 云布：《史记·司马相如列传》作“云尃”。
⑧ 迩陋：《史记·司马相如列传》作“迩陕”。
⑨ 凯泽：《昭明文选》（中华书局2010年版，下同）作“凯怿”。
⑩ 德薄：《史记·司马相如列传》作“薄”。

禅。盖周跃鱼陨航[1]，休之以燎，微夫斯之为符也，以登介丘，不亦恧乎！进让之道，何其爽欤！

于是大司马进曰：陛下仁育群生，义征不憓，诸夏乐贡，百蛮执贽，德侔往初，功无与二，休烈浃洽，符瑞众变，期应绍至，不特创见。意者泰山、梁父设坛场望幸，盖号以况荣，上帝垂恩储祉，将以荐成，陛下谦让而弗发也。挈三神之欢，缺王道之仪，群臣恧焉。或谓且天为质闇，示珍符固不可辞。若然辞之，是泰山靡记而梁父靡几也。亦各并时而荣，咸济世而屈，说者尚何称于后，而云七十二君乎？夫修德以锡符，奉符以行事，不为进越。故圣王弗替，而修礼地祇，谒款天神，勒功中岳，以彰至尊，舒盛德，发号荣，受厚福，以浸黎民也。皇皇哉！斯天下之壮观[2]，王者之丕业，不可贬也。愿陛下全之。而后因杂荐绅先生之略术，使获耀日月之末光绝炎，以展采错事，犹兼正列其义，校饬厥文，作《春秋》一艺，将袭旧六为七，摅之无穷，俾万世得激清流，扬微波，蜚英声，腾茂实。前圣之所以永保鸿名而常为称首者用此，宜命掌故悉奏其义而览焉。于是天子沛然改容，曰：愉乎，朕其试哉！乃迁思回虑，总公卿之议，询封禅之事，诗大泽之博，广符瑞之富。乃作颂曰：

自我天覆，云之油油。甘露时雨，厥壤可游。滋液渗漉，何生不育。嘉谷六穗，我穑曷蓄。

非唯雨之，又润泽之。非唯濡之，我氾濩之[3]。万物熙熙，怀而慕思。名山显位，望君之来。君乎君乎，侯不迈哉！

般般之兽，乐我君囿。白质黑章，其仪可嘉[4]。旼旼睦睦，君子之能。盖闻其声，今观其来。厥途靡从，天瑞之征。兹亦于舜，虞氏以兴。

濯濯之麟，游波灵畤。孟冬十月，君徂郊祀。驰我君舆，帝以享祉。三代之前，盖未尝有。

---

① 航：《史记・司马相如列传》作“杭”。

② 皇皇哉！斯天下之壮观：《史记・司马相如列传》作“皇皇哉斯事！天下之壮观”。

③ 我氾濩之：《史记・司马相如列传》作“氾尃濩之”。

④ 可嘉：《史记・司马相如列传》《汉书・司马相如传》《昭明文选》均作“可喜”。

宛宛黄龙，兴德而升。采色炫耀，熿炳辉煌。正阳显见，觉寤黎烝。于传载之，云受命所乘。

厥之有章，不必谆谆。依类托寓，谕以封峦。

披艺观之，天人之际已交，上下相发允答。圣王之德，兢兢翼翼。故曰：兴必虑衰，安必思危。是以汤、武至尊严，不失肃祇；舜在假典，顾省厥遗：此之谓也。

班固《白虎通》略：王者易姓，受命而起[①]，必升封泰山何？教告之义也[②]。始受命之时[③]，改制应天。天下太平，功成封禅，以告太平也。所以必于泰山何？万物所交代之处[④]。必于其上何？因高告高，顺其类也。故升封者，增高也。下禅梁甫之山基[⑤]，广厚也。刻石纪号者，著己之功绩以自效也[⑥]。天以高为尊，地以厚为德。故增泰山之高以报天[⑦]，附梁甫之址以报地[⑧]，明天地之所命[⑨]，功成事遂[⑩]，有益于天地，若高者加高，厚者加厚矣。或曰封者金泥银绳，或曰石泥金绳，封以印玺。故孔子曰：升泰山，观易姓之王，可得而数者七十有余[⑪]。封者，广也。言禅者，明以成功相传也。于梁甫何？以三皇禅绎绎之山[⑫]，明已成功而告[⑬]，有德者居之。绎绎者，无穷之意也。五帝禅于[⑭]。亭亭者，量度审諟[⑮]，德著明也[⑯]。三王禅于梁甫

---

① 王者易姓，受命而起：《古今图书集成·白虎通》作“王者易姓而起”。
② 教告：《古今图书集成·白虎通》作“报告”。
③ 时：《古今图书集成·白虎通》作“日”。
④ 万物所交代之处：《古今图书集成·白虎通》作“万物之始，交代之处也”。
⑤ 下禅梁甫之山基：《古今图书集成·白虎通》作“下禅梁甫之基”，无“山”字。
⑥ 著己之功绩以自效也：东汉班固《白虎通德论·封禅》（上海古籍出版社1990年版，下同）作“著己之功绩也以自效放”。
⑦ 报天：《白虎通德论·封禅》作“放天”。
⑧ 梁甫之址：《古今图书集成·白虎通》作“梁甫之基”。
⑨ 明天地之所命：《古今图书集成·白虎通》作“明天之所命”，无“地”字。
⑩ 功成事遂：《古今图书集成·白虎通》作“功成事就”。
⑪ 七十有余：《古今图书集成·白虎通》作“七十有余君”。
⑫ 禅绎绎之山：《古今图书集成·白虎通》为“禅于绎绎之山”。
⑬ 而告：《古今图书集成·白虎通》作“而去”。
⑭ “五帝禅于”下，脱“亭亭之山”四字，《古今图书集成·白虎通》作“五帝禅于亭亭之山”。
⑮ 量度：《古今图书集成·白虎通》作“制度”。
⑯ 德：《古今图书集成·白虎通》作“道德”。

之山者，梁，信也；甫，辅也，辅天地之道而行之也[1]。太平乃封，告于天[2]，必也于岱宗何？明告易姓[3]。刻石纪号，告自纪于百王也[4]。燎祭天，报之义也。诗云：於皇时周[5]，陟其高山。言周太平封泰山也。

应劭《风俗通》略：俗说岱宗上有金箧玉策，能知人年寿修短。武帝探策得十八，因倒读曰八十[6]，其后果用耆长。武帝出玺印石，裁有兆朕，奉车子侯即没其印，乃上[7]，武帝畏恶，亦杀去之。《封禅书》说：皇帝升封泰山[8]，于是有龙垂胡髯下迎黄帝。黄帝上骑，群臣、后宫从者七十余人，小臣独不得上，乃悉持龙髯，拔堕黄帝之弓。小臣、百姓仰望黄帝不能复，乃抱其弓而号，故后世因曰乌号弓。

孝武皇帝时，齐人公孙卿言：汉之圣者，在高祖之孙，今历正值黄帝之日，圣主亦当上封，则能神仙矣。孝武黄帝封广丈二尺，高九尺，其下玉牒书，秘书。江、淮间一茅三脊为神藉，五色土益杂封，纵远方奇兽飞禽及白雉，加祠兕牛犀象之属。其享曰：天增授皇帝泰元神筴，周而复始，皇帝敬拜泰灵[9]。其夜有光如流星，昼有白云起封中。于是作明堂汶上，令诸侯各治邸。车驾前后五至祠，以元鼎六年告封，改为元封，武帝已年四十七矣，何缘反更得十八也[10]。就若所云，明神祸福，必有征应，权时倒读，焉能诞招期乎！奉车子侯，骖乘上下臣[11]，不预封事，何因操印没石？乃止暴病而死[12]，悼伤无已[13]。又言武帝与仙人对博，

---

① “三王”句，《古今图书集成·白虎通》作“三王禅于梁甫之山，梁者，信也；甫者，辅也，信辅天地之道而行之也”。

② 告于天：《古今图书集成·白虎通》作“知告于天”。

③ 明告：《古今图书集成·白虎通》作“明知”。

④ 告：《古今图书集成·白虎通》作“知”。于：原作“干”，据上下文义改。

⑤ 时周：《白虎通德论·封禅》作“明周”。

⑥ 因倒读：《古今图书集成·风俗通义》作“因读”。

⑦ 上：《风俗通义校注·正失》(应劭撰、王利器校注：《风俗通义校注》，中华书局2010年版，下同)《古今图书集成·风俗通义》作“止”。

⑧ 皇帝：《风俗通义校注·正失》作“黄帝”。

⑨ 泰灵：《汉书·郊祀志》作“泰一”。

⑩ 何缘：《风俗通义校注·正义》作“缘何”。

⑪ 上下臣：《风俗通义校注》作“弄臣”。

⑫ 止：《风俗通义校注》作“正”。

⑬ 悼伤：《古今图书集成·风俗通义》作“悼惕”。

棋没石中，马蹄迹处，于今尚存，虚妄若此，非一事也。

予奉乏东岳[①]，忝素六载，数聘所祠[②]，咨问长老贤通上泰山者云，谓玺处刻石[③]，文昧难知也，殊无有金箧玉牒探筹之事。《春秋》以为“传闻不如亲见”，见之人[④]，斯为审矣。传曰：五帝圣焉死，三王仁焉死，五伯智焉死。其陨落崩薨之日，不能咸至百年。《太史记》：黄帝葬于桥山。骑龙升天，岂不怪乎？乌号弓者，柘桑之林，枝条畅茂，乌登其上，下垂著地，乌适飞去，后从拨杀，取以为弓，因名乌号耳。

班固颂：窃见巡狩岱宗[⑤]，上稽帝尧，中述世宗，遵奉世祖。礼仪备具，动自圣心。是以明神屡应，休征仍降[⑥]。不胜狂简之情，谨上《岱宗颂》篇[⑦]：曰若稽古，在汉迪哲，聿修厥德，宪章丕烈。翻六龙，较五辂，齐百僚，陶质素[⑧]。命南重以司历，厥中月之六辰[⑨]，备天官之列卫，盛舆服而东巡[⑩]。

崔骃颂：伊汉中兴三叶，于皇惟烈，允迪厥伦[⑪]，矩坤度以范物，规乾则以陶钧。于是考上帝以质中，总列宿于北辰。开太微，敞禁庭[⑫]，延儒林，以咨询岱岳之事。于时典司者

---

① 奉乏：《风俗通义校注·正失》作“承乏”。
② 数聘：《风俗通义校注·正失》作“数经”。所祠：《古今图书集成·风俗通义》作“祈祠”。
③ 刻石：《古今图书集成·风俗通义》作“剋石”。
④ 见之人：《风俗通义校注》作“亲见之人”。
⑤ 窃见巡狩岱宗：清严可均《全上古三代秦汉三国六朝文》(中华书局1999年版，下同)作“窃见巡狩岱宗，柴望山虞，宗祀明堂”。
⑥ 休征仍降：《全上古三代秦汉三国六朝文》作“休征仍降，事大而瑞盛，非一小臣所任颂述”。
⑦ 篇：《全上古三代秦汉三国六朝文》作“一篇”。
⑧ 陶：《全上古三代秦汉三国六朝文》作“练”。
⑨ 厥：《全上古三代秦汉三国六朝文》作“历”。
⑩ 盛舆服而东巡：《全上古三代秦汉三国六朝文》作“盛舆服而东巡，乘舆动色，群后屏气，万骑齐镳，千乘弭辔”。
⑪ 允迪厥伦：《全上古三代秦汉三国六朝文》作“允迪厥伦，缵王命，彻汉勋”。
⑫ 禁庭：《全上古三代秦汉三国六朝文》作“紫庭”。

耇[①]，载华抱实，逌尔而造曰：盛乎大汉[②]，世增其德[③]，此神人之所庶幸，海内之所想思。颂有乔山之征，典有徂岳之巡。时迈其邦，民斯攸勤，不亦宜哉！乃命大仆[④]，训六驺，间路马[⑤]，戒师徒。于是乘舆登天灵之威路，驾太一之象车，升九龙之华旗，建扫霓之旌旄[⑥]。裒胡耇之元老，赏孝行之畯农。

马融颂：允迪在昔，绍烈陶唐。殷天衷，克摇光。若时则，运琼衡，敷六典，经八成[⑦]。肆类乎上帝，实柴乎三辰[⑧]。禋祀乎六宗，祇燎乎群神。遂发号群司，申戒百工，卜筮称吉，蓍龟袭从。南征[⑨]，冯相告祥。清夷道而后行，擢四国而扬光[⑩]。展圣义于巡狩，喜圻畤而咏八荒。指宗岳以为期，固岱神之所望。散斋既毕，越翼良辰[⑪]，棫槱增构，烈火燔燃。晖光四炀，焱烂薄天。萧香肆升，青烟冒云[⑫]。珪墇峨峨[⑬]，牺牲洁纯。郁鬯宗彝，明水玄樽。空桑孤竹，咸池云门。六八匝变，神衹并存[⑭]。

光武建武三十年，群臣上书请封禅。诏曰：即位三十年，百姓怨气满腹，吾谁欺，欺天乎？曾谓泰山不如林放，何事污七十二代之编录！桓公欲封禅，管仲非之。若郡县远遣吏上寿，盛称虚美，必髡，兼令屯田。从此群臣不敢复言。三十二年，帝夜读《河图会昌符》，曰：赤刘之九，会命岱宗。感此文，乃诏梁松按索图谶文言九世封事。梁等列奏，乃许焉。求

① 于时：《全上古三代秦汉三国六朝文》作“于是”。
② 盛乎大汉：《全上古三代秦汉三国六朝文》作“盛乎大汉，既重雍而袭熙”。
③ 世增其德：《全上古三代秦汉三国六朝文》作“世增其德，唯斯岳礼，久而不修”。
④ 大仆：《艺文类聚》《全上古三代秦汉三国六朝文》均作“太仆”。
⑤ 间：《全上古三代秦汉三国六朝文》作“闲”。
⑥ 建扫霓之旌旄：《全上古三代秦汉三国六朝文》作“建翠霓之旌旄，三军霆激，羽骑火烈。天动雷震，隐隐辚辚。躬东作之上务，始八正于南行”。
⑦ 经八成：《全上古三代秦汉三国六朝文》作“经八成，燮和万殊，总领神明。”
⑧ 实：《全上古三代秦汉三国六朝文》作“燔”。
⑨ 南征：《艺文类聚》（上海古籍出版社1982年版，下同）作“南征北伐”。
⑩ 擢：《艺文类聚》作“曜”。
⑪ 越翼：《全上古三代秦汉三国六朝文》作“越异”。
⑫ 冒云：《全上古三代秦汉三国六朝文》作“习云”。
⑬ 墇：《全上古三代秦汉三国六朝文》作“璋”。
⑭ 神衹：当作“神祇”。

元封故事，议封禅所施用。有司奏当用方石累坛，玉牒、玉检、金泥及石检度数。帝以用石功难，又欲及二月封禅，故诏梁松因故封石空①，更加封而已。松疏争，不可。二月至奉高，遣侍御史与兰台令②，将工先上山刻石。辛卯，封泰山。甲午，禅于梁父。四月己卯，肆赦，以建武三十二年为建武中元元年。

光武刻石文略：维建武三十有二年二月，皇帝东巡狩，至于岱宗，柴，望秩于山川，遍于群神③，遂觐东后。从臣太尉憙、行司徒事特进高密侯禹等。汉宾二王之后在位。孔子之后褒成侯，序在东后，蕃王十二，咸来助祭。《河图赤岱符》曰④：刘秀发兵捕不道，四夷云集龙斗野，四七之际火为主。《河图会昌符》曰：赤帝九世，巡省得中。帝刘之九，会命岱宗。诚善用之，奸伪不萌。赤汉德兴，九世会昌，巡岱皆当。天地扶九，崇经之常。汉大兴之，道在九世之王。封于泰山，刻石著纪。禅于梁父，退省考五。《河图合古篇》《洛书甄曜度》《孝经钩命》⑤，经谶所传。昔在帝尧，聪明密微，让与舜庶，后裔握机。王莽以舅后之家，三司鼎足冢宰之权势，依托周公、霍光辅幼归政之义，遂以篡叛，僭号自立。宗庙隳坏⑥，社稷丧亡，不得血食，十有八年。扬、徐、青三州首乱，兵革横行。延及荆州，豪杰并兼，百里屯聚，往往僭号。北夷作寇，千里无烟，无鸡鸣犬吠之声。皇天眷顾皇帝，以匹庶受命中兴，年二十八载兴兵，起是以中次诛讨，十有余年，罪人斯得，黎庶得居尔田，安尔宅。书同文，车同轨，人同伦。舟舆所通，人迹所至，靡不贡职。建明堂，立辟雍，起灵台，设庠序，同律、度、量、衡。修五礼，五玉，三帛，二牲，一死贽。吏各修职，复于旧典。在位三十有三年⑦，六十有二，乾乾日昃，不敢荒宁，涉危历险，亲巡黎元，恭肃神祇⑧，

① 空：《后汉书·祭祀志》作“空检”。
② 令：《后汉书·祭祀志》作“令史”。
③ 遍：《后汉书·祭祀志》作“班”。
④ 河图赤岱符：《后汉书·祭祀志》作“河图赤伏符”。
⑤ 孝经钩命：《后汉书·祭祀志》作“孝经钩命决”。
⑥ 隳坏：《后汉书·祭祀志》作“堕坏”。
⑦ 三十有三：《后汉书·祭祀志》作“三十有二”。
⑧ 神祇：当作“神祇”。

惠恤耆老，理庶遵古，聪允明恕。皇帝唯慎《河图》《洛书》正文，是月辛卯，柴，登泰山[①]。甲午，禅于梁阴。以承灵瑞，以为兆民，永兹一宇，垂于后昆。百僚从臣，郡守师尹，咸蒙祉祐[②]，永永无极。

司马虎《封禅论》[③]：自上皇以来，封泰山者，至周七十二代。易姓则改封者，著一代之始，明不相袭也。继世之王巡狩，则有修封以祭而已。自秦始皇、孝武帝封泰山，本因好仙[④]，信方士之言，及造石检即封之事也[⑤]。天道质诚，约而不费[⑥]，故牲用犊，器用陶匏，殆将无事于检封之间，而乐难攻之石也。夏少康、周宣王[⑦]，由废复兴，不闻改封。光武欲因孝武故封，而梁松固率以为必改[⑧]。乃当天意[⑨]。既封之后，未有能福[⑩]，而松卒被诛死。虽罪由身作[⑪]，盖亦诬神之咎也。且帝王所以能大著于后者[⑫]，实在其德加于人[⑬]，不闻其在封矣。崔灵恩曰：自周以前，封者皆封土为坛。至秦皇、汉武，始用石检。袁宏曰：夫揖让受终，必有至德于天下。征伐受命[⑭]，必有大功于万物[⑮]。是故王者初基，则有封禅之事，盖以其成功告于神明者也。夫东方者，万物之所始；山岳者，灵气之所宅。故求之物本，必于其始；取其所通，必于所宅。崇其坛场，则谓之封；明其代兴，则谓之禅。然则封禅者，王者开务之大礼也。德不周洽，不得辄议斯事；功不弘济，不得仿佛斯礼。旷代一有，其道至高。自黄

---

① 登泰山:《后汉书·祭祀志》作“登封泰山”。
② 祉佑:《后汉书·祭祀志》作“祉福”。
③ 司马虎:《后汉书注》作“司马彪”。
④ 本因:《后汉书·祭祀志下》作“本由”。
⑤ 及造石检即封:《后汉书·祭祀志》作“造为石检印封”。
⑥ 约而不费:《后汉书·祭祀志》作“约而不费者也”。
⑦ 夏少康、周宣王:《后汉书·祭祀志》作“夏康、周宣”。
⑧ 固率:《后汉书·祭祀志》作“固争”。
⑨ 乃当天意:《后汉书·祭祀志》作“乃当夫”。
⑩ 未有能福:《后汉书·祭祀志》作“未有福”。
⑪ 罪由身作:《后汉书·祭祀志》作“罪由身”。
⑫ 大著:《后汉书·祭祀志》作“大显”。
⑬ 人:《后汉书·祭祀志》作“民”。
⑭ 受命:《后汉书·祭祀志》作“革命”。
⑮ 必:《后汉书·祭祀志》作“则”。

帝、尧、舜至于三代[①]，各一得封禅，未有中修其礼者也。虽继体之君[②]，时有功德，此盖率复旧业，增修其前政，不得仰齐造国、同符改物者也。夫神道真一[③]，其用不烦。天地易简，其礼尚质。故籍用白茅[④]，贵其诚素。器用陶匏，取其易从。然则封禅之礼[⑤]，简易可也。若夫石函玉牒，非天地之性也。

隋文帝开皇九年，朝野皆请封禅。诏略曰："以薄德而封名山，用虚言而干上帝，非朕攸闻。今后言封禅[⑥]，宜即禁绝。"十四年，百官抗表，固请封禅。帝令牛弘等创仪注，既成，帝视之曰：兹事体大，朕何德以堪之，但当东巡，因祭泰山耳！

唐太宗贞观初，群臣并请封禅，唯魏征以为不可。六年，文武官以初平突厥，盛德被于海内，又年谷屡登，表封泰山。太宗谓侍臣曰："朕每见众议以封禅为盛事[⑦]，颇奏劝朕行之[⑧]。如朕本心，但使天下太平，家给人足，虽阙封禅之礼，亦可比德于尧、舜；若百姓不足，夷狄内侵，纵修封禅之仪，亦何异桀、纣[⑨]？昔秦始皇……为暴虐之主，汉文为有德之君，以此而言，无假封禅。且《礼》云[⑩]：扫地而祭，以表至诚[⑪]，何必远登高山，封三尺土也[⑫]！"太宗虽纳征言，而藩臣犹抗表劝请。十五年，东幸，至洛阳而彗星见，乃止。

---

① 自黄帝、尧、舜至于三代：《后汉书·祭祀志》作"故自黄帝、尧、舜至三代"。
② 继体：《后汉书·祭祀志》作"继职"。
③ 真一：《后汉书·祭祀志》作"贞一"。
④ 籍用：《后汉书·祭祀志》《四部丛刊·后汉纪》作"藉用"。
⑤ 然则：《后汉书·祭祀志》作"然"，无"则"字。
⑥ 今后言封禅：《隋书·帝纪》作"而今以后言及封禅"。
⑦ 朕每见众议：《旧唐书·礼仪志》作"议者"。盛事：《旧唐书·礼仪志》作"大典"。
⑧ 颇奏劝朕行之：《旧唐书·礼仪志》无此句。
⑨ 异：《旧唐书·礼仪志》作"异于"。
⑩ 且礼云：《旧唐书·礼仪志》作"礼云至敬不坛"。
⑪ 以：《旧唐书·礼仪志》作"足"。
⑫ 土：《旧唐书·礼仪志》作"之土"。

岑文本《劝封禅表》：伏愿顺万国之欢心，膺三灵之眷命。备天官以周卫，盛舆服以巡游。五辂齐列，六龙揽辔[①]。瞻岱郊而启轫，指嬴里为一息。命卿士[②]，延礼官。设坛场，陈玉帛。禋六宗而报上帝，班五瑞以朝诸侯[③]。成天下之壮观，绍帝王之盛节。俾夫山称万岁，坛烛神光。播厚福于无穷，扬鸿徽于来裔。

高若思《劝封禅》略[④]：伏愿腾兹玺诰，激彼天波，征万王以警途，诏八神而弭策。藉江茅而陈鄗黍，饰苍璧而奠黄琮。驰万岁以飞声，接九重而媲美。使编珠毓贶，开丽色于金泥；触石凝祯，荡浮华于礣。式昭昌祚，末播鸿名[⑤]。凡在生灵，义深耸踊。

李百药《劝封禅表》：大礼与天地同节，大乐与天地同和。六宗五帝，禋祀惟永。名山大川，飨礼无辍。而告成方岳，独异师古。自朝及野，驰心荡虑。伏愿御六气之辨，顺四序之和。升彼岱宗，具斯典礼[⑥]。听万岁之遗响[⑦]，绍千载之遐踪。

朱子奢《请封禅表》：臣闻天地之大德曰生，遂其生者元后。圣人之大宝曰位，固其位者上玄。岂可不对越坛场，钦若穹昊，虽复舜格文祖，周变商俗，体淳德而揖让，济浇道于干戈。步骤之迹以殊，损益之功斯异，诚有之矣。至于诏跸梁父，长乐介丘[⑧]，增类帝之封，典射牛之礼。考绩禋燎，继踪韶夏，岂殊道也。

高宗乾封元年正月，封泰山，禅于社首，以皇后武氏为亚献，越国太妃燕氏为终献。其帷帟皆锦绣，群臣瞻望，多窃笑之。余见磨崖碑及舞鹤台下。

---

① 揽辔：徐坚《初学记》《全唐文》均作“按辔”。
② 命：徐坚《初学记》《全唐文》作“诏”。
③ 以：《全唐文》作“而”。
④ 劝封禅：徐坚《初学记》《全唐文》作《劝封禅表》。
⑤ 末播：徐坚《初学记》《全唐文》作“永播”。
⑥ 典礼：徐坚《初学记》《全唐文》均作“盛礼”。
⑦ 遗响：徐坚《初学记》“逸响”。
⑧ 长乐：徐坚《初学记》《全唐文》作“张乐”。

玉牒文[①]：有唐嗣天子臣某[②]，敢昭告于昊天上帝：有隋运属颠危[③]，数穷否塞[④]，生灵涂炭，鼎祚沦亡。高祖仗黄钺而救黎元，赐玄圭而拯沉溺。太宗功宏炼石，定区宇于再麾；业壮断鳌[⑤]，饮沧海而一息[⑥]。臣忝奉余绪，恭承积庆[⑦]，遂得昆山寝燎，炎海澄波[⑧]。虽乃业茂宗祧[⑨]，斯实降灵穹昊[⑩]。今谨告成东岳，归功上玄。大宝克隆，鸿基永固，凝薰万姓，陶化八纮。

骆宾王《为齐州父老请陪封禅文》：圆天列象[⑪]，紫宫通北极之尊；大帝凝图，玄猷畅东巡之礼[⑫]。是知道隆光泽[⑬]，既辑玉于云台；业绍禋宗[⑭]，必涂金于日观。伏惟皇上[⑮]，乘乾握纪，纂三统之重光；御极登枢[⑯]，应千灵之累圣[⑰]。故得河浮五老，启赤文于帝期；海荐四神，奉丹书于王会。瑞开三脊，祥洽五云。既而缉总章之旧文，绍辟雍之故事。非烟翼軑[⑱]，移玉辇于梁阴；若月承轮，秘金绳于岱巘[⑲]。臣等质均刍狗[⑳]，阴谢桑榆。幸属尧镜

---

① 玉牒文：《古今图书集成·方舆汇编·山川典·泰山部》作“封泰山玉牒文”。
② 有唐嗣天子臣某：《全唐文》作“嗣天子臣治”。
③ 运属：《全唐文》作“位极”。
④ 数穷否塞：《全唐文》作“天数穷否”。
⑤ 业壮：《全唐文》作“业比”。
⑥ 沧海：《全唐文》作“沧溟”。
⑦ 恭承：《全唐文》作“承威”。
⑧ 澄波：《全唐文》作“韬波”。
⑨ 虽乃：《全唐文》作“虽”，无“乃”字。
⑩ 斯：《全唐文》无“斯”字。
⑪ 圆天：《全唐文》《骆宾王文集》作“臣闻元天”。
⑫ 玄：《全唐文》作“宏”。
⑬ 光泽：《骆临海集》作“先泽”。
⑭ 禋：《全唐文》作“礼”。
⑮ 伏惟皇上：《全唐文》《骆丞集》《骆宾王文集》作“陛下”。
⑯ 御极：《全唐文》作“御辩”。
⑰ 千灵：《全唐文》《骆宾王文集》作“千龄”。
⑱ 軑：《全唐文》作“驭”，《骆宾王文集》作“軷”。
⑲ 金：《骆宾王文集》（中华书局1986年版，下同）作“锦”。
⑳ 均：《骆宾王文集》作“职”。

多辉，昭余光于连石[①]；轩图广运[②]，追盛礼于摐金。然而邹鲁旧邦，临淄遗俗，俱沐二周之化，咸称一变之封[③]。境接青畴，俯瞰获麟之野[④]；山开翠屺，斜连辨马之峰。岂可使稷下遗甿[⑤]，顿隔陪封之礼；淹中故老，独奏告成之仪[⑥]！是用就日披丹，仰璧轮而三舍[⑦]。望云纡素，叫天阍于九重。倘允微诚，许陪大礼，则梦琼余息，玩仙间以相欢[⑧]。就木残魂，游岱宗而载跃。

玄宗开元十二年，群臣多言封禅，中书令张说又固请，乃下制以十三年有事于泰山。御制御书《纪泰山铭》，见摩崖碑。

玉牒文：有唐嗣天子臣某，敢昭告于昊天上帝：天启李氏，运兴土德。高宗太宗[⑨]，受命立极。高宗升中，六合殷盛。中宗绍复，继体不定[⑩]。上帝眷祐，锡臣忠武。底绥内艰[⑪]，推戴圣父。恭承大宝，十有三年。敬若天意[⑫]，四海晏然。封祀岱岳，谢成于天[⑬]。子孙百禄，苍生受福。

宋太宗皇帝太平兴国八年，泰山父老千余人诣阙，请东封，上谦让不允。中外群臣，献歌颂称功德请封禅者，不可胜计。雍熙元年，群臣三上表陈请，诏以今年十一月有事于泰山。寻以乾元、文明二殿灾，诏罢封禅。

---

① 昭：《全唐文》作“照”。

② 广运：《全唐文》作“光耀”。

③ 封：《全唐文》《骆宾王文集》《古今图书集成・方舆汇编・山川典・泰山部》作“风”。

④ 瞰：《骆宾王文集》作“职”。

⑤ 稷下：《全唐文》《骆宾王文集》作“稷山”。甿：《骆丞集》（商务印书馆1937年版，下同）作“民”。

⑥ 奏：《骆宾王文集》作“奉”。

⑦ 而：《全唐文》作“之”。

⑧ 玩：《全唐文》《骆丞集》《骆宾王文集》作“仰”。仙间：《全唐文》《骆丞集》《骆宾王文集》作“仙阙”。相欢：《全唐文》作“交欢”。

⑨ 高宗：《旧唐书・礼仪志》《古今图书集成・方舆汇编・山川典・泰山部》作“高祖”。

⑩ 不定：《古今图书集成・方舆汇编・山川典・泰山部》作“丕定”。

⑪ 内艰：《旧唐书・礼仪志》《古今图书集成・方舆汇编・山川典・泰山部》作“内难”。

⑫ 敬若：《全唐文》作“钦若”。

⑬ 于：原作“千”，据《全唐文》改。

真宗大中祥符元年，兖州父老吕良等千二百七十八人诣阙[①]，请封禅。上曰：此大事，不可轻议。知州邵晔又率属官及兖州进士孔谓等，伏阙陈请。宰相王旦率文武百官、诸军将校、州县官吏、蕃夷、僧道、耆寿二万四千七十人[②]，诣东上合门，请封泰山，诏不允。又四表恳请，乃诏以今年十月有事于泰山。先是殿中侍御史赵湘请封禅，上拱揖不答。王旦等曰：封禅之礼，旷废已久，若非圣世承平[③]，岂能振举？初，王钦若既以城下之盟毁寇准，上自是常怏怏，他日问钦若曰：今将奈何？钦若度上厌兵，即谬曰：陛下以兵取幽蓟，乃可刷此耻也。上令思其次，钦若因请封禅以镇服四海，夸示夷狄。上曰：王旦得无不可？钦若以上意谕旦，旦黾勉而从。十月辛卯，发京师。丁未，次奉高。庚戌，步辇登山。辛亥，祀昊天上帝于圜台，中书侍郎读玉牒文，即日还奉高宫。日轮五色云见，先朝以来四方所献珍禽奇兽，悉纵于山下。癸丑，御朝觐坛，大赦天下，改乾封县曰奉符，改泰山顶曰太平顶。余见《遗迹志》诸碑之下。

玉牒文：有宋嗣天子臣讳[④]，敢昭告于昊天上帝：运启大同[⑤]，惟宋受命。太祖开阶[⑥]，功成治定。太宗膺图，重熙累盛。粤惟冲人，丕承列圣[⑦]。一纪于兹，四隩来暨。玄贶殊尤[⑧]，先府章示[⑨]。时和年豊[⑩]，群生咸遂[⑪]。佥议大封，聿申昭事。躬陟乔岳，对越上玄[⑫]。祈福逮下，

① 七十八人：《宋史·礼志》作“八十七人”。
② 二万四千七十人：《宋史·礼志》作“二万四千三百七十人”。
③ 圣世：《文献通考》作“盛世”。
④ 臣讳：《宋史·礼志》作“臣某”。
⑤ 运启：《宋史·礼志》作“启运”。
⑥ 开阶：《宋史·礼志》作“肇基”。
⑦ 丕承列圣：《宋史·礼志》作“丕承列圣，寅恭奉天，忧勤听政”。
⑧ 玄贶：《宋史·礼志》作“丕贶”。
⑨ 先府章示：《宋史·礼志》作“元符章示，储庆发祥，清净可致”。
⑩ 年豊：当作“年丰”。后据文义径改“豊”为“丰”，不再出校记。
⑪ 群生咸遂：《宋史·礼志》作“群生咸遂，仰荷顾怀，敢忘继志”。
⑫ 对越上玄：《宋史·礼志》作“对越上玄，率礼祗肃，备物吉蠲，以仁守位，以孝奉先”。

侑神奉先[①]。天禄无疆，灵休允迪。万乘其昌[②]，永保纯锡。

孙奭谏疏：陛下才毕东封[③]，又议西幸[④]，非先王卜征五年重谨之意[⑤]。……今国家土木之功，累年不息[⑥]，水旱作沴[⑦]，饥馑居多。乃欲劳民事神，神其享之乎？

又曰：今之奸臣，以先帝尝封禅，故赞陛下以继承先志。先帝欲北平幽朔，西取继迁，则未尝献一谋、画一策！乃卑辞厚币[⑧]，求和于契丹。蹙国縻爵，姑息于保吉[⑨]。谓主辱臣死为空言[⑩]，以诬下罔上为己任[⑪]。……是陛下以祖宗艰难之业，为奸臣侥幸之资[⑫]，此臣所以长叹痛惜也[⑬]！

林和靖《临终诗》：茂陵他日求遗稿，犹喜曾无《封禅书》。

徽宗政和四年，兖、郓、濮、开德、兴仁、颍昌府[⑭]、郑州、广济、永兴军等上言：父老欲诣阙，请皇帝登封，诏却之。时蔡京当国，将讲封禅以文太平，预具金绳、玉检及凡仪物甚备，造舟四千艘，虽雨具亦以十万计[⑮]。他皆称是。然不果行。

皇明永乐间，太常官献颂，请封泰山。成祖文皇帝却绝之。吏部尚书王直文，见后。

---

① 侑神奉先：《宋史・礼志》作“侑神昭德，惠绥黎元，懋建皇极”。
② 万乘：《宋史・礼志》作“万叶”。
③ 才：《宋史・孙奭传》作“始”。
④ 又：《宋史・孙奭传》作“更”。
⑤ “非”上，《宋史・孙奭传》有“殆”。重谨：《宋史・孙奭传》作“慎重”。
⑥ 不：《宋史・孙奭传》作“未”。
⑦ 作：《宋史・孙奭传》作“洊”。
⑧ “又曰”至“卑辞”，省略词句较多，不复出校。详见《宋史》卷四百三十一“孙奭传”。
⑨ 保吉：《宋史・孙奭传》作“继迁”。
⑩ 谓主辱臣死为空言：《宋史・孙奭传》作“曾不思主辱臣死为可戒”。
⑪ 以诬下罔上为己任：《宋史・孙奭传》作“诬下罔上为可羞”。
⑫ 臣：《宋史・孙奭传》作“邪”。
⑬ 此臣所以长叹痛惜也：《宋史・孙奭传》作“臣所以长叹而痛哭也”。
⑭ 颖昌府：《宋史・地理志》作“颍昌府”。
⑮ 十万：《宋史・礼志》作“千万”。

历代儒臣封禅论

梁许懋曰：舜柴岱宗，是为巡狩。而郑玄引《孝经钩命决》云[①]：封于泰山，考绩燔燎[②]。禅于梁甫[③]，刻石纪号。此纬书之曲说。……七十二君，燧人之前，世质民淳，安得泥金检玉！结绳而治，安得镌文告成！……妄亦甚矣！若圣主，不须封禅；若凡主，不应封禅。……秦始皇尝封泰山，孙皓尝封国山[④]，皆曰主好名于上[⑤]，而臣阿旨于下，非盛德之事，不可为法也[⑥]。

宋胡致堂曰：纬书本原于五经而失之者也，而尤紊于鬼神之理、幽明之故。夫鬼神幽明之故[⑦]，非知道者不能识。断国论者，诚能一决以圣人之经，经所以载道[⑧]，虽有纬书谶记，屏而不用，则庶乎其不谬于理矣！登封之事，原于柴燔而失之者也[⑨]。《诗》《书》纪巡狩，而柴者，记所谓祭天也。至岱宗陟其高山云者[⑩]，记所谓因名山也。有山则因以为高，无则于郊而坛，其义类一也。又有大事而告于上帝者，武王克商始有天下，故柴望而告也。舍此则渎矣！记以飨帝于郊与升中于天为二事，则传者之失也。然则七十二君之编录，诗书礼典略不经见。审有是事，乃天下国家之盛举，尧、舜、禹、汤、文、武、成、康、昭、宣皆身致太平，安得阙而弗讲[⑪]？故前世论登封者，莫善于许懋，惜乎世祖之臣，智不及此，陷其君于过，举而

---

① 玄：《资治通鉴·梁记三》(中华书局2011年版，下同)无此字。

② 燔：《资治通鉴·梁记三》作“柴”。

③ 于：《资治通鉴·梁记三》作“乎”。

④ 尝封：《资治通鉴·梁记三》作“尝遣兼司空董朝至阳羡封”。

⑤ 皆曰：《古今图书集成·方舆汇编·山川典·泰山部》作“皆由”。

⑥ “皆曰”至“法也”，《资治通鉴·梁记三》作“皆非盛德之事，不足为法。……由主好名于上，而臣阿旨于下也”。

⑦ 夫鬼神：《文献通考·郊社考》作“夫鬼神之理”。

⑧ 经所以载道：《文献通考·郊社考》作“经所不载”。

⑨ 原：《文献通考·郊社考》作“原本”。

⑩ 至：《文献通考·郊社考》作“至于”。

⑪ 弗：《文献通考·郊社考》作“不”。

不得闻也！……封禅之事，汉、唐之君往往行之，曾无一人建议明白如许懋者。贤哉懋乎！其学可谓正矣。汉、唐以来，纬书行而经学弛，重以郑玄博闻寡要，不知折衷于圣人，而惟纬书之信，世无稽古之言以祛群惑[①]，遂使有天下者于无事时肆其侈心。千乘万骑，巡狩侈费[②]，登山琢石，夸大功德，或有秘祝以祈不死，取笑当代，贻讥后来。彼梁武之资，未必如汉光武之英也，一闻懋言，遂遏欲行之意[③]，推广其义[④]，以答请者，则贤于光武远矣。使其举措每如此，则金瓯之业，何缺坏之有？

章俊卿曰：以封禅为非古者，王仲淹也；以封禅为不经者，李泰伯也；以封禅为不足信者，苏子由也。夫六经无封禅之文，帝王无封禅之事。著是文者，管仲疏其源，史迁浚其流，季仲推其波，张说助其澜；侈是事者，祖龙嘘其烟，孝元封其烬，隋帝炽其膏，玄宗烈其焰。是封禅之典，惟以肆情示夸也[⑤]，证之以六经之明文[⑥]，质之以帝王之实迹[⑦]，则后世之惑滋甚。且云云一山也，或以为在东山，或以为在蒙阴；亭亭一名也，或以为在牟阴，或以为在钜平；社首一地也，或以为在钜平，或以为在博县，则服虔、晋灼、应劭之论不同。既曰伏羲、神农禅云云，又曰三皇禅绎绎；既曰帝喾、尧、舜禅云云，又曰五帝禅亭亭；既曰禹禅会稽、汤禅云云，又曰三王禅梁甫，则管仲、孔颖达之说为不一。纷纷异议，迄无订证。唐、虞三代果有是乎？七十二君果足信乎？设有是事，六经遗文岂应不载？吁！安得仲淹、泰伯、子由，与之议封禅之非哉！

马端临曰：按文中子曰：封禅非古也，其秦汉之侈心乎！而太史公作

---

① 世无稽古之言：《文献通考·郊社考》作“世无稽古大儒稽古言”。

② 巡狩：宋胡寅《胡致堂读史管见》（宋嘉定十一年衡阳郡斋刻本，下同）作“巡行”。

③ 意：《胡致堂读史管见》作“志”。

④ 义：《胡致堂读史管见》作“议”。

⑤ 惟以肆情示夸也：《古今图书集成·方舆汇编·山川典·泰山部》无此句。

⑥ 之：《古今图书集成·方舆汇编·山川典·泰山部》无此字。

⑦ 之：《古今图书集成·方舆汇编·山川典·泰山部》无此字。

《封禅书》，则以为古受命帝王未尝不封禅，且引管仲答齐桓公之语，以为古封禅七十二家，自无怀氏至三代俱有之。盖出于齐鲁陋儒之说，《诗》《书》所不载，非事实也。当以文中子之言为正。

《野翁诗话》：唐窦庠《冬夜寓怀寄王翰林》诗云：满地霜芜叶下枝，几回吟断四愁诗。汉家若欲论封禅，须及相如未病时。按《史记》：天子曰：相如病甚，可往悉取其书[①]。使所忠往，相如已死，妻曰：长卿未死时，为书一卷，曰有使来求，奏之。言封禅事[②]。所忠以奏，天子异之。夫封禅，秦汉侈心，既非古礼，而相如至死不忘献谀，夫岂忠臣？而庠以自比，或以比人，此唐儒之陋也。韩退之亦上表劝封禅，又数自谓希相如。退之儒宗犹尔，如庠何议焉！

明丘濬曰：封禅之说，诗书礼典略不经见。审有是事，乃天下国家之盛举。尧、舜、禹、汤、文、武、成、康，皆身致太平，安得阙而弗讲？所谓七十二君者，果何代何人哉？先儒有言：养生至于长生不死，为国至于祈天永命，皆有是理。然人未有能为之者。纵为之，然亦不出乎身心日用之间，非必由乎服食药物、徼求鬼神而后致之也。是故明君永年莫若寡欲，延国祚莫若爱民。寡欲而至于全其天，爱民而至于过其历，诚有是理，亦诚有是事。呜呼！世主所以甘心于不赀之费，而行封禅之礼者，以有秘祝之求也。诚知此理，反之于心，知其必无。验之于古，知其无效，则自不为矣。

王直《题〈却封禅颂稿〉》[③]：右《却封禅颂稿》，前翰林学士、赠礼部尚书文穆公胡广谥作也[④]。昔太宗文皇帝在位时，太常臣有言曰：古者圣人治天下，功德盛隆，则必兴封禅之礼，以告于神明，垂美于万世。今陛下

① 往：《史记·司马相如列传》作“往从”。

② 言封禅事：《史记·司马相如列传》作“其遗札书言封禅事”。

③ 题却封禅颂稿：明王直《抑庵文集》（文渊阁《四库全书》本，下同）作“题却封禅颂稿后”。

④ 文穆公胡广谥作：《古今图书集成·方舆汇编·山川典·泰山部》作“文穆胡公作”。

继统，天清地宁，民物咸遂，圣德神功，古无与让。而乃[①]封禅未讲，何以继前代帝王之盛？请命礼部行之。上曰：封禅非古也，帝王之有闻于后者，在德，不在封禅。不许。公闻之曰：此盛德事也！而大臣有与之比者，阴助之，公虑为所惑[②]，乃本封禅非古之说，与后世贤君良臣所以辟而不行之美，作此诗以献。皇上圣性高明，真知灼见，足以破千古之谬，为百王之明鉴。览之喜曰：是朕心也。于是言者沮，而封禅卒不行。君子之尊君[③]，务引其君以当道，若公是也。彼秦皇、汉武[④]，肆其侈心，以渎扰上下，天地厌之。顾乃以是为说，此为邦者所以远佞人，而公之所深虑也。

泰安州知州郑聚东校补

学正　陈　宠

训导　卢　枫

新泰县教谕林宇中校正

生员　侯　贵

邓　霓

尹凤仪

李汝桂　同校

《泰山志》卷之一　终

① 乃：王直《抑庵文集》无此字。

② 而大臣有与之比者阴助之公虑为所惑：《古今图书集成·方舆汇编·山川典·泰山部》无此十六字。

③ 尊：王直《抑庵文集》作“事”。

④ 秦皇汉武：王直《抑庵文集》作“秦皇汉武之辈”。

《泰山志》卷之二

明巡按直隶监察御史　婺　吴伯朋裁定

山东按察司佥事　大梁　曹金校订

顺天府儒学训导　歙　汪子卿编辑

遗迹

志遗迹何？志古人之有遗于斯也。何言乎遗也，以言乎帝王，则封禅有台，明堂有地，世殊物改，而感慨系之。以言乎圣贤，则万世之师，千载之士，仰止私淑，如在门墙。彼仙家者流，若非可得而类书也。然而游方之外，瞬息古今，其视合符不死，与夫世之澳涩龌龊者何如也。是故汇其遗而录之，夫亦仙闾灵府之一征与。

帝王

登封台：有二，其一在岳顶，相传为古帝王登封所筑。今为玉帝观。台下小碣题曰“古封禅坛”。其一在日观峰，相传为宋筑，石函方丈许，亦题刻曰“古封禅坛”。盖古封坛，而并以禅言，误矣。俗曰宝藏库，以所瘗金书玉简云。《管子》：无怀氏封泰山，刻石纪功。《淮南子》：“尚古之王，封泰山禅梁父七十余圣[①]。”古刻《泰山图诗》：三千余里鬼神府，七十二君封禅坛。

周明堂：在岳之东北，山谷联属四十里，遗址今尚存。旁有谷山寺，其形胜具党学士寺记。按《州志》寺记，误周为汉，《通志》因之。

① 封泰山禅梁父：西汉刘安《淮南子·齐俗训》(北方文艺出版社2013年版，下同)作“封于泰山禅于梁父”。

汉明堂：在岳趾东南，去州治十里，武帝元封间用齐人公玉带所献图创焉。其上有元人题刻"明堂故基"四字。其地舒衍，突起一石冈，巅平而高四丈许，周三亩许。后枕岳麓，支山如扆障，而左右如卫从然，涧水萦回，南会于汶，遥望徂徕诸山，如列屏案。当时朝会规模，宛然在目。

《史记》：汉武帝招延儒雅，好行典故。元封元年封泰山，泰山东北址古有明堂[①]，上封泰山毕，降坐其上。以处险不敞，欲治明堂奉高旁，未晓其制度。济南人公玉带上黄帝时明堂图。明堂中有一殿[②]，四面无壁，以茅盖，通水，圜宫垣为复道，上有楼，从西南入，命曰昆仑。天子从之入，以拜祀上帝焉[③]。于是上令奉高作明堂汶上，如带图。及五年修封，则祀太乙[④]、五帝于明堂上坐，令高皇帝祠坐对之。祠后土于下房[⑤]。天子从昆仑道入，始祀明堂如郊礼[⑥]。礼毕，燎台下[⑦]。因朝诸侯王，受郡国计。天汉四年，行幸泰山，修封，祀明堂，因受计。大始四年三月，行幸泰山。壬午，祀高祖于明堂，以配上帝，因受计。癸未，祀孝景皇帝于明堂。征和四年，幸泰山，修封，祀于明堂。

章帝元和二年二月，幸泰山，柴告岱宗，进幸奉高。壬申，宗祀五帝于孝武所作汶上明堂，以武帝配[⑧]，如雒阳明堂祀[⑨]。癸酉，更告祀高祖、太宗、世宗[⑩]、世祖、显宗于明堂。安帝延光三年，东巡泰山，祠汶上明堂，如元和三年故事[⑪]。顺帝即位，修奉常祀。

章俊卿曰：明堂，乃黄帝之旧。汉武帝时，济南人公玉带所上。《杨氏祭礼·明堂篇》以其不经见而削之，然其所言茅盖、通水，与《大戴礼》所记略同。又，《考工记》所

---

① 古有明堂：《史记·孝武本纪》作"古时有明堂处"。
② 明堂：《史记·孝武本纪》作"明堂图"。
③ 拜祀：《史记·孝武本纪》作"拜祠"。
④ 祀：《史记·孝武本纪》作"祠"。太乙：《史记·孝武本纪》作"泰一"。
⑤ "下房"下，《史记·孝武本纪》有"以二十太牢"五字。
⑥ 祀：《史记·孝武本纪》作"拜"。
⑦ 台下：《史记·孝武本纪》作"堂下"。
⑧ 武帝：《后汉书·祭祀志》作"光武帝"。
⑨ 祀：《后汉书·祭祀志》作"礼"。
⑩ 世宗：《后汉书·祭祀志》作"世宗中宗"。
⑪ 三年：《后汉书·祭祀志》作"二年"。

言“夏后世室，殷人重屋，周人明堂，其制大概由质而趋于文，由狭而趋于广也”。由是推之，黄帝时无明堂则已，苟有之，则一殿无壁，盖之以茅，正太古俭朴之制。又按，武帝欲求仙延年，方士之谬诞者多假设黄帝之事，以售其说。如所谓修五城十二楼，封名山栖万灵于明廷，采首山铜铸鼎之类，皆矫诬过甚，张大其词，以迎合时主之侈心。独公玉带所上明堂之制乃简朴如此，虽不经见，然亦可稽观千门万户之失，固未可以其言之并出于封禅求仙之时，而例黜之也。

长城钜防：在泰山西，缘河，千余里至琅邪台，入海。苏代说燕曰：齐有长城钜防。《韩非子》曰：“长城钜防，足以为基[①]。”《齐记》云：齐宣王乘山岭之上筑长城，东至海，西至济州，千余里，以备楚。《括地志》云：长城西北起济州平阴县，缘河历泰山北冈上，经济州、淄州，即西南兖州博城县北，东至密州琅邪台入海。《竹书纪年》云：梁惠王二十年，齐闵王筑防以为长城。今泰山西北，有岭、铺，俱名长城，遗址尚存。

无字碑：在岳顶登封台下，秦始皇立。或曰石表，或曰神主石，或言其下有金书玉简，当是石函。古今人莫测其意，甚矣，秦人之谲也！石黄白色，颇光莹，无苔藓，非岳之所有，自他山至是，不知用民力几何？甚矣，秦人之虐用其民也！《史记》：汉武帝置五车石于岳，今莫知所在。故朴庵诗云：“已迷汉武五车石，却笑秦王无字碑。”秦政不足言，惜夫汉武之效尤也！

秦篆碑：在玉女池上，西公署后，李斯书始皇、二世颂德文。宋刘跂序《泰山秦篆谱》时，尚有二百二十有二字。今湮沕，仅存二十九字。夫秦虽无道，然其所立有绝人者，其文字书法，世皆莫及，亦不可废。

斯篆刻石文：事天以礼，立身以义。事父以孝，成人以仁。四海之内，莫不郡县。四夷八蛮，咸来贡职。人庶蕃息，天禄永得[②]。皇帝临位，作制明法，臣下修饬。二十有六

---

① 足以为基：《诸子集成·韩非子集解·初见秦第一》(中华书局2006年版，下同)作“足以为塞”。

② “事天以礼”至“天禄永得”，此为汉武帝立石的文字，误录于此，当删之。详见《汉书·武帝纪》应劭注。

年[①]，初并天下，罔不宾服。亲巡远方黎民[②]，登兹泰山，周览东极。从臣思迹，本原事业，祗诵功德。治道运行，诸产得宣[③]，皆有法式。大义休明[④]，垂于后世[⑤]，顺承勿革。皇帝躬圣[⑥]，既平天下，不懈于治。夙兴夜寐，建设长利，专隆教诲。训经宣达，远近毕理，咸承圣志。贵贱分明，男女礼顺[⑦]，慎遵职事。昭格内外[⑧]，靡不清净，施于后嗣[⑨]。化及无穷，遵奉遗诏，永承重戒。

欧阳修《集古录》：余友江邻几，谪官奉符[⑩]，尝至泰山顶上[⑪]，视秦所刻石处，云：石顽不可镌凿，不知当时何以刻之也[⑫]？然四面皆无草木[⑬]，野火不及[⑭]，故能若此之久。而风雨所剥[⑮]，其存者才此数十字而已。

刘跂《秦篆谱·序》：《史记》载秦始皇帝及二世，皆行幸郡县，立石刻辞。今世传泰山篆字，可读者唯二世诏五十许字。而始皇刻辞，皆谓已亡，莫可复见。宋丞相莒公镇东平日，遣工就泰山模得墨本，以庆历戊子岁别刻新石，亲作后序，止有四十八字。欧阳文忠公《集古录》亦言友人江邻几守官奉高，亲到碑下，才有此数十字而已。

余以大观二年春，从二三乡人登泰山，宿绝顶，首访秦篆。徘徊碑下，其石埋植土中，高不过四五尺，形制似方而非方，四面广狭皆不等，因其自然，不加磨砻。所谓五十许字

---

① 二十：清金棨《泰山志》（嘉庆十三年刻本，下同）作“廿”。
② 亲巡远方黎民：刘跂《秦篆谱序》、赵明诚《金石录》（中华书局1991年版，下同）作“亲巡远黎”。
③ 得宣：刘跂《秦篆谱序》《史记·秦始皇本纪》作“得宜”。
④ 休明：刘跂《秦篆谱序》、赵明诚《金石录》作“著明”。
⑤ 垂于后世：刘跂《秦篆谱序》、赵明诚《金石录》作“陲于后嗣”。
⑥ 躬圣：刘跂《秦篆谱序》、赵明诚《金石录》作“躬听”。
⑦ 礼顺：刘跂《秦篆谱序》、赵明诚《金石录》作“体顺”。
⑧ 昭格：《史记·秦始皇本纪》作“昭隔”。
⑨ 后嗣：刘跂《秦篆谱序》、赵明诚《金石录》作“昆嗣”。
⑩ 奉符：《欧阳修全集》作“于奉符”。
⑪ 至：《欧阳修全集》作“自至”。
⑫ 刻之：《欧阳修全集》作“刻”。
⑬ 然：《欧阳修全集》作“然而”。皆：《全宋文》作“皆石”。
⑭ “野火”上，《欧阳修全集》有“而”字。
⑮ 而：《欧阳修全集》作“然”。

者，在南面稍平处，人常所为拓[①]，故士大夫多得见之。其三面尤残缺蔽暗，人不措意。余审观之，隐若有字痕。刮摩垢蚀，试令模以纸墨，渐若可辨[②]，自此益使加工模之，然终意其未也。政和三年秋，复宿岳上，亲以毡椎从事，校之他本，始为完善[③]。盖四面周围，悉有刻字，总二十二行，行十二字，字从西南起[④]，以北、东、南为次，西面六行，北面三行，东面六行，南面七行，其末有"制曰可"三字，复转在西南棱上。每行字数同，而每面行数乃不同如此，广狭不等，居然可见。其十二行是始皇辞[⑤]，其十行是二世词。以《史记》证之，文意皆具。计其缺处，字数适同，于是泰山之篆遂成完篇。宋欧[⑥]、江二公初未尝到，惟冯工匠所说[⑦]，无足怪。人多以二公为信，故亦不复详阅。余既得墨本，并得碑之形象制度以归，亲旧闻之，多来访问，倦于屡报，乃为此谱。大凡篆字二百二十有二，其可读者百四十有六，今亦作篆字书之[⑧]，其毁缺及漫灭不可见者七十有六，以《史记》文足之，注其下。谱成，揭壁间，久幽沉晦之迹，今遂历然。秦至无义，不足论，然李斯小篆古今所师，经千三百有余岁而复彰，兹可尚也。如"亲巡远黎"，史作"亲巡远方黎氏""金石刻石"[⑨]，"著"作"休"，"嗣"作"世"，"听"作"圣"，"陲"作"垂"，"体"作"礼"，"昆"作"后"，则又史家差误，皆当以碑为正。其曰"御史大夫"者，"大夫"也，《庄子》曰：且而属之大夫[⑩]。卫宏曰：古文一字两名，因就注之。《史记》于琅琊台刻石备列从臣名氏，余家所收琅琊残字亦有五"夫"字。然则"夫"从一大，因不复重出欤？

磨崖碑：有三，其二在岱顶东岳祠后，一为唐玄宗八分书《纪泰山

---

① 人常所为拓：《古今图书集成·方舆汇编·山川典·泰山部》作"常为人所拓"。

② 渐：《古今图书集成·方舆汇编·山川典·泰山部》无此字。

③ 完善：《古今图书集成·方舆汇编·山川典·泰山部》作"完书"。

④ 西南：《古今图书集成·方舆汇编·山川典·泰山部》作"西面"。

⑤ 辞：《古今图书集成·方舆汇编·山川典·泰山部》作"词"。

⑥ 宋：《古今图书集成·方舆汇编·山川典·泰山部》无此字。

⑦ 冯：《古今图书集成·方舆汇编·山川典·泰山部》作"凭"。

⑧ 今：《古今图书集成·方舆汇编·山川典·泰山部》作"余"。

⑨ 黎氏：《四部丛刊·宋文鉴》作"黎民"。金石刻石：《四部丛刊·宋文鉴》《全宋文》作"金石刻作刻石"。

⑩ 大夫：原作"夫夫"，据上下文义改。

铭》，字五寸许，遒劲可爱。一在崖右，刻唐苏颋撰《东封朝觐颂》，字径寸余，书法类晋。近闽人林焞以“忠孝廉节”四大字覆刻其上，镵毁殆尽。其一在祠前东崖，宋真宗序铭，亦为后人镵毁如焞，观者憾焉。

玄宗序铭：朕宅帝位，十有四载，顾惟不德，懵于至道，任夫难任，安夫难安。兹朕未知，获戾于上下，心之浩荡，若涉于大川。赖上帝垂休，先后储庆，宰衡庶尹，交修皇极，四海会同，五典敷畅，岁云嘉熟[①]，人用大和。百辟佥谋，倡余封禅[②]。谓孝莫大于严父，谓礼莫尊于告天，天符既至，人望既积[③]，固请不已，固辞不获。肆余与夫二三臣[④]，稽虞典，绎汉制，张皇六师，震叠九宇，旌旗有列[⑤]，士马无哗，肃肃邕邕，翼翼溶溶，以至于岱宗顶也[⑥]。《尔雅》曰[⑦]：泰山为东岳。《周官》曰：兖州之镇山。实惟天帝之孙，群灵之府。其方处万物之始，故称岱焉；其位居五岳之伯，故称宗焉。自昔王者受命易姓[⑧]，于是乎启天地，荐成功，序图录，纪氏号。朕统承先王[⑨]，兹率厥典，实欲报玄天之眷命，为苍生之祈福，岂敢高视千古[⑩]，自比九皇哉。故设坛场于山下，受群方之助祭，躬封燎于山上，冀一献之通神。斯亦因高崇天，就广增地之义也。乃仲冬庚寅，有事东岳，类于上帝[⑪]，配我高祖。在天之神，罔不毕降[⑫]。粤翌日，禅于社首，侑我圣考，祀于皇祇，在地之神，罔不咸举。暨

① 嘉：原作“再”，据《历代帝王泰山刻石·纪泰山铭》(中国档案出版社2006年版，下同)拓片改。
② 余：原作“予”，据《历代帝王泰山刻石·纪泰山铭》拓片改。
③ 既：原作“其”，据《历代帝王泰山刻石·纪泰山铭》拓片改。
④ 肆余：原作“予”，据《历代帝王泰山刻石·纪泰山铭》拓片改。
⑤ 旗：原作“旅”，据《历代帝王泰山刻石·纪泰山铭》拓片改。
⑥ 顶：《历代帝王泰山刻石·纪泰山铭》拓片作“顺”。
⑦ 曰：原作“云”，据《历代帝王泰山刻石·纪泰山铭》拓片改。
⑧ 自：原作“曰”，据《历代帝王泰山刻石·纪泰山铭》拓片改。王：原脱，据《历代帝王泰山刻石·纪泰山铭》拓片补。
⑨ 统：原脱，据《历代帝王泰山刻石·纪泰山铭》拓片补。
⑩ 千：原作“万”，据《历代帝王泰山刻石·纪泰山铭》拓片改。
⑪ “上帝”上，原衍“昊天”二字，据《历代帝王泰山刻石·纪泰山铭》拓片删。
⑫ 罔：《历代帝王泰山刻石·纪泰山铭》拓片作“网”。下句“罔不咸举”的“罔”，碑拓亦作“网”。

壬辰，觐群后。上公进曰：天子膺天符，纳介福。群臣拜稽首[①]，千万岁[②]，庆答欢同，陈诚以德。大浑叶度，彝伦攸叙，三事百揆，时乃之功。万物由庚，兆人允植[③]，列牧众宰，时乃之功。一二兄弟，笃行孝友[④]，锡类万国，时惟休哉。我儒制礼，我史作乐，天地扰顺，时惟休哉。蛮夷戎狄，重译来贡，累圣之化，朕何慕焉。五灵百宝，日来月集，会昌之运，朕何感焉。凡今而后，儆乃在位，一王度，齐象法[⑤]，推旧章，补缺政，存易简[⑥]，去烦苛，思立人极，乃见天则。

於戏！天生蒸人，惟后时乂，能以美利利天下，事天明矣。地德载物[⑦]，惟后时相，能以厚生生万人，事地察矣。天地明察，鬼神著矣。惟我艺祖文考，精爽在天，其曰：懿余幼孙[⑧]，克享上帝，维帝时若[⑨]，馨香其下[⑩]。丕乃曰：有唐氏文武之曾孙隆基[⑪]，诞锡新命，缵戎旧业[⑫]，永保天禄，子孙其承之。余小子敢对扬上帝之休命[⑬]，则亦与百执事尚绥兆人，将多于前功，而毖彼后患。一夫不获，万方其罪予。一心有终，上天其知我。朕维宝行三德[⑭]，曰慈、俭、谦。慈者，覆无疆之言；俭者，崇将来之训。自满者人损，自谦者天益。苟如是，则轨迹易循，基构易守。磨石壁，刻金记，后之人听词而见心，观末而知本。铭曰：

---

① “拜”下，原衍“手”字，据《历代帝王泰山刻石·纪泰山铭》拓片删。
② “千”上，原衍“称”，据《历代帝王泰山刻石·纪泰山铭》拓片删。
③ 植：原作“殖”，据《历代帝王泰山刻石·纪泰山铭》拓片改。
④ 行：原作“以”，据《历代帝王泰山刻石·纪泰山铭》拓片改。
⑤ 象：原作“众”，据《历代帝王泰山刻石·纪泰山铭》拓片改。
⑥ 易简：原作“简易”，据《历代帝王泰山刻石·纪泰山铭》拓片改。
⑦ 地德：原作“坤厚”，据《历代帝王泰山刻石·纪泰山铭》拓片改。
⑧ 余：原作“予”，据《历代帝王泰山刻石·纪泰山铭》拓片改。
⑨ 维帝：原脱，据《历代帝王泰山刻石·纪泰山铭》拓片补。
⑩ 下：原脱，据《历代帝王泰山刻石·纪泰山铭》拓片补。
⑪ 有唐氏文武之曾孙隆基：原作“会我之文武曾孙其”，据《历代帝王泰山刻石·纪泰山铭》拓片改。
⑫ 戎：原作“我”，据《历代帝王泰山刻石·纪泰山铭》拓片改。
⑬ 余：原作“予”，据《历代帝王泰山刻石·纪泰山铭》拓片改。
⑭ 维：原作“惟”，据《历代帝王泰山刻石·纪泰山铭》拓片改。后文“惟天生人”“惟君受命”的中“惟”，据碑拓径改为“维”，不再出校记。

惟天生人，立君以理，惟君受命，奉天为子[①]。代去不留，人来无已，德凉者灭，道高斯起。赫赫高祖，明明太宗，爰革隋政，奄有万邦。罄天张宇，尽地开封，武称有截，文表时邕。高宗稽古，德施周溥，茫茫九夷，削平一鼓。礼备封禅，功齐舜禹，岩岩岱宗，衎我神主[②]。中宗绍运，旧邦维新。睿宗继明，天下归仁。恭己南面，氤氲化醇[③]，告成之礼，留诸后人。缅余小子[④]，重基五圣，匪功伐高，匪德矜盛。钦若祀典，丕承永命，至诚动天，福我万姓。古封泰山，七十二君，或禅奕奕[⑤]，或禅云云。其迹不见，其名可闻，祇遹文祖，光昭旧勋。方士虚诞，儒书龌龊，佚后求仙，诬神检玉。秦灾风雨，汉污编录，德未合天，或承之辱。道在观政，名非从欲，铭心绝岩，播告群岳。

颋序颂：封祀之山，五在中国，泰岳首之。昊穹之命，再集巨唐，皇帝受之。临位十四年，考虞氏岁巡之义，讽周王时迈之什[⑥]。十月辛酉，步自有洛。十一月丙戌[⑦]，帐殿斋于岳趾。渊默以清，绎思而照，将纪功布度，顺斗承天，精享也。己丑，宏观轶区宇，盛仪振开辟。高临建凤，万队张皇以烛山；上御飞龙，百神翕习以扶道。国台二，藩后四，髦士密侍，信臣高位。扈封台，列升陛，不下五十。

以圣言冲邈，瑶牒宝书，誓之旨曰：朕获守丕业，恐不克骏命，惟上帝储休，锡苍生无彊之庆，朕之庆也。古则秘之，何哉？属寒驰迅飚，露清终夕，若扫若锄，晏然而已。庚寅，天官次箓，王制协时，严高祖以配之，嗣高宗以陟之。冕裘立，珪璧序。洁罍俎，调钟吕。倨勾于簨簴，戛击乎柷敔。宝骈瑞兮物焜煌，空薄霄兮音容与。则纤尘不动，和气充塞。日在于观，天为之门。扬日大光，谓小天下。昭以抱戴，见之卿霭。郁郁纷纷，喜气烟熅。当芝检，引紫熏[⑧]。太紫洞而三辰接[⑨]，郁苍摇而万岁闻。自下达上傒吾君，君之来兮望如

① 奉天为子：原作“奉为天子”，据《历代帝王泰山刻石·纪泰山铭》拓片乙正。
② 衎我神主：原作“衍我玄神”，据《历代帝王泰山刻石·纪泰山铭》拓片改。
③ 氤氲：原作“絪缊”，据《历代帝王泰山刻石·纪泰山铭》拓片改。
④ 余：原作“予”，据《历代帝王泰山刻石·纪泰山铭》拓片改。
⑤ 弈弈：原作“社首”，据《历代帝王泰山刻石·纪泰山铭》拓片改。
⑥ 讽：《全唐文》作“颂”。
⑦ 丙戌：《全唐文》作“戊戌”。
⑧ 紫熏：《全唐文》作“紫薰”。
⑨ 太：《全唐文》作“大”。

云，云之睟兮圣之门[①]。至于辛卯[②]，有事于社首，以泰折如泰坛。于穆我睿宗，侑而作主，奠献呜咽，天子之孝也。佥以金匮，归勋于祖祢，石礛藏美于乾坤，戒咸秩则司存。癸巳，载大旂，合大乐，三陔崛以惟抗[③]，四亚锵而辂止。朝群牧，揆千官。底邦赋，数庭实，华虫辨等，车马来觐。周人隋人[④]，二王之宾。戎狄蛮貊，万里重译。必拱于著，执贽奉璋，颙颙昂昂[⑤]，靡敢怠遑。乃建鸡竿，伐鼍鼓。帝命出，皇恩溥。扬巽风，作解雨。施舍之，荡涤之。宥法罪，除颇纇。澒涌洋溢，周流黖霽。不崇朝而遍者，与此山俱。畴翳而不拔，胡微而不铺也。亦既称寿，申命宗伯，咨尔颂焉，效古之刻石。臣颋稽首再拜而言曰：臣闻昔在帝尧，臣惟咎繇，聪明之谓圣，迈种之谓德。天若曰：依于巨唐，易姓者李；王于中华，崇功者唐。圣之泽，德之浸也。我唐祚之兴，昌符诞膺，两仪动，六叶承，皇帝宣高祖四宗之景烈，肇开元神武之明号，广矣大矣！莫有不宁，罔有不俾，咸一德之辅，不二心之臣。群后抗词曰：臣闻先王因天事天，因地地事地[⑥]，因名山升中于天。陛下得天之经，得地之义，得人之行。行也者，孝莫大焉，兼三才以为政。政也者[⑦]，仁莫大焉，含万物以为性。今三才贞，万物亨，六典平，九功成。官不慆，狱不放，至于刑清，良有以也。因斯而谈，清明在躬，志气如神之睿者，君也；四国于藩，四方于宣之美者，臣也。有物有则，我君臣保乂之。原所由于前，设其教于后尔。往岁邦危中否，天讨内难，陛下提三尺之剑，狃阊阖，绝勾陈，趋北军，正北辰。然后翼翼乾乾，尊尊亲亲，立我蒸人。圣考所以付天下之公器，蹈汾阳之清尘。唐虽旧邦，其命惟新[⑧]。古者振兵释旅，祠土祈谷，先事也。我是以幸太原，祭汾脽，耀金甲，肃边鄙，虏马詟而不敢南向，解严京师。获宝鼎，献宗庙，成人归而尽务东作，报福京坻。于是乎爰佐五畤，郊天以奉时；爰崇九室，袷祖而敬思。昭格迟迟，神人允

---

① 云之睟兮圣之门：《全唐文》作“端兮睟，圣之门”。
② 至于：《全唐文》《四部丛刊·重校正唐文粹》作“至尊”。
③ 陔崛：《全唐文》作“陔崌”。
④ 隋人：《全唐文》作“随人”。
⑤ 颙颙：《全唐文》作“雍雍”。
⑥ 因地地事地：衍一“地”字，《全唐文》作“因地事地”。
⑦ 政也者：《全唐文》作“孝也者”。
⑧ 惟新：《全唐文》作“维新”。

鳌。无何，籍三脊，盛六穗，不召斯至。拥休之类，如山则委，曷月而秘。岂非享物降嘉司火也，立浑同度在璿也。陛下姑谓之薄，臣所未谕。且管氏诧齐，帝王凡八十九，湮沦郁没。孰若致美我高宗，勒岱甲子正六十，肸蚃葳蕤，故能应期我神武。惟继代奉业，增高保鸿，缺乎中，何也？即先后以权，蹔阻于运，二宗绍复，未遑厥功，神暗之契，不在诸子，而当圣躬，固不可辞者审矣。帝曰俞，畏德之不称。而左辅右弼，杂搢绅鸿硕之伦，抱蕝怀书，蒸云吐雾，方集贤内殿，讲议前席以论之。《传》不云乎，"君子勤礼，敬之至也"。《易》不云乎，"先王作乐，豫以动也"。慎矣哉！礼乐之为用，故执礼者具，删弊则质，宜之自我，变乐者理，去商何害？谦以为臣，二者洽而三让之。制曰"可"。始严卤簿，腾七萃，启禁关，回九重，以听乎鸾声之雍雍，匪疾匪徐，物有其容。动植赞，华夷观，骈阗总擠，羡漫半散。出成皋，逾荥波。凭滑台，眺洪河。遂并昆吾之墟，徜徉乎大舜之泽。溯四渎二济入于兖，径九一三齐乔于岱，推二旬有六而顿行在。莫不皤皤华皓，如藿倾阳，或牵以饩，或捧之觞，伛偻乎康庄。一以伸神武之今日，一以感乾封之旧章。乃饩归之，觞举之，慈且惠而与之欢，沸渭颉颃。矧国邹鲁，家洙泗，乘汶野而图记可知，指泮林而颂声不坠。以周公之故，将孔子之后，翘然希王者之属车，圣人之清跸。则久及信宿之应[①]，岩岩所瞻，宗神曰天齐王[②]，加一等于三事。户二十，供王祀。环十里，禁人樵。牧也大禋[③]，旅之数重。褒成之禄，抚遗甿，赐之复。帝曰：吁，夫艰难系王业，休咎牵人事，况天监之，殊祥也，殊典也。不自满而虔巩于位，朕宝臣曰乾曜、洎、说，有初有终，时乃风，钦哉！汝作朕左右丞相，繄汝忠[④]，益以嘉猷，补衮之阙，罔或怠。遂弘天封，焕天章，篆介丘而旋德阳。大飨乎群方，程后代，美其律，声其实，坟作四而籍言七也。臣颋不敏，继伯夷之直清，微太史之留滞，聆金奏同百兽之舞，振木铎采万人之诗。敢陈诗以颂曰：

天子圣兮天孙崇，登以封兮报以功。受命再，惟皇代；天之赉，人所载。士马山稟，戈矛山沓；祯符山杂，灵响山答，天与人合。我铺衍兮长粹清，太元册兮太一精，休光光我

① 应：《全唐文》作"意"。

② 天齐王：原作"天济王"，据清金棨《泰山志》改。

③ 牧也大禋：《全唐文》作"报也大禋"。

④ 繄：《全唐文》作"翳"。

之庆成。舜四朝而禹万国，莫之我京。

凤凰台：在登封门外，汉宣帝时凤凰集泰山，故名。

望仙台：在州治东北三十里，汉武帝筑。

舞鹤台：唐高宗筑。按《唐书》高宗筑封祀坛于泰山南四里，如圆丘。又诏立登封、降禅、朝觐之碑，名封祀坛曰舞鹤台、登封坛曰万岁台、降禅坛曰景云台。今皆颓莽，而碑亦湮没。惟张说《封禅颂》在《唐文粹》及《州志》，犹可考见。

张说序颂：皇唐六叶[①]，开元神武皇帝再受命致太平，乃封岱宗，禅社首，凿石纪号。天文焕发，儒臣志美，立碣祠坛，曰：厥初生人，俶有君臣。其道茫昧，其风朴略。因时而欻起，兴运而纷落，泯泯没没无闻焉。尔后代圣人取法象，立名位、衣裳以等之，甲兵以垣之。于是礼乐出而书记存矣。反其源，致敬乎天地；报其本，致美乎鬼神。则封禅者，帝王受天命、告成功之为也。阅曩圣之奥训，考列辟之通术，畴若天而不成，曷背道而靡失？由此推之，封禅之义有三，帝王之略有七。七者何？传不云道、德、仁、义、礼、智、信乎！顺之称圣哲，逆之号狂悖。三者[②]，一，位当五行图箓之序。二，时会四海升平之运。三，德具钦明文思之美。是谓与天合符，名不死矣。有一不足，而云封禅，人且未许，其如天何？言旧史者，君莫道于陶唐虞舜[③]，臣莫德于皋陶稷卨[④]。三臣降德[⑤]，皆有天下。仲尼叙帝王之书，系周秦之誓[⑥]。明鲁祀周公用王礼，秦承伯益接周统，孔圣微旨，不其效欤！然秦定天下之功高，享天禄之日浅。天而未忘庭坚之德也，故大命复集于皇家。天之赞唐，不惟旧哉！其兴之也，玄灵启迪，黄祇顾怀。应归运以义举，抚来苏以利见。

---

① 皇唐：《全唐文》作“皇帝”。

② 三者：《古今图书集成·方舆汇编·山川典·泰山部》作“三者何”。

③ 陶唐：《古今图书集成·方舆汇编·山川典·泰山部》作“唐尧”。

④ 稷卨：《古今图书集成·方舆汇编·山川典·泰山部》作“稷契”。

⑤ 降德：《全唐文》作“备德”。

⑥ 周秦之誓：《全唐文》作“鲁秦之誓”。

汤也无放夏之惭[①]，武也无伐殷之战。高祖创业，四宗重光。德有格天漏泉[②]，蒸云濡露，菌蠢滋育，氤氲涵煦。若天地之覆载，日月之照临。溥有形而归景[③]，罄无外而宅心，百有八年于兹矣。皇帝攘内难而启新命，戴睿宗而缵旧服。宇宙更辟，朝庭始位，盖羲轩氏之造皇图也。九族敦序[④]，百姓昭明，万邦咸和，黎人于变[⑤]。立土圭以步历，革铜浑以正天，盖唐虞氏之张帝道也。天地四时，六官著礼，井田三壤，五圻成赋。广九庙以尊祖，定六律以和神。盖三代之设王制也，武纬之，文经之，圣谟之，神化之，然犹战战兢兢，日慎一日。纳规诲以进德，遂忠良以代工。讲习乎无为之书，讨论乎集贤之殿。宠勇爵，贵经明，翼乎鹓鸾之列在庭，毅乎貔豹之师居鄙。人和旁感，神宝沓至。乾符坤珍，千品万类。超图溢牒，未始闻记。我后以人瑞为心，不以物瑞为意。王公卿士，俨然进曰：休哉！陛下孝至于天，政合乎道。前年祈后土，人获天穰[⑥]。间岁祀圆丘，日不奄朔。感祥以祈圣，因事以观天，天人交合，其则不远。意者乔丘扫路，望翠华之来；上帝储恩，俟苍壁之礼久矣[⑦]，焉可专让而废旧勋？群臣固言，勤帝知罪，至于再，至于三。帝乃抱之曰：钦崇天道，俯率嘉话。恐德不类，敢惮于勤！其撰巡狩之仪，求封禅之故。既而礼官不戒而备，军政不谋而辑。天姥练日，雨师洒道。六甲按队，八阵警跸。孟冬仲旬，乘舆乃出。千旗云引，万载林行。霍濩燐烂，飞焰扬精。原野为之震动，草木为之风生。历郡县，省谣俗，问百年，举百祀，兴坠典，葺阙政。攸徂之人，室家相庆。万方纵观，千里如堵。城邑连欢，丘陵聚舞。其中垂白之老，乐过以泣，不图蒿里之魂，复见乾封之事。尧云往，舜日还，神华灵郁，烂漫乎穹壤之间。是月，来至于岱[⑧]，祗祓斋宫，涤濯静室。凝神玄览，将

---

① 汤：《全唐文》作“濩”。

② 德有：《全唐文》作“有德”。

③ 归景：《全唐文》作“希景”。

④ 敦序：《全唐文》作“敦叙”。

⑤ 黎人：《古今图书集成·方舆汇编·山川典·泰山部》作“黎民”。

⑥ 天穰：《四部丛刊·重校正唐文粹》作“大穰”。

⑦ 苍壁：《古今图书集成·方舆汇编·山川典·泰山部》《四部丛刊·重校正唐文粹》作“苍璧”。

⑧ 岱：《全唐文》作“岱宗”。

款太一[1]。议夫泰山者，圣帝受天官之宫，天孙总人灵之府。自昔立国，莫知万数，克升中而建号，惟七十而有五。我高宗六之，而今七矣。非夫尊位盛时，明德旷代，辽阔难并之甚哉！先时将臻夫大封也，累封壃于高冈，筑泰坛于阳趾。夫其天坛三袭，辰陛十二，咸秩众灵，列坐有次。崇牙树羽，管磬镛鼓，宫悬于重壝之内。干戚鈠殳[2]，钓戟戣戵[3]，周位于四门之外。代国重器[4]，传代绝瑞，旅之于中庭。玉辇金毂，翠冒黄屋，夹之于端路。庶官百辟，羌夷蛮貊，褒成之后，让王之客，序立于礼神之场。髦头弩牙[5]，铁马金镞，介胄如雪，旗帜如火，远匝于清禁之野。于是乎以天正上元，法驾徐进。屯千乘于平路，留群臣于谷口。皇帝御六龙，陟万仞，独与一二元老执事之人，出天门，临日观，次沆瀣，宿巉岩。赤霄可接，白云在下。庚寅，祀高祖于上封，以配上帝。命众官于下位，以享众神。皇帝冕裘登坛，奠献俯偻。叶金奏，佾羽舞，撞黄钟，歌大吕，开阊阖，与天语。清将信公，奉斗布度，懋建皇极，勤恤苍生。昭嘏乎未兆[6]，禳灾乎未萌。上下传节，而礼成乐遍；福寿同归，而帝赐神策。乃检玉牒于中顶，扬柴燎于高天。庶忠诚之上达，若凭焰而驾烟。日辔方旋，神心余眷。五色云起，拂马以随人；万岁山呼，从天而至地。越翌日[7]，尊睿宗，侑地祇，而礼社首，遂张大乐，觐东后。国风惟旧，无黜幽削爵之诛。王泽惟新，有眚灾大赉之庆。不浃日，至化洽于人心；不崇朝，景福遍于天下。然后藏金匮于祏室，回玉鸾于上都。煌煌乎真圣朝之能事，而高代之盛节者也。于斯之时，华戎殊俗，异音同叹曰：兵合多雨，山峻多云，岂有大举百万之师，克期千里之外？及行事之日，则天无点翳，地无纤尘，严冬变为韶景[8]，寒风郁为和气[9]，非至德，其孰能动天如此其顺者乎？昔人云：自

---

① 太一：《古今图书集成·方舆汇编·山川典·泰山部》作“太乙”。
② 鈠殳：《古今图书集成·方舆汇编·山川典·泰山部》作“钗殳”。
③ 钓：《古今图书集成·方舆汇编·山川典·泰山部》《四部丛刊·重校正唐文粹》作“钩”。戣戵：《古今图书集成·方舆汇编·山川典·泰山部》作“戣戳”。
④ 代国：《古今图书集成·方舆汇编·山川典·泰山部》作“伐国”。
⑤ 髦头：《古今图书集成·方舆汇编·山川典·泰山部》《全唐文》作“旄头”。
⑥ 昭嘏：《古今图书集成·方舆汇编·山川典·泰山部》作“招嘏”。
⑦ 翌日：《古今图书集成·方舆汇编·山川典·泰山部》作“翼日”。
⑧ 韶景：《全唐文》作“韶熹”。
⑨ 寒风：《全唐文》作“寒谷”。

西自东，自南自北，无思不服。今信知圣人作而万物睹，其心服之之谓矣。或曰：祭泰折主先后，非礼欤？曰：是礼也，非宜也，王者父事天，母事地，侑神崇孝，无嫌可也。且夫柴瘗外事，帝王主之。蒸尝内事[1]，后妃助之。是开元正人伦，革弊礼，起百王之法也。故令千载睹末光[2]，聆绝韵，咀甘实，漱芳润，烁玄妙之至精，流不已之淑声。臣说作颂，告于神明，四皇坟而六帝典，虽吉甫亦莫能名，徒采彼舆人之诗曰[3]：大矣哉！维天为大，惟皇则之，率我万国，受天之祺，子孙百代，人神共保绥之云尔而已矣。

社首坛：在岳南二里许，曰社首山，联属蒿里，前代多禅此。惟宋真宗命王钦若撰坛颂，碑石今尚存。

钦若序颂[4]：涒滩御岁，应钟旅月，国家建号之四十九祀，皇帝绍统之十有二载，燔柴乔岳，成礼于勒封；回跸方丘，荐诚于厚载。人神交感，禄祉来宜，爰命下臣，式扬嘉颂。粤自圣明御极，寰宇大和。民知教而措刑，俗致理而偃武。熙熙庶汇，如陟于春台；惕惕宸心，若临于秋驾。玄德上达，乾文下垂。方纯嘏以诞膺，故至神而合赞。见于乙夜，同日星之扬辉；告以先期，若寒暑之不忒。履端之月，成魄之辰，昼漏初传，朝暾未耀。仰苍龙之内阙，睹黄素之奇文。岂必玄龟负图而出洛，何须赤雀衔书以及丰？上冲厉内增，寅恭外积。克勤精意，仰答灵心。感应冥符，祺祥不绝[5]。云成五色，表嘉瑞于太平；星见离方，荐殊征于万寿。由是索前王之令躅，秩祀典之无文，思大飨于季秋，用昭告于上帝。咨尔之诏，将戒于有司；傒予之谣，爰兴于东土。邹鲁之士，海岱之民，竭乃一心，若律吕之相召；来于千里，如符契之不愆。述盛礼于元封，献露章于魏阙。以为有唐之季，天步艰难；朱梁已还，宇县离析。蒸黎涂炭，兵甲日寻。荐绅无仁义之谈，鈇钺肆虔刘之患。上天悔祸，肇启于昌期；百姓与能，勃兴于明主。太祖启运立极英武圣文神德玄功大孝皇帝，炎灵应统，绿错膺图，奉唐侯之固辞，避阳城而罔获。克安九服，成不阵之功；祗事百灵，受

① 蒸尝：《全唐文》作“烝尝”。
② 睹：《古今图书集成·方舆汇编·山川典·泰山部》作“承”。
③ 舆人：《古今图书集成·方舆汇编·山川典·泰山部》作“奥人”。
④ 钦若序颂：原碑名为“大宋禅社首坛之颂”。
⑤ 祺祥：金棨《泰山志》作“祯祥”。

无疆之福。太宗至仁应道神功圣德文武大明广孝皇帝，大明继世，至德在人，文教以怀柔[①]，武威而震耆。宪章号令，俯洽于殊方；文物声名，仰逾于往古。崇文广武仪天尊道宝应章感圣明仁孝皇帝，禀粹二仪，钟灵五运，绍成基于累盛，荷景贶于重熙，通于神明锡类之孝，格于上下广覆之仁。若乃弋绨为衮，书囊为帐，恭俭之至也；泣辜于市[②]，扇暍于途，慈惠之隆也；仄席抡才，反支受讼，听政之勤也；斋居议刑，弛悬决狱，慎罚之深也。至若恭默思道，励翼求贤。赈恤惸嫠[③]，咨询谠直。慎徽五典，昭明百官。礼无大而不扬，情无小而不达。道弥高而思弥下，业愈盛而志愈微。故得鸟兽可窥，水火不夺，万民以治，五教在宽。天降之祥，物安其所，所谓集玄黄之景祐，揽步骤之上仪者也。夫登岱宗、禅梁父，对越天地，严配祖宗，揆玉以礼神，刻石而纪号。千八百后，其道皆同。七十六君，其迹可视。矧夫盛德大业，巍乎若斯；天瑞人谋，昭然如彼。诚宜答三灵之祐，顺九域之心。考时日于历官，询制度于宗伯。肆覲群后，怀柔百神。苍璧以祀天，黝犊以祭地。发维新之大号，受不已之庞褫。岂独一方区区之诚，实亦六合颙颙之望。上于是临法座而延见，命谒者而喻旨，嘉其将顺之心，示以惕厉之意。以为祯祥申锡，但荷于洪休[④]；封禅告成，难居于盛美。故当徐议，无复过谈。莫不瞻珠旒、伏文石，期于得请，然后已旋。克让之诏虽行，敦执之言益固。于是钧衡之元辅，帷幄之硕儒，三台之具臣，五营之列校，郡国之上计，庠序之横经，斑白缁黄之俦，椎髻文身之众，相与集阊阖，趋钩陈，述庶民徯后之谈，叙历代不刊之训。且曰天高地下，大礼生其中；君令臣行，百度尊其治[⑤]。罔蹈道而无福，罔失政而无祸。道莫大于奉明神，政莫隆于兴茂典。故邃古而下，方册所标[⑥]，未有长发真源，永孚休命，历数在己，美利及人，而不宗祀昊穹，昭配祖祢，奉符东岱，展采仙闾者也。而况巡狩之文，毛举于虞典；登封之义，囊括于周诗。六经著其谠言，百王以为盛则。衰世思之而

---

① 文教：清金棨《泰山志》、姜丰荣《泰山石刻大观·社首坛颂碑》（线装书局2002年版，下同）均作“文告”。

② 辜：清金棨《泰山志》《泰山石刻大观·社首坛颂碑》作“罪”。

③ 赈恤：清金棨《泰山志》《泰山石刻大观·社首坛颂碑》作“振恤”。

④ 洪休：《全宋文》、清金棨《泰山志》作“洪庥”。

⑤ 尊：清金棨《泰山志》《泰山石刻大观·社首坛颂碑》碑拓作“遵”。

⑥ 标：《全宋文》作“摽”。

罔克，治世避之而不能。非晋武隋文，其让也正；世祖玄宗，其修也宜。陛下高迈羲农，俯视舜禹，天鉴厥德，赤伏之符既膺；后来其苏，东人之念方积。观民展义，今也其时。错事增高，辞之岂获？虽复舆情可却，宸虑难回，其如三神之景命何？二圣之盛烈何？优诏不许者四，封章固请者五。于是答玄穹之顾諟，徇黔首之勤求，俯而从之，盖不获已。乃颁明命，戒有司曰：自天之休，既钟于列圣；累洽之庆，复属于冲人。若乃登名山、朝万国，虽盛德之事，其何以当？而率土之情，复无以拒。盖将申于大报，敢云告厥成功？咨尔有位之臣，暨于蒇役之者。牺牲、玉帛礼于神，则极其丰；玉辂、旂常奉于吾，则从其俭。委枢近之佐以先置，密授其成谋；聚文儒之士以撰仪，洞稽乎旧制。其令也至当，故下无以干；其工也不繁，故众思自励。德音一发，民望如春；诚感上通，神心若契。至乎圣贤之祖述，礼乐之沿袭，或有旧史失传，精义莫续，群臣极虑，靡究其端，睿旨发□，□□其理[①]。凡所刊正二十余条，于是奉常遵为彝训。又若秘牒有一，信册有六，燔瘗俯逼，追琢难成，将以贞珉，代乎温玉。虽复有司固请，俞诏勉从，在乎宸心，惕然罔措。果于内府，访得其真，盖往日之所营，仅期月而乃就。取之琢刻，用于神祇，克集厥功，靡愆于素。足以见先圣有开迪，吾君善继之孝也[②]。且夫天之临也不贰，天之鉴也至明。听之无声，吉凶见乎象；敳而降命，善恶基乎人。盛德之兴，巍巍乎其莫述；鸿休之至，纷纷乎其无穷。当夫揆日有期，鸠工在始，地不爱宝，吐素液以流甘；龙飞在天，腾卿云而绚彩。神葩焜耀，挺秀而朝敷；瑞气氤氲，扬辉而晨映。眈目鸷兽，匿迹空山；螫手毒虫，潜形蛰户。在井之鲋，粲百炼以成鳞；绕树之禽，凝六出而挺质。沃日涨海，既遏其惊波；航苇巨河，复遵其故道。九穗两岐之秀，四犊一角之奇，或骈实而共枝，或先秋而告稔。班虎袤丈之茧，灵云共蒂之瓜。玄鹤群臻，听笙镛而自若；慈乌独哺，见斤锸而有常[③]。瀼瀼沆瀣以如饴，趯趯明视而呈素。中天之月，露焕发之重轮；曲沼之泉，澄相鲜之丽色。一封使者，告庆交驰；六艺书生，颂美载路。盖已无得而喻也，矧又甚于斯焉。昔者五老告期，但闻一至；两骑受职，岂复重来？未有眷佑弥昭，殊休再降。巍然岱岳，密迩毖泉。颁绿字之文，述苍元之意。于是备时乘之

① □其理：清金棨《泰山志》《泰山石刻大观》作“尽其理”。

② 也：清金棨《泰山志》《泰山石刻大观·社首坛颂碑》作“者也”。

③ 斤锸：清金棨《泰山志》《泰山石刻大观·社首坛颂碑》作“畚锸”。

驾，迎宝命之符。是月大雨滂沱，密云葱郁，润甫田而虽洽，治驰道以方勤。及乎瑞谍爰来，乘舆将出，则频阴并散[1]，杲曜徐升。紫气覆于离宫，白云映乎广殿。时亿之福，岂易测乎？于万之年，必可保也。瞻言南域，旧产灵芽，方志虽存，郡人罕识。及夫诏书采撷，耆老营求。绝世之珍，故蕃殖而久废；不贡之责，方寤寐以为忧。遽生三脊之奇，用资五天之藉。夷吾曩记，斯实同符；开元旧文，谅多愧色。既而协良日、荐虔诚，寅奉灵文，只见祖庙。谢会昌之纯锡，告配侑之崇名。于时人集八方，尘飞九陌。斋明之夕，澍雨以清皇衢；祼鬯之辰，矞云以覆世室。霏烟烛野[2]，瑞日流空。肃肃金飚，袭星罕而徐转；翩翩玉羽，扈河图而群嬉。二后在天，降鉴于至治；百世观德，协庆于无垠[3]。犹谓斯礼不行，其来已久，虽感蒐于阙典，虑未尽于至诚。乃复屈黄屋之崇高，习泰坛之荐享。恭畏之色，罔异于奉祠；阙疑之文，并从于折衷。官师耸励，神鉴益歆。既而令旦戒辰，鸣銮遵路，百工承式，七萃启行。八校止齐，闻萧萧之鸣马；九斿时动，见习习之祥风。鼓吹不喧，率由旧则；金石咸寝，肇自圣谋。至若念封礼之方陈，矜严是务；虑有司之弗给，简易为先。乃损属车，别名銮驾[4]。虚大辂以安秘箓，见奉天之诚；御步辇以出国都，形爱民之至[5]。连甍感抃，接壤欢谣。四望则衣袂成帷，中途则壶浆若市。岂资谏诤，已罢乎从畋；何待讨论，动归乎至赜。荤茹咸却，诫玉食以斋心；草木不伤，法蒲车而育物。若乃次舍所设，非薄攸安；栋宇之基，未尝改作。閈闳之势，罔或增新。唯玄幕以环周，或下房而躬处。颂祇之庭在迩，接神之册储灵。属夜漏之未央，视晨光之欻见[6]。瑞逾沉壁[7]，祥协起□。至乃命庶官，走群望，专印后土，别祀九宫，礼濒海之诸神，飨射牛之列帝。所谓阐皇猷于罄宇，昭上德于亿年者也。暨夫届广鲁、临岱宗，庶民奉迎，罔不率舞。东后来觐，靡有后期；八表之民，骏奔竞至。未名之宝，栉比咸臻。坛壝以陈，簠簋以具。申诫于百执，必信而必诚；昭

---

① 频阴：清金棨《泰山志》《全宋文》作“烦阴”。

② 霏：清金棨《泰山志》《泰山石刻大观·社首坛颂碑》作“非”。

③ 协庆：《全宋文》作“协变”。

④ 名銮：清金棨《泰山志》《泰山石刻大观·社首坛颂碑》作“鸣銮”。

⑤ 至：清金棨《泰山志》《泰山石刻大观·社首坛颂碑》《全宋文》作“志”。

⑥ 晨光：清金棨《泰山志》《泰山石刻大观·社首坛颂碑》《全宋文》作“荣光”。

⑦ 沉壁：清金棨《泰山志》《泰山石刻大观·社首坛颂碑》作“沉璗”。

感乎万灵，有严而有翼。越以孟冬之月，庚戌之朝，望秦之高峰，昧爽而陟；比黄之大典，次日而修。其或俯层崖，履危磴，虑人之劳也，乃降辇焉。及乎款云封、望斋室，想神之在也，亦躧步焉。徒御继登，罔逢乎骤雨；羽卫成列，俄息乎终风。平视太虚，下观旭景。静将地接，动与天偕。澄宸虑以杳冥，望法象而仿佛。于是被玄衮，搢大圭，神六变而来思，色三献而弥厉。侑以宗祖，焕乎天经。丹书载陈，表储休于上帝；玉牒不秘，示无私于下民。而又飨彼群神于兹山下[①]，准圜丘之式，伸遍祀之心。谨晷度以合时，望烟燎而交影。衣冠在列，笙磬同音。是夕也，天门之巅，士虞载渴，甘醴忽涌，无源自澄，佻佻奉宸，饮之而不竭；日观之上，人莫能升。明神斯临，有仪可象，济济在列，睹之而相目。此又感召之彰灼，休嘉之殊尤也。翌日礼皇祇，禅社首，方泽之形泰折，广乐之音八成。象其色则黄牲，昭乎洁则玄酒。岳镇海渎，靡不格思；坟衍邮畷，罔不咸在。眷乃坤元之德，配乎柔克之尊，立植群伦[②]，包涵方夏。广大博厚，所以养材；流谦居贞，于焉载物。伸兹大报，在乎至虔。肃若奠献之仪，祗率穹昊之制。勤恭励，翼盛典，由是无违；杂遝纷纶，柔灵以之荐祉。清跸将至，倏振惊飚；冕服才升，俄为霁景。权火之影[③]，邈在云霄；登歌之声，散于坰野。唯诚明而是竭，忘陟降之为劳。于是昭仁心，从物性，楚夏所贡，羽毛之众，莫不出于苑囿，放之郊原。次复诏秩宗、修勤礼[④]。三帛二牲，执贽以见；右贤左戚，辨等而居。玄冠苍佩者充庭，鱼甲贝胄者列侍。宸颜穆若，安可望其清辉；能事巍乎，徒得观于洪烈[⑤]。既而布大令，均渥恩，礼高年，修坠典，幽蛰咸振，密网并蠲。霈庆赐而春行，覃徽铄而日丽。采诗察俗，远协于夏书；纳贾观民，式遵于王制。兴廉举孝，崇德报功。鳏寡惸独之流，罔不咸恤；律度量衡之法，由是得中。复除之恩，浃于四极；酺醵之惠，际于九围。当其御郡楼、宴乡老，有在沼之介族，附游童之衣裾。色夺金英，状微榆荚，寿盖逾于千载，祥实冠于四灵。昔者闻韶而凤来，拊石而兽舞，言其善应，岂复殊途？罢莱芜之铁官，贳龟阴之旷

① 飨：《全宋文》作“享”。于：原作“干”，据清金棨《泰山志》《泰山石刻大观·社首坛颂碑》改。

② 立植：清金棨《泰山志》《泰山石刻大观·社首坛颂碑》作“生植”。

③ 权火：清金棨《泰山志》《泰山石刻大观·社首坛颂碑》作“爟火”。

④ 勤礼：《全宋文》作“覲礼”。

⑤ 徒：清金棨《泰山志》《泰山石刻大观·社首坛颂碑》作“徒”。

土，襁负相属，菑畬尽开。至于邈想古贤，缅怀神道，增文宪昭烈之称谓，伸仁圣炳灵之封崇。以为列上清而监观者真仙，故加保生、广生之号；育良材而利用者叠嶂，故修灵岩、广禅之祠。惠洽于人，虽小不舍，新玉女之像是也；福流于物，虽大必营，创会真之宫是也。犹且枉星旄，降玉轪，幸阙里，祀孔堂。琬琰之刊，载扬芬德；玺绶之荐，用益徽名。祓饰庙庭，增修礼器。出币帛以赐宗党，颁经史以聚学徒。下自诸生，咸膺其进爵；上暨先正，肇荷其追封。好贤之心，周于百世；尊儒之道，形于万方。岂止序门人以陪祠，蠲齐甿而给役也？昔天宝以治平在运，崇五庙之洪名；大中以恢复成功，加二宗之尊谥。而皇上孝思不匮，至德潜符，展礼太宫，归尊伟号。始以宝册亲授三公，拜手而遣，肃祗之至也。复以萧芗躬谢六室，涕洟而进，追慕之积也。足以荐乾坤之祜[①]，增宗祐之美[②]，慰昊天罔极之感，伸明发不寐之怀。既而王公协辞，夷夏同志，尊顺美之前训[③]，增可久之徽称，始固守而不从，旋曲成而俯受。懿夫法乾刚而覆下，是为仪天；用玄默以居中，故为尊道。叶吉而图书开奥，宝应攸昭；上封而河岳效祥，章感斯著。典礼备举，简册载光，轩曰徇齐，彼何尚也？汤云甚武，兹岂远而犹复？纪锡符之辰，建覃庆之节。郡国清醮，以答于明威；士庶纵游，用乐乎神运。生成则禁乎屠宰，隐恻则止乎刑辟。古今之盛节殚矣，皇王之休声备矣！臣学乎旧史，遇乎昌辰[④]，敢商榷于前修，俟揄扬于景铄？窃再拜而言曰：在昔帝妫，其臣有五。夏兴于禹，商始于卨。宗周建邦，本于后稷。有唐命氏，肇于庭坚。而伯益既典朕虞，亦佐禹绩。秦德不竞，天禄未穷。故我圣朝，集兹大统，宜乎比隆于三代，垂裕于万龄者焉！洪惟陛下纂承宝图，建用皇极，含道德之甘实，具慈俭之馨香，煦然发荣，可得而述。昔者河流载湛，里社方鸣，列纬集于降娄[⑤]，三统在乎单阏，暨夫再岁，果诞真人。盖奎为鲁分之星，乃司文物；泰实兖州之镇，爰主发生。岂非运属文明，化符生育，法从临于洙泗，祀典修于云亭之应乎？此盖受命之殊贶也。御辨之初，维藩之域，绿龟荐瑞，元辅矢谟。以为至

① 祜：清金棨《泰山志》《泰山石刻大观·社首坛颂碑》作“祐”。
② 宗祐：清金棨《泰山志》《泰山石刻大观·社首坛颂碑》作“宗祏”。
③ 尊：清金棨《泰山志》《泰山石刻大观·社首坛颂碑》《全宋文》作“遵”。
④ 遇乎：清金棨《泰山志》《泰山石刻大观·社首坛颂碑》作“偶乎”。
⑤ 列：《全宋文》作“别”。

柔者毛，至刚者介。今则以至柔之物，附至刚之姿，天何言哉！民胥效矣。必将武事休偃，文德怀柔。是时也，戈甲方驰，封彊尚耸，既而玉帛继好，书轨大同，罢尉侯之官，成键橐之治，此又嗣统之丕祥也。夫感人心而致和平，莫先于孝；兴王道而致雅颂，无尚于仁。昔者主器震方，辞宫臣之常礼，则成帝之避驰道也。宅忧倚庐，终三年之通制，则高宗之在谅闇也。安元辰之历[①]，行哭而朝陵，则显宗之伸永慕也。览后庭之籍，动容而出娉，则文皇之召至和也。宽一成附重之刑，制三流惟轻之典，则高帝之约法也；升北辰、魄宝之座，创先蚕、寿星之祭，则孝文之重祀也。修前代之园寝，访功臣之子孙，则武王下车之事也；绝番禺之药矢，毁尚方之猎具，则成汤祝网之心也。再驾戎辂，则周宣之治兵也；三郊告土[②]，则虞舜之肆类也。顺时令，阅车徒，因三时之闲，习五申之法，神武之用也；临便座，幸上庠，较艺以抡材，谈经以兴学，时文之化也。蓬阁翚飞，牙签云矗，宝《南风》之圣作，聚东壁之群书，聿修之美也；亲视簨簴，躬听笙竽，新甲令以募工师，制升歌以咏诒训，述作之大也。绝域之民，留滞未返，恻然轸虑，丰给而遣，仁及于怀土也；司货之吏，掊剋为能，涣乎出令，宽政为先，道济于溥天也。纪祥符之宝历，元狩之故事也；新仪卫之庶僚，太微之彝制也[③]。明照于前古，睹其失而不扬，德之盛也；辞高于往代，有其善而不伐，谦之至也。孝德著矣，仁声洽矣。积是纯懿，发为茂功，则巨礼之行，殊祯之应，由天意也，非人力也。矧夫两汉而来[④]，建都于雍，五岳之地，皆在于东。居异于辨方[⑤]，方里且殊于师古[⑥]。今国家宅梁宋之域，当穹壤之中，礼得其宜，事归于正，故可以仰遵五典，高继九皇。抑又嬴秦上登，仅至中路，天有所不佑也；汉武秘祝，不示群臣，道有所未广也；光武欲其速成，将窜封于玉检，力有所未丰也；高宗黩兹巨典，接神以椒房，礼有所不肃也；玄宗建议在初，辅臣殊志，出爵伊始，庶尹兴言，人有所未允也。若乃笃天祐[⑦]，迓神釐，远迩协心，

---

① 安：《泰山石刻大观・社首坛颂碑》《全宋文》作“按”。

② 告土：清金棨《泰山志》《泰山石刻大观・社首坛颂碑》作“吉土”。

③ 太微：清金棨《泰山志》《泰山石刻大观・社首坛颂碑》作“太徽”。

④ 矧夫：清金棨《泰山志》《泰山石刻大观・社首坛颂碑》作“矧复”。

⑤ 异：清金棨《泰山志》《泰山石刻大观・社首坛颂碑》作“既异”。

⑥ 方里：清金棨《泰山志》《泰山石刻大观・社首坛颂碑》作“理”。

⑦ 天祐：清金棨《泰山志》《全宋文》作“天祜”。

上下交泰，唯精唯一，尽善尽美，未若今日之备也。又不以功成而自大，治定而自矜，炳乾文，号神岳。仰怀天贶，不敢以怠遑；俯述世功，用归乎德美。此实历代之所未有，上圣之所独臻也。下臣不佞，恭献颂云：

惟天祐圣，惟圣奉天，宝命隆兮。惟辟治民，惟民戴辟，万国同兮。祖武宗文，重规叠矩，建大中兮。奉符错事，登封降禅，告成功兮。报本反始，为民祈福，示至公兮。洪猷盛德，高视古昔，垂无穷兮。

封祀坛：宋真宗筑，在岳南五里许。遗址，王旦颂碑今存。

王旦序颂[①]：臣闻天地之文，著明含章，炫耀于庶物[②]；礼乐之用，象功成德[③]，昭格于至神。王者宣淳耀之烈，建中和之极。于是锡天瑞，出坤珍，觉悟于蒸民，鲜不登泰山，蹑梁父，聿崇于明祀。盖天地之文阏，下民何以法象焉？礼乐之用缺[④]，后人何以祖述焉[⑤]？是知勤皇绩[⑥]，腾茂实，交三神之欢，著一王之法。述符命，继昭夏，申乎大报，示于无穷，极典章之备物，真帝王之盛节者也。粤自邃初[⑦]，始造书契。增高益厚，载九皇之德，朴略而难明；时迈省方，垂六经之文，䌷绎而可举。沿袭之规寖广，巡狩之仪始行。五载咨于虞典[⑧]，一纪因乎周制，所以彰善瘅恶，观民设教者矣。尔后道非下济[⑨]，德异升闻，或缄秘祝之辞，或黜诸儒之议，先治兵而释旅，乃肆意于登封。惟顺时展义之行，殆为民祈福之意[⑩]。建武纪号[⑪]，因石礠之故封[⑫]；开元陈信，示玉牒之不秘。典章斯在，风烈可观，道实难行，礼

① 王旦序颂：原碑全名为《大宋封祀坛颂》，简称《封祀坛颂碑》。
② 炫耀：《封祀坛颂碑》作“炳焕”。
③ 成德：《封祀坛颂碑》作“崇德”。
④ 用缺：《封祀坛颂碑》作“兴废”。
⑤ 后人：《封祀坛颂碑》作“后世”。何以：《封祀坛颂碑》作“所以”。
⑥ 勤：《封祀坛颂碑》作“勒”。
⑦ 邃：《封祀坛颂碑》作“遂”。
⑧ 咨：《封祀坛颂碑》作“际”。
⑨ 尔后：《封祀坛颂碑》作“自后”。
⑩ 意：《封祀坛颂碑》作“义”。
⑪ 建武：《封祀坛颂碑》作“光武”。
⑫ 之：《封祀坛颂碑》作“于”。

从兹绝。洎四方之俶扰，属五代之陵夷，但恣寻干戈[①]，不置礼器[②]。俎豆之事，扫地将尽；涂炭之俗，吁天无辜。阴骘下民，诞受天命。世济元圣，光启丕运。皇宋三叶[③]，在宥天下五十载矣。太祖启运立极英武圣文神德玄功大孝皇帝之创鸿业也，名膺帝箓，运契天飞，微织道之降，鄙牧野之誓。以帝轩之神武，汉高之宽大，□□泽，发国号，陟元后，集大勋，望风而海外骏奔，端扆而天下宁晏。太宗至仁应道神功圣德文武大明广孝皇帝之恢宝图也，天纵多能，体膺上圣。徇齐浚哲，居质以成德；文明中正，开务以成物[④]。凝神澄虑，定制度，策贤良[⑤]。率土致覆盂之安，丕基成磐石之固。崇文广武仪天尊道宝应章感圣明仁孝皇帝，圣道日跻，大明继照，尹京邑也；神明之政，四方是则，践承华也。元良之德，万国以贞。图箓允钟，讼狱咸格。遵顾命而主神器，极孺慕而纂宗祊。守谅阴，养长乐，孝冠于百王；熙庶政，叙彝伦，智周于万物。封爵出禄，褒德念功，若临照之代明，法云雷之作解。继志述事，树经久之规；弛禁省官，布宽大之令。恢张文理，荐视学于上庠；振举武经，乃大蒐于近甸。厚时风而敦世教，训戒昭而数军实。尔者边史致告[⑥]，时巡饬驾□□□□激檄猋扬天声[⑦]，秉武节惇□□□□民继[⑧]。一介交聘，靡宣金革之威；六师不阵，还于衽席之上。缓带噎哺，而式和民则；鼓弓□刃[⑨]，而止严武备。于是修坠典，缉遗文，命秩宗，讲三王之礼；训奉常，考六代之乐。渴说议，则下周爰之诏；□□□，则申画□□□。□□狱讼，申饬理官，简孚而用平□[⑩]，□□□而行轻典。敦叙公族，立建戚藩[⑪]，犬牙之制是崇，《麟趾》之咏斯洽。设狝狩之礼，止于从时；修宴射之仪，于以观德。劳身焦思，有夏禹之忧勤[⑫]；革履弋

① 干戈：《封祀坛颂碑》作“戈”。

② 不置礼器：《封祀坛颂碑》作“不遑置器”。

③ 三叶：《全宋文》作“王叶”。

④ 开务以成物：《封祀坛颂碑》作“开物以成务”。

⑤ “策”上，《封祀坛颂碑》有“及”字。

⑥ 边史：《封祀坛颂碑》《金石萃编》（中国书店1985年版，下同）《全宋文》作“边吏”。

⑦ 天声：《封祀坛颂碑》作“大声”。

⑧ 继：《封祀坛颂碑》《金石萃编》作“继好”。

⑨ 鼓弓：《封祀坛颂碑》作“弢弓”。

⑩ 平□：《封祀坛颂碑》《金石萃编》作“平刑”。

⑪ 立建：《封祀坛颂碑》作“并建”。

⑫ 夏禹：《封祀坛颂碑》作“文饰”。

绋，迈汉文之恭俭。卜郊定位，案历上申[①]，□□极之□，修久废之礼。易脂泽而哀恸，入石室而涕洟。至性感于人神，玄德格于上下。紫宸议政，励精于日昃；金华侍讲[②]，不寐于宵分。校正兰台之书，增建石渠之阁。规模广于丽正，典籍备于宣明。深味道腴，以资治本。帝尧稽古，虞舜好问。以声身而为律度，执规矩以定圆方。百姓为心，推恩而逮下；万方有罪，引咎而在予。德教被于无垠，皇明烛于有截。兵偃刑措，道茂化醇。百嘉阜昌，庶萌乐育。独运陶甄之上，丕阐鸿钧之祚。访崆峒之道，采康衢之谣。夷夏太和[③]，天人交感，必彰嘉应，四方玄通[④]。门号承天，节临献岁。真官奉其丕命，苦以先期[⑤]；秘检焕于灵文，降乎清旭。受釐宣室，躬拜丹书，锡无疆之休，逾大中之理[⑥]。繇是覃如春之泽，易纪年之号。且斯文未作，伏羲氏观象以画八卦，有神马负图之瑞；洪水方萌[⑦]，夏后氏底绩以导百川，受玄夷使者之命。比屋相庆，异代同符。庞眉皓首之氓，讴谣于外；鸿笔丽藻之彦，诵美于内。于是东土耆艾，阙里诸生，连袂而来，抗章以请。洎思皇之士，即叙之式[⑧]，藩岳大臣，缁黄众品，伏阁叩首请封禅者，无虚日矣。佥以为祥瑞杂沓，天意也；中升倾瞩[⑨]，人事也。牂牁、越嶲、朱崖、象郡之旭[⑩]，俱入于提封矣[⑪]。□□东鲧[⑫]、江□、□鄯黍之类，悉从于班贡矣。群情悃愊，式伫于庆成；上帝顾怀，不可以谦拒。书上者至于五，上不得已而俞之。诞告庶邦，载形明诏，将以奉扬先烈，非谓告厥成功。申命辅弼之臣，谕以简易之道，经始勿亟，无扰于民。且山为岳镇之宗，地为守礼之国。周孔垂教，乃始封载诞之邦；阴阳相代，是育

---

① 上申：《封祀坛颂碑》作“上陵”。

② 侍讲：《封祀坛颂碑》作“侍读”。

③ 太和：《封祀坛颂碑》作“大和”。

④ 四方玄通：《封祀坛颂碑》作“以□先通”，《金石萃编》《泰山石刻大全》（齐鲁书社2006年版，下同）作“以表先通”。

⑤ 苦：《封祀坛颂碑》漫漶，《金石萃编》作“告”。

⑥ 逾：《封祀坛颂碑》作“谕”。

⑦ 方萌：《封祀坛颂碑》作“方割”。

⑧ 即叙之式：《封祀坛颂碑》作“即序之戎”。

⑨ 中升：《封祀坛颂碑》作“中外”。

⑩ 旭：《封祀坛颂碑》作“地”。

⑪ 矣：《封祀坛颂碑》无此字。

⑫ 东鲧：《封祀坛颂碑》作“东县”。

粹炳灵之府。当孱功之际，蒇事之初，明诚以孚，玄鉴先荅。应龙有翼，蜿蜒而下垂①；醴泉无源，瀵沸而自涌。芝含三秀，匝地而罗生；日丽九华，得天而绚采。鳞介之细，草木之微，表异效奇，纷纶叠委。而复迹心粹清②，凝思玄牝。乃因华胥之梦，再觌姑射之神。告以玉书，降于神房之麓；著之黄素，得于季夏之初。揆日奉迎，备礼祗若，爰畴咨于封祀，固吻合于穹旻。亟命有司，草定大典，采摭清议，讨论旧章。即事用希，其礼多阙，酌义训以革正，参制度以折衷。古文仪礼之靡记③，议郎博士之未达。上资玄览，洞析于精微；无望清光，悉臻于体要。穆卜涓日，掌故奏仪④。申必告之诚，躬祠清庙；以就盈之月⑤，有事介丘。先斋紫宸，载止禁御⑥。屏箫韶之备乐，以极静专；却太官之常膳，以御菲薄。清畿式道，云会星辰，□严跸之启行，奉天书以先路。备设仪卫，增置官属，极恭肃而尊天贶也。采章之盛，藻缛原隰；武卫之雄，震叠区宇。八方述职，万旅腾装。让途而行，外户不闭。奔走会同之际，端肃而无哗；觱发栗烈之时，融和而可爱。民绝扎瘥之患，物有蕃庶之咏。供帐不移而具，储供不戒而备。历东郡之属邑，抵澶渊之□□。军国异容⑦，修文事而有武备；工诵夹侍⑧，掌方志而道地图。风伯清尘，招摇参乘，周览临濮，少留汶阳。戒誓庶官，申严执事，靖恭尔位，恪谨攸司。羽卫具陈，乘舆乃出。垂翠緌而鸣寒玉，载琼镀而拥云空⑨。天当景从，禁旅前驱。八神齐奔，万物咸睹。卿云待族，仙禽成侣。俯法从而交荫，览德辉而翔□□□□□□□腾芒⑩，观□□瞻⑪，泰□狎至⑫。溢简编而不可载，考图谍而未始闻。下诏肃

① 蜿蜒：《封祀坛颂碑》《金石萃编》作“蜿蜓”。
② 迹心：《全宋文》作“游心”。
③ 仪礼：《封祀坛颂碑》作“逸礼”。
④ 掌故：《封祀坛颂碑》作“掌鼓”。
⑤ 就盈：《全宋文》作“既盈”。
⑥ 禁御：《封祀坛颂碑》《金石萃编》作“禁籞”。
⑦ 异容：《封祀坛颂碑》作“异名”。
⑧ 工诵：《封祀坛颂碑》《金石萃编》作“土诵”。
⑨ 云空：《封祀坛颂碑》《全宋文》作“云罕”。
⑩ 翔：后面七字原本为墨钉，《封祀坛颂碑》作“泽□光下烛抱□”，《金石萃编》《全宋文》作“舞□光下烛抱珥”。
⑪ 观□□瞻：《封祀坛颂碑》《金石萃编》《全宋文》作“观云式瞻”。
⑫ 泰□：《封祀坛颂碑》《金石萃编》作“奏牍”。

祇，柴望而告至；储精蠖蜓[1]，渊默而斋居。祀前一日，未质明，备法驾，至于山趾，更衣于帷殿。上乃乘轻舆，陟绝巘，跻日观，出天门。筑圜台于山上，度地宜而循古制也。升山之前夕，层云蔚兴，严飙暴起，达曙振野而未已，有司失职而是忧。洎宝篆先登，华盖徐至，焚轮止息，寥泬清霁，若胚浑之初判，状群灵之先置。辛亥，祀昊天上帝，设天书位于左次，登歌乐作，奉迎就位，显奉符而错事也。以二圣严配[2]，定位侧向，以申恭事，表继志而奉天也。亚献终献，作之乐章，以为礼节，一其仪而申昭事也。祝史正辞，秘刻勿用，黎元蒙福，孚佑是祈，克其己而厚勤恤也。衮冕俯偻，金石铿越，捧珪币，奠牺象，络金绳而斯毕，飞紫燎而上达。舒迟暨礼，陟降尽恭。明德之馨，至诚之感，苾芬以荐，肸蚃如答。通帝乡之岑寂，接云汉之昭回。协气上孚[3]，纤罗不动，神策锡灵长之祚，日卿奏殊尤之瑞。垂绅委佩，蹈舞斋室之前；鳌抃山呼，声震层霄之外[4]。山下设坛四成，如圜丘之制，乃命茂亲，以承大祭。崇牙树羽以斯具，洁粢丰盛而在列。万灵咸秩，四隩来同。九宫贵神，实司水旱，吾民是休[5]，动系惨舒，厥职尤重。命筑坛于山下封祀坛东，率礼吉蠲，诏大僚以尸其事。壬子，祀后皇地祇于社首[6]。百司承式[7]，慎之至也。三献尽诚，礼无违者。翌日，御朝觐坛觐群后[8]，辑五瑞，千品成列，万国胥洎。英茎韶夏以遍作，傑休兜离而次设。风行赦令，雷动欢声，祝网之仁普霑，《蓼萧》之泽遐被。大明之照，遍烛于蔀家；崇朝之润，周济于天下。昭示圣作，以志元封，日星炳其天章，鸾龙奋其仙翰。感祚德之玄贶，述光表之鸿猷[9]。金玉其相，与典坟而并骛；神灵是保，揭日月以长新。复有道济乎民[10]、名在祀典、功

① 蠖蜓：《封祀坛颂碑》《全宋文》作“蠖濩”。
② 以：《封祀坛颂碑》无此字。
③ 上孚：《封祀坛颂碑》《金石萃编》作“上浮”。
④ 声震：《全宋文》作“响震”。
⑤ 是休：《封祀坛颂碑》《金石萃编》《全宋文》作“是依”。
⑥ 后皇：《封祀坛颂碑》无“后”字。地祇：《封祀坛颂碑》《全宋文》作“地祇”。
⑦ 承式：《封祀坛颂碑》《金石萃编》《全宋文》作“承戒”。
⑧ 御：《封祀坛颂碑》无此字。
⑨ 述：《封祀坛颂碑》作“遂”。
⑩ 乎：《封祀坛颂碑》作“生”。

德兼茂、迹用尤著者，焕乎睿文，特形赞成，刊于翠琰，贻厥方来。而乃祀高岳之灵[①]，幸列真之宇，俾加贲饰，用极褒崇。养老申合饮之私，劳□推□复之惠。命方纳贾[②]，采诗观风，聘有道而省高年，平权衡而考制度。官克用乂，黜幽之典靡行；化洽可封，归厚之民咸若。惸嫠攸恤，幽隐咸达。乃翠华之旋轸，临曲阜之故墟。升讲肄之堂，屈顺风之拜。徘徊设奠，眷思遗风[③]。褒圣之礼有加，恤后之恩弥渥。既经□□□□载□□□□邦。周公旦启真王之封，太公望进昭烈之号。咸建庙貌，领于祠官。按节回鸾，式闾表墓[④]，遍走群望，罔不遗灵。河济之区，海岱之壤，南暨淮汉，北际常赵。梯航万国，冠带诸酋，四远云来，千里星属。听清跸望□□□容得跻仁寿之□□观斗□□□□□□□□□□舞[⑤]。六龙回御，七萃解严。太史揆辰，近臣奉祀。藏侑神之金匮，上加谥之宝册。举归格艺祖之礼，亲飨太宫；考饮至策勋之典[⑥]，惠绥列辟。尽圣人之能事，成天下之壮观。前书所记，才十二□；□仪斯废，仅三百载。□□□□□天命□□□□，实惟其时。烈祖造新邦，臻大定，经制而未遑；神宗求至理，致升平，业成而中罢。遗兹景铄，属在钦明，丕显诒谋，奉成先□，□□大号，永中□□[⑦]。□昭姓考瑞，接大统也；勒石垂鸿，昭茂功也。人神以和，礼乐大备，盛德也；□□□□[⑧]，祖考严配，大孝也。报本穹昊，归功宗祐[⑨]。谦尊而从众欲，礼毕而受徽称。克让之风，高视于前古矣。下尺一之诏，严禁止之条。□□□苇[⑩]，靡麛卵□□□□，好生之德，遍及于群心矣。服纯衣而在道，御非食而数旬，则别涤牲牷[⑪]，致美黻冕。减乘舆服御之物，罢周庐次舍之制。则惟新礼器，增饰坛壝，故翼翼之心，精意以享，有典有则，必

---

① 高岳：《封祀坛颂碑》作“乔岳”。

② 命方：《封祀坛颂碑》作“命市”。

③ 眷思：《封祀坛颂碑》作“眷想”。

④ 式：《全宋文》作“轼”。

⑤ 观斗：《封祀坛颂碑》作“觐睹”。□□□□□□□□□□：原本为墨钉，《封祀坛颂碑》、清《泰山志》《全宋文》作“作□事扶老□□□□□”。

⑥ 饮至：《全宋文》作“攸至”。

⑦ 永中□□：《封祀坛颂碑》作“永□□名”，《金石萃编》作“永中□名”。

⑧ □□□□：《封祀坛颂碑》《金石萃编》作“□□定位”。

⑨ 宗祐：《封祀坛颂碑》《金石萃编》作“宗祏”。

⑩ □□□苇：《封祀坛颂碑》作“永□□名”，《金石萃编》作“□□行苇”。

⑪ 别涤：《封祀坛颂碑》作“别谢”。

躬必亲，寅恭天至也。既如彼苍苍之意，惟德□□□□□□□□□瑞报[①]，况神速也，又如此宜乎？拥鸿休，介繁祉，后天而老，象日之升，垂万叶之耿光[②]，为百王之称首者也。臣位冠台衡，亲逢旦暮，承上工之乏[③]，相盛德之事，与夫茂陵草遗忠之奏，《周南》兴留滞之叹，非可同年而语矣。乂恭膺□党□[④]，述兹而以绍帝王之坟素[⑤]，表金石之篆刻，嗣丕天之大律，为永世之鸿范者也。寡韦、平之经术，无燕、许之才笔，大惧祷昧[⑥]，不能发挥，徒踯躅于燥吻，实僶俛而塞诏。赓歌舜德，曷继于皋陶；纪颂汉巡，有愧于亭伯。贻之来裔，以阐大猷[⑦]。辞曰[⑧]：

增高益厚，王者上仪。制礼作乐，莫大于斯。应运接统，垂鸿逆鳌。兹事体大[⑨]，惟圣难之。岱宗炳灵，岩岩峻峙。和銮响绝，牲瑄礼弛。缺其神欢，邈逾星纪。乃圣挺生，乘时斯起。惟宋肇兴，受天顾諟。尽黜苛政，式叙彝伦。以洗污俗，乃吊匪民。革其不譓，被以至仁。威灵有赫，轨迹易遵。与民更始，其命惟新。宝历日隆，神武不测。厥角献琛，水訾□□[⑩]。惠泽滂流，皇猷允塞。阴骘下民，懋建皇极。明被六幽[⑪]，化行四国[⑫]。累盛重光，轧轧翼翼[⑬]。展义省方，观风耀德。偃伯灵台，跻民寿域[⑭]。宝鼎增重，永协大同。祯符荐锡[⑮]，告厥

① 惟德□□□□□□□□□瑞报：《金石萃编》《全宋文》作“惟德□□□□事□□□□瑞报”。
② 万叶：《封祀坛颂碑》作“万世”。
③ 上工：《封祀坛颂碑》作“上公”。
④ 乂：《封祀坛颂碑》作“矧又”。
⑤ 而以：《封祀坛颂碑》《全宋文》作“所以”。帝王：《封祀坛颂碑》《全宋文》作“帝皇”。
⑥ 祷昧：《封祀坛颂碑》作“梼昧”。
⑦ 大猷：《金石萃编》《全宋文》作“丕猷”。
⑧ 辞：《封祀坛颂碑》作“其辞”。
⑨ 体大：《全宋文》作“礼大”。
⑩ □□：《封祀坛颂碑》作“陆□”。
⑪ 明被：《封祀坛颂碑》作“照被”。
⑫ 四国：《封祀坛颂碑》作“蛮貊”。
⑬ 轧轧：《封祀坛颂碑》作“乾乾”。
⑭ 跻：《全宋文》作“济”。
⑮ 祯符：《封祀坛颂碑》作“正符”。

成功。谕乎至理，迪彼玄风。保邦□清净，锡祚庑鸿。化洽无外，道惟大中。百度以贞，六符斯正。倾输群心，称述瑞命。佥议勒封，以期升侑。休烈日彰，神策天授。徇民从欲，展采告成[①]。属车时迈，法从天行。济济鹓序，哕哕鸾声。星言汶上，云会岱亭。穹崇绝巘，密迩圆灵。躬陟上封，聿申昭事。祖考来格，礼乐明备[②]。感以至诚，享其精意。款谒归功，谦谦益至。严配克诚，蒸蒸不匮。柔祇昭报，毖祀聿修。二仪䜣合，百神怀柔。帝容载穆，灵贶殊尤。肆觐辑瑞，端冕凝旒[③]。万国以朝，四夷接武。《行苇》之仁兮敦洽，《蓼萧》之泽兮周溥。茂遂群生，浸渍万宇。庆集丕图，风还邃古[④]。腾茂飞英，超三迈五。赫赫显号，穰穰鸿禧。百禄是荷，万寿无期。遂及黎庶，永洽淳熙。法昊穹兮刚健不息，踵黄轩兮清净无为。纯嘏之锡[⑤]，百世承之。

朝觐坛：在州南，宋真宗东封，群臣觐地。州之风云雷雨坛，因其故址。陈尧叟撰碑颂，今在坛下，与《天贶殿碑》及《天齐仁圣帝碑》皆待诏尹熙古书，书法类《圣教序》。

尧叟序颂：臣闻配侑尊严，王者所以敦其孝也；朝宗觐遇，圣人所以明其礼也。又若因名山而遂封，焕先业而弥著[⑥]，踵七十二君之遐武，承万八千岁之丕绪。瑞辑五玉，坛宾诸侯，巍巍煌煌，事之大者。非命夫通博之士，绎蓬山□□□□之学，□□□阙里九经之思[⑦]，又安可藻润功德，流播徽榖[⑧]？臣颛蒙寡闻，黔浅无取[⑨]，□□诏所虑[⑩]，拜手而飏言曰：宋受天命，帝六合，子万姓，以圣继圣，垂五十载。稽神道而设教，感民生之归厚。烈

① 展采：《全宋文》作“展寀”。
② 明备：《全宋文》作“昭备”。
③ 端冕：《全宋文》作“端委”。
④ 邃：《封祀坛颂碑》作“遂”。
⑤ 纯嘏：《封祀坛颂碑》作“自天”。
⑥ 弥著：《全宋文》作“迹著”。
⑦ □□□阙里九经之思：《全宋文》作“□庑□阙里九经之思”。
⑧ 徽榖：《全宋文》作“徽懿”。
⑨ 黔：《全宋文》作“黯”。
⑩ □□诏所虑：《全宋文》作“禀诏涤虑”。

祖考[1]，耀武振德，罄乾维而张宇，尽坤舆而画野[2]。夷暴削垒，黜僭荡伪，怀生胥□□，□□玄化[3]。上帝降鉴，昌大洪绪。崇文广武仪天尊道宝应章感仁孝皇帝之御天下也[4]，三叶嗣统，重离继明，恭敏而安仁[5]，徇齐而允迪。青宫主鬯，承天序而寅畏；黄屋正位，奉先志而夕惕。若乃敦乎要道，刑于率土，始则谨色养而罔匮，终则恪因心而过制，孝之至也。郊丘者三，竭精意以祼献；朝阙者一，郁悽感于霜露，祀之大也。六御宸陛，精较髦□，振滞淹于常布，罄逋潜于岩穴，文教之隆也。再驾革辂，观省朔野，贞师律以威亮，□戎□□□乐[6]，武经之著也。疏圜□□□□□□□□毫缕□□□□□实情达幽□[7]，钦恤之深也。□体玄功之藏用，为而勿有；推赤心而与物，坦然无间，聪明之广也。友于天族，敦乎教也。惠绥耆年，勉夫养也。斫雕复朴，必始于宫室；劝农禁末，率先乎稼穑，昭夫俭也。黄绶一□□临□□□助编□□室务得□而□□，谨乎授也。六职咸乂[8]，百揆时序，犹复访古无怠，论学弥益，逖览乎九皇之道，毕讲乎三代之训。敦龙黎献，勤恁方毂。烝烝之怀[9]，既格于神明；生生之仁，终达于麛卵。大和遂布于景气[10]，灵台遽偃于师节，混一文轨，罢戎疆场[11]，□□□□礼易战□□措兵者也。于是河海夷晏，岩廊穆宣。莹玄览而宅衷，操斗极而播虑。恢天常，立民经。清净之乡，御乃六气之辨；富寿之域，隆乎三登之祥。四隩纳诚，五纬遵轨，日星荐祉而䜣合，草木效灵而绍见[12]。千品万类，纷纶葳蕤。□□冲□□矜□□□□□天

---

① 考：《全宋文》作“神考”。
② 坤舆：《全宋文》作“坤倪”。
③ □□玄化：《全宋文》作“滋液玄化”。
④ 崇文广武仪天尊道宝应章感仁孝皇帝：《全宋文》作“崇文广武仪天尊道宝应章感圣明仁孝皇帝”。
⑤ 安仁：《全宋文》作“克仁”。
⑥ □戎□□□乐：《全宋文》作“□戎人以礼乐”。
⑦ 实情达幽□：《全宋文》作“实情达幽仄”。
⑧ 咸乂：《全宋文》作“交乂”。
⑨ 烝烝之怀：《全宋文》作“烝烝之德”。
⑩ 大和：《全宋文》作“太初”。
⑪ 罢戎：《全宋文》作“敉载”。
⑫ 绍见：《全宋文》作“始见”。

意若曰：振古绝德，敻无与让；轶世灵契，允宜昭答。繇是真□来仪[①]，宝命由锡[②]！抒三篇阅默之训[③]，启万祀绵长之兆。普天罄世，靡不欣戴。惟苍旻登假之祐，乃□□□□垂虹之庆[④]。流乌之祥，祇载其异。雨□之贶，何补□□。□□□□□自天之秘，实获御邦之缊。于是洙泗诸生，龟蒙群彦，发咏叹于庠塾，动咨吟于衢路[⑤]。掎裳连襼，波属鳞萃。既而宰衡帏幄之辅，熊罴羔雁之列，迨于千夫长、百夫长，黄冠缁衣，台背儿齿，相与不约而信，不谋而同。伏观□之下□□封□□□□□□陛下系纂圣统，光阐丕业，立隆以为极，执□而司会[⑥]。天斯成矣，地斯平矣，人斯和矣。昆虫草木，罔不孚矣。所宜铺鸿藻而熙帝载，飞英蕤而振绝礼。遵昊天之成命，慰东鲁之徯后。观风省四民之业，展亲□诸侯之□。允谓俗□□□□□□锡符奉符以行事，颙颙之请，不为进越。皇帝虔巩敦谕，四让不获。既而垂旒深念，前席而言曰：惟我□圣付以大宝[⑦]，海内海外，悉主悉治。率怀锡羡之庆，丕冒诒翼之教。一变至道，□何有焉[⑧]！又敢款□□告成功□□□□扬耿光[⑨]，奉遗懿，宣景铄，报嘉瑞。斯□之体[⑩]，乃朕之意。且夫无怀已降，夷吾所记，迨建武之仪，开元之制，绵蕝草具，宜削其靡，无烦民，无黩神。恭朕之礼，罔惮菲薄；奉禋之容，姑务丰士[⑪]。凡□□□□扬□□□[⑫]。繇是□□□□□□□□究周家时迈之说，细汉室优游之义。顺以创制，阅嘉言于既往；修而不典[⑬]，黜空文之无谓。既历古而肄习，乃折衷于睿圣。辅臣先事而祇命，崇岳骈日而荐瑞。醴泉毖涌，神龙倏见，灵芝三秀而络野，嘉谷合颖而充亩。星弁□□掖忽恍

---

① 真□:《全宋文》作“真介”。
② 由锡:《全宋文》作“申锡”。
③ 阅默:《全宋文》作“渊默”。
④ 垂虹:《全宋文》作“垂鸿”。
⑤ 咨吟:《全宋文》作“讴吟”。
⑥ 执□:《全宋文》作“执契”。
⑦ □圣:《全宋文》作“二圣”。
⑧ □何有:《全宋文》作“朕何有”。
⑨ 款□:《全宋文》作“款介”。
⑩ 斯□:《全宋文》作“斯事”。
⑪ 丰士:《全宋文》作“丰大”。
⑫ 凡□□□□扬□□□:《全宋文》作“凡□□有□锡□厥职”。
⑬ 而不:《全宋文》作“绍丕”。

□□□□□□□□□寥泬之书再降[1]。既告庙而成礼，将轹軷而戒吉[2]。卿云先后而触布，辽鹤翩翻而旅集。玄贶益重，坤珍愈出。月孟冬，日辛卯，皇帝乃辟宸居，清康衢，俨金舆锪衡之御，肃寝兕弥龙之制。都人山立而震抃[3]，□□□□□□□。神检先路，真士前道。九葩之盖，蔽寥廓以徘徊；十极之音，含正始而容与。俄而常伯陪乘，大丙弭节，千官扈跸而星拱，九龙效驾而飚举。万骑杂沓，汹汹兮海运；九旂缤纷，烈烈兮云布。历河沂，荣光湛乎百丈；戾岳趾，爱日融乎四彗。猛士鬖髿□□□，玄旄轇轕而弭隰。周庐徼道，植铩悬旆。既而辟斋宫之靖冥，涤清衷于蠖濩。云罕俨路，钩陈转壑[4]。奉宝花而先置[5]，俨宸仗而延□[6]。大流示异[7]，常蹷石而遽止[8]；寒谷应感，将裂肤而俄燠。倏忽之变，阴阳不测。皇帝于是登高□[9]，升天□，□玉辇，步岩隥。俯曜灵于渤澥，观众山之培塿。重台冠空而崛屹，翠旌周阿而捷猎。辛亥昒爽，即事云阙，登太祖以配天，奉太宗而侑飨。□圆轩豁[10]，悬宇澄爽。列宿照烂于浮景，盛礼登降于□□。□□□□□□□□。八音谐而大乐六变，百神降而玄酒三献。萧芗□用，权火高举。圭璧之序，严紫霄而有容；金石之文，凝绛烟而无际。秩众灵而在下，命群官而分飨。侑物之盛[11]，实列万国；锡年之祥，乃过亿世。既即次而燎币，旋复□而检玉。肹蚃兮□□□□□□□鸿明之报[12]。白云起封，始氛氲于肤寸；神光发磃，实炳蔚而五色。翌日，回鸣銮，禅社首，礼遂毕于登降，诚乃格于上下。复本反始，二仪之气斯和[13]；执圭奉璋，肆觐之礼攸举。且夫坛壝三成，盖大适小之制；侯氏四傧，乃君劳臣之

① 掖：《金石萃编》作“液”。
② 吉：《全宋文》作“告”。
③ 震抃：《全宋文》作“辰抃”。
④ 转壑：《全宋文》作“榑壑”。
⑤ 宝花：《全宋文》作“宝符”。
⑥ 延□：《全宋文》作“延属”。
⑦ 大流：《全宋文》作“大风”。
⑧ 常：《全宋文》作“当”。
⑨ 高□：《金石萃编》《全宋文》作“乔岳”。
⑩ □圆：《全宋文》作“大圆”。
⑪ 侑物：《全宋文》作“备物”。
⑫ 肹蚃兮□□□□□□□鸿明之报：《全宋文》作“肹蚃兮□□□□□□于鸿明之报”。
⑬ 斯和：《全宋文》作“始和”。

典。繇是□□□次，□舍设梐[1]，司仪辩等，车马具礼。始眂馆而穆穆，俄就旂而济济。皇帝乃登清坛，翳云芝，负斧扆，明章施。胪句□命而交达，琛赆述职而骈萃[2]。九仪旃比，荐□纛至[3]。航海告传圭之符，毛车庆千吕之瑞。巍乎幄□□之穹隆，□乎□虎之□□。□□□业，鸡竿伫施。籥歌以咏德，佾舞而象事。礼宪备成，讫无遗者。既而王公庶尹、岳牧群长胥进言曰[4]：夫祚德者天，合符者圣。陛下功大业钜[5]，对越景命。区域竦化，人祇协庆[6]。礼物具八方之产，祀□□千年之盛。又何必鄗□□□献海鲽之充贡哉[7]？父天母地之孝，于以之备；君临子事之义，于是乎尽。洋洋乎，荡荡乎，民无得而称焉。谨伏坛次，上千万寿。帝曰：异哉！豆笾静嘉，器之文也；牲牷肥腯，祭之饬也。非朕所以请上帝、临下民之意也[8]。维朕之荐，荐于维诚；维神之享，享于维馨。庶乎尽物首义，用缶纳约之旨，无以异矣。又曰：咨尔有方之众，明听予诰：先王克谨天戒，臣人克有常宪。肆朕祇畏，荷兹□施[9]。尔其慎厥，终一乃心。弼予夙夜之治，遂□元元之命。罔忽厥心，以速于戾。□□□□九垓，日润万□。既礼止而乐阕，遽雷作而雨解。涣汗兮大号，丕休兮茂典。罝罦聿空，圄犴斯弛。执热者濯，居穷者遂。在逸者复，处幽者贲。员首方足，悉已涵濡。蠕动翾飞，罔不颙跂。逸祥禽于空阔，遂珍兽于遐邃。集百灵而受职，与万物而更始。所谓□□介尔景福，云行雨施，不崇朝而遍天下者也。觐之明日，摭彝意[10]，宪先古。大常陈诗而观俗，典礼同律而考度。正班爵之上下，阅市器之良窳。励守屏以钦率，章教条而咸举。既而振皇仪而旋轸[11]，访儒宫而释奠。浸仁泽于遗者，合凯宴下国。欢□□洋溢[12]，□□□载扬。嘉气郁葱，拥宸舆

① □舍：《全宋文》作“掌舍”。
② 萃：《全宋文》作“平”。
③ 荐□：《全宋文》作“兼宇”。
④ 言曰：《全宋文》作“而言曰”。
⑤ 功大业钜：《全宋文》作“以大业钜封”。
⑥ 祇：原作“祗”，据上下文义改。
⑦ 何必：原作“何山”，据上下文义改。
⑧ 临：《全宋文》作“于”。
⑨ 荷兹□施：《全宋文》作“荷兹况施”。
⑩ 彝意：《全宋文》作“彝章”。
⑪ 旋轸：《全宋文》作“施轸”。
⑫ 欢□□洋溢：《金石萃编》作“欢声洋溢”。

兮归格。策励饮至，霈霑乐胥。昭德垂休，恳乎无极[①]。皇帝于是敷睿藻，纪云阙。始则推后帝之纯锡，终则让祖宗之显烈。羲画增丽，尧文濬发。式天经而昭布，表日观而高揭。至于□□□之□□[②]，□祀典之清芬。上则教尊于世，次而功施于民。形褒颂而流永，增徽称而益振。焕乎宸制，镂之贞珉。信阙典而咸秩，垂圣范而惟新。大矣哉！怀庭之道，旷而复属；盘维之基，亘而弥远。人和年登，而神降之吉。倪宽所谓帝王之盛节，抑亦曰天下之壮观。圣作物睹，不其伟乎[③]！太史臣曰：主上有圣明而不宣布，有司之过也。臣虔奉咫尺，恭侍圭币，礼容揭厉[④]，窃谓万一。虽不足究宣骏德，光大隆业，盖□□□，尊石信辞，炳灼于无穷者也。臣尧叟谨为颂曰：

於皇有宋[⑤]，受天明命。烈祖造邦，神宗继圣。灵旗指麾，洪基保定。神教诞敷，民德丕正。明明我后，集庆重离。稽古立训，惟俭是宜。群方允迪，庶汇缉熙。天纵至德[⑥]，日用焉知。上玄降鉴，□□□□。双觡共□[⑦]，□[⑧]□□□。周伯□□，老人效灵。乾瑞坤珍[⑨]，溢于祥经。上德不德，谦而益光。寅奉祖考[⑩]，肃祇玄黄。天迪格□[⑪]，盛历洪长[⑫]。真□荐至[⑬]，元符屡彰。济济多士，蚩蚩蒸氓[⑭]。填衢溢郛，集于紫宸。□□□□[⑮]，□功□□[⑯]，

---

① 恳乎：《金石萃编》作“邈乎”。
② 于：原作“干”，据上下文义改。
③ 不其伟乎：《全宋文》作“不其然乎”。
④ 揭厉：《全宋文》作“扬厉”。
⑤ 於皇有宋：《全宋文》作“於穆我宋”。
⑥ 至德：《全宋文》作“至圣”。
⑦ 其：《全宋文》作“恭”。
⑧ □：原本为墨钉，《全宋文》作“六”。
⑨ 乾瑞：《全宋文》作“乾符”。
⑩ 寅奉：《全宋文》作“夤奉”。
⑪ 格□：《全宋文》作“其德”。
⑫ 盛历：《全宋文》作“盛烨”。
⑬ 真□荐至：《全宋文》作“真介荐至”。
⑭ 蒸氓：《全宋文》作“蒸民”。
⑮ □□□□：《全宋文》作“□启伊□”。
⑯ □功□□：《全宋文》作“武功至仁”。

□□□□[1]，□□□神。帝让不获，玄意□□[2]。天命有位，蒇事岱宗。虞巡效驾，周迈宣风。八极四海，云随雨从[3]。岩岩鲁詹，高轶乾宇。既祓既登，以禋以旅。二圣克配，三辰攸处[4]。六变成□[5]，□灵□□。苍璧玄酒，□□□□[6]。□□□燎[7]，飘飖钟律。翌日降禅，皇祇是出。允犹翕河，百神咸秩。禅之明日，乃严坛壝。于以肆觐[8]，于以陈仪[9]。梐抵载列[10]，笋簴攸施。俨尔珪组，翼乎熊罴。王公庶尹，再拜稽首。罄亿□□，上千万寿。□曰□哉[11]，一德斯懋。元首股肱，惟尔佐佑。庆泽遂敷，宥民赦狱。涣汗涵濡，滋液渗漉。洗涤颇纇，发挥亭毒。施及夭胎，罔不生育。乃程律度，乃齐日时。升擢方谷，惩艾不祇。凡百有位，以悦以□。大礼克举，□□□□。□乎哉！登灵封兮报玄功，禅厚地兮荐清衷。揭方明兮车服以庸，覃庆泽兮罘网遂空。惟圣宋之光宅兮，与黄比崇。宜乎金声之，玉振之，万斯年兮无穷！

阴字碑：在州之乾封门外迤东三百余武，是为宋真宗《答谢天书述二圣功德序铭》。曰“阴字”，以字镌北面，从俗称也。《州志》曰“金字”，谓当时以金涂饰也。或曰“禋祀”，以精意享祀言也。皆声相近而义亦通。尝闻真宗东封，驻跸会真宫，故碑作屏制，镌北面，当宫南百余武，俗称“阴字”为是。宫今在城内，而碑限于外，故人罕知其镌意云。

真宗御制序铭[12]：朕闻一区宇而恢德教，安品物而致升平，此邦家之大业也。考茂典而荐至诚，登乔岳而答纯锡，此王者之昭事也。结绳已往，茫茫而莫知；方册所存，章章而可辨。罔不开先流福，累洽储休，长发其祥，永锡尔类。故能禋祀上帝，肆觐群后。追八九

---

① □□□□：《全宋文》作“□□伊何”。

② 玄意：《全宋文》作“玄章”。

③ 云随雨从：《全宋文》作“云蒸霞从”。

④ 攸处：《全宋文》作“散处”。

⑤ 六变成□：《全宋文》作“六变成文”。

⑥ □□□□：《全宋文》作“□□齐栗”。

⑦ □□□燎：《全宋文》作“肹蚃禋燎”。

⑧ 于以：《全宋文》作“于是”。

⑨ 于以：《全宋文》作“毖以”。

⑩ 抵：《全宋文》作“桓”。

⑪ □曰□哉：《全宋文》作“□曰钦哉”。

⑫ 真宗御制序铭：原碑名为“登泰山谢天书述二圣功德之铭”。

之遐躅，徇亿兆之欢心。是以武王剿独夫，集大统，而成王以之东巡。高帝平三猾，启天禄，而武帝以之上封。曩以五代陵夷，四方分裂。嗷嗷九域，顾影而求存；颙颙万民[①]，吁天而仰诉。不有神武，多难何以戢？不有文明，至治何以复？恭惟太祖启运立极英武圣文神德玄功大孝皇帝，积善自始[②]，受命无疆，历试于艰难，终陟于元后。威灵震叠，玄泽汪翔。无往不宾，有来斯应。济民于涂炭，登物于春台。俾乂万邦，成汤之甚盛；咸宣九德，文王之有声。启运于前，垂裕于后。太宗至仁应道神功圣德文武大明广孝皇帝，洪基载绍，景贶诞膺。如日之升，烛于率土；如天之广，覆于群生。人文化成，神道设教。尊贤尚德，下武后刑。金石之音，明灵是格。玉帛之礼，蛮貊来同。书轨毕臻，典仪无阙。上玄降鉴，虞舜之温恭；庶民不知，唐尧之于变。重熙之盛，冠绝于古先；增高之文，已颁乎成命。逡巡其事，谦莫大焉。肆予冲人，获守丕构，其德不类，其志不明，弗克嗣兴，罔识攸济。属以阳春届节，灵文锡庆。由是济河耆老、邹鲁诸生，启予以神休，邀予以封祀，不远千里，来至阙庭。朕惕然而莫当，彼确乎而莫止。俄而王公藩牧，卿士列校，献封者五上，伏阁者万余。以为景命维新，珍符纷委，不可辞者天意，不可拒者群心。天意苟违，何以谓之顺道？群心苟郁，何以谓之从人？是宜登介丘[③]，成大礼。敦谕虽至，勤请弥固。切念乾坤垂祐，宗祏储祉，导扬嘉气，仅洽小康。俾夫疆场以宁[④]，干戈以息，风雨以顺，稼穑以登，无震无惊，既庶既富，皆天之赐也，岂朕之功欤！虽则告成功，纪徽号，非凉德之克堪也。然而序图录，答殊祯，非眇躬之敢让也。天孙日观，梁甫仙闾，五岳之宗，万物之始，升中燔燎，旧章斯在。继绳先志懿范，遵已定之规；祗事圜坛，严配肃因心之孝。于是诏辅臣以经置，命群儒而讲习。给祠祀者，罔有不至；供朕身者，无必求丰。故玉币牺牲，朕之所勤也；羽仪服御，朕之所简也。精意笃志，夙兴夕惕。诚明洞达，显应遝彰。自天垂恩，正真亲临于云驭；奉符行事，子育敢怠于政经！粤以暮秋之初，恭享清庙[⑤]，告以陟配。孟冬之吉，虔登岱宗，伸乎对越。

---

① 颙颙：《全宋文》作“茕茕”。

② 积善：《历代帝王泰山刻石·登泰山谢天书述二圣功德铭》碑拓作“积庆”。

③ 宜：《岱史》作“以”。

④ 俾：《岱史》作“唯”。

⑤ 享：《全宋文》作“飨”。

奉宝箓于座左，升祖宗以并侑，礼之正也，孝之始也。乃禅社首，厥制咸若。于时天神毕降，地祇毕登。肸蚃可期，奠献如睹。其荐也虽惭乎明德，其感也实在乎至诚。亦复酌酆宫之前闻，遵甘泉之受计。百辟委佩，五等奉璋。肆眚施仁，举善劝治。稽考制度，采摭风谣。文物声明，所以扬二圣之洪烈；欢娱庆赐，所以慰百姓之来思。盖又两仪之纯嘏，七庙之余庆，邦家之盛美，蒸黎之介福。岂予寡昧所可致焉！唯当寤寐寅威，夙夜惕厉，不自满假，不自逸豫。宠绥庶国，茂育群伦，以答穹昊之眷命焉。勒铭山阿，用垂永世。

铭曰：节彼岱岳，岿然东方。庶物伊始，玄感其章。自昔受命，反始穹苍。燔柴于此，七十六王。顾惟寡薄，恭嗣洪猷。乾乾慄慄，虽休勿休。元符昭锡，余庆遐流。群情所迫，盛则爰修。前王丕显，是曰告成。伊予冲眇，无德而名。永怀眷佑，祇答景灵[1]。聿崇严祀，用达精诚。殊祥叠委，宇县奔驰。礼无违者，神实格思。藏封石累，刻字山楣。蒸民永泰，繁祉常垂。

御帐坪：在岳之中道，即秦封五松之地。宋真宗东封，驻跸于此，故名。今石上柱窠，帐殿之遗迹也。

博城：在岳东趾，距州治三十里。汉之奉高、隋之汶阳、唐之乾封同此，今名曰旧县。

嬴城：在岳东趾，距州治东南五十里，汉置县，属泰山郡。唐属东泰州，后省入博城。

谢过城：在岳东南趾，汉明堂侧。齐鲁会夹谷后归谢之地，故名。岳东南地曰谷里，古夹谷也。

羊祜城：距州治东南九十里，即晋羊祜所封之南城。

龟阴田：即齐人归鲁以谢过者。

汶阳田：在岳南汶河之上。鲁成公二年，《春秋》书“取汶阳田”，八年书“晋侯使韩穿来言，汶阳之田归之于齐”。

柳下惠墓：在州治东南一百里，至今村人尚多展姓者，村名曰柳里村。

---

① 祇：清金棨《泰山志》作“祐”。

圣贤

孔子：登泰山而小天下。见《孟子》。

孔子过泰山侧，有妇人哭于墓者而哀，夫子式而听之，使子路问之，曰：子之哭也，一似重有忧者。曰：然。昔者吾舅死于虎，吾夫又死焉，今吾子又死焉。夫子曰：何为不去也？曰：无苛政。夫子曰：小子识之，苛政猛于虎！见《礼记·檀弓》。

孔子游于泰山，见荣启期行乎郕之野，鹿裘带索，鼓琴而歌。孔子问曰：先生所乐何也？对曰：吾乐甚多，天生万物，惟人为贵，吾得为人，一乐也。男女之别，男尊女卑，故以男为贵，吾得为男矣，是二乐也。人生有不见日月、不免襁褓者，吾既已行年九十矣，是三乐也。贫者，士之常也；死者，人之终也。处常得终，当何忧哉？孔子曰：善乎！能自宽者也！见《列子》。

颜渊：从孔子上泰山，孔子望吴阊门外有系白马，引颜渊以指之曰：若见吴阊门乎？颜渊曰：见之，有若系练之状。孔子抚其目而止之，因与俱下。渊发白齿落，遂以病死。见《锦绣万花谷》，《韩诗外传》略同。

曾子：敝衣力耕泰山下，天雨雪，冻甚，旬月不得归，思其父母，作《梁山歌》。见《曾子孝实》。

孟子：生时，母梦神人乘云自泰山来，将止于峄，母凝视久之，忽片云坠而寤。时闾巷皆见五色云覆孟氏之居焉。见《通志》。后人称孟子有“泰山岩岩”气象，适符云兆，信矣。

伯牙：游于泰山之阴，卒逢暴雨，止于岩下。心悲，乃援琴而鼓之，初为霖雨之操，更造崩山之音。曲每奏，钟子辄穷其趣。伯牙乃舍琴而叹曰：善哉！善哉！子之听夫志，想象犹吾心也。吾于子何逃声哉？见《列子》。

延陵季子：适齐，于其反也，其长子死，葬于嬴、博之间。孔子曰：延陵季子，吴之习于礼者也。往而观其葬焉，其坎深不至于泉，其敛以时服。既葬而封，广轮揜坎，其高可隐也。既封，左袒，右还其封且号者三。

曰：骨肉复归于土，命也！若魂气则无不之也。遂行。孔子曰：延陵季子之于礼也，其合矣乎！见《礼记》。嬴、博俱属泰安，岱岳东址。见古城遗迹。孟子葬于齐，反于嬴。即其地也。

宋

孙复：字明复，晋州平阳人。少举进士不第，退居泰山南麓。学《春秋》，著《尊王发微》。鲁多学者，其尤贤而有道者石介，自介而下，皆师事之。年逾四十，家贫不娶。李丞相迪将以其弟之女妻之。复疑焉。介与群弟子进曰：公卿不下士久矣。今丞相不以先生贫贱而欲托以子，是高先生之德义也，先生宜因以成丞相之贤名。于是乃许。孔给事道辅为人刚直严重，不妄与人，闻复之风，就见之。介执杖履侍左右[①]，复坐则立，升降拜起则扶之，及其往谢也亦然。鲁人既素高此两人，由是始识师弟子之礼，莫不叹嗟之，而迪与道辅，亦以此见称于士大夫。其后，介为学官，语于朝曰：孙先生非隐者也，欲仕而未得其方耳！庆历二年，枢密副使范仲淹、资政学士富弼，言其道德经术宜在朝廷。召拜校书郎、国子监直讲。尝召见迩英阁，将为侍讲，而嫉之者言其讲说多异先儒，遂止。七年，徐州人孔直温以狂谋捕治，索其家得诗，有复姓名，坐贬，监虔州商税。徙泗州，又徙知长水县，签署应天府判官公事，通判陵州。翰林学士赵概等十余人上言，孙复行为世法，经为人师，不宜弃之远方。乃复为国子监直讲。嘉祐二年七月卒于家，年六十有六，官至殿中丞。其在太学时，为大理评事，天子临幸，赐绯衣银鱼。及闻其卒，恻然，予其家钱十万。而公卿大夫、太学诸生，相与吊哭，赙治其丧。其治《春秋》，不惑传注，不为曲说以乱经。其言简易，明于诸侯、大夫功罪，以考时之盛衰，而推见王道之治乱，得于经之本义为多。方其病时，枢密使韩琦言之天子，选书吏，给纸笔，命其门人祖无择就其家，

① 履：《全宋文·孙明复先生墓志铭序》作“屦”。

得其书十有五篇，录之藏于秘阁。以欧文忠撰《墓志》修。

胡瑗：字翼之，泰州海陵人。与孙明复、石守道讲学泰山，攻苦食淡，终夜不寝，十年不归。得家问，见有“平安”二字，即投之涧中，不复展读。今人名其投书处为“投书涧”云。

许衡：字仲平，河内人。金季兵乱，避地徂徕、泰山间，扁其斋曰“鲁斋”。初从姚枢、窦默游，获闻程朱之学，遂为名儒。元世祖召为京兆提学，累官集贤大学士兼国子祭酒，领太史院事，累迁中书左丞，赠司徒，谥文正。

列仙

汉

泰山老父：不知姓氏。汉武帝东封，见老父于山下道傍，头上白光高数尺，怪而问之。老父曰：臣年八十五时，衰老垂死，遇有道者，教臣绝谷，但服术饮井水[①]，枕神枕，枕中有三十二物，以二十四当二十四气，以八当八风。臣行之，转老为少，日行三百里。臣今年百八十矣！帝受其方，赐以玉帛。老父后入山去，每十年五年还乡里，仅三百年不复还矣[②]。见《类林杂志》并葛洪《神仙传》。

稷丘君：泰山下道士也，发白再黑，齿落更生[③]。汉武帝时[④]，以道术受嘉赏[⑤]，后罢去。帝东封，稷丘君拥琴迎拜，止帝勿上[⑥]，上必伤足[⑦]。帝上及

① 饮井水：晋葛洪《四库全书·神仙传》(中国书店2018年版，下同)作“饮水”。
② 仅：《四库全书·神仙传》无此字。
③ 发白再黑齿落更生：《四库全书·神仙传》把此句置于下句“汉武帝时以道术受嘉赏”后。
④ 汉武帝：《四库全书·神仙传》作“武帝”。
⑤ 嘉赏：《四库全书·神仙传》作“赏赐”。
⑥ 帝东封稷丘君拥琴迎拜止帝勿上：《四库全书·神仙传》作“上东巡太山稷丘君乃冠章甫衣黃衣拥琴來迎拜武帝指帝陛下勿上也”。
⑦ 足：《四库全书·神仙传》作“足指”。

数里[①]，左足指折[②]。讳之，还[③]，为稷丘君立祠。传赞曰[④]：稷丘洞彻，修道灵山。炼形濯质，变白还年。汉武行幸，携琴来延。戒以升陟，逆睹未然。见《列仙传》及《集事渊海》。

安期生：在泰山遇李少君入山采药，病困，安期生与“神楼散”一匕而愈。

崔文子者，泰山人也。世好黄老，居潜山下。后作黄散赤丸，卖药都市。自言三百日[⑤]后民有大疫，长吏之文所请救。文拥朱幡、系黄散，以徇人门，饮散者即愈，所活者万计。后去，在蜀卖黄散，故世宝崔文赤丸黄散云。传赞曰：崔子得道，术兼秘奥。疠气降丧[⑥]，仁心攸悼。朱幡电麾，神药捷到。一时获全，永世作效。见《列仙传》及《集事渊海》。

晋

张忠：字巨和，中山人。永嘉之乱，隐于泰山。清虚服气，餐芝饵石。苻坚闻其贤，征至长安，以野服见。坚曰：先生独善之美有余，济世之功未足，故远屈先生，将任以齐尚父。忠曰：昔因丧乱，避地泰山，与鸟兽为侣。尚父非敢拟，愿还余齿归岱宗。坚以安车送之，过华山，叹曰：我东岳道士，没于西岳，命也。已而化去。谥曰安道先生。

唐

吕岩：字洞宾，宋天圣戊寅三月二十一日[⑦]，书五言绝句于王母池，署其后曰“回翁题”。政和丙申六月十八日，复书七言绝句，署其后曰“回

---

① 帝上及数里：《四库全书·列仙传》作“及数里”，无“帝上”二字。

② 左足指折：《四库全书·列仙传》作“右足指果折”。

③ 讳之还：《四库全书·列仙传》作“上讳之故但祠而还”。

④ 传赞曰：《四库全书·列仙传》作“为稷承奉之云”。

⑤ 自言三百日：《四库全书·列仙传》作“自言三百岁”。

⑥ 疠气：《四库全书·列仙传》作“气疠”。

⑦ 天圣：王母池吕公洞壁诗刻作“绍圣”。

公再书”。前后书法皆类颜鲁公，“再书”二字类迟贤亭刻，人莫能识。好事者摹其真迹于会真宫。观其诗，则知纯阳子三至泰山矣。诗见《登览志》。

张仙：不知何许人。开元中，与李某同至泰山学道。久之，李以宗室辞归，仕至大理丞。属安禄山乱，携家襄阳，寻奉使扬州。途觏张子，邀李同宿，门庭壮丽，傧从璀璨。李视女妓中有持筝者酷似其妻，及罢，张呼持筝者，以林檎系裙带上[1]，各散去。明日，李复至，门馆荒秽，无行人迹。询邻人，曰：此刘道玄宅，已十余年无居者。寻还襄阳，索其妻裙带，果得林檎。问其故，云一夕梦见五六人追，云张仙唤搊筝，临别以林檎系裙上。于是知张已得仙矣。

元

丘长春：不知何许人。尝居泰山南址长春观，以全真为教，元赐号神仙、无为演道太宗师，别号长春子。后去之峄山，有仙化遗迹。峄碑及观中遗像俱尚存。

张志纯：号天倪子，泰安埠上保人。六岁能诵五经，十二岁入玄门。居会真宫数载，道行超群辈。初名志伟，元主改今名，赐号崇真保德大师，授紫服。重建岱岳、升元二观及上岳庙。元初王奕《斐稿》有赠诗云：赤松宗世远，岳地作神仙。注云：其人百二十岁，三见帝。学士徐世隆题其小影曰：形虽羸，于道则肥；性虽介，于物则齐。具儒墨之体用，见天地之端倪。杜仁杰曰：其学也老庄，其志也轩岐。郡人王天挺曰：冰霜外洁，日星内炳。又曰：山泽之臞，道德之腴，徐徐于于，此世之所谓天倪子者乎！化日，自颂曰：脱下娘生皮袋，此际乐然轻快。百尺竿头进步，蓬玄洞府去来。去来。前世宿德医僧，今作道门小才。

徐世隆：别号复斋，不知何许人。元翰林学士。夙与泰山天倪子游。

---

① 系：原作“击”，据上下文义改。

元季丧乱，变姓名，上下泰山，常居岳祠或城隍庙。三稚子从学，一教习泅水、超距。一授《汉书》。其一曰王圭，授举子业。久之别去。言三子贵贱短修：其后授《汉书》者目盲，赖说书为衣食。习泅者遇济南灌城之厄，以泅解围，以超距脱死，致爵赏。圭登科，膺爵齿。三人所至，悉如其言。圭年八十许时，世隆复来见。天顺间又至泰山，惟升元观一老道士识之，其容貌如儿时所见。后不知所终。《州志》载世隆官如今传，《山东通志》书廉访使，不载其地。近阅《文文山集》，书世隆尚书，东平人。诗哭文山，盖宋季之人也。历胡元终始，而我国朝人犹及见之，异哉！

成兴公真人：不知何许人，仙道成于泰山。见《五岳真形图说》。

王从之：不知何许人。初官翰林，后隐泰山，跏趺而化，人称其地曰“蜕仙岩”。岩见元人石刻诗及古《州志》。

海印：泰安州人，居邹县大明禅院。幼悟道，常梦异僧指示。一旦呼弟子谓曰：吾幻身，非久住世。亲书偈毕，端坐而化，三日慈容如生。其院上紫雾光明，贯于天际。邑令见之，称为真佛。

灵宇

灵宇何？明神之所宅也。志之而首岱焉者何？奠方域，出云雨，功侔造化而群岳宗焉，祀于有司，国家之典礼也。岱祠有昊天地祇，乃弗先之者何？非有司之分，非典礼也。非典礼而志之何？传曰：有其举之，莫敢废也。乃若霞君、青帝，邦国攸崇。孙、石两贤，乡人景范。至于佛老之宫，群灵之府，亦载籍之旧也，又乌得而遗诸？

东岳庙

在州城西北隅。《风俗通》曰：岱宗庙在博县西北三十里，山虞长守之。

按《志》，唐庙在岳之南麓，岱岳、升元二观前，当为汉址，宋改今地。其后废兴修葺，详具宋祥符、宣和，金大定，元泰定、至元及国朝诸记石。庙制，堞城高二丈，周三里。城门有八，南辟者五，而中曰岱岳，北曰鲁瞻，东曰青阳，西曰素景，门各有楼。角楼亦四，东南曰巽楼，东北曰艮楼，西北曰乾楼，西南曰坤楼。由岱岳而上，重门为配天，次为仁安，再上为仁安殿。露台高下联属者二。殿前两庑之中为钟鼓楼，楼之后各为斋房。殿后为寝宫，宫左右为配寝。其规模宏侈，俨如王者居。配天门左为三灵祠，右为太尉祠。祠前东庑别殿曰炳灵，西曰延禧。碑亭三，其一当岱岳、配天二门之间，其二对峙于钟鼓楼侧。三亭皆为国朝御制碑建，惟洪武敕祀一记，乃某官德祐撰词。前述高皇帝玉音，故《州志》《通志》俱误称“御制”，而作亭镌石，亦皆传讹，此国家重典，不可不正。殿前古松数十株，蟠结偃盖，非他境所有。汉柏、唐槐皆特异，虽良绘莫能状。银杏大者围三仞，火空其中。《阴符经》曰“火生于树”，信夫！奇石玲珑者九，其上有古题刻，知自远方来奠献者。碑石林立，其可为书法者，张待制漴书《宣和庙记》，乔冢宰宇篆《御祝文》。庙前有亭，曰遥参亭，前为遥参门，门之前为御街，宋东封警跸之地，而实为庙之第一门也。旧榜曰草参门。门中有台，台再成台，上有亭。亭重檐四面，十有六角，崚嶒绮丽。前榜曰“岱宗”，盛中丞秋林书，为岳榜诸书之最。在昔有事于岳者，先拜于亭而后入庙，故曰草参。今有司遇祝釐于庙，罢则仪从由亭门而出，犹古之制也。亭今列屏鉴，方圆各一，高六尺许，鉴前雕座置元君像，四方来谒顶庙者亦先拜焉，故又曰遥参亭云。

宋学士宇文粹中《重修岳庙记》[①]：宣和四年九月，有司以泰岳宫庙完成奏功，制诏学士承旨臣宇文粹中记其岁月[②]。臣粹中辞不获命，退而移文有司，尽得营建修崇诏旨本末与庀工鸠材因旧增新之数，谨再拜稽首而言曰：

① 重修岳庙记：原碑名为“宣和重修泰岳庙记”。

② 记：《金石萃编》《宣和重修泰岳庙碑》作“纪”。

臣闻自昔受命而帝者，咸有显德，著在天庭，合四海九州之欢心，以为天地社稷百神之主。故有坛场圭币以象其物，有宫室祠宇以奠其居[①]，有牲牢酒醴以荐其洁，有祝册号嘏以导其诚。其漠然而意可求，僾然而诚可格，殆与人情无以异。是以黄帝建万国而神灵之封七千，虞、夏、商、周，文质迭救。虽所尚不同，而事神以保民，其归一揆。故其《书》曰："望于山川，遍于群神。"又曰："山川鬼神，亦莫不宁。"其诗曰："怀柔百神，及河乔岳。"又曰："嶞山乔岳，允犹翕河。"河东曰兖州，其山镇曰岱山，自开辟以来，以尊称东岳[②]。其穹崇盘旋[③]，虽号为一方之镇，而触石肤寸，不崇朝而利及天下。是以历代人君昭姓考瑞，盛登封之礼，告祭柴望，五载一巡狩，必以岱宗为首。而神灵烜赫，光景震耀，载在书史，接于耳目者，奕奕相属也。宋受天命，建都于汴，东倚神岳，远不十驿。章圣皇帝肇修封祀，盖尝躬款祠下。钦惟神灵飨答之异[④]，念唐开元始封王爵，礼加三公一等，未足以对扬休应，遂阶五岳[⑤]，咸升帝号。自是宫庙加修，荐献加厚，四方万里士民奔凑奠享祈报者，盖日益而岁新也。皇帝聪明仁孝，光于上下，神动天随，德施周溥，既已跻斯民于富寿，乃申敕中外，凡所以礼神祇，崇显祀，尽志备物，毕用其至。岁在辛巳，迄于壬寅，诏命屡降，增治宫宇，缭墙外周，罘罳分翼，岿然如青都紫极[⑥]，望之者知其为神灵所宅。凡为殿、寝、堂、阁、门、亭、库、馆、楼、观、廊、庑，合八百一十有三楹，财不取于赋调，役不假于追呼，而屹然崇成，若天造地设，灵祇燕豫[⑦]，福应如飨[⑧]。呜呼！真圣德之事也[⑨]。惟古圣王先成民而后致力于神，故奉牲以告曰：博硕肥腯，谓民力之普存也。奉盛以告曰：洁粢丰盛，谓三时不害，而民和年丰也。奉酒醴以告曰：嘉栗旨酒，谓上下皆有嘉德，而无违心也。臣窃伏观皇帝陛下，临御以来，夙宵之念，无一不在于民者。发号出令，以诫以告。颁恩施

---

① 奠：《金石萃编》作"犹"。

② 以：清金棨《泰山志》无此字。

③ 盘旋：清金棨《泰山志》《金石萃编》作"盘礴"。

④ 飨答：清金棨《泰山志》《金石萃编》作"响答"。

⑤ 阶：清金棨《泰山志》《金石萃编》均作"偕"。

⑥ 青都：清金棨《泰山志》《泰山石刻大观·宣和重修泰岳庙碑》作"清都"。

⑦ 灵祇：清金棨《泰山志》《泰山石刻大观·宣和重修泰岳庙碑》作"灵祗"。

⑧ 飨：清金棨《泰山志》《金石萃编》《泰山石刻大观·宣和重修泰岳庙碑》作"响"。

⑨ 圣德：《泰山石刻大观》《泰山石刻大观·宣和重修泰岳庙碑》均作"盛德"。

惠，以生以育。设官择人，以长以治。制法垂宪，以道以翼，以训以齐。政成化孚，中外宁谧。于是国有暇日，以修典礼；民有余力，以事神祇。咸秩无文，周遍群祀，自古所建，上下远迩，灵祠告祝，于今莫不毕举。观是宫庙，土木文采，轮奂崇丽，则知郡邑之富庶；帷帐荧煌，衮冕璀璨，则知丝枲之盈溢；牲牷充庭，醪醴日御，则知耕牧之登衍；箫鼓填咽，歌呼满道[①]，则知气俗之和平。神之听之，乃祇陈于上[②]，帝用降鉴，锡兹祉福，则社稷之安固，历数之绵远，盖方兴而未艾也。臣既书其事，又再拜稽首而献颂曰：

於皇上帝，监观九有。孰赞天綷，山川封守。帝欲富民，俾阜货财。溥润泽之，俾司风雷。东方岱宗，是为天孙。体仁乘震，生化之门。昔在章圣，崇以帝号。发册大庭，五云前导。施于子孙，格是神保。岁在摄提，新宫载考。皇帝慈俭，爱民自衷。不侮鳏寡，不废困穷。神鉴其仁，锡之屡丰。皇帝神武，赫然外攘。驯服悍戾，以蕃善良。神予其义，助之安疆。仁义既洽，民有余力。还以报神，神居是饬。峨峨神居，作镇于东。有来毕作，庶民所同。惟此庶民，惟皇作极。丕应傒志，遍为尔德。祝皇之寿，泰山同久。握图秉箓，历箕旋斗。祝皇之祚，泰山等固。镇安二仪，混同万宇。下逮群黎，遍敷锡之。亿载万年，惟神是依。匪神独依，惟天无私。有谣康衢，述是声诗。

金学士杨伯仁《重修东岳庙记》略[③]：臣闻嗜欲将至，有开必先。天降时雨，山川出云，明神之所以佑圣德也[④]。嶞山乔岳，允犹翕河，敷天之下，裒时之对，圣人之所以昭神功也。岂非幽显之感通，报施之明验欤[⑤]？乃眷岱宗之神，乘震秉箓，实司东方。东方者，万物之始，故为群岳之长。我国家受命之攸在，虽德自天启，亦惟神之阴相哉！主上在位之十有七年[⑥]，内外晏清，礼乐修举，祭帝于郊，而百神受职，民和物丰，

---

① 满道：清金棨《泰山志》《金石萃编》作“系道”。

② 祇陈：《泰山石刻大观·宣和重修泰岳庙碑》作“祇陈”。

③ 重修东岳庙记：原碑名为“大金重修东岳庙之碑”。

④ 佑：清金棨《泰山志》作“昭”。

⑤ “明验欤”下，清金棨《泰山志》有“昔我始祖景元皇帝肇基王迹遂荒大东迄我太祖仁兵一举爰革辽命及我太宗继伐徂□奄定华夏我主上亦由东都□纂大统绍开中兴皆符帝出乎震之义也”六十四字。

⑥ 主上：清金棨《泰山志》《泰山石刻大观·大金重修东岳庙碑》作“□圣”。

靡有菑害。凡岳镇海渎、名山大川，率命有司崇饰其庙貌，严寅其祀事。岁时亲署祝版遣驿，命守臣侍祠，皆首于岱宗。大定十八年岁在戊戌春，岳庙灾，虽门墙俨若，而堂室荡然。主上闻之，震悼不已，俾治有司不戒之罪。既而叹曰："神其或者以宫庙故敝，欲作新者乎？"乃敕庀工度材以闻。明年，以同知河北路转运使事徐伟就迁知泰安军[①]，专领其事，彰德军节度判官王元忠佐之，皆选能也。命驰驿以图来上，入受训戒[②]，示之期约，且择尚方良工偕往营之。出内帑钱以贯计者十有六万，黄金以两计者二百四十有六，及民之愿出赀以助者几七万千[③]，且运南都之材以足之。复诏："其工役勿烦吾民，给以佣直。"故皆悦而忘劳矣。二十一年辛丑冬告成，凡殿、寝、门、闼、亭、观、廊、庑、斋、库，虽仍旧制，加壮丽焉。诏谓："格神之道，所贵致洁。其当阳之像，毋用漆塑，以涿郡白玉石为之。殿楹高敞，勿事蔽障，殿阈周际，设为储胥，俾四方士民远致奠献者[④]，皆遂其瞻祷之心，而无亵渎之患[⑤]。"庙之西南隅，旧设舍馆，宾客往来皆止焉[⑥]。自三观而下十里达于庙，禁无樵薪[⑦]。二十二年四月，制诏翰林侍讲学士杨伯仁记其事[⑧]。臣伯仁承乏禁林，职在赞扬圣德，岂敢以鄙陋辞，谨书诏旨之始末与其经费之多寡叙之。拜手稽首而作颂曰：

东方曰仁，万宝资始。神惟岱宗，爰主张是。鸡鸣见日，其高岩岩。兖州之镇，鲁邦所瞻。触石生云，合于肤寸。曾不崇朝，天下膏润。无怀而下，七十二君。咸登兹山，告厥成勋。於皇时金[⑨]，肇迹东土。诞膺天命，实受神祜[⑩]。我后中兴，出震应辰。禋祀上帝，怀柔百

---

① 河北路：清金棨《泰山志》《泰山石刻大观·大金重修东岳庙碑》碑拓作"河北西路"。

② 训戒：清金棨《泰山志》《泰山石刻大观·大金重修东岳庙碑》作"训诫"。

③ 七万千：清金棨《泰山志》《泰山石刻大观·东岳泰山之神庙重修碑》作"十万千"。

④ 奠献：阎凤梧主编《全辽金文》(山西古籍出版社2002年版，下同)作"奠戏"。

⑤ 亵渎之患：清金棨《泰山志》作"亵渎之怠"。

⑥ "皆止焉"下，清金棨《泰山志》有"郡吏时率倡乐以娱之因为(此缺十字)洞启或终夜欢哗诏以神灵静谧之宅岂可使之污嫚如此即其地更置庙库俾门禁加严盖所以崇肃敬也"五十三字。

⑦ 樵薪：《泰山石刻大观·东岳泰山之神庙重修碑》作"樵采"。

⑧ 记：清金棨《泰山志》作"纪"。

⑨ 时金：《古今图书集成·方舆汇编·山川典·泰山部》作"时雍"。

⑩ 实受神祜：清金棨《泰山志》作"实受神佑"。

神。无文咸秩，刱此乔岳[①]。宫庙制度，天子礼乐。灾之所生，然在不虞。旧或未舍，新何以图。洪惟圣明[②]，监此神意[③]。亲授规摹[④]，选能兴事。宸衷简在，民愿攸同。不愆于素，按图奏功[⑤]。台门将将，如鸟斯革。广殿巍巍，增陛以级。牲酒圭币，荐羞以时。敢献善祝，神之听之。圣人之德，圣人之寿。泰山之高，泰山之久。圣人之业，圣人之基。泰山之固，泰山之维。神居孔安，有飨是格。生甫及申，藩宣方国。礼无不答，神罔时恫。于万斯年，福禄来崇。

元长山尹杜翱撰《延禧殿堂庑记》略：岱宗有祠，实自唐始。宋大中祥符肇建今祠，大其制，一如王者居。其殿宇门观，长廊回阁，总八百一十有二楹。其内城西南隅，有殿曰延禧，有堂曰诚明。缭以回廊，别以庖湢，以待天子行人衔王命以代祀者。至则奠香币于殿，退斋于堂。垂思储精，卜日涓吉。乃有事于东岳天齐大生仁圣帝，示弗敢亵也。三百年来，岳祠再废再作。金季俶扰，复毁于寇，唯斯殿与堂独存。我世祖皇帝践祚之七年，创构仁安殿，以妥岳灵，其他则未遑。然岁时既深，日就摧压，堂陛廊庑，咸非昔若。至正丁亥岁，值覃怀范君德清来提点庙祀，则曰：国家为社稷生灵计，岁遣近臣代祀其所，以涓洁精诚者在是。今乃摧毁弗治，可乎？遂疏谒诸好礼者，捐廪挥金，咸乐施弗爱。于是抡材召工，未阅岁而殿堂廊庑焕然一新。又创为新堂五楹，前轩后闼，高明虚敞，以待宾客。西为神库，以藏天子赐物。复辟东廊，设以轩榻，高其陛阯，以待诸官府有事岳祠者，总计若干楹。噫！若范君者，可不谓勤于其职者哉？诸好礼者姓名，附载碑阴云。

国朝孝宗敬皇帝御制《重修东岳庙碑》：朕闻自古天子报祀鬼神之礼，载在典册。自郊祀天地而下[⑥]，复有所谓名山大川之祭。盖名山大川，两间物形之最钜者。形钜，则气之所钟亦钜，而神必依之。于是有雨泽之润，有财货之生，有年谷水旱之祈祷焉，以利生人，此报祝之所由起也[⑦]。惟泰山在古兖州，于方为东，故称东岳。于时为春，春主生，万

---

① 刱：《古今图书集成·方舆汇编·山川典·泰山部》作“创”。
② 圣明：《全辽金文·全金文》作“圣朝”。
③ 监：《泰山石刻大观·东岳泰山之神庙重修碑》作“鉴”。
④ 规摹：《古今图书集成·方舆汇编·山川典·泰山部》作“规模”。
⑤ 按图：清金棨《泰山志》作“案图”。
⑥ 天地：《古今图书集成·方舆汇编·山川典·泰山部》无此二字。
⑦ 报祝：《古今图书集成·方舆汇编·山川典·泰山部》作“报祀”。

物之始，群岳之长，又称岱宗。古者天子巡狩，秩祭之所先。而东方诸侯在其封内，亦得以祭。然其礼视三公，盖以别于天地也。降及后世，乃崇以美号，至于帝王，则与天地无别矣。我圣祖高皇帝有天下之初，诏定祀典，始复其号曰"东岳泰山之神"。礼严报祀，著令至今。大圣人超卓之见，盖出寻常万万，岂特朕所当恪守，虽万世子孙莫之能易也。东岳之庙，今遍于天下，其在泰山者为专祀。历代所重，故庙之规制甲于他方，香火特盛。我祖宗列圣，自国初以来，报祀惟谨，庙宇亦屡加修葺。然历岁既久，风侵雨剥，栋宇榱桷，盖瓦级砖，与夫丹雘藻绘之饰，未免倾圮漫漶。弘治己未冬，朕承祖宗礼神之意，遣御马监太监苗逵往修祀事。具以为言，即发内帑银八千余两，并在庙积贮香钱，命逵会山东镇巡等官葺之。未几，西陲告警，逵有督军之行，工不时就。壬戌冬，再以祀事往，乃与镇守太监李全[1]、巡抚右副都御史徐源等议，委右布政使俞俊专董其役，而分巡副使王宗锡往来协同。吏勤工善，越明年夏乃就讫。自三殿而下，若廊庑，若门垣等，凡倾者以易，圮者以完，漫漶者以鲜以洁。金碧辉映，庙貌深严。泰岳明灵，既尊且安。自是而往[2]，阴佑显相，我国家之胤祚[3]，一方之生灵，益有赖于无穷矣。逵暨镇巡等官，咸奏是举之盛，宜有述以示后。爰识巅末，并系之诗曰：

鸿蒙未判，一气浑然。清升浊降，始肇乾坤。赋形之大，惟山与川。气随形钟，神乃在焉。巍巍泰山，高入云烟。群岳宗之，靡或与肩。自古天子，秩祭孔虔。礼视三公，祀典攸传。降及唐宋，缛礼相沿。殊名美号，益谨益专。于惟我祖，志复古先。秩祀有诏，功迈前编。朕承先烈，精诚弥坚。祀事载修，庙貌增妍。神心鉴悦，降福绵延。寿我胤祚[4]，光我化甄。荡荡平平，亿万斯年。

大学士李贤《庙记》略：《书》称岱宗，盖以东方属春，万物交代，故曰岱。为群岳之长，故曰宗。然而祭之者何也？记曰：能出云为风雨。又曰：民所取财用也。惟天子得祭之，如帝舜望秩于山川是也。若诸侯所封之地，有名山者则祭之，在周惟鲁侯得祭

① 镇守太监李全：《古今图书集成·方舆汇编·山川典·泰山部》无此句。
② 而：《古今图书集成·方舆汇编·山川典·泰山部》作"以"。
③ 胤祚：《古今图书集成·方舆汇编·山川典·泰山部》作"嗣祚"。
④ 胤祚：《古今图书集成·方舆汇编·山川典·泰山部》作"后嗣"。

泰山，他国不得祭也。季氏旅于泰山，宜陷于僭窃之罪矣。三代以前，不过为坛而祭之。如周制四坎坛，祭山林丘陵于坛是也。秦汉以来，有神仙封禅之事，于是有祠庙之设。古者五岳视三公，谓视其饔饩牢醴之多寡，以为牲器之数也，非以三公之爵封之也。后世遂封五岳之神为王为帝，垂旒端冕，俨若人鬼矣。洪惟我圣祖高皇帝，聪明睿智，卓冠千古，即位之初，诏示天下，有曰：岳镇海渎，皆高山广水，自天地开辟以至于今，英灵之气萃而为神，岂国家封号之所可加？今依古定制，去其前代所封名号，于东岳称曰“东岳泰山之神”。呜呼！是举也，裁革渎礼不经之失，所谓质诸鬼神而无疑，百世以俟圣人而不惑者矣。济南太守陈君铨，走书京师告予曰：东岳泰山神庙倾颓，上请得旨重修。巡抚都宪贾公铨与三司官僚合谋经营，若按察使王公钺尤留意焉，属铨综理其事。经始于天顺四年八月二十六日，落成于五年九月初一日，内外焕然一新。俾是方之人依而敬之，有加于前。佥曰不可无纪，敢乞为记刻之，用示久远。予惟泰山出云，肤寸而合，不崇朝而雨天下，功德固广大矣。要之，是方之人沾其惠泽尤多，况又取其财用者乎！虽曰朝廷祀典所载，而是方尤所当敬也。今巡抚方面，风宪重臣，同心协虑，重役神庙，又得郡守克承委任，用体朝廷之意，以表民之所敬，所谓所欲与之、聚之，真可谓民之父母矣。彼慢神虐民者视此，于心不亦恧乎！

学士薛瑄《庙记》略[①]：东岳泰山之神，故有庙，在山之阳。朝廷有大典礼、大政务，则遣使告焉。庙屋既久，多圮漏，弗治。先是守臣尝奏请修建，而未克底完。天顺己卯，泰安州复以其事达之济南府，因以上请，诏允修葺。于时，都宪年公富方议兴役而去，左副都御史贾公铨继来[②]，乃洎巡按藩臬协议，既择有干幕职以董其役，复俾济南府知府陈铨月一往以综理焉。铨始至泰安，谓修葺岳庙，固所以祗若朝命，致谨大神，然尤当以省民财、重民力为本，财匮民劳，事亦非可。因询及守庙者，具言数十年所积礼神之物甚富，遂遣人持市木之巨细与其他修屋之不可缺者。及既合，而匠役皆在官之人，而农民不知有役[③]。铨既综

① 薛瑄《庙记》：原碑名为“东岳泰山之神庙重修碑”。
② “继来”下，清金棨《泰山志》有“巡抚”二字。
③ 农民：清金棨《泰山志》作“农氓”。

理有法[①]，不急不徐[②]。始事于天顺庚辰秋七月，辛巳夏五月讫工。殿宇周廊，门观缭垣，悉皆完治[③]。咸愿刻石以纪其事。山西按察使王允，济南人也，以书来[④]，求文于瑄。惟孔子有曰：必也正名乎。夫明则有礼乐[⑤]，幽则有鬼神，其理一也。然祀神之道[⑥]，岂可不以正名为先乎[⑦]？如岳镇海渎，在古帝王之世，皆以名山川称之，初无封号之加。盖以其天地储形萃秀[⑧]，神气流通，能兴云雨以泽物，能出财用以济民。故虽载在祀典，而不可加封号[⑨]。自前季以来，道学不传，幽明之理不明于天下，邪诞谄佞之说日作[⑩]。于是有封五岳为王为帝者[⑪]，有封五镇为公者[⑫]，有封四海、四渎为公、为王者，而又各加以美号。夫岳镇海渎，其形峙而流，其气神而灵。古礼五岳视三公，四渎视诸侯，而乃崇其等，人其神，名既失正，神岂顾享？洪惟我太祖高皇帝定有天下之初，即稽古祀神之典，乃颁诏旨于岳镇海渎诸神曰[⑬]：考诸祀典，知五岳、五镇、四海、四渎之封，起自唐世，崇名美号，历代有加。渎礼不经，莫此为甚。今依古定制，凡岳镇海渎，并去前代所封名号，止以山水本名称其神。仰惟诏旨所载，隆复古制，大洗前讹，其所以达幽明之理，严上下之分，允宜表正斯世，垂法将来，而为万古不易之大典。孔子所谓正名者，于斯见之。猗欤盛哉！东岳泰山之神为诸岳冠。圣朝既正其名、秩其祀，而庙弗治，又俾所司以时修葺，而巡抚、宪臣洎藩臬得综理其役。如铨者，不竭民之财力，而克底完新，皆可谓祗若朝廷，丕显休命[⑭]，而致谨于人神者矣[⑮]。遂序其事而铭之曰：

---

① “有法”下，清金棨《泰山志》有“董役者亦用其意”。

② “不徐”下，清金棨《泰山志》有“工日就绪”四字。

③ “完治”下，《泰山石刻大观·东岳泰山之神庙重修碑》有“不陋于前不侈于后”八字。

④ 以：清金棨《泰山志》作“因以”。

⑤ 夫：清金棨《泰山志》作“盖”。

⑥ 然：清金棨《泰山志》作“然则”。

⑦ 岂：清金棨《泰山志》作“其”。

⑧ “其”下，清金棨《泰山志》有“为”字。

⑨ 加：清金棨《泰山志》作“加以”。

⑩ 谄佞：清金棨《泰山志》作“谄妄”。

⑪ 五岳：清金棨《泰山志》作“五镇”。

⑫ 五镇：清金棨《泰山志》作“五岳”。

⑬ 诏旨：清金棨《泰山志》作“大明诏旨”。

⑭ 丕显休命：清金棨《泰山志》作“丕休显命”。

⑮ 致谨于人神者矣：清金棨《泰山志》作“致谨于大神者也”。

一理宰斡，二气互根。清浮无际，浊坠斯存。柔行刚峙，川洪岳尊。惟此泰山，造化钟萃。巃嵸太虚，磅礴厚地。匪鲁邦瞻，实众岳最。其蓄罔测，其施靡量。玄云寸石，甘雨八荒。功既载溥，厥报宜彰。有庙在阳，奉命新葺。重臣是承，守臣是职。民不匮劳，事底完集。殿宇廊观，耸卓萦回。高下中度，不骞不卑。神气郁郁，流通在兹。昔古山川，明祀有体。夫何前季，封号荐起。跻岳于天，紊三公礼。逮我圣世，道复古隆。斥绝僭诞，率由大中。岳镇海渎，悉正其名。惟岱宗神，神称允格。迄兹有役，咸愿石刻。述理继辞，以示无极。

尚书周经《修庙记》略：庙以祀山川之神，其来已久，盖人心于是乎瞻敬，祭享于是乎登荐，而神灵亦于是乎依栖矣。故必壮丽完洁，然后可以竭虔妥灵，斯固有土者之责哉！泰山有庙，在泰安州，其殿庭严整，盖以累经崇饰之故，独其廊庑，久未修葺，都御史王君霁、御史陈君璧时巡其地，因谒庙而有见焉[①]。于是谋之藩臬，为重修之举，择济南同知温廉董其事，泰安同知孙瑾、判官崔震分理之。凡材木、瓦甓、金石之类，以至匠有庸、役有廪，皆取诸神惠之赢，不以烦民。经始于弘治庚戌十月，落成于癸丑九月。同知廉以抚巡之命来谒，予文以纪于石。予惟泰山五岳之宗，为祀典正神，且其肤寸之云，雨及天下，天下之人所以敬礼，况其州之人哉！况其土之有司哉！故庙庑之修，因时而举，乃其分焉尔。然尝闻之，神不享非礼，人不可以非礼渎。洪惟我太祖高皇帝光宅天下，以礼祀神，故复神号有诏，渎神祀有律，革前古之弊，垂万世之法。盖自当时民和物丰，靡有灾害，至于今益盛者，皆其景贶之答也。然则天下之人所以捧香赍帛奔走山麓，仰观庙貌，果皆仰体圣祖之意，而极崇奉之道哉？不过求生以受福，死以免罪，不赴所谓七十五司，以堕剉烧舂磨之狱而已。呜呼，惑哉！福善祸淫，天之道也，神果能死生人，亦奉天以行其祸福耳，岂求可得而祷可免哉？今远近之人，纷然狂惑，不知止极，亦岂非有土者之责乎？诚使守土之吏，能如孔门之林放，推本圣意，告谕其民，曰：神能生财物以济我，能作风雨以泽我，能捍大灾患以宁我，我所以崇奉之者，报其功德耳。如有非礼之渎，必致之罪。将见自其一州以及天下，皆革其狂惑，以正持己，以礼接神，岂不于治化有补哉？予忝掌民部，督有司以化民，尤予之责也，故谨为之记以告。

① 谒：原作“谓”，据上下文义改。

大学士李东阳《新庙告成》诗：

岩岩岱岳，新庙有作。爰经爰度，惟旧规是若。载增载拓，以光于前略。

新庙既构，其辉孔炤。如辐斯辏，如樾斯茂。若绘若绣，惟功之懋。厥有加于旧。

惟天降菑，郁攸是崇。惟斯文之恫，惟帝降命，有严厥工。惟中丞之风，监司之功。

庙祀伊俶，帝命孔肃。曰此大事，我其可弗告。粢牲册祝，予辅臣是属。臣拜稽首，曷敢弗恪？

庙既新止，礼既因止。圣灵降监，飨吉蠲止。天右斯文，实亨厥屯。如贞斯元，如冬斯春。惟国有明，祀于千万年。

东岳上庙

在岳顶磨崖碑前。伍缉之记，泰山有上、中、下三庙，中庙今不可考。按《州志》，元至元间，提点张志纯尝修上庙。嘉靖间，都御史曾铣重修，布政使陈儒记。

《记》曰：泰山为五岳之尊，横亘齐鲁，跨引江淮，矗突云霄，辉映日月，巍乎高哉！其天下之奇观而独秀者乎？我明天子御极，望于山川，遍于群神，曰用相我国家维兹岳。乃辛丑北虏犯顺，乃申敕封疆之臣曰：其各壮乃金汤，峙乃砦堠，用捍卫我国家，予一人以宁，亦维兹岳。嗟乎，岳之时用大矣哉！维时都察院右佥都御史广陵曾公铣，实承简命，保釐东土。比至，时且告饥，公约己裕民，发棠秩祀，而凡为我民徼福者，靡不备至。是故疏请于朝，得减京储数万石，减租亦数万石。间乃语诸藩臬庶正曰：泰山威灵，鼓动海内，矧兹兵戎之调度，颠连之赈恤，以暨百官之匪颁，罔弗赖之，是其庇我东山者乎！闻今庙貌圮坏，弗亟图之，其何以祀？乃夏五月，谋诸监察御史关西杨公本深，佥同兹议，曰：其动乃官需，毋勤力，毋违时，乃底绩。已乃祗若成命，移檄诸司：曰若布政使陈儒、王鸿渐，尔其经理诸难。曰若按察使余镗，尔其纠察御事，乃罔弗既厥心，亦罔弗慎厥事。曰知府刘玺，曰同知王景明，尔其鸠工僝工。曰知州马逢伯，尔其率作兴事，乃罔弗奔走，惟罔功是惧。于是群工毕兴，始于壬寅夏五月，迄于癸卯春三月。东岳殿之修者四楹，南向。碧霞坊之建者一，亦南向。泰岳坊亦一，西向。东官厅之建者六楹，西官厅之建者四楹，各南向。钟鼓楼对峙于元君之庙者，各东西向，如其制。工既讫，而是岁雨旸时若，东方底宁。君子谓泰岳于是乎有神，佥乃请勒石于泰山之巅。公以记属之儒，乃拜手稽首飏言曰：嗟乎！天降时雨，山川出云，嗜欲将至，有开必先，言神异也。顾兹东岳，孕秀钟灵，甲于天下，则所以奠我民生、翊戴我国家者，宁有涯哉！是役也，创议者为都御史、今兵部尚书蔡公经，申议者为都御史胡公缵宗，成之者则今中丞氏曾公也。《书》云：三后协心，同底于道。其是之谓乎！于时协谋，则先任按察使、今山西右布政使刘玑，左参政雒昂、朱纨，右参政张臬、韩威，左参议卢耿麒，右参议张鹏翰，副使吕高、王杨、谈恺、徐守义、金清、潘恩，佥事为黄卷、吴嘉会、汪东洋、黄鳌、辛珍、翟镜，都司为贾席、李忠法，皆得书。乃系以诗，用崇厥祀：

鸿蒙肇判，五岳攸封。蜿蜒迤逦，泰岱为宗。日观东升，载瞻沧海。漠漠白云，玄堂掩霭。宣圣是登，逼小天下。中道弗巅，万古长夜。顾兹庙貌，秩祀是将。有严有翼，岂曰弗臧。栋隆其饬，丹雘其涂。匪伊黩祀，安民是图。维时保釐，殷忧如惄。先后协心，乃兹底绩。跻攀万仞，峻极于天。茫茫终古，法象俨然。谁佑我民，眷焉灵异。时雨时旸，百物纷至。以裨国需，以赈氓庶。盛德鸿休，东方伊豫。大夫君子[①]，仰止高风。万年歌此，永奠神功！

天贶殿

在岳顶，宋真宗得天书建，学士杨亿撰碑铭。殿今废，碑存岳祠。时真宗御制答谢天书序铭，王钦若、王旦、陈尧叟撰诸坛文，皆以天书为言，《志》皆录之，见当时君相矫诬夸诞，上下成风，可监已。善乎孙奭曰：天何言哉？《史》曰：一国之人如病狂然[②]。噫！王文正且然，而况于他人乎？

亿《碑铭》[③]：臣闻玄天之覆物也，阴骘而无私。上帝之临下也，高明而有赫。倬昭回而成体，其听孔卑；杳寂寞以希声，厥应如响。故《周书》纪其“辅德”[④]，羲《易》载其

① 子：原作“予”，据上下文义改。

② 一国之人：《宋史·本纪第八》作“一国君臣”。

③ 亿《碑铭》：原碑全名为“大宋天贶殿碑铭并序”，简称“天贶殿碑”。

④ 纪：《泰山石刻大观·天贶殿碑》作“记”。

“益谦”。百禄咸宜，于以隆其永命；庶征时若，于以降乎嘉生。斯皆自我民而聪明，表其道之贞观者也。至乃秉阳而健，垂象于日星；得一以清，成章于云汉。东壁列位，主图书之秘文；魄宝沦精，握河洛之命纪。盖乾之缊至赜矣[①]，天之文有烂矣。眇觌太古，铺观往牒，三五之世，德化醇茂，故伏羲受龙图以作八卦，轩辕得龟篆以朝万灵。放勋获玉泥青绳之文，帝舜膺赤文绿错之瑞。夏商以降，绩用昭明，故大禹梦苍水之符，帝乙拜玄玉之字，西伯之赤雀止户，武王之白鱼入舟，皆盛烈通于神祇，茂勋格于穹厚。由是奇物谲诡以效质，珍图炳焕以告休；宣纯禧而奋景焱[②]，形宝训而示灵眷。斯固殊尤绝迹，旷千载而罕逢；卓异倜傥，为百祥之称首。不然者，又何以运契于中和之极，兆发乎至治之期？杂霸已还，寂寥而无纪；合符之盛，启迪而必先者哉！崇文广武仪天尊道宝应章感圣明仁孝皇帝陛下之御天下十有二载也，纂二圣之丕基，揽八纮之鸿绪。中道底定，庶邦协和，玉烛阳明，珠躔轨道。颂声载路，瑞气横流[③]。百工惟时[④]，五兵不试。仁风衍于无外，洪化驰而若神。品物茂遂而由仪，群黎富庶而知教。徽缠之刑几措[⑤]，弦诵之声相闻。人自谓于羲皇，家悉为于邹鲁。行苇勿践，忠厚之性成；天网弥疏，宽大之德著。淳源载复，治具毕张[⑥]。皇上方端居穆清之中，独运陶甄之表，执粹精而思道，宅清明而在躬。极深研几，渊默雷震，扬蕤绚景，辉光日新。固已浚哲之懿升闻，恻怛之爱敦洽[⑦]。金玉其度，追琢而惟精；云日之表，既望而无极[⑧]。当其爱景长至，阴魄下弦，斗城靓深，虎闱窈窱。建章万户，管籥之有严；卫尉八屯[⑨]，谁何而载肃？银汉左界，玉绳西倾。挈壶之漏屡移，膝席之对云罢。方将凝神于蠖濩，宁体于清闲。静虑合于希徽[⑩]，嘉应通于肸蚃。俯及乙夜，阒乎严扃。焕发灵光，皎若白昼，乃有

---

① 至赜：《天贶殿碑》作“至显”。
② 焱：《天贶殿碑》碑拓作“炎”。
③ 瑞气：《天贶殿碑》作“协气”。
④ 惟：《天贶殿碑》作“维”。
⑤ 徽缠：《天贶殿碑》作“徽纆”。错：《天贶殿碑》作“措”。
⑥ 毕张：原作“张”，据《天贶殿碑》改。
⑦ 恻怛：《天贶殿碑》作“惨怛”。
⑧ 既望：《天贶殿碑》作“就望”。
⑨ 八屯：《天贶殿碑》作“千屯”。
⑩ 希徽：《天贶殿碑》作“希夷”。

真官降于霄极[①]，胪语示乎休征。将求衣而起对[②]，忽乘飚而灭迹。天子于是申以斋戒，致其精明，爰及献岁发春之初，祇受大中祥符玄锡[③]。九宾宿设，亲拜于广庭；八神前驱，奉引于黄道。置之恭馆，藏于东序。乃复肆眚于绵宇，易号于初元。惠赉浃于五营[④]，爵秩加于群后[⑤]。均合饮之泽以尚齿，推给复之典以贵农。皇明诞敷，纯嘏均被。由是徇东人之勤请，考乾封之旧章，将以陟介丘，禅社首，奉符而行事，刻号以告成。扬二圣之休光，为天下之壮观。列城除道，有司讲仪。龟策告犹，云气呈瑞。官象物而咸具[⑥]，民傒后以来苏[⑦]。三神眷怀，万邦和会，而灵心昭著[⑧]，玄应沓臻。以为庶人靡常，犹毕星之好雨；群小多辟，或夏虫之疑冰。虽况施之殊伦，觉悟之咸悉[⑨]，犹复先甲而申告，以儆于清衷；方将应期而绍至，以彰乎绝瑞。惟元年仲夏既望之后夕，上复梦神人谕以谆谆之意，期以来月锡符于泰山。于是濬发德音，申儆执事。有依类托寓之异，当疾置飞驰以闻。粤林钟纪辰[⑩]，铜浑叶度[⑪]，肇自初吉，以哉生明[⑫]。惟兹岩岩之峰，荐发穰穰之瑞。祥光夜烛，成十辉之姿；卿霭朝跻，结九葩之状。是月之六日也，粤有梓匠，晨诣灵液亭，给斤劚之役。草露方渥，人迹罕至，忽得黄素于灌莽之上，其文有“皇帝崇孝育民，寿历遐岁”之言。周章震骇，魂守飞越[⑬]。亟以白引进使曹利用[⑭]、宣政使李神福，即共捧持，以诣封禅经度制置使臣钦若、臣安仁，缄縢载严，骑置来献。皇上周旋钦翼，夙夜斋明。醇粹内充，典章兼举。命廊庙之元宰，暨左右之

① 真官：《天贶殿碑》作“真灵”。
② 起对：《天贶殿碑》作“趋对”。
③ 玄锡：《天贶殿碑》作“之锡”。
④ 五营：《天贶殿碑》作“五管”。
⑤ 于：《天贶殿碑》作“乎”。
⑥ 官象物而咸具：《天贶殿碑》作“宜象物而咸若”。
⑦ 民傒后：《天贶殿碑》作“傒我后”。
⑧ 昭著：《天贶殿碑》作“昭答”。
⑨ 觉悟之咸悉：《天贶殿碑》作“舆情之成口”。
⑩ 林钟纪辰：《天贶殿碑》《全宋文》作“勒钟纪铭”。
⑪ 铜浑：《天贶殿碑》《全宋文》作“铸浑”。
⑫ 以哉：《天贶殿碑》《金石萃编》《全宋文》作“以及”。
⑬ 魂守：《天贶殿碑》《全宋文》作“魂思”。
⑭ 亟以：《天贶殿碑》《全宋文》无“以”字。

信臣，分授使前奉导灵贶。驿传云至，诏跸出迎。羽卫星陈，官师景从。弁冕端委，亲拜受于苑中；玄图秘文，复遍示于群下。先是，阴云待族，大雨濯枝。濡泥治道之是艰，沾服废礼之为惧。是日也，悬宇澄霁，佳气郁葱。杲杲之驭上跻，光华在旦；从从之姿迭媚，纷郁垂文。五弦之风载薰，九光之霞成绮。顽艳胥悦[①]，戬谷来同。矧乃绵蕝之仪[②]，素已草具；翠葆之驾，乃先启行。既备物以吉蠲，俾有司而翊卫。载以威辂，入于应门，星旄先驱，金奏并作。天子方复弭鸾旗而税龙驭，抚毡案而坐帷宫，穆穆皇皇，以俟夫元符之至也。既而步自阊阖，率先群司，纳之殊庭，是为秘宝，且复讨论前载，追求遗轨[③]。辉景下烛，秦既作畤；珍瑞云获，汉亦赴宫[④]。其后因轨迹而增崇，建名称而不朽者，非可以悉数也。乃诏鲁郡，申饬攸司，爰就灵区，茂建清宇。授规于哲匠，董役以廷臣，朴斫前施，塈涂咸备。法《大壮》而取象，曾不日以克成。置寒门谷口之庭，镇阿阁神房之麓。云封崛起，回对于轩梠[⑤]；泉源洌清[⑥]，载环于阶墄。祇若天贶，表以徽名。既而慎择灵辰，揭之题榜，乃有玄鹤集于雕甍，清唳久之[⑦]，坠羽而去。斯又九皋之仙质[⑧]，千岁之纯精，挺胎化之姿，告寿昌之兆者也。及亲封泥检[⑨]，载扬槱燎。降自阴道，禅于方丘，会朝明堂，肆觐东后。美泽及于四海[⑩]，神化驰于六幽。天子乃抚节盘桓，凭轼游豫，周爰溥览，以届于兹。瞻层构而改容[⑪]，临清流而发叹。金炉朱火，随馨德以升闻[⑫]；羽盖清尘，彰健行之不息。旋轸饮至，天成地平。定时计工[⑬]，金相玉振。且以为古之哲后，褒纪瑞命，方牍所述，踵武可征。至若甘露黄龙，标于

① 顽艳胥悦：《天贶殿碑》《全宋文》作“神人胥悦”。
② 绵蕝：《天贶殿碑》《全宋文》作“绵蕞”。
③ 遗轨：《天贶殿碑》《全宋文》作“遗范”。
④ 赴宫：《天贶殿碑》《北图藏拓》作“起宫”。
⑤ 轩梠：《天贶殿碑》《全宋文》作“轩檐”。
⑥ 泉源：《天贶殿碑》《全宋文》作“泉流”。
⑦ 久之：《天贶殿碑》《全宋文》作“引之”。
⑧ 又：原作“乂”，据《天贶殿碑》改。
⑨ 及：《天贶殿碑》《全宋文》作“及夫”。
⑩ 美泽：《天贶殿碑》《金石萃编》《全宋文》作“灵泽”。
⑪ 瞻层构而改容：《天贶殿碑》《全宋文》作“瞻堂构以改容”。
⑫ 随馨德：《天贶殿碑》《全宋文》作“修潜德”。
⑬ 定时计工：《天贶殿碑》《全宋文》作“因时计功”。

年历；芝房朱雁，播于乐章。或作绘以彰施，或缉经以论著，皆所以昭答报降，垂示方来。爰诏下臣，颂兹徽烈。恭惟紫书秘谍，荐锡于玉晨，福应之大者也。灵宫真宇，列峙于垧野，制作之盛者也。非有迁、雄之博物通达，崔、蔡之发篇清丽[①]，邹、枚之论辩，曹、王之气质，又曷能敷陈景铄，述宣鸿明，著之金石之刻，流乎亿万之祀？如臣肤浅，岂能演畅？拜命之时[②]，燥吻惟勤。颂叹游扬，虽豁于素蕴；博约温润，宁企于前修。伏纸怔忪[③]，愧汗交集。铭曰：

太始权舆，邃古之初。结绳而治，斯文阙如。三五迭兴，受命合祛。河洛开奥，乃出图书。岐周发祥，凤止高冈。火流于屋，鱼入于航[④]。灵眷谆谆，赤符煌煌[⑤]。金策之赐，剪郭启疆[⑥]。卯刀符谶[⑦]，□□□□。秘图玄契，旷绝靡常。惟皇建极，与天合德。有开必先，神休叵测。清夜戒期，晓容斯觌[⑧]。旭日朝跻，真符云获。节彼崇巘，天帝之孙。刺经□议[⑨]，发祉闿□[⑩]。泉源悳涌，和景晏温。玄文申锡，明灵有赫。云篆腾晶，冰纨襞积。殊祯响答[⑪]，奇应山沓。樵蒸礼成，蓼萧庆洽。邃宇翚飞，揭榜雕楣。建兹显号，式昭鸿禧。金舆玉辂，灵□扬蕤[⑫]。福应之盛，辉光在兹。鲁邦奕奕，秦观巍巍。封云荟蔚，渊井涟漪[⑬]。岿然宏构，永镇芳祇[⑭]。

史论：真宗澶渊既盟，封禅事作，祥瑞沓臻，天书屡降，导迎奠安，一国君臣如病

---

① 发篇：《天贶殿碑》《全宋文》作“发挥”。
② 之时：《天贶殿碑》《全宋文》作“之下”。
③ 怔忪：《天贶殿碑》《全宋文》作“怔忡”。
④ 入：《天贶殿碑》《金石萃编》《全宋文》作“跃”。
⑤ 赤符：《天贶殿碑》《全宋文》作“赤文”。
⑥ 剪郭：《天贶殿碑》《全宋文》作“剪殷”。
⑦ 符谶：《天贶殿碑》《全宋文》作“之諆”。
⑧ 晓容：《天贶殿碑》《金石萃编》《全宋文》作“圣容”。
⑨ □议：《天贶殿碑》《金石萃编》《全宋文》作“定议”。
⑩ 闿□：《金石萃编》《全宋文》作“闿怿”。
⑪ 殊祯：《天贶殿碑》《全宋文》作“殊类”。
⑫ 灵□：《天贶殿碑》《金石萃编》《全宋文》作“翠旄”。
⑬ 渊井：《天贶殿碑》《全宋文》作“浪井”。
⑭ 芳祇：《天贶殿碑》作“方祇”。

狂然。

《宋史长编》：旦自祥符以来，每有大礼，辄奉天书以行事，常悒悒不乐。临终谓其子曰：我别无过，惟不谏天书一事。令诸子削发披缁以敛。

玉帝观

在岳之绝顶，即古登封台。昔尝圮废，成化十九年中使以内帑金资重建。济南知府蔡晟记石。

《记》略：圣天子命御马监太监钱喜归前代封禅玉册于旧所，且为文致告，盖盛举也。既奠封巩密，遂于东岳神祠建清醮三昼夜，晟等以守土咸从事焉。预期各明心涤虑，宿沐于斋所[1]。醮之日，瑞雪漫空，鸾鹤翔集，观者如堵。噫嘻，有是哉！此皆我圣天子一念之诚之感召也。礼成，太监钱喜以岱宗绝顶玉帝观岁久湮圮，多出内帑白金，命工缮葺。其制，视日照观而增饰焉。易梁以枣，易柱以石，冶铁为瓴甓，将以垂悠久也。命晟宜有言以识，因粗述如左，复陈短诗三章，上以祝圣天子万万年无疆之寿，下以表承事诸臣之精白小心，兼纪夫斯观修举之所自云。其一：吾皇一念与天通，瑞雪翔鸾满太空。灵贶分明昭帝德，小臣拜舞效华封。其二：函香捧玉自天来，百里宁辞一骑偕。陟尽颠峰凝望处，五云旋绕是蓬莱。其三：轮奂翚飞翠霭笼，玉皇台殿倚层空。登临亦有宣尼兴，俯仰乾坤一望中。

玉皇庙

在岳之回马岭。按察司陈察撰记。庙前亩许为崖磴，高三丈余。磴尽处为升仙阁。沈王撰记。

《庙记》略：察自浙臬之晋，道经齐鲁，抵兹山。历险升高，云岩风壑，百折千回。行次山腰，突见新祠曼硕，后有瑞仙岩，左十峰岭，右九峰山，巉岩奇特。祠据厥胜，像设鏐沃，冠裳俨如，钟鼓有奕，其主曰昊天玉皇上帝。窃惟山莫名于五岳，而泰尤称雄。盖自昆仑一脉，迢迢驰发至于兹，屹然钜镇，固万山第一止处。忆自结发游观两都暨江浙诸省，

① 沐：原作“沭”，据上下文义改。

归栖遍吴岭。十载再起，望九嶷，过衡阳，观于牂牁、越隽，历蒙、段氏墟，抵金沙江，望铜柱，渡河洛，驱驰关陕，迹遍二蜀、闽粤，岧峣崒嵂，骇瞩不一。然未有若兹山屹焉孤高，峻极太虚，至使天下之人，殚力协诚斋肃，襁负骏奔，对越者踵武无虚日。精神会合，焄蒿凄怆，若或临之，此岂偶然之故哉？其必有所以为之者矣。是则斯地也，而有斯祠也，吾不能辩其可否，独念斯人往往数千里趋攀抵兹，厥亦劳止。而斯祠适在谽谺崚嶒中，有庑有庭，有泉有茗，劳者少息，饥渴者少慰籍，沐风雨者得少为避。愚夫愚妇，踧踖匍伏，心怀战兢，欲平躁释蒙昧以开，而祷祈水旱疾疫，胥此焉依。岂天设此以为福民永命之一助也，而可以轻拟议哉！

《阁记》略：惟泰山五岳之长，群壑之尊，雄峙一方，高接天汉，钟灵秀之气，郁造物之英，真天下名山之首，古今祀典之崇者也。其神主成物之始，故宇内群生寿夭、休祥、福征、祸眚，出入攸司，罔弗钦戴。恭惟我太祖高皇帝，用夏变夷，章明宪典，首重祀礼。岳渎之禋，厥诚罔替。累朝以来，率由旧典。惟皇建极，德茂业熙，群辟攸叙，风行海内，俗化生成。嘉靖甲辰秋稔，泰安守臣献嘉禾瑞麦，执政率九卿百职表贺，渊衷悦俞。汉儒有曰：和气致祥，斯实由我圣皇法祖宪天，克诚明祀之感，岂非岳神效灵用征厥瑞者耶？明年乙巳春，有僧明清自斯山募缘于潞，以回马岭玉皇殿一楹，岁远将圮，乃增建五楹，铁瓦琉璃，庄严铜像，廊庑续具，复创门阁三楹。时值今抚晋中丞曾石塘先生建牙山左，公务适临，命名曰“升仙阁”。僧诣予请记，予惟两间之气，造化曰神，感而遂通，謴信阖辟，著乎隐显，山载地灵，宜莫重于岱岳之岩岩与神之穆穆，而他莫及焉。圣天子功高德厚，以明厥报天地之诚，拟于岳者，将无往而弗通，以享无穷之祀，不亦宜乎！

会真宫

在州城东南隅，旧名奉高宫，宋真宗驻跸改今额。国朝重建玉皇殿，学正任式记。

《记》略：会真宫玉皇殿成，当有碑刻以纪其岁月。式斋沐拜手言曰[1]：一气之分，而

---

① 沐：原作“沭”，据上下文义改。

轻清上浮者谓之天，主宰乎其间者谓之帝。吾儒曰昊天上帝，彼道家者流尊其名曰昊天玉皇上帝。世之曰宫、曰观，皆其奉香火之地也。会真宫在泰山之阳，其创建不可考。观宋祥符间有《颂二圣功德碑》，在宫之南百步许，《朝觐碑》在宫之南一里许，传者谓真宗封泰山驻跸于此。今大定间[①]，徙奉符县为泰安州，故宫居州城之巽隅[②]。兴替靡常，所存者仅玉皇殿三间，壖基卑下。上遣中使进香帛于方岳，行瞻是祠，从众望，并以岳顶昭真祠以闻，欲更新之。上可其奏，即下命所司，时岁在庚子也。于是召公输于鲁甸，招匠石于郢郊，采徂徕之松、新甫之柏，是断是度，是寻是尺。辛丑，昭真观既作。壬寅，玉皇殿告厥成。巍巍乎！浩浩乎！松桷有梴，旅楹有闲，粉饰藻绘，妍丽精华，金碧耀日月之光，丹青夺乾坤之秀，像设穆穆，赫尔厥灵，诚以昭我圣代敬天事神之意，无乎不在也。若夫泰山、徂徕，相映前后，奇花吐而玉座芬芳，白云飞而瑶坛空静。星冠羽衣，举手以加额者，祝圣天子于万寿也。黄童白叟，罗拜于左右者，祈斯世斯民于平康也。呜呼！天不在于高高，而在于咫尺；帝不在于冥冥，而在吾昭灼。过之者，宁不秉虔恭、存敬畏、以思无愧于对越也耶！是作不为无益也。《诗》曰：路寝孔硕，奚斯所作，孔曼且硕。然则古之作邑修庙者，未尝不得人以任其事也。今是宫也，奉天子之命而作之者谁？大参邢公表、佥宪袁公端也。

后土殿

在岳南麓，距州治三里许。数松差类岳祠，亦奇古可爱。

青帝观

在岳之南麓。肇建不知何时，宋尝葺之，国朝弘治、正德间复加修拓。宋真宗加青帝懿号曰“广生帝君”《通志》误为加泰山懿号。真宗御制御书赞刻今尚存。帝，即汉、唐所祀五帝之一。按《汉书》及《宋天文志》：青帝，天神也，而东岳属焉。此庙祀之所由起也。

① 今：弘治《泰安州志·重修玉皇殿记》作“金”。

② 故宫：弘治《泰安州志》作“是宫”。

宋加青帝懿号诏：敕中书、门下：名岳配天，乃众山之推长[①]；盛德在木，实万物之资生[②]。惟真宰之斯存，盖灵篇之攸纪。青帝真君[③]，职司煦育，道叶冲虚。赞玄化于高明[④]，庇群生于溥率。真祠夙建，方志可征。属严驾以时巡，爰秘封之成礼。式瞻神馆[⑤]，冀沐冥休[⑥]。祇举典章，载扬懿美。奉萧芗而昭荐[⑦]，旌至德于无方[⑧]。用表钦崇，永绥福祉。宜尊懿号曰“青帝广生帝君”，观宇特加修饰。故兹诏示[⑨]，恳宜知悉[⑩]。

《广生帝君赞》[⑪]：若夫典治乔岳，表正灵祇，司生发于东方，佐聪明于上帝。宜乎名冠仙籍，德被蒸民，飨祀典于萧芗，镂徽称于金石者也。属以虔修封礼，恭答神休，荐显号以致诚，述斯文而颂美。赞曰：

节彼岱宗，奠兹东土。生育之地，灵仙之府。爰有高真，允司明命。至神不测，虔诚斯应。茂实克昭，储祥是繄[⑫]。式奉嘉名，用伸精意[⑬]。

大中祥符元年十月二十七日，御书院摸勒刻石[⑭]。

《御祝文》：维大中祥符元年岁次戊申十一月戊午朔四日辛酉[⑮]，崇文广武圣明仁孝皇帝谨遣尚书兵部员外郎邵晔[⑯]，告于青帝广生帝君：伏以峻功丕显，诞彰阴骘之仁。神化无

---

① 推长：《四库全书·求古录》作“雄长”。
② 万物：《全宋文》作“品物”。
③ 青帝：《全宋文》作“青天”。
④ 玄化：《历代帝王泰山刻石·宋加青帝懿号诏碑》作“元化”。
⑤ 神馆：《历代帝王泰山刻石·宋加青帝懿号诏碑》作“神观”。
⑥ 冀沐：《全宋文》作“冀笃”。
⑦ 萧芗：《全宋文》作“徽名”。
⑧ 至德：《全宋文》作“玄德”。
⑨ 诏示：清金棨《泰山志》作“昭示”。
⑩ 恳：清金棨《泰山志》作“相”。
⑪ 广生帝君赞：原碑名为“青帝广生帝君之碑”，俗称“青帝赞碑”。
⑫ 繄：清金棨《泰山志》《全宋文》作“系”。
⑬ 伸：《古今图书集成·方舆汇编·山川典·泰山部》作“申”。
⑭ 御书院：《四库全书·求古录》作“御书院奉敕”。摸勒：《古今图书集成·方舆汇编·山川典·泰山部》作“模勒”。
⑮ 戊午：《古今图书集成·方舆汇编·山川典·泰山部》作“戊子”。
⑯ 邵晔：《古今图书集成·方舆汇编·山川典·泰山部》作“邵某”。

方，实主发生之宇。惟高真之攸馆，乃乔岳之灵区。属以祗奉元符，躬陈大报。仰繄景贶[①]，克举上仪。式昭之称[②]，以表钦崇之礼。合伸致告，用达虔诚。谨告。

《汉书·礼乐志》云[③]：郊外坛为五帝位，是为五郊，青帝位在甲寅之地。又云：祀五帝于明堂，各以其方。又云：兆五郊于雒阳，立春之日，迎春于东郊，祭清帝句芒[④]。车旗、服饰皆青，歌《青阳》，舞云翘[⑤]。余四帝服饰礼乐，各如其方。

《宋天文志》[⑥]：石氏云：东宫青帝，其精苍龙为七宿，其象有角、有亢、有氐、有房、有心、有尾、有箕，氐胸房腹，箕所粪也。司春、司木、司东岳、司东方、司鳞虫三百有六十，苍龙为鳞虫之长。

三皇庙

祀伏羲、神农、黄帝。《州志》书八蜡庙。在岳南麓，距州治三里许。

御祝：弘治十六年岁次癸亥十一月初一日，皇帝遣内官监太监齐玄，谨以清酌庶羞之奠，致祭于三皇圣帝曰：粤惟三皇，建于有极。百草聿尝，药石是资。疾痛疴痒，用赖以瘳。神圣功巧，万世永赖。笾俎既精，虔诚斯达。敬伸祭奠，庶其歆格。谨告。

碧霞灵应宫

在岳绝顶西南下三里许，旧名昭真观，宋真宗东封建。国朝拓建，改今额。屡经修葺。嘉靖甲寅秋，上命工部员外陈策赍宫施银一万两重修焉。其神曰“天仙玉女碧霞元君”，四方来谒者捐施金帛、珠玉、马羖之类，每岁遣官筦榷，以助公帑。神之所自，见高诲《玉女考》、学士刘定之、尹龙、徐浦、尚书崔文奎各撰宫记。御祝、州祝及布政使郭韶《铜鼓记》俱勒贞石。

① 景贶：《古今图书集成·方舆汇编·山川典·泰山部》作“灵贶”。

② 式昭：《古今图书集成·方舆汇编·山川典·泰山部》作“式彰昭代”。

③ 此段文字，引自《后汉书·祭祀志》。“汉书·礼乐志”，当作“后汉书·祭祀志”。

④ 清帝：《后汉书·祭祀志上》作“青帝”。

⑤ 舞云翘：《后汉书·祭祀志上》作“八佾舞《云翘》之舞”。

⑥ 宋天文志：《文献通考》作《宋中兴天文志》。

宫之东南，拱抱为五花崖，东北迤西则岳顶、磨崖、日观诸峰，蜿蜒环峙，三面若屏扆，前若双阙。由宫门西下，石磴三丈许，南俯县崖，下视城郭若畦圃。自城郭望之，则崖峰森蔽，不能见宫宇。此盖造化灵区，真天奇也。

高诲《玉女考》略：泰山玉女神，显灵于天下，其来尚矣。世传为东岳女，盖谬说也。人心崇尚，习舛承讹，非特愚夫愚妇之不知，虽博雅君子亦未闻有能考其实者。按《州志》载：岳顶玉女池，马端临《通考》纪池侧故有玉女石像，泉源壅浊。宋真宗东封，先营顿置，泉忽涌上升山，其流自广，清泚可鉴，味甚甘美，王钦若请浚治之。像颇摧折，诏易以玉石。既成，上与近臣临观，复砻石为龛，奉置旧所祭焉。唐刘禹锡《送东岳张炼师》诗云：久事元君住紫微。而李白《游泰山》诗亦云：玉女四五人，飘飖下九垓。及观李谔《瑶池记》，谓黄帝建岱岳观，尝遣女七人，云冠羽衣，修奉香火，以迎西昆仑真人。由是考之，则知玉女必皇帝所遣七女中之修而得仙者[①]，后世因之祠于山。而宋、元间龛像建观，尤有征。迨我朝拓新殿宇，灵应益著。不然，则泰山乔岳之上，何缘有此？据《通考》、唐诗所载，质之谔记，益信。

刘定之记略：泰山绝顶旧有祠，祀碧霞元君。以其最高，云蒸雨降，材木易朽，飙风刚劲，瓦多飘毁，祠不能久。今副都御史原杰巡抚山东，谒祠，见其隳坠，谋新之。铜梁铁瓦、琉璃砖甓之坚固，丹雘青垩、藻绘漆饰之辉焕。高广深邃，规制增旧。其费取诸官而民不知。自昔登山捐施，委诸巫祝，妄费不可稽。而今纪理之，皆有条法云。

尹龙记略：昭真祠在泰山绝顶，世传谓天仙玉女碧霞元君之祠。圣天子御极十有五年，命太监陈喜来修祀事。明年，诏修是祠，即故址增饰之。祠殿为间者五，以奉元君。左右回廊各三间，则护从之神居焉。神道有门，钟鼓有楼。恐其凌空壁立，易为风雨所剥蚀，故陶土为砖，冶铁为瓦，务为坚确。黝垩丹漆，金碧交辉，视昔有加焉。其肖像，左石，右为铜，中以沉香，雕龛石座，霞帔凤冠，於赫穆清。而其所费，一皆输财于神贮之帑藏，以充其用，而毫芒不取于民。自经始以来，纲维其事者，大参文安邢表、佥宪卫辉刘璋，下至义士、耆宿，罔不奔走事事，所以重上命、敬神明也。夫泰山雄镇东方，为五岳之尊，历代

① 皇帝：清金棨《泰山志》作“黄帝”。

有封禅之典。维我列圣，每遇登极，必遣廷臣以祀方岳，又时命中贵有事于祠。或金帛朋贝以将其诚，或冠帔旌幢以拂其像，盖神之灵贶感人，实有以致之。尝观《州志》，昔有猛虎为害，祷之而去；飞蝗为灾，祷之而死。以至于民之旱涝，祈之历有其验。故远近众庶，拜瞻之顷，灵风飒然，知者敦其诚，愚者启其敬，忠者坚其志，奸者沮其谋，善心以之生，欲心以之窒。吁，休矣哉！其神之惠乎。

徐溥记略：弘治八年春正月，巡抚山东都御史熊公翀言：泰山绝顶碧霞灵应宫毁于火，宜治。事下户部议，谓泰岳有生物功，凡祠关祀典者不宜不饬。且神以灵故，四方奔走士女操金帛为祷祈者，岁所积甚夥。宜令按察宪臣籍之，以为工费。诏可。乃以属佥事陈君宽领其籍，……内帑赐银百两，以属副使廖君中司出纳焉。……凡用银以两计者七千三百有奇，为夫若干千而成[①]。熊公乃致书京师，请予记。予闻泰山之胜稔矣，顾职在朝署，无使命，欲一登而不可得。尝观《泰安州志》，备载其形势、祠宇，知有所谓碧霞者，故阁老刘文安公之记在焉。其为辞，固奇伟巉耸，与兹山兹景并胜，使人读之，真若望扶桑、穷日观，飘飙于刚风倒景之外。粤自有天地，即有山川，奇秀所结，灵神所聚，邦君之所得祀。扩而求之，宜亦有不可无者，矧国家秩祀之所载，所以萃人心而延景命，于此有资焉。是其兴废起弊[②]，以贻不坠，抑岂非有司者之事哉？……记成[③]，系以诗曰[④]：

岱宗之巅，岿一宫兮。金碧绚出[⑤]，高巃嵸兮。承乾据坤，秀气钟兮。神名碧霞，谁所封兮。云冠雾裳，庙貌隆兮。月星光彩，冰雪容兮。人世杳绝，嗟难逢兮。门集五骖[⑥]，随两骢兮。小大执事，靡弗共兮。国家明昌，年谷丰兮。五岳效职，兹其东兮。刻石纪事，垂无穷兮。

崔文奎《记》略：太极判动静，生阴阳。山镇坤维，体静阴也。水生天一，体动

---

① 千：《泰山石刻大观·弘治重修碧霞灵应宫记碑》碑拓无此字。
② 弊：《泰山石刻大观·弘治重修碧霞灵应宫记碑》作“敝”。
③ 记成：《泰山石刻大观·弘治重修碧霞灵应宫记碑》作“记既成”。
④ 系：《泰山石刻大观·弘治重修碧霞灵应宫记碑》作“系之”。
⑤ 出：《泰山石刻大观·弘治重修碧霞灵应宫记碑》作“崇”。
⑥ “门”上，《泰山石刻大观·弘治重修碧霞灵应宫记碑》有“春粢秋盛，祀典崇兮。有其举之，义则通兮”两句。

阳也。岱岳摩空，峰峦拔起，去地数千丈。绝顶出泉，流注石池，清泚可鉴，盖阳根阴之象。泉以玉女名，必有所稽，地志失载。记曰：山林川谷丘陵，能出云，为风雨，见怪物，皆谓之神。岱岳毓神，上通乾象，降灵下土，坤道成女。“天仙玉女”之号，意以是与？碧霞元君之称，则后世加封之典。神庙在兹，揖日月之峰，拥层峦之秀。左则岳顶之峻极，右则天门之开朗，历选名胜之所，无逾此境之妙。意者神或受皇天后土之命，俾权舆造化之机于此。不然，何威神显赫[①]，如是之大，殆不可以易而测也！历代尊奉已久，逮我朝崇重之典尤盛。有宝香异品之颁，有华冠锦袍之锡，岁时遣官致祭。以至奔走天下豪杰及士女商贾之类，皆斋心戒誓，道路间关，岁进香帛者，恒以亿万计。金镪缗钱，川臻云至，溢于公帑。资岁用，赈岁饥，皆于是乎取给。孔子以鬼神能使天下之人，齐明盛服[②]，以承祭祀，其斯之谓与！嘉靖甲申，都宪王公尧封奉圣天子明命，来抚东藩，风行海岱，躬诣神祠展谒。顾瞻祠宇敝坏，慨然兴叹曰：神以福民为心，既不享其奉矣，乃以荒祠祠之，人情慊乎？遂下营缮之令。经始于嘉靖乙酉十月己未，落成于嘉靖丁亥九月丙子。规模壮丽，丹漆晃耀，突出烟霞之上，巍乎岱岳之间，斗柄之南一奇观也，而神亦宁矣。夫神宁于上，人安于下，幽明协赞，和气熏蒸，雨旸时若，是以庶草蕃芜，百谷用成。朝廷无东顾之忧，未必不自王公一念之诚有以感之。后之秉大政于东土者，其尚以王公之心为心，则神祠虽千百世犹一日也。州守李君棠征余言勒之贞珉[③]，以垂不朽。余为之纪岁月云。

郭诏《铜鼓记》略[④]：今夫山一卷石之多，及其广大，草木生之，禽兽居之，宝藏兴焉。而况此泰岱，其位东，其时春，其德元。其为物不贰，则其生物不测。惟夫人亦物也，而奔走之，而献遗之，孰兴之？乃为之神者生生之乎，不然或几乎息矣。《易》曰：显诸仁，藏诸用。其斯以为盛乎。予寅长右辖熙台潘先生，政暇尝登斯山，感献遗之物而惧其殄也，乃白诸巡抚大中丞南皋王先生。铸铜鼓，四窍其心，置橐钥焉，以象四时，鼓万物生长收藏。又为之鼎，附之瓶，以达絪缊之气。其知所谓鼓之舞之以尽神者，与犹未也！又欲

① 威神：《泰山石刻大观·弘治重修碧霞灵应宫记碑》拓片作“威灵”。
② 齐明：《泰山石刻大观·弘治重修碧霞灵应宫记碑》拓片作“斋明”。
③ 州守李君棠：《泰山石刻大观·弘治重修碧霞灵应宫记碑》拓片作“李君等”。
④ 郭诏：《八十九种明人传记综合引得》引《本朝分省人物考》作“郭韶”。

显诸道德行，各识以铭。

《鼓》曰：元气鼓，万物春。嗟尔岱，神乎神（其一）。气再鼓，丽朱夏。品物亨，乃神化（其二）。孰鼓舞，秋乃收。物之府，神之休（其三）。消尔息，尔鼓尔。物归根，元资始（其四）。

《鼎》曰：大德曰生，瓣香维诚。人在洪炉，左右和平。

《瓶》曰：不平者情，不私者平（其一）。神冯人哉！人冯神哉（其二）！吁！渊乎微矣，可以幽赞于神明矣。予故为之记，示后世有考焉已矣。

《御祝文》：维弘治十六年岁次癸亥正月朔初一日己巳，皇帝遣御马监太监苗逵，致祭于碧霞元君曰：懿德含弘，仁慈广霈，佑苍生于寿域，鼓群品以需依。兹因眇躬，偶爽调摄，敬祈圣力，永佑康宁。特以香帛，用伸告祭，益彰灵应，福佑家邦。谨告。

维嘉靖十一年岁次壬辰二月庚辰朔十三日壬辰，皇太后遣太子太保玉田伯蒋荣，致祭于天仙玉女碧霞元君之神曰：皇帝临御海宇十有二载，皇储未见[①]，国本尚虚，百神万民[②]，无不仰望。兹特遣官敬诣祠下，衹陈醮礼，洁修禋祀，仰祈神贶，默运化机，俾子孙发育，早锡元良，实宗社无疆之庆，无任恳悃之至。谨告。

巡按御史方远宜撰泰安州祝文：维神懋权化机，驾御阴阳。助天育人，炳灵泄光。一酿玄功，八埏震扬。明德伣天，昭回七襄。崧高维岳，闷宫有侐。仙驭式归，维此栖宅。国有禋祀，民有珪帛。扬灵拂和，四海来格。兹惟守臣，曰荐厥常。俎豆莫莫，镛鼓镗镗。维神降止，鏐锵琳琅。风霆维车，云汉维裳。空歌钦钦，焱举肃肃。庇贶斯人，式登百谷。永奠邦基，扶舆清穆。祀礼弗愆，维神率育。尚飨。

通判姚奎《告文》：惟神位望极天下之尊，明视烛天下之幽，灵应奔走，天下之人而致香币焉。夫金贝币帛，人所重也，兹不自重而效于神，将以求福利也。神不自私，转而输之藩司，充国家之用，济无告之民，将以溥惠泽也。抚巡藩臬大臣恐侵渔而无稽，涣散而无徒，岁选州县佐贰官七员以分掌之，推府佐一员以总督之，所以专会计而防奸欺也。夫舍之者固为求福利，而侵之者必获咎殃，理亦明矣。矧国法昭彰，黩货无厌者杀无赦，祸亦

① 未见：《岱史·灵宇纪》作“未建”。

② 百神：《岱史·灵宇纪》作“百臣”。

惨矣。顾前车之覆，而多不知警，以利易趋，人心易动也。嘉靖乙酉冬十月，奎承乏总督，深虑人心莫测，众志难同，相率歃血，矢于明神之前，务期协乃心，殚乃力，恪恭乃职，图惟善终乃事，敢有私一钱尺币，为求田问舍之资、子女玉帛之供者，神其鉴之，速殛其身，徐灭其子孙。大显赫赫之灵，永为昭昭之戒。

天仙行宫

在岳之朝阳洞南，周府建。

岱岳观

在岳之南麓，王母池西。按宋李谔《瑶池记》：观肇于轩黄。伪周及元张志纯俱尝重建，今废，仅存三清小殿，土人称“老君堂”。内有石刻“汉柏”二字，而柏则无矣。古松类岳祠，差小。碑刻唐与伪周老氏徒题记，行、楷书俱有古法。碑双石并立，覆以束盖，异哉！土人称“鸳鸯碑”，或云“武曌碑”，则谬矣。

升元观

在岳之南麓，酆都庙西。石刻政和尚书省敕牒尚存。元张志纯重建，改曰朝元观。学士徐世隆记，刘惟一篆碑尚存。

牒敕碑略：尚书省牒：准泰宁军奉符县升元观[①]。又云，泰宁军状：据兖州仪曹娄寅亮状称[②]，契勘兖州奉符县泰山之下[③]，名曰三宫空洞之天，载在图经，……牒奉敕宜赐升元观额[④]。牒至，准敕。故牒。

---

① 准：《泰山石刻大观·升元观敕牒碑》无此字。

② 仪曹：《泰山石刻大观·升元观敕牒碑》碑拓作“仪曹掾兼兵曹”。

③ “之下”下，《泰山石刻大观·升元观敕牒碑》碑拓有“有古洞天周三十里”八字。

④ 额：《泰山石刻大观·升元观敕牒碑》作“为额”。

徐世隆记略：朝元者何？两仪资生，万物居泰，群臣之贺正也。故道家取象，名其观曰朝元。古殿摧仆，掌教洞明真人属天倪子，鸠工抡材，虽时经凶年，亦勉力成之。其费皆出会真、常住、岳顶香资及掌教所助净财。夫洞天三十六，福地七十二，泰山其一也[①]。其兴与废，必有灵祇司之，岂不为神物所护持者哉？

天书观

即乾元观，今榜曰碧霞元君行宫，在州城西里许，宋大中祥符建。史载“天书”降于泰山西南之麓，即其地也。观西隙地，今为民居，宣和兖守钱伯言碑刻湮秽食豨之所，偶遭鉴赏，移置岳庙古松下，文墨士咸称快焉。

长春观

在州城西北隅，女道士废绝久之，禅僧寄焉。中统碑刻元和子为女冠訾守慎作记，丘神仙牒刻成吉思皇帝敕旨，俱存。记称祖师谓丘神仙，妙真则守慎之赐号也。

元和记略：教非道不立，人非教不修。凡以道为宗，以神为教者，莫不剖瞶抉瞽，拯沉照昏，跻人于长生之域。呜呼！世或有闻而未悟者，有闻而悟者，是旦暮一遇之幸也。近代幸我祖师设教，七真开天，上智下愚，咸使知之，男修女学，悉为证矣。夫全真之道，杳然难言哉！其教也，微妙玄通，广大悉备，在人贤者识其大，不贤者识其小。其要色资去欲[②]，返朴还淳，屈己从人，懋功从德[③]，则为游藩之渐。若乃游心于淡，合气于漠，不以是非好恶，内伤其生[④]，可以探堂奥矣[⑤]。妙真修学无间然矣，倘来不为得，去不为失，不悦生，

---

① 泰山其一也：李修生主编《全元文》（江苏古籍出版社1999年版，下同）作“即其一也”。

② 色资：陈垣编《道家金石略·长春观记》（文物出版社1988年版，下同）作“绝贪”。

③ 从德：《道家金石略·长春观记》作“崇德”。

④ 生：《道家金石略·长春观记》作“心”。

⑤ 奥：原作“粤”，据《道家金石略·长春观记》改。

不恶死，冲而用之，厥心不震，虽天地晦冥而朗日自照，霰雪交集而阳春自舒，此得性之功也。动与阳同波，静与阴同德，寝无梦，觉无忧，虚而待也。其生乃全听之于心，冲气为和，息之以踵，谷神不死。此保命之效也。

龙泉观

又曰斗母宫，在岳之小龙口。嘉靖二十一年，德府重建，济南陈翀记石。

风伯雨师庙

在州治东。按《天文志》：风伯，箕星；雨师，毕星也。先是庙废，止遗一石碣。成化丙午，旱雩不雨，或油然雨状，辄为风散。知府蔡晟诣其所祭之，风顿息，大雨如注，因复立庙。庙圮，知州郑豸易以坛。

高真院

在岳之南麓，曰金山，青帝观后，俗曰眼光殿。

三官庙

有三。其一在岳之中道，曰快活三。其一在治西关。其一在治东关。

酆都庙

在岳之南麓，升元观东。弘治十四年建，其神为酆都大帝。其左为阎王庙。

森罗殿

左为阎王庙，在岳南三里，蒿里、社首二山之间，有七十五司及三曹对案之神，神各塑像。俗传地狱收捕追逮、出入死生之说，固儒者不道，然亦足以警教愚民，使之向善而畏恶也。张华《博物志》、陆机《泰山吟》、白乐天诗，俱见学士徐世隆撰《蒿里神庙记》。

徐世隆记略："蒿里"者，古挽章之名，田横之客伤横而作者也。汉李延年分为二曲，《薤露》送王公贵人，《蒿里》送士大夫、庶人。后世以为人死精魂归于蒿里，有神主之。张华《博物志》、陆机《泰山吟》皆云人死其魂拘于蒿里。白乐天诗曰："东岳前后魂，北邙新旧骨。"樊殿直《庙记》亦言[①]：人生受命于蒿里，其卒归于社首。蒿里祠，距岳庙西南三里许[②]，社首坛之左。自唐至宋，香火不绝。礼之者，入则肃然凛然，出则悚然，岂非世人如见真鬼神而然欤！吴道子画"地狱变相"于成都，观者咸惧罪修福，而市屠沽鱼肉者不集，况入此祠，其不寒心而骇目者，鲜矣。

赵相公庙

在社首之阳。其神见《搜神记》及宋人元丰记石。

元丰记略：兖之奉高，北有岱山焉，乃天下之巨镇也。尊之曰东岳神，即天齐仁圣帝也。自秦汉而下，沿逮我朝，封禅之礼备焉。庙貌威崇，殿宇显敞，一如上方制度，俾至者加其恭肃。噫！聪明正直，神之德也；福善祸淫，神之职也。幽而罔测，显而有灵，则四方之民咸归仰之。在帝庙之西，有蒿里山之祠，即圣帝辅相之神也。其庙号本汉封爵，领袖群司，掌判阴籍，光载祀典，灵威不泯。元丰三年。姓名缺。

城隍庙

在州治之西二百武，嘉靖壬辰重修，学正李镕记石。

《记》：阴阳屈伸行，四时鼓群动，所以斡旋其机轴者，非神之所为乎？城隍保障一方，生民赖之以为命，疆域赖之以为安。降福祥，消灾眚，祐善罚恶，其鼓动群生者尤大，不有神以主宰之而何哉？庙为神所栖，像为神所肖，尤不可敝坏不整。泰安城隍庙像年远，廊庑倾倒，丹青剥落，道人董勉、李睿募善缘以修饰之，焕然增新，仍修饰南宫玉皇庙像。予谓城隍为天下郡邑保障，礼所当祀。玉皇主宰昊天，非南郊禋祀，安敢以轻渎之？道人何

---

① 庙记：《泰山石刻大观・重修东岳蒿里山神祠记碑》《全元文》作"修庙记"。

② 蒿里祠，距岳庙西南三里许：清金棨《泰山志》作"其祠距泰岳庙之西南五里许"。

人，但以区区一念之诚不可泯，殚心竭力，以济厥务，亦可嘉也。冥冥中必有昭格之者，流俗愚顽，亵天渎神者，视此可无警乎？书之以勒于石。

知州许应元《祷城隍文》：惟神聪明仁惠，以庇兹一方，兹一方之民奔走欢呶，勤恪岁事，以报神之休灵无斁。今嘉谷未植，来牟槁死，民且逋窜，祀事将废，而神罔闻知。是神之聪明有时而塞也，仁惠有时而卒也。不然，则兹民载其恓德以罹神殛也。不然，是守官之无状掇祸责也。官如不职，祸止其身，品庶每生愚颛僿冥，神德孔硕，耳聪目明，无酷其罚，哀此茕茕，竭诚以祷，神泽沛淋。尚飨。

三灵侯庙

在南天门，祀周谏官唐宸、葛□[①]、周武，又附祠岳庙。按《通志》，三人墓在高苑县。

灵派侯庙

在州城西南，溹河东涘。其神旧名曰溹河将军，后曰通泉侯。后晋天福六年刘光度及宋王彧记石俱存庙中。宋真宗东封，拓庙，封灵派侯。元重建，教授王真记。

真记略：泰山有三溪，独西溪雄秘莫测。源来自上方，为瀑布[②]，直注山趾，洄洑龙湫而出，高深委折。至郡城之西，百举武[③]，居民饮濯之，而呼曰溹。溹之东滑[④]，地形若穹龟然，庙其上。曰灵派侯者，宋真宗有事泰山，驻跸于此，始患水泉涸绝，俄而涌涨，嘉其神异而封建之也。泰安监司瞰撒、县尹孙公民献，同谒祠下，悯殿像摧压，蓄兴修志。已而庙壖为水奔啮，祝之，水复折而西。二公耳神之灵既熟，而又目睹其验，遂更其庙而新之，以

① 葛□：明杜思、冯惟讷编纂《青州府志》（明嘉靖四十四年刻本，下同）所记名氏作“葛雍”。

② 为瀑布：《泰山志·金石》作“下为瀑布”。

③ 百举武：清《泰山志·金石》作“百举武而近”。

④ 东滑：清《泰山志·金石》作“东湄”。

崇其祀，属仆为记。窃闻之，山林川泽有利于人者，则秩而祀之。唯岱为镇岳，实发生之所，肤寸兴云，不崇朝而雨，其流泽又能滋于民物，复及万乘，功用显白，神而祠之，宜矣。乃作迎送神之词，俾歌以侑。词曰：

我侯兮何在？山之麓兮水唯渿。山幽兮水鸣，具我侯兮形声。侯之游兮委蛇，风为驭兮云为旗。坎坎兮击鼓[①]，水妃兮歌舞。侯之乐兮来止，徒御雍雍兮赤舄几几，我民承事兮既多受祉。侯之去兮悠哉，忽惨兮阴霾[②]。或来去兮叵测[③]，千万岁兮愈钦灵德。

渊济公庙

在岳顶西南白龙池上，有司春秋祀焉。岁旱雩祷，自汉唐已然。其渊济神号、祠宇则肇于宋。元丰壬戌，邑人赵合撰《白龙殿记》，元邑人王天挺撰《金帅刘瑀填池灵异记》，州倅李简《谢雨文》，州守路希尹撰《感泽记》，国朝学正夏靖撰《感雨记》，俱石刻祠中。

赵合记：泰岳西南隅，有灵泉曰白龙池。岸古石峻，渊然罔穷，大顶巍然而作襟首[④]，大峪环然而为郛郭。峨峨而蔚者，悬刀秀于上；湍湍而鸣者，百丈溢于中。秋朝夏暮，霭呈波面而为瑞；灵草异花，罗岸径以争香[⑤]。萦流天转，涵漾峰旋，乃一方雄胜之地，登而莅之者无不嘉而骇焉。自汉唐已来，至于我宋，每岁投金龙玉简、御香为之祷矣。盖龙克云克雨，浃洽万汇，丰成元元者哉！近者春夏不雨，骄阳颇僭。贤宰大夫杨鏐躬率县吏民庶，祈雨于白龙之神。幸龙之明德，不越夕而甘雨降，应如影响，稼穑以之而兴，县境自是而苏焉。邑民霍直等白于大夫曰：今众庶感龙之惠，愿各持宝货，创龙堂一所，以答神休。仍选材饬工[⑥]，约而中度，丽而不奢，经之营之，不逾月而欢乐成矣。大夫特牒上司，敷奏天廷，乞赐嘉号，庶旌龙之效耳！

---

① 坎坎：清《泰山志·金石》作“冯夷”。
② 惨：清《泰山志·金石》作“惨变”。
③ 或来去：清《泰山志·金石》作“来或去”。
④ 襟首：《泰山志·金石》作“簪髻”。
⑤ 罗岸径：《泰山志·金石》作“艳罗岸径”。
⑥ 仍：《泰山志·金石》作“乃”。

王天挺记：渊济公之号始于宋，其庙于兵乱间为金东莒公燕宁所毁，不数月而宁卒。岁在丙戌，元帅莱芜刘瑀权知泰安州事，守天胜，以久旱祷雨于龙池之侧。时有小白蛇出，戏于香鼎上，刘以为神龙所变，再拜，祝之曰：三日之内有雨，则我将为神修庙。卜之，吉，一军欢呼罗拜。经数日无雨，刘怒曰：神许我雨，今既无雨，则无神矣。命诸隶卒搨西崖之石填其池。池将满，雷雨暴至如倾，雹大如鸡卵，众惶怖惊走。既晴视之，其池中所填之石悉为湍流冲去，皆骇异，拜谢服罪。即今庙貌，刘帅为创始。此事土人往往有亲见之者。权府张侯谈之甚详，因并为之记。

李简《谢雨文》：庚申年二月己亥朔十九日丁巳，泰安州州倅李简，谨以刚鬣清酌庶羞之奠，再拜稽首，祭于渊济公之神：去岁之秋，严侯不以李简愚戆不才，俾倅此州。时方苦旱，人畜疾疫，已愆种麦之期，而土脉焦枯，耒耜弗能入。重九前一日，祷雨于此，是日雷震雨作，如响如答。旱既久，非霖雨莫能济。是月望日，约太守以下诸僚属，以荒唐不恭之辞，辄复致祷。是夕雨降，淋漓三昼夜，东原千里，所在霑足。既晴，耕夫播种，遍满郊野。不失今岁来牟之望者，神之惠也。今春复旱，遂于上丁前一日，太守勿药之辰，率僚佐致祷于明神所。明神闵人之不辜，是夕降甘雨二寸许。越三日，雷雨复大作。万姓欣欣，惟神之恩，敢不明受其赐。谨选吉日，躬斋洁，奏音声，以献、以乐、以谢，神其飨之。

路希尹感泽记：天下太平，方千里之内生植齿类，监郡、太守能存亡休戚之。天下兵兴，方千里之内能保黎庶，能攘患难，能致感通，亦在监郡与太守耳。凡监郡、太守，若无文武才略，不清廉肃下，不明惠公直，则致伤和气，一州生类皆受其害。今监郡住童暨太守路希尹来守是邦，兵革之余，井邑丘墟，生人几尽。询问其故，不觉涕下，况岁乙巳，值天久旱，民有忧色。夏五月望日，谨斋戒沐浴，躬率属僚，祷于岳麓渊济公之神，屡获灵应。至十八日辛巳，大雨饱足。既不敢忘，又从而歌曰：龙之为神，变化屈伸。能大能小，泽及生民。或潜或飞，或幽或明。云行雨施，品物流形。

夏靖记：景泰甲戌春三月，徂夏不雨，二麦萎悴，东作靡兴，民心将至于流移矣。郡守杨公定悯民之忧，若己之病，遂斋沐备礼，延柴道正，于四月朔设坛草参，祈祷惟谨。越五日不雨，耆老曰：岱麓有渊济公祠，向守兹者，遇旱诣祷辄应。益秉厥诚，偕官僚、耆宿拜，跣道途，至祠爇香再拜，祝曰：惟神血食兹土，定与神阴阳表里，恳祷不雨，其谁之咎？俾之岁歉，衣食不足，民何以安？粢盛不洁，神何以享？为神之灵，鞭龙致雨，夫何难哉？词恳诚切，恭祷礼毕，至暮复达草参。维时玄云四布，雷电交作，甘雨如注，夜二鼓少止。翌日再雨，不三日又雨。公欣然顾余辈曰：此时雨也。时者，不先不后之谓。使得雨也，先五日而至，麦为之忌；后五日而至，麦奚以秀？不秀焉实？此雨所以为时也。由是萎者以敷，悴者以荣，物意舒畅，民心悦怿，以为有年矣。神之泽民如此，合报祀焉。谨以牲醴大合乐，盛报神恩，属余记之。余闻有道之世，五日一风，十日一雨，年谷顺成，物无疵疠，民不夭扎，而太平之象见焉。乃者雨不违时，二麦复苏，东作可兴，而有年之望也。斯民也，遭逢上瑞，欢欣鼓舞，而不知谁之为之者。良由太守公集诚所感，以致然也。公字在止，西江忠节裔，由科目擢今职，并书以为记云。

关王庙

三，其一在城内营里街，训导常秉彝有记。其一在东关大石桥。其一在州西南下张集者，尤灵异，每遇大旱，郡人辇之来州，祷辄雨，州判蒋扆有《灵雨记》刻石。

鲁两先生祠

一名泰山书院，在州城东南隅，祀宋孙明复、石守道。其废兴，具金学士承旨党怀英及国朝大学士吴宽撰祠记。

怀英记①：鲁两先生，曰孙明复、石守道氏②。宋祥符③、天圣间，以仁、义、忠、孝之道发于文章，为诸儒倡。当世大儒如文忠欧阳公、文正王公，皆尊礼之。故其没也，欧阳公为志其墓，盖比之孟轲、韩愈之流。其羽翼圣道，立朝行己，治行终始，伟如也。初，两先生筑室泰山下，以为学馆。属大辟岳祠，堧基甫迫，乃北徙山麓，而以旧馆为柏林地。岁分施钱，为养士之费，学者至今赖之。而乡人指以为上书院者，则其所徙地也。大定间，岳祠

---

① 怀英记：《古今图书集成·方舆汇编·山川典·泰山部》作“泰山书院记金党怀英”。

② 氏：《古今图书集成·方舆汇编·山川典·泰山部》无此字。

③ “宋”上，《古今图书集成·方舆汇编·山川典·泰山部》有“自”字。

火。越明年，有诏营建，乃命更新庙学。已而诸生相与言曰：昔两先生宦学汶上，汶学祀之不忘。吾侪居其乡，食其德，乃可遂已乎？于是，两先生诸孙闻其言，更出所有，作为祠堂于大门之左①，以成学者之意。石先生之孙震，使其侄翊走京师，属其门婿党怀英书其本末，将刻诸石。怀英曰：两先生之道，垂于后世，炳如日星，奚患无传？虽然，有一言焉：方孙先生以《春秋》之学教于鲁，石先生盖师事之。时给事孔公道辅闻其名，自兖来谒。孙先生既出应客，而石先生执杖屦侍其左右②，升降、拜伏皆扶之，其往谢也亦然。由是鲁人始识师弟子之礼，士风为之一变。近世士尚剽窃，以从师亲友为耻，忠厚之道不著久矣！国家尊经养士，将使人人为邹鲁，固当师承鸿硕，因文以入道德之奥，而后游两先生祠下而食其余庇，可以无愧矣。

吴宽记：鲁两先生者，为宋泰山先生孙公明复、徂徕先生石公守道也。祠始建于今泰安州治之西，而邻于岳庙，金源时遂为庙并，元改建于岳麓。已而，复为浮屠氏据。入国朝，乃附祠于州学，而规制狭隘，祀事简率，无以慰鲁人之思。至是，州守前进士德清胡君瑄言于巡抚山东左副都御史无锡盛公，谓其事系风化甚重③，请于朝，事下礼部议，从之，仍俾有司每岁春仲祀一羊一④、豕一，秩为常典。于是，胡君复请于藩臬诸公，择地得于州治之东南，以成化二十三年八月建祀焉。工未毕，盛公以请老去，而眉山吴公来代，益重其事，趣成之⑤。胡君乃以书来，请记于石。大贤君子所以能使人久而追崇者⑥，非区区末学所知，顾请之之意坚不可已也。惟两先生在宋盛时⑦，泰山来自平阳而寓于鲁，其学长于《春秋》，著《尊王发微》，简易公平，多得经之本义。一时名公贤士高其学行，至妻以女，或就见之。后范魏公、富郑公交荐其贤，始授官，官止殿中丞。徂徕则生于鲁者，当孙公居泰山之时，实师事之。其为人，好善嫉恶。尝著《怪说》《中国论》及《唐鉴》，以为世戒，而《庆

---

① 作为：《古今图书集成·方舆汇编·山川典·泰山部》无“为”字。
② 杖屦：《古今图书集成·方舆汇编·山川典·泰山部》作“杖履”。
③ 系：《四部丛刊·匏翁家藏集》作“系于”。
④ 一：《四部丛刊·匏翁家藏集》作“以”。
⑤ 趣成之：《四部丛刊·匏翁家藏集》作“趣成之既成”。
⑥ 追崇：《四部丛刊·匏翁家藏集》作“尊崇”。
⑦ 在：《四部丛刊·匏翁家藏集》作“生”。

历圣德诗》尤为人所传诵。常以经术教授于乡，后在太学，益以师道自居，太学自此而兴。初举进士甲科，官止太子中允。盖两先生平生见于欧阳文忠公《墓志》，而《国史》取以为传者，其大略如此。按其言，论其世，信其为大贤君子，卓然出乎流俗，而裒然为一方之望者也[①]。故在当时并为人所尊仰，至即其所居山称之，以配其德，可谓至矣！泰山虽尝被荐，而人亦嫉之，不得尽其用。若徂徕之刚直，既没而祸患作，几不能保其遗骸而庇其妻子，盖小人之不相容，亦势之所必至者。今去之六百年，虽天下知有两先生，而鲁为所寓，所产之地，道德之风，蔼然犹存，宜人尤尊仰之。祠象焕焉而不至卒废，人心之公，不能自已如此。又欧阳公所谓发先生之光者，今则愈久而愈光矣。两先生葬处，守臣又推朝廷尊贤之意，既加封护惟谨，且二氏幸皆有后，而石差繁，复选其人入学充弟子员。鲁人之思，庶几慰之。因并载其事，俾刻之祠下云。

宋梅圣俞《哭孙明复》诗：旧业居东岱，中年谒紫庭。要途无往迹，至死守残经。

国朝知州胡瑄谒祠诗：奎星聿应两先生，泰岳徂徕相对青。司谏谩劳歌圣德，聚徒惟解授遗经。分来洙泗源头水，赢得欧阳石上铭。明主崇儒专庙祀，百年师道有余馨。

崔公祠

在鲁两先生祠东，嘉靖癸卯州民建，以祀前州判、今赠京山侯崔公。少宗伯许成名撰祠碑。

许宗伯撰碑略：崔侯之离泰安州也，五十年余矣，州人思之如始去然，相将建祠祭享。乡耆秦杰等来恳予文勒石以识思。公名震，字时起，以孙贵赠京山侯。初山西怀仁人，胜国时始定居代州，祖贵，父璟。璟尚义好善，以积善翁称之。公生而俶傥有大志，然屡困文场。天顺甲申，援例为监生。成化甲辰，选判泰安。泰安，名郡也，东岳在焉。四方之人供香火捐金帛者，岁每不赀，入春尤胜，往往生奸盗。公至，首为禁核，遐迩称快。弘治戊申，督输上谷，事竣，羡银七百两，请诸上，以代齐河四县之逋税，方伯戴君珙礼币旌嘉。北鄙独石，地远粟贵，军民告困，京山奏乞太仓之粟。己酉，兑军临清羡米豆千三百斛，银

① 裒然：《四部丛刊·匏翁家藏集》作“表然”。

五百余两，白诸部，使用修安山水次仓七千余区，迄今攸赖。州之预备仓，空阔难守，公赎罪人，辟巷构屋，招复业之民居之，始免鼠窃之患。庚戌，督银给戍辽东，还，大抚盛公命修泰山神祠，既而又命修宣圣庙及祭器，语具太宰尹公《修学记》。辛亥，预修德藩二郡王府及周、孔、颜、孟诸庙，并济南城池。工成，能声益著。大抚吴公节委摄肥城，时值岁凶，盗起为害，京山多方赈贷，赏罚明允，民幸存活，而盗亦寻灭。壬子，大抚钱君钺、大巡向君交荐堪剧，奈以疾归致，然宦情犹炽也。会孙元选尚永康长公主，乃欣然喜曰：吾复何求？遂放情游览，遍齐鲁、吴越间，襟期甚适。逾年北还，道苏而毙，人咸惜之！

竹林寺

在岳之西南傲来峰下，西去州治十里。钟铸纪年曰“明昌”。游人过普照，入大峪口，循溪而上，有白龙潭、天绅泉、仙影崖，景特奇胜，石壁多古人题刻。

普照寺

在岳南凌汉峰下，去州治西五里，古石刻省牒尚存。督学邵贤诗云：斜日短筇山径曲，小桥流水寺门开。真能摸写佳景。

冥福寺

在州治、岳庙之间，有僧正司。《州志》误书州北。

谷山寺

一名佛峪，在岳之东北四十里《州志》误书西北。山左为周明堂旧址，其佳胜，具金学士党怀英、阎复及杜仁杰记。

怀英记[①]：佛法自西方来，天下名山胜境化为道场，兴废因缘，自有时运。尝读元魏

① 怀英记：原碑名为《谷山寺记》，系党怀英撰文。

《高僧传》，得僧意胜迹之详而异之。意之寂也，以文帝之召[①]，及期遂行，此其余缘当有复兴之日矣。泰山南向而东骛，由东迤而北曰大[②]、小岘，其下曰天津河。环地百有余顷，山势四围，盖周之明堂在山之东北[③]，此其地也。道左二里许，耕垦之余，瓦砾□□[④]，与沈存中之说"高丽制度，瓦皆有纹"者合。又西北行六七里，山光□□[⑤]，高下隐见一峰，嶷然秀拔，而下圜曰谷山也。沿涧少北，今寺基也[⑥]。尝有猎莲华峰侧[⑦]，遇意而终日无所获[⑧]，每遇之必然。猎夫怒，积薪将焚之。明日远坐于高险[⑨]，薪燎不可及，猎夫愕而悔谢。是夕，山下老稚三四，同梦异僧久隐莲华峰，有猎者之厄，或问为谁，盖曰"意"云。耆老十余辈，更相诱率，凡一再行，当石掩奥处，果访得之，乃扶舆而下。至今所，忽重不可动，而峰岭重复掩抱，可兴寺场。众悟，遂止焉。粤自兵乱，荒山重泽，残扰殆遍，废置始末，不可详究。惟土人名之曰"佛峪"者旧矣[⑩]。盖意之逝也，有灵感之异，土人以是命名。继有僧善宁，远步荒梗[⑪]，首至谷山旧址，破屋废圮而已。独山色如旧，出没起伏，盖远而益秀[⑫]。善宁独喜雅契，宿心于是。日趋山下，丐菽粟，携谷具[⑬]，结茅而休焉。往来山坂无难色，暇日谿涧[⑭]，勤苦作劳而无怠意，短褐芒屩，事如初[⑮]。自是涧隈山胁，稍可种艺，植栗数千株，迨于今充岁

---

① 文帝：《泰山石刻大观·谷山寺记碑》碑拓作"天帝"。

② 而：《泰山石刻大观·谷山寺记碑》碑拓无此字。

③ 盖周之明堂在山之东北：《泰山石刻大观·谷山寺记碑》碑拓作"盖汉之明堂在山之东北址"。

④ 瓦砾□□：《泰山石刻大观·谷山寺记碑》碑拓作"瓦砾被之"。

⑤ 山光□□：《泰山石刻大观·谷山寺记碑》碑拓作"山光丛丛"。

⑥ 也：《泰山石刻大观·谷山寺记碑》碑拓作"矣"。

⑦ 猎：《泰山石刻大观·谷山寺记碑》碑拓作"猎人行"。

⑧ 意：《泰山石刻大观·谷山寺记碑》碑拓作"罗汉像"。

⑨ 远坐：《泰山石刻大观·谷山寺记碑》碑拓作"迁坐"。

⑩ 佛峪：《泰山石刻大观·谷山寺记碑》碑拓作"佛谷"。

⑪ 远步：《泰山石刻大观·谷山寺记碑》碑拓作"远涉"。

⑫ 盖：《泰山石刻大观·谷山寺记碑》碑拓作"益"。

⑬ 携谷：《泰山石刻大观·谷山寺记碑》碑拓作"携火"。

⑭ 溪涧：《泰山石刻大观·谷山寺记碑》碑拓作"畚筑溪涧"。

⑮ 事：《泰山石刻大观·谷山寺记碑》碑拓作"从事"。

用焉。斋粥所须，日益办具[1]，凡三十余年[2]，则谷山初祖也。天汉二年四月间[3]，祠官言寺之旧地[4]，东至于黑山分水岭，南至于思谷岭[5]，西至于张远寨，稍北至于返倒山岭，有司可其请。其后僧法朗继之，锄理荒险，不避寒暑，经营成就，复三十余年，则谷山第二祖矣。今崇谷寺缘契合[6]，四方有识，翕然归向，工役趋作，日盈百数，殿基琢石，高逾数丈，若是者三四焉，彩塑图饰不与也[7]。崇公经画作劳，能继二祖，此寺当兴时矣。盖意之去来也皆异，则其成也必闳，其久也必振。今谷山寺尚仍旧名，计其岁月盖七百有余岁矣，是复兴之数云。呜呼，异哉！

杜仁杰《记》略：凡选树道场，必去人境远者为胜，必依山之名而尊者为胜。然山水面南观，虽拔地倚天，其氛翠变态，终不至奇邃，必之于其阴又绝胜也。是刹焉，乃在泰山之北。及讯诸居者，曰：殊不类尘世。吁，异哉！可谓具此三美者焉，非有大福惠，孰能选是？非有大智力，孰能继而树是？初，寺之未基也，维意以荒之；既基矣，维宁以庐之；既庐矣，维朗增而广之；既广矣，维崇又文而弘之。厥后以挐兵日久，主者不一其心，而稍复灌莽之天。惜哉！今僧谨，夏腊不满三旬许，嶷嶷然迥出伦辈，诚法中龙象，人天之具瞻也。居无几，疏海目以泉，可饭可溉；室坤漏以园，可蔬可果；夷天险以田，可粹可禾。度其工，疑有神物阴佐其役，不然，则胡人能胜其天也如此哉！后之来者，有能如谨兴废继绝，葺旧辟新，即是谷山第一祖也，又何必重以老少先后次第分别为？一日，谨来，拉予以游所谓谷山寺者，至则恍连兜率不盈尺，阆风玄圃，盖不数也。尝谓世之为浮屠者，例置精舍于城府阛阓间，政使上乘居之，几何其不溷为下愚，反首迷途者哉！如欲立超三界，一到谷山，便知喧静移人，淹速之度何如也。若夫山川之光怪，寺缘之隆替，有竹溪翁之文石具

---

① 具：原作“共”，据《泰山石刻大观·谷山寺记碑》碑拓改。

② 三十：《泰山石刻大全·谷山寺记》碑拓作“卅”。

③ 天汉：《泰山石刻大观·谷山寺记碑》碑拓作“天眷”。

④ 祠官：《泰山石刻大观·谷山寺记碑》碑拓作“诣官”。

⑤ 思谷岭：《泰山石刻大观·谷山寺记碑》碑拓作“恩谷岭”。

⑥ 崇谷寺：《泰山石刻大观·谷山寺记碑》碑拓作“崇公寺”。

⑦ “不与也”下，《泰山石刻大观·谷山寺记碑》碑拓有“州城之东隅曰柴水院惟许存上院积贮之物其余住持摄度申理徒弟皆不许也”三十二字。

在，故不复云。

阎复《七佛阁记》：天有七曜而四时行，地有七泽而九土宁，人有七情而善恶生。惟金轮氏立教，洞贯三才，包括万类。所谓药师七佛，象数之妙，将无契于是乎。按经之所载，法界凡七，界居一佛。其光明遍照，惠泽普及，在浮图法中，犹玄象之有日星焉[①]，百川之有江湖焉。故为其属者，奉之惟谨。岱宗之阴，曰谷山道场，岩峦回抱，林树亏蔽，盖云山之都会，烟霞之窟宅也。谨上人兴滞补敝于劫火之余[②]。既殿中央，以居大雄法像，谓七佛之坛，不可不严，于是辟层崖而阁焉。赴京师，请为阁记。问诸兴造之迹，曰：吾因山以为基，故不假覆篑而高；伐木以为材，故不烦市易而足；以力为役[③]，故不待击鼓而集[④]。问阁之大小及为役几何时，曰：揭檐为三，列楹惟五，其高九仞有奇。经始于至元十七年春，落成于今年之秋。问谷山兴置始末，曰：自元魏高僧意师现化之后，凡四传，而寺缘益大，竹谿党公文石具在也。复问：谷山道场自历劫以来，有无上宝阁，以连峰为楹[⑤]，以蟠岳为础[⑥]，以云虹为飞栋，以烟霞为浮藻，以万象为法身，视今所作，为何如？上人曰：不然。吾闻天地之外，复有覆载；阴阳之外，复有造化。故自其大者而观之，须弥一芥子也，大千一枣叶也，曾何泰山之足云。自其细而观之，太空之一尘，恒河之一沙，中间自有佛国在。仁者无用妄生分别，且为我作七佛阁记。予曰：即如上人问答语，予为若作记[⑦]，请题而摹诸石[⑧]。上人曰：唯唯。时至元癸未十一月二日。

灵岩寺

旧在泰安治内，今属长清，距登封之地九十里。峰峦联属，其实统曰

① 玄象：《全元文》作“玄天”。

② 谨上人：《全元文》作“谨公上人”。劫火之余：清朱孝纯《泰山图志》《泰山石刻大全》作“劫火废坠之余”。

③ 力：清朱孝纯《泰山图志》（乾隆三十九年刻本，下同）《泰山石刻大观》作“愿力”。

④ 击鼓：清朱孝纯《泰山图志》《泰山石刻大观》作“鼛鼓”。

⑤ 连峰：《全元文》作“莲峰”。

⑥ 蟠岳：《泰山石刻大观》作“蟠冈”。

⑦ 作记：清朱孝纯《泰山图志》《泰山石刻大观》作“作记已竟”。

⑧ 题：清朱孝纯《泰山图志》《泰山石刻大观》作“归”。

泰山。而曰灵岩，其别名也。盖岳志之不可遗者。其名胜景状，具张公亮《寺记》。

记略：泰山西北址，群山拥翼，连属百余里。摩空干云，秀拔万状。曲如列屏，削如立壁；矗如攒剑，锐如植圭。帏幌掩映，城堡环绕；虎兕奔突，龙蛇盘屈。釜为灵谷，呀为洞穴；断为谿涧，引为林麓。峰卓岭耸，峦跳巘叠；翠木荫蔚，飞泉激越。中有川焉，厥土衍沃；齐鲁通道，出于其间。左一山特起曰鸡鸣，缘北麓绝涧，循峪口上，东北二十里，险尽地平，山势围抱，四面峭绝如堵墙。苍岩之下，绀殿崛起；峻塔贯云，宝楼结瑶。高门嵯峨，长廊连延。远而望，若画图中物，即是寺也。按《图经》，本希有佛出现之地。后魏正光年，法定师始置寺，有青蛇、白兔、双鹤、二虎之异。我朝景德，方锡今额。先是，旧制质略，率意缔构，因地任材，行列不次。景祐中，主僧琼环者，即众堂东架殿两层，龟首四出，南向安观音像。文楣藻拱，颇极精丽；设簴刻鲸，以警昏晓。后主事者，复置殿之两楹，辟正门，叠石填涧。为回廊，庭除显敞，乃为大壮。寺有石三门、千佛殿与释迦殿、辟支佛塔，皆古制。塔西长松状若偃盖，背一峰耸起百丈。北望正方，青壁削成，如秣羯王半有石龛，金容俨然。西尖峰可登，下视深谷千仞。前有洞，东、西、南三门相通，中设罗汉像。西南望，一山壁穴如车轮。午达，晴日在南，飞光透彻。讲堂东石壁下，一泉曰锡杖。又东四五步，二泉曰白鹤，一见一否。又东北二百步，一泉曰甘露。门西百步，一泉曰黄龙，皆为绝景。神宗章圣尝锡御书，琅函凤篆，辉映岩谷。皇上复降御篆飞白为赐，天文炳焕，云日相照。寺之殿堂、廊庑、厨库、僧房，间总五百四十。僧百，行童百有五十，举全数也。

东北崖上平处，古堂殿基宛然。石柱础、铁像下体尚存，盖法定始置于此处，后来者迁之也。今屋其上，僧之辟谷者、讲习者居之，以远喧杂。川中有一易之田，十夫，屋千楹，岁租月僦，以足经费。唐相李吉甫纂《十道图》，以润之栖霞，台之国清，荆之玉泉，合兹寺为四绝。庆历三年，予为长清尉，寺居封内，周览绝景，不知属厌，余三则未之见也。尔后十二年之官于承，道复过寺，主事僧重净以记见托。暇日因具道山水奇伟，经始肯构盛衰本末，附勒于石，或摸之远方，俾未游者见之，一览如目击，且使知灵迹巨丽，信为妙绝，又得以较雄胜于三者云。

宫室

志宫室何？表山川之胜，壮城郭之观也。然而具瞻、咨岳，所以慎守牧也。诚明、迎宾，所以交神人也。过化以瞻圣贻，书院以崇先哲，御香以尊王命、以谨神明，而皆有意焉，不徒为表胜壮观而已。若夫岩岩以资登眺，环咏以侈词章，萃美以下，虽废而亦书之，或以文征，或以名著，又安知夫废于今者，不有复于后耶？

具瞻堂

州之政事堂也。翰林编修邢一凤书。旧曰“明德”，解元封尚章记石尚存。

咨岳堂

州之退食堂也，省进士方元焕书。

诚明堂

在岳庙延禧殿[①]，凡朝廷遣大臣有事于岳者居之。

迎宾堂

在岳祠东斋之南，有司宴王人及大宾客之所。

过化楼

在斗母观南，其上有孔子铸像，旧扁题曰“孔子过化处”。大理评事叶彬篆书易今名。

---

① 延禧殿：《岱史·宫室志》作“延禧殿后”。

飞云阁

在岳南址，曰红门。岁久圮废，今垒石为台，上有栋宇，下通梁道，犹阁之制也。方元焕书扁曰“梯云”，石刻曰“蓬玄洞天”、曰“岱宗”。邢一凤篆书曰“仰止”、曰“青云梯”。南有石楔，镌曰“宗岳”。

泰山书院

在岳南凌汉峰下。旧为唐诗人周朴庵，后为孙复、石介、胡瑗讲习之地。嘉靖间，按察佥事卢问之创三楹，妥孙、石灵位，尚贤存古迹也。

督学副使邵贤诗：千古清风仰孙石，独遗堂址向岩隈。

御香亭

在诚明堂后，凡朝廷遣使赍香于岳祠，先置于亭，择吉而后奠神。垣周石刻名人诗文。

环咏亭

在御香亭西，周垣亩许，四面皆石刻古今人诗，故名。有韩琦、蔡襄、范仲淹、欧阳修、石曼卿、苏子美、林逋题识种放《会真宫诗》，而放刻则湮没不可见。

岩岩亭

取义于《诗》。旧在岳麓王母池东。成化间，参政张盛移建水帘洞左。旧址，金姚建荣记碑尚存。

建荣记略：夫观游大率有二，或嗜之以快佚乐无穷之心，或托之以寓超迈有用之意。快心者，未免损于人，人避损则惮随之；寓意者，必将益于民，民望益则欣奉之。贤不贤之分，损益而已也。泰山岩岩，鲁邦所瞻，即山之阳，距军城三里，有观曰岱岳。观之东，凌危跨险，百步而近，有亭曰“岩岩”，旧矣。正隆之季，盗贼蜂起，附近者剽取战具之材，遽毁去焉。大定十有九祀，岱祠告灾，明天子恤神无居，亟为兴复，畴咨可属者。庙堂佥以徐公为能，上俞所举，俾之就守是邦。公下车后，政通人和。越明年，庙功鸠僝，规模宏丽，倍百于昔。其余废者具兴，仆者毕振。或有一遗，朝夕思念，懔如也。因访所谓岩岩亭故迹，委知观道士田信言新之。道士既闻命，于是佣夫召匠，指画经构，伐恶木，薙奥草，基砖柱础，壁石檐云，毕能事于浃旬间。虚深亢爽，不户不牖，豁然上视，泰山尊严广固，垂蓝散黛于莽苍之间，左右诸山，峰峦缭绕，不召而俱至。却立延望，则幽蹊曲径，樵担僧锡，去住断续，历可指数。至于数百里之景，仿佛溟蒙杳霭外，举目尽得。憩而坐，怠而卧，则快哉之风，缘阿而来，飘忽而升降，徜徉不绝。西溪之泉，喷霜噀雪，泠泠然锵环佩声，其清凉淋溧，虽三伏际，不知蕴隆虫虫者为炎酷也。凡客游观于天下者，有不屈伏退让以推高是亭乎？既成，适以重五日，公率僚吏，酒肴茶果以落之。建荣以徐公檄，获预坐末，因语道士曰：今之境界，向之境界也，何物像变换不同如此？山葩野卉，红妆紫润，奇石森然争出而效技，乃前日苍烟白露之荆棘也。高甍巨桷，翚飞萦映，云容日景，浮光而上下，乃前日颓垣坏址之荒墟也；佳辰令节，州人士女，啸歌弦管，乃前日风雨晦冥鼯鸟之乖音也。今其美哉，大为君子之壮观，偶然耶？抑有时耶？不然，何其一废二十年而不早谋振起之乎？

五松亭

当岳之中道，亭前有秦封松树五，故名。又名御帐，以宋真宗言。嘉靖三十年六月大水，漂没其亭，五松存者三焉。知府李迁委本州吏目陈镇修复。

更衣亭

在岳之红门道左。凡衣冠之士登岳，至是易便服以行，故名。

且止亭

在更衣亭西。有石刻亭名三大字。

环翠亭

在蒿里、社首二山间。登此北眺岱岳，余三面则鞍牛、徂徕诸山苍翠环峙，故名。

萃美亭

在岳之西趾，去州治十里。金知州姚建荣建，元奉高尹王悟重修，廉访使徐琰记。亭今废，记石移置文庙。

记略：天下名山，巍然而大，岩然而尊者，泰山而已。泰山胜境，窈然而深，蔚然而秀者，西溪而已。溪居岱宗之右麓，延袤数十里。树林阴翳，蹬道崎岖，清泉奇石，瑰玮万状。行愈远而山愈奇，境愈胜。极溪之所穷，颠崖百丈，悬流下掷，望之如垂练，天绅泉也。天绅之西有巨壑焉[①]，一水自天胜岩落，为盘石所散，漫泻于壑之上檐，若建瓴然，水帘洞也。而又芙蓉、悬刀、飞鸦、狮子诸峰，削翠其上；黑蜧、白龙神潭水府，潜珍其下。云烟吐吞，晦明变灭，跳珠溅沫，轰雷掣电，顾接有所不暇，真山水之窟宅，天壤之奥区也。金大定间，泰安太守姚公，面水帘而瞰天绅，创构一亭。樽俎不移，而诸景咸会，因榜之曰“萃美”。坡诗有云：江山虽有余，亭榭着难稳。登临不得要，万象各偃蹇。吾不知世间得登临之要，有如此亭者乎？

灵液亭

在岳顶玉女池北。宋建，今废。

醴泉亭

在天书观。宋建，今废。

① 天：原作“大”，据《岱史》卷十一改。

瑞云亭

在会真宫。

翠阴亭

在乾元观，即天书观。右二亭俱废，名见宣和兖守钱伯言游记。

观山亭

前守李旼建，治宅之东。壁间石记尚存。

泰安州知州郑聚东校补
学正　陈　宠
训导　卢　枫
新泰县教谕林宇中校正
生员　刘　泮
　　　侯　贵
　　　邓　霓
　　　李汝桂　同校

《泰山志》卷之二　终

《泰山志》卷之三

明巡按直隶监察御史　婺　吴伯朋裁定

山东按察司佥事　大梁　曹金校订

顺天府儒学训导　歙　汪子卿编辑

登览

登览志何？志登览之文也。夫古今之登岳者众矣，而传者无几焉。盖名岳奇观，非文无纪；磨崖汗简，孰不为文？乃若咀华味隽，而传或寡焉，是故君子之慎于文也。虽然，孔子登之，而万世传焉，而何有于文？是故又知夫君子之不徒文尔矣。

诗

周

孔子　一首

丘陵歌

登彼丘陵，峛崺其阪。

仁道在迩，求之若远。

遂迷不复，自婴屯蹇。

喟然回顾，题彼泰山[①]。

郁确其高，梁甫回连[②]。

① 回顾：《古今图书集成·方舆汇编·山川典·泰山部》作“回虑”。

② 确：原作“碓”，据《古今图书集成·方舆汇编·山川典·泰山部》改。

枳棘充路，陟之无缘。

将伐无柯，患滋蔓延。

惟以永叹，涕霣潺湲。

汉

张衡　一首

四思之一[①]

我所思兮在泰山，

欲往从之梁父艰，

侧身东望涕沾翰。

美人赠我金错刀，

何以报之英琼瑶？

路远莫致倚逍遥，

何为怀忧心烦劳！

魏

曹植　一首

飞龙篇

晨游泰山，云雾窈窕。

忽逢二童，颜色鲜好[②]。

乘彼白鹿，手翳芝草。

我知真人，长跪问道。

西登玉堂，金楼复道。

① 四思：《泰山石刻大观·张衡题诗碑》碑拓作“四愁篇”。

② 二：《泰山石刻大观·曹植题诗碑》碑拓作“弍”。

授我仙药，神皇所造。

教我服食，还精补脑。

寿同金石，永世难老[①]。

驱车篇

驱车撣驽马，东到奉高城[②]。

神哉彼泰山，五岳专其名。

隆高贯云蜺，嵯峨出太清[③]。

周流二六候，间置一二亭[④]。

上有涌醴泉，玉石扬华英。

东北望吴野，西眺观日精。

魂神所系属，逝者感斯征。

王者以归天，效厥元功成。

历代无不遵，礼记有品程[⑤]。

探策或长短，唯德享利贞。

封者七十帝，轩皇元独灵。

飡霞漱沆瀣，毛羽被身形[⑥]。

发举蹈虚廓，径庭升窈冥。

同寿东父年，旷代永长生。

---

① 永世：《古今图书集成·方舆汇编·山川典·泰山部》作“末世”。

② 撣：《古今图书集成·方舆汇编·山川典·泰山部》作“挥”。

③ 云晲：《古今图书集成·方舆汇编·山川典·泰山部》作“云霓”。

④ 候：《古今图书集成·方舆汇编·山川典·泰山部》作“堠”。一二：《古今图书集成·方舆汇编·山川典·泰山部》作“十二”。

⑤ 遵：《古今图书集成·方舆汇编·山川典·泰山部》作“尊”。

⑥ 飡：《古今图书集成·方舆汇编·山川典·泰山部》作“餐”。

仙人篇

仙人揽六著，对博泰山隅。
湘娥拊琴瑟，秦女吹笙竽。
玉樽盈桂酒，河伯献神鱼。
四海一何局！九州安所如？
韩终与王乔，要我于天衢。
万里不足步，轻举凌太虚。
飞腾逾景云，高风吹我躯。
回驾观紫微，与帝合灵符[①]。
阊阖正嵯峨，双阙万丈余。
玉树扶道生，白虎夹门枢。
驱风游四海，东过王母庐。
俯观五岳间，人生如寄居[②]。
潜光养羽翼，进趋且徐徐。
不见轩辕氏，乘龙出鼎湖。
徘徊九天上，与尔长相须。

晋

陆机　一首

泰山吟

泰山一何高，迢迢造天庭[③]。
峻极周以远，层云郁冥冥[④]。

---

① 观：《古今图书集成·方舆汇编·山川典·泰山部》作“视”。
② 俯观：《古今图书集成·方舆汇编·山川典·泰山部》作“俯视”。
③ 一：《泰山石刻大观·陆机题诗碑》碑拓作“壹”。
④ 以：《古今图书集成·方舆汇编·山川典·泰山部》作“已”。

梁父亦有馆，蒿里亦有亭[①]。
幽岑延万鬼，神方集百灵[②]。
长吟泰山侧，慷慨激楚声。

王凝之妻谢氏[③]　一首

泰山吟

峨峨东岳高，秀极冲青天。
岩中间虚宇，寂寞幽以玄。
非工复非匠，云构发自然。
器象尔何物？遂令我屡迁[④]。
逝将宕斯宇，可以尽天年[⑤]。

宋

谢灵运　一首

泰山吟

泰宗秀维岳，崔崒刺云天[⑥]。
岞崿既崄巘，触石辄迁绵[⑦]。
登封瘗崇坛，降禅藏肃然。
石闾何晻蔼，明堂秘灵篇。

---

① 梁父：《泰山石刻大观·陆机题诗碑》碑拓作“梁甫”。
② 幽岑：《古今图书集成·方舆汇编·山川典·泰山部》作“幽途”。神方：《泰山石刻大观·陆机题诗碑》碑拓、《古今图书集成·方舆汇编·山川典·泰山部》均作“神房”。
③ 王凝之妻谢氏：《古今图书集成·方舆汇编·山川典·泰山部》作“谢道韫”。
④ 器象：《古今图书集成·方舆汇编·山川典·泰山部》作“气象”。
⑤ 宕：《古今图书集成·方舆汇编·山川典·泰山部》作“宅”。
⑥ 泰宗：《泰山石刻大观·谢灵运题诗碑》碑拓作“岱宗”。
⑦ 迁绵：《古今图书集成·方舆汇编·山川典·泰山部》作“芊绵”。

唐

李白　七首

泰山吟

四月上泰山，石平御道开。
六龙过万壑，涧谷随萦回。
马迹绕碧峰，于今满青苔。
飞流洒绝巘，水急松声哀。
北眺崿嶂奇，倾崖向东摧。
洞门闭石扇，地底兴云雷。
登高望蓬瀛，想象金银台。
天门一长啸，万里清风来。
玉女四五人，飘飖下九垓。
含笑引素手，遗我流霞杯。
稽首再拜之，自愧非仙才。
旷然小宇宙，弃世何悠哉。

清晓骑白鹿，直上天门山。
山际逢羽人，方瞳好容颜。
扪萝欲就语，却掩青云关。
遗我鸟迹书，飘然落岩间。
其字乃上古，读之了不闲。
感此三叹息，从师方未还。

平明登日观，举首开云关。
精神四飞扬，如出天地间。
黄河从西来，窈窕入远山。

凭崖望八极，目尽长空闲[①]。
偶然值青童，绿发双云鬟。
叹我晚学仙，蹉跎凋朱颜[②]。
踌躇忽不见，浩荡难追攀。

清斋三千日，裂素写道经[③]。
吟诵有所得，众神卫我形。
云行信长风，飒若羽翼生。
攀崖上日观，伏槛窥东溟[④]。
海色动远山，天鸡已先鸣。
银台出倒景，白浪翻长鲸。
安得不死药，高飞向蓬瀛。

日观东北倾，两崖夹双石。
海水落眼前，天光摇空碧。
千峰争攒聚，万壑绝凌历。
缅彼鹤上仙，去无云中迹。
长松入云汉，远望不盈尺[⑤]。
山花异人间，五月雪中白。
终当遇安期，于此炼玉液。

① 望:《古今图书集成·方舆汇编·山川典·泰山部》作“揽”。
② 叹:《古今图书集成·方舆汇编·山川典·泰山部》作“笑”。
③ 三千:《古今图书集成·方舆汇编·山川典·泰山部》作“三十”。
④ 东溟:《古今图书集成·方舆汇编·山川典·泰山部》作“东冥”。
⑤ 云汉:《古今图书集成·方舆汇编·山川典·泰山部》作“霄汉”。

朝饮王母池，暝投天门阙。
独抱绿绮琴，夜行青山月①。
山明月露白，夜静松风歇。
仙人游碧峰，处处笙歌发。
寂听娱清晖，玉真连翠微。
想象鸾凤舞，飘飖龙门衣②。
扪天摘匏瓜，恍惚不忆归。
举手弄清浅，误攀织女机。
明晨坐相失，但见五云飞。

送范山人归泰山

鲁客抱白鹤，别余往泰山。
初行若片云，杳在青崖间。
高高至天门，日观近可攀。
云山望不及，此去何时还。

杜甫　一首

望岳

岱宗夫何如，齐鲁青未了③。
造化钟神秀，阴阳割昏晓。
荡胸生层云，决眦入归鸟。
会当凌绝顶，一览众山小。

---

① 青山月：《古今图书集成·方舆汇编·山川典·泰山部》作“青山间”。

② 龙门：《古今图书集成·方舆汇编·山川典·泰山部》作“龙虎”。

③ 何如：萧涤非主编《杜甫全集校注》（人民文学出版社2014年版，下同）《四部丛刊·杜工集部》《全唐文》均作“如何”。

刘禹锡　一首

送东岳张炼师

东岳真人张炼师，高情雅淡世间稀。
堪为烈女书青简，久事元君住紫微①。
金缕机中抛锦字，玉清坛上着霓衣。
云衢不用吹箫伴，只拟乘鸾独自归。

李义府　一首

隽州遥叙封禅②

天齐标巨镇，日观启崇祠③。
岧峣临渤澥，隐嶙控河沂。
建岳诚为长，升功谅在兹④。
帝猷符广运，玄言畅文思⑤。
飞声总地络，载化抚乾维。
瑞策开珍凤，祯图荐宝龟。
东后方肆觐，西都导六师。
天驾移星苑，扬罕驭风司⑥。
沸鼓喧平陆，疑跸静通逵⑦。
汶阳驰月羽，蒙阴警电辎。

---

① 紫微：《四部丛刊·刘梦得文集》《全唐文》作“翠微”。
② 隽州：《古今图书集成·方舆汇编·山川典·泰山部》作“在隽州”。
③ 崇祠：清彭定求编校《全唐诗》(中华书局2003年版，下同)作“崇期”。
④ 谅：《古今图书集成·方舆汇编·山川典·泰山部》作“良”。
⑤ 玄言：《全唐诗》作“玄范”。
⑥ 天驾：《全唐诗》作“肃驾”。扬罕：《古今图书集成·方舆汇编·山川典·泰山部》作“云罕”。
⑦ 疑跸：《古今图书集成·方舆汇编·山川典·泰山部》作“凝跸”。

岩花飘曙辇，峰叶荡春旗。
石闾环藻卫，金坛映黼帷①。
仙阶溢秘□，灵检耀祥芝②。
三始贻遐贶，万岁受重釐。
非质陶恩奖，趋迹奉轩墀③。
触网沦幽裔，乘徽限明时。
周南昔已叹，邛西今复悲。

萧楚才　一首

奉和展礼岱宗

拂汉星旗转，分霄日羽明。
将追会阜迹，更勒岱宗铭。
林戈咽济岸，兽鼓震河庭。
叶箭凌寒矫，乌弓望晓惊。
已降汾水作，仍深迎渭情。

薛克构　一首

奉和展礼岱宗

龙图冠胥陆，凤驾指云亭④。
绯烟泛济浦，绿字启河汀。
画裳晨应月，文戟曙分星。

① 帷：《古今图书集成·方舆汇编·山川典·泰山部》作“帏”。
② 秘□：《全唐诗》作“秘秬”，《古今图书集成·方舆汇编·山川典·泰山部》作“秘箓”。
③ 非质：《古今图书集成·方舆汇编·山川典·泰山部》作“菲质”。
④ 陆：《古今图书集成·方舆汇编·山川典·泰山部》作“六”。

四田巡揖礼，三驱道契经[①]。

行欣奉万岁，窃抃偶千龄[②]。

卢照邻　一首

登封大酺歌

日观仙云随凤辇，天门碧雪照龙衣。

繁弦绮席方终夜，妙舞清歌欢未归。

吕洞宾　二首

书王母池[③]

昔日曾游此，如今九十春。

红尘多少客，谁是识予人？

再书王母池

昔年留字识曾来，事满华夷遍九垓。

无赖蛟虬知我字，故留踪迹不沉埋[④]。

丁春泽　一首

日观峰赋

泰岳东南，峰开一室。旁接天路，低临晓日。阴霾玉兔，动霄汉之微明；晓报天鸡，越氛埃之迥出。初其瞑色葱茏，悬崖倚空。独出清虚之外，遥分苍莽之中。隐雾犹白，经天渐红。披草树以灯乱，耀波涛而血融。及

① 揖：《古今图书集成·方舆汇编·山川典·泰山部》作“辑”。

② 偶：《古今图书集成·方舆汇编·山川典·泰山部》作“迈”。

③ 书王母池：原碑无此题目，刻石落款为“回回翁题”。

④ 蛟虬：《古今图书集成·方舆汇编·山川典·泰山部》作“蛟龙”。

夫林岭寒消，烟云色变。星月寥落以初没，峰峦逦迤而徐见。火动山顶，轮移水面。穿晴隟以飞镜[①]，历幽窗而走电。至若门宇萧条，霜空泬寥。凉开曙景[②]，暖入残宵。扬晶彩以艴艴，散芒角而飘飘。露洒交凝[③]，风牵影摇；望极天涯[④]，生从地表。激夫弱流之历历[⑤]，出阳谷之杳杳[⑥]。万壑收暝，千岩送晓。消古砌之晴雪，动寒庭之宿鸟。遥空冷滑，伤寸晷之难留；碧璋岧峣，望轮光而渐小。蒸林气赤[⑦]，腾空影斜；灼乱山烧，光分水花。绝壁孤危，觉灵槎之津狭；炎辉咫尺，信长安之路赊。既而背□□以徐来[⑧]，泛圆灵之不碍。蒙水气以珠暗，露松阴而璧碎。霞色收锦，天风敛黛。披云逵之斜昊，豁天门而俯对。依檐乍吐，咸生齐鲁之间；过岭递明，照及草芽之内[⑨]。由是远挂寥落，高辞绝暝。万象焜煌而毕照，六龙夭矫以无宁。安得足踏声峭，手扶青冥，陈白昼之苦短，愿阳乌之暂停[⑩]。

宋

范致冲　三首

吕公洞

朝游北海暮瀛洲，仙佩何年到此游？

安得相从问丹诀，春风同醉岳阳楼。

---

① 晴隟：《古今图书集成》作“暗隟”。

② 凉开：《古今图书集成》作“晴开”。

③ 交凝：《古今图书集成》作“交薄”。

④ 望极天涯：《古今图书集成》作“观夫望极天涯”。

⑤ 激夫弱流：宋李昉等编《文苑英华》（中华书局1966年版，下同）作“扶夫弱木”。

⑥ 阳谷：《古今图书集成》作“穷阴”。

⑦ 蒸林气赤：《古今图书集成》作“拔地生疾”。

⑧ 背□□：《文苑英华》作“背阳谷”，《古今图书集成》作“背旸谷”。

⑨ 草芽：《古今图书集成》作“草茅”。

⑩ 愿：《古今图书集成》作“请”。

竹林寺

竹林深处有招提，深掩禅关过客稀。
檐卜花开春欲暮，泠泠钟磬白云低。

日观峰

岱岳东南第一观，青天高耸碧巑岏。
若教飞上峰头立，应见阳乌浴未干。

旧志误书致冲为元人，今以岳庙延禧殿前石刻纪年正之。

苏轼　一首

游灵岩寺

醉中走上黄茅岗，
满岗乱石如群羊。
岗头醉倒石作床，
仰观白云天茫茫，
歌声落谷秋风长。
路人举首东南望，
拍手大笑使君狂。

梅圣俞　一首

登泰山日观峰

晨登日观峰，海水黄金镕。
浴出车轮光，随天行无踪。
正是刺我目，攒集如剑锋。
照曜万物兴，磨灭万物凶。
草木既无命，必闻石间松。

当时一避雨，安得大夫封？
人而苟不遇，抱简诵六龙。

王钦若　一首

登泰山

四顾无云道路开，黄麾迎从六龙来。
三神合祭光千古，万旅传呼动九垓。
幽鸟似通昆阆信，真松深隐栋梁材。
已知身世非常事，曾到天门十二回。

元

王奕　五首

和元遗山呈泰山天倪布山张真人

江右书生枉白头，杖藜始得此山游。
手摩红日登三观，袖拂黄埃看九州[①]。

泰山

扆齐机鲁辟天关，左右微垣列两班。
大展明堂俱翕受，黄河东畔少游山。

茂陵封禅坛

祥符天子旧明堂，秦汉丰碑宿草荒[②]。

---

① “袖拂黄埃看九州”下，《玉斗山人集》还有以下四句：“及下诚明亲气貌，方知岁月老春秋。更需梓就诸公什，焰焰声名万古留。”

② 秦汉：《玉斗山人集》作“二丈”。

人世已非坛尚在，摩挲老泪湿斜阳[1]。

汉柏

肤剥心枯岁月深，孙枝已解作龙吟。

烈风吹起孤高韵，犹作峰头梁甫音。

孙明复、石守道祠堂

师生高占二山名，千载谁云道义轻。

岳府柏林风雨夜，琅然犹带读书声。

杜仁杰　一首

天门铭

泰山天门无室宇，尚矣。布山张炼师为之经构，累岁乃成，可谓破天荒者也。齐人杜仁杰于是乎铭之：

元气裂，两仪具。五岳峙，真形露。惟岱宗，俨箕踞。仰弥高，屹天柱。浩千劫，窒来去[2]。谁为凿，起天虑。匪斤斧，乃祝诅。一窍开，达底处。十八盘，盘千步。荠初吐，抱围树。日车昃，惨曦驭。六龙颓，莽回玄。踖此往，嘉无数。无怀下，兵刑措。七十君，接銮辂。圣道熄，彝伦斁。揖让歇，篡夺屡。忽焉阖，梗无路。象纬森，敕诃护。朝百灵，由兹户。金璀璨，朱间布。九虎蹲，万夫怖。我欲叩，阍者怒。辟何时，坦如故。对冕旒，获控诉。豁蒙蔽，泄尘雾。刮政疵，剔民蠹。上得情，下安作。额血殚，帝聪悟。崖不磨，苍壁竖。刻我铭，期孔固。垂万世，正王度。

① 坛尚在：《玉斗山人集》作“坛更是”。

② 窒：原作“空”，据周谦编《泰山大典》（西泠印社2003年版，下同）原碑拓片改。

元遗山　一首

登岳

泰山天壤间，屹如郁萧台。
厥初造化手，劈此何雄哉！
天门一何高，天险若可阶。
积苏与累块，分明见九垓。
扶摇九万里，未可诬齐谐。
秦皇憺威灵，茂陵亦雄才。
翠华行不归，石坛满苍苔。
古今一俯仰，感极令人哀[①]。
奇探忘登顿，意惬自迟回[②]。
夜宿玉女祠，崩奔涌云雷[③]。
鸡鸣登日观，四望无氛霾。
六龙出扶桑，翻动青霞堆。
平生华嵩游，兹山未忘怀。
十年望齐鲁，孤云拂层崖，青壁落落云间开[④]。
眼前有句道不得，但觉胸次高崔嵬。
徂徕山头唤李白，吾欲从此观蓬莱。

段辅　一首

题李白泰山观日出图

岱宗郁郁天下雄，谪仙落落人中龙。

---

① “感极令人哀”下，《四部丛刊·遗山先生文集》有“是时夏春交，红绿无边涯”句。
② “意惬自迟回”下，《四部丛刊·遗山先生文集》有“惜无赏心人，欢然尽余杯”句。
③ “崩奔涌云雷”下，《四部丛刊·遗山先生文集》有“山灵见光怪，似喜诗人来”句。
④ “十年望齐鲁”下，《四部丛刊·遗山先生文集》有“登临负吟鞋”五字。

兹山兹人乃相从，气夺真宰愁丰隆。
玉堂一任云雾封，长啸飞渡秦皇松。
夜呼日出沧海东，再为斯世开鸿蒙。
钧天帝君深九重，醉舞踏碎青芙蓉。
天孙玉女为敛容，却视五岳秋毫同。
长鲸一去不复逢，乾坤万里号秋虫。
当年咳唾留绝峰，至今树石生香风。
我欲追之杳无踪，不意邂逅会此中，屋梁落月依然空。

张养浩　一首

登岳

风云一举到天关，快意平生有此观。
万古齐州烟九点，五更沧海日三竿。
向来井处方知隘，今后巢居亦觉宽。
笑拍洪崖咏新句，满空笙鹤下高寒[①]。

徐世隆　二首

纪梦

我梦天倪子，同登日观峰。
骨骊清似鹤，步健老犹龙。
方外无官府，堂中有岱宗。
仙闾真福地，杖履会相从。

① 咏新句:《古今图书集成·方舆汇编·山川典·泰山部》作“咏新作”。

送天倪子还泰山

九十行年发未华，道人风骨饱烟霞。
洞天福地三千里，神府仙闾第一家。
牛膝药灵斟美酝，兔毫盏净啜芳芽。
隐居自爱陶弘景，莫作山中宰相夸。

元好问　一首

送天倪子归布山

太白诗笔布山头，布袜青鞋欠一游。
拟欲高人参药镜，却嫌凡骨比丹丘。
云间茅屋鸡犬静，物外烟霞风露秋。
后日天门重登览，蜕仙岩下幸迟留。

天倪，即张志纯。布山，即布金山，在泰山西南。杜仁杰《铭天门·序》亦称布山张炼师，或为天倪栖真旧地，故云。

王恽　一首

汉柏

苍柏无城拥汉陵，閟宫遗树郁峥嵘。
崔嵬不植明堂础，造化潜通岳顶灵。
万壑烟霏封杰干，半空风雨撼秋声。
白头会见东封日，秀映鸾旂一色青。

张志　二首

桃花峪

流水来天洞，人间一脉通。
桃源知不远，浮出落花红。

泰山喜雨

岱宗天下秀，霖雨遍人间。
高卧今何在？东山似此山。

二诗俱刻大峪溪石，《州志》误书王恽，又讹恽为郓。

李简　三首

登岳

三峰突兀与天齐，天门未到劳攀跻。
层层石磴出林杪，萦回百折青云梯。
盘石暂憩舒清眺，涧壑风来号万窍。
水声俄在树梢头，疑有於菟天外啸。
向晓才登日观峰，手披云雾开鸿蒙。
火轮欲上海波赤，金霞翻动苍龙宫。
黄河一线几千里，吴越山川真地底。
为数齐州九点青，更将伏槛窥东溟。
李白不遇安期生，安得羽翼飞蓬瀛！

朝觐坛

朝觐当年筑此坛，旌旗影里簇仙班。
只今惟有青山在，日暮孤云自往还。

《州志》误书王郓。

酆都峪

石洞荒凉树影孤，州人相语是酆都。
古碑犹说韩擒虎，为问于今尚有无？

王旭　二首

游竹林寺

石径俯云壑，竹林开幽境。
寺古僧徒稀，山深岚气冷。
待游未终兴，红日忽倒影。
曳杖披暝烟，长歌下前岭[①]。

西溪

我爱西溪好，披云屡往来。
一州烟景合，三面画屏开[②]。
薄俗无商隐，清时有逸才[③]。
近岩多隙地，松竹更须栽。

贾鲁　一首

登泰山

岱宗何崔嵬，群山无与比。
使者久尘嚣，望之不胜喜。
无缘凌绝顶，诣祠聊致诔。
夫何一殿存，千间暴遗圮。
人言遭劫火，金源乱兵里。
感此废昔年，伤今未能理。
飞奏入彤庭，经营良在迩。
奈何齐鲁饥，百姓餐糠秕。

① 暝：原作“瞑”，据上下文义改。
② 一州：《四库全书·兰轩集》作“一川”。
③ 商隐：《四库全书·兰轩集》作“高隐”。

神兮愿效灵，穰穰多乐祀。

行当复故宫，金碧荡瞻视。

国朝

曾棨　一首　状元，江西人

茌平早行望岳

我欲登泰山，凭高望八极。浪迹十二年，蹉跎竟难得。今晨马上忽见之，屹立东南半空碧。想当洪蒙时，二气相郁蟠。大块戏黄土，莫能识其端。圆灵降崖崿，坤后孕峰峦。一朝天地划开辟，但见千丈万丈高巑岏。乃知造化神，置此奠坤轴。巨灵枕其巅，六鳌戴其足[①]。愚公不能移，长房不能缩。天工经营鬼斧凿，削出千数百峰青立玉。自从上古来，南风吹不平。日月出华彩，星宿扬光晶。寒崖积冰雪，阴壑驰风霆。云霞炫明晦，草木发精英。上浮金银气，下潜魑魅形。岩岩鲁所瞻，作镇朝百灵。昆仑以为父，四岳以为兄。匡庐、峨眉乃其子，此外培塿皆云仍[②]。齐鲁青未了，此语何足凭？其上万里天，亦借兹山青。秦皇汉武巡游遍，玉检金函重封禅[③]。风雨莓苔往日碑，烟云松柏当时殿。由来五岳秩三公，况尔巨镇山之宗。钟灵毓秀杳莫测，磅礴下土专其雄。我皇御天，生有圣德，广彰仁化，诞布恩泽。一举平安南，再举清漠北。车驾时巡过泰山，望祭筑坛陈玉帛。小臣幸此奉宸游，一见兹山爱山色。虽无涓尘补河岳[④]，颇有词气填胸臆。他年载笔颂神功，刻尽泰山山上石。

---

① 戴：《古今图书集成·方舆汇编·山川典·泰山部》作“载”。

② 云仍：《古今图书集成·方舆汇编·山川典·泰山部》作“云礽”。

③ 玉检：《古今图书集成·方舆汇编·山川典·泰山部》作“玉简”。

④ 涓尘：《古今图书集成·方舆汇编·山川典·泰山部》作“涓埃”。

汪广洋　一首　丞相，高邮人

过泰山偶赋

七十二神州，淋漓紫气浮。
天低众山小，星拱一峰秋。
云翳成龙虎，岚光薄斗牛。
岱宗与恒岳，引领日东头。

李时勉　一首　祭酒

岩岩亭送陈参政归山东

岱宗磅礴不可拟，翠色横秋几千里。
峭石巉岩倚天外，孤亭屹立当山趾。
亭前芳草没路岐，古砌荒凉苔藓滋。
幽花拂槛无人采，独鸟时鸣听者稀。
晨露浴日千峰紫，一杯遥见沧溟水。
升元观里晓钟闻，岱岳祠前白云起。
圣贤大道谁不由，乾坤阖辟同周流。
泰山气象难为喻，谁遣名亭独此留？
君去薇垣有闲日，随处登临访遗迹。
想得凭阑一望余，怀古清吟兴何极[①]！

王伃　一首

登岳

齐鲁名山仰岱宗，崚嶒万仞玉芙蓉。
月明海旷连三岛，云净天空插数峰。

① 清吟：《古今图书集成·方舆汇编·山川典·泰山部》作“悠然”。

白石谩留名士篆，苍松何用大夫封？
我来不尽登临兴，更上丹崖第一重。

吴节　六首　祭酒，安成人

泰山杂咏

金科玉检瘗重泉，凤辇霓旌散紫烟。
七十二君何处去？空余特表镇山巅。
右石表。

海内诗书已尽焚，只将贞石勒功勋。
青门黄犬知何处？尚有雕虫学篆文。
右李斯篆碑。

十丈高崖铲碧苍，前镌功德后词章。
浯溪亦有中兴颂，不及东游纪盛唐。
右磨崖碑。

绝顶方池若镜空，浮云于此闷灵踪。
几回肤寸成霖去，要与苍生作岁丰。
右云水池。

曾与秦皇托旧恩，昂霄耸壑露盘根。
可怜二世空尘土，不及寒松有子孙。
右大夫松。

几度天书降紫清，宋皇曾此驻龙旌。

野花啼鸟年年换，犹有人传御帐坪。

右御帐坪。

徐有贞　一首　武功伯

登泰山

启厌丹崖步步迎，眼前灵景变阴晴[①]。

马从万丈松边驻，人在九重天上行。

朝见白云山半起，夜看红日海东生。

还知恋阙心无远，直北分明是帝京。

年富　一首　尚书，凤阳人

祷雪

名尊五岳镇山东，至圣惟司化育功。

一炷信香期感召，愿垂三白兆年丰。

李裕　一首　按察使

登泰山

历遍群山夕照催，恍疑身到紫霄回。

汉秦封禅俱无迹，唐宋碑铭半是苔。

紫气当时凝御帐，岚光彻夜映仙台。

英灵岂独为霖雨，又与天朝产异材。

① 启厌：《古今图书集成·方舆汇编·山川典·泰山部》作“岂厌”。

周豪　一首　佥事

登泰山

重峦叠嶂上摩空，下瞰诸山夐不同。
泰华峰头青菡萏，仙人掌上玉芙蓉。
一凌绝顶知天近，五夜沧溟见日红。
赫赫霞君人敬仰，无端牲帛往来通。

张盛　一首　参政

初登泰山

岱宗仰望郁嵯峨，万壑千岩气象多。
雨过春光横翠黛，烟迷晓色露青螺。
秦王封禅碑还在，汉武祈灵事不磨。
今日我来登眺处，苍天咫尺手堪摩。

张文　一首　郎中

大夫松

风雨岩前驻六龙，青松赢得大夫封。
扶苏谩有安秦策，不及当时半日功。

徐源　一首　主事

登岱宗

岱岳登观绝顶来，汶流双曲抱徂徕。
人随箭括天门度，马别肩舆岘岭回。
封禅台高簪白石，磨崖字古蚀苍苔。
金舆玉辇谁重过，惟见秦王一土坯。

乔缙　一首　主事

登泰山

东岳巍巍步亦难，篮舆载我上云端。

峰排日观三千丈，路绕天门十八盘。

高碍斗牛登处近，青分齐鲁望中宽。

瓣香将敬元君庙，愿祝皇图万亿年。

司马垔　一首　御史

登泰山

兹游自负亦奇哉！氅雾林霏指顾开。

万丈翠屏天上立，一轮红日望中来。

尼丘故陇钟灵气，秦汉丰碑没古苔。

却忆君亲在西北，五云深处首重回。

毕瑜　三首　副使，贵溪人

明堂怀古

黍离诗自咏东周，翠辇无因此地游。

朝聘不闻来束帛，会盟惟识有诸侯。

圣贤述作光千古，王霸兴亡付一丘。

莫向高台寻旧迹，断碑残砾不胜愁。

《州志》误作范致冲。

舍身崖

东岳含灵本好生，此崖元不是秦坑。

痴儿独昧谋身计，甘负人间不孝名。

无字碑

屹立峰巅类独夫，祖龙为此欲何图？
东南王气依然在，谁道亡秦不是胡！

赵英　一首　御史，兰州人

登泰山次司马韵

绝顶登临眼欲昏，声高只恐上方闻。
东瞻沧海襟千里，北望瑶京戴五云。
秦汉礼仪成故事，石孙声价重斯文。
吾皇曾不论封禅，万载令人颂放勋。

夏寅　一首　副使，华亭人

泰山

东方为岱众山宗，万域人心仰止同。
七十二君封禅后，数千年事渺茫中。
鲲游北海云长黑，鸡验中宵日已红。
弱水蓬莱在何处？群仙初别大明宫。

潘祯　二首　提学

登泰山

大翼垂云须九万，天游今日殆忘还。
千年谁更观沧海，老脚吾方到泰山。
雨过春岩龙自戏，松生太古鹤常闲。
题诗不尽孤高意，起立中峰看世寰。

神仙鹳背也超然，泰岳朝骑凌紫烟。

山压东溟盘大地，路横北斗到青天。
手中日月谁同弄，象外风光我得先。
一笑人间空万古，太清聊倚兴无边。

王弼　一首　员外郎

登泰山

下蟠沧海上青天，太古谁先探此巅。
万岭蒙羞云雾里，九州分界户庭前。
道高孔子登时见，功陋秦皇禅后镌。
独羡当年李太白，坐临红日观云烟。

邵庄　一首　主事

登泰山

好风吹我上层霄，四望茫洋景致饶。
玉牒有文存故事，古碑无字认前朝。
海东日出中宵见，山半云生下界遥。
从此信知天下小，拟追宣圣思飘飘。

黄景　一首　尚书

祠岱宗不果登览有作

几代英君几度封，穿云也只恁般峰。
荒唐纪载闻经史，典礼公明仰祖宗。
天若有门人可到，仙那无迹客难逢。
乾坤自是归真主，料得山灵笑祖龙。

王经　一首　佥事

登泰山

开辟乾坤峙此山，有生何幸得跻攀。
登高渐觉星辰近，到此方惊宇宙宽。
突出孤峰擎日月，亘绵万里发林峦。
追思五载东巡日，三代君臣共克艰。

张岫　一首　参政

登泰山

鸡鸣海曙射神宫，石径萦纡上碧空。
回马岭前琪树古，水帘洞口野花红。
松擎御帐溶溶月，雁避天门猎猎风。
尽日攀萝登绝顶，此身疑在五云中。

刘丙　一首　御史

登泰山

凌空何事独徘徊，欲赋惭非宋玉才。
归路宛从天上下，吟眸争向雾中开。
磨崖字古人难读，御帐台空水自哀。
啸我风霜长跋涉，山灵可许再重来。

潘楷　一首　御史，溧阳人

登岳

天门天外迥，伫览万山微。
峭壁从空落，烟霞绕座飞。
路通仙岛近，心与世尘违。

剩有徜徉兴，酣歌马上归。

王守仁　五首　尚书，余姚人

登岳

晓登泰山道，行行入烟霏。
阳光散岩壑，秋容淡相辉。
云梯挂青壁，仰见蛛丝微。
长风吹海色，飘飖送天衣。
峰顶动笙乐，青童两相依。
振衣将往从，凌云忽高飞。
挥手若相待，丹霞闪余晖。
凡躯无健羽，怅望不能归。

天门何崔嵬，下有青云浮。
泱漭绝人世，迥豁高天秋。
暝色从地起，夜宿天上楼。
天鸡鸣半夜，日出东海头。
隐约蓬壶树，缥缈扶桑洲。
浩歌落青冥，遗响入沧流。
唐虞变楚汉，灭没如风沤。
藐矣鹤山仙，秦皇岂堪求。
金砂费日月，颓颜竟难留。
吾意在庞古，冷然驭凉飕[1]。
相期广成子，太虚共遨游。

① 冷然：《古今图书集成·方舆汇编·山川典·泰山部》作“泠然”。

枯槁向岩谷，黄绮不足俦。

穹崖不可极，飞步凌烟虹。
危泉泻石道，空影垂云松。
千峰互攒簇，掩映青芙蓉。
高台倚巉削，倾侧临崆峒。
失足随烟雾，碎骨颠崖中[①]。
下愚竟难晓，摧折纷相从。
吾方坐日观，披云笑天风。
赤水问轩后，苍梧叫重瞳。
隐隐落天语，阊阖开玲珑。
去去勿复道，浊世将焉穷。

尘网苦羁縻，富贵直露草。
不如骑白鹿，东游入蓬岛。
朝登泰山望，洪涛隔缥缈。
阳辉出海云，来作天门晓。
遥见碧霞君，翩翩起员峤。
玉女紫鸾笙，双吹入晴昊。
举首望不及，下拜风浩浩。
掷我玉虚篇，读之殊未了。
傍有长眉翁，一一能指道。
从此炼金砂，人间迹如扫。

① 随：《四部丛刊·王文成公全书》作“堕”。

泰山高

欧生诚楚人，但识庐山高，庐山之高犹可计寻丈，若夫泰山，仰视恍惚，吾不知其尚在青天之下[①]？其色直出青天上。我欲仿拟试作泰山高，但恐丘垤之见，未能测识高大，笔底难具状。扶舆磅礴元气钟，突兀半遮天地东。南衡北恒西有华，俯视伛偻谁雌雄？人寰茫昧乍隐见，雷雨初解开鸿蒙。绣壁丹梯，烟霏霭霨，海日初涌，照耀苍翠。平麓远抱沧海湾，日观正与扶桑对。听涛声之下泻，知百川之东会。天门石扇，豁然中开；幽崖邃谷，聚积隐埋。中有遁世之流，龟潜雌伏，飧霞吸秀于其间，往往怪谲多仙才。上有百丈之飞湍，悬空络石，穿云而直下，其源疑自青天来。岩头肤寸出烟雾，须臾滂沱遍九垓。古来登封七十二主，后来相效纷纷如雨。玉检金函无不为，只今埋没知何许？但见白云犹复起封中。断碑无字，天外日日磨刚风[②]。飞尘过眼，倏超忽飘荡，岂复留其踪。天空翠华远，落日辞千峰。鲁郊获麟，岐阳会凤；明堂既毁，閟宫兴颂。宣尼曳杖逍遥一去不复来，幽泉呜咽而含悲，群峦拱揖如相送。俯仰宇宙，千载相望。堕山乔岳，尚被其光。峻极配天，无敢颉颃。嗟予瞻眺门墙外，何能仿佛窥室堂。也来攀附蹑遗迹，三千之下，不知亦许再拜占末行。吁嗟乎！泰山之高，其高不可极，忽然回首，此身不觉已在东斗傍。石刻起误，今以本集正之。

张璿　一首　都御史，晋州人

五松

岱岳中途笑祖龙，帝无三世纳降从。

些须恩泽还颠倒，不在儿孙却在松。

---

① 青天之下：《四部丛刊·王文成公全书》作“青天之下乎”。

② 日日：《四部丛刊·王文成公全书》作“日月”。

卢琼　一首　御史，浮梁人

秦松

大夫树下无遗泽，呜咽泉头常怨声。
尺土不封乖父子，翻将恩典及无名。

呜咽泉在归德州，秦扶苏死所。

陈琳　五首　侍郎，莆田人

登岳漫题

奇峰崒嵂屹中立，拔地插天百千尺。
兴云吐雾涨烟岚，下压坤舆奠鳌极。
五岳之尊此无对，雨露神功同覆载。
孕贤毓圣济兖间，斯文命脉千年在。
巍巍矗矗镇东服，虞周曾此驾黄屋。
车书文轨拱明堂，秉圭辑瑞朝群牧。
尔后宣尼再登眺，俯视寰瀛众山小。
秦汉以来此义微，神女玉皇两茫渺。
作福作威知有无，祝釐香火来八表。
玉检金函事已非，天皇道君空扰扰。
祥符金字碑方渎，蒿里玉简十有六。
尊王发微明《春秋》，赖有泰山孙明复。
徂徕先生《圣德颂》，庆历至今名犹馥。
我来殷勤一拜瞻，仰止高风祛尘俗。
参天插地势齐云，岱岳奇观海内闻。
金阙漫传祠玉帝，碧霞浪说有元君。
秦碑无字真可笑，汉禅乾封何足云。
邹鲁圣贤天下少，磨崖须纪此山勋。

同余侍御再登泰山次韵

万仞岗头御帐开，秦松汉柏亦奇哉！
酷怜古迹陪仙侣，可是山灵许再来。

绝顶风高六月寒，危松怪石似龙盘。
天门几度来骢马，御帐当年驾翠銮。
碧藓封中寻汉禅，五云深处谛秦观。
东山莫漫濡毫兴，霖雨苍生望谢安[①]。

茫茫沧海半山寰，天壁跻攀步步艰。
顿觉风云生足下，却疑身世出人间。
鬓颜看镜惊将老，廊庙悬情未许闲。
暂息尘踪随谢屐，逢瀛洞里探仙关。

和王阳明御帐壁间韵

足蹑天梯上，凭虚眼自空。
弥高宗孔道，启幻笑秦封。
雷殷云崖下，螭蟠石壁中。
星辰如可摘，绝顶寄吾踪。

秦金　一首　尚书，锡山人

登泰山

石磴萦纡十八盘，眼中风景渺无端。
东瞻日观蓬瀛近，南指天门宇宙宽。

① 漫：《古今图书集成·方舆汇编·山川典·泰山部》作“谩”。

长啸顿醒尘世梦，壮怀聊洗腐儒酸。
金书玉检俱陈迹，秦汉遗碑莫谩看。

柴奇　一首　通政使，昆山人

登岳

朝出登封门，起拂衣上尘。
肩舆历巑岏，清霜及兹晨。
极目日观东，海水浩无垠。
秦事今已远，坛社空荆榛。
抚景增叹息，群山自嶙峋。

边贡　六首　尚书，历城人

登岳

岱宗山秀百灵屯，壁立烟霄万古存。
幽府化机盘地轴，上清真气接天门。
霞标日观青松丽，春透龙池碧水温。
薄暮振衣峰顶石，蓬莱东眺海云昏。

北上天门日未斜，刚风吹我度谽谺。
仙人洞古留丹鼎，玉女祠高护碧霞。
深涧千年犹冻雪，阴崖四月始桃花。
秦封汉禅俱牢落，细读穹碑感岁华①。

玉皇祠畔一凭阑，绝顶风高夏亦寒。

① 牢落:《古今图书集成·方舆汇编·山川典·泰山部》作“寥落”。

北去尘沙通瀚海，西来天地是长安。
青云迥隔三千界，白日平临十八盘。
似有飞仙度幽壑，凤笙声袅佩珊珊。

岩嶂崔嵬云雾升，泰山灵秀古今称。
百千万地岂重有，三十八年才一登。
贝殿深春来供客，松崖落日下樵僧。
中天夕磬泠泠发，知在烟峦第几层？

御帐坪

白日天门近，青山御帐空。
亭虚从眺览，树古自登封。
过鸟层空上，鸣泉万壑中。
翠华春不返，惆怅昔人踪。

回马岭

回马岭前春日西，涧花岩草郁萋萋。
上方钟落不知处，惟见白云岩畔栖。

乔宇　二首　尚书，太原人

登岳

五岳谁争长，东皇万物先。
晦明分日月，呼吸变云烟。
厚脉中盘地，神功上配天。
云亭问封禅，千古竟茫然。

百灵朝拱处，空籁听琅璈。
地据中原胜，天临下界高。
云山双老眼，江海一秋毫。
欲访蓬瀛去，从谁借六鳌？
《州志》《通志》误“处”为“北”，《通志》误为程敏政作，今以亲书篆刻正之。

许逵　一首　尚书

登岳

一上青霄路几重，峻岩险壑乱如从。
靖安齐鲁真雄镇，高压蓬瀛有丈峰。

王廷相　一首　尚书，仪封人

登岳

五岳俱神峻，岧峣泰岱偏。
半岩回骏马，绝顶俯云烟。
一览小天下，三更见日躔。
蓬莱疑咫尺，直恐碍飞仙。

赵鹤　四首　提学，扬州人

登岳

分明苍秀拨云开，谁凿当年混沌胎。
山压星辰从下看，海浮天地自东回。
一时岱狩雍容礼，千古崧高制作材。
载说皇朝称祀诏，始知神哲奠三才。
自注云：革前代渎加封号。

一上遥岑万丈苍，天风应为袭衣裳。
鸡鸣往往看东日，人语时时到下方。
云暗钟声连海树，春浮花气入山堂。
四时未歇登游兴，翻说崖禽唤客忙。

转转官旌度几峰，不知花外有鸣钟。
春空一望青苍里，晓殿齐开紫翠重。
山鸟归时知雨意，崖松到处换云容。
平生奇赏输今日，便欲淋浇浩荡胸。

东皇祠下走灵氛，今古祈灵縢有文。
不断香灯千里至，有时钟磬四山闻。
雨声直过僧家竹，鸿影平低客路云。
却爱三人花底饮，不妨对影到斜曛[①]。

许成名　一首　侍郎，东昌人

登岳

晓踏双峰万里明，岚光云气散高晴。
遥分东海连空碧，俯讶群山与地平。
池有风花摇玉佩，桥留春草坐尘缨。
秦皇石上堪登啸，千古令人感慨生。

① 不妨对影到斜曛：《古今图书集成·方舆汇编·山川典·泰山部》作“不知岭树挂斜曛”。

李东阳　一首　大学士，长沙人

望岳

偶上奎文阁，来观泰岳峰[①]。
半空翻碧浪，平陆走苍龙。
紫爱沾岚湿，青怜发黛浓。
长原随迆逦，高树助蒙茸。
幢节迎还送，戈矛击更冲。
烟霞变明晦，云雨验丰凶。
混沌天初辟，精灵地所钟。
分疆书禹贡，肇域纪尧封。
挹浅临沧澥，凭虚揖华嵩。
行尊宜作丈，名重合称宗。
外敛神无迹，中涵德有容。
庙严王者象，植古大夫松。
北阙身长系，东轺境暂逢。
崖跻愁日观，谷啸想风从。
圣主斋心切，儒臣乐事慵。
饔飧惭驿廪，舆从悯官佣。
岁旱当忧国，民劳恐病农。
我方颐一笏，谁共手双筇。
日月蹉跎易，溪湖限隔重。
奋飞输鸟翼，飘泊信萍踪。
濯热思晞发，凌秋忆荡胸。
酒阑多爽气，凉思晚惺忪。

① 泰岳：《古今图书集成·方舆汇编·山川典·泰山部》作“东岳”。

章拯　二首　尚书，金华人

登岳书感

千古明堂空怅望，于今环道颇平夷。
已迷汉武五车石，却笑秦王无字碑。
日观登封终不固，天书行诈亦何为？
监司尽括金钱施，流俗争趋玉女祠。

舍身崖

由来好生地，讵有舍身崖？
一死轻秋叶，伊谁倡厉阶！

李梦阳　三首　提学，河南人

问郑生登岱

昨汝登东岳，何峰是绝峰？
有无丈人石，几许大夫松。
海日低波鸟，岩雷起窟龙。
谁言天下小？化外亦王封。

俯首无齐鲁，东瞻海似杯[①]。
斗然一峰上，不信万山开。
日抱扶桑跃，天横碣石来。
君看秦始后，仍有汉王台。

① 齐鲁：《古今图书集成·方舆汇编·山川典·泰山部》作“东鲁”。

仰五岳歌（之一）

我所仰兮在泰山，
侧身东望阻齐关，
南有龟蒙东肃然。
仙人赠我绿琼丹，
招我东游扶桑间。
我欲从之途路艰，
东望河济涕潺湲。

马汝骥　一首　侍郎，陕西人

送太宰石熊峰东祀

三微开岁纪，百礼洽时禋。
帝启玄符日，天颁翠节辰。
使星摇壁府，卿月照天津。
道出齐封旧，书求鲁殿新。
尼丘回杳霭，岱岳对嶙峋。
碑刻非秦禅，柴燔代舜巡。
金泥和五色，玉检闷千春。
岭陟青龙绕，泉临白鹤驯。
望洋分岛屿，观日净烟尘。
德已精灵契，形须梦寐亲。
怀归歌大雅，属望辅洪钧。
拟献嵩高曲，抽毫愧不神。

周相　一首　佥事，松陵人

登岳

兖镇标神异，东方压岱宗。
岁星辉八极，玄女降三宫。
云气成双阙，炎精生赤虹。
千年森汉柏，古道郁秦松。
金箧昭灵秩，芝房照碧丛。
唐碑旧纪历，汉勒几登封。
入岭天门晓，停骖御帐空。
丹霞迎紫盖，孤嶂削芙蓉。
独瞰三千界，旋攀第一重。
蜃楼明日观，圣水树莲峰。
春址盘香火，禋坛纳化工。
乘时挥玉策，周览极巃嵸。

叶份　一首　提学，婺源人

泰山吟

岱山长群岳，巨镇标东维。
岧峣临渤澥，巀嶭控河沂。
灵区回洞府，福地启崇祠。
石闾何晻霭，瑶芬闷葳蕤。
虞巡柴望湮，周狩明堂隳。
遐哉七十君，版牒空名垂。
秦皇无灵氛，汉武非仙才。
封松郁中坂，植柏满南陲。
我来值春月，叠嶂开云霾。

天门步寥廓，盘道历逶迤。

款谒碧霞君，寒漱玉女池。

沉吟挹玉简，摩挲向崖碑。

云卧通象纬，神游驾虬螭。

朝登日观峰，日出扶桑枝。

呼吸变烟雾，下界行风雷。

俯视渺茫气，焉能辩瀛裨[1]。

遥思骑黄鹤，圆方随所之。

王裕　一首　提学

石表

柴望当年告治平，谁知风起鲍鱼腥？

惟有石表依然在，蔓草寒烟夕照明。

张鲲　六首　副使，钧州人

登岳

道假三齐出，形真五岳先。

瑶坛云树采，贝阙露花寒。

狩典闻虞日，封碑见汉年。

登临重回首，紫气帝乡偏。

暝色回吴楚，灵光集鬼神。

殿虚云雾出，门侧斗牛邻。

① 辩：当作“辨”。

笙鹤来还去，仙芝秋复春。
斋宫夜不寐，吾意欲修真。

春山三月万木荣，东谿西谿春鸟鸣。
如闻山海通灵气，何处楼台更五城。

岩岩亭上聊容与，岩岫光摇楚客袍。
何处仙人吹铁笛，隔溪童子荐樱桃。

悬磴盘梯天路长，高空云雾湿衣裳。
金银宫阙知邻近，鸟自嘤嘤花自香。

玉虚宫殿元孤秀，夜半深奇独自行。
玄鹤遥闻乘月度，白云近见与沙平。

张邦教　八首　佥事

泰山杂咏

震维生长地，历代表殊庥。
拜礼勤终岁，祈求遍九州。
势雄神鬼宅，迹胜凤麟游。
八境通乔岳，香云烂欲流。
右至泰安州。

天王出狩时，玉帛万邦随。
柴望遵虞制，恩威协禹规。
齐君终罢毁，季旅竟奚为?

千载存遗址，青阳在指麾。

右周明堂。

千仞排巉崿，生疑鸟雀愁。

苍茫横古道，缥缈接飞楼。

月窅风尘夕，猿清草树秋。

明时苛政绝，行坐仰尼丘。

右岩岩亭，夫子闻妇人哭处。

绝顶山穷处，是名秦观峰。

一览天地阔，四顾烟云重。

虚坛葆羽静，秘箓青霄通。

从此登封毕，求仙使海中。

右秦观峰，始皇封祀处。

梁父东巡地，青鸾翊翠华。

露盘萦蔓草，丹灶委涎蜗。

晓日追风骑，秋风泛海槎。

深幽询往迹，石表半沉沙。

右泰畤，汉封祀处。

磨崖高百尺，功德此劖铭。

典诰文全古，莓苔字半青。

可能光日月，应不畏雷霆。

一代中兴颂，悠悠付巨灵。

右唐磨崖碑。

官家曾驻跸，今复辟蓬莱。
萝洞颓金榜，松坪削玉台。
深湫龙蜕去，高树鹤飞回。
应笑天书阁，明珠浪作媒。
右御帐，宋真宗行幸处。

自称皇帝下封王，郡县新颁守令章。
将相之余皆省物，无情草木亦恩光。
右大夫松。

郑善夫　四首　郎中，闽县人

登岳

巨灵盘盘阊阖门，日观峰头玉册存。
黄岘西行看落日，碧霞南面拜元君。

秦皇自谓功无量，拟揭空碑古帝前。
磨崖小篆三千字，何似开元十四年。

苦忆泰山孙处士，《春秋三传》尚须编。
只今四海无青眼，欲向何门乞俸钱？

东岳乾坤定，黄河一缕分。
日排瀛海浪，天入蓟门云。
鲁道伤吾志，秦碑自夕曛。
未堪疏远目，万里正祲氛。

方豪　二首　副使，开化人

登岳

三月无风上泰山，岩花谷鸟共盘桓。
因怜郑老看山癖，赤日烟萝带病攀。
自注云：吾友郑继之，曾以六月来登。

日观峰头紫雾开，嗒然回首望蓬莱。
野人自是烟霞骨，应有神仙月下来。

杨祜　八首　佥事，钱塘人

登岳

朝发泰山麓，暮登泰山椒。
度壑既窈窕，陟巘亦岧嶤。
峰日匿逾曜，崖冰寒未消。
霜猿纷叫啸，风木怒鸣号。
身缘遐举轻，目以眄睐劳。
憩石偶危坐，临深郁长谣。

兹山何峻极？盘礴亘百里。
鸟道五丁开，云标三观起。
雪涧无冬春，烟岚互苍紫。
星垂崖户外，人度青天里。
阳枝晞日华，阴谷飞霞绮。
仙灵此窟宅，幽异讵能纪？

振衣跻云峰，倚杖眺明堂。

葱葱郁佳气，历历殊井疆。
周王昔时巡，观民觐东方。
皇皇四海一，肃肃群后跄。
升堂奠苍璧，端己居青阳。
鳌事旷千载，忾然情内伤。

秋气已堪悲，登山转寥泬。
对酒睠将归，感时伤暮节。
霜凄哀雁翔，潦尽群龙穴。
秦碑苔藓滋，汉墠神光灭。
千岩洒寒风，万壑飞晴雪。
宝剑拂扶桑，长啸高云裂。

泰山屹嶭与天通，七十二峰元气中。
下施云雨泽后土，上贯星宿摇紫宫。
悬崖古柏落空翠，架壑危松度远虹。
我来凭高俯沧海，夜坐观日扶桑东。

殊方此日逢重九，绝岳高吹散远愁。
汉畤秦封空往事，紫萸黄菊自深秋。
天清楼阁明三观，野旷山河辩九州[①]。
独是怀亲忧国意，白云沧海共悠悠。

岱宗秋卧夜床清，万籁无声片月明。

---

① 辩：《古今图书集成·方舆汇编·山川典·泰山部》作“辨”。

何事仙人骑白鹿，碧霞洞口谩吹笙[1]。

日观秦峰霞作标，扶桑夜见海门潮。
楼船方士何年到？玉检金书久寂寥[2]。

陈沂　二首　参政，宁波人

登岳

飞轩临绝顶，悬磴更岧峣。
谷响松风接，天空海雾消。
琳宫环紫极，玉节下青霄。
路指天门外，来迎笙磬遥。

一入登封路，乾坤自此分。
诸峰会元气，乱石散星文。
仰面攀青磴，回头看白云。
飞梁架穷壑，鸣溜四山闻。

朱节　一首　御史，山阴人

登岳

尘途日扰扰，梦寐惟云山。
兹晨天风凉，层云护仙关。
我欲往扣之，驱车出人寰。
登登逾绝壁，身在烟霞间。

---

① 谩：《古今图书集成·方舆汇编·山川典·泰山部》作“漫”。
② 玉检：《古今图书集成·方舆汇编·山川典·泰山部》作“玉简”。

涧底环佩声，轻风送潺湲。
群峰手可挹，俨若趋仙班。
大观荡尘襟，敢辞登陟难[①]。
故山猿鹤在，俗驾何时还。

胡缵宗　九首　都御史，陕西人

望岳

忽听笙歌玄鹤群，即看楼殿紫霞文。
斗边细露邀新月，鸟外孤峰挂夕曛。
汉帝金坛歌石碣，秦皇玉刻隐苔纹。
骑龙李白今何处？日观天门空白云。

翛翛望岳丹霄上，飒飒乘风紫极边。
半壁秦松悬日月，当空周观出云烟。
峰期太华翩跹起，影落扶桑袅窕骞。
更度三溪见双鹤，忽从青帝接群仙。

山下秋日正皜皜，山上秋雨还冥冥。
夜来岩畔挂星斗，晓起涧底兴雷霆。
阴阳变幻倏忽异，天地阊阖苍茫灵。
何当结庐向山住，朝朝吟对芙蓉青。

登岳

春半看山山已青，振衣先到五松亭。

① 难：《北图藏拓》作“艰”。

晓分日月悬苔壁，晴列蛟龙拥翠屏。
天启重门冯北斗，云擎三观照东溟。
秦皇宋主自行幄，绝巘穷崖空断铭。

帝阙红云盖，仙坛白日光。
千盘惊到顶，一曲笑临堂。
倚槛尽秦越，磨崖空汉唐。
恍然坐天上，神思欲飞扬。

海天初纵目，八极思悠悠。
太华弹丸出，扶桑勺水浮。
秦松云不断，宋简玉空留。
落日犹回首，黄河窈窕流。

悬崖随鸟出，绝顶略云跻[①]。
俯仰乾坤小，凭陵星斗低。
日峰红照海，玉观碧冲霓。
子夜援琴坐，天宫动晓鸡。

诸峰罗宇下，一柱立寰东。
石表千丛集，天门百折通。
元宵山有月，落日袖无风[②]。
孤峭不能寝，海云中夜红。

① 略：《古今图书集成·方舆汇编·山川典·泰山部》作“掠”。
② 袖：《古今图书集成·方舆汇编·山川典·泰山部》作“岫”。

突兀青天上，翩跹碧海边。
风高鳌欲动，云落凤初骞。
历历尽齐鲁，层层入象躔。
流霞传素手，醉倚五龙眠。

杨志学　七首　尚书，长沙人

次胡可泉望岳

绛霄迴出天门上，飞瀑高悬日观边。
星斗垂垂临绝巘，蓬瀛渺渺隔苍烟。
双龙喷沫千岩动，孤鹤凌风万里骞。
我亦平生爱丘壑，欲从此地学神仙。

天上仙人自不群，龙书袅袅太玄文。
秦皇台上雨初霁，汉帝坛西日未曛。
郁郁古松停鹤驭，岩岩峭壁绣苔纹。
羽童两两垂青髻，晓起山头礼白云。

登岳

平明登岱麓，日影半岩红。
云忽山腰起，泉多石眼通。
芙蓉开绣壁，翡翠落丹枫。
仿佛随仙子，飘飘凌太空。

月嶂崚嶒起，天门窈窕开。
孤悬崖欲堕，偪仄径难回。
松偃翠成幄，溪奔响若雷。

振衣聊纵目，诗兴共崔嵬。

山气晓来重，乍阴还乍晴。
日从云外见，人在雾中行。
雨过千岩净，风回万壑清。
仙人杳难遇，时听步虚声。

肃容瞻岱岳，直上最高峰。
倏忽云千变，蜿蜒山万重。
秦碑金字刻，汉检紫泥封。
胜迹今销歇，岩花日日浓。

游竹林寺

西天复此门，山半一泉温。
云壁时时动，龙珠日日翻。
飞扬李白句，倾倒孔融尊。
归路夕阳好，凉风吹广原。

李学诗　三首　编修，平度州人

登封坛

燔柴想象明堂礼，沉璧荒芜日观峰。
坛出白云犹汉瑞，亭盘翠盖岂秦松？
谦冲旷见刘光武，听纳何如唐太宗？
当宁圣明兼舜禹，夔龙自不献东封。

快活三

人情轻便易，世路重艰难。

不走巉岩路，谁知快活三？

大夫松

四海苍生憔悴尽，五株松树独封官。

仁民爱物秦颠倒，何怪当年共揭竿！

杨维聪　两首　状元，固安人

登封台

封禅当年侈数君，升中曾此事弥文。

金泥闷久明禋玉，石检栖余清昼云。

紫气漫传宫阙现，白毫争见老翁耘。

二仪高厚如何报，遥望长安空夕曛。

秦松

五株松树何年植，传自秦皇早策勋。

偃盖青葱存御幄，论脂沉郁结灵纹。

翠华想驻云霞色，清警曾惊虎豹群。

日暮悲风起乌咽，秦声犹自不堪闻。

王沤　三首　主事

登岳

开辟此岩秀，形藏吾道尊[①]。

① 形：《古今图书集成·方舆汇编·山川典·泰山部》作“行”。

冥中回日月，象外自乾坤。
愚谷通齐路，灵光辩鲁门。
浮生正漂泊，拟欲叫天阍。

天地还高下，河山自郁盘。
燔柴虞狩典，沉璧汉封坛[①]。
吐内风云气，虚无殿阁寒[②]。
斜阳下深涧，翘首望长安。

无字碑

岱岳峰头无字碑，相传人说是秦时。
东游风辇空寥落，野草野花春自悲[③]。

蒋瑜　一首　御史

登岳

夜到碧霞天，芝房带月眠。
听经来白鹤，烧药起丹烟。
广乐云中度，明星钟外悬。
乘风欲飘举，三岛会群仙。

张铎　二首　御史，苏州人

登岳

曲坂萦回翠藓滋，琼宫贝宇碧参差。

① 璧：原作“壁”，据查志隆《岱史》改。
② 吐内：查志隆《岱史》作“吐纳”。
③ 东游：《北图藏拓》作“东巡”。

长天斜倚峰纹坼，寒日遥随岳影移。
香火何年传汉畤，风云终古护秦碑。
却惊身在层霄上，绝顶翻怜雁度迟。

望岳

泰岳东来镇古丘，遥从云际俯芳洲。
寒沙夕抱璇台迥，积雪春融碧树浮。
怅望云尘搔短发，凄凉物候动乡愁。
银宫玉宇参差见，缥缈重登海上楼。

邵经济　三首　知府，仁和人

登岳

冲飚礼岱宗，迎旭㞕飞巘。
绝壑断苍麓，崇冈级赪阪。
湮沦寒气郁，邃历韶光晚。
山樱花始然，高柳叶初剪。
辎车苦凌轧，藤葛聿攀挽。
春明洵可乘，吾子未应返。
小憩发云岩，寻真意方远。

岱宗跻其巅，合沓云雾起。
盘盘出蜚鸟，殷殷积玄轨。
玄轨无停毂，赤景有恒晷。
卓哉此岱宗，万古奠东鄙。
灵异日栖托，静镇示崇纪。
金函胡不经，玉简诞且靡。

露华临封石，古墨渫深泚。

步屧日观峰，峰头日刚午。
睇彼东海东，矫矫扶桑树。
扶桑晞朝暾，阳乌濯灵羽。
乾极欻昕春，离光奄员宇。
普照兹大观，恒瞩匪珍睹。
虞渊一扬休，子夜信探取。
藉颖餐明霞，揽吟吸玄圃。

刘淮　一首　御史

登岳

吾昔游岱宗，蹋云四十里。
渤海入览明，日观下界起。
步虚摩赤霄，回首极西晷。
松下逢羽人，仙颜欣彼美。
遗我千岁苓，食之可不死。
松古尚秦封，风雨历年纪。
金箧玉策存，谁探得生齿。
登兹小天下，因风忆行趾。

廖道南　二首　编修，蒲圻人

望岳

岱宗高巃嵸，群峰凌紫穹。
日观影扶桑，月嶂烟朦胧。
飞泉走其下，宛然双白龙。

上有玉女池，银河泻长虹。
玉女散天花，万朵青芙蓉。
仙人王子乔，绛节朝上宫。
遗我金检书，期我遥相从。
我欲从之游，云路险且重。
何当谢尘鞅，晞发咸池东。

咸池有仙国，乃在帝座旁。
紫虚悬玉榜，绛阙辉琳琅。
曲琼挂绮疏，晻霭摇星潢。
祥烟袅丛林，葳垂花树香。
安期与韩众，双骑丹凤凰。
采采金光草，和彼紫霞浆。
朝翔天门关，夕息帝女桑。
俯视浊世士，奔走驹隙光。
愿言凌飞涛，遨游东海洋。

咏日观

元化无停机，阳明自周始。
纤纤残月没，炯炯曙星起。
宿雾沉江干，朝霞覆坛畤。
羊脾征东夷，鹑首占内史。
乾象涵真精，人文焕新美。
扶英散葳蕤，若华纷旖旎。
河伯乘玄鲸，山祇驾苍兕。
潭影惊蛟螭，林光宠兰芷。

重轮羡彤雯，叠玦瞻黄珥。

丰蔀匪所宜，离烜乃其理。

赤手扶羲轮，丹心贯天纪。

愿为双飞虬，乘云驾千里。

王宠　一首　吴郡人

登岱

五岳视侯秩，无如东岱尊。

六龙开御道，三峰插天门。

举手蓬莱近，荡胸齐鲁吞。

安期炼玉处，惟见五云屯。

陈凤梧　一首　御史，庐陵人

登岳

刚风吹上最高层，寒气棱棱骨亦清。

云起半空方作雨，天临绝顶忽开晴。

松涛坐听千岩响，奎壁行看五夜明。

自信兹游真不偶，飘飘双袖羽翰轻。

曾铣　一首　都御史，扬州人

登岳

石壁连云紫翠重，天工削出玉芙蓉。

泉流不断千峰雪，岭道常悬万丈虹。

岱岳有灵昌国祚，台臣何补愿年丰。

登临自觉尘襟脱，九点齐烟一览中。

蔡经　二首　尚书，候官人[1]

登岳

石磴萦回十八盘，天风吹雪昼生寒。
苍苔半蚀磨崖字，碧草斜侵封禅坛。
日观俯临青海上，莲峰高逼白云端。
危亭一览河山壮，便欲抽毫颂治安。

五松亭

岭畔行宫御帐开，翠华金辇此曾来。
五松自拟流恩泽，二世谁知并草莱。
惟有白云闲聚散，只留青嶂尚崔嵬。
雄图素寞空惆怅，古木鸣禽声正哀。

岳伦　一首　主事，宣府人

登岳

千盘泰山顶，盘盘度流云。
越观迥吴会，秦观罗星文。
钟声散虚谷，松柏留夕曛。
蓬莱近可望，紫气接氤氲。

聂静　一首　给事中

登岳

绝岳孤城外，山行听晓钟。
空崖留汉碣，古道列秦松。

---

① 候官：《明史·地理志》作“侯官”。

石磴银河转，瑶台瑞霭重。
未须愁落日，犹上最高峰。

周琉、杨志学、胡缵宗联句　三首

泰山行台

一天凉雨四筵清五华，庭树山风动晓晴石崖。
泰岱千岩月欲上，徂徕万壑松初鸣可泉。
歌怜白苎花前嫋，舞爱霓裳竹下轻五华。
长昼疏帘淹客坐，紫箫玄鹤下瑶京石崖。

斜风细雨坐槐庭，叠嶂层峦户不扃可泉。
花下壶觞催画鼓，灯前歌舞启云屏五华。
中丞天马来西极，司寇秋鹏起北溟石崖。
却羡金闺香案吏，五云琐闼望中青可泉。

凉日清尊写素心，金风绿树动高吟石崖。
疏帘缥渺过青鸟，古殿辉煌映碧岑五华。
当座秦峰晴霭霭，隔溪汉柏郁森森。
同袍不厌同音赏可泉，万里云霄羡盍簪五华。

胡经　一首　少卿，庐陵人

登岳

乾坤开此土，东岱峥鸿蒙。
已讶三台近，真堪四岳宗。
霁天云漠漠，旭日海融融。
万象清尘想，飘然一寄踪。

张衮　二首　祭酒，江阴人

舍身崖

舍身崖，崖深万丈真祸阶。
人间儿女痴且愚，往往投葬生前骸。
父母提携岂不爱，忍心割置三年怀。
白日羽翰既茫昧，西方缘业空尔乖。
“哀愚”勒石方思道，耆俗回聪知有教。
民彝天理本自然，胡不为臣死忠、子死孝！

登日观峰

日观临云表，扶桑暾影初。
山川留胜迹，感慨独愁予。
玉笈秦王秘，金箱汉武书。
百年封禅地，功德欲何如？

潘埙　一首　都御史，淮安人

登岳

荡荡资生德，悠悠报本心。
风云通肸蚃，日月快登临。
颢气浮宸极，灵氛下石林。
翩翩双鹤驾，飞上碧云岑。

潘珍　一首　婺源人

南天门和陈石峰

重门万仞倚天开，直上平虚亦快哉！
云隔尘寰看不见，出门一笑下天来。

萧璆　一首　佥事，江西人

秦松

郁郁崖上松，爱护自神理。

虬轸驾天门，翠盖无暑雨。

扬志玄冥端，那复羡金紫。

顾蒙大夫号，千古负深耻。

胡伸　一首

秦松

五松矗矗凌霄汉，千载犹蒙秦帝恩。

草木喜瞻龙驭过，儒生翻自抱深冤。

龙瑄　一首　江东人

秦松

二世空为万国图，咸阳宫阙已荒芜。

当年驻跸东封处，惟见苍髯五大夫。

白世卿　一首　佥事，陕西人

登岳

着屐登高地，诗人得共游。

五更常见日，三伏早生秋。

雨向山腰起，泉当石眼流。

岳灵通变化，万里走神州。

姚奎　三首　太仆丞，常熟人

泰山雪后

晓天红日放高晴，小坐山舆踏雪行。

冻树裹花春有迹，寒溪结玉水无声。
烟销绝顶群峰露，风度虚岩万籁生。
老衲云深知我过，数声清磬出松迎。

五松歌用东坡韵

黑龙潭中蛇毋出，霜鳞剥落腥云湿。
毵毵长髯十两针，挺挺直骨三千尺。
神灵呵护元气钟，驱霆战雨摇苍空。
坚刚节操振今古，滥爵肯受秦王封。
波涛满地阴风起，万籁飕飕成律吕。
材堪柱国苦弗试，萧然遗弃空山里。
青青颜色无秋冬，吞冰吐雪经磨砻。
工师一日如相逢，终当献入蓬莱宫。

蒙恬大将扶苏子，万里策勋封不与。
却将官爵授五松，祖龙颠倒乃如此。
咸阳一火二世亡，五松留得摩穹苍。
真宗六龙昔巡幸，亦名御帐扬休光①。
猗欤松兮遇知己，伤哉处世多奇士。
负才抗节竟沉沦，不及寒松反多矣。
我来几度坐清影，绿阴满地苍烟冷。
抚摩长顾发哀歌，空山落日愁奈何！

① 亦名：《古今图书集成·方舆汇编·山川典·泰山部》作“易名”。

章忱　一首　太仆丞，会稽人

登岳

瞻彼岱岳尊，屹屹奠九州。
空光碧天合，倒景黄河流。
朋从肆登陟，振佩凌清秋。
仰视九霄旷，俯览八极周。
宣尼有遗迹，怅望心悠悠。

张鹏　一首　御史，沁阳人

登岳用杜甫韵

斜阳俯崦嵫，登临日未了。
徘徊遍诸峰，吟赏达昏晓。
仙岩访芝童，高举逐飞鸟。
胜游难再来，红颜非少小。

周瑯　一首

登岳

回薄千峰簇，逶迤万壑连。
灵图标地纪，雄胜控封躔。
露浥三芝秀，光凝八石鲜。
迎书悲宋事，封树忆秦年。
冒险探遗迹，扪崖读古镌。
时巡方旷绝，登禅几相沿。
槛俯飞虹落，檐含倒景偏[1]。

① 景：《古今图书集成·方舆汇编·山川典·泰山部》作“影”。

奇观大无限，便拟谒真仙。

郑大同　一首　太卿[1]

登泰山

五岳此为胜，千年灵足征。
梦魂吾久到，道岸圣先登。
齐鲁空千里，星辰仅一层。
皇朝崇大礼，汉畤不须称。

杨抚　一首　知府，余姚人

登泰山

名山天下有，得似岱宗无。
深谷函星斗，中天启画图。
几回千气象，一览尽寰区。
追访虞周事，樵人笑我迂。

梅守德　六首　右给事中，宣城人，今提学副使

登岱岳三首

乔岳平生劳梦想，天门今日遂攀跻。
层峦迥出青霄上，曲径回看白日低。
云气东连蓬海外，烟光西与太华齐。
却惭作赋非能事，尽日淹留思欲迷。

晓气氤氲开洞府，岩光喷薄出云根。

① 太卿：《岱史》作“太仆卿”。

参差绀宇临丹壑，紫翠烟萝挂石门。
沧海波涛浮日月，朝昏风雨别乾坤。
行行渐觉尘寰小，五岳应唯此独尊。

玉皇巅上倚危阑，万顷烟霞入壮观。
仙乐似闻霓羽奏，天风时拂斗牛寒。
九霄云护秦坛古，千载苔封汉碣残。
岁莫登临多感慨，不堪回首望长安。

灵岩二首

振驾沿修渚，褰帷度碧岑。
寰中捐俗鞅，物外惬招寻。
石磴千崖转，风泉万壑深。
白云残照里，隐映一禅林。

杖锡临丹壑，珠宫隐翠微。
台高金粟影，龛护铁禅衣。
香树流云满，岩光逐鸟飞。
寻幽欢不极，迢递却忘归。

甘露泉一首

一脉灵源何处寻，百花香气遍丛林。
洗心真是三昧水，润物犹为九夏霖。
碧树苍崖相掩映，天光云影共浮沉。
临流便觉离尘坌，清兴翛然欲濯缨。

窦明　一首　廉使

登岳

登登泰岳山，乾坤睇咫尺[1]。

杖屦随云雷，星斗碍冠帻。

一顾尘氛消，清风生两腋。

再顾心神舒，川源满肝膈。

更服堂倚空，歇马殿射碧。

穹穹南天门，兀兀舍身石。

山舆下高树，鼓吹导前戟。

昏黑抵绝巘，神祠耸天脊。

光灵怖此心，奚翅仰烜赫。

歆飨集万方，山海贮金帛。

一榻枕山阿，松泉和丝革。

夜半东决眦，海底讶日赤。

许应元　五首　副使，钱塘人

岱宗

岱宗肃肃标东纪，绝顶虚传不死庭。

碑忆汉封三观迥，树留秦岱五松青。

阳池日浴深能见，阴洞云流乍可听。

此日风烟聊振袂，休将岘首叹沉冥。

岱宗夫何如，岧峣出云表。

登兹俯蒙绎，吾欲观鲁道。

① 睇：原作“睇”，据上下文义改。咫：原作“只”，据上下文义改。

阙里窈且崇，昔人已陈草。
尚想吴门喻，今知天下小。

同蔡行人登蒿里环翠亭

沓骑青林驻，登台翠甸新。
云山存吏隐，词藻待王人。
花日初停午，兰标欲丽春。
怜君竹溪兴，竟夕对清真。

重过泰山

山城曾试吏，十载更登危。
丘壑心期在，年光鬓发衰。
物情聊对酒，习性尚耽诗。
自是一聱叟，支离似昔时。

泰山别诸门人

朝出乾封门，言涉泮河水。
朱阳丽初晖，征云一何驶。
顾瞻缅夙昔，风景复相似。
鲁山犹在望，吾行自兹始。

范瑟　一首　郎中，历城人

登岳

云河漠漠栖岩畔，风影泠泠十八盘。
玉女泉飞山亦润，芙蓉峰绝暑犹寒。
百年尘世三春梦，万里乾坤一笑看。

暮倚石阑星斗近，不知身在白云端。

马骥　一首　知州，陕西人

登岳

崚嶒泰岳回天地，此日登临慷慨长。
万壑风声喧草木，满山云气湿衣裳。
秦封汉畤形盘踞，鲁甸齐丘势渺茫。
一径渐通天上界，欲从何处问青皇？

黄省曾　一首

怀泰岳

齐鲁开东岱，遥空青未休。
长安元带眼，吴会旧含眸。
去待山鸡报，孤看海日流。
稷丘君若在，吾得拥琴游。

王邦瑞　一首　佥事，宜阳人

泰山颂

嘉靖乙未午月庚午，王子东游，言陟泰岳，仰瞻峻极。祇若神明，惟我国家秩望之典，今皇中和之休，仁德溢流，奠此东土。因僭作颂，用纪遐观。颂曰：

帝出乎震，泰岳巍巍。
维天为大，维山则之。
冥冥玄化，赫赫神祇。
鉴观在上，青阳是司。
功先四隩，德赞二仪。
肤寸兴霖，扶桑丽杲。

柴望明堂，琼芝瑶草。
秦越非遐，齐鲁如抱。
绝顶浮云，天下可小。
尧舜无为，仲尼有道。
百王仰止，万世攀登。
鸿蒙太始，无得而称。
高不可极，厚不可增。
彼秦与汉，侈志繁兴。
金函玉笥，徒愧山灵。
於维皇明，中和建极。
天地定位，山川效职。
庙祀孔严，祥光四塞。
降甫及申，爰及稼穑。
亿万斯年，奠我邦国。

蔡汝楠　二首　知府，德清人

同许泰安登蒿里环翠亭

蒿里亭元胜，风花春载柔。
还陪仙吏躅，得共白云游。
仗剑莲华净，传杯竹叶浮。
如何葛洪宅，星座俯芝丘。

泰山书院古柏

影接馨香近，声摇户牖清。
空中白雪干，海上古龙精。
小憩依春翠，高栖忆凤鸣。

晚来云稍起，神动岳峥嵘[①]。

高诲　三首　通判，合肥人

登岳

翠削芙蓉万朵开，瑞烟缭绕护仙台。
瑶池宴罢金虬去，明月屏空紫凤来。
雨霁归云栖树杪，夜深出日见蓬莱。
向时未到天门上，九点齐州只浪猜。

踏碎芙蓉万壑秋，无端造物与心游。
斗联西北天枢近，海坼东南地轴浮。
凉影月窥云外榻，寒声风满雁边楼。
胸中尘土都消却，一枕清泉不断流。

石梯万折凌天表，层叠峰峦青未了。
巉岩飞瀑半空落，冷溅冰花结林杪。
南天回首眼界阔，烟雾沉沉寰宇小。
兴高渐觉风生腋，岳顶回旋看秦石。
俯凭日观望蓬莱，晓浴金乌海波赤。
举头西北神京在，五色晴云时叆叇。
青天可扪星可摘，沆瀣淋漓湿东壁。
欲呼玉帝呈琅玕，山高风露罗衣寒。
渺渺天空下笙鹤，平收宇宙胸中宽。
桃花峪口路深邃，怪石嶙峋悬若坠。

① 云稍起：《古今图书集成·方舆汇编·山川典·泰山部》作“云雾起”。

五松啮汉吐紫烟，欲访仙人在何处？
金泥玉检埋秋草，七十二编断遗稿。
寒鸦啼上野棠枝，凉月娟娟山石老。

李炯然　一首　郎中

舍身崖

舍身崖下深难测，每怪轻生世上人。
我亦有身偏自重，舍时除是为君亲。

成周　一首　主事，无锡人

登岳

崔巍泰岳首称宗，睥睨乾坤一顾空。
吞吐烟云迷下界，荡摩日月淬高峰。
秦碑无字名空在，唐刻磨崖藓自封。
逐客穷攀伤往事，不胜癯骨受刚风[1]。

周津　一首　御史，慈溪人

明堂

成周天下八百年，东巡朝会明堂前。
遗址依然孟轲力，到今登眺留真传。

郑芸　一首　御史

登岳

未了红尘事，聊辞白玉关。

① 癯骨：《古今图书集成·方舆汇编·山川典·泰山部》作“瘦骨”。

披云从月阙，跨鹤下人间。
世味淡如水，梦魂多在山。
留连憩龙峪，何日再跻攀。

汤绍恩　一首

登岳

晓霁天门放远晖，岱灵有约幸无违。
山云拥道迎仙盖，海日开岚上绣衣。
万里舆图收泰畤，九霄象纬拱神扉。
追思千古登封迹，暮霭荒台掩翠微。

傅镇　二首　御史

登泰山

芝盖天门路，云旗日观台。
目含沧海小，桥跨赤城嵬。
松岂秦封屈，碑疑颂汉开。
禅书今可上，谁赋长卿才？

泰殿倚秋山，高开紫翠间。
星轺迎日下，仙掌蹑云攀。
岩立天低宇，晴披曜照寰。
省方惭受简，恭代礼神还。

李纶　一首　佥事

登绝顶

雨霁登临兴转生，群山数点发新青。

风回华表摇空汉，日拥瑶宫逼太冥。
辑瑞尚存虞舜泽，传灯独有鲁宣经。
乾坤俯仰知何际，万里浮槎一使星。

王廷干　二首　行人，泾阳人

登岳

泰岳逼中天，登临万象悬。
台观沧海日，殿拂紫微烟。
山水名谁并，乾坤胜独专。
岧峣何可极，摇笔白云连。

绝顶试登攀，风烟缥缈间。
舜巡留社稷，禹凿旧河山。
月宇天门道，芝房青海湾。
英灵穷八极，此地隔尘寰。

刘焘　一首　推官，天津卫人

从桂峰侍御二月登山阻雪

过眼莺花春未残，再随骢马步山磐。
云浮碧殿炉烟细，雪满苍崖树色寒。
秦岭应怜行路险，汉宫疑似降仙难。
日观峰上瞻东海，空忆飞霞驾彩鸾。

王汝孝　一首　编修，东平人

登泰山

仗晓步层峰，吟眸望转通。

悬崖衔日断，石磴拂云砻。
齐鲁千年秀，乾坤一指中。
禅封昔此地，登眺意无穷。

郭鋆　一首　洪洞人

登泰山

峰峦壁立翠云屯，太极初分此岳存。
郁郁古松蟠御帐，层层石磴接天门。
山桃野杏花争发，曲涧方泉水正温。
秦汉登封遗往迹，归来天色欲黄昏。

经彦寀　一首　寺副，全州人

登岳

岱宗积翠郁岧峣，春日登临上碧霄。
耳畔侧闻天语近，峰头平对玉宸朝。
漫怜弄玉骖鸾凤，会见乘槎犯斗杓。
安得凭虚凌八极，尽将民瘼达神尧。

汪伊　一首　寺副，徽州人

游竹林寺

胜地幽怀久，肩舆冒暑来。
攀藤行曲径，嗽石听轰雷。
古木环宫殿，轻云落酒杯。
扫苔看卧刻，钟磬出林隈。

仲言永　二首　知州，宝应人

登岳

层岩高阁敞晴晖，十载重临梦不违。
玉女献花开雪酿，仙翁留诀进霞衣。
青霄此日瞻三象，碧巘何年筑一扉。
游赏方殷烟月上，风林遥送暮钟微。

玉皇阁

危阁倚层霄，山河入望遥。
天横关塞雁，日抱海门潮。
雾露开朱旆，云霞度碧箫[①]。
自然幽赏契，不用社僧招。

林应麒　一首　府同知，仙居人

游石屋

仙郎雅兴好幽寻，共访仙闾入碧林。
绣壁忽开丹地穴，灵泉疑泄洞天深。
上方云磴空中转，下界烟花望里阴。
愧我支离久漂泊，始从尘世识初心。

浦应麒　一首　编修，无锡人

游岱岳

秀色千峰合，灵源万籁潺。
鲁疆开旷野，禹服奠高山。
星汉当头近，烟云满目班。

① 碧箫：《古今图书集成·方舆汇编·山川典·泰山部》作“碧霄”。

悠然小天下，遗迹若为攀。

杜泰　一首　进士，长清人

登岳

寰海雄蟠独此山，金茎瑶草秘封坛。
昆仑西望烟云渺，沧海东连宇宙宽。

谷继宗　一首　进士，历城人

元日登泰山南麓

试笔仙坛柏酒新，谁于草莽识词臣。
南山先祝千年寿，北斗长瞻万里春。
雪抱翠屏鹰自化，云披丹壑鹿多驯。
王乔终作吹笙侣，不敢乘鸾谒紫宸。

刘尔牧　一首　进士，东平人

登岳

青帝真源迥，霞芬郁律齐。
谷风吹海树，晴日扈山霓。
金阙云边出，玉绳象外低。
谁言坤极小，禹贡尽雕题。

陶钦皋　六首　御史，彭泽人

登泰山

南州秀色结衡庐，泰岳孤雄更不虚。
此日仙灵来剑佩，中天楼观下庭除。
青霞独拥秦松嶂，绛节双悬玉帝居。

石室只今迷往路，侍臣何地访丹书？

遥遥仙使伴村舂，处处天风洒石淙。
涧底总无黄犊饮，峰头长有白云封。
谁怜词客歌春树，慢听山僧散午钟。
饭对胡麻聊自饷，转来瑶草定相逢。

几年清梦如天姥，七月肩舆来泰山。
蜃气齐浮仙阙紫，岚光细染客衣班。
直拚身在烟霞外，空使名垂宇宙间。
日傍丹梯愁窈窕，风生玉树夜闻珊。

独扣重门谒岱宗，东皇坐处彩云浓。
空移蓬海非三岛，莫问天台第几松。
炉熏斜压仙人杖，山色平临古殿钟。
从此秋怀定成癖，青霄白露洗芙蓉。

酬泰安学正林鸣銮

天孙昨渡河，上客此闻歌。
海岳堪同赏，诗篇许更过。
侵星凌绝顶，浴日见恩波。
愧尔林和靖，萧疏意故多。

酬肥城教谕杨举

参横列宿傍，惨淡晓云张。
海日千峰小，河流一线长。

投诗乘野兴，对酒惜年光。
但卜杨雄宅，无心武帝乡。

徐绅　一首　御史，建德人

登泰山

曾闻天上玉皇宫，绛节星坛向此逢。
半夜日光摇海色，四时香雾卷天风。
金函玉检通群帝，五岳三山第一峰。
回首下方城郭在，不知云壑几重重。

吴遵　一首　御史，海宁人

登岳

泰岳峻嶒倚碧霄，阴崖白昼自风涛。
西悬鸟道天门迥，东指扶桑日观高。
秦树尚依清跸路，汉坛虚拱玉宸朝。
长安此去应千里，北斗城深睇望劳。

吴伯朋　四首　御史，义乌人

登岳

泰岳由来一洞天，振衣清晓上危颠。
千年齐鲁登临外，万里江河咫尺间。
汉畤秦封余蔓草，苍松翠柏自云烟。
凌空顿有飞扬意，漫酌流霞唤谪仙。

又次吴初泉韵

蓬玄峭礊插丹霄，龙口飞泉喷白涛。

天入扶桑沧海阔，地临汶济碧霞高。
才登越观思乡国，又恋长安望帝朝。
满眼乾坤俱甲马，不堪南北正疲劳。

绝巘浑疑在绛霄，潺潺流水带松涛。
千岩雨过天光净，三观风寒日色高。
读尽碑崖怜异代，书无封禅感清朝。
春山啼鸟斜阳外，归路崎岖未觉劳。

游灵岩寺次鲜于侁韵

东巡千里驱车毂，康济何能成虚碌。
我闻古寺名绝胜，乘兴杳然入山谷。
洞口窅窱别有天，悬崖倒石俯瞰田。
禅房深深依花木，钟磬冷冷度云烟。
呼取老僧来相揖，为问兹山开辟迹。
指点残碑空记年，往事都付春风前。
洞天双鹤归何处，独上山头试甘泉。
凭高暂憩松阴下，未数东山相匹亚。
忙来只得今日闲，且对明月坐清夜。
问君何事底艰辛，只为浮名绊此身。
明朝揽辔又南去，应被青山笑杀人。

方正修　四首　主事，昌城人

登岳

岳麓俯凝眺，幻宇尽尘埃。
因忆羡门子，层霄瞰九垓。

陶侃梦八翼，侧身飞云门。
碧霞差亦近，稽首问天孙。

日月悬双弹，乾坤一大荒。
最高峰顶上，端拱坐於皇。

孔眼天下小，扶桑入大观。
五云试翘首，何处是长安？

沈应龙　一首　都御史，乌程人

登泰山

五岳岱称宗，雄峙齐鲁界。
屹然障东维，中原地气会。
殊方倾仰止，有怀竟茫昧。
秉钺酬夙期，巡历振行旆。
明禋陟危巅，精神原夙戒。
有祷应即随，神功信广大。
亢暵降时雨，彤云布霭霭。
河淤饷道湮，甘泉发清濑。
祇承天子命，实惟神攸赖。
礼成抚清景，六合真可隘。
山空绝尘嚣，悠然闻天籁。
飞仙招我游，乘鸾忽长迈。
授我参玄诀，飧霞吸沆瀣。
日观俯沧瀛，红光吐轮盖。
吴越望中迷，黄河曲如带。

临风拾瑶芝，坐石吟松桧。
秦封与汉時，残碑荒草外。
吊古复忧时，抚膺增感慨。
北虏犹陆梁，倭夷又颠沛。
稽首问崧灵，何如获康泰。

曾钧 一首 都御史，钟陵人

泰山纪游

名山东峙独崔嵬，千丈灵光接上台。
金削芙蓉迎日出，玉为楼阁倚天开。
炉烟风暖浮秦树，石检年深锁汉台。
一览乾坤空万劫，落霞飞彩入吟杯。

雍焯 御史，临洮人

游岱岳题名

巡按山东监察御史雍焯，偕布政司参政林应亮，按察司副使牟朝宗、王教、王抚民，佥事任希祖，都司署都指挥佥事牛天赐，以嘉靖甲寅冬十月之晦登兹山，封羊蕉币，肃拜于碧霞宫。既乃东上，揖岳神，省燕室。爰遂升高，伏谒天帝，扪石表，眂宝库，追叹秦汉之夸侈也。因之眺望海石上，夕雪晨霁，阳驭方升，岩谷晶辉，烟云陟降，相与诧兹游也，谅不偶然。爰命郡官，纪诸崖壁。

登泰山二首

千里齐城仰岱宗，青山盘礴秀穹崇。
峰高日观瞰沧海，岳擅天齐亘域中。
百代登封传盛事，万方香火戴玄功。

清朝一览灵岩上，云净风消旷宇空。

从来闻说此山高，一上崔嵬眼界豪。
龙峪顾瞻出万仞，天门咫尺摩层霄。
升中有表传秦汉，柴望无人颂姒陶。
览伫诸峰睇空廓，云霞茫渺海天遥。

何廷钰　二首　御史，邵武人

登岳

万仞惊看绝巘高，一人登此百人劳。
宿愿已酬民力竭，赏心赢得一挥毫。

探奇此地步丹梯，酌罢闲看处处题。
独忆宣尼登眺后，无言悟教古今谁？

马三才　三首　御史，仁和人

登岳

层峦万仞开新霁，乘暇登临逸兴偏。
山出云重飞鸟外，林深春尽落花前。
天门迢递丹霄路，海日苍茫碧树烟。
十二齐疆何处觅？麦苗盈陇水盈川。

览胜春游万里来，仙宫缥缈入云隈。
秦松披拂仍余荫，汉帝登封空故台。
石壁有辉骚客赋，岱宗无补使臣才。
丹宸白发频回首，惆怅峰头各一回。

玉女池

玉女何年去，名犹在水滨。
云疑画眉客，月似洗妆人。
风外听鸾佩，天边忆凤轮。
不逢仙子降，空拂镜中尘。

登泰山忆少岩傅公

美人曾约岱山游，别后独登最上头。
秦汉旧封悬碧落，乾坤胜概点浮沤。
海明日观三更晓，风动天门九夏秋。
对景触怀遥不见，夜看江月在扬州。

续梦

登登十八盘，忽讶空中行。
轮云今日迹，魂梦昔年情。
松拱一天翠，草生万壑青。此联乃庚子梦中句也。
山灵不我弃，应许定斯盟。

嘉靖戊午夏六月，公暇登岳，行见崖壑森耸，松草蔚茂，宛如庚子梦中景物。吁！亦异矣哉！因续成篇，以博笑云。燕人古松段顾言作右二首。（巡按山东监察御史）

姜良翰　参政，金华人

游泰岳篇

泰岳突屼中天起，盘礴神州数千里。
鸟道联绵六六湾，龙楼偃卷三千址。

隐隐隆隆宿雾中，绵屏飞瀑编罗绮[①]。
绝壁高攀白玉榆，悬崖俯瞰青螺齿。
更有奇观日观东，扶桑缥渺烟波通。
晴霞荡漾赤玛瑙，晓日震耀青芙蓉。
蓬壶点点逼瑶席，溟渤仅拟浮杯筒。
凌空不觉星辰远，直洿罔象追鸿蒙[②]。
忽然惊雷起山麓，电走星驰振林谷。
须臾日没宇宙倾，万顷风涛鬼神哭。
云迷路险不可登，一步一回愁折轴。
泰岳何岧嶤，亭亭阻且遥。
秦皇宫阙烟云迥，汉武旌旗草木彫。
英雄一去豪华尽，残碑断简空寥寥。
我来近自昆仑北，欲向三山访南极。
无端失脚坠皇州，欲归不归长太息。
亦有青城累石居，胡麻饭冷丹炉熄。
南郡苔荒诸葛庐，东山草蔓安公阈。
青壁泻银河，山深长薜萝。
偶从征旆登天阙，琼仙玉女许经过。
未能摆脱归猿锁，且随舞袖歌春和。
山河大地终然幻，世事悠悠何计了。
行植芝田十万畦，应须不负商山老。

① 绵屏：查志隆《岱史》作“锦屏”。
② 洿：查志隆《岱史》作“跨”。

徐文通　九首　参议，永康人

岱宗

岱顶层霄十八盘，中原萧瑟思漫漫。
振衣日观三秋曙，倚剑天门六月寒。
风雨黄河通翰海，星辰紫极近长安。
小臣愿献蓬莱颂，阊阖高悬谒帝难。

岩岩泰岳立穹苍，昏晓由来异下方。
晻蔼灵光浮曙阙，郁葱佳气护明堂。
夜探海日临蓬岛，朝拨山云礼玉皇。
携手群公多大雅，莫虚星斗论文章。

紫气腾空护汉都，山川杳蔼入看无。
乾坤忽合东溟注，日月还临北极扶。
秋色归鸿淹客鬓，清樽过雨对蓬壶。
凭高莫问前朝事，帝子不回空大夫。

天簇峰峦青帝居，层阴昼锁漫踟蹰。
中原郡国秋笳晚，万里山河夕照虚。
玉女空传三岛药，秦皇不驾五云车。
当年却笑相如诞，身后还遗封禅书。

岱宗宫阙碧崔嵬，一望峰烟万里开。
叠巘中天盘玉柱，彩云东海接蓬莱。
秋风试问寻源客，夕照还登封禅台。
玉露金茎应咫尺，俯身霄汉此徘徊。

朝逾白水谒春宫，天外征尘滞海东。
总辔扶桑怀驭日，振衣使者欲乘风。
十年旧迹他乡尽，万里凭栏秋色中。
闻道胡儿窥汉月，请缨直拟摆和戎。

何物青浮天地东，崔嵬变幻鬼神功。
海寒宫阙金银色，山接昆仑雨露通。
龙马河深秦石在，凤凰秋远汉台空。
衔杯摇落伤怀抱，作赋谁能冠世雄。

芙蓉高削玉台幽，绝顶跻攀隘九州。
白昼风涛秋不息，青宫日色晓含愁。
天空万里浮云尽，地拆中原碣石收①。
回首翠华千载事，祇看松柏护貔貅。

陪侍御段公登岱　一首

霞宫高耸白云层，迢递天门骢马登。
龙虎霄眠惊曙日，风雷昼掩避霜鹰。
樽前鼓角论燕塞，雨后江山望秣陵。
揽辔谁深天下计，秋来要使海波澄②。

---

① 地拆：当作“地坼”，因形似而误。
② 揽辔：原作“览辔”，据上下文义改。

王世贞　六首　副使，吴郡人

登岱

绀宇虚无岱色边，岧嶤飞磴界苍烟。
峰回嶂壑纷相拱，石坼松萝袅自悬。
过雨双龙争玉峡，擘云孤鹫拄青天。
平生故有峥嵘意，识尔应从太始前。

翘首精神欲奋扬，几从开阖见阴阳[①]。
千崖忽敞中原日，六月长飞使者霜。
在昔钧天青帝坐，即今封地白云乡。
还应五岳都游遍，乞取安期火枣尝。

奔崖瀑落拥晴雷，策石驱龙荦道开。
匹练天萦吴观出，金泥日射汉封回。
河流挟雨俄千带，海色摇空仅一杯。
莫向封坛论王气，只应尘世有仙才。

尚忆秦松帝跸留，至今风雨未全收。
天门倒泻银河水，日观翻悬碧海流。
欲转千盘迷积气，谁从九点辩齐州。
人间处处襄城辄，矫首苍茫迴自愁[②]。

幞衣吾欲卧天门，中夜凭栏起自论。

---

① 开阖：《古今图书集成·方舆汇编·山川典·泰山部》作“开辟”。
② 辄：《古今图书集成·方舆汇编·山川典·泰山部》作“辙”。

半割乾坤悬对抱，低垂星斗乱堪扪。
狂呼六博仙人箸，渴问三浆玉女盆。
为道昆仑更奇绝，还从博望访河源。

壁立芙蓉万古看，削成松桧隐高盘。
中峰翠压徂徕色，绝顶青收碣石寒。
梁甫吟成还自和，茂陵书就欲谁干。
依微倘有吴阊在，欲向秋风问羽翰[①]。

李嵩　四首　副使，归德人

叨从登岱

使者东登太乙坛，云从霭霭汉衣冠。
九霄风动豺狐远，六月霜飞草树寒[②]。
日观俯看人世隘，天门北望帝廷宽。
省方独有匡时略，准拟皇图与泰安[③]。

封禅岧嶤天半亭，阴阳变态任山灵。
夕晖忽弄金银色，暮蔼翻成楼阁形。
遥望阊门匹练白，俯怜沧海一杯青。
中霄紫翠烟岚里，万丈寒光见法星。

嵯峨泰岳出层空，万壑千岩一径通。
象纬平临青帝观，烟云长绕碧霞宫。

---

① 倘有：《古今图书集成·方舆汇编·山川典·泰山部》作“尚有”。
② 豺狐：《古今图书集成·方舆汇编·山川典·泰山部》作“豺狼”。
③ 准拟：《古今图书集成·方舆汇编·山川典·泰山部》作“满拟”。

雪涛夏涌三冬白，海日晴摇五夜红。
秦碣汉台俱在眼，古今俯仰意无穷。

十年不到泰山巅，此日重登倍惘然。
秦树摧残今几在，唐碑磨灭竟谁传！
空余绀宇临丹壑，不见青鸾驾紫烟。
日暮高寒天路迥，更于何处访真诠。

王遴　佥事，北平人

登岱绝句十首

王皇顶

每叹苦尘喧，无由脱尘网。
绝顶遂攀跻，始知天地广。

日观峰

荡样涌金乌，岧嶤破幽壤。
愿将五夜观，天下同瞻仰。

汉封台

岱宗自古今，武帝空赫赫。
鸾舆西入关，苔藓台中碧。

玉女池

生托黄帝室，道匹昊天妹。
灵泉泻方池，恍忽鸣玉佩。

泰断碣

霸业如流水，雄图似去云。
谁知煨烬后，沦落复斯文。

仙人桥

绝涧架危桥，不见仙人度。
海上几时回，空使昔人慕。

舍身崖

开辟始天地，人生孰不死？
所惜不在身，崖下多豺蚁。

白云洞

造化钟灵窍，兹洞深几许。
不见青鸾回，但见白云去。

十八盘

少负青云想，今上青云梯。
一入天门里，回首青云低。

五大夫松

帝子去不还，大夫空自立。
日暮北风吹，时向沙丘泣。

又登岳二首

天地开奇观，褰帷陟岱宗。
云霞生绝涧，河汉没孤峰。
玉女青鸾驾，金泥白帝封。
悠悠皆幻想，回首但尘踪。

峻极邈无际，直登最上巅。
乾坤一览小，造化四时偏。
秦碣风云断，虞书日月悬。
茂陵封禅稿，空使后人怜。

陪古松段侍御登岱岳二首

岩岩瞻气象，浩浩接神天。
揽辔扳骢使，观风到日边。
三山明海树，匹练淡吴烟。
对酒惜余兴，石桥共问仙。

万仞红尘上，一身碧落中。
天门开峭壁，龙口挂苍穹。
云覆盘疑绝，峰回路始通。
临危讵自爱，附隼击长空。

登岳次日遇雨，山房共坐，怅然久之，再作一首

阴阳恣变化，风雨忽相逢。
欲睹齐天势，无由更倚筇。
溪垂千嶂瀑，云插万年松。
长安何处是，兀坐对愁容。

王绍元　二首　御史，金溪人

登岱岳

驱车历齐鲁，东望玉女峰。
瞻彼泰山岑，五岳专名宗。
云霓贯雪峤，石磴萦蚕丛。
东观掠扶桑，西眺弱海溶。
上有玉髓泉，扬英接空濛。
周流十二亭，中列蕊珠宫。
秦松郁苍苍，汉柏参虬龙。

登封七十帝，效厥称元功。
迹绵事已矣，玉帛随飚风。
卓哉轩皇老，秘妙夺天工。
渴漱沆瀣浆，饥吸朝霞红。
一举蹈虚郭，年与兹山同。
至道岂远而，元命在厥躬。
吾非斯人与，浮世徒忡忡。

蕊宫珠阙郁嵯峨，门倚青天挂碧萝。
锁断半山环日月，望穷千里带江河。
秦坛玉气崇幽渺，汉纬金书射太和。
昭代圣王皆舜禹，喜无封事入山阿。

孙应奎　四首　左布政，余姚人

河清，抚臣祗命报岱宗，获与陪祀，礼成而返，作望岳

少慕五岳游，梦寐亦劳止。
驰驱三十年，俯身登阙里。
是时河始翕，显佑归帝祉。
抚臣肃恭命，报礼虔禋祀。
职事叨祼将，对越灵孔迩。
尝闻太平顶，白日烟雾紫。
便拟上天门，峭立登封址。
夜半扶桑红，独观天地始。
无端促回马，冥搜憾遗理。
但见仰弥高，磅礴大无涘。
影落沧海平，柱卓乾坤起。

所幸识浑沦，万有包含此。
因之思具瞻，四方入纲纪。
邹鲁世所宗，秦汉迹徒侈。
献述明堂心，泥封茂陵耻。
圣治方唐虞，东巡一道揆。
辑瑞合群工，护驾及泉水。
身参百官富，暱睹宗庙美。
胜游岂姑待，欲速戒中毁。
吾志切有期，响答谷神唯。

钦命修理岱庙因视工登岳

拾级登登上泰岑，万峰罗地白云深。
调琴涧落天河水，积翠台分月树阴。
薄海纵观同物兴，中台成位两间心。
更宾日驭开长夜，独倚高明望孔林。

百王灵贶仰攸同，香火当天有閟宫。
风雨岁时行造化，文章邹鲁破鸿蒙。
斋居晚宿青霞上，绛节朝参紫气中[①]。
七十二君齐燮理，絪氲扶日荡遥空。是日细雨，多云气。

行尽丹梯逼上台，白云宫阙迥蓬莱。
弄丸夜色明三岛，长啸天声动九垓。
江海东来看砥定，乾坤平览一徘徊。

---

① 斋居：原作“齐居”，据上下文义改。

定应尼父登临处，只在高头不用猜。

魏良贵　二首　按察使，新建人

登告岱宗即事有述，是日积雨初霁

杖策高寻玉女峰，披云始见碧霞宫。
山含雨意岚光动，日射天门紫气重。
绝壁虚疑存汉迹，断碑何处觅秦封？
凭高举手运六合，宣父遗踪在眼中。

岱宗灵秀郁巃嵸，俯视东南百二峰。
上界楼台悬日月，中天积翠削芙蓉。
登临顿觉人寰小，呼吸真看帝座通。
稽首明禋何所祝，愿言圣寿此山同。

杨宗气　五首　按察使，陕西人

登泰岳四首　附小序

予读《孟子》书“孔子登泰山而小天下”，未尝不起登天之叹。嘉靖庚戌，窃参齐藩政，乃春日获陟其巅，俯瞰八埏，洞观六合，形神飞越，宇宙咸空。孔子之见，讵敢妄拟？孟氏之言，信不我诬！既而甲寅、乙卯复再登眺，览胜探奇，心愿颇足。夫百年寄旅，慨蓬梗之飘遥。几度伟观，感浮生之真遇。敬拟鄙作，用纪岁时。

巍巍泰岳镇齐东，此日登临天地空。
西尽函关云岭直，东来海渤晓霞红。
秦碑虚无凌霄上，鲁殿参差在眼中。
时有幽人骑白鹿，乘风便欲驾青骢。

宦迹几番登泰岳，明禋礼数剩瞻依。
始皇何日观蓬海，御帐经年送落晖。
断碣苔封新刻满，故宫形在昔人非。
白云孤鹤时来往，我欲相邀一振衣。

翠微云琐天门迥，碧海波摇野望明。
岩壑阴幽行鬼魅，芙蓉削出胜蓬瀛。
秋风御路虚秦幄，斜日封台想汉旌。
千古丹丘同日月，何人从此得长生。

一上巅崖眼便宽，乾坤万里坐中看。
封禅台迥天光近，日观峰回海色阑。
览胜果然天下小，凭虚顿觉岁时寒。
紫霄华盖尘凡隔，翻怪吾生行路难。

游灵岩寺

翠巘崔嵬万木稠，珠宫贝阙在高头。
长松荫日诸天静，古塔凌霄石径幽。
世代文章留断碣，乾坤名胜即丹丘。
却怜尘鞅违僧定，空对烟霞夜暮愁。

裴绅　七首　提学副使，蒲州人

泰山篇

岱岳何崔嵬，仿佛凌三台。
攀缘四十里，望在白云堆。
下瞰青蒙蒙，元气荡无垓。

日月悬双阙，照耀金银台。
苍松挂绝壁，素鹤拂丹隈。
更上玉皇顶，天风如欲催。
烈烈无时歇，雷雨争喧豗。
耸身逼阊阖，极目望蓬莱。
鸟没天仍远，云昏昼不开。
中央见沧海，光摇仅一杯。
雄哉镇万古，俯视尽杯罍。
真人冥冥栖，茅龙偏见猜。
忆昔秦皇帝，求仙海上来。
羽衣落金节，雄文空断崖。
踵之有汉武，孟浪非仙胎。
徐氏载秦女，楼船竟不回。
羡门何处是，丹丘安在哉?
乃识翠华晏，终令黄竹哀。
我来极览眺，竟日而徘徊。
因之叹往事，荒唐不可裁。
沉吟殊未已，探讨惜难该。
短述谢山灵，终惭作赋材。

登泰岳

三十六盘何崄巇，晓来登眺自忘疲。
眼看山顶疑无路，身在云端不自知。
嬴氏五松宁故物，唐人千仞有磨碑。
古今兴废只常事，金简玉函亦太奇。

诘旦肩舆度逶迤，阴晴变化亦堪奇。
登高更眺仙人掌，览胜还过玉女池。
云里频穿双袖湿，峰头一览万山卑。
天门长啸仍回首，万里清风向我披。

祀岳纪事

皇帝三十有二春，抚臣将命祀岳神。
怀柔仰体纶音重，文告惊看御墨新。
缥缈香云团紫盖，喧阗笙磬落高旻。
臬臣对越情无极，愿祝洪禧及兆民。

题灵岩

千佛古寺环山碧，此日登临惬所闻。
瑞鹤千年巢宝树，灵泉一派洗尘氛。
达摩泛海袈裟在，支遁开山世界分。
遥望翠微僧舍遍，钟声朝暮下白云。

再度菩提境，于时春又深。
众峰攒宝刹，一径步云林。
坐爱松萝色，时欣钟磬音。
上乘如可得，早唤欲相寻。

林霭山门合，峰回径路分。
岧嶤连岱麓，清净出人群。
法雨来空界，天花散贝文。是日微雨。
时方忧旱切，钵底望风云。

王教　三首　副使，华亭人

登泰山

泰山之高何奇哉！三十六盘路萦回。
金乌半夜海底浴，碧桃千树池边栽。
秦松汉柏供御帐，金简玉笈余经台。
瓣香春仲肃拜礼，和风晴日天门开。

冥冥元气压洪濛，太始还司造化功。
海宇区分杯掌视，山形罗列子孙同。
宣尼此日曾开睫，庄叟何年识御风。
七十二君空故事，圣朝崇正礼偏隆。

望灵岩

重岩延岱麓，古刹隐峰环。
一勺灵泉爽，千年宝树香。
袈裟看化铁，贝叶诵忘洋。是寺经卷收藏独多。
欲借东林宿，蒲团意颇长。

牟朝宗　二首　副使，宾州人

登泰山

岱宗奇峭倚天东，册府封题礼数崇。
齐鲁地偏形独胜，古今时异仰皆同。
荒台人指秦皇碣，幽壑松蟠宋帝宫。
几欲寻源浑未识，凭高万里御长风。

登日观峰

天风不落地，半是泰山遮。
足底云生处，平看晓日斜。

俞宪　一首　参议，无锡人

泰山顶上作

迥绝使人惧，古今称岱宗。
沟途分汶水，丘垤俯群峰。
晴盖时沾雨，风云屡荡胸。
乾坤归壮丽，台殿入春容。
指顾青齐小，回看邹鲁重。
荒碑秦代迹，废畤汉人踪。
仰止酬初服，登临逼晚钟。
幸逢恭己日，无复议东封。

赵勋　五首　佥事，番禺人

登泰山

奇峰高处白云边，雄盖乾坤毓圣贤。
蓬岛烟灵擅东服，上青真气住金天。
虞巡柴望禋宗古，周狩明堂礼意虔。
独怪汉秦封禅册，玉签金箧总尘篇。

南天陡壁望中迷，绛节冲霄上玉梯。
手掬银河寰宇小，身连牛斗太虚低。
朝参止许徂徕近，襟带曾无海岳齐。
勿讶女娲空着脚，补天今我亦招提。

谒玉女庙

际天朱阁动瑶琳，龙口泉飞百尺深。
烟灶有丹留妙诀，碧霞无计换清阴。
灵光返照芙蓉色，烟境空存羽翰音。
沉璧未缘夸庆历，凭虚瞻对肃冠簪。

五大夫松

蓬瀛苍翠冠天门，千古名封泽尚存。
青帝五云开御帐，玉皇仙地种灵根。
霜侵月影来丹鹤，雁尽秋空隐白猿。
蹑足龙盘回首望，郁然惟尔共乾坤。

登日观

月明道士灵岩来，夜半重登封禅台。
银汉中天看斗北，金波浮影报旸回。
火山乍见焚东海，曦驭俄惊耀上台。
万里朱光呈瑞气，赤霞红涨望中开。

曹金　四首　佥事，祥符人

登岱

雨后朝晖静岳坛，百年临眺属春残。
初经帝帐方壶晓，渐入天门宇宙宽。
双引管箫通玉阙，遍寻封禅倚云磐。
瑶台古寺清尊晚，看竹吟风兴未阑。

五岳嶙峋五气横，东皇开辟自苍精。

根盘海窟穷三岛，壁立天枢建一擎。
石釜云封秦处士，萧芗台谢鲁桓卿。
《丘陵》雅曲人难和，小鲁峰前春望平。

霜节凌烟坐翠微，翛然恍与世相违。
数声清磬飘何处，几片闲云照客衣。
玉女池连春草动，仙人鹤傍彩霞飞。
叠峦惟许山僧住，一任莺花对落晖。

舍身崖

危崖几万仞，捐命亦何为？
汨水江边树，清风岭上祠。
前身应仿佛，后事竟阿谁？
幻业千年障，空余白骨知。

李迁　一首　知府，新建人

游灵岩寺

芳春再上灵岩寺，拙吏乘闲便胜游。
万壑烟霞尘外赏，三齐风物望中收。
泉分石溜双鸣鹤，树隐金沙并结虬。（双鸣鹤）泉名双鹤。
却恨此生多世谛，上方徒羡未能留。

项守礼　二首　知府，奉化人

登岳次侍御吴初泉公韵

帘洞更衣入紫霄，风吹御帐起松涛。
羊肠鸦背盘盘曲，龙口天门节节高。

过化楼前怀往哲，登封台上慨先朝。
何当抛却尘寰虑，乘兴重来不惮劳。

次侍御吴尧山公韵

万仞嵯峨倚碧天，好风送我到山颠。
弹丸赤县微茫外，杯勺黄河缥缈间。
南望白云凝暮霭，东瞻红日带晴烟。
十洲蓬岛应非远，海上何劳漫觅仙。

朱应奎　一首　知府，丹徒人

登泰山

我昔曾过泰岳前，未暇登眺即言还。
岂独山灵笑我俗，胜事相孤亦怅然。
今日重来须纵目，揽衣直上山之巅。
不妨举手近天日，但教稳步渡云烟。
天仙地迥碧霞绕，日观台高紫气联。
隐隐尤可辩冈岭，茫茫何处觅桑田。
身迹恍如尘世外，光景疑为混沌先。
更欲凭虚何所往？人生即此是登仙。

陈中　二首　知府，沔阳人

游泰山宿碧霞宫公馆

游览乘闲过岱宗，跻攀曲蹬几千重。
未从绝顶耽清兴，已听群山度晚钟。
寒夜暂将丹灶访，洞门讵许白云封。
悠然借宿石床月，肯数华阳第二峰。

次早登泰山绝顶

起望山头宿雾笼，行行指点借山翁。
云移宫观千门晓，路入峰峦绝顶通。
图画天开留胜概，笑谈声剧逼层空。
从来登眺知多少，悟道何人第一功？

林悦　一首　府同知，太平人

登泰山

泰岳从来纪胜游，乾坤云物望中收。
天门俯瞰群峰碧，日观遥瞻一镜浮。
封禅穹碑空往事，巡行御帐浪传留。
古今多少兴亡迹，独有山灵总未休。

王乾元　一首　府同知，宝鸡人

御帐古松

山盘御帐此穹窿，五树秦松倚碧空。
汉阙唐宫成寂寂，洞云海雨尚蒙蒙。
苍烟缭乱秋霜淡，黛影婆娑晓日红。
意扣玄玄寻大药，茯苓根外种还童。

邵濬　六首　长史，太平人

游泰山

遥望天门碧落间，悬崖绝壁苦跻攀。
秦封松树斜侵路，汉纪云氛昼出山。
东海日华开远睫，长安风景逼颓颜。
近天一步无高处，看尽奇观薄暮还。

游灵岩

人说此山多胜概，我来双脚倦登游。
肩舆绕出诸天外，清乐平临万壑幽。
听鸟忽疑双鹤叫，凌霄独上五花楼。
何时净把尘心洗，坐石长吟最上头。

铁袈裟

朗公独立东山头，袈裟委地无人收。
犹有山僧说遗迹，也留一字记春秋。

甘露泉

味高独数庐山水，今日初闻甘露泉。
使取龙团烹楚竹，清风两腋散茶烟。

石龟岩

山僧五百一时来，龟饱灵泉口自开。
今日僧稀泉亦涸，空留顽石委苍苔。

飞锡泉

何人飞锡始开山，法定禅师在此间。
下有灵泉堪洗杖，又惊化作老龙还。

马应祯　一首　通判，孟津人

登岳

崭岩岱岳古来传，今日登临势果然。
霭霭云烟生足下，莫于此外更求天。

陈宠　一首　学正，莆田人

登泰山

散步东山第一崧，盘旋巇崿意难穷。
水帘涧落千层雨，御帐松号万壑风。
浩荡天门容我入，飘飖仙子许谁逢？
寅宾石上观沧海，俄吐轮光挂太空。

林宇中　一首　教谕，琼州人

登岱

昆仑一脉东，崒嶆卑寰宇。
玉柱挺层霄，琼楼磊重瑀。
霆鞭袅六龙，鲲浪湔群鯆。
郁郁虬松阿，芬芬蓬岛圃。
潢流瀑布玑，洞卷珠帘雨。
峰丈拥星杓，虹梁浸山莽。
金函石室苔，玉女天池舞。
我欲往从之，烟霞隔岩笘。
徐徐步绝巅，若已天孙睹。
宿月惕晨钟，寒风拂衣褛。
东溟滟火乌，类浴沾尘羽。
飞奋轨瑶空，群阴敛无浒。
山葵亦有知，逐逐金轮昨。
况此肖形人，戈挥日旋午。
愿诵《崧高》篇，年年降申甫。

方元焕　三首　举人，临清人

登岳

东岳嶕峣回碧落，千岩万壑昼阴阴。
云霞玉殿龙文合，风雨金函蚴气沉。
松桂净依三日榻，登临遥寄十年心。
壮游不负追司马，禹穴龙门意更深。

午月肩舆扳石径，火云袅袅散诸天。
五松高倚仙人杖，三观寒飞玉女泉。
蜃阁南蒸溟海气，胡尘西动雁门烟。
不堪绝顶频回首，莫使浮云起日边。

登傲来山

岱宗西望堪乘兴，五马逢迎一举杯。
萝径高探盆子寨，竹林深护远公台。
云开野屋空中出，风起山花水上来。
漫说武陵能避俗，人间此地亦蓬莱。

苏澹　一首　举人，濮州人

登岱岳

平生湖海原空阔，览胜今登第一山。
夹道浓醺枫叶赤，垂岩倒染菊花斑。
九州禹贡微茫外，千里尧封指顾间。
星斗瞻依真咫尺，夜溪环佩响珊珊。

王子谦　二首　庠士，历城人

登岳遇雨

晓凭危岳迥高寒，俯瞰溟蒙宇宙宽。
方爱乱云填万壑，忽惊急雨失群峦。
平生自谓凌虚易，到此翻歌行路难。
幸有古碑秦汉在，剔磨苔藓纵奇观。

晚风翕习撼翠微，晓雨霡霂湿人衣。
阴崖万古自壁立，悬瀑溅石时惊飞。
烧香野客犹攀荐，献茶山人应掩扉。
为颂风伯扫云雾，欲放新晴趁晚归。

马森　二首　左布政，福建人

登岱

五岳由来独岱宗，层峦杂树翠交浓。
盘回石磴天门道，缥缈烟霞日观峰。
巨镇已标存舜典，断碑何事数秦封。
登临不尽高山意，尼父当年有故踪。

宿岱顶道房

碧霞宫畔小幽居，云外山低若太虚。
玉女池中泉最洁，丈人峰上雪偏疏。
坐看浮霭浑成幻，睡觉清真更寂如。
夜半四空无色界，月明正好入阶除。

刘玺　六首　按察使，唐县人

岱岳登望

尝闻东岳峻，今上最高峰。
吴楚苍茫外，燕齐指顾中。
罡风时振袂，灏气忽横空。
不道尘寰迥，翻疑仙界通。

石窦穿青嶂，仙桥驾碧虚。
具敖皆培塿，汶泗漫萦纡。
树色浮空远，泉声落涧徐。
彩云天外下，仿佛见霞裾。

日观东溟近，天门上界低。
阴晴异林壑，风雨隔山谿。
云去衣犹湿，峰回望转迷。
追游浑未倦，不觉夕阳西。

幽兴殊未已，归途溯晚风。
篮舆穿木末，鼓吹落云中。
烟锁层峦翠，霞翻落照红。
回头瞻御帐，犹见大夫松。

暮春宿灵岩寺

扑面杨花趁晚风，三分春色忽成空。
登临自愧非佳兴，奔走谁怜是病翁。
千里乡心劳梦寐，一杯清茗且从容。

何时得遂田园乐，睡到东窗日已红。

昔年曾宿上方幽，此日重来鬓已秋。
世态从教人万变，高情应逐水东流[1]。
满洞白云清宦况，一泓甘露洗乡愁。
山僧莫讶频来往，蓬转萍浮不自由。

王贵　一首　运同知，清江人

登泰山

绳牵布裹箄舆轻，险绝能消半日程。
汉柏秦松空往迹，孔登孟语此经行。
沿崖忍见逃亡屋，蹑蹬惭闻怨怼声。
惟有七十二泉在，愿言常润汲王明。

吕颙　六首　登州知府，陕西宁州人

遥参亭　旧名草参，老亲参政分守时改云

参亭人共挹，易草以遥名。
岂为投香纪，还肃谒礼诚。
碧檐春日丽，金栋晓云轻。
瞻拜缘分牧，临风重感情。

祖殿暂憩

趋庭忆往日，登览廿年前。

① 世态：原作“世熊”，据上下文义改。

宿雨青岩媚，光风白鸟翩。
桥危云共度，壁迥日相联。
羽盖聊为问，赤城列广仙。

御帐岩

山入苍穹里，人因会列仙。
明光流日月，淑气霭云烟。
汉帝崇封日，秦皇策石年。
苍松若有对，疏薄幸逢缘。

大夫松

老松三代旧，不敢问行年。
托脉青云表，呈华赤日边。
自知仙可庇，常与鹤相怜。
岂为封题在，清风春自研。

福庙偶题

尘缘终日未能修，飘泊流光海尽头。
驻马偶随香火使，春风拂拂白云流。

层层磴与碧云齐，百里瞻跻日未西。
举目漫传天下小，一坯进往果端倪。

记

宋

洪迈

容斋随笔

应劭《汉官仪》载建武封禅事，每称天子为国家，其叙山势峭险登陟劳困之状极工，予喜诵之。其略云：是朝上山，骑行，往往道峻峭，下骑，步牵马，乍步乍骑且相半，至中观留马。仰望天关，如从谷底仰观抗峰。其为高也，如视浮云。其峻也，石壁窅窱，如无道径。遥望其人，端如行朽兀，或为白石，或如雪，久之白者移过树，乃知是人也。殊不可上。四布僵卧石上，亦赖赍酒脯。处处有泉水。复勉强相将行，到天关，自谓已至也。问道中人，言尚十余里。其道旁山胁，仰视岩石松树，郁郁苍苍，若在云中。俯视谿谷，碌碌不可见丈尺。直上七里，赖其羊肠逶迤，名曰环道，往往絙索可得而登也。两从者扶掖，前人相牵，后人见前人履底，前人见后人顶，如画重累人。初上此道，行十余步一休，稍疲，咽唇焦，五六步一休。牒牒遽顿地，不避燥湿。前有燥地，目视而两脚不通[1]。又云：封毕，诏百官以次下，国家随后。明日，太医令问起居，国家云：昨上下山，欲行迫前人，欲休则后人所蹈。道峻危险，国家不劳。又云：东山名曰日观，鸡一鸣时，见日欲出三丈所。秦观者望见长安，吴观者望见会稽，周观者望见嵩山。凡记文之工悉如此，而未尝见称于昔贤。秦、吴、周三观，亦无曾用之者。今应劭书脱略，惟刘昭补注《东汉志》仅有之，亦非全篇也。

① 不通：《后汉书·祭祀志》注作“不随”。

邵伯温

闻见录[①]

客云：昔罢兖曹[②]，与一二友祠岱岳[③]，因登绝顶。行四十里，宿野人之庐，前有药灶，地多鬼箭、天麻、玄参之类。将五鼓初，各仗策而东[④]，仅一二里，至太平顶。丛木中有真宗东封坛遗址，拥褐而坐，以伺日出。久之，星斗渐稀，东望如平地。天际已明，其下则暗。又久之，明处有山数峰，如卧牛、车盖之状，星斗尽不见，其下尚暗。初意日当自明处出。又久之，自大暗中日轮涌出，正红色，腾起数十丈，半至明处却半有光，全至明处却全有光，其下亦尚暗。日渐高渐变色[⑤]，度五鼓三四点也。经真庙帐宿之地，石上方柱窠甚多。又经龙口泉，大石有罅，如龙哆其口，水自中出。又经天门、十八盘，峰尤秀耸。北眺青齐诸山，可指数。信天下伟观也！

袭庆守　钱伯言

游览记[⑥]

宣和己亥九月二十四日，面奉玉音，至奉符催视岳祠。后一月，伯言至自兖。明日，具香烛以告上旨，已而罢醮于会真宫，独登瑞云亭，早饭于行馆。遂同令寇庠、丞吕光问、祠官曹钦承、莱芜令韩僖、道士苏彦弼谒岱岳观[⑦]，留连池上。复自金母洞过青帝观，观文僖丞相遗刻。遂游白龙潭，奠御苑玉芽于水中。爱其泉石之胜，乃相与策杖散步还，过鸡笼

---

① 闻见录：《古今图书集成·方舆汇编·山川典·泰山部》作“泰山录”。

② 兖曹：《丛书集成·闻见后录》作“兖州掾曹”。

③ 祠：《古今图书集成·方舆汇编·山川典·泰山部》作“祀”。

④ 仗策：宋邵博《邵氏闻见后录》（中华书局1983年版，下同）作“杖策”。

⑤ 变色：《邵氏闻见后录》作“辨色”。

⑥ 游览记：《古今图书集成·方舆汇编·山川典·泰山部》作“游泰岳祠记”。

⑦ 道士苏彦弼：《古今图书集成·方舆汇编·山川典·泰山部》无此句。

峰，始复肩舆。躬走社首山，视禅坛，访遗迹。晚入乾元观，小饭翠阴亭而归。

元

杜仁杰　撰

东平张宣慰登泰山记略

皇帝中统元载，擢用宿儒，宣抚十道，公首与其选。公治河东，有异政，考为天下最。最上亲召[①]，劳以卮酒，至以字呼，朝野荣之。越四年，上复命公为东平宣慰使。尝曰：曲阜实夫子之庭，泰山为中原神岳，皆在境下，所当亲祀。以至元重九前三日，瓣严以行。由沂州门出，时天宇晦冥。翌日，至林庙，拜三圣墓，雨气犹未艾。信宿抵岳祠，明旦登西华门，云则载阴载旸，雨则间作间止，咫尺三观，在墨泼染间，刹那千百其变。公谓所亲曰：登顶之约，盖不敢定，苟晴矣，乃行，否则，恐劳而人。既而，五鼓将作，阴为之解驳；三唱未终，星为之芒错。于是，州刺史张汝霖、奉符令张佺、司户王天挺及从者三百，指具肩舆，辇公而上。已而过黄岘，饭于护驾泉，次御帐，少憩。去天门犹不翅十五里，路渐隘，林树四合[②]。就其罅望之，天光凝碧如绀珠。薄暮至绝顶，由东以望，见山影黖黑，偃卧无际。顷观李斯碑，仅得数字，其余漫不可识。下自登封坛，皆历代磨崖，亦复剥裂。惟唐明皇御制《纪泰山铭》，其字大如碗，深几寸，泥金错落，犹有存者。日没少顷，寒气已逼人如仲冬时。从者燎薪，围坐以待旦。参甫中，公起步，自玉女池登日观峰，六合蹇开，肃然无纤滓。待蒸黍时，东方昽昽，乍离乍合。移晷[③]，日露其半[④]，恍然如入无量金色界

---

① 最上：《古今图书集成》作“主上”，清金棨《泰山志》作“上”。

② 林树：岱庙《张宣慰登泰山记碑》作“树林”。

③ 移晷：《泰山石刻大观·张宣慰登泰山记碑》拓片作“不移晷”。

④ 其半：《泰山石刻大观·张宣慰登泰山记碑》拓片作“半边许”。

中，凡在行者莫不叹诧。及回，又得西影，直抵昧谷，若与昆仑争长雄[①]。公辄奋髯惊叫曰：吾此行，凡三见岱宗面目，吾愿足矣！噫！予自壬辰北渡，三十余年凡九来，未尝睹此奇事，虽欲勿纪，得乎？古者有天人之辩，谓人无所不至[②]，惟天不容伪，真知言哉！公纯诚人也，盖无往而不协，无动而不言，无祷而不应。是行之异，乃一节耳！虽然，天下之事，固有邂逅相合者多矣。昔卫旱伐邢，师兴而雨，或者谓适与雨会，则非也。此特纯归之天，乌在所谓由人乎哉？至于挥剑成河，变昼为夜，或有此理。如韩吏部开衡山之云，苏端明借海藏之春，皆我辈之余事，安用诧为？因公此来，书诸石以示来者。奉高王祯书，刻延禧殿前。

国朝

尚书　乔宇

序略

比岁山东饥，亢旱千里，水泉枯涸，运道阻艰，上特遣宇祭告东岳、东镇、东海诸神。入境之日，即大霖雨，齐鲁之地皆沾足。祭之日前后，又复雨。仰思岳神灵异，益虔代祀之礼。祀毕，乃登绝顶。入山之初，望之若近，愈上愈不能到，盖重冈蔽其前，巨壑偃其下，近虽不露其高，而远则见之。道屈曲而上，凡五十余盘，经大小天门、东西岩，上秦观、越观峰，谒碧霞祠，观始皇封禅碑。超然四望，了无限隔。下视群峰，若培塿在地，白云起自半山间，倏忽隐见，变化灭没，莫知其处。谓之曰“小天下”，信其然矣！

① 长雄：岱庙《张宣慰登泰山记碑》作“雄长”。

② 谓：《泰山石刻大观·张宣慰登泰山记碑》拓片作“以谓”。

翰林编修　李学诗

登岱宗记略

嗟乎！山，一也，未登，仰之弥高；既登，则高者复下；既下，则下者复高。峰峦殊而烟霞异，非山之变，登者自变之耳！山固自若也。世之驰骋于浮云富贵之途者，而性天遂变，曾不能知泰山之视浮云，顾以浮云为泰山之变，其与未登初见泰山者，一也。予之惺然顿悟，不为浮云所眩，而真得大观于泰山者，非今日既登之力乎？

巡按山东监察御史　段顾言

登泰山记

夫泰山，天下宗山也。自昔虞帝肇祀，孔子用登，而泰山之望，益雄长乎天下矣。予以问俗之暇，追往哲之故踪，寻对时之乐事，乃呼仆肩舆，盘转数十巉崖，方陟绝顶，去人间殆不啻百千万丈矣。时则三司十君子已先予至，遂相与步虚纵观，但见四围诸山，若孙若子，俱环侍以向。山中纷荡游气，晦明变幻，倏忽万态，不可方物。要皆造化生生之意，发泄此山，殆腾布而莫之成象者也。吁！亦奇矣哉！因而极目宇内，则九州八极，咸收襟抱。于是乎俯仰万物，则堪舆一艺局，沧海止杯水。天低月近，而星斗若挂于岩壑之畔然者，不觉神爽奋扬，凌驭霄汉，恍然别在一乾坤矣。噫嘻乎！泰山之高，高入九天之上，而登之者，真可以小天下也与哉！诸若日观、霞宫、秦封、汉纪，与夫仙人桥、玉女池，断碑名笔之遗迹，又皆泰山胜概，可以备寻幽吊古之逸兴者也。嗟乎！岂徒尔哉！窃闻道无往而不在，心无时而可忽。登斯山也，居其高则可以思下，临其险则可以思惧，望阙则可以动忠向，顾云则可以兴孝思，见洙泗而对岩岩，又可以思孔孟而慰依归之素也。岂徒尔哉？予幸诸君之盛集，而且承其托，不辞芜俚，聊以志岁月云尔。诸君为谁？藩参则金华姜君良翰、永康徐君文通，臬宪则南昌张君希举、吴郡王君世贞、巴渝陈君善治、归德李君嵩、南皮张君谧、北平王君遴、巴渝张君师价，都阃则鄱阳李君春华也。

嘉靖戊午夏六月癸未识

参议　尚絅

游泰山记略

成化丙午春，藩臬将巡行郡邑。余与少参蠡吾王君世用[①]、宪佥淇水刘君廷珪[②]、天台潘君应昌[③]，约日偕行，乃以正月丁卯发济南。余与世用向夕宿灵岩寺[④]，戊辰抵泰安州。己巳，廷珪、应昌皆来[⑤]。庚午，黎明诣草参亭，拜东岳祠。遂肩舆出城，北行五里，及泰山之麓。由红门路过高老桥，傍有水帘洞，洞左为岩岩亭[⑥]，少憩。经马棚崖、回马岭，路渐陡峻。再行，至黄岘岭，陟岭东下，径路平坦，俗谓之快活三。延转而上，及御帐，盖宋真宗驻跸之所。蜿蜒而上，历十八盘，至南天门。东北行二里，及昭真宫，谒碧霞元君。由宫后稍北，有东岳神祠，祠阴刻唐开元磨崖碑。遂上登封台，有玉帝殿，前建石表，高丈余，或云秦之无字碑。复转东南，至日观峰，舍身崖在峰之下。西望则有月观、秦观诸峰，北望则有狮鸦、鹁鸽二崖。若西南之丈人峰，东南之徂徕山，尤其秀拔。其青岚、雁飞二岭，马蹄、桃花二峪，与东、西二神霄山，大、小二悬石，蜕仙岩、明月嶂、龟阴埠、杨老园，皆在指顾间。而下瞰汶、泮二河，如拖练耳！人云秋气晴肃，可以见海。余与世用、廷珪、应昌，酌于昭真宫之别室[⑦]，再酌于岩岩亭。酒力微醺，夕阳欲坠，神思飞爽，飘然跨沧溟、凌宇宙之气概

① 蠡吾：《古今图书集成·方舆汇编·山川典·泰山部》无此二字。

② 淇水：《古今图书集成·方舆汇编·山川典·泰山部》无此二字。

③ 天台：《古今图书集成·方舆汇编·山川典·泰山部》无此二字。

④ 余与世用向夕宿灵岩寺：《古今图书集成·方舆汇编·山川典·泰山部》无此句。

⑤ 己巳，廷珪、应昌皆来：《古今图书集成·方舆汇编·山川典·泰山部》无此句。

⑥ 为：《古今图书集成·方舆汇编·山川典·泰山部》作“有”。

⑦ 于：《古今图书集成·方舆汇编·山川典·泰山部》无此字。

也！山下有吕岩洞、王母池、白鹤泉，则以薄晚不能及。其他峰崖林壑幽邃之地，佳景尚多，不能悉记。辛未，出城之西门[①]，礼玉女殿，即宋天书观。遂至蒿里山，探鬼仙洞，令道士执烛以往，阴气侵人，不可深入。时廷珪有事于东兖，余有事于青莱，应昌将校士于他郡，独世用分治泰安，乃布席张乐，为予三人者饯别，欢饮竟夕而罢。夫登览，古今乐事也；泰山，天下奇观也；四人同游，蓊臭和德也。不可不记。胜地不常，盛筵难再。继此而复来游者，亦将以兴慨慕追岁月云耳！是碑在岩岩亭，嘉靖九年棠陵子题其旁曰：方豪由泰山绝顶回，观尚少参游记，山川如故，英烈何存？快哉！伤哉！后十五年，方子之友见之，则又如方子之悲悲方子也。

督学按察佥事　叶份

题石刻“观海”二字

昔颜、柳以善书鸣唐，至今称之必曰“颜筋柳骨”。然鲁公以忠烈显，公权以正谏著，炳琅宇宙，岂徒以其书邪！心斋张公，曩为御史守关，武皇北狩，抗疏回銮，风采凝然，匹休往哲。平生究心字学，尤善大书，当其濡毫伸纸，气定神闲，得心应手，端严遒劲，盖有出于颜、柳筋骨之外者。然世方以茂节高勋占公大受，而游情楮墨，公固以为艺成而下矣。顷者公书“观海”二大字，镌诸泰山之崖，其字画之妙，如吾前所云。噫！字，心画也，公宏中肆外，惟变所适，克所至焉。海岱争崇深，可也，然亦有岩岩气象而难于为水者邪！右称心斋人品气节固宜，但过许书法优于颜柳，则谬矣。赏鉴家当自知之。

郡判　姚奎

游石屋记

泰山东数里许，有石屋，世传碧霞元君炼真之所。予公暇，欲往观焉。

---

① 之：《古今图书集成·方舆汇编·山川典·泰山部》无此字。

从者曰：径隘不可舆。乃易服帽貂，以韦带结腰，短策芒鞋，命道士刘教弘为前导。行三四里，无复蹊径，披蒙茸，攀巉岩，伛偻而上，愈进愈险，下瞰巅崖，惊汗浃背。又三里，盘旋转一冈，而石屋在望矣。有羽士四人，癯然而迓予青松绝壑间，前牵后拥，乃获济焉。瞠目纵眺，上有削铁奇峰千朵，前有夷地可半亩。入其中，窈然而深，朗然而虚明，石窦涓涓凝结玉柱，大十围，高丈余，晶莹可鉴。崖有元君手印，玉指宛然，后有石床，则元君偃息处。左偏一窍透绝顶，顶有石楼，可坐三四人，冰滑不能升跻。攀数磴而下，力疲卧石床，毛骨洒洒。旁有圣水池，清冽而甘，不盈不涸。下有石，曰牛心，甚奇怪。又下，有洗鹤湾，深不可测，一鹤鸣于上，似与人声相应和，实真仙境界，与尘寰迥绝。人之游泰山者，每以道左日穷焉画[1]，于斯罕到，孰知石屋之多奇乃尔哉！石屋于予，惜乎遇之晚也。嗟夫！世之豪杰士，固有终身未之遇者。遇矣而晚，奚病焉？“道左日穷”以下，全用杭之《石屋志》文。

泰安学正李镕　撰

姚别驾总巡泰山记

泰山绝顶有神祠，曰天仙玉女碧霞元君。岱岳毓神，上通乾象，英灵丕应，理或然也。远近持瓣香徼福于神者，肩摩毂击，岁常数十万人，至则罗拜欢呼，竞以财献，动数百万计。台宪藩臬俸廪饩币，凡百经用，或于兹焉取给，而征敛不及于民，凋瘵之余，赖以苏息，益国裕民关系于此，讵可主之非人耶？嘉靖乙酉，抚按、藩司精选州县廉能官分掌厥务，时东昌别驾雪渔姚先生膺总巡之选。先生曰：利权，俗吏事也，吾人视之当如鸩毒，岂容毫缕自污。乃集百执事吁神誓戒，俾竭乃心，综理微密，觊觎者不得逞其奸，寸镪缕丝，罔或遗漏。始于是冬孟月，逾年季春之十日，计收金银、钱币、畜产约三万缗，珠玉、袍幡弗与也，视往岁加增三之一。

① 焉画：《古今图书集成·方舆汇编·山川典·泰山部》作“为画”。

籍上藩司，以备岁用。先生廉恕，立法严而不苛，御下峻而尚简，待士恭而能爱。总巡余半载，饔饩一取于家，东昌俸金数驿取之，以赡贫士。其官给廪钱，则易刍豆俾饲官马，损己利物，常情所不堪，先生不以为难也。泰山之巅，层峦百余丈，俗号舍身崖，有为匹妇之谅者，辄矢于神，自投以殒，流俗以为壮烈，先生严禁谕遣之。快活三路平而隘，下有深崖险甚，夜行失足而伤亡者屡矣。先生捐俸植木栏，自是全活者众。台臬诸司，委以讼牒，断决如流。附城为客邸者数百家，前此尝科敛之，先生曰：蜗涎自润，顾欲渔猎之耶！吾不忍也。乡老邹瑀辈，将镌石以振励后人，属仆以记。先生，海虞人，名奎，学博辞昌，曾未数月，著《泰山纪行》，累数千言。泰安名士李文瀚、马载道、高民悦诸贤，相与倡和。顾仆谫陋，曷彰厥美？击秦缶以写韶英，有遗音者矣！勉书以贻之。嘉靖五年。

郡判　高诲

游泰山记

泰山，在州治北，高四万余尺，延袤几二百里，名峰七十有二，其巑岏列巘、森然而供秀者[1]，弗可胜纪。古为东镇，天下之山莫高焉。予往岁偕计上春官，取道登谒，时甚寒，仓卒以未获尽观奇胜为恨。嘉靖壬午冬，予由青城转东莱司马，台檄督岱宗事。癸未春三月六日，肩舆出自北城门，逾小桥二里，道左右乱石棋布，近麓有庙祀池馆，俱壮丽。左有老柏数株，相传汉武帝东封时所植也。又二里至红门，跨道为飞云阁，道傍为更衣亭，楔扁曰“宗岳”。循溪产天麻、黄精诸药，土人负筐采之。又五里至高老桥，有汉寿亭侯祠，祠前桃李始华。稍前为水帘洞，泉自天绅岩出，飞流垂练，听之泠泠然。下有小石桥，通泉于溪。左为岩岩亭，登之毕见景物。又四里至马棚崖，稍前为回马岭，山石渐峻且奇，林木亦幽邃。溪

① 供秀：《古今图书集成·方舆汇编·山川典·泰山部》作“拱秀”。

崖有椒，有梅、杏、樱桃，山居者资以为利。又五里至黄岘岭。西行折东北，上而复下；又西行折东北，则下而复上。虽屈曲下上，率坦易，凡三，以里计亦三，游人疲于峻陟，至是舒快，名曰“快活三”，古风西岩有竹繁茂[①]。又五里至御帐，宋真宗驻跸之所。五松高数丈，秦皇避雨其下，封大夫云。竹林僧献松花饼，啖之香美。复进瓯茶，问之，曰“东岩所产”，味亦清苦。又五里至大、小龙口，两山悬削，水从石峡喷泻。上有古松，偃仰若蟠虬然[②]。又五里至十八盘，崖间楸、槲、野棠、山榴、弥桃，或花或实。石磴齿齿倚空，仰视似有不可至者，乃偃偻攀援以上。盘尽，至峡口高处，石门题曰“南天门”，有三灵庙。又东北二里，为元君祠。左侧石方池曰玉女泉，一名圣水，甘寒清冽。汲以烹茗，味可比浮槎龙泉。又东北至岳神祠，祠后有唐磨崖碑二：一为开元《纪泰山铭》，一为乾封《朝觐颂》。侧多古人题咏，藓蚀不可读。又北上至绝顶，有玉帝祠[③]。祠前石表丈余，一名秦王无字碑[④]。又东南行，至日观峰，人云鸡鸣时见日出。有石函，方丈许，人云成化间雨水冲决，得玉检以献，命中使瘗旧所，即此。峰之西，巍然而突出者，秦观峰也。稍南而独见者，越观峰也。峰之下，壁立万仞者，舍身崖也。崖之右，则试心石、仙人桥也。延伫四望，沧溟东坼，河流天倾，而汶水汤汤只环一线，西南万山伏地，殆如米撮，惟徂徕、尼父仅露脊可指耳[⑤]！近顾诸峰，若丈人，若回雁，若莲花，若明月，若东、西神霄，云烟相荡，势若争雄。其不能以一峰名而附之以见者，如拱如揖，凛然有夔夔听命之状，真奇观也。予始至，瘦石嶙峋，刚风怒嚎，溪竹崖松，宜雪宜月，其尤足听闻者，樵斧之声与崆峒应答。既而鸟鸣花丽，万

---

① 古风：《古今图书集成·方舆汇编·山川典·泰山部》作“及过”。

② 偃仰：《古今图书集成·方舆汇编·山川典·泰山部》作“偃卧”。

③ 玉帝祠：《古今图书集成·方舆汇编·山川典·泰山部》作“玉帝宫”。

④ 秦王：《古今图书集成·方舆汇编·山川典·泰山部》作“秦皇”。

⑤ 露脊：《古今图书集成》作“雾脊”。

谷皆春，泉香可啜，蔬美可馔，山容于是乎欣欣然，而人亦得以乐之。至于溪云出没，而阴晴变化于立谈之顷，此又造物者之翕张，而莫知其所以然也。夫山之景象，奇于冬，丽于春，而游人或拘于时、止于暂。予以公事久于斯，而又频于下上，则夫山之情状，景之变态，古人游豫登眺之迹，靡不袭其芳而踵之。兹游也，可不谓独胜乎？书以纪岁月。

佥事　黄鳌

九日登岱记

嘉靖乙巳夏，予以防秋，董戍德州。九月朔，闻侍御南渠黄公东巡既遍，由沂而北，历兖、济以至泰安，予迎而侍之[①]。适未至，而重阳且届期焉。刺史仲言永曰：九日登高，旧事也，请追之。予然而告之曰：九日，天之胜也，凡一丘一阜，皆足以记时令。泰山，地之胜也，自古封而禅之，凡得以蹑其巅者，皆足以齿壮游。予，闽产也，乃逢是日而获登之，顾不胜与？于是改制登山之舆，诘旦爰登，而刺史从焉。穷其所至，山中古今所传，前人之述备矣。惟是日也，天朗气清，金风载爽，坐玉皇之顶，抚没字之碑，则见联络岳镇，翼我皇图，黄河控秦吴之盛，昆仑荐夷夏之观[②]，廓如也。既而日忽忽其将暮，景翳翳以偕入，百灵万籁之嘘作焉。吾冯而夷犹之，心旷神怡，景物偕融，灏气同流，若有以揖太乙而参之焉者，不敢以荒也。退而就馆舍，旦复蹑日观峰，则见心、房之野，昧爽朏明，黑云驱而上浮，黄云拥而下升，朦胧掩霭之间，忽有点若朱丹，若火焰，破重雾而耀红光，奇观也。须臾而半出云间，则天明景藏，予且归矣。归而下，历水帘洞，闻其东有石经，为王右军所笔，但山峻峪深，不可以行耳！乃息肩舆，攀缘而上，杖屦而下，则见盘石若砺，大书苍拙，体庄

① 侍之：《古今图书集成》作“待之”。

② 荐：《古今图书集成》作“壮”。

而神思飞逸，历千万载烂然与天文上下，日相昭回，鬼神呵护之功哉！间有为巅石落而破坏者，有为水浸溜而就平者，岂造化亦有所忌也与？世传真草小书，与此大相迥别，或疑其未必出诸右军云。既而西访竹林禅刹，无以观也。惟有所由之峪，则恍若山阴兰亭之状。泉落百丈之崖，若拖练而下，笃斋汤子题曰“瀑布”。渊深白龙之池，雩则取水迎而祷之，予题曰“霖原”。细流屈曲而出，可以浮觞；夹流独石，可以盘坐；溪山掩映，岚光洸漾，可以题咏。又出而磐石横亘，粹若白璧，方之经石为小，闻有前人之作，求之弗得，则天又且暮而归，惘惘然有未尽之怀也。吾徒春元刘一桂者，知其处，且携匠拓之以献，乃元初天历间辟世之士之所作也。噫！予，南人，获游上国最晚，信宿尽得天地古今之胜，岂非遇与！刺史君曰：九日登泰山，阅诸编帙，未之前睹也，可以无纪乎？遂记之。又为之词曰：泰山兮崔嵬，九日兮凄清。登绝顶兮巃嵸，乘天风兮震惊。杂芳佩兮陆离，饮菊酒兮酩酊。追遗踪兮不可见，问太空兮冥冥。

泰安州知州郑聚东校补
学正　陈　宠
训导　卢　枫
新泰县教谕林宇中校正
生员　刘　泮
　　　侯　贵
　　　尹凤仪
　　　李汝桂　同校

《泰山志》卷之三　终

《泰山志》卷之四

明监察御史　婺　吴伯朋裁定
山东按察司佥事　梁　曹金校订
顺天府儒学训导　歙　汪子卿编辑

岳治

岳治何？州治之在岳也。夫经以四岳名官，史以泰山名郡，志岳而必以治言，亦经史之遗意耳。是故书因革以见古今，官僚以重保釐，学校以崇教化，城池以戒不虞，公署以重台省，而又星野以观天文，封彊以察地利，赋贡以共经费，凡以达政而求治之道也。守岳者览之，则二典所咨、十二牧允元之意，庶乎其有得矣。

因革

州在周、春秋时为鲁地，后属齐，为博邑。秦为奉高、博二县，属齐郡。汉为奉高、博二县，属泰山郡。东汉、晋因之。南北朝刘宋因之。元魏改博为博平，与奉高仍属泰山郡。隋开皇六年改奉高曰岱山，十六年改博平曰汶阳，寻改曰博城。大业仍以岱山属鲁郡。唐武德五年于县置东泰州，贞观元年州废，省梁父、嬴、肥城、岱山四县入博城，乾封元年更名乾封，总章元年又曰博城，神龙元年复曰乾封，属兖州鲁郡。宋开宝五年移乾封于岱岳镇，即今治城南。大中祥符元年改曰奉符，属袭庆。此上以《州志》修。又《通志》考政和八年改兖州为袭庆府。岳麓升元观石刻政和八年六月尚书省敕牒内书兖州泰宁军奉符县，而不书袭庆，宣和己亥石刻书袭庆军府，与二志不合，何耶？姑传疑，俟考。金初为泰安军，大定二十三年升为州，领奉符、莱芜、新泰三县。元属东平路，正元五年析隶省部[①]，领县四，视金增长清。皇明洪武元年省奉符入州，割长清，与州并隶济南府。编里九十有七：东隅保、西隅保、北隅保、南隅保、西南保、羊楼保、封栾保——已上附郭。禹村保、万峪保、沈村保、放城保、申村保、良甫保、房村保、柳里保、薛庄保——已上在州东南先贤乡。汶河保、东苏保、南送保、栾任保、粥店保、西遥保、西牛保、武庄保、侯村保——已上在州西南汶河乡。梁庄保、白塔保、石来保、南望保、羊舍保、西望保、古城保、山羊保、力里保——已上在州东南紫源乡。大吴保、旧县保、山口保、北仇保、东于保、南留保、西诸保、北望保、颜张保——已上在州南云亭乡。清泉保、延东保、下村保、赵庄保、谢村保、南村保、新兴保、牛山保、栗林保——已上在州东石泉乡。淳于保、官庄保、埠上保、颜谢保、香城保、张侯保、东向保、西于保、上望保——已上在州西南安牛乡。东史保、下张保、柳林保、崔村保、西徐保、砖舍保、汶河保、王史保、过村保——已上在州西南运河乡。田村保、黄前保、故县保、百送保、苗庄保、柴城保、祝阳保、宫里保、西界保——已上在州东南尧山乡。杜村保、济河保、河浊保、新村保、南仇保、双村保、汶西保、鱼池保、孝门保——已上在州西南堽城乡。静封保、崅峪保、山阴保、张留保、新店保、石碑保、曲沟保、西张保、田庄保——已上在州东石碑乡。

领县二：新泰编里二十有一、莱芜编里四十有二。

官僚

州官五员，知州一，方古之侯牧。同知一，其职兵籍。判官二，田赋、马政各有司存。吏目一。

学校

儒学，在州治东，其制前庙中正殿，东西两庑，前泮宫门及泮池，西北启圣祠，西南宰牲所，外棂星门。后学中明伦堂，东西斋房、号舍，后敬一亭，正北学正衙

① 正元：《元史·地理志》作“至元”。

及训导衙一，东西训导衙各一。创自宋开宝间，金大定间知州徐伟重建。国朝洪武元年，同知陈文佑重修。正统六年，知州施守仁修建门堂斋庑[1]。天顺六年，知州李琪重修，增创书楼三楹今废及书舍三十楹，未备者知州张玘继成之。成化十五年，学正任式移学路于庙东。成化十八年，知州贾宣增修，又于庙学之南，立射圃亭三楹。成化二十二年，知州胡瑄又市民地，充拓学基，迁殿庑堂斋于中稍北，而深广之。又立科、贡题名二碑于堂之左、右。嘉靖十年，知州李旼重修。嘉靖三十一年，参议张旦委本州同知马斯兰重修。其学官共四员，学正一，训导三，道德经术，端模饬范，厥责均焉。

风俗

人情朴厚，俗有儒学马端临《舆地考》。去洙泗百余里，人好儒术李谦《文庙记》。风俗淳朴，而尚俭素张从仁《文庙记》。国朝风化大行，习俗丕变，士尚诗书，民执常业，视昔益加美焉李锦撰《州志》。

城池

州旧为土城，筑于金大定二年，久多崩圮，如丘阜可径，池堙可途。嘉靖癸未，台省监正德辛未之患，议设险守国，乃檄济南通判王云兴版锸为石城七里六十步，堞高而池深，雄据岳麓，襟带泮溙。门四，南曰乾封，北曰登封，东曰静封，西曰望封郡人马经撰城记，刻石登封门里。近连年淫雨，城多崩坏，嘉靖三十二年，沂州兵备任希祖檄知州郑聚东重修之，颇为完固。

① 施守仁：弘治《泰安州志》作“施守正”。

公署

州堂具《宫室志》。州南百武许为府馆，又百武为抚按行台。台之左，越会真宫为按察司、布政司，稍南为分巡道，后又一分司，右惟太仆寺一署。州东北儒学后为马厂。州西二百武为惠民药局，局之南为医学，学之西曰城隍庙，右为阴阳学。望封门外四百武许为巡检司今移置天保寨。又西百武为演武厅，厅前有金虏穹碑。僧正司在冥福寺，道正司在岱庙。预备仓在州治后，漏泽园在城西二里。盖仓储以备凶荒，以需馈饷，有司切务也，而漏泽则周官掩骼之意，王政不遗，故得以附书之。

星野

《晋天文志》载魏太史令陈卓云：泰山入角六度。《唐天文志》云：降娄玄枵，其神主于岱宗，岁星位焉。《宋中兴天文志》载王奕云：泰山入角十二度。马端临《象纬考》"州郡躔次"及考范蠡、张良、谯周、京房、张衡、诸葛孔明诸家星书并同。按《山东通志》引《晋书》，言循岱岳众山之阴，主虚危；循岱岳众山之阳，主娄胃。引《唐书》，言济阴齐鲁，主心房氐。盖我朝清类分野，据二书之说以定星野之次，而《通志》因之。夫以心、房、氐言岱，犹为近之，乃若虚、危，北宿也；娄、胃，西宿也，而可以东方言耶？闻之《易》曰：在天成象，在地成形。《汉书》曰：阴阳之精，其本在地，而上发于天。要必有一定之理，而可以二三其说耶？又按古《天文图书》：降娄，鲁分也。玄枵，则吴越、杨州之次也[①]。岁星十二岁周天，非有定位，而《唐志》云云，《图》复云云，要亦所谓其神主岱，而非躔次之谓邪？夫王者齐政，本于璇玑，不可不知，而亦不易知也。故今志以王奕、马端临为正，而余则传疑，以候夫明于占步者究焉。

① 杨州：今作"扬州"。

封疆

州境北越泰山之阴六十里，曰仙台岭，为历城县界。南六十里抵汶河，为宁阳、泗水二县界。东越莱芜百四十余里，为蒙阴县界。由莱芜东北七十里，抵杓山，为淄川县界。西北七十里，抵长城岭，为章丘县界。州西六十里抵鱼池，为肥城县界。东南越新泰二百余里，为泗、费、蒙阴三县界。西南百三十里，抵张城，为东平州界。西北四十里抵界首，为长清县界。西南九十里抵罡城坝，为宁阳县界。古之博平、高平、钜平、南城、梁父、蛇、牟、汶阳、嬴、柴，今皆为治内地也。

赋贡

洪武二十四年赋地五千五百八十顷五十六亩四分三厘夏税小麦八千九百七十六石二斗三升四合五勺，丝绵三百一十二斤三两五分七厘五毫。秋粮粟米二万九百四十四石。成化十八年赋地五千九百六十五顷八十一亩二分肆厘夏税小麦九千六百七石四斗四升四合七勺七抄，丝绵三百三十五斤九两二钱三分一厘一毫。秋粮粟米二万二千四百一十七石三斗七升一合一勺。岁额商税及课程钞共二千二百七十四锭四贯一百八十文。岁额贡活鹿二只，杂皮三百四十张鹿皮六十五张，獐皮三十张，山羊皮二百五张，绵羊皮一十张，狐皮一十张，獾皮二十张。孳牧马匹十八群，共马八百八十匹儿马一百七十六匹，骒马七百四匹。

治绩

治绩何？治岳之良吏也。志之何？章往以兴来也。以绩言何？治之实而功之著也。夫古今岳牧而称良者众矣，而志何寥寥然？书其尤焉尔矣。盖匪绩弗书，匪著弗信。匪绩匪著而称良焉，郡乘有之，兹故可略也，书一以劝万也。夫章往以兴来，史之法也；书一以劝万，法之要也。夫郡志者，古列国之史也，而岳有志焉，史之变也，又乌可以例观之哉？

汉

陈俊

南阳曲鄂人[①]。建武中泰山太守，行大将军事。张步连结泰山群盗，与俊战于嬴，俊大破之。追至济南，克复诸县，一郡始平定。后迁瑯琊太守，齐地素闻俊名，入境盗皆解散。

李固

汉中南郑人，顺帝永和六年荆州刺史。先是荆州盗起弥年，特以固治荆。固到荆，遣吏劳问境内，赦寇盗前衅，与之更始。于是贼众自缚归首，固遣还相招，半岁间余党悉降。奏南阳太守高赐等赃秽，赐等重赂梁冀，冀千里移檄，而固持之愈急，冀遂徙固为泰山太守。时泰山盗贼屯聚数年，郡兵千人莫能诛讨，固到，罢兵归农，但选留任战者余百人，以恩信招绥之，未逾年，贼皆弥散。

皇甫规

桓帝时泰山太守。先是泰山贼叔孙无忌寇郡县，中郎将宗资累征不克，公车特征，拜规守泰山。规到，广设方略，寇虏悉平。

苑康

泰山太守。先是郡多豪猾，康严教令，人莫敢犯。以事忤常侍侯览，诬罪徙日南。泰山民诣阙讼其冤，诏许还郡。

---

① 曲鄂：《后汉书·陈俊传》作“西鄂”。

韩韶

颍川人[①]。灵帝时，泰山贼公孙举伪号数年，守令莫能制。及韶为嬴长，贼闻其贤，相戒不入境。流民入邑界者万余，韶开仓赈之。主者争谓不可，韶曰：长活沟壑之人，以此伏罪，含笑入地矣。太守素知重之，竟不以罪。

凉茂

昌邑人，泰山太守。先是郡中多盗，民多散亡。茂到郡旬月，襁负而至者千余家。

吕虔

任城人，泰山太守。时郭祖等依山为寇，虔到郡，广布恩信，招降群盗，简其骁健者补战士，郡由是有精兵。济南黄巾贼徐和等攻掠城池，虔引兵击破之。曹操使督青州诸郡兵，讨东莱群寇，功迁骑都尉去。在任十余年，大著威惠，无复寇患。

晋

贾坚儁

康帝时泰山太守。为民立小学，兴教化，叛将荀羡寇郡，儁逆战死之。

魏

申恬

魏元嘉时泰山太守，都督鲁、东平、济北三郡军事。威惠并著，吏民怀之。

---

① 颍川：原作“颖川”，据《后汉书·韩韶传》改。

唐

韦安石

京兆万年人。任乾封尉，累迁德州刺史，政平而操洁，吏畏民怀。

金

杨伯渊

真定藁城人。海陵时知泰安军，有惠政，民刻石纪思。累迁山东东路转运使。正隆末，群盗蜂起，州郡往往罹害，独济南赖以生全。

和安礼

宣宗时知泰安军。贞祐初，山东被兵，或劝其遁去，安礼曰：我去，城谁与守？岂可避难负国恩乎！元兵至，力战旬日，城陷，不屈而死。

徒单绎

世宗时泰安刺史，以廉绩著。

董积躬

青城人。为奉符令，政平讼简，有古循吏风。

元

赵王

燕人也。至元间为奉符令，有善政。既去，民勒石颂思。

国朝

陈文佑

潮潭人[①]。洪武初泰安同知，擢知州。公勤廉慎，擢守湖州。

熊以渊

靖安县人。初任萧山丞，应求贤擢判杭州。秩满，擢守泰安。廉静宽平，民怀抚字。

李锐

陕西兰县人。登进士，由刑部主事谪判兖，擢守泰安。廉勤懋著，未几，内艰去，吏民思之。

陈以忠

宛平县人。由进士守泰安，为政廉平，有实德及民。历七载，擢户部郎中，累官布政使。

葛钛

华亭人。任泰安同知，廉静爱民。卒，无以为棺，州民悲恸，闻于台省，遣官护其榇归。

高屿

北京锦衣卫人。登弘治壬戌进士，以监察御史调新乡令，正德辛未擢守泰安。刚明沉毅，抑豪横，招流亡，视民如子。时剧盗刘六、刘七、杨

① 潮潭：弘治《泰安州志》作“湘潭”。

虎、齐彦明等各有众数千人，横行中原，所过州县残破者十六七。先是三月一日，贼破泰安城，纵火荼毒，州长贰以罪去。四月，屿莅政，于残破之余，简士卒，设守御。土城旧颓圮，仓卒修缮，莫能坚完。五月四日，贼奄至城下，移时去。七月二日，贼拥众攻城，屿督兵临御。有骁贼号“破城王”，率众登城，我兵少却，屿怒骂曰：平时养尔辈何为？予先死职事，尔辈能独生乎？引刀自刭，众抱持曰：愿为公效死力。邓凤等奋激贾勇，杀“破城王”，余丑怖慑而退，乘胜击走之。八月，贼至堑汶河，屿发兵击之，追及王儿庄，斩七贼首。十二月，贼复至城下，知屿有备，遂去，不复来矣。屿当大寇攻围，躬擐甲胄，倥偬危急之时，裁决机宜，筹画若素定，无疾言遽色。后逾年，擢都水郎中，民镌石颂功德。寻擢济南守，终山东按察副使。子进，登进士，累官山西按察副使。

戴经

嘉兴人。举乡试，正德戊寅守泰安，不携妻孥。廉而仁爱，政公平，无私恩，重惜民财。时武庙将南巡，其倅贰谓宜敛民以备，经曰：宁以身殉职，弗为也！性耿介，不能阿顺，当路或多见忤，致中伤论劾。当送部左迁，遂弃官归。其之官时携二箧，归装如之，未尝有所加。先是省祭张达有捕盗功[①]，经取帑缣为赏，去之日，以俸金补缣。达闻之，持缣固辞帑，人亦争代补，经皆不听。至今州人曰：戴公一私不行，一钱不取。盖确论也。

许应元

钱塘人，登嘉靖壬辰进士，知泰安州。以文章饰吏事，治先礼教，有古良吏风。先是泰安文士不振，落莫四秋榜，元至，思有以风之，乃修拓泰山书院，崇重先贤，简拔诸才彦，延名师教之，时复亲为课艺，磨濯丕

① 省祭：弘治《泰安州志》作“督察”。

变。自后连举乡试者，皆出其门。节用爱民，讼无冤滞，有豪右不法致讼，赂显官请托，不听，竟杖杀之。市贾有无故馈白金者，怒麾而出。其他伺颜色者皆屏息，无复敢以馈进。逾二年，以优绩调泰州，累迁广西副使。泰安人至今称廉惠，不能忘。

人物

诗曰：嵩岳降神，生甫及申。尼丘、邹、峄，壤接泰山，实生孔孟，万世宗师，而况泰安人才，有弗钟于岳灵者哉？夫志自汉魏而下，气节才猷，道德经术，班班可考，乃若制科、献士，书之而无所择焉。虽古今品藻，未易颉颃，要亦彬彬乎文献之足征矣。至于壶仪内德，经籍扬芬，虽曰原于风化，而扶舆清淑，无间刚柔，故志以列女终焉。

汉

王章

字文卿[①]，泰山钜平人。家贫，寄止人舍，盗主人牛衣卧，主人见而笞之。后就学京师，以文学为谏议大夫，敢言有声，累迁京兆尹。草疏劾大将军王凤，其妻止之曰：汝忘牛衣对泣时邪？不从，因遇害。

羊陟

字嗣祖，泰山梁父人。少有学行，举孝廉，累迁冀州刺史，奏按贪浊，所在肃然。三迁尚书令，时太尉张显等与宦竖相结姻私，公行货赂，疏请罢黜。荐前太尉刘宠、司隶校尉许冰、幽州刺史杨熙、凉州刺史刘恭、益

① 文卿：《汉书·王章传》作“仲卿”。

州刺史庞艾，清亮在公，宜举升进。帝嘉之。拜河南尹，计日受俸，常食干饭茹菜，禁制豪右，京师惮之。会党事起，免官禁锢，卒于家。

羊续

字兴祖，泰山平阳人。祖侵，司隶校尉；父儒，为太常。续以功臣后，累官南阳、庐江二郡守，讨平黄巾诸寇。其在南阳时，丞献生鱼，续受而悬之门，以杜其后。灵帝欲以续为太尉，时拜三公者，皆输东园礼钱三万，续乃坐使人，举缊袍示之曰：臣之所有，惟此而已。左驺白之帝，不悦，故不登公位，而征为太常。未及行，卒。敕泰山守赙其家。

三国

鲍信

泰山平阳人。少有大节，灵帝时拜骑都尉，知董卓必为乱，劝袁绍袭卓，绍畏卓不敢发。时曹操起兵，信乃与弟韬以兵应，表信行破虏将军。汴水之败，信被创，韬死于阵。劝操规大河之南，以待袁绍之变。后表为济北相，黄巾贼入州界，操击之，被围于寿张，信殊死战，以救操，得溃围出，信遂没。

鲍勋

字叔业，信之子。魏文帝为太子时，郭夫人弟有罪，勋为魏郡都尉，治之。文帝为请，不从。及即位，勋数直谏，帝益忿之。后以非辜下廷尉，钟繇等请之，不许，竟杀之。勋廉而能施，死之日，家无余资。

高堂隆

字升平，泰山平阳人。高堂生后。泰山太守薛悌命为督邮。郡督军与悌争论，名悌而呵之。隆按剑叱曰：昔鲁定见侮，仲尼历阶；赵弹秦筝，相如进缶。临臣名君，义之所讨也！督军失色，悌惊起止之。后仕魏，青龙中大治殿舍，及崇华殿灾，星孛、淫雨之变，隆皆据引经典，上疏切谏。帝曰：观隆奏，使朕惧哉！又请改正朔，易服色，殊徽号，异器械，帝从之。迁光禄勋。及卒，帝叹曰：天不欲成吾业邪？高堂生舍我亡也。

臧霸

字宜高[①]，泰山华人。父飞[②]，为县狱掾，私杀人，太守怒，令收械诣府。霸年十八，将客数十人要夺之，与父亡命东海，以勇壮闻。黄巾起，霸从陶谦击破之，拜骑都尉。曹操表霸为瑯琊相。操在兖州，以徐翕、毛晖为将，后叛投霸，操语刘元德[③]，欲霸送二人首。霸曰：霸所以能自立者，以为此也[④]。愿为之辞。操闻而义之。后讨黄巾，战孙权，累立功，封良城侯[⑤]。卒谥威。

孙观

字仲台，泰山人。与臧霸俱起，讨黄巾。曹操破吕布，使霸招观兄弟，厚遇之。征定青、徐群盗，功次于霸，封都亭侯[⑥]。兄康，亦以功封列侯。观与操会南皮，拜青州刺史。从征孙权于濡须口，为流矢所中，力战不顾，操劳之曰：将军被创深重，而猛气益奋，不当为国爱身乎？转振威将军，创甚，卒。子毓嗣，累官青州刺史。

---

① 宜高：《三国志·臧霸传》作“宣高”。

② 父飞：《三国志·臧霸传》作“父戒”。

③ 刘元德：当作“刘玄德”。按刘备字玄德，故“元”当作“玄”，因避康熙皇帝讳而改。

④ 为此：《三国志·臧霸传》作“不为此”。

⑤ 良城侯：《三国志·臧霸传》作“良成侯”。

⑥ 都亭侯：《三国志·臧霸传》作“吕都亭侯”。

羊琇

字雅舒[①]，景献皇后之从父弟也。父耽，官至太常。兄[②]，尚书右仆射。琇，少举郡计，参镇西钟会军事，从平蜀。及会谋反，琇正言极谏。还，锡爵关内侯。琇涉学，有智算，少与武帝亲狎，每接延同席[③]。尝谓帝曰：若富贵见用，任领护各十年。帝戏而许之。初，帝未为太子，而声论不及弟攸，文帝素恶之[④]。琇密为武帝画策，甚有匡救。又观察文帝为政损益，应所顾问之事，皆令武帝默识之。及文帝与武帝论当世之务、人才可否，武帝答无不当，由是储位遂定。及帝为抚军，命琇参军事。帝即位后，擢琇为左卫将军，封甘露亭侯。累迁中护军，加散骑常侍。琇典禁兵，豫机密，宠遇甚厚。初，杜预拜镇南将军，朝士毕贺，皆连榻而坐。琇与裴楷后至，曰：杜元凯乃复以连榻而坐客耶？遂不坐而去。卒，赠辅国大将军、开府仪同三司，谥曰威。

晋

羊祜

字叔子，续之孙。五岁时，令乳母于邻家园桑树下探取金环，李氏惊曰：此吾亡儿所失。乃知其前身为李氏子。晋武帝时为尚书右仆射，都督荆州诸军事，出镇南郡，开设庠序，绥怀远近，甚得江汉之心。与吴人开布大信，降者欲去，听之。减戍逻之卒以恳田八百余顷[⑤]。其始至也，军无百日之粮；及季年，乃有十年之积。祜在军，轻裘缓带，身不被甲，铃阁

① 雅舒:《晋书·外戚·羊琇传》作“稚舒”。

② 兄:《晋书·外戚·羊琇传》作“兄瑾”。

③ 接延:《晋书·外戚·羊琇传》作“接筵”。

④ 恶:《晋书·外戚·羊琇传》作“重”。

⑤ 恳田:《晋书·羊祜传》作“垦田”。

之下，侍卫才十数人。石城以西，尽为晋有，修德信以怀之，慨然有吞吴之志。每与吴人交兵，克日方战，不为掩袭计。将帅有欲进谲诈之策者，辄饮以醇酒，使不得言。吴将邓香掠夏口，祜募勇士生缚香，既至，宥之。香感其恩，率部曲而降。祜出，单骑行吴境，刈谷为粮，皆计所侵送绢偿之。每会众江沔游猎，常止晋境，若禽兽先为吴人所伤，而后为晋兵所得者，皆封还之。于是吴人翕然悦服，称“羊公”而不名。祜与陆抗对垒，使命交通，抗称祜之德量，虽乐毅、诸葛孔明不能过。抗尝病，祜馈之药，抗服之，幕士多谏，抗曰：岂有酖人羊叔子哉[①]？抗每告其戍曰：彼专为谊，我专为暴，是不战而自屈也。各保分界而已，无求细利。孙皓闻二境交和，以诘抗，抗曰：一郡一邑，不可以不信义，况大国乎？臣不如此，是祜专其德也。祜寝疾，求入朝，面陈伐吴之策。晋主遣张华就问，举杜预自代。及卒，晋主素服哭之，吴人闻之罢市哭。尝游襄阳岘山，襄人立庙建碑于上，望其碑者，无不流涕，因名曰“堕泪碑”。赠侍中、太傅、征南大将军、南城侯，谥曰成。今徂徕之阳有地曰羊祜城，其故居也。

胡母辅之

字彦国，泰山奉高人。高祖班，汉执金吾。父原，练习兵马，山涛称其才堪边任，举为太尉长史，终河南令。辅之少擅高名，有知人之鉴。性嗜酒，任纵不拘小节。与王澄、王敦、庾凯俱为太尉王衍所昵，号曰“四友”。澄尝与人书曰：彦国吐佳言如锯木屑，霏霏不绝，诚为后进领袖。辟别驾、太尉掾，并不就。后以家贫，求试繁昌令，始节酒自励。有声，迁尚书郎掾[②]。讨齐王冏，赐爵阴平男，累转司徒左长史。复求外出，为建武将军、乐安太守。避乱渡江，元帝以为安东将军咨议祭酒，迁扬武将军，终湘州刺史。

① 酖人：《晋书·羊祜传》作“鸩人”。

② 尚书郎掾：《晋书·胡母辅之传》无“掾”字。

羊曼

字祖延，太傅祜兄也[①]。父暨，阳平太守。曼少知名，州礼辟皆不就。避难渡江，元帝以为镇东参军，转丞相主簿，委以机密。历黄门侍郎、尚书吏部郎、晋陵太守，以公事免。曼任达纵[②]，温峤、庾亮、阮放、桓彝同志友善，并为中兴名士。时州里称陈留阮放为宏伯，高平郗鉴为方伯，泰山胡毋辅之为达伯，济阴卞壸为裁伯，陈留蔡谟为朗伯，阮孚为诞伯，刘绥为委伯[③]，而曼为黯伯[④]，凡八人，号兖州八伯，拟古之八俊。知王敦不臣，终日散发裸体[⑤]，闭户酣醉，故得不与其难。苏峻作乱，加前将军，率文武守云中龙门[⑥]。王师不振，或劝曼避峻。曼曰：朝廷破败，吾安所求生？勒众不动，遂遇害。峻平，追赠太常。

羊鉴

字景明，泰山人。父济，匈奴中郎将。兄炜，历太仆、兖徐二州刺史。鉴为东平太守[⑦]，累迁太子左卫率。后讨苏峻，以功封丰县侯[⑧]，徙光禄勋，卒。

刘寔

泰山人。博通古今，清修洁己。为吏部郎，参相国军事，终太尉。弟智，少贫窭，负薪自给，读诵不辍，以儒行称。

---

① 祜兄：《晋书·羊曼传》作“祜兄孙”。

② 纵：《晋书·羊曼传》作“颓纵”。

③ 刘绥：《晋书·羊曼传》作“高平刘绥”。

④ 黯伯：《晋书·羊曼传》作“䭾伯”。

⑤ 裸体：原作“课体”，据上下文义改。

⑥ 云中龙门：《晋书·羊曼传》作“云龙门”。

⑦ 东平太守：《晋书·羊鉴传》作“东阳太守”。

⑧ 丰县侯：《晋书·羊鉴传》作“丰城县侯”。

羊欣

字敬元，泰山南城人。曾祖耽[①]，晋徐州刺史。祖权，黄门郎。父不疑，桂阳太守。欣少靖默，博览经籍，善书。不疑令乌程时，欣年十二，王献之为吴兴太守，甚爱之。献之尝夏月入县，欣著新绢裙昼寝，献之书裙数幅而去，欣书由是益工。起家辅国参军，隆安中朝廷渐乱，欣优游不复仕进，会稽王世子元显每使欣书扇，辞不奉命。元显怒挤之，恬不为意。

羊烈

字信卿，泰山钜平人。琇之八世孙也，魏梁州刺史祉之弟[②]。烈少通敏，好读书，以理学名。天统中除大中大夫，兼光禄少卿，终骠骑将军、义州刺史。

南北朝

羊玄保

泰山南城人。祖楷，晋尚书都官郎。父绥，中书侍郎。玄保在宋武帝为镇军参军，司徒王弘知重之。顷之，入为黄门侍郎。善奕棋，文帝亦好奕，与赌郡，玄保戏胜，补宣城太守，历丹阳、会稽、吴郡太守。文帝以玄保廉素寡欲，故频授名郡。为政虽无殊绩，而去后必常见思。文帝尝曰：每有好官缺，我未尝不先忆羊玄保。孝武即位，为金紫光禄大夫，以谨严见知。大明五年加散骑常侍、特进。玄保自少至老，谨祠祭，四时珍新，未得祠荐者，不敢先尝。卒，谥曰定。兄子希，尚书左丞，尝疏请宽山湖之禁。后讨刘思道，遇害。

---

① 耽：《宋书·羊欣传》作“忱”。

② 弟：《北齐书·羊烈传》作“弟子”。

羊侃

字祖忻，泰山梁父人。汉南阳太守续之裔也。祖规之，宋武帝之临徐州，辟祭酒从事，会薛安都举彭城降北，规之陷魏，魏授卫将军、营州刺史。父祉，魏侍中、金紫光禄大夫。侃少而瑰伟，身长八尺，雅爱文史，博涉书记，尤好《左氏春秋》《孙吴兵法》。弱冠随父在梁州立战功，中补别将。寻以平羌功，遣使持节征东大将军，领泰山太守，进爵钜平侯。因父祉有南归之志，奔还梁。大统三年至建业，授徐州刺史，并其兄默，三弟忱、络[①]、元皆拜刺史，侃封高昌县侯。六年，出为云麾将军、晋安太守，郡内肃清。顷之，征太子左卫率。大同三年，车驾幸乐游苑，侃预宴。时少府奏新造两刃矟成，长二丈四尺，围尺三寸，高祖因赐侃马，令试之。侃执矟上马，左右击刺，特尽其妙。高祖嘉之，制《武宴诗》三十韵以赐侃，侃即席应诏，高祖览曰：吾闻仁者有勇，今见勇者有文，可谓邹鲁遗风，英贤不绝。六年，迁司徒左长史。八年，迁都官尚书。九年，出为衡州刺史。太清元年，征为侍中。二年，复为都官尚书。以御侯景功，加侍中、军师将军，诏送金五千两、银万两、绢万匹以赏战士，侃辞不受，部曲千余人并私加赏赉。初，侃长子鷟，为景所获，执来城下。侃曰：我倾宗报主，犹恨不足，岂复计此一子，幸汝早杀之。数日复持来，侃谓鷟曰：久以汝为死，犹复在邪？吾以身许国，誓死行阵，终不以尔死生进退！因引弓射之。贼感其忠义，亦不之害。景遣博士哲平谓侃曰[②]：侯王远来问讯天子，何谓闭拒不时进纳？尚书国家大臣，宜启朝廷。侃曰：侯将军奔王之后[③]，归命国家，重镇方城，悬相任寄，何所患苦，忽致称兵？今驱乌合之

---

① 络：《南史·羊侃传》作“给”。

② 博士哲：《南史·羊侃传》作“傅士哲”。

③ 奔王：《南史·羊侃传》作“奔亡”。

卒，至王城之下，岂有人臣而至于此？吾荷国重思[①]，当禀承庙算以扫大逆耳，不能妄受浮说，幸谢将军，早自为所。士哲又曰：侯王事君尽节，不为朝廷所知，正欲面启至尊，以除奸佞，既居戎旅，故带甲来朝，何为作逆？侃曰：主上临四海将五十年，聪明睿哲，无幽不照，有何奸佞而得在朝？欲饰其非，宁无诡说？且将军亲举白刃，以向城阙，事君尽节，乃若是邪？平无以应，乃曰：在北之日，久挹风猷，每恨平生未获披叙，愿去戎服，得以相见。侃为之免胄，平瞻望久之而去。其为北人所钦慕如此。后大雨，城崩，贼乘之突入，侃令多掷火，为火城以断其路，徐于内筑城，贼不能进。十二月，疾卒。诏给东园秘器，布、绢各五百匹，钱三百万，赠侍中、护军将军。

羊鸦仁

字孝穆，泰山钜平人。少果勇，有胆力。自魏归梁，封广晋县侯。征伐青、齐间，累迁都督，司淮、冀、殷、应、西豫等七州诸军事，镇悬瓠。侯景反，攻台城，鸦仁率所部入援，为景所获，以为五兵尚书。鸦仁常思奋发，谓所亲曰：吾受宠朝廷，今社稷倾危，身不能死，以至于此！死有余愤。因泣下。后竟出奔，将赴江陵，遇害。史臣曰：羊侃、鸦仁值太清之难，并竭忠奉国，侃临危不挠，鸦仁守义殒命，可谓志等松筠，心均铁石，古之殉节，斯其谓乎？

羊鹍

字子鹍。随父侃，台城内陷，窜于阳平，为侯景所获，待之甚厚。及景败，鹍密图之，乃随其东走。景于松江战败，惟余三舸，下海欲向蒙山。会景倦，昼寝。鹍语海师：此中何处有蒙山，汝但听我处分。遂直向京口，

① 重思：《梁书·羊侃传》作“重恩”。

至胡豆洲，景觉大惊，问岸上人，云“郭元建犹在广陵”。景大喜，将依之。鹍拔刀叱海师，使向京口，景欲投水，鹍拔刀斫之。景乃走入船中，以小刀抉船，鹍以矟入刺杀之。世祖以为持节通直散骑常侍、都督青冀二州诸军事、明威将军、青州刺史，封昌国县公①。食邑二千户，赐钱五百万，米五千石，布绢千匹。又领东阳太守，加散骑常侍。平峡中，除西晋州刺史，破郭元建于东关，迁使持节信武将军、东晋州刺史。

傅伏

泰山人。仕北齐，以战功累迁东雍州刺史。周克荆州②，遣人以其子来招降。伏曰：事君有死无二，此儿不忠不孝，愿即斩之。后闻后主已获，乃仰天大哭，率众入城，于厅事前北面哀号良久，然后降。

羊敦

字元礼，泰山钜平人。性尚简素，博涉书史。以父灵引死王事，授给事中，累迁广平太守。有治能，属岁饥馑，教民采藕根食之。遇有疾苦，解衣质米以恤之。朝廷嘉其清白，赐谷千斛、绢百匹。卒于官，吏民奔哭。赠吏部尚书，谥曰贞。

隋

徐洪客

泰山人。隋末山东大水，饿莩满野。李密取黎阳仓，大济，得胜兵三十余万。洪客献书于密，以为“大众久聚，恐米尽人散，师老厌战，难以成功”。劝密“乘进取之机，因士马之锐，沿东指南，直向江都，执取独夫，

---

① 昌国县公：《南史·羊鹍传》作“昌国县侯”。

② 荆州：《北齐书·傅伏传》作“并州”。

号令天下”。密壮其言，以书招之，洪客竟不出，莫知所之。密大称异。君子曰：洪客之谋奇而正，非惟李密不及，唐初诸人皆不及也。天下未尝无才，或隐于屠贩，或寄于盗贼。洪客优游黄冠中，而抱匡时之略，怀济世之具，顾人不能知耳！然李密不足与言，岂洪客未知晋阳兴师，或无路以自达，而于密发之耶？以此书观之，其胸中之奇固多矣，而迄不自见，岂其不及唐室之兴而死欤？抑如黄石公、鲁仲连之流欤？呜呼，其可谓高士也夫！

宋

石介

字守道，兖州奉符人。学笃而志大，虽在畎亩，不忘天下之忧，以谓时无不可为，为之无不至，不在其位，则行其言，吾言用，功利施于天下，不必出乎已；吾言不用，虽获祸咎，至死不悔。其遇事发愤，作为文章，极陈古今治乱成败，以指切当世贤愚善恶，是是非非无所讳忌。世俗颇骇其言，由是谤议喧然，而小人尤嫉恶之，相与出力必挤之死，介安然，不惑不变，曰：吾道固如是，吾勇过孟轲矣。及卒，而奸人有欲以奇祸中伤大臣者，犹指介以起事，谓其诈死而北走契丹，请发棺以验。赖天子察其诬，得不发棺，而保全其妻子。介世为农家，父丙，始以仕进，官至太常博士。介年二十六举进士甲科，为郓州观察推官、南京留守推官。御史台辟主簿，未至，以上书论赦罢。秩满迁某军节度掌书记，判嘉州军事判[①]。丁内外艰，去官，躬耕徂徕之下，葬其五世未葬者七十丧。服除，召入国子监直讲。是时兵讨元昊，久无功，海内重困，天子奋然思欲振起威德，而进退二三大臣，增置谏官、御史，所以求治之意甚锐。介跃然喜曰：此盛德事也，雅颂吾职，其可已乎？乃作《庆历圣德诗》以寓褒贬，分别邪正，指斥夏竦，累数百言。诗出，孙明复曰：子祸始于此矣。其后所谓奸人作奇祸者，乃诗之所

① 军事判：欧阳修《徂徕石先生墓志铭》作“军事判官”。

斥也。介自闲居徂徕，后官于南京，常以经述教授。及在太学，益以师道自居，门人弟子从之者甚众。太学之兴，自先生始。其斥佛、老、时文，则有《怪说》《中国论》，曰：去此三者，然后可以有为。其戒奸臣、宦、女，则有《唐鉴》，曰：吾非为一世之鉴也。其辞博辩雄伟，而忧思深远。其为言曰：学者，学为仁义也，仁急于利物，义果于有为，惟忠能忘其身，笃于自信者，乃可以力行也。以是行于己，亦以是教于人。所谓尧、舜、禹、汤、文、武、周公、孔子、孟轲、杨雄、韩愈氏者，未尝一日不诵于口。思与天下之士皆为周孔之徒，以致其君为尧舜之君，民为尧舜之民，亦未尝一日少忘于心。至于迈世惊众，人或笑之，则曰：吾非狂痴者也。是以君子察其行而信其言，推其用心而哀其志。其直讲岁余，杜祁公荐之天子，拜太子中允。丞相韩琦又荐之，乃直集贤。又岁余，始去太学，通判濮州。方待次于徂徕，以庆历五年七月卒于家，年四十有一。友人欧阳修哭之以诗，以谓待彼谤焰熄，然后先生之道明矣。介没后，妻子冻馁不自胜，韩琦、富弼分俸买田以活之。后二十年[1]，欧阳修铭其墓曰[2]：徂徕之岩岩，与子之德兮，鲁人之所瞻；汶水之汤汤，与子之道兮，愈远而弥长。道之难行兮，孔孟皇皇[3]；一世之屯兮，万世之光。曰吾不有命兮，安在夫桓魋与臧仓？自古圣贤皆然兮，噫！子虽毁其何伤！

姜潜

字至之，泰山奉符人。从学于石守道，田况举召试学士院，为明州录事参军。以母思乡求致仕，吴奎、韩绛共荐徙兖州，又荐为国子直讲。神宗闻其贤，召访以治道，对曰：有《尧》《舜》二《典》在，顾陛下致之之道何如？知陈留数月，青苗令下，潜即移疾去。县人诣府留之不得。

---

① 后二十年：《欧阳修全集》作“后二十一年”。

② 欧阳修铭其墓：原碑名为“徂徕石先生墓志铭”。

③ 皇皇：《欧阳修全集》作“遑遑”。

李亘

字可大，泰山奉符人。少学，有智虑，以进士擢尚书郎。建炎末陷于刘豫，使守大名。与凌唐佐谋，密陈豫可取状于朝。募卒刘金等十余人往返，事泄遇害。赠官，立祠曰“愍忠”。

金

党怀英

字世杰，泰山人。父纯睦，冯翊人，仕为泰安军录事参军，因家焉。怀英举大定进士，授莒州军事判官，累迁翰林学士承旨。博洽善属文，尤工篆籀，当时称为第一。卒谥文献。其书法文章今可见者：阙里“杏坛”二大字，岱祠碑额，鲁两先生祠碑，东昌府学三绝碑。

元

石珪

泰山奉符人。宋徂徕先生守道之闻孙也[①]。世以读书力田为业。体貌魁伟，膂力过人，倜傥不羁。金贞祐南渡，兵戈四起，珪率少壮负险自保，与腾阳陈敬宗聚兵山东[②]，破张都统、李霸王兵于龟蒙山，宋将郑元龙以兵迎敌，珪败之于亳阳，遂乘胜引兵入盱眙。会宋贾涉诱杀连水忠义军[③]，众迎珪为师[④]，称太尉。戊寅，元主使葛不罕与宋议和。己卯，珪令麾下刘顺入觐元主，元主慰劳之。且敕珪曰：如宋议和不成，吾与尔永结一家，吾必荣汝。顺还告，珪心感服，日夜思降。庚辰，宋果渝盟，珪弃其妻龙氏、子金山，

① 闻孙：《元史·忠义传》作“裔孙”。
② 腾阳：《元史·忠义传》作“滕阳”。
③ 连水：《元史·忠义传》作“涟水”。忠义军：《元史·忠义传》作“忠义军统辖季先”。
④ 为师：《元史·忠义传》作“为帅”。

仗剑渡淮，宋将追之曰：太尉回，完汝妻子。珪不顾，宋将沉珪妻、子于淮。珪遂率顺及李温因孛里归木华黎[①]。辛巳，木华黎承制，授珪光禄大夫，济、兖、单三州兵马都总管，山东路元帅[②]，佩金虎符。癸未，元主诏曰：石珪弃妻子，提兵归顺，战胜攻取，加授金紫光禄大夫、东平兵马都总管、山东诸路都元帅，余如故。秋七月，珪破曹州，与金将连战数昼夜，粮绝而援兵不至，临阵马仆被擒。至汴，金主诱以上爵[③]，使揖。珪忿曰：吾官至光禄，复能受封他国耶？假我一朝，当缚尔以献！金主大怒，蒸杀于市，珪怡然就死，无变色。烈哉！珪之死也。惜不于华而于夷耳。珪之先也，世为宋之臣子，而厥祖徂徕先生以《春秋》名世，而贻其家。《春秋》内夏外夷，而珪也未之思也。且夫杀其妻、子者宋人，而所以杀之者，珪也。视吴起、乐羊子之忍也，有以异乎？无以异乎？

石天禄

珪之子也。东平路元帅，历济、兖二州管民总管。

国朝

郭士原

泰安州人。勇略过人，累立战功，历升中军都督府都督，进爵宁阳侯。

王圭

字廷器，泰安人。性朴俭，笃学。举洪武乡试，任山西夏县教谕。以德学名当道，荐为御史，辞不就，儒官清素四十八年。以子贵，封户部员外郎。年四十丧偶，不复取。寿几百岁。子二：牧，山西乡试第一；育，赐进士，累官山西左布政，称刚直清白，俱为乡评所重。

---

① 因孛里：《元史·忠义传》作“因孛里海”。

② 元帅：《元史·忠义传》作“行元帅”。

③ 上爵：《元史·忠义传》作“名爵”。

杜英

泰安人。贡授温州府同知，擢广西参议，时黎季釐叛据州郡，英督兵讨平之，俘其男女三十余人。文皇帝赐玺书，擢左布政兼镇抚夷方。久之，感瘴疠卒，年四十有四。

傅裕

字克宽，泰安人。举顺天八年乡试[①]，判真定府，擢倅延安，所至称廉仁。榆林参将郭英豪横不法，狱属裕谳鞫，台臣欲从末减。英以五百金赂裕，不受，持法愈厉。致休，进秩知府，林居无请谒，乡人称谦厚长者云。

张异

泰安下张保人。笃学敦行，勤劳养父母，寒暑不怠。父死，庐墓三年，母死如之。由州学生卒业成均，官山西布政司检校。

制科、献士共一百八十六人

制科五十九人：洪武癸未朱懋湖广左参政；永乐乙酉徐奇五台县训导；王整蒲城县知县[②]；王圭夏县教谕，以子育封郎中；戊子吕绅户部主事；陈英；马瑜监察御史；辛卯杨忠刑部郎中；刘善镇远府知府；袁弘淮安府教授；李卣昌黎县县丞；甲午朱凤仪庆云县县丞；李殷；薛瑾监察御史；李良；丁酉刘玉吴堡县知县；王纯乐平县训导；聂祯工部员外；李勋福建按察司经历；庚子武功景陵县知县；侯宣；癸卯陈立登庚戌进士，陇西县知县；王迪阳曲县教谕；宣德丙午王牧圭之子，解元，南和县训导；李芳洛南县训导；乙卯郭琰思州府知府；正统壬子周昭周府长史；辛

① 顺天：康熙《泰安州志》作“天顺”。

② 蒲城：弘治《泰安州志·科贡》作“满城”。

西冀镔绛县县丞；王麟迪之子，博士；甲子马进深州判官；卢迪宝鸡县知县；丁卯王育圭之子，登戊辰进士，山西左布政使；景泰庚午安恒新郑县知县；刘震山西都司断事；丙子郭旻琰之子，无极县训导；天顺己卯傅裕镛之子，延安府知府；刘恺岳州府通判；田畿获鹿县知县；成化戊子周冕昭之子，登乙未进士，太仆寺丞；毕珍；庚子高岳解元，登甲辰进士，乾州知州；癸卯王龙杞县知县；周旻昭之子，冀州知州；范懋；丙午阎岱靖州知州；张润玺之子，登丁未进士；弘治壬子李瑾顺义县知县；乙卯张忠登己未进士，平阳府知府；正德丁卯高霖岳之子，隆庆州知州；癸酉马经太谷县知县；高云岳之子；己卯孙璋邯郸县知县；嘉靖壬午封尚章解元；甲午张琥；丁酉刘一桂；张璿桂之子；庚子吴僖；丙午安科；壬子高桂云之子。

献士一百三十七人：洪武甲子刘让监察御史；丙寅岳守正大理寺寺丞；戊辰杜英广西左布政使；庚午张福[①]工部司务；壬申董芳工部郎中；癸酉谢贯河南府知府；丙子张俨监察御史；戊寅夏逵户部主事；庚辰邵麟真宁县知县；壬午杨盛忻州同知；甲申刘徽侯官县知县；丙戌杨弘乾州判官；永乐戊子高节泽州知州；庚寅王宾岢岚州判官；壬辰踪朴怀柔县主薄；甲午霍信饶州府检校；丙申苏信昌黎县县丞；丁酉张俊襄城县主薄；戊戌张异山西布政司检校；王翰秦府典仪；庚子曹通建宁府知事；甲辰周溥永清县县丞；丙午张忠虞城县知县；戊申姜伦陕西理问；己酉程朋、宣德丁未郭啤凤阳府检校；庚戌李敏靖州同知；王英沁水县主簿；壬子李宽高邑县知县；甲寅郑昭万泉县知县；正统丙辰李懋[②]平阳府知府；戊午傅镛陈州学训导，以子裕封府同知；己未封贵黎城县县丞；壬戌苗盛黎城县县丞；癸亥梁材；甲子杜亨英之子，莆田县县丞；田俊怀庆府经历；丁卯李翔临城县主簿；甄纯；己巳张昭东光县县丞；景泰庚午高清江浦县典史；辛未李宏卣之子，宝应县主薄；周宁镇江府经历；壬申苏茂嘉兴县县丞；癸酉赵升；李敬金吾左卫经历；甲戊杨安[③]；乙亥杨晟；杨觯；丙子赵敦沛县县丞；贾希谊怀庆府照磨；天顺丁丑王

① 张福：弘治《泰安州志·科贡》作“裴福”。

② 李懋：弘治《泰安州志·科贡》作“李茂”。

③ 甲戊：当作“甲戌”。

行简安邑县县丞；戊寅王述河间县县丞；己卯刘泽民大兴县县丞；辛巳张麟；壬午李节河东运司运判；癸未杜廉安吉县县丞；甲申陈佐龙门卫经历；成化乙酉韩瑁；丙戌周璟；丁亥郭健；李恭临县教谕；戊子周宪；庚寅张拯解州吏目；乙未曲泰通之子，遵化县训导；丙申宋浩汲县县丞；戊戌李贯永宁县主簿；己亥张羽；庚子李梅陆安州判官；壬寅苗兴；癸卯袁吉大仓经历；乙巳刘锡保安卫经历；丁未冯寿；弘治戊申于时茶陵州吏目；庚戌冯茂南京所吏目；辛亥张惠忻州吏目；壬子崔凤；癸丑寿骥庆府审理；乙卯杜琰亨之子，易州训导；丙辰刘温定兴县县丞；鲍玘南雄府推官；丁巳李性之；戊午周鸾吴县主簿；张豪；己未马让进之子，夏邑县县丞；辛酉宋儒浩之子，芮城县教谕；壬戌李玺；癸亥许让；甲子杜世昂无锡县县丞；正德丙寅周达河间府经历；丁卯高儒大同都司都事；己巳王辅仁偃城县教谕；庚午薛禄凤阳县主簿；辛未刘铉六安州同知；癸酉柳茂大同县教谕；甲戌卢继宗仪封训导；甄恭；丙子寿骙骥之弟，怀庆府经历；丁丑侯继先信之孙，蒲州同知；己卯李翘南乐县教谕；耿环秦州学正；庚辰李漳瑾之子，漳县知县；李选徐沟县知县；嘉靖壬午余鳞；文彦道庆都县县丞；癸未朱轲固安县教谕；乙酉王铠鄘州学正；丙戌李逵稷山县训导；丁亥杨智觯之孙，均州判官；己丑李钦绍兴府照磨；庚寅周书河间县主簿；辛卯刘进南皮县主簿；壬辰王臣；癸巳封尚贞忻州同知；齐鲁任丘县主簿；甲午马缙经之弟，光禄寺署丞；乙未邹弘文；丙申田时耕鲁府纪善；戊戊周昂[①]新野县知县；己亥李乐榆杜县教谕；李观民翘之子，鲁府教授；庚子王文通罗次县知县；邓雯解州同知；辛丑文卿彦道之子；王藩龙之子；壬寅白忠；癸卯杨文渊智之子；甲辰何东鲁伊阳县训导；乙巳李文美；丙午刘穆；戊申王京；己酉王绅；庚戌侯养正继先之子；辛亥梁恕；壬子洪训；癸丑韩杰。

例贡五十五人：曹铉赣州府经历；张连宁晋县知县；曲通；张宣三元县县丞；张彝；王环临潼县知县；张玺；侯信沔县知县；王宣牧之子，绛州同知；杨弘；薛

① 戊戊：当作“戊戌”。

英鸿胪寺序班；刘俊万泉县知县；刘宁；孙绍开城县典史；韩整信阳县典史；李志洛川县典史；安铠榆次县典史；程达鹏之孙，和顺县主簿；刘守道铠之子，萧县知县；封宪茂州知州；鲁良；曹震阳曲县县丞；王训环之子，耀州判官；侯轨信之子，高平县主簿；张敬宗宿迁县主簿；王宾育之子，曲阳县知县；王贞育之孙，亳州判官；傅汝霖裕之子；王功宣之子，马邑县知县；张棋忠之子，庆府典宝；刘璋畯之子，中部县县丞；张桂武陟县主簿；王藻龙之子，定州吏目；张演全州吏目；刘汤臣；张尚义阶州吏目；张大成；王莒环之孙；杜泾世昂之子，河东运副；安枢秦州判官；周孟麒鸾之子，宿州吏目；王承儒功之子；安槟；施惠高邮州判官；张绅甘州卫知事；邹弘道镇宁州吏目；王一元龙之孙，灵川县主簿；范韶；程大本达之孙；安桂槟之弟；施恩惠之弟；张思齐；施忠；李思献；杨文浃。

附录：

科贡题名记

编修　杨守址《记》：泰安州学自国初以来，登进士者若干人，登乡举者若干人，各书其姓名于壁。德清胡侯瑄以名进士来知州事，笃意学校，乃始合而书之于碑，以昭示永久。适考绩来京，以余忝执笔从太史后，俾为之记。昔韩退之谓南方之山，独衡为宗，其神必灵；而郴之为州，又当中州，清淑之气，穷而郁积者，其神气之所感，必有魁奇忠信材德之民生其间，信斯言也。衡山，五岳之一耳，独为其南方之山所宗，其神既灵矣。然则五岳之长，名曰岱宗，举天下之山皆宗之，其神之灵，岂衡匹哉！而泰安之为州，岱宗拥其北，禅亭峙其右，宫山翼其左，近而汶、济河流其前[①]，远则大河、钜海汇环其外，中州清淑之气殆于是焉。细缊盘纡，而停蓄非穷而郁积者，此则其神气之所感，魁奇忠信材德之生其间者，又岂偏州下邑之可拟哉？况又遭逢盛世，光岳气完，文风丕振，士之荐名乡书、策名天府者，后先相望，其亦宜矣。胡侯乃复碑而列之，其表章先达、饬励后进之心，不亦至乎！吾知是碑之立，人将历指其名而尚论其世矣，彼将曰：是为魁奇者，是为忠信者，是为材德

① 河流：道光《泰安县志·学校》作“合流”。

兼全者。斯无忝乎山川之所生，而增重科目矣。否则曰：是庸碌者，是夸诈者，是有材无德者，则为山川羞，为科目累，可不戒哉！可不勉哉！

修撰　王革记：皇帝十有八年之冬，进士德清胡君廷器以朝命出守山东泰安州，既至，按学宫阙状，惟前后岁贡士未有为之立石题名者。越明年，政和民欢，修举阙坠，乃砻石悉书诸士氏名以垂示无穷。伻来京师，征予言以记之。洪惟我国家罗致贤才，图惟化理，百余年间，圣祖神宗，前创后述，惟科贡之途是辟。迨我皇上，丕承大统，以人文化成天下余二十年，其作人重道之心，尤惓惓焉。故缙绅章缝之士，虽或挟异能沐殊恩膺显爵，苟其发轫不由科贡之途，非惟己有余憾，人亦莫之重也。士之得列名于兹者，厥惟艰哉！虽然，天下学校之士，由岁贡集于京师者，一举遂千余人，亦皆随世以谋利禄，与庸众人同存亡而已。求其道德功业卓然可以名当世而垂无穷者，盖寥寥焉。噫！其始擅乡曲之誉，获贡天子之廷，其终成就止于利禄之资而已。众人之所推重，有司之所选择，国家之所造就，岂端为是哉？君子谓胡君此举，有得乎风励之道，历兹以往，是邦之士，将必有鉴先进之臧否淑慝，而知所劝戒焉者。为书于石，庶几嗣守是邦者，有以知君微意之所存。

列女十一人

魏景献帝后羊氏：讳徽瑜，泰山南城人。父，道，上党太守。母，陈留蔡氏，汉中郎将邕之女也。聪敏有才行。

晋惠帝后羊氏：讳献容，泰山南城人。祖，瑾；父，玄之。太安元年册立。

魏羊耽妻辛氏：字宪英，陇西人，魏侍中毗之女也。聪慧有才鉴。初，魏文帝得立为太子，抱毗项谓之曰：辛君知我喜不？毗以告宪英。宪英叹曰：太子，代君主宗庙社稷者也。代君不可以不戚，主国不可以不惧，宜戚而喜，何以能久！魏其不昌乎！弟敞，为大将军曹爽参军，宣帝诛爽[1]，因其从魏帝出而闭城门，爽司马鲁芝率府兵斩关赴爽，呼敞同去。敞惧，问宪英曰：太子在外[2]，太傅闭城，人云将不利国家，于事可得尔乎？宪英曰：事不可知，然以吾度之，太傅殆不得不尔，明皇帝临崩，把太傅臂，属以后事，此言犹在朝士之耳。且曹爽与太傅俱受寄托之任，而独专权势，于王室不忠，于人道不直，此举不过以诛爽耳。敞曰：然则敞无出乎？宪英曰：安可以不出？职守，人之大义也。凡人在难，独不恤之[3]，为人执鞭而弃其事，不祥也。且为人任，为人死，亲昵之职也，汝从众而已。敞遂出。宣帝果诛爽。事定后，敞叹曰：吾不谋于姊，几不获于义！其后钟会为镇西将军，宪英谓耽从子祜曰：钟士季何故西出？祜曰：将为灭蜀也。宪英曰：会任事纵恣，非持久处下之道，吾畏其有他志也。及会将行，谋其子琇为参将[4]，宪英忧曰：他日吾为国忧，今日难至吾家耳！琇固请于文帝，不听。宪英谓琇曰：行矣，戒之！古之君子入则致孝于亲，出则致节于国。在职思其所司，在义思其所立，不遗父母忧患而已。军旅之间可以济者，其惟仁恕乎！会至蜀果反，琇竟以全归。祜尝送锦被，宪英嫌其华，反而覆之，其明鉴俭约如此。泰始五年卒，年七十九。

国朝李氏：禹村保李政女。生而淑静，适官庄保崔宣，称贤妇。年二十六夫亡，家贫，孝养翁姑，死葬以礼，抚其孤四人皆成立。年逾六十，终始一节，有司疏旌其门。

李氏：致仕知县李瑾女，举人高云妻。正德辛未，遇流贼攻陷州城，李恐被污，用刀自刎，咽喉几断，贼惊愕遁去。有司以闻，诏旌其门。

陈氏：谢村保陈寿女，云之继室也。正德辛巳，云病故，时陈年

---

① 诛爽：《晋书·列女·羊耽妻辛氏》作“将诛爽”。

② 太子：《晋书·列女·羊耽妻辛氏》作“天子”。

③ 独不：《晋书·列女·羊耽妻辛氏》作“犹或”。

④ 谋：《晋书·列女·羊耽妻辛氏》作“请”。参将：《晋书·列女·羊耽妻辛氏》作“参军”。

二十一岁。遗孤桂，生甫半月，陈以死自誓。家贫，女红为生，亲戚罕见其面，见今五十四岁，始终全节。有司以闻，诏旌其门。一门双节，天旨再临，盖旷典也。

刘氏：旧县保民王诰妾；董氏：西牛保民李悦妻；萧氏：汶西保民范思恭妻。正德辛未五月，强贼进城，恐遭污辱，俱投井淬死。有司以闻，诏各表其门。

续氏、刘氏：廪生赵进忠之妾。嘉靖戊申，进忠病故，二氏号恸，越三日，半夜从容装束，自经而死。时续氏年二十五，刘年二十一。分巡佥事杨适临本州，闻其事，扁其门曰“双节”。未及旌表。

物产

今夫山，宝藏兴焉，货财殖焉。是故言物产者，莫尚乎山，而况岱为天下之名山也乎？尝观《禹贡》“岱畎丝、枲、铅、松、怪石”；《神农经》载泰山诸药石；而《山海经》曰“其上多玉，其下多金，多水玉”；道书《福地记》曰“泰山多芝草、玉石”，是物产之闻于昔也。然而昔有者今无，或古无而今有之，志载其所有，而惟药品为多，岂神山福地，气化之所滋者，固异于他山欤？

木：有秦松、汉柏、唐槐，皆纪于岳、于祠，与徂徕、新甫并传矣。它若椿、梧、梓、桧、楸、槲、桑、柘、榕、栾、榆、柳、杨、栋[1]，虽皆有之，顾登封之地，无乔林丰樾，而取材于工师者或寡焉。岳多石少土，固难于滋植，然而人见其濯濯也，是岂山之性哉？

果：有梨、栗、枣、柿、梅、杏、桃、李、柰、石榴、银杏、樱桃、

① 栋：《岱史·物产志》作“楝”。

林禽、核桃、葡萄[①]、羊枣、文冠果、无花果诸品，多植于岳址园林。其在岳者，多野生，曰山榴、猕桃、野棠。

花：有牡丹、芍药、紫薇、凌霄、夜合、辛夷、长春、丽春、栀子、玉簪、萱、葵、腊梅、蔷薇、鸡冠、莺粟、山丹、月季、兰蕙、茨菰、石竹、菊百余种。蔓生于树曰藤，花可蔬。鹿葱花，别名曰黄花菜，珍美称于天下，而土人贱之，不以供客。

药：以泰山著《图经》者三十有九种[②]，曰青芝、赤箭、景天、远志、天门冬、千岁蔂、徐长卿、太乙余粮石、龙芮石、钟乳石、硫黄、白石脂、赤石脂、白石英、紫石英、玄石、磁石、滑石、云母石、络石草、龙骨、伏翼、蛞蝓、松肪、柏实、茯苓、丹参、茵陈、茵芋、女萎、狼毒、连翘、藜芦、泽漆、瞿麦、香附子、玄胡索。惟天麻独异于它产，但鲜而难致。有名在《图经》而不以泰山言者四十有九种，曰苍术、黄精、黄连、黄芩、玄参、虾参、苦参、沙参、菖蒲、知母、益母、贯众、山楂[③]、山药、地黄、地榆、地丁、南星、枸杞、木兰、防风、荆芥、芫花、花椒、百部、百合、草乌、柴胡、牵牛、桔梗、藁本、芎䓖、漏芦、鬼箭、麦门冬、葳灵仙、白藓皮、青木香、鬼见愁、车前子、硝石、长石、青蒙石、金星石、银星石、金银花、马兜铃、王不留行诸品。惟沙参独良。石花可已心疾、傅金疮扑患，湘之可茶，状如蒙山而气味亦稍相类，此则《图经》所未载者。

谷：有黍、稷、稻、麦、菽、粟、芝麻、胡麻、巨胜。黍，黄、白、黑三种。稷，黄、黑二种。稻，红、白二种。麦有麳、麰、荞三种。菽，青、黄、赤、绿、黑、刀、扁诸种。粟，百余种，曰九里香、花里黄，其最佳者。

① 葡萄：原作“蒲萄”。

② 三十有九：当作“三十有八”。按，文中所录药名，只有三十八种。

③ 山楂：原作“山查”。

货：有丝，有木棉、绸、绢、葛，可为絺，有麻、苘、蜜、蜡。

茶：薄产岩谷间，山僧间有之，而城市则无也。山人采青桐芽，曰“女儿茶”。泉崖阴趾苗如波稜者，曰“仙人茶”。皆清香异南茗。黄芩芽时为茶，亦佳；松苔尤妙。

蔌：莳于畦圃者弗志，其野生曰荠、荼、藜、藿、蘧、芹、枸杞、椿、栋[①]、榕、栾，芽俱可菹，香美并异。八麻树芽和糜粥亦佳，曰枸骨芽，曰蒡春，土人甘之。

五金：出莱芜之黄山，亦有黄、白二土，石、焦二炭。土可塈可圬，炭石可薪，而焦良于冶，颇为民利，故又曰八宝山，是为岳东支麓。其西麓曰桃花峪，山人昔尝采白金矿，《山海经》云“其下多金”是也。又云“其上多玉”，今不可见。土人云：岳巅间尝一炫光彩。意者其玉韫之辉与！

鸟：多野鸽，巢岩穴及岳祠榱题。多鸠雀，有莺、鸮、鹰、鹯、鸦、鹊，惟岳祠无鸦，异哉！有曰巧妇，《尔雅》释“桃虫”是也。曰山僧，声如念佛。曰红娘子，色如胭脂。曰拖红练、拖白练，皆以尾色名。有雉鸡、山鸡、野鸡、鸴鸪、黄鹂、鹌鹑、翡翠、布谷、画眉。有翠羽褐衣如画眉者。汶有鸳、鹭、鸬鹚、鹡鸰、野鹜。

兽：有獐、麀、獾、兔。兔有两其足者，不能走，每跳一二丈许，曰跳兔。有黄鼠、苍狐、白狼，在深山穷谷，而登封之地则无也。《山海经》曰：有兽焉，其状如豚而有珠，名曰狪狪。今未之见，岂山林古今之变而气化有不同与？

鱼：有班文[②]，四五寸许，四五月生岳北溪涧中，过此则无矣。

冰：凝岳顶北十里许阴壑中，名曰天牢，天日不过之地，四时有之，不假伐藏。

① 栋：《岱史·物产志》作“楝”。

② 班文：道光《泰安县志》、《泰山药物志》作“斑文”。

祥异

《传》曰：祥多者，其国安；异众者，其国危。又曰：和气致祥，乖气致异。天人交感之际，治忽安危之所由也，可不谨乎？而况泰山宗岳，发育万品，而气化攸先，其为祥异，每关乎天下国家，尤当致谨，而可以无志乎？夫祥异者，天也；乖和者，人也。必先责之人，而后求端于天。是故察乖和以鉴几微[①]、以图治安者，必先于兹山焉可也。

汉昭帝元凤三年春正月，泰山大石起立，高丈五尺，大四十八围，入地深八尺，三石为足，立处有白乌数千集其旁。是年僵柳复起生，虫食柳叶成纹，曰“公孙病已立”。符节令眭弘以为石阴类下民象，当有庶人为天子者。坐妖言伏诛。其后，宣帝起于民间。

宣帝元康元年，凤凰集泰山，赦天下。三年春，神雀集泰山。

成帝河平元年，泰山桑谷有鸢焚其巢[②]，郡人孙通等闻山中群鸟鸢鹊声，往视，见巢燃，尽堕地中，有三鸢鷇烧死。树大四围，巢去地五丈五尺。《易》曰：鸟焚其巢[③]，旅人先笑后号咷。京房《易传》曰：人主暴虐，鸟焚其巢。其后赵飞燕姊妹专宠，后宫有子者杀之，并杀其母。帝崩，后坐诛。此焚巢杀子后号咷之应也。一曰王莽贪虐，而任社稷之重，卒成易姓之祸云。

章帝元和二年二月辛未，幸泰山，黄鹄三十经祠坛上，东北过于斋宫，翱翔升降。

晋武帝泰始四年七月，泰山崩坠三里。京房《易传》曰：自上下者为崩。泰山之石巅而下，厥应圣人受命[④]、人君虏。是后怀、愍二帝俱辱虏庭，

① “乌：多野鸽，巢岩穴及岳祠榱题”至“是故察乖和”，原缺，据台北“中央”图书馆藏嘉靖三十四年刻本补。

② 泰山桑谷：《汉书·五行志》作“泰山山桑谷”。

③ 其巢：《汉书·五行志》作“其舍”。

④ 圣人：《晋书·五行志》作“圣王”。

沦胥于北，元帝中兴于南。此其应也。

元帝太康二年六月，泰山大水，荡析三百余家，溺死六千余人[①]。时平吴后，王濬为元功而诋劾妄加，荀、贾为无谋而并蒙重赏，收吴姬五千，纳之后宫。此其应也。

成帝咸康八年、赵石虎建武八年，有石燃于泰山，八日而灭。

宋孝武帝大明元年七月，白雀见泰山。

东魏宣武帝景明三年八月辛巳，泰山崩，涌水十七处。武定六年四月，泰山甘露降。

后齐天统初，泰山封禅坛玉璧自出。夫岱山，王者易姓告代之所，玉璧，所用之币，而自出，将有异姓王者用币之象。其后齐亡，地入于周。及高祖受周禅，天下一统，焚柴泰山告祠之应也。

隋文帝开皇十四年，将祀泰山，令使者致神像于祠，未至数里，野火欻起烧像。时帝信谗猜忌，滕王瓒失志而死，功臣多被夷灭。其后，太子勇被戮。

唐高宗永徽二年七月，泰山大水。十三年十一月戊子，雄雉驯飞泰山斋宫内。夫封禅所以告成功，祀事无重于此者，而野鸟驯飞，不忌禁卫，不祥。

宋真宗大中祥符元年五月，泰山醴泉出。丁丑，王母池水变红紫色。按史，乾封县民王用田中，有童儿掊土，得青钱数十，争取之，钱坠石罅。因发石，涌泉二十四眼，味极甘美。又枯石河有涌泉二十五眼，一眼出层阜之上，经宿势浸盛，引数派，双鱼跃其中，有果实流出，似李差小，味甚甘。制置使王钦若贮水以献。六月庚戌，赐百官，诏建亭，赐额曰“灵液”。六月，王钦若至乾封，上言泰山醴泉出、天书见，有灵芝三万八千二百五十本。夫醴泉、芝草，固理之所有。乃若天书之降，吾谁欺，欺天乎？十二月，泰山玉女、白龙、王母池醴泉出。丁酉，赐辅臣新醴泉。六年十

① 六千：《晋书·五行志》作“六十”。

月，泰山兴工，有鸟，状乌，咮趾皆赤，役夫稍憩，即飞鸣作起之声。众工见其来，畚锸争进，将晡而去，日以为常，目为催工鸟。

仁宗嘉祐三年七月，泰山上瑞麦图，凡五本。

元世宗至元九年九月，泰山淫雨，河水溢，圮田庐，害稼。

成宗元贞元年六月，泰山大水。

武宗至大元年九月，泰山大水。

仁宗延祐元年三月，泰山霜雪三日。

文宗天历元年，泰山大水。

顺帝元统元年，泰山淫雨，河水溢，大饥。至正六年春二月，泰山奉符县大饥，地震七日，他县亦然。

国朝成化二十一年春二月、三月，泰山屡震，遣官祭之。

正德十六年春三月，岱庙东廊火。

嘉靖八年，泰山蝗。九年、十年如之。十六年六月，泰山水，漂溺数百人。十一月，州城火，延烧数十家。二十一年，泰山蝗，不为灾。二十二年，泰山夏再稔，麦、粟有一本三穗至五穗者，知州马逢伯献于朝。二十九年十二月，岱庙火，正殿、门廊俱焚，古树、碑刻亦多毁者。三十年六月，泰山大水，御帐冲坏，人多溺死。三十二年，泰山大饥，民相劫夺，行旅不通。三十三年春，泰山大饥，饿莩枕藉，贫民多取其肉食之。

杂志

岳十有三志，悉矣，而复以杂言何？曰：不伦于志，而不得以遗于志也。昔者圣人赞《易》，两篇十翼以发其蕴，而必有杂卦传焉。志法其例义，以附诸野史之拾遗，与夫酉阳、湘中之类云尔，其诸杂而不越者乎。

堪舆家云：泰山之麓水交流，孔林独茂。盖指泮、漆、梳洗、汶、渐而言，吾夫子之生也，岂偶然哉！是故其终也，曳杖之歌泰山自任。公姓振振，世禄罔替，则岳灵之笃于孔氏者，其有穷乎！

峪石刻《金刚经》，俗传王右军书，虽缙绅文人亦以为然。其字大尺余，楷书、八分相杂，无古法，决非名家，其不为右军明矣。意者金元人书耳。且此经为番僧鸠摩罗什所译，于后秦姚兴弘始五年始入中国，距兰亭书记之时，几六十载，而右军已下世矣。况晋自永嘉之乱，宗社播迁，神州陆沉，泰山非晋有，使逸少尚存，亦不得至岳而书之也。

周、汉明堂相去三十里，史书之明矣。《通志》《州志》以周为汉，以汉为周。宋加青帝之号，而曰泰山。元刻张志诗，而曰王恽，又讹恽为郓。范致冲，宋人也，而列于元。石刻乔宇诗，而曰程敏政。德祐作庙记，而曰御制。凡此舛谬，已略见于各志，兹复类以赘焉，欲观者之致详耳。

岳刻诸名家可为书法者：篆则李斯二十八字玉女池后，宣和、大定二碑额岳祠，会真宫李白诗四面碑，国朝乔宇诗文岳祠，邢一凤书“寅宾”二字于日观峰。八分则开元磨崖御书、叶彬补书百八字，回马岭三字崖巅有开元“纪泰山铭”四字如斗，申旞补书秦始皇纪泰山铭，皆有古法。楷则张待制宣和修庙碑岳祠。伯仲虞、楮，追踪钟、王，宋真宗御书青帝赞、阴字碑，党怀英、姜立纲二贤祠碑，习嘉言代祀记，姚雾书端中丞祈雪碑，皆有帖意。行则钱袠庆游览记，尹待诏祥符四碑俱岳祠。草则汪广洋诗刻延禧殿前、魏闲、许应元诗刻环咏亭。大书则盛秋林“岱宗”遥参亭。林焞“忠孝廉节”岳顶磨崖。方元焕“第一山”，皆遒劲追古。不以焞书覆毁唐刻而遗之，亦《春秋》美恶具见之意。

岳巅有云作龟状，必雨。白色，三日雨；黑，不崇朝雨。土人占之，其应不爽。

高诲《胜览》云：尝腊月冲雪登岳，至御帐，云烟模糊。至十八盘，天宇开霁，俯瞩山腰，犹有云霭。及下山，大雪如故。冬春之交，诸崖谷出烟雾，寒甚，初尚可指数，顷则叆叇蒙覆，尽失山形。少霁，溪壑林木及楼阁檐牙凝结冰花，珠联粉缀如画。尝于春时晨，观山半云布平密，绚烂一色，宛然倒看天宇。四月以后，山多蒸湿不可居。五六月亦寒，衣必绵，卧必炕，早暮如深秋。夏时暴雨，山半风激云涌，雷声电光，皆出其下，隐约见麓地，白波沆漭如海，顷忽云升岳巅，则上下皆雨。人饮诸崖水多泻，惟瑶池、白鹤、水帘、五花、玉女数泉甘美，元君祠东崖一窍，泉滴如珠，昼夜出一斛许，其味尤佳。

乔冢宰白岩题汶河诗，刻御香亭，云：九峰南望碧嵯峨，汶水平添一丈波。渡口客来休便过，北溪山雨正滂沱。其诗作于正德间，“添波”“滂沱”盖有所指，而于君子进止之机有戒之之意焉。环咏亭刻贞庵题舍身崖一绝，深戒小人，与乔诗警世同，而志弗录，何也？盖诗贵微婉和平，而崖诗噪直无风人旨，故曰美则爱，爱则传。信矣！

泰安州知州郑聚东校补

学正　陈　宠

训导　卢　枫

新泰县教谕林宇中校正

生员　侯　贵

尹凤仪

邓　霓

李汝桂　同校

《泰山志》卷之四　终

书《泰山志》后[1]

夫俯仰内莫大乎山川，故叙山川者必先岳渎，叙岳渎者必先泰河。然而四时神其机，流峙显其象，吾人著功用以襄其化，实一道也。是故岳渎分而后星纪明焉，星纪明而后分野定焉。君子居方辨物，不先山川而何哉？尝观诸古今，国都有志，藩省有志，郡县有志，下逮一梵一祠、垄岗汇潴之末，亦或纪其盛而志焉。至于岱宗之巨镇，乃遗而弗志，何也？意者志郡国则附录焉，夫固同他山而概举矣。是故古今所以略之也。吾歙汪白野先生，博雅多识君子，尝游泰安，日览泰岱之胜，遂究极群书，裒集兹志，期年有成，然亦劳矣。后之观者，览形胜，考历代，律同异，辨方隅，征验帝王之典籍，可以据而不惑。凡自无怀而下，或庪音轨或悬，无甚殊尤，则后之为封禅之说者，可以靳矣；自松乔而下，或隐或显，无甚灵秘，则后之为丹鼎之说者，可以靳矣；自觋巫而下，或祓或禬，无甚稽验，则后之为祷祀之说者，可以靳矣。若夫登临俯景，寓目大观，而洪编讵辞，成方岳实录，此则与圣贤小天下者同归焉，是宜志之详也。览者准古证今，即新推旧，庶可以为仰观俯察之一助云。

① 该文原在第四卷之首，不伦不类，今按常规移置书后。

《泰山志》点校后记

明汪子卿编辑的《泰山志》(以下简称汪《志》),是泰山志书中最早的一部。

汪子卿,生卒年不详,字仲苏,号白野,南直隶歙县(今安徽歙县)人。曾官顺天(今北京)府儒学训导。汪子卿博学工文,然仕途多舛,屡试不第,倦游于天目、钱塘间。嘉靖十七年(1538),应知县马逢伯之邀,纂成《昌化县志》九卷,始"以文学行谊显吴、越,声问藉甚"(潘景郑《著砚楼读书记》)。嘉靖二十三年(1544),汪子卿为督学使臣所献,入京候选未果,遂游寓泰山。时泰安知州仲言永久闻汪子卿之名,厚加礼遇。两人一见如故,诗歌唱酬,友情日笃。应仲言永之邀,汪子卿着手编纂《泰山志》。他"登泰山,凌日观,摩穹苍,巉栖岩,探泉溜,折悬崖,搜残碑,抉晦蚀,稽古牒,踪迹文字以来帝王圣哲,瑰奇幽异,坛壝,台殿,楼观,亭障,府市,鸟兽,虫鱼,药草,木石,上下数千百年之间于微显存否鸿尠,罔不毕志"(潘景郑(《著砚楼读书记》)。汪子卿"旁罗博采,越岁余,始克成编"(沈应龙《泰山志序》,以下简称沈《序》)。

《泰山志》书稿编成,惜仲言永已去职泰安,书稿一时无法刊行,"子卿遂挟稿以行,州之人无及见之者"(沈《序》)。巡按直隶监察御史吴伯朋后来求得抄本,于"巡历之暇,更加裁定",嘱托山东按察司佥事曹金为之校订,檄济南郡守项守礼鸠工登梓。项守礼"躬自检核,一句一字,以至点画之微,图画之末,必求其精,以无负委任之盛意,以赞成名山之全书"(沈《序》)。泰安知州郑聚东为之校补,补充了自嘉靖二十三年至三十三年十年间官吏告祭以及新撰的泰山诗文等内容,时学正陈宠、训导卢枫、新泰县教谕林宇中、生员刘泮、侯贵、尹凤仪、邓霓、李汝桂等人也积极参与校对。在大家的共同努力之下，汪《志》于嘉靖三十四年（1555）刊行于世。汪《志》的问世，填补了泰山无志的空白，开启了泰山志书之先河。著名古文献学家王重民先生说：“此书似为泰山有志之始，为可宝也！”（《中国善本书提要》）

汪《志》共有四卷，卷一：山水、狩典、望典、封禅；卷二：遗迹、灵宇、宫室；卷三：登览；卷四：岳治、治绩、人物、物产、祥异、杂志。沈《序》称誉汪《志》：“纲列目张，条分汇析，简而核，详而有体。大可以耸天下之观，小可以备一州之事，灵迹巨丽，尽在目中。”文献学家潘景郑《著砚楼读书记》高度评价汪《志》：“余按泰山有志，前此无有陈编，此志实为创例。……此志谨严有法。……内容所录各注所从出，非空谈妄据者所可同日而语。”该书第一次全面介绍了泰山的封禅祭祀、名胜古迹、圣贤列仙、艺文杂志等内容，具有较高的史料价值，对后来《岱史》《岱览》等泰山志书的编纂产生了较大影响。

自嘉靖三十四年（1555）至今四百六十余年间，未见汪《志》有其他版本。2005年，汤贵仁、刘慧先生主编的《泰山文献集成》由泰山出版社出版，其中收录了陈伟军先生点校的汪《志》，这是最早对汪《志》的整理本；2006年，黄山书社出版了周郢先生的《泰山志校证》，首次对汪《志》的内容进行了全面、翔实的考证，补充了大量资料，为方家所称道。本次汪《志》的再点校，以国家图书馆所存嘉靖三十四年（1555）《泰山志》作为底本。在标点方面，力求文通字顺，努力使标点后的句子符合情理，符合语法及音韵规范。在校勘方面，突出以下两点：一是对汪《志》所录碑刻，尽量找原碑或碑拓校之；二是凡涉及“二十四史”的，均以中华书局1999年版“二十四史”校之。除讹文外，凡校勘中发现的异文、衍文、脱文、倒文，一律不改动原文，只在校勘记中予以说明。本次点校汪《志》，对陈伟军、周郢两先生的观点多有借鉴，限于体例，恕不一一注明，在此深表谢意。

在点校过程中，得到了泰山学院文学院、图书馆、科研处等部门的大力协助，得到了泰山学院汤贵仁先生、周郢先生、泰安市文化广电新闻出版局李景泰先生的大力帮助，在此一并致谢。

孟昭水

2019年1月

明嘉靖三十四年《泰山志》刻本影印

泰山志序

余觀海内名區若登瀛
武夷鄒嶧諸山不足多
石之勝僅瞻眺而已尚
無專志傳布遐邇如
崖宇禪宮殘碑斷碣
出於游人墨客之手好
古之士且將搜而藏之所
謂傳世珍玩泰山雄冠
五嶽寔萬物生發攸
歸豈直魯邦所瞻而已
可以無志耶古帝王之

泰山志序　一

封禪
昭代之崇告名公鉅卿之
述作鐫刻圖路紀邑
宇禪宮碑碣之在所今
蕩空湮沒於荒烟野草
之間而莫之擴收耶余承
乏東土佳景嘗以禮祀
再陟茲山之巔縱個眺
所俯仰今昔詢厥志所
司咸以未備爲余惜然
歎曰典祀有闕於是者乎
亟謀搜輯而兵荒相躡未

泰山志序　二

之盛遑遑畢甲寅侍御
吴君堯山以督鹽至因出
所得順天司訓汪子鄉
舊纂泰山志究其顛
末蓋自嘉靖甲辰子
鄉以需次未逮遊宦泰
山郡守仲言氏永寧而延致
之旁羅博采輯畢餘
始克成編未幾言永去
子鄉遂挾稿以行鄉之
人無復知之者荏苒歲
墜忽忽十餘年而堯山得

之巖山靈歸之所待而
是書之成固必以其人耶
堯山巡歷之暇更加裁
定屬高志金曾子重為
之校訂泰郡鄒泉學
正陳鏡爲之增刪而釐
正焉既完遂檄濟南郡守
項子守禮鳩工登梓然
猶不免魯魚亥豕之訛
項子躬自檢覈一句一
字必至點畫之微圖爲
之末必求之精以無負委

任之甚專心以贊策名山
之全書已成舉以告余
且乞一言用弁諸首余
展而閱之自山形以至雜
志總為四卷綱列目張
條分彙析簡而核詳而

泰山志序　五

有體大可以盡丘山之觀
小可以備一拳之中靈蹟
巨麗盡在目中而泰讓
誇大之能
國家典禮之正與夫治蹟
人物吟詠物產禎祥雜

畢具閱極治體者莫不
一覽而周知之後之觀風
者其將有所徵矣乎余
喜諸舉也獲吾心之所
同然遂因頃子之請書此
以識歲月云

泰山志序　六

嘉靖甲寅冬十月吉旦
賜進士出身嘉議大夫南
京刑部右侍郎前奉
勅巡撫山東地方都察院右
副都御史吳興沈應龍撰

岱嶽志敘

岱往無志同寅吳侍御始爲之侍御以榷務按部濟南洌得有事于岱爰登覽諸峯因之訪靈異稽故實見秦漢以來殘鐫斷碣逸

仆荒榛及近代聞人之賦述勝蹟者咸散漫巖崖而莫可畢覩于是詢得抄本付梓郡中夫岱天下之名山也世之慕勝者孰不欲一躡其間而周矚其所有

乃卒畢其願者不人人然也梓行而勝流宇内焉侍御之省方殊可徵已夫靈異幽絶者山之勝而興雲雨奠疆寓者亦惟山之自有即天下之人越江海逖

千萬里孰策而可得其異狀以心傾其勝山之休奕覃矣孰與雨暘若方隅乂

上以慰

九重之衷下以濟生人之命俾

守臣群吏得以頌其德而

稱議其嘉釐于無已㦲夫
神之隲民分也矧岱秩列
震鎮生育庶彙其寧區保
大銷祲沴而布禎祥蓋自
鴻蒙以逮若今厥惟載紀
崇峻曠兹邈矣昌假予祝

又昌假于予頌顧不肖祇
命東藩心激民隱兹所企願于
神者則然也梓成濟南守
項君亟以敘請時予方行
部日劇弗及頃以病告乃
爲是以復之志猝諸例而

間有畔于岱者近世諸嶽
鎮名種種梓志唯華山志
則體裁差勝云而又病于
直畧也
嘉靖乙卯之春巡按山東
監察御史臨洮雍焯書于

省院之列鷰軒

泰山志序

泰山志四卷明白野汪仲蘇氏譔仲蘇氏名子卿歙產也
勸游天目錢唐之間以文學行誼顯吳越吳越故材藝藪
澤咸帖帖推轂然數奇射策有司屢進屢報詘仲蘇氏孜
孜自樹不少衰聲問益蹟厲籍甚既以經行爲督學使臣
所獻赴上都發揚粤汭淮泗邳孔林登泰山夌日觀摩穹
蒼棲巉巖探泉溜捫縣厓蒐殘碑抉晦蝕稽故牒蹤跡文
字以來帝王聖哲瑰奇幽異壇壝臺殿樓觀亭障府寺鳥
獸蟲魚藥草木石上下數千百年亡間於微顯存不鴻尠

罔不畢志斯以詳矣洪厓子章嘗涉泰山之郊顧瞻周回
神爽飛越及得志讀之喟然嘆曰大哉巍巍乎其天下之
具瞻而兩間之巨鎮乎夫灝氣挺靈青幟凝質五嶽攸宗
萬物伊始其諸岱宗之所由名乎是故王者欽崇秩家望
秩上聖降神名賢彙集方物呈奇幽明受職宜也雖然古
有登之小天下者矣夫以泰山絜天下天下非小也然而
登之以小天下其諸日躋高明則我大而物小者乎渡有
稱其非能有趾而不能無趾者矣夫積趾爲麓積麓爲阜
積阜爲陵積陵爲岑積岑爲嵩積嵩爲嶽不讓土壤不辭
拳石品成其崇以極其峻其諸君子以順德積小以高大
者乎否也泰山高矣泰山而上不屬泰山則畔援俱忘拾
級並廢小大皆空崇高無極將與太虛者游而造物者一
茫不知其所由來杳莫測其所際噫其至矣其至矣
嘉靖三十有二年秋九月九日新安洪章謹序

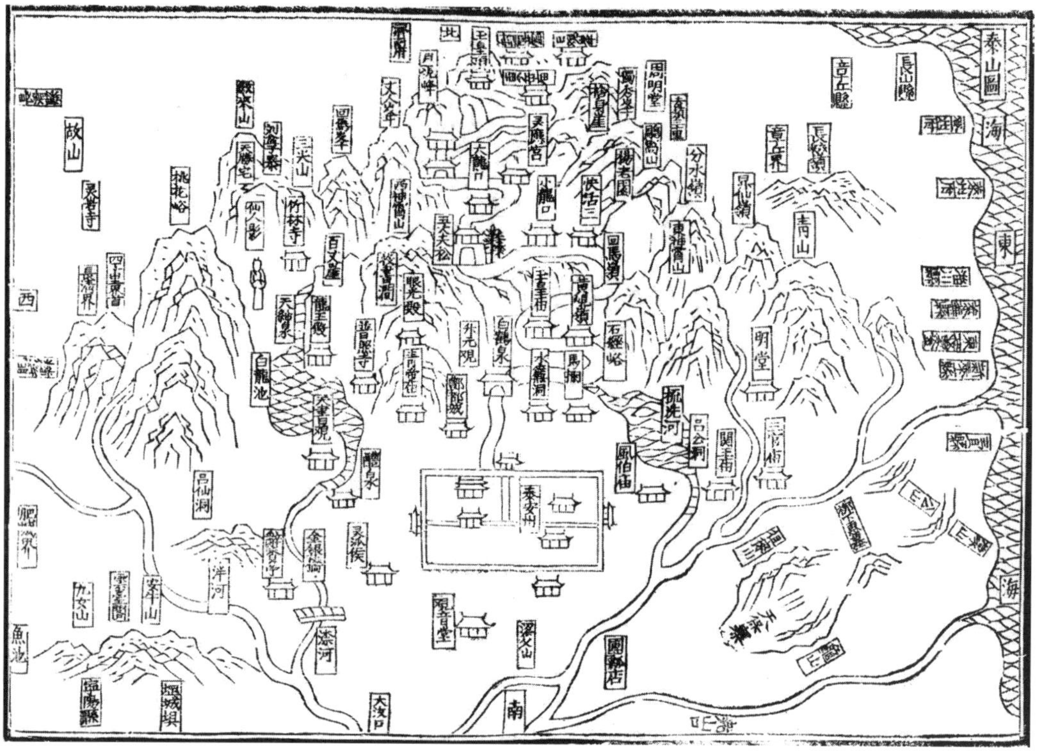

按東方蒼龍七宿曰角亢氐房心尾箕其神爲蒼帝司春司木司泰山當並圖之又考泰山入角十二度故今圖首宿云

二

岳廟圖

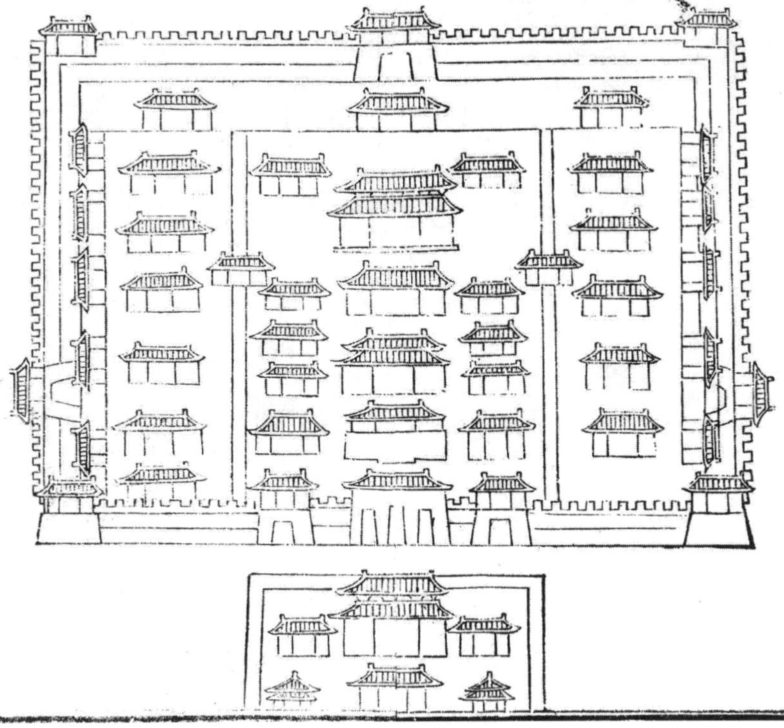

五岳真形圖

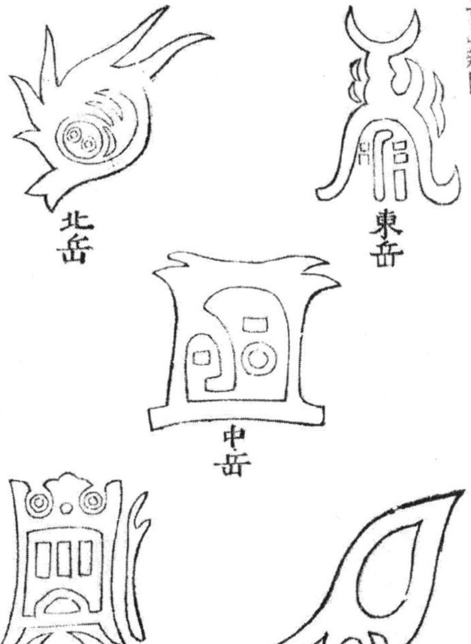

四

右圖石刻岱祠圖說引道經云五嶽之神分掌世界人物各有攸屬岱泰山乃天帝之孫群靈之府主世界人民官職生死貴賤等事又引抱朴子云凡修道之士棲隱山谷須得五岳真形圖佩之則鬼魅虫虎一切妖毒皆莫能近又云太初中李充稱馮翊人三百歲常負此圖入或佩之渡江海入山谷或夜行宿凶房邪魔魑魅魍魎悉皆隱遁處供居地必獲禎祥又嘗見萬花谷記西王母與上元夫人降漢武帝帝視其巾器中有小書乞瞻覽母曰此五岳真形圖也乃三天太上所出豈汝所宜佩乎帝乞不已與之藏栢梁臺余按諸說雖不可知然此圖類古符篆必有所自而五岳之神亦不可誣也仔之將以資博識云

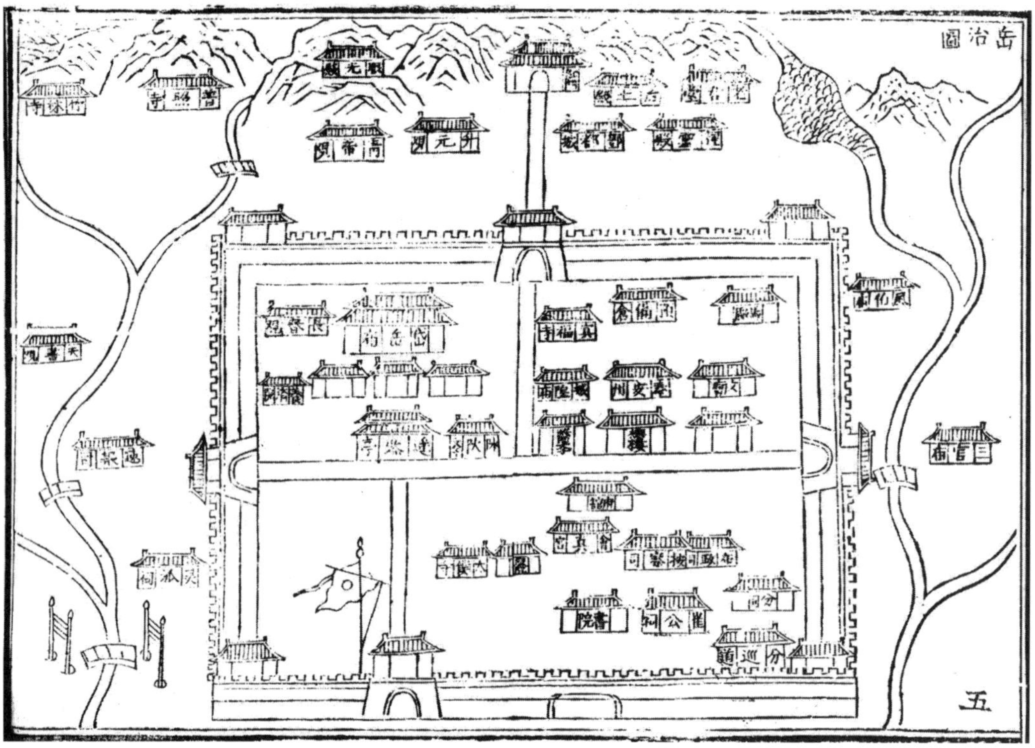

泰山志目録

卷之一

圖

泰山圖

星野圖

岳廟圖

五岳真形圖

岳治圖

志

山水

狩典 文附

望典

望祝 祀祝祀辭祀記碑序附

封禪 文論附

卷之二

遺蹟

帝王 登封臺 周明堂 漢明堂 長城鉅防 無字碑 秦篆碑 磨崖碑 鳳凰臺 望仙臺 舞鶴臺 社首壇 封祀壇 朝覲壇 陰字碑 御帳坪 傳城

龜城　謝過城　羊祜城　龜陰田
汶陽田　柳下惠墓

聖賢　孔子　顏子　曾子　孟子
伯牙　延陵季子　孫復　胡瑗

列仙　泰山老父　稷丘君　安期生　崔文子
張忠　呂喦　張仙　丘長春

靈宇　文附
東岳廟　東岳上廟　天貺殿　王帝觀
玉皇廟　會真宮　后土殿　青帝觀
三皇廟　碧霞靈應宮　天仙行宮　岱岳觀
升元觀　天書觀　長春觀　龍泉觀
風伯雨師廟　高真院　三官廟　酆都廟
森羅殿　趙相公廟　城隍廟　三靈祠
靈派祠　淵濟公廟　關王廟　魯兩先生祠
崔公祠　竹林寺　普照寺　真福寺
谷山寺　靈巖寺

宮室　文附
具瞻堂　岱岳堂　誠明堂　迎賓堂
過化樓　飛雲閣　泰山書院　御香亭
環詠亭　巖巖亭　五松亭　更衣亭
且止亭　環翠亭　萃美亭　靈液亭
醴泉亭　瑞雲亭　翠陰亭　觀山亭

卷之三

登覽
詩　頌　賦　記

卷之四

岳治
因革　官僚　學校　風俗
城池　公署　星野　封疆
賦貢

治績
陳俊　李官　皇甫規　苑康
韓韶　凉茂　呂虔　賈堅儁
申恬　常安　楊伯淵　和安禮
徒單　董積躬　趙王　陳文祐
能以淵　李鉉　陳以忠　葛欽
高與　戴經　許應元

人物
王章　羊陟　羊續　鮑信
鮑勛　高堂隆　臧霸　孫觀
羊琇　羊祜　羊曼　胡毋輔之
羊鑒　劉寔　羊欣　羊烈

羊玄保　羊侃　羊鴉仁　羊鵾
傅伏　羊敦　徐洪客　石介
姜潛　李亘　党懷英　石珪
石天祿　郭吉原　王去　杜英
傅裕　張異
制科五十九人　獻士一百三十七人
例貢五十五人附　列女十一人

物產

祥異

雜志

泰山志卷之一

明巡按直隸監察御史婺吳伯朋裁定
山東按察司僉事大梁曹金校訂
順天府儒學訓導歙汪子卿編緝

山水

粵稽重華咨牧肇州封山濬川蓋曰地有名山大川則國爲之重乃若名山莫重於岳莫尊於岱而巡守柴望亦獨先之是故宗稱於書瞻詠於詩鎮于禮書於春秋下逮子史百氏攟其功用出震配乾豈徒以盤礴崱屴矣乎而况我
國家定鼎燕冀實惟茲山椎峙于東侈形勢壯輿圖以奠
王畿國計漕源亦維茲是賴宜有以志之是故採賾索隱以彙經籍之文發山川之秘首之以大岳而峯巖水石諸名勝附焉猶之言天而不外乎日月星辰言海而必及乎蓬瀛桑碣將使遐方之人亦得而盡覽之臥遊乎洞天福地必有曠心逸度默契吾夫子之所以小天下者矣

泰山一曰東岳以方位列五岳言是爲天之東柱一曰岱宗居東北丑寅之間萬物終始而陰陽交代之地故曰岱又五岳之長衆山所宗故曰宗由泰安州治北出登封門三里許至紅門磦硐陀坂循谿入谷谽谺透迤度高老橋廣濟橋水簾洞三字崖（崖削數仞上有墨書三畫風雨不磨滅世傳呂洞賓書又名馬棚崖以形似言）回馬嶺（石磴巉峻乘馬至是不能上）黃峴嶺（勢甚險峻土多黃）快活三（過黃峴嶺一徑平易故名）迎陽洞（可容二十人又名雲陽洞）小天門（一名御帳一名五松亭）小大龍口（石硤爲泉水所歸飛泉者龍噴然）十八盤（古曰環道石蹬轉折凡十有八）南天門（即十八盤盡處）崎嶇縈紆以次至岳顛四十里曰太平頂（唐玄宗所命名即古之登封壇也）達人登之迴睇九州廓然萬里其支麓蜿蜒東極于海西越靈巖故山以極于鰲山北有長白而南則云云亭亭介丘梁父蒙嶧乇丘培塿環列惟徂徠敖䍐密邇山阯大哉岳乎其環瑋奇勝多逖僻窈窱莫克殫舉姑以其著于載籍得於遊覽者志之以峯名者十有八曰日觀峯（在岳頂東五鼓可見海上日出）月觀峯（在岳頂西對日觀而言義取月朏庚方言越觀者訛傳耳）秦觀峯（在岳頂西）周觀峯吳觀峯（二觀不知所在意者觀周當在岳頂西而觀吳當在南也）丈人峯（在岳頂西南特立如蒼顏丈人世稱外舅曰岳丈蓋取諸此）雞籠峯（在傲來峯前以形似名舊志書在岳北誤矣觀宋錢

詹記可證矣懸石峯回鴈峯在岳頂西南獨秀峯在岳陽屹然特立古人題
刻峯名于石獅子峯在岳陽以形似名蓮花峯在獨秀峯之東奇簇如蓮懸刀峯
芙蓉峯飛鴉峯俱在岳西南西溪上見元人萃美亭記石老鴉峯在岳頂北古木
多鴉巢龍泉峯在斗母觀東北峯石峭拔可愛故觀名又曰龍泉凌漢峯在普照寺後
以巖名者九曰兩峯巖在岳頂西兩峯對峙下有一穴如室仙閭巖漢書武帝
泰山記云岳頂西巖為仙閭巖蛻仙巖在岳陽舊志云翰林王從之跌化此元好問送張天倪詩云
蛻仙巖下願遐留是也古雲巖在回馬嶺美水巖看月巖、彌高巖
鎖雲巖以上四巖見州志抄本靈巖詳見登覽志宋人張公亮寺記以洞名者十
有一曰白雲洞在南天門迤東路旁小徑東南磴下西折十武中有數石竅時出白雲如香烟

泰山志卷之一　三

縷縷出洞滃然布合洞南下視環道險甚迎陽洞見前呂公洞在岳之南麓王母池側宋錢詹
記曰金母洞遙觀洞在岳南一穴高深遊人憩此可覽群山鬼仙洞在蒿里之陰窈然幽
暗人不敢深入白鶴洞在岳西四十里可容三十人黃伯陽洞在岳頂北十五里戰國時
黃伯陽脩隱之地舊有伯陽庵今廢崖石刻記尚存金絲洞在岳頂北九十里可容百餘人丘長春煉
丹處舊有庵今廢桃花洞在岳頂西北四十里可容數十人朗然子洞在岳半御帳東
里許可容三十人崖石有記刻人跡罕至山人避兵者知之觀音洞在竹林寺山後婁敬洞
在岳頂西百里漢婁敬隱地旁一洞出硝石以嶺名者十有三曰青巗嶺
在岳頂西南回馬嶺見前黃峴嶺見前鴈飛嶺即回鴈峯在岳頂西南鴻鴈南翔多
止于此西橫嶺在岳頂西削壁橫亘數十丈思鄉嶺在岳頂西俗傳人死魂歸于此而思

鄉也十峯嶺在玉皇廟右見廟記分水嶺在岳頂東漢明堂後楊老閣西升仙嶺在岳
頂東南漢明堂之東北隅也長城嶺在岳之西北各有長城嶺皆古長城鉅防之地也思谷
嶺在谷山寺南仙臺嶺在岳北六十里志見封疆明月嶂在岳北群峯秀列若屏障然
以崖名者七曰舍身崖其北聯屬日觀峯下餘三面崖壁陡削數百仞其上平廣半畝
許中有石凸起丈許岳之奇勝處也愚民往往舍身投崖徼輪廻之福小司寇方豪題鐫凸石曰哀愚有鐫詩
以刺之者有告戒以節法者惜哉愚民終莫之悟嘉靖三十二年總巡濟南府同知王乾元刻告示碑以重禁
之東百丈崖在岳頂西南中溪約十丈許曰百丈侈言之也其瀑布下滙為天紳泉西百
丈崖在岳頂西南高十倍東崖東崖南向西崖東向相去三百步許仙影崖在岳頂西南傲來峯
山皆蒼石惟仙影如紙白五花崖在岳頂南城郭仰視岳頂不能見崖蔽之也鵓鴿崖在岳

泰山志卷之一　四

北峭壁多巢野鴿馬棚崖見前以山名者十有六曰傲來山在岳頂西
南竹林寺石巘峗矗矗至御帳俯視之更奇青山在岳東南麓漢明堂東北黃山在岳頂西四十
里以土色名與青山為岳之翼山也東神霄山在岳頂東十里西神霄山在岳頂西十里
石後山在岳頂西十里前多巨石孤山在岳頂北十里崢嶸特起玉女山在岳頂東北十
里許有玉女修真石屋在其下石馬山在岳頂西北十五里鵰窩山在岳頂西十五里崖多鵰巢
[石強]山在岳北十里如駝負子狀鶴山在岳頂北十里林木葱鬱野鶴巢此亭禪山一名高里
又名蒿里聯屬社首在岳南三里詳見靈宇志森羅廟三尖山在岳頂西十里徂徠山在岳
之南三十里周廻四十里為岳之案山也山之別名有玲瓏山獨秀峯天平東西二寨其下曰白河灣曰竹溪
唐李白孔巢父韓準裴政陶沔張叔明隱此號曰竹溪六逸宋石介因故址築室著書學者稱徂徠先生八

寶山在岳頂東百里治蒭萊無一名黃山千佛山在山東會城南五里是爲岳之北麓以臺名者六曰登仙臺在岳頂之陽相傳呂純陽登此南拱臺　北拱臺二臺俱在岳陰巉巖拱峙上復坦平堯觀臺在岳頂東北十里玉女山頂有石平坦如臺相傳堯封禪登此讀書臺在普照寺西北後山過投書澗山麓有石方四五丈許爲宋孫泰山石徂徠胡安定讀書之所姑蘇李杲八分書刻石瞻魯臺在舍身崖以門名者四曰東天門在嶽頂東西天門在岳頂西南天門　小天門俱見前以峪名者十曰桃花峪在岳頂西南二十里桃花洞南昔多桃花仙趾峪即馬蹄峪在竹林寺山後里許有仙人草履跡長尺餘馬驢跡大五寸許舊志書馬蹄峪掩仙跡而不名也石經峪在岳之陽坦石半畮許古刻金剛經楷書有近八分者大尺許山人訛傳王右軍書石壁峪在岳之陽豕削如壁大峪在傲來山竹林寺下即中溪之路內有白龍池百丈崖天紳泉諸奇景石上有宋元今人詩刻酆都峪在岳之陽俗傳爲冥司今峪南有酆都廟本其說也元人李簡詩見登覽志鬼兒峪在岳之陽俗傳人死魂歸于此本張華傳物志之說也佛寺峪在岳東北四十里即谷山寺有石佛椒子峪在岳之陽昔有異人種椒于此溪里峪在岳之陰巖穴深邃上有湯泉四時不竭旁有勝泉寺今廢以石名者有十九曰望海石在日觀峯東北人云登此望海而實不可見五鼓日初出可見是見海也大懸石　小懸石二石俱在岳頂西屹然相對仙橋石在舍身崖西懸崖對峙相去五尺許中有三石撐抵如石梁其下深險不可尋丈試心石在仙橋石西崖石頂半出崖外二石鈎連下則懸崖萬仞人登踐之即搖動天下之險莫加焉愚民云人踐之則必恐怖動心惟誠則無動故云試心少白李蒭詩刺愚痛切志見登覽劍匣石一在大峪西溪之澗有方石高二尺許支起

一石厚尺許傳丈餘下有石匣若成於斧鑿而實非人力爲之相傳匣有寶劍仙人取去試劍石在大峪口相傳仙人取石匣寶劍斷劈此一石半仆于地觀二石文理合一無少異謂非中分不可也異哉仙影石在試劍石旁其影有巾有劍伸一足而坐石平如磨崖影處如剝如勒而實非人爲相傳仙取石匣之劍試于旁石者即此仙也故劍匣試劍皆相近龍文石　虎阜石二石俱在岳之陽一有龍文一爲虎狀龍口石在岳之陽兩石相附中噴清泉牛心石在岳之陽以形似名羊闌坡石相傳仙人牧羊之地胭脂石在岳之陰色如塗丹紅門石書見前石紅色遠望之如朱門方正石在岳之陰其形方正故名碩如石而以方正名則人之邪正顯晦亦可以自考矣五文圈石在岳西北三十里土人相傳夜有呼號相力之聲詰朝見石纍成圈異哉今人稱五女圈不知所起石屋一在玉女山半一在山趾相傳爲玉女修真之所景最奇勝姚奎遊記見登覽志懶張石屋在岳頂北麓相傳有懶張道人修煉于此石舟有二一在白龍池溪中一在岳東南麓傳家庄宛然如舟過溪石遠矣以寨名者六曰水仙寨在岳頂西南可容千人仙人寨在岳頂北可容千人九女寨在岳頂西三尖山下一峯高起相傳九女避兵于此凌漢寨在岳之陽可容數百人天勝寨在岳頂西南傲來山前可容萬人劉盆子赤眉所聚之地其後賊叔孫無忌亦據此上有招軍嶺張旗石碓磑之類張遠寨在岳東北四十里以上諸寨俱可避兵以園名者二曰楊老園在岳之陽石崖險阻世傳楊老避兵于此藥園在岳之陽世傳有修真之士種藥于此

右仙臺八寶靈巖千佛皆僻遠州治觀者疑焉然實支聯岳麓統曰泰山志悉得而遺之

水以泉名者三十七曰天紳泉在傲來山百丈崖下巔崖十丈許懸流下瀉如垂紳白鶴泉在岳之南麓升元觀後冽而甘美好事者嘗以城中井泉稱較之輕重亦異護駕泉以宋真宗名元王奕裴稿詩云駕幸源頭猶且護知何護不到崖山州志遺之故今人莫知其處以杜仁傑撰張宣慰登岳記考之當在黃峴嶺上御帳之下聖水泉在回馬嶺水簾泉有二一在西百丈崖一在巖巖亭右刻姚嶜大書三字滌塵泉在岳之南麓后土廟內遊人多掬水滌目俗名眼光泉飛鸞泉在王母池右水甚清冽流注池中醴泉有二一在州治西天書觀即史稱王欽若奏泰山諸醴泉此其一也今雖不竭無異凡水又嘗觀法苑珠林云泰山之東有醴泉焉其形如井本體皆石欲取飲者皆洗心跪而挹之則泉出如流若或汚慢則泉縮焉蓋有神明以宰之也今不知所在玉環泉在谷山寺東西二柳泉在州東南百里羊舍泉在州東南九十里濁河泉在州東南一百里水泊泉在州東南一百里斜溝泉在州東南一百里力溝泉在州東南九十里馬兒溝泉在州東南三十五里谷家泉在州東北六十里順河泉在州東六十里北滾泉在州東六十里曲溝泉在州東三十里周家泉在州東二十五里鐵佛寺泉在州東二十五里板橋灣泉在州東五十里鯉魚灣泉在州東四十里侯村泉在州南七十里木頭溝泉在州南一十里龍灣泉在州南八十里龍堂泉在州南七十里孔家泉在州南三十里顏謝泉在州南七十里胡家泉在州西南六十里馬蓄溝泉在州西南九十里張家泉在州西南五里狗跑泉在州西南四十里報恩泉在州西南四十里陷灣泉在州南四十里自椰泉以下二十八泉其流四時不絕俱入汶河以達運河漕運轉輸多資焉以池名者四曰王母

泰山志卷之一　七

池一名瑤池在岳之南麓宋李諤作瑤池記其碑今在岳廟延禧殿前　余嘗讀唐人霍山賦曰太初之氣有清有濁濁結爲山峻清爲岳賦稟既異崇卑乃分此岱爲岳之宗非特奇峯秀嶺極天下之雄觀也又爲萬物發生之地自古及今聖神之所宅昔者黃帝建觀於岳趾名曰岱岳遣女七人雲冠羽衣修奉香火以迎西崑崙真人歷世寢遠人去名存後建殿崇像當澗截谷設爲池館以待遊人雖然投寶貨紈綺寓錢於其間池水之源出岱岳山澗之水也白黃峴嶺會石經峪水兼洞諸源委匯而爲斯池焉白龍池在傲來山址廣數尋深不可測池上有龍神祠在州祀與歲旱禱之輒應按察黃鰲題刻石曰霖原玉女池在岳頂元君祠右甘冽四時不涸詳見靈宇志王女考畧一名聖母水池封家池在岳南麓封家別墅中通白鶴泉之下流涓涓而匯之者也以井名者三曰香井在岳南古岳廟前伍緝之從征記曰泰山廟前有大井水極香冷異於凡水朱曰藩詩曰廟前香井識投錢蓋謂此也天井在岳之東北十里許廣數畝許匯諸峪之水由東轉南入汶又名天井灣以澗名者二曰投書澗在岳在凌漢峯下以胡安定投家書名詳見賢蹟志何東魯刻李果八分書澗名三大字於石三叉澗在岳北凡三交流而分逝東西以溪名者三曰東溪西溪中溪其源出岳陽登仙臺下及青山諸水經漢明堂爲東溪出岳頂以西諸水會百丈崖白龍池大峪爲西溪出黃峴嶺下會諸谷之水爲中溪三溪相去各十里而西溪之景爲最勝詳見宮室志華美亭記以河名者四曰滦河源出岳頂西南諸谷匯爲西溪由白龍池出大峪口經天書觀左南流入泮會汶以達漕河城西郭河津曰滦河橋西南隅河津曰金銀橋梳洗河源出黃峴嶺以下諸谷之水匯爲中溪過王母池池上有王母梳洗樓因名由州東南會泮入汶泮河源出岳頂之西桃花峪諸水轉州治東南二十里入汶汶河其源有三一出岳之東麓萊蕪縣原山一出萊蕪寨子村皆經徂徠之陽一出岳北仙臺

泰山志卷之一　八

嶺諸谷之水至州治東四十里爲塹汶河西流經徂徠之陰會泮與諸泉水南流三十里曰大汶口又西南經汶上縣北以達漕河以灣名者七曰龜兒灣在岳之陽黑水灣在岳之西忽雷灣在西溪天將雨時行人每聞雷聲迅發于此飲馬灣在西溪天井灣在岳北其一在西南州志書之虬在灣在王母池上奇石可愛呂純陽詩曰無頼蛟虬知我字是也鑼鼓灣在大峪西溪俗傳七月中元日有聲如鑼鼓

山海經曰泰山環水出焉東流注于海其曰東者亦詩言荒于大東之謂而非以登封之地言也曾鞏二堂記曰泰山之北水與齊之東南諸水西北匯于黑水之灣又西北匯于栢崖此不能通汶而入漕者

岳貢東南三溪四河與泉之未書者三十有五皆會乎汶貢北諸溪澗出黄泛泉而弗名于志者有長城仙臺諸嶺嶂而東注折而南逝亦會于汶

禹貢曰海岱惟青州又曰海岱及淮惟徐州岱實不屬徐而言徐者其表識也詩曰泰山巖巖魯邦所瞻職方曰兖州其鎮曰岱山五經通義曰王者受命易姓報功告成必於岱宗夫瞻言其係望也鎮言其重也告成於玆因高以事天也古岱宗記云梁父長白二山爲泰山輔岳蓋言其形勝也董學陸釴通志曰濟南諸山其北麓也兖州諸山其南麓也青齊海上諸山其左翼也河東諸山其右翼也斯其爲泰山矣乎

道藏書云泰山周廻一百六十里畸五十步方面各四十里漢官儀云盤道屈曲而上凡五十餘盤自下至古封禪處四十里至天門郭璞云泰山在奉高縣西北從山下至頂四十八里三百步茅君傳云仙家凡三十六洞天泰山周廻三千餘里名三宮空洞之天寰宇記同博聞録云泰山名蓬玄太空洞天岳帝所居其高四千丈環一千里福地記云泰山洞天周廻三千里鬼神之府劉

向列仙傳云岱宗石室中上下懸絶其中金床玉几尸子曰泰山之中有神房阿閣張華博物志云泰山天帝之孫

右自禹貢以逮通志其言大都云耳惟道藏以下或極夫蟠亘而侈言之或即夫柴望之地而約言之也要之岳主其巔牧治其趾而柴望其重也是故大觀而廣志焉而惟玆是詳若夫天孫神房金床玉几之說則古人談玄記異遊仙搜神之意亦稗官野史之不廢云

狩典

狩典何志帝王之東巡狩也志遺夫泰也而漢唐以下有書焉有弗書焉或狩而書幸焉者何曰弗書也者弗與乎狩也書幸者變例也亦弗與之意也粤昔先王建國以親諸侯省方以觀民俗於是乎有巡狩之典焉凡以爲民而非私也後世侈以登封私以徼福淫於盤遊皆非所以爲民也故曰弗與乎狩也

唐虞天子五載一巡狩歲二月東巡狩至于岱宗禮制見舜典

夏后氏因之

周制十二年一巡狩歲二月東巡狩至于岱宗覲諸侯于

明堂明堂說見遺蹟志巡狩禮制詳見周禮及文獻通考

漢光武皇帝建武二十年十月東巡狩至于岱宗

章帝元和二年正月東巡狩柴告岱宗幸奉高祀五帝于汶上明堂明堂說見遺蹟志

安帝延光三年二月丙子東巡狩辛卯柴告岱宗

魏明帝東巡狩凡三至岱宗所過存問高年恤疾苦或賜穀帛

唐高宗麟德二年幸東嶽後三年封禪

望典

志望典何秩祀以崇禮也夫祀莫大乎天地而五嶽次之矧夫天子四望懷柔百神而岱則首焉惡可以弗慎且重與乃若非分而祀之之謂黷非禮而尊之之謂瀆不有聖人之教其孰能知之是故我高皇帝之于嶽也正名有制郊望有壇遣官有告可謂秩之以禮而度越唐宋胡元有以哉貽謀作訓列皇承之萬世可則若夫公卿百執事凡有事于祠者體國事神皆所以爲民也故得以附書之

舜典歲二月東巡守至于岱宗柴望秩于山川

王制歲二月東巡狩至于岱宗柴而望祀山川

周禮大宗伯以血祭祭五嶽小宗伯四望五嶽　五嶽視三公

魯世紀周公封于曲阜伯禽爲魯侯遂得主泰山之祀

春秋魯僖公三十一年夏四月四卜郊不從乃免牲猶三望　宣公三年公會齊侯于嬴猶三望公羊傳三望者何望祭也然則曷祭泰山河海曷爲祭泰山河海山川有能潤于百里者天子秩而祭之觸石而出膚寸而合不崇朝而雨乎天下者惟泰山爾猶者何可以已也何以書譏不郊而望也左氏傳鄭伯請釋泰山之祀而祀周公以泰山之祊易許田三月鄭伯使宛來歸祊不祀泰山也公羊傳天子有事于泰山諸侯皆從泰山之下諸侯皆有湯沐之邑焉穀梁傳許田者魯朝宿之邑也邴者鄭伯之所受命而祭泰山之邑也用見魯

之不朝於周而鄭之不祭泰山也【文獻通考】鄭桓公周宣王之母弟封鄭有助祭泰山湯沐之邑在祊鄭以天子不能復巡守故欲以祊易許田各從本國所近之宜恐魯以周公別廟爲疑故云已廢泰山之祀而欲爲魯祀周公孫辭以有求也【禮記禮器】齊人將有事於泰山必先有事於配林

【秦】始皇即帝位三年東遊海上祠名山大川及八神八神之次二曰地主祠泰山梁父八神之祀莫知所起蓋周之先已有之始皇因之及舉封禪亦祠泰山

【漢】高祖至武帝特泰山屬濟北王境內自奉祠元狩元年王以天子且封禪上書獻泰山然後天子官領祠　元封五年帝至奉高修封祠泰山其後五年一修封凡五

祠焉

宣帝神爵元年詔太常制五嶽常祀禮皆使者持節唯泰山與河歲五祠餘皆三祠

光武中元元年定北郊祀五嶽建武三十年三月帝郄封禪之議幸魯退祭泰山　三十二年二月帝舉封禪祭天於泰山下南方又以一特牲於常祠泰山處告祠泰山

章帝元和二年二月辛祀泰山【風俗通】岱宗廟十月日合凍臘月日洞凍正月日解凍皆太守侍祠

【魏】文帝黃初三年祀五嶽

【晉】成帝咸和八年立北郊五嶽從祀

【梁】令郡國有五嶽者置宰祀三人以孟春仲冬祠之

【後魏】景穆帝立五嶽廟於桑乾之陰每歲遣祠官詣諸嶽鎮禱焉

【唐】武德貞觀制以五郊迎氣之日祭五嶽又祭東嶽於兗州

玄宗開元初五郊迎氣之祭如舊制【祝文凡後】開元十三年封泰山神爲天齊王禮秩加三公一等【是時天台道士司馬承禎言今

五嶽神祠是山林之神也五嶽皆有洞府有上清真人降任其職山川風雨陰陽氣序是所理焉冠冕章服佐從神仙皆有名數請別立齋祠玄宗奇其說勑五嶽各置真君祠故今道書稱東嶽太靈蒼光司命真君云】

天寶元年七年八年皆以歲豐遣官祭五嶽

德宗貞元二年詔太常卿裴郁等十人各就方鎮祭嶽瀆

【宋】初祭東嶽泰山於兗州

真宗大中祥符元年封禪禮畢詔加號泰山天齊王爲天齊仁聖王　五年加上曰天齊仁聖帝命學士晁迥撰天齊仁聖帝碑銘今存嶽廟【晁迥碑銘】臣聞結萃爲山麗無疆之厚載升名

日嶽表貢服之崇丘至若根一氣以混成媲四時而首
出作鎮東夏寔惟岱宗辨乎五方設位冠配天之大畫
為八卦建標當出震之區邃深連空洞之宮翕習號神
靈之府夫其甠甲艮象据制坤軸嶮嵘碕礒穹崇岩嶤
天門路界於霄蒼日觀勢臨於杲曜列仙遐迹存棲真
之石閭永命儲休明與齡之金篋滋殖百卉函育庶類
畜泄雷雨吐納氣雲封之所以合元符登之所以小天
下延綴梁社遠牖泰吳控壓海沂襟帶洙泗鄒人所仰
魯邦是詹肇生物之化權蓋順貞之壽域也古先哲后
誕膺駿命披皇圖稽帝文告成功申大報昭姓考瑞刻
石紀號自無懷氏迄唐明皇登封侵釆布在方冊者闕
不于茲矣開元十三年始封神曰天齊王禮秩加三公
一等綿歷五代寂寥無聞爰暨皇朝勃興嘉運叶百姓
與能之望應真人革命之秋太祖皇帝總攬英雄鞭撻
宇宙勤勞四征削平多壘方混一於寰中太宗皇帝纂
隆洪緒懋建皇極斟酌道德紓和天人乃綏懷於海外
然而艱難創業緝畜貽謀勤崇奮炎將底績而未暇開
先遺大知弈世而有歸粵惟崇文廣武感天尊道應真

佑德欽明上聖仁孝皇帝陛下承毗定之基格孟安之
世顯仁以育物廣孝以奉先宣洽重熈財成庶政弭息
戎旅撫柔要荒秉國步之寧清宅天衷於醇粹因之以
豐懋加之以阜康肅慶宗廟之重將心帝王之術長轡
遠御大道坦夷天衢於是乎嘉亨德教於是乎漸被戴
日戴斗聿遵朝聘之期太平六蒙盡入車書之域垂衣
在上擊壤在下得以疇咨俊茂博訪幽隱講求典禮包
舉藝文接千歲之統可炳儀於封祀當萬物之盛宜昭
告於神明然猶務謙尊而益光體健行而不息中晦藏
用淵默思道俟而天休震動上帝顧懷真籙洊臻靈心
有懌總集峻命覺悟烝黎畇金簡玉字之文等河圖洛
書之寶承是秘檢發為蕃疊露澤開縈普天受賜新建
元之號易通邑之名茂昭降祥聲動群聽是時東土耆
老奏闕廷以上書南司宰輔率官師以抗表顧循考古
之道煥發升中之儀弗獲固辭乃徇勤請且以增覆載
之高厚揚祖宗之純懿也儲峙供億悉出於縣官經啓
營繕不煩於民力大中祥符元年冬十月具儀制嚴仗
衛陳鑾御蹕介丘齋心服形奉符行事群司奔走百禮

修明集嵬巖之巔茭顯英之氣壝壇清肅牲器純備玉
幣式叙尊彝在列奠獻克謹徼繹用張晏娭交三神之
歡陟配崇二聖之位舉權火升高烟示琛牘以環觀建
雲臺而特起社首之禮抑又大焉式秩無文奉行故事
朝會赦宥涵濡盪滌采輿誦求民瘼旋前列行微章參
用王制著明皇績大猷克集神貺幽贊故自始及末見
象日昭史氏之筆殆不亭綴則有非烟紛郁太陽晏溫
仙芝無根菌蠢以含秀醴泉無源歲涌而善利靈樺休
氣嘉穀奇木鱗介之宗長翔游之品類表異騈出曠代
絕倫豈非受職修貢發祥介福之徵乎人謂是山崇冠
群嶽功侔造化斯不誣矣國家稽虞書四巡之首原漢
氏五祠之重述宣邦典申嚴祭法奉正直聰明之德馨
精虔嘉粟之誠為民祈祺與國均慶封巒之後復增懿
號曰仁聖天齊王蓋以形容靈造舉褒崇之禮也名稱
之義大矣哉化工生物之謂仁至神妙用之謂聖登隆
顯赫亦云至矣復思嚴飭廟貌彰灼威靈責大匠之職
議惟新之制於是命使為役協辰得功庀卒徒給材用
興雲鍤運風斤程土物以致期分國工而騁藝規畫盡

妙樂勸忘勞踰年而成不愆于素揀宇加宏麗之狀像
設貢端莊之容凡所對越肅恭逾至四年春舉汾陰后
土之祀成天地合荅之禮憲章明備上下交感純嘏既
錫大賚施及圓首方足式歌且舞衎衎間歲順動焜煌
景鑠而皆擬聖明之述作從英茂以飛騰灼敘慶靈奉
揚殊既紀諸盛節悉以命篇布日星之華配雲雨之潤
並刊鳳藻散跱龜趺播洋溢之頌聲垂極播之能事而
志求象罔順拜崆峒闢衆妙之門廣列真之宇非止卜
永年於鄏郟是將納稚俗於華胥者也又以太一五佐
本乎天太寧五鎮本乎地其位參兩鴻名可齊特尊列
嶽咸加帝號由是奉升泰山之神曰天齊仁聖帝乃命
禁馳道之東偏直寢居之異位辟地經始別建五嶽帝
宮以申崇尚之禮為御製奉神述詔中書召侍從之臣
諭以制作之本意觀夫聖文之梗槩以為岱鎮之大輔
于柔祇動植之所蕃息原源之所滋液至靈允宅陰騭
攸司鍾戩穀而有徵繫黎元之是賴舊史具載前王式
瞻者冊封之典嚴祀祠之禮增奉邑之數申樵蘇之禁
皆以仰不測之明威顯無方之妙迹也方今兵革偃戢

華夷會同歲獲順成物無疵癘率由丕應冥助永圖固
當稽彼前聞進其尊稱謂乎唐虞曰帝商周曰王夫商
周之王爵人臣而有泰唐虞之帝奉神道而何疑况其
容衛等威冠裳制度極徵數以宿備宜明體以相符因
而成之禮無遺者願延景祐普及含生至乎哉聲動睿
辭無私廣大坦然明白之理沛然利澤之德曲成司牧
俾臻富壽有以見聖人之情矣遂誌勒石徧立于五嶽
廟庭從近臣之議也是歲冬並命使介分詣諸嶽定吉
日飭有司皇帝被法服御朝元殿禮行樂作而臨遣之
特節受冊衮冕相繼次叙而出觀者如堵且嘆文物聲
名之盛未嘗有也使者奉詔訖事率叶素期於穆宋觀
愛超千古矣越明年詔五臣撰辭各建碑于嶽廟而臣
浸漬皇澤涵泳清徽偶集鳧鴈之行遂塵龍鳳之署預
承綸旨強卬蕪音曷勝眷奬上以慶幸宣明盛禮叨奉
冊於泰城潤色貞珉玷彌文於魯嶽荷糠乘之稠疊愧
才學之空虛燥吻濡毫謹為銘曰節彼泰山巒亘大東
一氣凝神五嶽推雄勢并鳧繹秀出龜蒙巘起海表目
爲天中高摩霄極俯瞰暘谷神策斯秘昌圖可卜物性

鍾仁民居獲福魯邦是常盛德在木百靈淵府三宮洞
天稷丘真隱芝童列仙白鹿方駕飛龍命篇宅其勝境
幾乎大年嶽長曰宗歲交曰岱仰止巉岩奠茲持載壽
域旣優神聽有賚禱祀誕隆寅威如在千載興運八紘
開基武功盡定文教緝熙封禪縟典祖宗制宜遠夫聖
嗣方畢宏規惟帝奉符惟神佑德茂績其凝皇猷允塞
嘉應沓臻鴻禎靡測芃芃豊衍元元滋息於赫靈廟控
帶名區有詔改作俾受全模協心董役豊資庀徒技殫
功倍雷動星敷大厦咸新群黎改觀穿篠靚深峥嶸輪
奐肅穆威容潔清几案欽修允宜肹蠁攸賚功懋天作
澤從雲游式諧民望昭報神休殊號斯薦前古罪儔爽
安億兆豈止懷柔天帝之孫復升以帝出乎震宮臨乎
日際事固莫京理亦淵
契樹此翠碑騰芳百世

金 每歲御署祝版命守臣侍祠

元 至元二十八年加上泰山天齊大生仁聖帝歲一遣官

祭嶽祠

國朝 洪武三年六月二十日

皇帝制曰磅礴東海之西中國之東參穹靈秀生同天地
形勢巍然古昔帝王登之觀滄海察地利以安民主祝
曰泰山於敬則致於禮則宜自唐始加神之封號歷代
相因至今曩者元君失馭海內鼎沸生民塗炭予起布
衣承上天后土之命百神陰佑削平暴亂正位稱職當
奉天地享鬼神以依時統一人民法當式古今寰宇既
清特脩祀儀因神有歷代之封號予起寒微詳之再三

畏不敢效蓋神與穹同始靈鎮一方其來不知歲月幾
何神之所以靈人莫能測其職受命於上天后土為人
君者何敢預焉懼不敢加號特以東嶽之神名其名依
時祭神惟神鑒之 歲春秋二仲月泰安州祀禮先丁祭一日

御製岱山高文 曰文 岱山高兮不知其幾千萬仞根盤齊魯
兮亦不知其幾千百里影照東海兮巍
然而在天蔭於民庶兮興雲吐霧神龍出乎其間降祥
則甘露垂於松柏佳歲則滂沱遍於厚坤冬則寒風時
出巖壑雜然而有聲百川林藪森然而如雷坤之所載
世之山首岱山也至如暘谷之東方或登峯頂時聞天
聲萬籟岱山之高也哉柱天之勢其可六乎俄而風生
萬壑雲起諸巒隱隱雷動百川倏忽電掣萬里長虹此
岱山之神至也至則威靈百備神之造化如此少時風
靜雲收電斂雷息又百川之清泰其岱山尤其高哉其

蒼松也始天地而生倚丹崖而長松之所以長千尋不
比丹崖所以高萬仞何量盖由太古之歲月以至于今
蒼松帰丹崖而莓苔不夯丹崖映蒼松而五色交輝猿
啼雲樹之杪鶴舞日觀之東鵰鶚盤旋于深谷雖扶搖
不可得而昇举於戲登泰山而
小天下越大海而眇江湖信哉

望祝 祀祝辭記碑序附

後魏

孝文帝祭岱嶽文曰造化氤氳是生二儀玄黃旣闢山
川以離四流含靈五嶽苞祇幷兼方象出納望羲岱宗
穹崇梁甫盤崛青丘碕巇春趾鬱律肇生庶類啓光品
物上數神工下融靈秩載協化文四氣以溢百王鑴咸
莫不兹室太和十九年

唐

維某年歲次月朔甲子嗣天子某謹遣某官某敢昭告
于 東嶽岱宗惟神贊養萬品作鎮一方式因春始謹
以玉帛犧齊粢盛庶品朝薦于東岳岱宗尚饗右開元初定常祭儀祝

國朝

維洪武十年歲次丁巳八月丁未朔
皇帝謹遣曹國公李文忠道士吳永輿鄧子方致祭于東

岳泰山之神曰朕荷上天后土之眷命蒙神之效靈以
致平群雄息禍亂君主黔黎於華夏統控蠻夷於今十
年中國康寧然於神之祀若以上古之君言之則君爲
民而禱歲有春祈秋報之禮於斯之際有望於神而祭
者有巡狩於所在而燎瘞者今予自建國以來十年于
兹國爲新造民爲初安是不得親臨所在而祀神也特
遣開國忠臣李文忠道士吳永輿鄧子方以代予行奉
犧牲祝帛於祠下以報效靈自今以後歲以仲秋詣祠
致祭惟神鑒之尚饗

洪武十一年遣道士吳永輿官行甫告曰惟神靈峙方
嶽鍾秀后祇主司生民厥功允大時維仲秋禮當報祀
特命使者奉犧牲祝帛詣致祭伏惟鑒知尚饗

洪武二十八年遣神樂觀道士樂本然國子監生王濟
祭曰昔者元運將終英雄並起民患兵殃時予亦與群
雄並驅輯兵保民上帝默相山川受命效靈所在必克
轉戰五年餘方乃兵偃民息衆樂生生之計天下太平
二十八年矣今洪武乙亥四月間廣西布政司報蠻夷
酋長龍州趙宗壽奉議州黃世鐵不循治化負國殃民

兵興之事本宜既行不敢不告所以告者兵行十萬各
離父母妻子途間飢飽勞逸山嵐瘴氣患者有之此兵
行之難兵入其境良民受害且大軍所過荊棘不生民
驚且疑未有不傷者也此其所以告也但欲瘴癘之方
化煙嵐爲清凉之氣俾殄渠魁良民安業軍士速回各
得完聚以養父母是其禱也然予未敢輕告上帝惟神
鑒之爲予轉達謹告
洪武三十年遣神樂觀道士朱鐸如監生高翥祭曰昔
元末兵爭傷生者衆予荷皇天眷命嶽鎮海瀆山川效

靈諸將用命偃兵息民今三十年矣兵發之餘民方安
定邇來西南戍守諸將不能昭布仁威但知肥己虐人
致令諸夷苗民困窘而奮怒攻屯戍致傷戍守善民者
予非敢用兵由是不得已指揮諸將帥兵進討然山川
險遠彼方草木茂盛煙嵐雲霧鬱蒸之氣吞吐呼吸則
人多疾疫此行人衆各辭祖父母父母妻子涉險遠以
靖邊夷以安中夏爲冀神靈轉達上帝賜清凉之氣以
消煙嵐早定諸夷速歸營壘得奉祖父母父母眷屬團
圓是其禱也今年九月二十六日兵行特遣人專香帛

牲醴先詣神所謹告尚饗
維永樂四年歲次丙戌七月戊子朔二十六日甲午
皇帝謹遣道士嚴嗣安監生馬武致祭于東嶽泰山之神
曰昔者奸臣構禍胥害諸王以及於予予不得已以兵
自救賴　皇天眷佑嶽鎮海瀆效靈獲定內難遂安社
稷爰自即位以來休養黎庶普天率土均視同仁今安
南賊人黎季犛及子孫黎蒼驕盈兇悖屢犯邊疆又侵
思明府祿州等處地方予爲寬容不肯興師問罪但遣
使諭使還地黎賊巧詞支吾所還之地多非其舊還地

之後復據西平州逼脅命吏又侵寧遠州地方占管人
民殺虜男女邊境之人數年之內罹其荼毒豈可勝言
況安南之人受其禍害不遺一家占城之地被其劫掠
已踰數歲遣人告諭冀其改過罔有悛心益驕益甚予
爲天下之主恭天成命安忍坐視民患而不之救今特
命將出師聲罪致討實出予之所不得已心在救民豈
敢用兵尚念兵士遠行離其父母妻子山川險阻嵐瘴
鬱蒸跋涉勞勤易於致疾予惟念此深用不寧惟冀神
靈鑒予誠悃聞于上帝賜以凉風潛消瘴癘大振兵威

早獲渠魁永安遐壤今年七月十六日兵行特遣人致
香帛牲醴先詣神所謹告尚饗
永樂五年遣道士復生監生張禮祭曰比者安南逆賊
黎季犛及子孫黎蒼逞兇肆暴屢壞邊疆侵奪思明府
禄州等處地方予加寬貸不肯興師問罪但遣使諭使
還地黎賊巧詞支吾所還地多非其舊還地之後復據
西平州又侵寧遠州逼脅命吏占管人民劫掠貲財殺
虜男女邊境之民受其殘酷安南之人并被其害誅求
百端老幼不寧占城之地累年遭其劫掠予數遣人告

諭冀其改過而賊稔惡日甚罔有悛心予為天下主視
民塗炭安忍不救乃命將出師聲罪致討志在弔民豈
敢用兵實出於不得已賴皇天后土眷祐嶽鎮海瀆效
靈將士奮志賈勇悉掃蕩其孽黨撫安其良善尚念將
士暴露于外離其父母妻子山川險阻道里迢遞今天
氣炎熱恐嵐瘴鬱蒸起居失調易於感疾予夙夜念此
寢食不寧萬冀神靈鑒予誠悃聞于上帝賜以鴻庥潛
消瘴癘俾降清凉使將士安寧百疾不作特遣人致香
帛牲醴先詣神所祭告尚饗

維宣德十年歲次乙卯五月壬申朔十五日丙戌
皇帝謹遣泰安州知州胡宗敏祭告于東嶽泰山之神曰
予嗣　祖宗大位統理下民夙夜惓惓養民為務上祈
神靈陰隲相俾雨暘時順災沴不生百穀用成民用
康濟國家清泰永賴神庥謹以香帛達予至誠惟神鑒
格尚饗
維正統元年歲次丙辰五月丁卯朔十五日辛巳
皇帝謹遣吏科給事中車遜致祭于東嶽泰山之神曰越
此東土泰嶽惟崇民物奠安厥功允茂予嗣承大統謹

用祭告惟神歆格永祐家邦尚饗
正統三年遣泰安州知州胡宗敏告曰朕祗御下民永
懷保恤百穀長育茲惟厥時顓冀明靈特隆歆祐無災
無沴時雨時暘作歲豐穰以穀黎庶尚饗
正統九年遣翰林院侍讀習嘉言告曰予奉天育民愧
涼于德致茲久旱災及群生夙夜省躬中心惓切神司
方嶽憂憫諒同雨農以時寔任其責特茲致禱尚冀感
通弘布甘霖用臻豐稔匪予之惠時乃神庥尚饗
維景泰元年歲次庚午閏正月丙午朔十五日庚申

皇帝謹遣禮部左侍郎儀銘致祭于東嶽泰山之神曰越
茲東土泰嶽惟崇民物奠安厥功允茂予嗣承大統謹
用祭告惟神歆格永祐家邦尚饗正統改元告同
景泰二年遣工部右侍郎張敏告曰天降膏澤在風雨
率其職地湧甘泉由嶽瀆效其靈敷布天地之澤施秘
風雨嶽瀆不得辭其責也今歲雨暘時順所以澤萬物
者至矣而獨泉流不浹所以灌百川者歉焉河不由其
道而水決於海泰山四瀆之源復秘南北漕運之渠日
涸此又何如天地均有矜惠生民之心神何獨無奉若

天命之意務使河循故道分溉朔南而復誕布泉源廣
慰輿望神既有以塞其責朕亦有以賴於神神其鑒格
專候感孚謹告
景泰三年遣太子太保兼都察院都御史王文奉香帛
太牢祭曰茲者河流泛溢自濟寧州以南至于淮北民
居農畝皆被墊溺所在救死不贍朕實傷切于懷夫朕
敷政以惠民神出泉以澤物皆上帝所命今泉流溢於
淮泗災害及於公私伊誰之責固朕不德所致神亦豈
能獨辭必使泉出得宜民以為利而不以為患然後各
得其職仰無所負而俯無所愧專候感通以慰懸切謹
告
景泰四年遣刑部尚書薛希璉祭曰神奠鎮茲土以庇
利為職比聞連歲伏陰雨雪過多農事艱舉人民乏食
困斃不勝朕心憫惻此固朕之不德所致然念明神受
育民之責於天其任惟均而神則又獨司陰陽闔闢之
機物理變化之運忍令此沴為民病乎咎固當歸於朕
神亦焉得而辭故敢以告尚冀神庥大布暘和之惠溥
成發育之功專候感通以慰輿望謹告

景泰四年遣翰林院編脩王與以香帛牲醴告曰國以
兵民為本兵民以食為天仁政所先孰加於此方秋百
穀將實重以漕運方殷雨澤罕敷河流多決兵民所望
疇當副之夫朕為國子民而神為民捍患實皆天職然
有司存朕所能為豈敢畏難於朝夕神之易舉詎可辭
勞於指麾沛膏雨以作豐年助順流而為通道願有禱
也冀無負焉謹告
景泰五年遣太常寺少卿李宗周賫香帛牲醴祭曰茲
者農務方殷田疇闕雨發生罔賴朕心惻然神主茲方

冀不異此雨暘寒燠特若在神尚運神功弘布膏澤民
物享阜安之福神益彰庇利之仁專候感孚以慰懇禱
謹告
景泰六年遣刑部尚書薛希璉奉香帛牲醴告曰恭承
天命重付眇躬民社所依災祥攸繫志恒內省政每外
乖或寒燠愆期或雨暘踰度田疇失利穀麥不登憂切
民心妨及國計究推所自良由在茲然因咎致災固朕
躬罔避而轉殃爲福實神職當專夫有咎無功過將惟
一轉殃爲福功孰與均特致懇祈幸副懸望謹告

維成化元年歲次乙酉四月丁丑朔日
皇帝謹遣尚寶寺寺丞李木致祭于東嶽泰山之神曰惟
神毓秀鍾靈永表東土奠安民物萬世允賴茲予嗣大
統謹用祭告神其歆鑒佑我國家尚饗
成化四年遣巡撫山東都察院左副都御史原傑告曰
比歲以來多方災沴雨暘不時我民用瘁民之瘁矣予
曷爲懷神矜于民忍降以災德澤崇深孰與神侔祈贊
化機溥天之休責躬脩行予敢弗篤庶幾與神同作民
福謹告

成化六年遣掌太常寺事禮部尚書李希安告曰邇者
山東地方爰自去秋訖于今夏天時久旱泉流乾涸夏
麥無成秋田未種運河淺澁船運艱難中心皇皇深切
朕念惟神奠鎮一方人所恃賴覩茲旱暵寧不惻然茲
特遣官齎香帛以告于神冀體上帝好生之德默運化
機弘施雨澤使田野沾足河道通行用紓朕慮大慰民
望庶幾神之休聞永永無窮神其鑒之尚饗
成化九年遣禮部左侍郎劉吉祭曰朕奉天命統理下
民禦災捍患實神是賴今歲山東久旱災異並臻人民

缺食艱難流運死亡者衆守臣以告朕心惻然惟神廟
食此上作鎮一方見此困窮寧不矜憫用是特遣廷臣
遠詣祠下潔齋備儀爲民請命伏望明神大彰靈應潛
斡化機特賜膏澤用成歲豐變災異以爲禎祥易貧困
而爲富樂庶稱朕事神育民之意中心懇切惟神鑒知
謹告
成化十三年遣山東布政使司左布政使陳儀告曰國
家敬奉神明聿嚴祠祀所期默運化機庇佑民庶乃近
歲以來或天時不順地道欠寧或雷雹失常雨暘爽候

或妖孽間作疫癘交行遠近人民頻遭饑饉流離困苦
痛何可言惻然于衷罔知攸措惟神尊鎮一方民所恃
賴覩此災沴能不究心是用特具香帛遣官祭告尚冀
體上帝好生之德鑒予憂憫元元之意斡旋造化弘闡
威靈捍患禦災變禍爲福庶幾民生獲遂享報無窮惟
神鑒之尚饗

成化二十年遣山東布政使戴珙祭曰朕自嗣位餘二
十載禮神恤民夙夜在念何去秋至冬雨雪全無方今
春首地震京師年麥無收成之望士民懷艱窘之憂朕

心惻然惓切咎已惟神尊位東方爲群嶽首久享民祀
益不寧心茲特遣人致香帛用告于神尚冀弘闡明靈
參贊造化默奪潛消俾雨暘時若物阜民康宗社尊安
而神亦血食永永矣尚饗

成化二十一年遣巡撫山東都察院左副都御史盛顒
告曰惟神自開闢來作鎮東土興致雨雲茂育萬物靈
明克昭蒸民攸賴是以歷代報祀之典有隆無替乃今
歲二三月間震動數次意者人事不修不齊瀆神弗安
弗寧守臣疏達朕心憂惶祗備香帛命官往祭望喬嶽
以虔祈冀鑒臨而尊位助司元化誕福斯人夫古今瞻
仰者在茲國家欽崇者在茲謹告

成化二十三年遣禮部左侍郎黄景祭曰今歲自春及
夏天時亢旱雨澤不降田苗枯槁黎庶憂惶予甚兢惕
側身脩省虔致禱祈維神矜民窘不旋斡大化霈甘澤
以滋禾稼以濟民艱庶民有豐稔之休則神亦享無窮
之報謹告

維弘治元年歲次戊申三月乙丑朔十三日丁丑
皇帝謹遣大理寺右少卿李介致祭于東嶽泰山之神曰

惟神毓秀鍾靈永表東土尊安民物萬世永賴茲予嗣
承大統謹用祭告神其歆鑒佑我國家尚饗

弘治四年遣通政司左通政元守直祭曰伏自去歲一
冬無雪今春天時亢旱雨澤愆期田苗枯槁黎庶憂惶
予甚兢惕用是側身脩省虔致禱祈維神矜憫下民斡
旋大造早霈甘澤潤滋禾稼弘濟民艱庶民有豐稔之
休則神亦享無窮之報謹告

弘治六年遣巡撫山東地方都察院左僉都御史王霽
祭曰伏自去冬無雪今春少雨田禾未能播種黎庶實

切憂惶予甚兢惕用是側身脩省虔致禱祈惟神矜憫
下民斡旋大造早霈甘澤以滋禾稼以濟民艱庶民有
豐稔之休則神亦享無窮之報謹告

弘治七年遣內官監太監李興太子太保平江伯陳銳
右副都御史劉大夏右僉都御史熊翀以香帛告曰比
者黃河不循故道決于張秋東注于海既壞民田又妨
運道特遣內外文武大臣循行潰決之處督工脩築神
其默相用成厥功使農不失業國計不虧不勝惓惓願
望之至謹告

弘治十年遣巡撫山東地方都察院右僉都御史熊翀
祭曰自去冬今春以來亢旱爲虐雨澤少降麥田枯槁
田野荒蕪黎庶憂惶予甚兢惕側身脩省虔致禱祈惟
神矜民斡旋造化大霈甘澤以濟民艱庶年穀有豐稔
之祥則神亦享無窮之報謹告

弘治十五年遣御馬監太監李璋祭曰惟神氣鍾靈秀
職主發生作鎮東邦群黎仰賴茲者特遣內臣祗奉香
帛用伸祭告上荅洪休伏冀神明俯垂昭鑒愈彰仁惠
永祐家邦尚饗

弘治十六年遣內官監太監齊玄祭曰惟神作鎮東方
發生品彙斯民允賴任古攸崇朕自即位以來秩祀彌
謹茲者重修廟宇工已告成載立豐碑用彰功德特遣
內臣齋奉香帛修設齋醮仰祈神鑒永祐邦家尚饗

弘治十七年遣都察院右副都御史徐源告曰迺者亢
陽爲虐雨澤衍期炎埃翳空土脉燥竭田失播種民罹
阻饑思厥咎徵深切祗懼特茲齋沐遣告神明伏冀斡
旋化工早施甘澍發生萬彙普濟群黎不勝懇切祈禱
之至謹告

維正德四年歲次己巳正月甲午朔越四日丁酉
皇帝謹遣山東布政使司左參政張文佐致祭于東嶽泰
山之神曰今歲以來雨暘愆候田苗枯槁黎庶憂惶予
心兢惕虔致禱祈惟神矜民旋斡太和式調和氣以濟
民艱庶民有豐稔之休神亦享無窮之報謹告

正德五年遣戶部左侍郎喬宇告曰比者暵厲踰時雨
澤少降水泉枯涸運道良艱意者政有乖違上干叶氣
予心警惕內自省循爰飭有司各修乃事粵惟齊魯之
地泉源是鍾名山大川神所居守敬將香帛特遣廷臣

仰冀明靈斡旋大化沛施甘澤濬發河流庶使國餉疏通田禾暢茂民生有賴邦本無疆謹告

正德六年遣山東等處承宣布政使司右參議徐永告曰去歲以來寧夏作孽命官致討逆黨就擒内變肅清中外底定非承洪佑曷克臻兹因循至今未申告謝屬者四方多事水旱相仍饑莩載塗人民困苦盜賊嘯聚剿捕未平循省咎由實深兢惕伏望神慈昭鑒幽贊化機災沴潛消休祥叶應佑我國家永庇生民謹告

正德七年遣山東等處承宣布政使司左參政張津祭

曰近歲以來群盜爲梗生靈被害在在有之命將徂征稍臻平定餘災未殄尚累天和水旱相仍妖祥疊見永思厥咎良切疚心爰與群臣飭躬修政同期昭格庸迓神庥伏冀神明憫兹黎庶轉災爲福綏我家邦不勝惓惓懇禱之至謹告

維嘉靖元年歲次壬午三月戊申朔越十五日壬戌
皇帝謹遣詹事府掌府事吏部尚書兼翰林院學士石珤致祭于東嶽泰山之神曰惟神毓秀鍾靈永表東土奠安民物萬世允賴兹予嗣承大統謹用祭告神其歆鑒佑我國家尚饗

嘉靖十一年遣泰安州知州李敢祭曰惟神鍾靈孕秀鎮奠一方陰翊國家其來尚矣朕以寡昧恭承天命十有一年于兹敬事神祇罔敢少懈顧儲宫未立恒切于懷兹者特具牲帛醴齋遣官虔禱伏望茂著神功錫予元嗣則我國家綿慶禩于無窮而神亦享福于有永矣伏惟尚饗

嘉靖十七年遣泰安州知州丁方祭曰比歲嘗命官禱嗣于神昨丙申孟冬之吉仰荷天賜元儲亦神所贊佑

者兹用致謝神其鑒歆而永惟默佑焉尚饗

維嘉靖三十二年歲次癸丑閏三月丁未朔越二十八日甲戌
皇帝遣巡撫山東地方都察院右副都御史沈應龍致祭于東嶽泰山之神曰朕祗奉天命主宰萬民夙夜兢惕靡敢怠遑兹者淮徐守臣奏稱去夏以來黄河漲溢水患異常堤岸衝決民舍淹沒運道淤塞百姓阻饑不能聊生朕聞之惻然惟神雄鎮一方永饗秩祀兹宜體
上帝好生之德捍患禦災俾濬築工成水循故道民安常

業漕運疏通惟神之顯庥幣帛將誠神其鑒之謹告

維嘉靖三十三年歲次甲寅二月壬申朔十八日己丑
皇帝遣巡撫山東地方都察院右副都御史沈應龍致祭
于東嶽泰山之神曰比因河水漲溢糧道梗阻已經遣
官祭告茲者明神顯應修濬工成河通運達國計有裨
特茲致謝惟神歆鑒謹告

維嘉靖三十三年歲次甲寅四月辛未朔十二日壬午
皇帝遣巡撫山東地方都察院右副都御史沈應龍祭告
于東嶽泰山之神曰朕奉
天命子育萬民所冀歲稔時和災害不作爾者各處地方
水旱兵荒人民遭阨危亡載路災變異常朕心憂惕惟
神上奉
帝命奠濟一方諒垂矜憫爰命潔士齋捧香帛特遣撫臣
備儀竭虔詣祠致祭所冀明神大彰靈應潛斡化機俾
氣序順調雨暘時若弭解災刦溥資豐泰庶同朕奉
天子民之意而神亦享祀於無窮矣謹告

祀祝

後魏

高允**祭岱嶽文**正趾坤元作鎮東夏齊二儀以永固崇
至德以配天故能資元氣以造物協陰陽而變化若其
岩嶺峭峙川谷幽深神怪譎詭倏忽百靈吐納風雲育
成萬品擲生之所歸焉禎祥之所萃焉是以歷代帝王
之崇封禪銘功以告其成七十二君咸在茲焉自非功
侔造化應同自然孰能若此者哉自我國家肅恭禋祀
懷柔百神邦域之內罔不咸秩往以天路未夷雖望祭
有在今大化既同奄有淮岱謹薦于嶽宗之靈尚饗皇興
二年

宋

歐陽脩**祭東嶽文**脩此者獲解郡章許還里閈方巾車
而卽路屬暑雨之時行輒以愚誠仰于大造蒙神之惠
賜以不遠吹清飈而散陰暴秋陽以涸轍遂無道路之
阻得返草茅之居荷德之深不知爲報一觴之潔謹用
爲衷

濟南守曾鞏**告岱嶽文**去歲之旱有請于神蒙畀嘉澤
田則大稔今春河役發民二萬更迭齋送衆又倍之蓋
此齊人出者幾半迨其反室維夏之初勞費既深又遠

穡事夫民數歲乃遇一稔敝之如此今二麥方芚而亢陽爲虐吏任其咎所不敢逃惟民何辜賴神終惠能致雲雨則實在神尚其念之敢告

惟神含德體仁鎮茲東夏興雲致雨澤施八紘今此齊邦近在山趾方夏乆旱麥苗將萎吏思其繇奔走群望而人微言賤不能上動頻陰復散忽已兼旬念此疲民弊於征歛方歲之富食常不足一遇災害必捐溝壑惟神威烈覆被群生碩此比州宜先蒙賜豈伊靈眷獨忍遺之是用飭遣士民佈誠祠下情窮詞急瞿攫哀矜使一雨霈然則倒懸可

解尚其降鑒無怍神羞

維泰山歷古至今有天下者巡狩封禪勒成告代莫不之焉或企足動容卒莫能至實亶儒殊乜神明之地故天下宗焉二典所記其光靈威烈焯示萬世夫豈他山可得而視維齊魯獲仰而事粒食縷衣莫匪陰施今邦不雨自四月以迄于茲積水之澤塵起寘寘衆將槁死蝗亦滋生雖政或不良足以致此而百姓何罪寘蒙哀矜彼撮土之山勺水之川尚能與民爲福錫之有年豈如泰山朝出一雲暮澤天下其勢之易易於轉圜而比近詫麗頹不能擗殆莫之或

告告或不虔夫民之生蓋亦艱矣無儲與藏重歛煩使歲一不登多濱於死姦強無知或起乘時聚爲盜攘以取誅夷循理安業田閒之民亦與俱亡奚可不傷聖受命天子守藩于東敢齋以嚴告于靈宮惟神閔人之病助歲之功霈然下雨變沴爲豊尚俾斯民以牛羊黍稷得承事于無窮右三首俱祈雨

臣愚行爲時之所背言爲時之所輕寡儔少和眇眇熒熒寄於人而如此敢望信於寘宜竄東隸而進謂託斯文而薦誠眷齊魯之舊邦依大鎮之崢嶸若旱魃之方驕憂歲事之不登民且瘠於溝

壑或椎埋而死兵冀聰明之響谷霈膏雨之胥零言丁寧以上訴心徹恍而潛驚顧不能以諸世將何以動夫威靈乃不知夫神與道而爲徒雖窅默而難明其虛心也物有來而必應其公聽也無憎愛之常情彼大雖自大小雖謂小吾與善而已矣常一視而持平故微衷得以上徹利澤爲之旁行或噫爲風或震爲霆隱然雷出靄然雲烝灑甘霪以兼夕滅災氣於無形蓋西極于甸服東屬乎滄溟人盈其望物遂其生黍芃芃而擢秀粟薿薿而敷榮使時沴遂熄年功可成人食豊乎鐘鬴神

祀衍乎粢盛民相安於田里吏無用於威刑信大恩之莫報而至德之難名愚所以意激而感深者方涉世之零丁荷降監之不昧知忠信之可憑敢因辭以進謝悃抽恩之匪精右謝雨

國朝

都御史陳鳳梧告嶽文海內名山惟五嶽為尊而神真位東方生長萬物於五嶽之中又特尊焉自唐以至于

聖朝歷代崇祀威靈烜赫蓋以一方之安危休戚神有以主之也辛巳之秋鳳梧備員東藩嘗謁告祠下預

祈有年既而叨蒙　聖恩簡任巡撫夙夜弗遑惟綏懷是事壬午之春以徂于秋雨暘時若感神之惠於是乎有年矣是秋暨冬礦寇突起于龜蒙之間荼毒赤子追捕出境餘醜渡河而南益肆跳梁頑者賴神之佑會兵剿平中原之地獲寧謐焉惟是齊魯之域深谷茂林姦慝潛伏其患靡常伏仗神威鋤兇化暴使濟河海岱寇盜不興水旱不作熙熙然物阜民康斯鳳梧之責可少逭焉而崇報之典其曷敢有忘謹以牲醴特伸祭告惟神其鑒之謹告嘉靖二年

泰安守許應元告嶽文元聞之含澤布氣膚寸而合不崇朝而雨天下惟泰山之神為然元以迂菲出守茲土始入境聞民之所欲曰歲荐旱旼莩而逋且半誠得雨殆其有蘇惟恃元神志不一衣裳不潔不敢以徼於明神屏息而待命者旬再矣嘉穀未播麥苗且槁而沛澤靳於先施是神之譴罰茲土者無已也罷癃之民不任愁毒即守土者無狀宜降厥殃咎彼蠢蠢者誠可哀憐敢率僚吏竭誠以禱於明神惟明神幸降之惠俾無槁於道路報神之德曷其有極尚饗嘉靖十二年

左布政使楊維聰告嶽文天下之山莫尊於嶽然五嶽之中獨岱以宗稱其名最著滃然出雲膚寸而合不崇朝而雨天下其功最大居於東方實維生物之府其德最盛寰海之內無有遠近衢僻罔不鄉往其神最靈是故自古聖帝明王必加敬焉而況為有司者乎維聰受　天子命長茲東土典領方嶽蒞任之初得以職事過于祠下牲醴之薦敢有弗虔重念維聰之不德受茲重任凡政之未平民之未乂風雨之未時蝗厲之或作皆有司之罪也維聰不敢辭其罪然於神有深望焉然

而相之神之惠也民之福也非維聰之所敢私也謹告
嘉靖十五年
分巡濟南道僉事盧問之祭嶽文夫惟神有眞鎮區域
之功惟問之有撫治地方之責事存分際理通感孚頃
以按部之餘遂興憫農之念意以旱旱之災吾褻天慢
民者之過也用是省躬布戒率守吏大小虔告重荷洪
庥遄賜昭格而山上之雲觸石而起膚寸而合不崇朝
而雨待哺之民有望而催租之吏不憂矣其功之速之
大實顯佑于東土問之臨風興懷殊切瞻望謹命有司

崇修樽豆仰荅神功尚饗嘉靖十六年
都御史端廷赦告嶽文茫茫后土五嶽磐礴神爲之宗
威靈鑠鑠上扶乾綱風雨時若下握坤軸是耕是穫俠
我　皇度靈長有託庇我烝人湛淵寥廓凡此神功振
古如昨廷赦奉
命撫茲禮當謁神謁神之初敢干神政匪誕匪私爲民
請命夏澇爲災冬旱復甚陽侵陰伏寔行春令二麥若
槁斯民之病惟神依民惟民依食胡忍視民以至此極
將神之怒撫臣之失罪在撫臣民則何愆伏望陰翊化

工昭錫靈貺興雲降雪慰茲渴望如有佚罰撫臣甘之
毋使斯民横言罹之式號以呼神其聽之尚饗嘉靖二十三年
二月謝嶽文廷赦撫按無狀獲戾神明致茲冬旱用是皇
皇靡寧甫謁祠下爲民請命蒙神降監旋收杲日大布
重雲飄雪先集霰霙繼益霑足優渥其應如響吏民罔
知咸歸於廷赦自分罪愆顧有何德可以動神何誠可
以感神寔神正直仁慈不忍以廷赦之故累及元元顯
貺休烈禮當報謝廷赦既荷神宥自今伊始益當磨光
刮垢力詢民瘼以求不爲神羞惟神祐之鑒之尚饗嘉靖

二十三年十二月
巡按山東監察御史鄭芸告嶽文惟神萃造化之靈秀
顯仁威以配天峻德獨宗於諸岳巍功茂對於八埏崇
古今之封秩爲齊魯之具瞻五徵時應六府眞安芸欽
承　上命攬轡茲方風裁是秉惟神之綱春生秋殺愆
激淑揚爰及藩臬降監有光精神默契敢不肅將祇陳
牢醴維修典常明禋載獻維神是匡利奏膚功憲度孔
昌下土永賴赫奕用章尚饗嘉靖二十三年
博輿眾盛楷告嶽文伏覩萬物發生四海仰德凡此下

民至誠供獻惟恐不及而珠玉香帛金繒牛馬恒以萬
億計以裨　邦國以寬疲民其餘以須羽人使給衣食
是皆神之貺也凡我司委積者其或從而侵漁之攘竊
之衣冠之盜有甚於穿窬之盜也嗟乎民則施之官則
攘之見利忘義不過爲肥家計耳記曰君子不家于喪
矧吾民之奉神者而忍攘竊乎是可忍也孰不可忍也
夫竊民之供獻者近作身孽遠作子孫殃神其殛殺之
無赦夫攘神明之物與竊牲牷者又何別乎楷敬爇瓣
香敢與神誓如靜言庸違蚤加陰譴俾不生還鄉土以

爲永戒謹告 嘉靖二十五年正月

巡撫都御史王忬告嶽文 蓋聞懿垂編緑休翊　明時
以維長乎五嶽者神之大造也觸石而出膚寸而合不
崇朝而雨天下者神之能事也至於奔走天下積致賄
施以利賴此一省者又神之顯惠也則夫雨暘時若固
神之當先及而亦一方之所私望者矣乃不雨自春迨
將中夏達乎四境且害三時麥已罔秋禾豈望歲夜倬
雲漢晝苦風霾下民其咨　上天有憾神之所以急此
一方者不其爽歟且忬受　命撫茲圖惟保釐殫厥心
力而已雲行雨施寔仰　明神焉勢分固爾也抑忬及
廢司或陰蓄盬辠有乖感假則神宜罰及厥身顧斯民
何辜代服政者罹此荼毒聊謹齋明思省遣教授胡大
慶告此雩事神其歆崇朝之靈渥千里之利則豈惟忬
與一方之人慰荅其望雖神之取信天下輝映今古或
亦攸係矣惟神其聽之哉尚饗 嘉靖三十一年五月

巡撫都御史沈應龍告嶽文 夫嶽之靈豈直以崖奔嶺
蹙谷抱谿迴崛起重險爲一方鎮哉蓋將賴以橐籥玄
機鼓盪元精禦災捍患流福生民保衞　邦家也矧夫

岱靈甲群峰而特峙尸攝生之神工肸蠁芬芳獨盛千
古奔走萬方爲天下望諸嶽之長者歟乃者春則恒陽
二麥罔秋夏則恒雨民鮮粒食所謂國泰呈瑞時訛反
沴者胡罔時錫豈天災流行雖　聖世有所不免耶應
龍承之撫綏保釐東土山川之神寔叨主之乃歷蹺巖
排蒙龍升青丘陟春阯以修祀事以祝景貺以佑斯民
以祈不負於　聖天子懷柔百神講求明禮之典詎徒
以好古饕奇俯瞰虛廓仰眺寥泬爲遊觀樂也維嶽配
天尚弼予志適彰休佑大康是邦冀　聖祚于苞桑鞏

皇圖于永固則厥于岱宗之標奇於齊魯者爲益信而封
禪於列聖者期不誣也惟神其念之哉尚饗（嘉靖三十年十一
月）
祈雨文　天地生萬物所以奉而行之者神之職也
聖天子養萬民所以奉而行之者應龍等之職也今山東
諸郡旱已大甚麥苗就槁萬姓皇皇餓莩之形漸多潢
池之警日報此應龍等日夜憂惶計不知其所出也應
龍等寡昧保釐失職貽民荼毒罪固難辭惟神聰明正
直能興雲雨亦可失職而甘受天地之罰乎應龍欽承
上命敬共明祀特申祇告敢爲萬民乞命伏願鑒此精誠

斡旋造化甘霖沛澍四野沾足枯槁復蘇三農慰望尚
期消患於將萌轉禍而爲福應龍等仰荷明神無窮之
錫而神亦有無窮之休神其聽之尚饗（嘉靖三十二年閏三月）
巡按山東監察御史馮鷟**告嶽文**　東土饑瘠地力遠不
逮古賦役繁重即有年民亦流移往遭水害窮困不能
自存老稚在途強壯嘯聚疾苦之狀不忍聞見
聖天子痛憫特頒簡重臣出廩賑饑而垂絶之生意復蘇
然猶望今歲有秋也邇麥亢旱農事盡廢公私既竭將
冐以支惟神震方名嶽能興雲雨以生萬物古今祀典

攸崇也夫民有疾苦官茲土者分宜罷斥竊恐神茲土
者心亦弗能自安神宜仰體　聖君之仁俯從鷟等之
願誕敷靈液以紓吾民之疾苦神之德惠將流被無窮
矣謹告（嘉靖三十二年閏三月）
巡按山東監察御史雍焯同布政司右參政林應亮按
察司副使牟朝宗王教王撫民徐南金僉事任希祖都
指揮僉事牛天賜**告嶽文**謹以牲醴敢昭告于
東嶽泰山之神曰於赫岱宗秩祀有恒神功丕施毓物效
靈寔此震極翊此坤寧歷代禋薦酬德報成迄我

皇朝典祀維明焯等叨事茲土肅將明馨仰藉神貺昭格
用徵[illegible]哉　鴻圖永蹟豐昇尚　饗（嘉靖三十三年十月三十日）
巡按山東監察御史段顧言行役至止于泰安之陽時
維嘉靖戊午夏五之廿有五日也齋沐越二日甲戌爰
命有司虔脩牲醴偕布政司左參議徐文通按察司副
使王世貞李嵩僉事王遴張師价暨都司署都指揮僉
事李春華敢昭告于
東嶽泰山之神曰於維大神其將我假我歆也不乎予請
先頌大神之茂育明靈弁予小子展祀之積悃徵義惟

神昭答方敢冀神之我臨我享也竊聞天地之大德曰
生而生生不息之元氣盛德氣鍾焉凝焉是曰泰山夫
泰太和也謂天地太和之氣盡此焉在也衍之而時則
惟春而神寔尸之布之而方則惟東而神寔專之大哉
乾元至哉坤元胥茲乎生成而終始之是所謂天地好
生之府而特爲四嶽之宗乃若壁峙之峻極盤薄之閎
遠又非所論也以故粵自有虞氏以迄
昭代咸秩祀而崇報之也固宜予小子言按部齊魯責在
肅清而激慝鋤凶若與大神之生道不相似者然我心

我精我儀我誠神將吐之乎嗟乎吾知其必弗爾矣吾
聞春生秋殺玄化之流也福善禍淫明神之靈也遏惡
著良大君憲天之政也矧以生道殺之而生生者斯無
窮以福機禍之而福福者斯無窮乎繄乃知大君顯憲
幽贊以成化而予小子觀風攬轡又將以奉君之命而
致之元元者也果終異乎於戲神不享非禮之祀君子
不寘祀于不享之神大神其以予之言爲不戾耶尚祈
鑒我精誠我假我歆而毋予譴也謹
告

濟南府知府項守禮承藩臬之委會同兗州府知府朱
應奎經度泰山廟工**告嶽文**謹以牲醴庶品昭告于
天仙玉女碧霞元君之神曰　五嶽司地惟岱攸尊百靈
聚岱惟神效坤默運玄機奠安東夏明彰感應駿奔天
下禮等分符列職阜安民物賴神之祥敬恭自昔齋心
邇邇牽于職守不遑仰止茲因
聖上廼眷于東弘開內帑大啓神宮經始之命禮等是托
顧茲重任夙夜祗恪所愧涼德清廟未明宏基大趾孰
敢自膺維神聰明洋洋在上啓之謀猷示之方向佑我

工匠不日告成民力以紓
聖心載寧尚　饗嘉靖三十三年八月三十日

祀辭

宋

鮮于侁〈嶽神辭〉雲霏霏蔚兮山之巔，瞻嶽靈兮望青天。嶄巖嶃崒兮磅礴無垠，巃嵷律勃兮寧一以為仁。草木雜而羅生兮，人不可名。鳥獸蕃而走集兮，虞不能知。因高錯事兮道此躋，陟登代岱勒成兮，胡為而七十二君齊余心兮，不外高余冠兮甚偉，擷芳杜兮為衣，掇紫芝兮作珮。栢實兮松華，石髓兮蘭英，蕙肴陳兮玉案，明水湛兮清尊。誠拳拳兮不解，冀接神兮恍若有言。嵩高峻極兮生甫與申，周道將明兮宣以中興。水旱不常兮蟊螟以災，稼穡卒荒兮民生流離。勞來安集兮之子之功，祐此下民兮寧遺神羞。

國朝

御史張鐸〈迎神辭〉雨滃滃兮風颸颸，望神君兮駕飛禺。魂恍恍兮遠阻，馳峻坂兮陟長岐。望舒為御兮霞為裳，豐隆前導兮雹為旗。迢遞戾止山東涯，蒼虬玄豹何紛披。神駒寶馬森相隨，璚琚絡珮聲纍纍。鳳凰嘀珠光陸離，紛屢舞獻瑤卮。坎坎擊鼓揚巫師，願鎮坤維兮祀事孔時。〈送神辭〉雨忽散兮雲英英，送神君兮駕太清。天衢縹緲兮不可悒，忽侘傺兮心驚。龍翼輈兮騑閬，虎服廂兮縱橫。馳驅海岳，迈瑤京，霓裳霞帔儼同行。玻璃流光照空明，玉童時罷雲和笙。瓊宮寶宇寂無聲，歌萬福，受瑤觥。陶陶嬉舞歡相迎，願靈去而來兮奠此群生。

祀記

元

學士張起巖撰〈祀東嶽記畧〉維嶽奠茲東土，駿極于天，為國巨屏。其方生氣之所在，天地大德之所屬也。故於時為春，於五行為木，於五常為仁，發祥效靈，自昔已然。膚寸而雲，不崇朝而雨天下，它蓋之莫與京也。七十二君之事雖無從攷，然而享明禋，受嘉薦，其來尚矣。元統二年學士歐陽玄書，刻延禧殿前。

奉符教諭田文舉撰〈代祀記畧〉望秩山川，懷柔百神。此虞周之盛典也歷代以來至于我元歲舉殷禮崇尚祀典復古之制也甲申閏二月丁卯皇上端拱九重齋明盛服敬授內八府宰相臣塔剌海臣冲真明遠玄靜真人張德隆以名香銀盒白金壹錠錦幡一盒馳驛以至岱宗祠下是月二十七日臣塔剌海等齋沐昭告守土之官勠力協心敬趍厥職越二十九日巳丑致祭于東嶽天齊大生仁聖帝焚香祝頌恪恭薦祼三獻肅雍禮成而退神之格歆不崇朝而雨田疇足潤年豐有望寔神嶽之靈以應天子敬恭神明之佳兆也猗歟休哉謹記

翰林編修李繡代祀記

五嶽在天地間含澤宣氣裨贊化育自昔為有國者所崇奉而岱宗於次為左尊且貴焉聖元歲一遣使致祀惟謹祝稱嗣天子敬遣某官某事可謂嚴且重矣至正十年庚寅月正元日上御正朝中書省臣奏得旨以宣政院副使臣桑哥秘書少監臣賀方代祀東嶽既而以事不果行省臣覆奏以翰林國史院應奉臣李繡易方越十又四日巳巳臣桑哥等偕諸道代祀官十人入見明仁殿皇上親舉香函致敬以授使臣者臣桑哥繡乃捧香帛祝旨金馳八乘傳卽日就道二十有二日丁丑抵祠下翌日蕆祀牲用少牢酒菓庶羞精潔備具將事之夕端倪軒豁萬象呈露小大執事罔不闓懌嗚呼神之歆此毖祀錫羨降康以荅聖天子之至誠者諒必有在將命小臣其何敢知姑識歲月以詒來者

國朝

[illegible]德祐撰

勑祀東嶽廟記

洪武二年春正月初四日群臣來朝

皇帝曰朕自起義兵臨濠率衆渡江宅金陵每獲城池必祭其境內山川于今十五年罔敢或怠適者命將出師中原底平嶽鎮海瀆悉在封域朕賴 天地祖宗之靈武功之成雖藉人力然山川之神實默相予况古者帝王之有天下莫不禮秩尊崇朕何敢違於是親選敦朴廉潔之士往焉臣德祐承 詔將事唯謹二月二日祭祠下威靈歆格祀事孔明礱石鐫文用垂悠久惟神發生萬物奠于東方典祀既崇綱維斯在尚期陰陽以和風雨以時物不疵厲民庶乂安是我 天子之所望

於神明者而亦神靈祚我邦家之靈驗也（德祐姓鈌侯考）

翰林院侍讀胥嘉言代祀靈應記去年秋不雨冬亦不雪今春妨東作麥乃不有秋　皇上憂惕四月癸卯遣近臣十有七人齎香帛禱祠嶽鎮海瀆暨鍾山　宸衷尤惓切焉嘉言忝遣首得代祀東嶽時馳驛詣山東者三人彼以沂山東海也比至三司率官屬遠迓香帛爲禮甚恭予語以禱祠之意議分職助禱於是憲使張君鵬偕行五月壬子宿祠下翌旦祇謁予默禱曰亢旱久矣　聖天子遣一介臣禱祠于神神宜有所昭荅焉退

偕張君令有司召民之出大牢及蔬果者聽自言其直給以所齎鈔人人喜出望外是日午雨乙卯雨如注丁巳又雨戊午四鼓序列祭具星月如晝既舉三獻禮仰瞻神靈若響若荅禮成雲倏以起雨大作移時方止州之父老助禱者歡呼言雨三日爲霖茲旣幸見奚可多得哉遂再拜曰

皇帝子我恒矜憫我旣旱□禱以雨我使我播種以不饑困恩德何其至哉又曰神□利澤我者多矣旱而有禱輒雨矣使旱不爲災惠莫加□矣又曰是雨也固　宸衷感通所致良由神之克效夫靈應也顧無所於報願皇帝壽萬萬年神得歆禋祀於無窮也時濟郡守陳君安泰安州守施守正暨寮屬助禱者謂靈應斯臻盍爲記於予惟神以尊冠五嶽發育群物靈應往日者豈少耶殆未若今之捷於影響也誠足副上意而慰民望矣雖然是歲之旱奚翅一方焉所謂不崇朝而雨天下者予尤有所冀也（正統九年五月）

禮部侍郎劉吉代祀記成化癸巳夏山東大旱民饑漕河淺涸兼有黑風之異　皇上聞之矜憫下詔蠲租賦

問民疾苦發附近倉糧十有三萬石及內帑銀四萬五千兩錢六百餘萬緡爲糴本以賑濟又念禮有逆時雨寧風旱之文是不可緩也特命臣吉齎祝幣祭告東方山川之神祭儀給於內帑不煩有司　皇上恤民之心無所不用其極臣吉受　命秉虔兼程而進首東嶽廟下戒有司脩飭祀事致齋三日維時災熖四赤野土如焚衆情憂沮及省牲之夕忽有雲起西南若將雨狀未幾入夜果大雷雨歷三鼓乃止肅恭將事牲肥酒香禮序樂和神明歆饗洋洋如在至晚天氣清朗萬彙一新

及午復大雨溝壑水溢遠近皆溉足民欣然更生時巡
撫都憲臣牟俸及參政臣阮勤皆預陪祀并合屬官吏
俊耆莫不喜動顔色舉手加額曰此我　聖天子大德
之感也吾民將何以圖報惟敬祝　萬萬年壽爾是後
連日雨咸願有紀夫世有饑饉雖天之行所貴人君心
乎爲民變灾爲祥而見天心之仁愛也此周宣所以稱
中興魯僖所以志閔雨也今我　皇上一念憂民之誠
上通于天天輒響應彼周宣魯僖又不足侔矣有君如
此則凡任爲　國爲民之責者可不思所以勉副也哉

是行臣吉實職其事而覩其應不敢昧　上之德亦不
敢沒神之大惠故因衆請刻祝文于石謹拜手稽首識
于下方

碑序

學士許彬撰東嶽靈應碑記東嶽天下名山也山之靈
能興雲爲雨澤被萬物　朝廷載在祀典崇重甚至大
臣憂　國奉公能體　朝廷之心敬神恤民轉禍爲福
者法皆可書平江侯陳公所謂敬神恤民轉禍爲福者
焉景泰癸酉山東告饑民流離轉徙東昌尤甚公往鎮

之遂遍歷州郡旱暵乃懺牴泰安登東嶽自爲文告之
時五月十五日也是夕霖雨大澍遠近沾足民老稚相
慶幸　今上新復大位以山東蝗旱益作首命公鎮之
公受命以來憂勤惕厲明年亢陽不雨公復如泰安禱
于東嶽祠下曰吾奉　天子明命巡歷東藩職在安撫
自春涉夏甘澤不降民渴以甦吾之不職厥固莫逃神
之血食兹土能獨安乎哉禱既雨霖稼枯者甦蝗亦自
斃歳庚辰春旱公又將如泰山致禱未至而宿於靈巖
大雨通夕田野霑足歡欣之聲颺于四境祭法謂能禦

大菑捍大患則祀之若神之靈應豈非祭法所當崇重
者歟知州李琪等請文勒石以垂不朽予書其事以告
東藩之人使知　聖天子神化宜民百神效職群吏用
命大臣能敬神恤民轉禍爲福者有所自焉
布政使陸瑜禱雨有感碑記天地之大德曰生泰山奠
于東土體乾含元爲五嶽之宗有虞巢望於是歷代登
封於是唐宋以來建廟加號禮極崇重行祠遍宇内
聖朝酌準古制凡嶽鎮海瀆之神命所在守長祀事京
師列壇於郊以隆望典有事特遣使謁告稱神去號禮

從中正惟東嶽行祠在天下者獨盛景泰乙亥春二月至夏五月山東郡縣不雨麥穀將槁先是濟兖諸郡連年被災兼以河決漕阻民役久疲　上命刑部尚書括蒼薛公往臨之復值兹旱公憂形于色戒所司曰上天降災厥有攸徵循咎自予於民何辜乃齋沐擇吉禱于濟南泰山行祠是夕雨而霑被不遠公嘆曰弗虔也此去泰山百餘里盍往禱焉命瑜偕按察使劉孜等從既就道烈日爍石炎飈揚埃次靈巖望泰山絕頂俄有片雲王葉光潔乘風不動夜二鼓公將至州須臾頃雲布

陰皷雷閃電雨意油然將下復止若遟焉者迨旦公謁祠焚香懇欵退齋愈恭明旦致禱重陰蔽山雷電交作公率衆陞禮而大雨如注午及晚三陞壇皆如之觀者嘆異是夜滂霈不止六郡霑溼百物勃然漕道以通歲臻大稔兵農安堵歌詠公德非公之精誠不足以格泰山之神非泰山之神奚致感應之速若此哉昔殷聖責躬而大雨方數千里後世值旱或禜門或潰龍或舞巫而應或釋寃而雨若公之誠所以格于泰山者鮮矣瑜願誌諸石以彰敬神惠民之嘉蹟庶幾將來者知所則

云都御史翁世資禱雨有感碑略天至高也神至幽也孰不曰至高者難動至幽者難感此以勢論而不以理求也蓋人之於天體異而氣同吾之心正則天地之心亦正吾之氣順則天地之氣亦順矣殆見寒暑自我而平日月自我而明旱乾水溢之災寧不自我而消彌之邪書曰惟德動天又曰鬼神無常享享于克誠無其誠而欲動天地感鬼神吾見其難矣成化八年自正月至四月不雨泉源湮竭布種于土者弗生民命阽危我皇上宵旰勤憂乃降香帛祝文出內帑白金遣臣世資

祭告東嶽之神蓋以神為一方鉅鎮能禦大菑捍大患而告焉即書所謂禋于六宗詩所謂靡神不舉之意五月三日己亥致齋建壇於岱岳廟參政江玭僉事董琳濟南知府白行順皆至卯辰之間天宇廓清炎曦煽熾薰蒸之氣如炎如焚咸以不雨為閔巳午之交黑雲儵然起於西北以漸滃合雷聲轟然震於雲中谷應山鳴焱風飈至有若神靈之降臨於肹蠁癸卯甲辰風雨時至解壇雨大澍連日六郡境內罔不溥遍人心大悅以為此實由我　皇上一德格天而世資等奉　命惟謹

之所致也魯謂高者果於難動幽者果於難感予請爲諸君誦之亦以見天之與神念斯民也篤矣誠僞之心可不謹乎於是書其實命泰安州知州張玘勒于麗牲之石

督學僉事畢瑜撰

泰山靈應碑

山東合齊魯封疆爲藩屬郡有六而泰山雄峙其間根蟠三百餘里秀拔天下靈應四方殆必有宰乎其間者自昔帝王巡幸加以徽號隆以祀禮四嶽未能過之初是邦頻年旱澇相仍加以螟蝗爲孽疫癘爲灾上下公私困竭老弱半溝壑壯

而逃移者倍之壬辰之秋都憲牟公俸捧 璽書來撫是邦夙夜憂勞凡可以拯民者靡不究心明年癸巳司設監太監劉公偶繼來鎮守布宣 天子德意相與嘆曰吾民若此使繼歲不稔上無以紓吾君東顧之憂下無以解倒懸之苦責且莫逃於是協謀卜以孟冬元日躬率屬吏各齋沐禱于泰山曰偶等不德撫綏失道民則何辜神受上帝命鎮東土斯民休戚神豈恝然無意耶禮成而退是冬乃大雪[illegible]而甲午二月雨三月又雨孟夏雨大足乃止千百里[illegible]麥秀連郊槁者蘇病者愈商賈笑聚官吏胥慶他徙者復還至有不耕而獲者於戲休哉此豈人力邪必有默相而致之者咸謂不可無述以昭神功屬瑜紀其實勒之金石以傳竊惟成湯憂旱責於桑林仁宗憫雨叩於內殿韓愈之驅鱷劉琨之返風滅火皆不能無禱於天於神誠積於躬効應於彼冥冥之中未必無鬼神者聽矧茲岱嶽靈雨間跨四嶽職主生物二公秉誠自咎爲斯民祝曾泰山昧昧有不應之邪書曰至誠感神又曰人謀僉同鬼神其依於是乎有足徵矣余目擊其盛謹叙如右復系之以銘銘曰兩

儀未判濁與清陰陽氣結茲嶽形穹崇磅礴凌蒼冥有禱必應彰厥靈開闔造化儲精英遐方奔走咸敬承適來山左災相仍窮廬烟斷郊無青婉倪枕藉溝壑盈伊誰晝策安吾氓赤手援溺體公卿秉誠特與神誓盟赫然上訴于帝庭雲油雨沛枯槁興幽明感通和氣蒸平疇不耒秋有成呻吟化作謳歌聲舉手加額呼神明天下萬世資昇平 成化十二年

御史李錦

禱雨有感序

夫天人相與之際神明感通之機有不可得而誣者顧所感何如耳成化癸卯齊魯

間秋八月不雨至于甲辰春三月土地坼裂飛塵蔽野麥就枯禾失藝民以旱灾告官斯土者咸閔焉按治東藩金城趙公憂惕尤甚迺集群議簡有時望者禱于泰山於是山東鹺司王公濟南太守蔡公適在時季春廿有八日二公祇服厥議卽日協心澄慮齋沐就道旣至步登嶽頂申告惟虔蓋四月朔日也日之晡時二公歸憇巖巖亭余時旅寓泰安而迓集焉有黑雲升自西壑須臾雷雨大作霖霪霶霈澗谷振響蹊徑瀰漫咫尺不能辯高下別人物余與二公歡欣踴躍遂忘山路之崎嶇衣冠之淋漓也旣而紛紛靡靡通宵弗止翌日自朝至于日中復沛然大澍二公暨余冒雨抵靈巖次日別諸路迓鑾而東但見草木森蔚郊園奕秀枯者甦仆者起農舞于野旅笑于途樵歌牧唱咸謂二公之積誠有以動于神神爲荅之故有此甘霖之降也吁是誠然矣孰謂天人之際無相與感通之妙哉王公字尚忠陝右蒲城人蔡公字文輝河南睢陽人蓋事有可傳者義不容以不傳固非爲是誇辨以相媚也

封禪

志封禪何以封岱嶽而志之也志其事而匯其文也志其事見郊社之變臣匯其文見君臣之德焉夫禮莫大乎郊社而柴類蓋之矣而又有封禪之說焉禮之變也是故論其文論其世而要諸三才一理之極考諸治忽安危之報則其君之聖哲臣之匡諫不可見邪若夫七十二君之事則河汾許懋諸名家之論君子覽焉

秦始皇卽帝位三年封泰山禪梁父王仲淹謂封禪非古而啓於秦漢故今志封禪以秦爲首

漢武帝元封元年封泰山禪肅然其後凡五修封嘗一禪石閭

司馬遷封禪書

自古受命帝王曷嘗不封禪蓋有無其應而用事者矣未有睹符瑞見而不臻乎泰山者也齊桓公旣霸會諸侯於葵丘而欲封禪管仲曰古者封泰山禪梁父者七十二家而夷吾所記者十有二焉昔無懷氏封泰山禪云云伏羲封泰山禪云云神農封泰山禪云云炎帝封泰山禪云云黃帝封泰山禪亭亭顓頊封泰山禪云云帝嚳封泰山禪云云堯封泰山禪云云舜封泰山禪云云禹封泰山禪會稽湯封泰山禪云云周成王封泰山禪社首皆受命然後得封禪桓公曰寡人北伐山戎過孤竹西伐大夏涉流沙束馬懸車上卑耳之山南伐至召陵登熊耳山以望江漢兵車之會三而乘車之會六九合諸侯一匡天下諸侯莫違我昔三代受命亦何以異乎於是管仲睹桓公不可窮以辭因設之以事曰古之封禪鄗上之黍北里之禾所以爲盛江淮之間一茅三脊所以爲藉也東海致比目之魚西海致比翼之鳥然後物有不召而自至十有五焉今鳳凰麒麟不來嘉穀不生而蓬蒿藜莠茂鴟梟數至而欲封禪毋乃不可乎於是桓公乃止其後百

有餘年而孔子論述六藝傳畧言易姓而王封泰山禪于梁父者七十餘王矣其俎豆之禮不章盖難言之秦始皇即帝位三年東巡郡縣祠鄒嶧山頌秦功業於是徵從齊魯之儒生博士七十人至於泰山下諸儒生或議曰古者封禪為蒲車惡傷山之土石草木埽地而祭席用葅稭言其易遵也始皇聞此議各乖異難施用由此絀儒生而遂除車道上自泰山陽至巔立石頌秦始皇帝德明其得封也從陰道下禪於梁父其禮頗采太祝之祀雍上帝所用而封藏皆秘之世不得而記也始皇之上泰山中阪遇暴風雨休於大樹下諸儒生既不得與用於封事之禮聞始皇遇風雨則譏之始皇封禪之後十二歳秦亡諸儒生疾秦焚詩書誅僇文學百姓怨其法天下叛之皆僞曰始皇上泰山為暴風雨所擊不得封禪此豈所謂無其德而用事者邪　漢武帝自得寶鼎與公卿諸侯議封禪封禪用希曠絶莫知其儀禮而群儒采封禪尚書周官王制之望祀射牛事齊人丁公年九十餘曰封禪者古不死之名也上於是乃令諸儒習射牛草封禪儀數年至且行天子既聞公孫

卿及方士之言黄帝以上封禪皆致怪物與神通欲放黄帝以上接神仙蓬萊高世比德於九皇而頗采儒術以文之群儒既不能辯明封禪事又牽拘於詩書古文而不能騁上為封禪祠器示群儒或曰不與古同徐偃又曰太常諸生行禮不如魯善周霸屬圖封禪事於是上絀偃霸而盡罷諸儒不用三月遂東幸緱氏禮登中岳太室東上泰山泰山之草木葉未生乃令人上石立之泰山巔上念諸儒及方士言封禪人人殊不經難施天子至梁父禮祠地主乙卯令侍中儒者皮弁薦紳射牛行事封泰山下東方如郊祀太乙之禮封廣丈二尺高九尺其下則有玉牒書書秘禮畢天子獨與侍中奉車子侯上泰山亦有封其事皆禁明日下陰道丙辰禪泰山下趾東北肅然祭后土封禪祠其夜若有光晝有白雲起封中天子從禪還坐明堂群臣更上壽於是制詔御史曰朕以眇眇之身承至尊兢兢焉懼不任維德菲薄不明于禮樂修祠太乙若有象景光晉如有望震於怪物欲止不敢遂登封泰山至于梁父而後禪肅然自新嘉與士大夫更始賜民百戸牛一酒十石加年八十歲寡布帛二疋復博奉高蛇丘歷城無出今年租稅其大赦天下如乙卯赦令明年夏旱公孫卿曰黄帝時封則天旱乾封三年上乃下詔曰天旱意乾封乎公玉帶曰黄帝時雖封泰山然風后封巨岐伯令黄帝封東泰山禪凡山合符然後不死焉天子既令設祠具至東泰山泰山卑小不稱其聲乃令祠官禮之而不封禪焉其後令帶奉祠候神物夏遂還泰山脩五年之禮如前而加以禪祠石閭石閭者在泰山趾南方方士多言此仙閭也故上親禪焉太史公曰余從巡祭天地諸神名山川而封禪焉入壽宮侍祠神語究觀方士祠官之意於是退而論次自古以來用事於鬼神者具見其表裏後有君子得以覽焉若俎豆珪幣之詳獻酬之禮則有司存

司馬貞贊

禮載升中書稱肆類古今盛典皇王能事登封報天降禪除地飛英騰實金泥石記漢承遺緒斯道不墜仙閭肅然揚休勒志

司馬相如封禪文

伊上古之初肇自昊穹兮生民歷選列辟以迄于秦率邇者踵武聽逖者風聲紛綸葳蕤堙滅而不稱者不可勝數也繼韶夏崇號謚畧可道者七十有二君罔若淑而不

昌踳逆失而能存軒轅之前遐哉邈乎其詳不可得聞也五三六經載籍之傳維見可觀也書曰元首明哉股肱良哉因斯以談君莫盛於唐堯臣莫賢於后稷后稷創業於唐公劉發迹於西戎文王改制爰周郅隆大行越成而後陵夷衰微千載無聲豈不善始善終哉然無異端慎所由於前謹遺教於後耳故軌迹夷易易遵也湛恩龐洪易豐也憲度著明易則也垂統理順易繼也是以業隆於繈褓而崇冠于二后揆厥所元終都攸卒未有殊尤絶跡可考于今者也然猶躡梁父登泰山建顯號施尊名大漢之德逢涌原泉沕潏漫衍旁魄四塞雲布霧散上暢九垓下泝八埏懷生之類霑濡浸潤協氣横流武節飄逝邇陿遊原迥闊泳沫首惡湮沒闇昧昭晢昆蟲凱澤回首面内然後囿騶虞之珍群徼麋鹿之怪獸導一莖六穗於庖犧雙觡共抵之獸獲周餘珍收龜于岐招翠黄乘龍於沼鬼神接靈圉賓於閒館奇物譎詭俶儻窮變欽哉符瑞臻兹猶以為德薄不敢道封禪蓋周躍魚隕航休之以燎微夫斯之為符也以登介丘不亦恧乎進讓之道何其爽歟於是大司馬進曰

陛下仁育群生義征不憓諸夏樂貢百蠻執贄德侔往初功無與二休烈浹洽符瑞衆變期應紹至不特創見意者泰山梁父設壇場望幸蓋號以況榮上帝垂恩儲祉將以薦成陛下謙讓而弗發也挈三神之驩缺王道之儀群臣恧焉或謂且天為質闇示珍符固不可辭若然辭之是泰山靡記而梁父靡幾也亦各並時而榮咸濟世而屈說者尚何稱於後而云七十二君乎夫修德以錫符奉符以行事不為進越故聖王弗替而修禮地祇謁款天神勒功中岳以彰至尊舒盛德發號榮受厚福以浸黎民也皇皇哉斯天下之壯觀王者之丕業不可貶也願陛下全之而後因雜薦紳先生之略術使獲燿日月之末光絕炎以展采錯事猶兼正列其義校飭厥文作春秋一藝將襲舊六為七攄之無窮俾萬世得激清流揚微波蜚英聲騰茂實前聖之所以永保鴻名而常為稱首者用此宜命掌故悉奏其義而覽焉於是天子沛然改容曰愉乎朕其試哉乃遷思回慮總公卿之議詢封禪之事詩大澤之博廣符瑞之富乃作頌曰自我天覆雲之油油甘露時雨厥壤可游滋液滲漉何生

不育嘉穀六穗我穡曷蓄非唯雨之又潤澤之非唯濡之我氾濩之萬物熙熙懷而慕思名山顯位望君之來君乎君乎侯不邁哉般般之獸樂我君圃白質黑章其儀可嘉旼旼睦睦君子之能蓋聞其聲今觀其來厥塗靡從天瑞之徵茲亦於舜虞氏以興濯濯之麟游彼靈畤孟冬十月君徂郊祀馳我君輿帝以享祉三代之前蓋未嘗有宛宛黃龍興德而升采色炫燿熿炳煇煌正陽顯見覺寤黎蒸於傳載之云受命所乘厥之有章不必諄諄依類託寓諭以封巒披藝觀之天人之際已交上下相發允答聖王之德兢兢翼翼故曰興必慮衰安必思危是以湯武至尊嚴不失肅祗舜在假典顧省厥遺此之謂也班固白虎通略王者易姓受命而起必升封泰山何教告之義也始受命之時改制應天天下太平功成封禪以告太平也所以必於泰山何萬物所交代之處必於其上何因高告高順其類也故升封者增高也下禪梁甫之山基廣厚也刻石紀號者著己之功績以自效也天以高為尊地以厚為德故增泰山之高以報天附梁甫之阯以報地明天地之所命功成事遂

有益於天地若高者加高厚者加厚矣或曰封者金泥銀繩或曰石泥金繩封以印璽故孔子曰升泰山觀易姓之王可得而數者七十有餘封者廣也言禪者明以成功相傳也於梁甫何以三皇禪繹繹之山明已成功而告有德者居之繹繹者無窮之意也五帝禪于亭亭者量度審諦[illegible]著明也三王禪于梁甫之山者梁信也甫輔也輔天地之道而行之也太平乃封告于天必也於岱宗何明告易姓刻石紀號告自紀于百王也燎祭天報之義也詩云於皇時周陟其高山言周太平封泰山也應劭風俗通略俗說岱宗上有金篋玉策能知人年壽脩短武帝探策得十八因倒讀曰八十其後果用耆長武帝出璽印石裁有兆朕奉車子侯卽沒其印乃上武帝畏惡亦殺去之封禪書說皇帝升封泰山於是有龍垂鬍髯下迎黃帝黃帝上騎群臣後宮從者七十餘人小臣獨不得上乃悉持龍髯拔墮黃帝之弓小臣百姓仰望黃帝不能復乃抱其弓而號故後世因曰烏號弓孝武皇帝特齊人公孫卿言漢之聖者在高祖之孫今曆正值黃帝之日聖主亦當上封則能神仙矣孝

武黃帝封廣丈二尺高九尺其下玉牒書秘書江淮間一茅三脊為神藉五色土益雜封縱遠方奇獸飛禽及白雉加祠兕牛犀象之屬其享曰天增授皇帝泰元神䇿周而復始皇帝敬拜泰靈其夜有光如流星晝有白雲起封中於是作明堂汶上令諸侯各治邸車駕前後五至祠以元鼎六年告封改為元封武帝凡年四十七矣何緣又更得十八也就若所云明神禍福必有徵應襟時倒讀焉能誕招期乎奉車子侯驂乘上下臣不預封事何因摽印沒石乃止暴病而死悼傷無已又言武帝與仙人對博碁沒石中馬蹄迹處于今尚存虛妄若此非一事也予奉乏東嶽忝素六載數聘所祠咨問長老賢通上泰山者云謂璽處刻石文昧難知也殊無有金篋玉牒探籌之事春秋以為傳聞不如親見見之人斯為審矣傳曰五帝聖焉死三王仁焉死五伯智焉死其隕落崩薨之日不能咸至百年太史記黃帝葬於橋山騎龍升天豈不怪乎烏號弓者柘桑之林枝條暢茂烏登其上下垂著地烏適飛去後從撥殺取以為弓因名烏號耳班固頌竊見巡狩岱宗上稽帝堯中述世宗

遵奉世祖禮儀備具動自聖心是以明神屢應休徵乃降不勝狂簡之情謹上岱宗頌篇曰若稽古在漢迪哲聿修厥德憲章丕烈翩六龍較五輅齊百僚陶質素命南重以司曆厥中月之六辰備天官之列衛盛輿服而東巡

崔駰頌

伊漢中興三葉於皇惟烈允迪厥倫矩坤度以範物規乾則以陶鈞於是考上帝以質中總列宿於北辰開太微敞禁庭延儒林以諮詢岱嶽之事于時典司者考載華抱實造爾而造冂盛乎大漢世增其德此神人之所庶幸海內之所想思須有喬山之征典有但嶽之巡時邁其邦民斯攸勤不亦宜哉乃命大僕訓六騶閒路馬戒師徒於是乘輿登天靈之威路駕太一之象車升九龍之華旗建掃霓之旌旄裒胡考之元老賞孝行之畯農

馬融頌

允迪在昔紹烈陶唐殷天衷克播光若時則運璣衡敷六典經八成肆類乎上帝實柴乎三辰禋祀乎六宗祇燎乎群神遂發號群司申戒百工卜筮稱吉蓍龜襲從南征　馮相告祥清夷道而後行催四國而揚光展聖義於巡狩喜圻畤而詠八荒指宗嶽以爲期固岱神之所望散齋既畢越翼良辰械燎增構烈火燔燃燀光四場焱爛薄天蕭香肆升青煙肩雲珪璋峩峩犠牲潔純鬱鬯宗彝明水玄樽空桑孤竹咸池雲門六八匝變神祇並存

光武建武三十年群臣上書請封禪詔曰即位三十年百姓怨氣滿腹吾誰欺欺天乎曾謂泰山不如林放何事汙七十二代之編録桓公欲封禪管仲非之若郡縣遠遣吏上壽盛稱虛美必髡兼令屯田從此群臣不敢復言三十二年帝夜讀河圖會昌符曰赤劉之九會命岱宗感此文乃詔梁松等按索圖讖文言九世封事梁等列奏乃許焉求元封故事議封禪所施用有司奏當用方石累壇玉牒玉檢金泥及石檢度數帝以用石功難又欲及二月封禪故詔梁松因故封石空更加封而已松疏爭不可二月至奉高遣侍御史與蘭臺令將工先上山刻石辛卯封泰山甲午禪于梁父四月己卯肆赦以建武三十二年爲建武中元元年

光武刻石文

維建武三十有二年二月皇帝東巡狩至于岱宗柴望秩于山川徧于群神遂覲東后從臣太尉憙行司徒事特進高密侯禹等漢賓二王之後在位孔子之後褒成侯序在東后蕃王十二咸來助祭河圖赤伏符曰劉秀發兵捕不道四夷雲集龍鬬野四七之際火爲主河圖會昌符曰赤帝九世巡省得中治劉之九會命岱宗誠善用之姦僞不萌赤

漢德興九世會昌巡岱皆當天地扶九崇經之常漢大興之道在九世之王封于泰山刻石著紀禪于梁父退省考五河圖合古篇雒書甄曜度孝經鈎命訣所傳昔在帝堯聰明密微讓與舜庶後裔握機王莽以舅后之家三司鼎足冢宰之權勢依託周公霍光輔幼歸政之義遂以篡叛僭號自立宗廟隳壞社稷喪亡不得血食十有八年楊徐青三州首亂兵革橫行延及荊州豪傑并兼百里屯聚往往僭號北夷作寇千里無煙無雞鳴犬吠之聲皇天睠顧皇帝以匹庶受命中興年二十八載興兵起是以中次誅討十有餘年罪人斯得黎庶得居爾田安爾宅書同文車同軌人同倫舟輿所通人迹所至靡不貢職建明堂立辟雍起靈臺設庠序同律度量衡修五禮五玉三帛二牲一死贄吏各修職復于舊典在位三十有三年六十有二乾乾日昊不敢荒寧涉危歷險親巡黎元恭肅神祇惠恤耆老理庶遵古聰允明恕皇帝唯慎河圖雒書正文是月辛卯柴登泰山甲午禪于梁陰以承靈瑞以爲兆民永茲一宇垂于後昆百僚從臣郡守師尹咸蒙祉福永永無極

司馬彪

自上皇以來封泰山者至周七十二代易姓則改
封者若一代之始明不相襲也繼世之王巡狩則有脩
封以祭而已自秦始皇孝武帝封泰山本因好仙信方
士之言及造石檢印封之事也天道質誠約而不貴故
牲用犢器用陶匏殆將無事於檢封之閒而樂難攻之
石也夏少康周宣王由廢復興不聞改封光武欽因孝
武故封而梁松固爭以爲必改乃當天意既封之後未
有能福而松卒被誅死雖罪由身作蓋亦誣神之咎也
且帝王所以能大著于後者實在其德加於人不聞其
在封矣崔靈恩曰自周以前封者皆封土爲壇至秦皇
漢武始用石檢袁宏曰夫揖讓受終必有至德於天下
征伐受命必有大功於萬物是故王者初基則有封禪
之事蓋以其成功告于神明者也夫東方者萬物之所
始山嶽者靈氣之所宅故求之物本必於其始取其所
通必於所宅崇其壇場則謂之封明其代興則謂之禪
然則封禪者王者開務之大禮也德不周洽不得輒議
斯事功不弘濟不得髣髴斯禮脩代一有其道至高自
黃帝堯舜至于三代各一得封禪未有中脩其禮者也
雖繼體之君將有功德此蓋率復舊業增脩其前政不
得仰齊造國同符改物者也夫神道貴一其用不煩天
地易簡其禮尚質故藉用白茅貴其誠素器用陶匏取
其易從然則封禪之禮簡易可也若夫石函玉牒非天
地之性也

隋文帝開皇九年朝野皆請封禪詔畧曰以薄德而封名
山用虛言而干上帝非朕攸聞今後言封禪宜即禁絕
十四年百官抗表固請封禪帝令牛弘等創儀注既成
帝視之曰茲事體大朕何德以堪之但當東巡因祭泰
山耳
唐太宗貞觀初羣臣並請封禪唯魏徵以爲不可六年文
武官以初平突厥盛德被於海內又年穀屢登表封泰
山太宗謂侍臣曰朕每見衆議以封禪爲盛事頗奏勸
朕行之如朕本心但使天下太平家給人足雖闕封禪
之禮亦可比德於堯舜若百姓不足夷狄內侵縱修封
禪之儀亦何異桀紂昔秦始皇爲暴虐之主漢文爲有
德之君以此而言無假封禪且禮云掃地而祭以表至
誠何必遠登高山封三尺土也太宗雖納徵言而藩臣
猶抗表勸請十五年東幸至洛陽而彗星見乃止
伏願順萬國之歡心膺三靈之眷命備天官以
周衞盛輿服以巡遊玉輅齊列六龍攬轡瞻岱郊而啓

朝指嬴里爲一息命卿士延禮官設壇場陳玉帛禋六
宗而報上帝班五瑞以朝諸侯成天下之壯觀紹帝王
之盛節俾大山稱萬歲壇燭神光播厚福於無窮揚鴻
徽於來裔伏願騰茲顯誥激彼天波
徵萬玉以警衛詔八神而弭策藉江茅而陳鄗黍飾蒼
璧而薦黃琮馳萬歲以飛聲接九重而婉美使編珠綴
既開麗色於金泥觸石凝禎蕩浮華於石城式昭昌作
求播鴻名凡任生靈義深聳踴大禮
與天地同節大樂與天地同和六宗五帝禋祀相求名
山大川饗禮無廢而告成方岳獨異師古自郊及野馳
心蕩慮伏願御六氣之辨順四序之和承依岱宗具斯
典禮聽萬歲之遺響紹千載之遐蹤
臣聞天地之大德曰生遂其生者元后聖人之大寶曰
位固其位者上玄豈可不對越壇場欽若穹昊雖復齊
格文祖周變商俗體淳德而揖讓濟流道於干戈步驟
之迹以殊損益之功斯異誠有之矣至於詔蹕梁父長
樂介丘增類帝之封與射牛之禮
考續禋燎繼曠韶夏豈殊道也

高宗乾封元年正月封泰山禪于社首以皇后武氏爲
亞獻越國太妃燕氏爲終獻其帷帟皆錦繡群臣瞻望
多竊笑之餘見磨崖碑及紀群鶴臺下玉牒文有唐嗣天子臣某敢昭告于
昊天上帝有隋運屬頽危數窮否塞生靈塗炭咼祚淪亡高祖仗黃鉞而拯黎元賜玄圭而拯沉溺太宗功宏
鍊石定區宇於再塵業北斷鼇飲滄海而一息臣忝奉餘緒恭承積慶遂得覽山寢燎炎海澄波雖乃業茂宗
祧斯實降靈穹昊今謹告成東岳歸功上玄大寶克隆鴻基永固榮薰萬姓陶化八紘敕賞王又命兗州父老請
降封禪文圓天列象紫宮通北極之尊大帝凝圖玄猷陽東巡之禮是知道隆光澤既輯玉于雲臺業紹禋宗
必登金于日觀伏惟皇上秉乾握紀纂三統之重光御極登極應千靈之累聖故得河浮五老啓赤文于帝期
海薦四神奉丹書于王會瑞開三脊祥洽五雲既而緝總章之舊文紹碑雍之故事非煙巽軼移玉輦于梁陰

泰山志卷之二　六十八

若月承輪祕金繩于岱嶽臣等貿均蜀拘陰謝桑榆幸屬堯鏡多輝照餘光于連石軒圖廣運追盛禮于攢金
然而鄒魯舊邦臨淄遺俗俱沐二周之化咸稱一變之封境接青嶹俯瞰獲麟之野山開翠屺斜連辨馬之峯
豈可使綾下遺吡頓隔陪封之禮淹中故老獨奏告成之儀是用詣日拔丹仰璧輪而三舍望雲紆素叫天閽
于九重倘允微誠許陪大禮則夢瓊餘息詠仙閭以相驩就木殘竈遊岱宗而載躍
玄宗開元十二年群臣多言封禪中書令張說又固請
乃下制以十三年有事於泰山御製御書紀泰山銘見
磨崖碑玉牒文有唐嗣天子臣某敢昭告于昊天上帝天啓李氏運興土德高宗太宗受命立極高宗
升中六合殷盛中宗紹復繼體不定上帝眷祐錫臣忠武底綏內艱推戴聖父恭承大寶十有三年敬若天意
四海晏然封祀岱岳謝成于天子孫百祿蒼生受福

宋太宗皇帝太平興國八年泰山父老千餘人詣闕請東
封上謙讓不允中外群臣獻歌頌稱功德請封禪者不
可勝計雍熙元年群臣三上表陳請詔以今年十一月
有事于泰山尋以乾元文明二殿災詔罷封禪
真宗大中祥符元年兗州父老呂良等千二百七十八
人詣闕請封禪上曰此大事不可輕議知州邵曄又率
屬官及兗州進士孔謂等伏闕陳請宰相王旦率文武
百官諸軍將校州縣官吏蕃夷僧道耆壽二萬四千七
十人詣東上閤門請封泰山詔不允又四表懇請乃詔

泰山志卷之二　六九

以今年十月有事於泰山先是殿中侍御史趙湘請封
禪上拱揖不荅王旦等曰封禪之禮曠廢已久若非聖
世承平豈能振舉初王欽若既以城下之盟毀寇準上
自是常怏怏他日問欽若曰今將奈何欽若度上厭兵
即謬曰陛下以兵取幽薊乃可刷此恥也上令思其次
欽若因請封禪以鎮服四海誇示夷狄上曰王旦得無
不可欽若以上意諭旦旦黽勉而從十月辛卯發京師
丁未次奉高庚戌步輦登山辛亥祀昊天上帝于圜臺
中書侍郎讀玉牒文即日還奉高宮日輪五色雲見先

朝以來四方所獻珍禽奇獸悉縱於山下癸丑御朝覲壇大赦天下改乾封縣曰奉符改泰山頂曰太平頂餘見遺蹟志諸碑之下[illegible]有宋嗣天子臣諱敢昭告于昊天上帝運啓大同惟宋受命太祖開階功成治定太宗膺圖重熙累盛粵惟沖人丕承列聖一紀于茲四隩來暨玄貺殊尤先府章示特和年豐群生咸遂僉議大封聿申昭事躬陟喬岳對越上玄祈福逮下侑神奉先天祿無疆靈休允迪萬乘其昌求保緜錫[illegible]陛下才畢東封又議西幸非先王卜征五年重謹之意今國家土木之功累年不息水旱作沴饑饉居多乃欲勞民事神神其享之乎又曰今之奸臣以先帝嘗封禪故賛陛下以繼承先志先帝欲北平幽朔西取繼遷則未嘗獻一謀畫一策乃畢辭厚幣求和於契丹蹙國縻爵姑息於保吉謂主辱臣死爲空言以誣下罔上爲已任是陛下以祖宗艱難之業爲奸臣僥倖之資此臣所以長嘆痛惜也[illegible]茂

陵他日求遺稿猶喜曾無封禪書

徽宗政和四年兗鄆濮開德興仁潁昌府鄭州廣濟永興軍等上言父老欲詣闕請皇帝登封詔卻之時蔡京當國將講封禪以文太平預具金繩玉檢及凡儀物甚備造舟四千艘雖兩具亦以千萬計他皆稱是然不果行

皇明永樂間太常官獻頌請封泰山

成祖文皇帝卻絕之吏部尚書王直文見後

歷代儒臣封禪論[illegible]舜柴岱宗是爲巡狩而鄭玄引孝經鉤命決云封于泰山考績燔燎禪于梁甫刻石紀號此緯書之曲說七十二君燧人之前世質民淳安得泥金檢玉結繩而治安得鐫文告成妄亦甚矣若聖主不須封禪若凡主不應封禪秦始皇嘗封泰山孫皓嘗封國山皆曰主好名於上而臣阿旨於下非盛德之事不可爲法也宋胡致堂曰緯書本原於五經而失之者也而尤紊於鬼神之理幽明之故夫鬼神幽明之故非知道者不能識斷國論者誠能一決以聖人之經經所以載道雖有緯書讖記屏而不用則庶乎其不謬

於理矣登封之事原於柴燔而失之者也詩書紀巡狩而柴者記所謂祭天也至岱宗陟其高山云者記所謂因名山也有山則因以爲高無則于郊而坛其義類一也又有大事而告于上帝者武王克商始有天下故柴望而告也舍此則瀆矣記以饗帝于郊與升中于天爲二事則傳者之失也然則七十二君之編錄詩書禮典畧不經見審有是事乃天下國家之盛舉堯舜禹湯文武成康昭宣皆身致太平安得闕而弗講故前世論登封者莫善於許懋惜乎世祖之臣智不及此陷其君於

過縣而不得聞也　封禪之事漢唐之君往往行之曾無一人建議明白如許懋者賢哉懋乎其學可謂正矣漢唐以來緯書行而經學弛重以鄭玄傳聞寡要不知折衷於聖人而惟緯書之信世無稽古之言以袪群惑遂使有天下者於無事時肆其侈心千乘萬騎巡狩侈費登山琢石夸大功德或有秘祝以祈不死取笑當代貽譏後來彼梁武之資未必如漢光武之英也一聞懋言遂過欲行之意推廣其義以荅請者則賢於光武遠矣使其舉措每如此則金甌之業何缺壞之有

【章俊卿】曰以封禪爲非古者王仲淹也以封禪爲不經者李泰伯也以封禪爲不足信者蘇子由也夫六經無封禪之文帝王無封禪之事著是文者管仲疏其源史遷浚其流李仲推其波張說助其瀾侈是事者祖龍嚆其煙孝元封其燼隋帝熾其膏玄宗烈其焰是封禪之典惟以肆情示誇也證之以六經之明文質之以帝王之實迹則後世之惑滋甚且云云一山也或以爲在東山或以爲在蒙陰亭亭一名也或以爲在牟陰或以爲在鉅平社首一地也或以爲在鉅平或以爲在博縣則服虔晉灼應劭之論不同既曰伏羲神農禪云云又曰三皇禪繹繹既曰帝嚳堯舜禪云云又曰五帝禪亭亭既曰禹禪會稽湯禪云云又曰三王禪梁甫則管仲孔穎達之說爲不一紛紛異議迄無訂證唐虞三代果有是乎七十二君果足信乎設有是事六經遺文豈應不載吁安得仲淹泰伯子由與之議封禪之非哉

【馬端臨曰】按文中子曰封禪非古也其秦漢之侈心乎而太史公作封禪書則以爲古受命帝王未嘗不封禪且引管仲荅齊桓公之語以爲古封禪七十二家自無懷氏至三代俱有之蓋出於齊魯陋儒之說詩書所不載非事實也當以文中子之言爲正

【野翁詩話】唐曾庠冬夜寓懷寄王翰林詩云滿地霜蕪葉下枝幾回吟斷四愁詩漢家若欲論封禪須及相如未病時按史記天子曰相如病甚可往悉取其書使所忠往相如已死妻曰長卿未死時爲書一卷曰有使來求奏之言封禪事所忠以奏天子異之夫封禪秦漢侈心既非古禮而相如至死不忘獻諛夫豈忠臣而庠以自比或以比人此唐儒之陋也韓退之亦上表勸封禪又數自謂希相如退之儒宗猶爾

如岸何議焉明人論曰封禪之說詩書禮典畧不經見豈有是事乃天下國家之盛舉堯舜禹湯文武成康皆身致太平安得闕而弗講所謂七十二君者果何代何人哉先儒有言養生至於長生不死爲國至於祈天永命皆有是理然人未有能爲之者縱爲之然亦不出乎身心日用之間非必由乎服食藥物徼求鬼神而後致之也是故明君永年莫若寡欲延國祚莫若愛民寡欲而至於全其天愛民而至於過其曆誠有是理亦誠有是事嗚呼世主所以甘心於不貲之費而行封禪之禮

者以有秘祝之求也誠知此理反之於心知其必無驗之於古知其無效則自不爲矣王言題郄封禪頌石

郄封禪頌臺前翰林學士贈禮部尚書文穆公諡胡廣作

也昔

太宗文皇帝在位時太常臣有言曰古者聖人治天下功德盛隆則必與封禪之禮以告于神明垂美於萬世今

陛下繼統天清地寧民物咸遂　聖德神功古無與讓而乃封禪未講何以繼前代帝王之盛請命禮部行之

上曰封禪非古也帝王之有聞於後者在德不在封禪不許公聞之曰此盛德事也云云大臣有與之比者陰助之公慮爲所惑乃本封禪非古之說與後世賢君良臣所以闕而不行之美作此詩以獻

皇上聖性高明真知灼見足以破千古之謬爲百王之明監覽之喜曰是朕心也於是言者沮而封禪卒不行君子之尊君務引其君以當道若公是也彼秦皇漢武肆其侈心以瀆擾上下天地厭之顧乃以是爲說此爲邪者所以遠佞人而公之所深慮也

泰安州知州鄭聚東校補

學正陳寵

訓導盧楓

新泰縣教諭林宇中校正

生員侯貴

鄧寬

尹鳳儀

李汝桂同校

泰山志卷之二終

泰山志卷之二

明巡按直隸監察御史婺吳伯朋裁定
山東按察司僉事大梁曹金校訂
順天府儒學訓導歙汪子卿編緝

遺跡

志遺跡何志古人之有遺于斯也何言乎遺也以言乎帝王則封禪有臺明堂有地世殊物改而感慨係之以言乎聖賢則萬世之師千載之士仰止私淑如在門墻彼仙家者流若非可得而類書也然而遊方之外瞬息古今其視合符不死與夫世之澒洞齷齪者何如也是故彙其遺而錄之夫亦仙閭靈府之一徵與

帝王

登封臺有二其一在嶽頂相傳爲古帝王登封所築今爲玉帝觀臺下小碣題曰古封禪壇其一在日觀峰相傳爲宋築石函方丈許亦題刻曰古封禪壇蓋古封壇而弁以禪言誤矣俗曰寶藏庫以所瘞金書玉簡云管子無懷氏封泰山刻石紀功抱朴子尚古之王封泰山禪梁父七十餘聖古刻泰山圖說三千餘里鬼神府七十二君封禪壇

周明堂在嶽之東北山谷聯屬四十里遺址今尚存旁有谷山寺其形勝見党學士寺記按州志寺記誤周爲漢通志因之

漢明堂在嶽趾東南去州治十里武帝元封間用齊人公玉帶所獻圖創焉其上有元人題刻明堂故基四字其地舒衍突起一石岡巔平而高四丈許週三畮許後枕嶽麓文山如屏障而左右如衛從然汶水縈迴南會于汶遙望徂徠諸山如列屏案當時朝會規模宛然在目史記漢武帝招延儒雅好行典故元封元年封泰山泰山東北阯古有明堂上封泰山畢降坐其上以處險不敞欲治明堂奉高旁未曉其制度濟南人公玉帶上黄帝時明堂圖明堂中有一殿四面無壁以茅蓋通水圜宮垣爲複道上有樓從西南入命曰崑崙天子從之入以拜祀上帝焉於是上令奉高作明堂汶上如帶圖及五年脩封則祀太乙五帝於明堂上坐令高皇帝祠坐對之祠后土於下房天子從崑崙道入始祀明堂如郊禮禮畢燎臺下因朝諸侯王受郡國計天漢四年行幸泰山脩封祀明堂因受計大始四年三月行幸泰山壬午祀高祖于明堂以配上帝因受計癸未祀孝景皇帝于明堂征和四年幸泰山修封祀于明堂章帝元和二年二月幸泰山柴告岱宗進幸奉高壬申宗祀五帝于孝武所作汶上明堂以武帝配如雒陽明堂祀癸酉更告祀高祖太宗世宗世祖顯宗於明堂安帝延光三年東巡泰山祠汶上明堂如元和三年故事順帝即位修奉常祀章俊卿曰明堂乃黄帝之舊漢武帝時濟南人公王帶所上楊氏祭禮明堂篇以其不經見而削之然其所言茅蓋通水與大戴禮所記畧同又考工記所言夏后世室殷人重屋周人明堂其制大槩由質而趨於

文由狹而趨於廣也由是推之黃帝時無明堂則已矣有之則一殿無壁蓋之以茅正太古淳朴之制又按武帝欲求仙延年方士之謬誕者多假設黃帝之事以售其說如所謂修五城十二樓封名山樓萬靈于明廷采首山銅鑄鼎之類皆矯誣過甚張大其詞以迎合時主之侈心獨公玉帶所上明堂之制乃簡朴如此雖不經見然亦可稽觀千門萬戶之失固未可以其言之並出於封禪求仙之時而例黜之也

長城鉅防在泰山西緣河千餘里至琅邪臺入海蘇代說燕曰齊有長城鉅防韓非子曰長城鉅防足以爲基齊記云齊宣王乘山嶺之上築長城東至海西至濟州千餘里以備楚括地志云長城西北起濟州平陰縣緣河歷泰山北岡上經濟州淄州即西南兗州博城縣北東

至密州琅邪臺入海竹書紀年云梁惠王二十年齊閔王築防以爲長城今泰山西北有嶺鋪俱名長城遺址尚存

無字碑在嶽頂登封臺下秦始皇立或曰石表或曰神主石或言其下有金書玉簡當是石函古今人莫測其意甚矣秦人之譎也石黃白色頗光瑩無苔蘚非嶽之所有自他山至是不知用民力幾何甚矣秦人之虐用其民也史記漢武帝置五車石於嶽今莫知所在故樸菴詩云已迷漢武五車石却咲秦王無字碑秦政不足言惜夫漢武之效尤也

秦篆碑在玉女池上西公署後李斯書始皇二世頌德文宋劉跂序泰山秦篆譜時尚有二百二十有二字今湮沕僅存二十九字夫秦雖無道然其所立有絕人者其文字書法世皆莫及亦不可廢

秦篆刻石文　事天以禮立身以義事父以孝成人以仁四海之內莫不郎縣四夷八蠻咸來貢職人庶番息天祿永得　皇帝臨位作制明法臣下脩飭二十有六年初并天下罔不賓服親巡遠方黎民登茲泰山周覽東極從臣思迹本原事業祇誦功德治道運行諸產得宜皆有法式大義休明垂於後世順承勿革皇帝躬聖既平天下不懈於治夙興夜寐建設長利專隆教誨訓經宣達遠近畢理咸承聖志貴賤分明男女禮順慎遵職事昭搭內外靡不清淨施於後嗣化及無窮遵

奉遺詔永承重戒

歐陽脩集古錄　余友江鄰幾謫官奉符嘗至泰山頂上視秦所刻石處云石頑不可鐫鑿不知當時何以刻之也然四面皆無草木野火不及故能若此之久而風雨所剝其存者纔此數十字而已

劉跂秦篆譜序　史記載秦始皇帝及二世皆行幸郡縣立石而刻辭今世傳泰山篆字可讀者惟二世詔五十許字而始皇刻辭皆謂已亡莫可復見宋丞相莒公鎮東平日遣工就泰山模得墨本以慶曆戊子歲別刻新石親作後序止有四十八字歐陽文忠公集古錄亦言友人江鄰幾守官奉高親到碑下纔有此數十字而已余以大觀二年春從二三鄉人登泰山宿絕頂首訪秦篆徘徊碑下其石埋植土中高不過四五尺形制似方而非方四面廣狹皆不等因其自然不加磨礱所謂五十許字者在南面稍平處人常所爲搨故士大夫多得見之其三面尤殘缺蔽闇人不措意余審觀之隱若有字痕剝摩苔蝕試令摸以紙墨漸若可辨自此益使加工摸之然終意其未也政和三年秋復宿嶽上親以氈推從事校之他本始爲完善蓋四面周圍悉有刻字總二十二

行行十二字字從西南起以北東南爲次西面六行北
面三行東面六行南面七行其末有制曰可三字復轉
在西南稜上每行字數同而每面行數乃不同如此廣
狹不等居然可見其十二行是始皇辭其十行是二世
詞以史記證之文意皆具計其缺處字數適同於是泰
山之篆遂成完篇宋歐江二公初未嘗到惟憑工匠所
說無足怪人多以二公爲信故亦不復詳閱余既得墨
本弁得碑之形象制度以歸親舊聞之多來訪問倦於
屢報乃爲此譜大凡篆字二百二十有二其可讀者百
四十有六今亦作篆字書之其毀缺及漫滅不可見者
七十有六以史記文足之注其下譜成揭壁間久幽沉
晦之迹今遂歷然泰至無義不足論然李斯小篆古今
所師經千三百有餘歲而復彰兹可尚也如親軹遠黎
史作親巡遠方黎氏金石刻石著作休嗣作世聽作聖
陛作垂體作禮昆作後則又史家差誤皆當以碑爲正
其曰御史大夫者大夫也莊子曰且而屬之夫夫衛宏
曰古文一字兩名因就注之史記於瑯琊臺刻石備列
從臣名氏余家所收瑯琊殘字亦有五夫字然則夫從

一大因不復重出歟

磨崖碑有三其二在嶽頂東嶽祠後一爲唐玄宗八分書
紀泰山銘字五寸許遒勁可愛一在崖右刻唐蘇頲撰
東封朝覲頌字徑寸餘書法類晉近閩人林焞以忠孝
廉節四大字覆刻其上鑱毀殆盡其一在祠前東崖宋
真宗序銘亦爲後人鑱毀如焞觀者憾焉

玄宗序銘

朕宅帝位十有
四載顧惟不德懵於至道任夫難任安夫難安兹朕未
知獲戾於上下心之浩蕩若涉於大川賴上帝垂休先
后儲慶宰衡庶尹交脩皇極四海會同五典敷暢歲云
再熟人用大和百辟僉謀倡予封禪謂孝莫大於嚴父
謂禮莫尊於告天天符既至人望其積固請不已固辭
不獲予與夫二三臣稽虞典繹漢制張皇六師震疊九

寓旌旅有列士馬無譁肅肅邕邕翼翼溶溶以至于岱
宗頂也爾雅云泰山爲東嶽周官曰兖州之鎮山實惟
天帝之孫群靈之府其方處萬物之始故稱岱焉其位
居五岳之伯故稱宗焉曰昔者受命易姓於是乎啓天
地薦成功序圖錄紀氏號朕承先王兹率厥典實欲報
玄天之眷命爲蒼生之祈福豈敢高視萬古自比九皇
哉故設壇場於山下受群方之助祭躬封燎於山上冀
一獻之通神斯亦因高崇天就廣增地之義也乃仲冬
庚寅有事東嶽類于昊天上帝配我高祖在天之神罔
不畢降粵翌日禪於社首佑我聖考祀於皇祇在地之
神罔不咸舉暨壬辰覲群后上公進曰天子膺天符納
介福群臣拜手稽首稱千萬歲慶答歡同陳誠以德大
渾叶度彝倫攸敘三事百揆時乃之功萬物由庚兆
人允殖列牧衆宰時乃之功一二兄弟篤以孝友錫類
萬國時惟休哉我儒制禮我史作樂天地擾順時惟休
哉蠻夷戎狄重譯來貢累聖之化朕何慕焉五靈百寶
日來月集會昌之運朕何感焉凡今而後儆乃在位一
王度齊象法推舊章補缺政存簡易去煩苛思立人極

乃見天則於戲天生烝人惟后時乂能以美利利天下
事天明矣地厚載物惟后時相能以厚生生萬人事地
察矣天地明察鬼神著矣惟我藝祖文考精爽在天其
曰懿予幼孫克享上帝時若馨香其丕乃曰會我之文
武曾孫其誕錫新命纘我舊業永保天祿子孫其承之
予小子敢對揚上帝之休命則亦與百執事尚綏兆人
將多于前功而毖彼後患一夫不獲萬方其罪予一心
有終上天其知我朕惟實行三德曰慈儉謙慈者覆無
彊之言儉者崇將來之訓自滿者人損自謙者天益苟
如是則軌迹易循基構易守磨石壁刻金記後之人聽
詞而見心觀末而知本銘曰惟天生人立君以理惟君
受命奉爲天子代去不留人來無已德涼者滅道高斯
起赫赫高祖明明太宗爰革隋政奄有萬邦罄天張宇
盡地開封武稱有截文表時邕高宗稽古德施周溥茫
茫九夷削平一鼓禮備封禪功齊舜禹巖巖岱宗衍我
玄神中宗紹運舊邦維新睿宗繼明天下歸仁恭己南
面絪緼化醇告成之禮留諸後人緬予小子重基五聖
匪功伐高匪德矜盛欽若祀典丕承永命至誠動天福

我萬姓古封泰山七十二君或禪社首或禪云云其迹
不見其名可聞詆通文祖光昭舊勲方士虛誕儒書齷
齪佚后求仙誣神檢玉秦災風雨漢汙編録德未合天
或承之辱道在觀政名非從欲銘心絕巖播告羣岳頲
序頌封祀之山五在中國泰嶽首之昊穹之命再集巨
唐皇帝受之臨位十四年考虞氏歲巡之義颺周王時
邁之什十月辛酉步自有洛十一月丙戌帳殿齋於岳
趾淵默以清繹思而照將紀功布度順斗承天精享也
己丑宏觀帙區宇盛儀振開闢高臨建鳳萬隊張皇以
燭山上御飛龍百神翕習以扶道岡台二蕃后四髦士
容侍信臣高位卮封臺列升陛不下五十以聖言沖邈
瑤牒寶書誓之旨曰朕獲守丕業恐不克駿命惟上帝
儲休錫蒼生無疆之慶朕之慶也古則秘之何哉屬寒
飆退飈露清終夕若歸若鋤晏然而已庚寅天官次録
王制協時巖高祖以配之嗣高宗以陟之晃衆立圭璧
齊潔壘俎調鍾呂偕勾於箕篋咸擊乎祝敔寶駢瑞兮
物焜煌空薄霄兮音容與則纖塵不動和氣充塞日在
於觀天爲之門揚日大光謂小天下昭以抱戴見之卿

泰山志卷之二　七

靄郁郁紛紛吉氣烟熅當芝檢引紫熏太紫洞而三辰
接鬱蒼揭而萬歲聞自下達上徯吾君君之來兮望如
雲雲之粹兮聖之門至于辛卯有事于社首以泰折如
泰壇於穆我睿宗侑而作主酎獻鳴咽天子之孝也僉
以金匱歸勛於祖禰石藏矣於乾坤咸秩則司存
癸巳戴大旂合大樂三陔岷以推抗四亞銷而略止朝
群牧揆于官底邦賦數庭實華蟲辨等車馬來覲周人
隋人二王之賓戎狄蠻貊萬里重譯必拱于著執贄奉
璋顒顒昂昂靡敢息遑乃建雞竿代鼉鼓帝命出皇恩
溥揚巽風作解雨施舍之蕩滌之宥法罪除頌顏滇湧
洋溢周流黯罾不崇朝而遍者與此山俱矚翳而不拔胡
微而不鋪也亦既稱壽申命宗伯咨爾頌焉效古之刻
石臣頲稽首再拜而言曰臣聞昔在帝堯臣惟咎繇聰
明之謂聖邁種之謂德天君曰俞予臣唐易姓者李王
於中華崇功者唐聖之澤德之浸也我唐祚之興昌符
誕膺兩儀動六業承皇帝宣高祖四宗之景烈肇開元
神武之明號廣矣大矣莫有不寧罔有不俾咸一德之
輔不二心之臣羣后抗詞曰臣聞先王因天事天因地

地事地因名山升中于天陛下得天之經得地之義得
人之行行也者孝莫大焉無三才以為政政也者仁莫
大焉含萬物以為生今三才貞萬物亨六典平九功成
官不悟獄不放至于刑清良有以也因斯而談清明在
躬志氣如神之曆者君也四國于蕃四方于宣之美者
臣也有物有則我君臣保乂之原所由於前設其教於
後亦往歲邦危中否天討內難陛下提三尺之劍狃閭
閻絕勾陳趨北軍正北辰然後翼翼乾乾尊尊親親立
我蒸人聖考所以付天下之公器蹈汾陽之清塵唐雖
舊邦其命惟新古者振兵釋旅祠土祈穀先事也我是
以幸太原登汾脽耀金甲肅邊鄙虜馬讋而不敢南向
辭嚴京師獲寶鼎獻宗廟戍人歸而盡務東作報福京
祇於是乎爰佐五時郊天以奉時爰崇九室袷祖而敬
恩昭格邃邈神人允蟹無何籍三脊盛六穗不召斯至
攡休之類如山則委曷月而秘豈非享物降嘉司火也
立渾同度在璿也陛下姑謂之薄臣所未論且曾氏記
齊帝王九八十九湮淪鬱沒孰若欽美我高宗勤岱甲
子正六十胗蠻蔵綫故能應朞我神武惟繼代奉業增

泰山志卷之二　八

高保鴻鈇乎中何也即先后以推冀阻于運二宗紹復
未遑厥功神闇之勢不在諸子而當聖躬固不可辭者
審矣帝曰俞畏德之不稱而左輔右弼雜搢紳鴻碩之
倫抱蘊懷書蒸雲吐霧方集賢內殿講議前席以論之
傳不云乎君子勤禮敬之至也易不云乎先王作樂豫
以動也慎矣哉禮樂之為用故執禮者具剛幣則質宜
之自我變樂者理去商何害讓以為臣二者治而三讓
之制曰可始嚴鹵簿騰七萃啓禁關迴九重以聽乎鑾
聲之雍雍匪疾匪徐物有其容動植讚華史觀聯闐總
撙羨漫半散出成阜喻滎波憑滑臺眺洪河遂並昆吾
之墟倘佯乎大舜之澤瀕四瀆二齊入于兗徑九一三
齊喬於岱推子句有六而與行在莫不睹睹華皓如耋
傾陽或牽以饑或捧之觴傴僂乎康莊一以伸神武之
令日一以感乾封之舊章迺饑歸之觴舉之慈且惠而
與之雝沸渭頡頏烈國鄒魯家洙泗乘汶野而圖記可
知指泮林而頌聲不墜以周公之故尚孔子之後翹然
希王者之屬車聖人之清蹕則久及信宿之應巖巖所
瞻宗神曰天齊王加一等於三事尹二十供王祀環十

里禁人樵牧也大禋旅之數重褒成之祿撫遺甿賜之復帝曰吁夫艱難繫王業休咎牽人事況天監之殊祥也殊典也不自滿而虔鞏于位朕實臣曰乾曜洎說有初有終時乃風欽哉汝作朕左右丞相緊汝忠益以嘉猷補袞之闕罔或怠遂弘天封煥天章纂介丘而旋德陽大饗乎羣方從後代美其律聲其實讚作四而籍言仁也臣遐不敏繼伯夷之直清微太史之留滯聆金奏同百獸之舞振木鐸採萬人之詩敢陳詩以頌曰天子聖兮天孫崇登以封兮報以功受命再惟皇代天之賚人所載士馬山嶫戈茅山沓禎符山雜靈響山沓天與人合我鋪衍兮長梓清太元冊兮太一精休光光我之慶成舜四朝而禹萬國莫之我京

鳳凰臺在登封門外漢宣帝時鳳凰集泰山故名

望仙臺在州治東北三十里漢武帝築

舞鶴臺唐高宗築按唐書高宗築封祀壇於泰山南四里如圓丘又詔立登封降禪朝覲之碑名封祀壇曰舞鶴臺登封壇曰萬歲臺降禪壇曰景雲臺今皆頹蕪而碑亦堙沒惟張說封禪頌在唐文粹及州志猶可考見張說

序頌皇唐六葉開元神武皇帝再受命致太平乃封岱宗禪社首鑿石紀號天文煥發儒臣志美立碣祠壇曰厥初生人假有君臣其道茫昧其風朴畧因時而欵起與運而紛落泯泯沒沒無聞焉爾後代聖人取法象立名位衣裳以等之甲兵以垣之於是禮樂出而書記存矣又其大致敬乎天地報其本致美乎鬼神則封禪者帝王受天命告成功之為也閱彙聖之典訓考列辟之通術疇若天而不成曷背道而靡失由此推之封禪之義有三帝王之畧有七七者何傳不云道德仁義禮智信乎順之稱聖哲逆之號狂悖三者一位當五行圖籙之序二時會四海昇平之運三德具欽明文思之美是謂與天合符名不死矣有一不足而云封禪人且未許

其如天何言舊史者君莫道於陶唐虞舜臣莫德於皋陶稷卨三臣降德皆有天下仲尼叙帝王之書繫周秦之誓明魯祀周公用王禮秦承伯益接周統孔聖微旨不其効歟然秦定天下之功高享天祿之日淺天而未忘庭堅之德也故大命復集于皇家天之贊唐不惟舊哉其興之也玄靈啓迪黃祇顧懷應歸運以義舉撫來蘇以利見湯也無放夏之慙武也無代殷之戰高祖創業四宗重光德有格天澧泉蒸雲潞露萌蠢滋育氤氳涵煦若天地之覆載日月之照臨溥有形而歸景靈無外而宅心百有八年于茲矣皇帝據內難而啓新命戴睿宗而纘舊服宇宙更闢朝廷始位蓋羲軒氏之造皇圖也九族敦序百姓昭明萬邦咸和黎人於變立土圭以步曆革銅渾以正天蓋唐虞氏之張帝道也天地四時六官着禮井田三壤五圻成賦廣九廟以尊祖定六律以和神蓋三代之設王制也武綍之文經之聖謨之神化之然猶戰戰兢兢日慎一日納規誨以進德遂忠良以代工講習乎無為之書討論乎集賢之殿寵勇爵貴經明冀乎鵷鸞之列在庭毅乎貔貅之師居鄙人和

旁感神實沓至乾符坤珍千品萬類超圖溢牒未始聞記我后以人瑞為心不以物瑞為意王公卿士儼然進曰休哉陛下孝至于天政合乎道前年祈后土人獲天穰間歲祀圓丘日不奄朔感祥以祈聖因事以觀天天人交合其則不遠意者喬丘埽路望翠華之來上帝儲恩俟蒼璧之禮久矣焉可事讓而廢舊勛群臣固言勤帝知罪至于再至于三帝乃挹之曰欽崇天道俯率嘉話恐德不類敢憚于勤其撰巡狩之儀求封禪之故既而禮官不戒而備軍政不謀而輯天姥練日雨師灑道六甲按隊八陣警蹕孟冬仲旬乘輿乃出千旗雲引萬戟林行雇濩燒爛飛焰揚精原野為之震動草木為之風生歷郡縣省謠俗問百年舉百祀興墜典葺闕政攸徂之人室家相慶萬方縱觀千里如堵城邑連歡丘陵聚舞其中垂白之老樂過以泣不圖高里之魂復見乾封之事堯雲往舜日還神華靈鬱爛熳乎穹壤之間是月來至于岱祇祓齋宮滌濯靜室凝神玄覽將款太一議夫泰山者聖帝受天官之宮天孫揔人靈之府自昔立國莫知萬數克升中而建號惟七十而有五我高宗

六之而今七矣非夫尊位盛時明德曠代遂闢雜弁之
甚哉先時將臻夫大封也累封邐於高岡築泰壇於陽
趾夫其天壇三襲辰陛十二咸秩衆靈列坐有次崇牙
樹羽管磬鏞鼓宮懸於重壝之內干戚鍐殳鈞戟戣戵
周位於四門之外代國重器傳代絕瑞旅之於中庭王
輦金輅翠冃黄屋夾之朱端路庶官百辟羨夷蠻貊襃
成之後讓王之客序立於禮神之場髦頭弩牙鐵馬金
鏃介冑如雪旗幟如火遠匝於清禁之野於是乎以天
正上元法駕徐進屯千乘於平路留群臣於谷口皇帝
御六龍陟萬仞獨與一二元老執事之人出天門臨日
觀次沆瀣宿巉巘赤霄可接白雲在下庚寅祀高祖於
上封以配上帝命衆官於下位以享衆神皇帝暨衆登
壇奠獻俯僂叶金奏佾羽舞撞黄鍾歌大呂開閶闔與
天語肴衎信公奉斗布度懋建皇極勤恤蒼生昭假乎
未兆懷災乎未萌上下傳節而禮成樂遍福壽同歸而
帝賜神策乃揜玉牒於中頂揚柴燎於高天庶忠誠之
上達若憑焰而駕煙日轡方旋神心餘眷五色雲起拂
馬以隨人萬歲山呼從天而至地越翌日尊睿宗侑地

祇而禮社首遂張大樂觀東后國風惟舊無黜幽削爵
之誅王澤惟新有眚災大賚之慶不浹日至化洽於人
心不崇朝景福遍於天下然後藏金匱於祏室廻玉鑾
於上都煌煌乎眞聖朝之能事而高代之盛節者也于
斯之時華戎殊俗異音同歎曰兵合多雨山峻多雲豈
有大舉百萬之師尅期千里之外及行事之日則天無
點翳地無纖塵嚴冬變爲韶景寒風變爲和氣非至德
其孰能動天如此其順者乎昔人云自西自東自南自
北無思不服今信知聖人作而萬物覩其心服之之謂
矣或曰祭泰折主先后非禮歟曰是禮也非宜也王者
父事天母事地侑神崇孝無嫌可也且夫柴瘞外事帝
王主之蒸嘗內事后妃助之是開元正人倫革弊禮起
百王之法也故令千載睹末光聆絕韻聞其實揪芳潤
樂玄妙之至精派不已之淑聲臣說作頌告于神明四
皇贊而六帝典雖吉甫亦莫能名徒採彼輿人之詩曰
大矣哉維天爲大惟皇則之率我萬國受天之祺子孫
百代人神共保綏
之云爾而已矣

社首壇在嶽南二里許曰社首山聯屬蒿里前代多禪此
惟宋真宗命王欽若撰壇頌公碑石今尚存欽若原頌涒灘御歲應鍾
旅月國家建號之四十九禩皇帝紹統之十有二載燔
柴喬嶽成禮於勤封廻蹕方企薦誠於厚載人神交感
祥祉來宜爰命下臣式揚嘉頌粵自聖明御極寰宇大
和民知教而措刑俗致理而偃武熙熙庶彙如陟於春
臺惕惕宸心若臨於秋駕玄德上達乾文下垂方絕瑕
以誕膺故至神而合贊見於乙夜同日星之揚輝告以
先期若寒暑之不忒俟端之月成魄之辰晝漏初傳朝
暾未曜仰蒼龍之內闕覩黄素之奇文豈必玄龜負圖
而出洛何須赤雀銜書以及豊上冲霄內增寅恭外積
克勤精意仰荅靈心感應寘符祺祥不絕雲成五色表
嘉瑞於太平星見離方薦殊徵於萬壽由是索前王之
令躅秩祀典之無文思大饗於季秋用昭告于上帝荅
爾之詔將戒於有司俟予之謠爰與於東乜鄒魯之士
海岱之民竭乃一心若律呂之相召來於千里如符契

之不愆述盛禮於元封獻露章於魏闕以爲有唐之季
天步艱難朱梁已還寓縣離析蒸黎塗炭兵甲日尋搢
紳無仁義之談鈇鉞肆虔劉之患上天悔禍肇啓於昌
期百姓與能勃興於明主太祖啓運立極英武聖文神
德玄功大孝皇帝炎靈應統綠錯膺圖奉唐侯之固辭
避陽城而同獲克安九服成不陣之功祇事百靈受無
疆之福太宗至仁應道神功聖德文武大明廣孝皇帝
大明繼世至德在人文教以懷柔武威而震聾憲章號
令俯洽於殊方文物聲名仰踰於往古崇文廣武儀天
尊道寶應章感聖明仁孝皇帝稟粹二儀鍾靈五運紹
成基於累盛荷景貺於重熙通於神明錫類之孝格于
上下廣覆之仁若乃弋綈爲衾書囊爲帳恭儉之至也
泣辜于市翕睭于塗慈惠之隆也仄席掄才反支受訟
聽政之勤也齋居議刑弛懸決獄慎罰之深也至若恭
默思道勵翼求賢賑[illegible]惇發諸詢讜直耆徽五典昭明
百官禮無大而不揚[illegible]情無小而不達道彌高而思彌下
業愈盛而志愈徵故得鳥獸可窺水火不奪萬民以治
五教在寬天降之祥物安其所所謂集玄黄之景祐賚

步驟之上儀者也夫登岱宗禪梁父對越天地嚴配祖宗撫臣以禮神刻石而紀號千八百后其道皆同七十六君其蹟可視矧夫盛德大業巍乎君斯天瑞人謀昭然如彼誠宜答三靈之祐順九域之心考時日於曆官詢制度於宗伯肆覲群后懷柔百神蒼璧以祀天黝犢以祭地發維新之大號受不已之龐褫豈獨一方區區之誠實亦六合顒顒之望上於是臨法座而延見命鴻臚而諭旨庶其將順之心示以惕厲之意以為禎祥申錫但荷於洪休封禪告成難居於盛美故當徐議無復過談莫不瞻咮旒伏文石期於得請然後已旋克讓之詔雖行敦執之言益固於是對衡之元輔帷幄之碩儒三臺之具臣五营之列校郡國之上計庠序之横經斑白緇黃之儔雅咢文身之衆相與集閶闔趨鈞陳述庶民傒后之談叙歷代不刊之訓且曰天高地下大禮生其中君令臣行百度尊其治罔蹈道而無福罔失政而無禍道莫大於奉明神政莫隆於興茂典故遂古而下方冊所標未有長發真源求乎休命歷數在已美利及人而不宗祀昊穹昭配祖禰奉符東岱侯釆仙閭者也

而況巡狩之文毛舉於虞典登封之義囊括於周詩六經著其讖言百王以為盛則莫世思之而罔克治世避之而不能非晉武隋文其讓也正世祖玄宗其修也宜陛下高邁羲農俯視舜禹天鑒厥德赤伏之符既膺后來其蘇東人之念方積觀民展義今也其時錯事增高辭之豈獲雖復輿情可那宸慮難迴其如三神之景命何二聖之盛烈何優詔之不許者四封章固請者五於是答玄穹之顧諟徇黔首之勤求俯而從之蓋不獲已乃頒明命戒有司曰自天之休既鍾于列聖累洽之慶復屬於沖人君乃登名山朝萬國雖盛德之事其何以當而率土之情復無以拒蓋將申於大報敢不告厥成功咨爾有位之臣暨于藏役之者犧牲玉帛禮於神則極其豐玉輅所常奉於吾則從其儉委幅近之佐以先置咨授其成謀聚文儒之士以撰儀洞稽乎舊制其令也至當故下無以干其工也不繁故衆思自勵德音一發民望如春誠感上通神心若契一至乎聖賢之祖述禮樂之公襲或有舊史失傳精義莫之續群臣極慮靡究其端曆旨發[illegible]其聖凡所刊正二十餘條於是奉常遵為

彝訓又若秘牒有一信冊有六燔瘞俯逼追琢難成將以貞觀代乎温玉雖復有司固請俞詔勉從在乎宸心惕然罔措果於內府訪得其真蓋往日之所營僅期月而乃就取之琢刻用於神祇克集厥功靡愆於素足以見先聖有開迪吾君善繼之孝也且夫天之臨也不貳天之鑒也至明聽之無聲吉凶見乎象數而降命善惡基乎人盛德之興巍巍乎其莫述鴻休之至紛紛乎其無窮當大揆日有期鳩工在始地不愛寶吐素液以流芝龍飛在天騰御雲而絢彩神葩焜燿挺秀而朝敷瑞氣氤氳揚輝而晨暎眈目鷙獸匿蹟空山螫手毒蟲潛形蟄戶在井之鮒黎百鍊以成鱗繞樹之禽凝六出而挺質沃日漲海既過其驚波航帶巨河復遵其故道九穗兩岐之秀四犢一角之奇或騈實而共枝或先秋而告稔斑虎素尖之龎靈雲共蒂之瓜玄鶴群臻聽笙鏞而自若慈烏獨哺見斤鍾而有常瀼瀼沆瀣以如飴遲遲明視而呈素中天之月露煥發之重輪曲沼之泉澄相鮮之麗色一封使者告慶交馳六藝書生頌美載路蓋已無得而喻也矧又甚於斯焉昔者五老告期但聞

一至兩騎受職豈復重來未有眷佑彌昭麻休再降巍然岱嶽客通岱泉頒綠字之文述蒼元之意於是備時乘之駕迎寶命之符是月大雨霧霑密雲葱鬱潤甫田而雖洽治馳道以方勤及乎瑞謀爰來乘輿將出則頻陰並散杲曜徐昇紫氣覆於離宮白雲映乎廣殿時億之福豈易測乎於萬之年必可保也瞻言南域舊產靈茅方志雖存郡人罕識及夫詔書採擷者老營求絕世之珍故蕃殖而久廢不貢之責方寤寐以為憂遠生三脊之奇用資五天之藉夷吾襄記斯實同符開元舊文諒多愧色既而協良日薦虔誠寅奉靈文祇見祖廟謝會昌之純錫告配侑之崇名于時人集八方塵飛九陌齋明之夕澍雨以清皇衢禩事之辰觸雲以覆世室霏烟燭野瑞日沉空肅肅金颸襲星早而徐轉翩翩王羽扈河圖而群嬉二后在天降鑒於至治百世觀德協慶於無垠猶謂斯禮不行其來已久雖感薦於闕典慮未盡於至誠乃復屈黄屋之崇高冒奉壇之薦享恭畏之色罔異於奉祠闕疑之文並從於折衷官師聳勸神鑒益歆既而令旦戒辰鳴鑾遵路百工承式七萃啓行八

校上齋聞蕭蕭之鳴馬九斿特動見習習之祥風鼓吹不喧寧由舊則金石咸寢肇自聖謀至若念封禮之方陳羚嚴是務慮有司之弗給簡易為先乃損屬車別名鑾駕虛大輅以安秘籙見奉天之誠御步輦以出國都形愛民之至連甍感抃接壤歡謠四望則衣袂成帷中塗則壺漿若市豈資諫諍已罷乎從畋何待討論動歸乎至贖輦茹咸郄誠王食以齋心草木不傷法鑾車而育物若乃次舍所設非薄攸安棟宇之基未嘗攻作開閟之勢罔或曾新惟玄幕以環周或下房而躬處頌祗之庭在邇接神之所儲盥屬夜漏之未央視晨光之欲見瑞踰沈璧祥協起□至乃命庶官走群望專印后土別祀九宮禮頫海之諸神饗射牛之列帝所謂闡皇猷於鏖宇昭上德於億年者也暨夫偃旌曾臨岱宗庶民奉旋罔不率舞東后來覲靡有後期八表之民駿奔競至未名之寶櫛比咸臻壇壝以陳簠簋以具申誠於百執必信而必誠昭感乎萬靈有嚴而有翼越以孟冬之月庚戌之朝望泰之高峯抹奕而陟比黃之大典次日而俯其或俯曾崖礙危蹬慮人之勞也乃降輦焉及乎款雲封望齋室想神之在也亦躧步焉徒御縱登罔逢乎驟雨羽衛成列儼息乎終風平視太虛下觀旭景靜將地接動與天偕澄宸慮以杳冥望法象而髣髴於是被玄衮搢大圭神六變而來思色三獻而彌厲俯以宗祖煥乎天經丹書載陳表儲休於上帝玉牒不秘示無私於下民而又饗彼群神于茲山下犇圜丘之式伸徧祀之心謹晷度以合符望烟燎而交影衣冠在列笙磬同音是夕也天門之巔士庶載渴甘醴忽湧無源自澄侁侁奉宸歆之而不竭日觀之上人莫能升明神斯臨有儀可象濟濟在列覩之而相目此又咸召之彰以休嘉之殊尤也翌日禮皇祇禪社首方澤之形泰折廣樂之音八成象其色則黃牲昭乎嘏則玄酒嶽鎮海瀆靡不格思墳衍郵畷罔不咸在眷乃坤元之德配乎柔克之尊立植群倫包涵方夏廣大博厚所以養材流謙居貞於焉載物伸茲大報在乎至虔爾若奠獻之儀祇率穹昊之制勤恭勵翼盛典由是□遠雜遝紛綸柔盡以之薦祉清蹕將至倏振鸞飇□服繚升俄為霽景排火之影邈在雲霄登歌之聲散於□□□誠明而是謁忘

陟降之為勞於是昭仁心從物性楚夏所貢羽毛之衆莫不出於苑囿放之郊原次復詔秩宗修勤禮三帛二牲執贄以見右賢左戚辨等而居玄冠蒼佩者克庭魚甲貝胄者列侍宸顏穆若安可望其清輝能事巍乎從得覲於洪烈既而布大令均渥恩禮高年備隆典幽蟄咸振密網並蠲霈慶賜而春行覃微樂而日灑采詩察俗遠協於夏書納賈觀民式遵於王制興廉舉孝崇德報功鰥寡惸獨之流罔不咸恤律度量衡之法由是得中復除之恩浹於四極酺醵之惠際於九圍當其御郡樓宴鄉老有在沼之魚族附游童之衣裾色奪金英狀徽揄荻壽蓋喻於千載祥實冠於四靈昔者聞韶而鳳來拊石而獸舞言其善應豈復殊塗龍萊蕪之鐵官貫龜陰之聽土疆負相屬蕃畬盡開至于逸想古賢緬懷神道增文憲昭烈之稱謂仲仁聖炳靈之封崇以為列上清而監觀者真仙故加保生廣生之號育良材而利用者疊嶂故脩靈巖廣禪之祠惠洽於人雖小不捨新玉女之像是也福流於物雖大必營創會真之宮是也猶且枉星旄降玉軑幸闕里祀孔堂琬琰之刊載揚芬德璽綬之薦用益徽名祓飭廟庭增修禮器出幣帛以賜宗黨頒經史以聚學徒下自諸生咸膺其進爵上暨先正肇荷其追封好賢之心周於百世尊儒之道形於萬方豈止序門人以陪祠蠲齋田而給役也昔天寶以治平在運崇五廟之洪名大中以炊復成功加二宗之尊謚而皇上孝思不匱至德潛符展禮太宮歸尊常號始以寶冊親授三公拜手而遣肅祇之至也復以蕭薌躬謝六室澡洟而進追慕之積也足以薦乾坤之祜增宗祐之美慰昊天罔極之感伸明發不寐之懷既而王公協辭夷夏同志尊順美之前訓增可久之徽稱始固守而不從旋曲成而俯受懿夫法乾剛而覆下是謂儀天用玄默以居中故為尊道叶吉而圖書開奧寶應攸昭上封而河嶽效祥章感斯則著典禮備舉簡冊載光軒曰狥齊彼何尚也湯云甚武茲豈遠而猶復紀錫符之辰建覃慶之節郡國清醮以答□於明威士庶縱遊用樂乎神運生成則禁乎屠宰隱惻則止乎刑辟古今之盛節殫矣皇王之休聲備矣臣□學乎舊史遇乎昌辰敢商榷於前脩誒揄揚於景鑠竊□再拜而言曰在昔帝媯其

臣有五夏興於禹商始於卨宗周建邦本於后稷有唐命氏肇于庭堅而伯益既典朕虞亦佐禹績秦德不競天祿未窮故我聖朝集茲大統宜乎比隆於三代垂裕於萬齡者焉洪惟陛下纂承寶圖建用皇極含道德之井實具慈儉之馨香照然發榮可得而述昔者河流載湛里社方鳴列緯集於降婁三統在乎單閼暨夫再歲果誕真人蓋奎為魯分之星乃司文物泰寔兗州之鎮爰主發生豈非運屬文明化符生育法從臨於洙泗祀典脩於雲亭之應乎此蓋受命之殊既也御辨之初維藩之域綠龜薦瑞元輔矢謨以為至柔者毛至剛者介今則以至柔之物附至剛之姿天何言哉民胥效矣必將武事休偃文德懷柔是時也戈甲方馳封疆尚聳既而玉帛繼好書軌大同龍尉侯之官成鍵橐之治此又嗣統之丕祥也夫感人心而致和平莫先於孝興王道而致雅頌無尚於仁昔者主器震方辟宮臣之常禮則成帝之避馳道也宅憂倚廬終三年之通制則高宗之在諒闇也安元辰之歷行哭而朝陵則顯宗之伸永慕也覽後庭之籍動容而出嫔則文皇之召至和也寬一

成附重之刑制三流惟輕之典則高帝之約法也弁北辰魄寶之座創先蠶壽星之祭則孝文之重祀也脩前代之園寢訪功臣之子孫則武王下車之事也絕畨禺之藥矢毁尚方之獵具則成湯祝網之心也再駕戎輅則周宣之治兵也三郊告土則虞舜之肆類也順時令閱車徒因三時之間習五申之法神武之用也臨便座幸上庠較藝以掄材談經以興學時文之化也逢閣章飛牙籤雲矗寶南風之聖作聚東壁之群書聿脩之美也親視篆籙躬聽笙竽新甲令以募工師製升歌以詠詒訓述作之大也絕域之民留滯未返惻然軫慮豐給而遣仁及於懷土也司貨之吏掊尅為能渙乎出令寬政為先道濟於溥天也紀祥符之寶歷元符之故事也新儀衛之庶僚太微之彝制也明照於前古觀其失而不揚德之盛也辟高於往代有其善而不伐謙之至也孝德著矣仁聲洽矣積是純懿發為茂功則巨禮之行殊禎之應由天意也非人力也矧夫兩漢而未建都於雍五嶽之地皆在於東岳與於辨方方里且殊於師古令國家宅梁宋之域當穹亏壤之中禮得其宜事歸於正

故可以仰遵五典高繼九皇荊又嬴秦上登僅至中路天有所不佑也漢武秘祝不示群臣道有所未廣也光武欲其速成將寘封於玉檢功有所未豐也高宗躓茲巨典接神以椒房禮有所不肅也玄宗建議在初輔臣殊志出爵伊始庶尹興言人有所未知也若乃篤天祐迓神鑒遠邇協心上下交泰惟精惟一盡善盡美未若今日之備也又不以功成而自大治定而自矜炳乾文號神嶽仰懷天既不敢以息邊俯述世功用歸乎德美此實歷代之所未有上聖之所獨臻也下臣不佞恭獻頌云惟天祐聖惟聖奉天寶命隆兮惟辟治民惟民戴辟萬國同兮祖武宗文重規疊矩建大中兮奉符錯事登封降禪告成功兮報本反始為民祈福示至公兮洪猷盛德高視古昔垂無窮兮

封祀壇宋真宗築在嶽南五里許遺址王旦頌碑今存

序頌　臣聞天地之文著明含章炫燿於庶物禮樂之用象功成德昭格於至神王者宣淳耀之烈建中和之極

於是錫天瑞出坤珍覺悟於蒸民鮮不登泰山躡梁父聿崇於明祀蓋天地之文闡下民何以法象焉禮樂之用缺後人何以祖述焉是知勤皇績騰茂實交三神之歡者一王之法述符命繼昭夏申乎大報示於無窮極之典章之備物真帝王之盛節者也粵自遂初始造書契增高益厚載九皇之德朴略而難明時邁省方垂六經之文紬繹而可舉汾脽之規寖廣巡狩之儀始行五載谷於虞典一紀因乎周制所以彰善癉惡觀民設教者矣爾後道非下濟德興升聞或緘秘祝之辭或黜諸儒之議先治兵而釋旅乃肆意於登封惟順時展義之行殆為民祈福之意建武紀號因石磩之故封開元陳信示王牒之不秘典章斯在風烈可觀道實難行禮從茲絕洎四方之微擾屬五代之陵夷但恣尋干戈不置禮器俎豆之事掃地將盡塗炭之俗顧天無辜陰騭下民誕受天命世膺元聖光啓王運皇宋三葉在宥天下五十載矣太祖啓運立極英武聖文神德玄功大孝皇帝之創鴻業也名膺帝籙運契天飛微軌道之降鄙牧野之誓以帝軒之神武漢高之寬大■■澤發國號陟元

后集大勳望風而海外駿奔端扆而天下寧晏太宗至
仁應道神功聖德文武大明廣孝皇帝之燠寶圖也天
縱多能體膺上聖徇齊濬哲佑質以成德文明中正開
務以成物凝神澄慮定制度策賢良率土致覆盂之安
丕基成磐石之固崇文廣武儀天尊道寶應章感聖明
仁孝皇帝聖道日躋大明繼照尹京邑也神明之政四
方是則踐承華也元良之德萬國以貞圖錄允鍾訟獄
咸歸顧命而主神器極磚慕而纂宗祊守諒陰養長
樂孝通於百王照庶政叙彝倫智周於萬物封爵出祿
褒德念功若臨照之代明法雲雷之作解繼志述事經
經久之規勉禁省官布寬大之令恢張文理存視學於
上庠振舉武經乃大蒐於近甸厚時風而敦世教訓戒
昭而數軍實爾者邊吏致告時巡飭駕[redacted]激檄
發揚天聲秉武節[redacted]民繼一介交聘靡宣金
革之威六師不陣還於袵席之上綏帶噓哺而式和民
則鼓兮[redacted]刃而止嚴武備於是修墜典緝遺文命秩宗
講三王之禮詔奉常考六代之樂治讜議則下周爰之
詔[redacted]則申畫[redacted]獄訟申飭理官簡孚而

用平[redacted]而行輕典敦叙公族立建戚藩犬牙之制
是崇麟趾之詠斯洽設儞符之禮止於從時脩宴射之
儀于以觀德勞身焦思有夏禹之憂勤華偃弋綈邁漢
文之恭儉卜郊定位案歷上申[redacted]極之[redacted]修久廢之
禮易脂澤而衣慟入石室而涕洟至性感於人神玄德
格于上下紫宸議政勵精於日昃金華侍講不寐於宵
分校正蘭臺之書增建石渠之閣規模廣於麗正典籍
備於宣明深味道腴以資治本常覽古虞舜好問以
聲身而爲律度執規矩以定圓方百姓爲心推恩而建
下萬方有罪引咎而在予德教被於無垠皇明燭於有
截兵偃刑措道茂化醇百嘉畢昌庶萌樂育繼運闡甄
之上丕闡鴻鈞之作訪崆峒之道探康衢之謠或夏太
和天人交感必彰嘉應四方玄通門號承天節臨獻歲
真官奉其丕命若以先期秘檢瘞於靈文降于清旭受
鑾宣室躬拜丹書錫無彊之休諭大中之理繇是罪如
春之澤易紀年之號且頒文未作伏羲氏觀象以畫八
卦有神馬負圖之瑞洪水方萌夏后氏底績以導百川
受玄夷使者之命比屋相慶異代同符龐眉皓首之氓

謳謠于外鴻筆麗藻之彥誦美于內於是東土耆艾闕
里諸生連袂而來抗章以請洎思皇之士即叙之式藩
嶽大臣縉黃衆品伏閣叩首請封禪者無虛日矣僉以
爲祥瑞雜沓天意也中外傾竭人事也牂柯越雋朱崖
象郡之旭俱入於提封矣[redacted]東縣江[redacted]鄗黍之類
悉從於班貢矣群情悃愊式佇於慶成上帝顧懷不可
以讓拒書上者至于五上不得已而俞之誕告庶邦載
彤明詔將以奉揚先烈非謂告厥成功申命輔弼之臣
論以簡易之道經始勿亟無擾于民且山爲嶽鎮之宗
地爲守禮之國周孔垂教乃始封載誕之邦陰陽相代
是育粹炳靈之府當儔功之際蕆事之初明誠以孚玄
鑒先荅應龍有翼蜿蜒而下垂醴泉無源瀵沸而自涌
芝含三秀匝地而羅生日麗九華得天而絢采鱗介之
細草木之微表異效奇紛綸疊委而復迹心粹清凝思
玄牝乃因華胥之夢再覿姑射之神告以王書降於神
旁之麓著之黃素得於季夏之初擇日奉迎備禮祇若
爰疇咨於封祀固膺合於穹旻亟命有司草定大典採
摭清議討論舊章即事用希其禮多闕酌義訓以革正

粢制度以折東古文儀禮之所記議郎博士之未達上
資玄覽洞析於精微無望清光悉臻於體要穆卜涓日
掌故奏儀申必告之誠躬祠清廟以就盈之月有事介
丘先齋紫宸載止禁禦屏蕭韶之備樂以極靜專邦太
宮之常膳以御菲薄清幾式道雲會星辰[redacted]嚴蹕之啓
行奉天書以先路備設儀衛增置官屬極恭肅而尊天
既也采章之盛藻繂原隰武衛之雄震疊區寓八方述
職萬旅騰裝讓塗而行外廬不閉奔走會同之際端肅
而無譁威發秉烈之特馳和而可愛民絕札瘥之患物
有蕃庶之詠供帳不移而具儲供不戒而備歷東郡之
屬邑抵澶淵之[redacted]軍國異容脩文事而有武備工誦
夾侍掌方志而道地圖風伯清塵招搖糸乘周覽臨濮
少留汶陽戒誓庶官申嚴執事靖恭爾位恪謹攸司羽
衛具陳來輿乃出垂翠綏而鳴寒玉載瓊鑲而擁雲空
天當景從禁旅前驅八神齊奔萬物咸覩鄉雲待族仙
禽成侶俯法從而交蔭覽德輝而翔[redacted]
騰茲觀[redacted]瞻泰[redacted]押至溢簡綿而不可載考圖諜而
未始聞下詔肅祇柴望而告至儲精蝬蜓淵默而齋居

祀前一日未質明備法駕至於山趾更衣於帷殿上乃
乘輕輿陟絶巘蹐日觀出天門築圜臺於山上度地宜
而循古制也升山之前夕層雲蔚興嚴飈暴起達曙振
野而未已有司失職而是憂洎寶籙先登華蓋徐至焚
輪止息寥次清霽若肧渾之初判状群靈之先置辛亥
祀昊天上帝設天書位於左次登歌樂作奉迎就位顯
奉符而錯事也以二聖嚴配定位側向以中朿事表繼
志而奉天也亞獻終獻作之樂章以為禮節一其儀而
申昭事也祝史正辭秘刻勿用黎元蒙福乎佑是祈克
其已而庸勤鄉也褒冕俯僂金石鏗越捧珪幣奠犧象
絡金繩而斯畢飛紫燎而上達舒遲暨禮陟降盡恭明
德之馨至誠之感苾芬以薦肹蠁如答通帝鄉之岑寂
接雲漢之昭回協氣上乎纖羅不動神筞錫靈長之祚
日御奏殊尤之瑞垂紳委珮蹈舞齋室之前鼇抃山呼
聲震層霄之外山下設壇四成如圜丘之制乃命茂親
以承大祭崇牙樹羽以斯具潔粢豐盛而在列萬靈咸
秩四隩來同九宮貴神實司水旱吾民是休動繫惟舒
厥職尤重命築壇於山下封祀壇東率禮吉蠲詔大僚

泰山志卷之二　二十一

以尸其事壬子祀后皇地祇於社首百司承式慎之至
也三獻盡誠禮無違者翌日御朝覲壇覲群后輯五瑞
千品成列萬國胥洎英莖韶夏以徧作傑休兜離而次
設風行赦令雷動歡聲祝網之仁普霑蓼蕭之澤遐被
大明之照徧燭於蔀家崇朝之潤周濟於天下昭示聖
作以志元符日星炳其天章鸞龍奮其仙翰感祚德之
玄既述光表之鴻猷金玉其相與典墳而並騖神靈是
保揭日月以長新傒有道濟乎民名在祀典功德兼茂
跡用尤著慎乎曆文特形賛成刊於琴琰貽厥方来
而乃祀高嶽之靈幸列真之宇俾加賁飾用極褒崇養
老申合飲之私勞[redacted]推[redacted]復之惠命方納貢採詩觀風
聘有道而省高年平權衡而考制度官克用乂黜幽之
典靡行化洽可封歸厚之民咸若悖獒旅恤幽隱咸達
乃翠華之旋輶臨曲阜之故墟升講肆之堂思順風之
拜徘徊致奠春思遺風褒聖之禮有加恤後之恩彌渥
既經[redacted]載[redacted]邦周公旦啓真王之封太
公望進昭烈之號咸建廟貌領於祠官按節廻鑾式閭
表墓徧走群望周不遺靈河濟之區海岱之壤南暨徂

漢北際常趙梯航萬國冠帶諸酋四遠雲來千里星屬
聽清蹕望[redacted]容得膺仁壽之[redacted]觀斗[redacted]
[redacted]辨六龍廻御七萃解嚴大史援辰近臣
奉祀藏俏神之金匱上加謚之實冊舉歸格藝祖之禮
親饗太宮考欽至荣勳之典惠綏列辟盡聖人之能事
成天下之壯觀前書所記總十二[redacted]儀斯廢僅三百
載[redacted]天命[redacted]實惟其時烈祖造新邦
臻大定經制而未遑神宗求至理致升平業成而中罷
遺茲景鑠屬在欽明丕顯詒謀奉成先[redacted]大號永
中[redacted]昭姓考瑞接大統也勤石垂鴻昭茂功也人
神以和禮樂大備盛德也[redacted]祖考嚴配大孝也
報本奉昊歸功宗祐謙尊而從衆欲禮畢而受徽稱克
謙之風高視於前古矣下尺一之詔嚴禁止之條[redacted]
[redacted]蒿靡彈外[redacted]好生之德徧及於群心矣服純
衣而在道御菲食而數旬則別滌牲牷致美犧冕減乘
輿服御之物罷周廬次舍之制則惟新禮器增飾壇壝
故翼翼之心精意以享有典有則必躬必親寅恭天至
也既如彼蒼蒼之意惟德[redacted]瑞報

泰山志卷之二　二十二

况神速也又如此宜乎擁鴻休介繁祉後天而老象日
之升垂萬葉之耿光為百王之稱首者也臣位冠台衡
親逢旦暮承上工之之相盛德之事與夫茂慶草遺忠
之奏周南興留滯之嘆非可同年而語矣又恭膺[redacted]黨
[redacted]述茲而以紹帝王之墳素表金石之篆刻嗣丕天之
大律為永世之鴻範者也寡常平之經術無燕許之才
筆大懼俦昧不能發揮徒躑躅於爍吻實傴僂而塞詔
賛謌舜德肖繼於皐陶紀頌漢巡有愧於亭伯貽之来
裔以闡大猷辭曰增高益厚王者上儀制禮作樂莫大
於斯應運接統垂鴻逆鑾茲事體大惟聖難之岱宗炳
靈岩岩峻峙和鑾響絶牲瑄禮弛缺其神懽邈駒星紀
乃聖挺生乘時斯起惟宋肇興受天顧諟盡黜苛政式
叙彛倫以洗汚俗乃弔匪民華其不諱彼以至仁威靈
有赫軌跡易遵與民更始其命惟新實曆日隆神武不
測厥角獻琛水讋[redacted]惠澤滂流皇猷允塞陰隲下民
懋建皇極明被六幽化行四國累盛重光軋軋翼翼晏
義省方觀風權德假伯靈臺躋民壽域寶鼎增重永協
大同禎符荐錫告厥成功諭乎至理迪彼玄風保邦[redacted]

清净錫祚無鴻化洽無外道惟大中百度以貞六符斯
正傾輸群心稱述瑞命僉議勸封以期升侑休烈日彰
神策天授徇民從欲展采告成鸞車時邁法從天行濟
濟鵷序噦噦鸞聲星言汶上雲會岱亭穹崇絕巘容通
圓靈躬陟上封聿申昭事祖考來格禮樂明備感以至
誠享其精意款謁歸功謙讓益至嚴配克誠蒸蒸不匱
柔祇昭報崇祀聿脩二儀訢合百神懷柔帝容載穆靈
貺殊尤肆覲輯瑞端冕凝旒萬國以朝四夷接武行萬
之仁兮敦洽蓼蕭之澤兮周溥茂遂群生浸漬萬寓慶
集丕圖風還邃古騰茂飛英超三邁五赫赫顯號穰穰
鴻禧百祿是荷萬壽無期遂及黎庶永洽淳熙法昊穹
兮剛健不息踵黃軒兮清净無為純嘏之錫百世承之

朝覲壇在州南宋真宗東封群臣覲地州之風雲雷雨壇因其故址陳堯叟撰碑頌今在壇下與天貺殿碑及天齊仁聖帝碑皆待詔尹熙古書書法類聖教序

堯叟序頌 臣聞

配侑尊嚴王者所以敦其孝也朝宗覲遇聖人所以明
其禮也又若因名山而遂封燠先業而彌著踵七十二
君之遐武承萬八千歲之丕緒瑞輯五王壇肩諸侯巍
巍煌煌事之大者非命夫通博之士繹蓬山[redacted]
之學[redacted]闕里九經之思又安可藻潤功德沉播徽
猷臣顓蒙寡聞黔淺無取[redacted]詔所慮弁手而颺言曰
宋受天命帝六合子萬姓以聖繼聖垂五十載稽神道
而設教感民生之歸厚烈祖考耀武振德蕃乾維而張
宇畫坤輿而畫野夷暴削壘黜僭盪僞懷生胥[redacted]
[redacted]玄化上帝降鑒呂大洪緒崇文廣武儀天尊道實應
章感仁孝皇帝之御天下也三葉嗣統重離繼明恭欽
而安仁徇齊而允迪青宮主鬯承天序而寅畏黃屋正
位奉先志而夕惕若乃敦乎要道刑于率土始則謹色
養而罔匱終則格因心而過制孝之至也郊丘者三竭
精意以裸獻朝闕者一鬱懷感於霜露祀之大也六御
宸陛精較疹[redacted]振滯淹於常布謦逋潛於巖穴文教之
隆也再駕革輅觀省朔野貞師律以威亮[redacted]戎
樂武經之著也疏圜[redacted]亳縷[redacted]

[redacted]實情達幽[redacted]欽恤之深也[redacted]體玄功之藏用為而
勿有推赤心而與物坦然無間聰明之廣也友于天族
敦乎教也惠綏耆年勉夫八養也劉雕復朴必始于宮室
勸農禁末率先乎稼穡昭夫儉也黃綬一[redacted]臨[redacted]
[redacted]助編[redacted]室務得[redacted]而[redacted]謹乎授也六職咸乂百
揆時序猶復訪古無怠論學彌益遂覽乎九皇之道畢
講乎三代之訓敦厖黎獻勤恁方轂烝烝之懷既格于
神明生生之仁終達于寰宇大和遂布於景氣靈臺邇
偃於師節混一文軌罷戍壇場[redacted]禮易戰[redacted]
措兵者也於是河海夷晏巖廊務宣瑩玄覽而宅衷
斗極而播慮恢天常立八紀經清净之鄉御乃六氣之辨
富壽之域隆乎三登之祥四隩納誠五緯遵軌日星薦
祉而訢合草木效靈而紹見千品萬類紛綸葳蕤[redacted]
冲[redacted]矜[redacted]天意君曰振古絕德夐無與讓
軼世靈契允宜昭答繇是真[redacted]來儀實命由錫抒三篇
閟默之訓啓萬禩綿長之兆普天璧世靡不欣戴惟蒼
旻登假之祐乃[redacted]垂虹之慶流烏之祥祇載其
興雨[redacted]之貺何補[redacted]自天之秘寶獲御

邦之縉于是洙泗諸生龜蒙群彥殷詠興於庠塾動谷
吟于衢路椅裳連襪波屬鱗萃既而穿衡幪幄之輔熊
羆羔鴈之列迨于千夫長百夫長黃冠緇衣台背兒齒
相與不約而信不謀而同伏覲[redacted]之下[redacted]封[redacted]而
[redacted]陛下系纂聖統光闡丕業立隆以為極執[redacted]
司會天斯成矣地斯平矣八斯和矣昆蟲草木罔不孚
矣所宜鋪鴻藻而熙帝載飛英蕤而振絕禮遵昊天之
成命慰東魯之徯后觀風省四民之業展親[redacted]諸侯之
[redacted]允謂俗[redacted]錫符奉符以行事顒顒之請
不為進越皇帝虔鞏敦諭四讓不獲既而垂旒深念前
席而言曰惟我[redacted]聖付以大寶海內海外悉主悉治率
懷錫羨之慶丕冒詒翼之教一變至道[redacted]何有焉又敢
欽[redacted]告成功[redacted]揚耿光奉遺懿宣景鑠報嘉
瑞斯[redacted]之體乃朕之意且夫無懷已降夷吾所記追建
武之儀開元之制綿蕝草具宜削其靡無煩民無黷神
恭朕之禮罔憚菲薄奉禋之容姑務豐士几[redacted]
揚[redacted]繇是[redacted]究周家時邁之說
紬漢室優游之義順以創制閱嘉言於既往修而不典

無窮文之無謂既歷古而肆習乃祈東於粵聖輔臣先
事而秖命崇岳騈日而薦瑞醴泉湧湧神龍倏見靈芝
三秀而緡野鳥穀合穎而充畝星弁■披忽恍■
■冢穴之書再降既告朝而成禮將轢
輗而戒吉卿賓先後而而觸布遼鶴翩翩而旅集玄兕益
重坤珎愈出月孟冬日辛卯皇帝乃闢宸居清康衢儀
金輿鑾御之御肅寢兕彌龍之制都人山立而震抃■
■神樵先路貞士前道九旄之蓋藏冡廓
以徘徊十極之音含正始而容與俄而常伯陪乘大丙
弭節千官鳥躍而星拱九龍効駕而颯舉萬騎雜沓洶
洶兮海運九旂繽紛烈烈兮雲布歷河沂榮光湛乎百
丈兵岳趾愛日融乎四𦬆猛士髭鷸■玄旌轇轕
而彌隰周廬徼道植鍛懸旂既而闢齋宮之靖宣滌清
衷於雝渡雲罕儼路鈎陳轉壁奉寶花而先置儼宸仗
而延■大流亦異常嚴石而遽止寒谷應感將裂膚而
俄煥倏忽之變陰陽不測皇帝於是登高■陞天■
王輦步嚴陘俯耀靈於渤澥覩衆山之培塿重基冠空
而幄物翠旃周阿而捷獵辛亥昒爽即事雲闕登太祖

以配天奉太宗而侑饗■圓軒豁懸寓澄奕列宿照爛
於浮景盛禮登降於■八音諧
而大樂六變百神降而玄酒三獻蕭薌■用權火高舉
圭璧之序嚴紫宵而有容金石之文凝絳烟而無際秩
衆靈而在下命群官而分饗俯物之盛實列萬國錫年
之祥乃過億世既即次而燎幣旋復■而檢玉肜鑾兮
■鴻明之報白雲起封始氛氳於膚寸
神光發減實炯蔚而五色翠日迴鳴鑾禪社首禮遂畢
於登降誠乃格于上下後本反始二儀之氣斯和執圭
奉璋肆覲之禮攸舉且夫壇墠三成蓋大適小之制侯
氏四偩乃君勞臣之典縣是■次■舍設梐司儀
辭等車馬具禮始眂館而穆穆俄就旃而濟濟皇帝乃
登清壇翳雲芝負斧扆明章施臚句■命而交達采賚
述職而騈萃九儀旆比雋■轡至航海告傳圭之符乇
車慶于呂之端巍乎崛■之穹隆■乎■虎之■
■業雖竿畇施蕭翦以詠德佾舞而象事禮憲備
成訖無遺者既而王公庶尹嶽牧群長皆進言曰夫祚
德者天合符者聖陛下功大業鉅對越景命區域悚化

人祇協慶禮物具八方之產祀■千年之盛又何山
鄗■獻海鰈之充貢哉父天母地之孝于以之備
君臨子事之義於是乎盡洋洋乎蕩蕩乎民無得而稱
焉謹伏壇次上千萬壽帝曰异哉豆籩靜嘉器之文也
牲牷肥腯粢之飭也非朕所以請上帝臨下民之意也
維朕之薦薦于維誠維神之享享于維馨無乎盡物並
義用缶納約之吉無以異矣又曰咨爾有方之衆明聽
予誥先王克謹天戒臣人克有常憲肆朕祇畏荷茲■
施爾其慎厥終一乃心弼予夙夜之治遂■元元之命
罔忽厥心以速于戾■九垓日潤萬■既禮止
而樂闋遽雷作而雨解渙汗兮大號丕休兮茂典且孚
聿空囹圄圩斯弛執熱者濯居窮者遂在逸者復處幽者
賁員首方足悉已涵濡蠕動翾飛罔不顧跂逸祥禽於
空闊遂珎獸於邃遠集百靈而受職與萬物而更始所
謂■介爾景福雲行雨施不崇朝而徧天下者也覲
之明日攄尋彝意憲先古大常陳詩而觀俗典禮同律而
考度正班爵之上下閱市器之良窳勵守犁以欽率章
教條而咸舉既而振皇儀而旋輔訪儒宮而擇貢浸仁

澤於遺耆合歡謳於下國歡■洋溢■載揚嘉
氣鬱葱擁宸輿兮歸格策勳飲至霈霑樂胥昭德垂休
懋乎無極皇帝於是敷睿藻紀雲闕始則推后帝之純
錫終則讓祖宗之顯烈義畫曾麗堯文濬發式天經而
昭布表日觀而高揭至于■之■祀典之清
芬上則教尊於世次而功施於民形容頌而流永增徽
稱而益振煥乎宸製鏤之貞珉信闕典而咸秩垂聖範
而惟新大矣哉懷庭之道曠而復屬盤維之基亘而彌
遠人和年登而神降之吉倪寬所謂帝王之盛節抑亦
曰天下之壯觀聖作物覩不其偉乎太史臣曰主上有
聖明而不宣布有司之過也臣慶奉咫尺恭侍圭幣禮
容揭厲竊謂萬一雖不足究宣駿德光大隆業蓋■
■尊石信辭炳灼於無窮者也臣堯叟謹爲頌曰於皇
有宋受天明命烈祖造邦神宗繼聖靈旗指麾洪基保
定神教誕敷民德丕正明明我后集慶重离稽古立訓
惟儉是宜羣方允迪庶彙緝熙天縱至德日用焉知上
玄降鑒■雙觡其■周伯■老人
效靈乾瑞坤珍溢于祥經上德不德謙而益光寅奉祖

考肅祇玄黃天迪格[redacted]盛曆洪長真[redacted]荐至元符屢彰濟濟多士嵩嵩蒸祇填衢溢郛集于紫宸[redacted]功[redacted]神帝讓不獲玄意[redacted]天命有位識事岱宗虞巡効駕周萬官風八極四海雲隨雨從巖巖魯詹高秋乾乎既夜既登以禋以旅二聖克配三辰攸處六變成[redacted]靈[redacted]蒼璧玄酒[redacted]煒飄颻鐘律迭用降禋皇祇是出允猶翕河百神咸秩禪之明日乃嚴壇壝于以肆覲于以陳儀趾抵載列筍簴攸施儀衛垤組翼乎熊羆王公庶尹再拜稽首磬德[redacted]工千萬壽[redacted]曰[redacted]哉一德斯懋元首股肱惟爾佑佑慶澤遂敷宥民赦獄渙汗涵濡滋液滲漉洗滌頗顡發揮亭毒施及夭胎罔不生育乃程律度乃齊日時升攙方發懋艾不祇凡百有位以悅以[redacted]大禮克舉[redacted]乎哉登靈封兮報玄功禪厚地兮薦清衷揭方明兮車服以庸罩慶澤兮罘網遂空惟聖宋之光宅兮與黃比崇宜乎金聲之王振之萬斯年兮無窮

陰字碑在州之乾封門外迤東三百餘武是爲宋真宗荅謝天書述二聖功德序銘曰陰字以字鑴北面從俗稱也州志曰金字謂當時以金塗飾也或曰禋祀以精意享祀言也皆聲相近而義亦通嘗閱真宗東封駐蹕會真宮故碑作屏製鑴北面當宮南百餘武俗稱陰字爲是宮今在城內而碑限于外故人罕知其鑴意云

碑銘朕聞一區宇而恢德教安品物而致界平此邦家之大業也考茂典而薦至誠登喬嶽而脊紀錫此王者之昭事也結繩已往茫茫而莫知方冊所存章章而可辨罔不闇先流瑞景洽儲休長發其祥永錫爾類故能禋祀上帝肆覲群后追八九之遐躅衍億兆之歡心是以武王勤獨夫集大統而成王以之東巡高帝平三稽啓天祿而武帝以之上封巢以五代陵夷四方分裂數敗九域顛影而求存顛顛萬民顧天而仰訴不有神武

多難何以戡不有文明至治何以復恭惟太祖啓運立極英武聖文神德玄功大孝皇帝積善自始受命無疆歷試于艱難終陟于元后威靈震疊玄澤汪翔無往不賓有來斯應濟民於塗炭登物於春臺俾乂萬邦成湯之甚盛咸宣九德文王之有聲啓運于前垂裕於後太宗至仁應道神功聖德文武大明廣孝皇帝洪基載紹景貺誕膺如日之升蠲于率土如天之廣覆于群生人文化成神道設教尊賢尚德下武後洲金石之音明靈是格王帛之禮蠻貊來同書軌畢臻典儀無闕上玄降鑒虞舜之温恭庶民不知帝堯之於變重熙之盛冠絕于古先增高之文已頒乎成命遂巡其事謙莫大焉肆予沖人獲守丕搆其德不類其志不明弗克嗣興罔識攸濟屬以陽春留節靈文錫慶由是濟河耆老鄒魯諸生啓予以神休邀予以封祀不遠千里來至闕庭朕揚然而莫當彼確乎而莫止俄而王公藩牧卿士列校獻封者五上伏閤者萬餘以爲景命維新昣符紛委不可辭者天意不可拒者群心天意苟違何以謂之順道群心苟鬱何以謂之從人是宜登介丘成大禮敦諭雖至

勤請彌固切念乾坤垂祐宗祏儲祉導揚嘉氣俾洽小康俾夫疆場以寧干戈以息風雨以順稼穡以登無震無驚既庶既富皆天之賜也豈朕之功歟雖則告成功紀徽號非涼德之克堪也然而方圖録脊殊禎非矜躬之敢讓也天孫日觀梁甫仙閭五嶽之宗萬物之始升中燔燎舊章斯在繼絕先志懿範遵已定之規祗事圜壇嚴配肅因心之孝於是詔輔臣以經畫命群儒而講習給祠祀者罔有不至供朕身者無必求豐故玉幣犧牲朕之所勤也羽儀服御朕之所簡也精意篤志夙興夕惕誠明洞達顯應遝彰自天垂恩正眞親臨於雲馭奉符行事予有敢怠於政經粵以暮春之初恭享清廟告以陟配孟冬之吉慶登岱宗伸乎對越奉寶籙於壇左升祖宗以並侑禮之正也孝之始也乃禪社首厥制咸若于時天神畢降地祇畢登躬縉可覿奠獻如覩其薦也雖懃乎明德其感也實在乎至誠亦復酌鄷宮之前聞遵甘泉之受計百辟委珮五等奉璋肆眚施仁舉善勸治稽考制度採摭風謠文物聲明所以揚二聖之洪烈歡娛慶賜所以慰百姓之來思盖又兩儀之純嘏

七廟之儲慶邦家之盛美蒸黎之介福豈予寡昧所可致焉惟當罄乃寅畏夙夜惕厲不自滿假不自逸豫寵綏庶國茂育群倫以答穹昊之眷命焉勒銘山阿用載來世銘曰節彼岱嶽歸然東方庶物伊始玄感其章自昔受命反始穹蒼燔柴於此七十六王顧惟寡薄恭嗣洪猷乾乾慄慄雖休勿休元符昭錫餘慶遐流群情所迫盛則爰脩前王丕顯是曰告成伊予冲眇無德而名永懷眷佑祇荅景靈聿崇嚴祀用達精誠殊祥疊委寓縣奔馳禮無違者神實格思藏封石界刻字山嵋蒸民永泰繁祉常垂

御帳坪在嶽之中道即秦封五松之地宋真宗東封駐蹕于此故名今石上柱窠帳殿之遺蹟也

博城在岳東趾距州治三十里漢之奉高隋之汶陽唐之乾封同此今名曰舊縣

嬴城在岳東趾距州治東南五十里漢置縣屬泰山郡唐屬東泰州後省入博城

謝過城在岳東南趾漢明堂側齊魯會夾谷後歸謝之地故名岳東南地曰谷里古夾谷也

羊祜城距州治東南九十里即晉羊祜所封之南城

龜陰田即齊人歸魯以謝過者

汶陽田在嶽南汶河之上魯成公二年春秋書取汶陽田八年晉侯使韓穿來言汶陽之田歸之于齊

柳下惠墓在州治東南一百里至今村人尚多展姓者村名曰柳里村

聖賢

孔子登泰山而小天下孟子

孔子過泰山側有婦人哭於墓者而哀夫子式而聽之使子路問之曰子之哭也一似重有憂者曰然昔者吾舅死於虎吾夫又死焉今吾子又死焉夫子曰何爲不去也曰無苛政夫子曰小子識之苛政猛於虎見禮記檀弓

孔子遊於泰山見榮啓期行乎郕之野鹿裘帶索鼓琴而歌孔子問曰先生所樂何也對曰吾樂甚多天生萬物惟人爲貴吾得爲人一樂

也男女之別男尊女卑故以男爲貴吾得爲男矣是二樂也人生有不見日月不免襁褓者吾既已行年九十矣是三樂也貧者士之常也死者人之終也處常得終當何憂哉孔子曰善乎能自寬者也見列子

顏淵從孔子上泰山孔子望吳閶門外有繫白馬引顏淵以指之曰若見吳閶門乎顏淵曰見之有若繫練之状孔子撫其目而止之因與俱下淵髮白齒落遂以病死見錦繡萬花谷韓詩外傳畧同

曾子敝衣力耕泰山下天雨雪凍甚旬月不得歸思其父

毋作梁山歌（見曾子孝實）

孟子生時毋夢神人乘雲自泰山來將止于嶧毋凝視久之忽片雲墜而寤時閭巷皆見五色雲覆孟氏之居焉（見通志）後人稱孟子有泰山巖巖氣象適符雲兆信矣

伯牙遊於泰山之陰卒逢暴雨止於巖下心悲乃援琴而鼓之初為霖雨之操更造崩山之音曲每奏鍾子輒窮其趣伯牙乃舍琴而歎曰善哉善哉子之聽夫志想象猶吾心也吾於子何逃聲哉（見列子）

延陵季子適齊於其反也其長子死葬於嬴博之間孔子

曰延陵季子吳之習於禮者也往而觀其葬焉其坎深不至於泉其斂以時服既葬而封廣輪揜坎其高可隱也既封左袒右還其封且號者三曰骨肉復歸于土命也若魂氣則無不之也遂行孔子曰延陵季子之於禮也其合矣乎（見禮記嬴博俱屬泰安岱岳東阯見古城遺跡孟子葬於齊反於嬴即其地也）

宋

孫復字明復晉州平陽人少舉進士不第退居泰山南麓學春秋著尊王發微魯多學者其尤賢而有道者石介自介而下皆師事之年踰四十家貧不娶李丞相迪將以其弟之女妻之復疑焉介與群弟子進曰公卿不下士久矣今丞相不以先生貧賤而欲託以子是高先生之德義也先生宜因以成丞相之賢名於是乃許孔給事道輔為人剛直嚴重不妄與人閒復之風就見之介執杖屨侍左右復坐則立升降拜起則扶之及其往謝也亦然魯人既素高此兩人由是始識師弟子之禮莫不嘆嗟之而迪與道輔亦以此見稱於士大夫其後介為學官語于朝曰孫先生非隱者也欲仕而未得其方耳慶曆二年樞密副使范仲淹資政學士富弼言其道

德經術宜在朝廷召拜校書郎國子監直講嘗召見邇英閣將為侍講而嫉之者言其講說多異先儒遂止七年徐州人孔直溫以狂謀捕治索其家得詩有復姓名坐貶監虔州商稅徙泗州又徙知長水縣簽署應天府判官公事通判陵州翰林學士趙槩等十餘人上言孫復行為世法經為人師不宜棄之遠方乃復為國子監直講嘉祐二年七月卒于家年六十有六官至殿中丞其在太學時為大理評事天子臨幸賜緋衣銀魚及聞其卒惻然予其家錢十萬而公卿大夫太學諸生相與

弔哭時治其喪其治春秋不惑傳註不爲曲說以亂經
其言簡易明於諸侯大夫功罪以考時之盛衰而推見
王道之治亂得於經之本義爲多方其病時樞密使韓
琦言之天子選書吏給紙筆命其門人祖無擇就其家
得其書十有五篇録之藏于秘閣（以歐文忠撰墓志脩）

胡瑗字翼之泰州海陵人與孫明復石守道講學泰山攻
苦食淡終夜不寢十年不歸得家問見有平安二字即
投之澗中不復展讀今人名其投書處爲投書澗云

許衡字仲平河內人金季兵亂避地徂徠泰山間硏其亝
曰魯齋初從姚樞賞默游獲聞程朱之學遂爲名儒元

世祖召爲京兆提學累官集賢大學士兼國子祭酒領
太史院事累遷中書左丞贈司徒謚文正

列儒

漢

泰山老父不知姓氏漢武帝東封見老父於山下道傍頭
上白光高數尺怪而問之老父曰臣年八十五時衰老
垂死遇有道者教臣絶穀但服朮飲井水枕神枕枕中
有三十二物以二十四當二十四氣以八當八風臣行
之轉老爲少日行三百里臣今年百八十矣帝受其方
賜以玉帛老父後入山去每十年五年還鄉里僅三百
年不復還矣（見類林雜志幷葛洪神仙傳）

稷丘君泰山下道士也髮白更黑齒落更生漢武帝時以
道術受嘉賞後罷去帝東封稷丘君擁琴迎拜止帝勿
上上必傷足帝上及數里左足指折諱之還爲稷丘君
立祠傳讚曰稷丘洞徹脩道靈山鍊形濯質變白還年
漢武行幸携琴來延戾以升陟逆覩未然（見列仙傳及集事淵海）

安期生在泰山遇李少君入山採藥病困安期生與神樓

散一匕而愈

崔文子者泰山人也世好黃老居潛山下後作黃散赤丸
賣藥都市自言三百歲後民有大疫長吏之文所請救
文擁朱旛繫黃散以徇人門飲散者即愈所活者萬計
後去在蜀賣黃散故世寶崔文赤丸黃散云傳讚曰崔
子得道術兼秘奥癘氣降喪仁心攸悼朱旛電麾神藥
捷到一時獲全永世作効（見列仙傳及集事淵海）

晉

張忠字巨和中山人永嘉之亂隱于泰山清虛服氣餐芝

餌石符堅聞其賢徵至長安以野服見堅曰先生獨善之美有餘濟世之功未足故遠屈先生將任以齊尚父忠曰昔因喪亂避地泰山與鳥獸爲侶尚父非敢擬願還餘蔵歸岱宗堅以安車送之過華山歎曰我東嶽道士沒於西嶽命也已而化去謚曰安道先生

唐

呂嵓字洞賓宋天聖戊寅三月二十一日書五言絕句于王母池署其後曰回翁題政和丙申六月十八日復書七言絕句署其後曰回公再書前後書法皆類顏魯公

再書二字類遲賢亭刻人莫能識好事者摹其真蹟于會真宮觀其詩則知純陽子三至泰山矣（詩見登覽志）

張僊不知何許人開元中與李某同至泰山學道久之李以宗室辭歸仕至大理丞屬安祿山亂携家襄陽尋奉使揚州途覯張子邀李同宿門庭壯麗儐從璀璨李視女妓中有持箏者酷似其妻及罷張呼持箏者以林檎擊裙帶上各散去明日李復至門館荒穢無行人跡詢鄰人曰此劉道玄宅已十餘年無居者尋還襄陽索其妻裙帶果得林檎問其故云一夕夢見五六人追云張僊喚擫箏臨別以林檎繫裙上於是知張已得僊矣

元

丘長春不知何許人嘗居泰山南阯長春觀以全真爲教元賜號神仙無爲演道太宗師別號長春子後去之嶧山有仙化遺跡嶧碑及觀中遺像俱尚存

張志純號天倪子泰安埠上保人六歲能誦五經十二歲入玄門居會真宮數載道行超群輩初名志偉元主改今名賜號崇真保德大師授紫服重建岱岳升元二觀及上岳廟元初王奕斐稿有贈詩云赤松宗世遠岳地

作神仙註云其人百二十歲三見帝學士徐世隆題其小影曰形雖羸于道則肥性雖介于物則齊具儒墨之體用見天地之端倪杜仁傑曰其學也老莊其志也軒岐郡人王天挺曰氷霜外潔日星內炳又曰山澤之臞道德之腴徐徐于于此世之所謂天倪子者乎化日自頌曰脫下娘生皮袋此際樂然輕快百尺竿頭進步蓬玄洞府去來去來前世宿德饕僧今作道門小才

徐世隆別號復齋不知何許人元翰林學士夙與泰山天倪子游元季喪亂變姓名上下泰山常居岳祠或城隍

廟三稱子從學一教習泗水超距一授漢書其一曰王主授舉子業父之別去言三子貴賤短脩其後授漢書者目肓賴說書爲衣食言泗者遇濟南灌城之厄以泗解圍以超距脫死致爵賞主登科膺爵齒三人所至悉如其言主年八十許時世隆復來見天順間又至泰山惟升元觀一老道士識之其容貌如兒時所見後不知所終州志載世隆官如今傳山東通志書廉訪使不載其地近閱文文山集書世隆尚書東平人詩哭文山蓋宋季之人也歷胡元終始而我國朝人猶及見之異哉

成興公真人不知何許人仙道成于泰山見五岳真形圖說

王從之不知何許人初官翰林後隱泰山跏趺而化人稱其地曰蛻仙巖巖見元人石刻詩及古州志

海印泰安州人居鄒縣大明禪院幼悟道常夢異僧指示一旦呼弟子謂曰吾幻身非久住世親書偈畢端坐而化三日慈容如生其院上紫霧光明貫於天際邑令見之稱爲真佛

靈宇

靈宇何明神之所宅也志之而首岱嶽焉者何奠方域出雲雨功侔造化而群岳宗焉祀于有司國家之典禮也

岱祠有昊天地祇乃弗先之者何非有司之分非典禮也非典禮而志之何傳曰有其舉之莫敢廢也乃若霞君青帝邦國攸崇孫石兩賢鄉人景範至于佛老之宮群靈之府亦載籍之舊也又烏得而遺諸

東嶽廟在州城西北隅風俗通曰岱宗廟在博縣西北三十里山虞長守之按志唐廟在嶽之南麓岱岳升元二觀前當爲漢址宋改今地其後廢興修葺詳具宋祥符宣和金大定元泰定至元及　國朝諸記石廟制堞城高二丈週三里城門有八南闢者五而中曰岱嶽北曰

魯瞻東曰青陽西曰素景門各有樓角樓亦四東南曰巽樓東北曰艮樓西北曰乾樓西南曰坤樓由岱嶽而上重門爲配天次爲仁安再上爲仁安殿露臺高下聯屬者二殿前兩廡之中爲鍾鼓樓樓之後各爲齋房殿後爲寢宮宮左右爲配寢其規模宏侈儼如王者居配天門左爲三靈祠右爲太尉祠祠前東廡別殿曰炳靈西曰延禧碑亭三其一當岱嶽配天二門之間其二對峙于鍾鼓樓側三亭皆爲　國朝御製碑建惟洪武勅祀一記乃某官德祐撰詞前述

高皇帝玉音故州志通志俱誤稱御製而作亭鑴石亦皆傳訛此國家重典不可不正殿前古松數十株蟠結偃蓋非他境所有漢栢唐槐皆特異雖良繪莫能狀銀杏大者圍三仞火空其中陰符經曰火生于樹信夫奇石玲瓏者九其上有古題刻知自遠方來貢獻者碑石林立其可爲書法者張待制崇書宣和廟記喬家宰宇篆御祝文廟前有亭曰遥祭亭前爲遥祭門之前爲御街宋東封警蹕之地而實為廟之第一門也舊榜曰草參門門中有臺臺再成臺上有亭亭重簷四面十有六

角峻嶒綺麗前榜曰岱宗盛中丞秋林書爲岳榜諸書之最在昔有事于岳者先拜于亭而後入廟故曰草參今有司遇祝　鸞於廟罷則儀從由亭門而出猶古之制也亭今列屏鑒方圓各一高六尺許鑒前雕座置元君像四方來謁頂廟者亦先拜焉故又曰遥參亭云

宋宇文粹中重修岳廟記

宣和四年九月有司以泰岳宫廟完成奏功制詔學士承旨臣宇文粹中記其歲月臣粹中辭不獲命退而移文有司盡得營建修崇詔旨本末與庀工鳩材因舊增新之數謹再拜稽首而言曰臣聞自昔受命而帝者咸有顯德著在天衆合四海九州之歡心以爲天地社稷百神之主故有壇場圭幣以象其物有宫室祠宇以奠其居有牲牢酒醴以薦其潔有祝冊號嘏以導其誠其漠然而意可求儼然而誠可

格殆與人情無以異是以黄帝建萬國而神靈之封七千虞夏商周文質迭救雖所尚不同而事神以保民其歸一揆故其書曰望于山川徧于群神又曰山川鬼神亦莫不寧其詩曰懷柔百神及河喬岳又曰隮山喬岳允猶翕河河東曰兖州其山鎮曰岱山自開闢以來尊稱東岳其穹崇盤旋雖號爲一方之鎮而觸石膚寸以不崇朝而利及天下是以歷代人君昭姓考瑞盛登封之禮告祭柴望五載一巡狩必以岱宗爲首而神靈烜赫光景震耀載在書史接於耳目者奕奕相屬也宋受天命建都于汴東嚮神岳遠不十驛章聖皇帝肇修封祀蓋嘗躬款祠下欽惟神靈饗答之與念唐開元始封王爵禮加三公一等未足以對揚休應遂陪五岳咸陞帝號自是宫廟加脩薦獻加厚四方萬里士民奔湊奠享祈報者蓋日益而歲新也皇帝聰明仁孝光于上下神動天隨德施周溥既已躋斯民於富壽迺申敕中外凡所以禮神祇崇顯祀畫志備物畢用其至歲在辛巳迨于壬寅詔命屡降增治宫宇繚墻外周來思分翼歸然如青都紫極望之者知其爲神靈所宅凡爲殿寢堂

閣門亭庫館樓觀廊廡合八百一十有三楹財不取于賦調役不假于追呼而屹然崇成若天造地設靈祇燕豫福應如饗嗚呼真聖德之事也惟古聖王先成民而後致力於神故奉牲以告曰博碩肥腯謂民力之普存也奉盛以告曰潔粢豐盛謂三時不害而民和年豐也奉酒醴以告曰嘉栗旨酒謂上下皆有嘉德而無違心也臣竊伏覩皇帝陛下臨御以來夙宵之念無一不在於民者發號出令以誠以告頒恩施惠以生以育選官擇人以長以治制法垂憲以道以翼以訓以齊政成化孚中外寧謐於是國有暇日以脩典禮民有餘力以事神祇咸秩無文周徧群祀自古所建上下遠邇靈祠告祝于今莫不畢舉觀是宫廟土木文采輪奐崇麗則知郡邑之富庶帷帳熒煌袞冕璀璨則知絲枲之盈溢牲牷充庭醪醴日御則知耕牧之登衍簫鼓填咽歌呼滿道則知氣俗之和平神之聽之迺祇保于上帝用降鑒錫兹祉福則社稷之安固曆數之綿遠蓋方興而未艾也臣既書其事又再拜稽首而獻頌曰於皇上帝監觀九有孰贊天綷山川封守帝欲富民俾阜貨財溥潤澤

之俾司風雷東方岱宗是為天孫體仁秉震生化之門昔在章聖崇以帝號發册大庭五雲前導施于子孫格是神保歲在[illegible]捕捉新宮載考皇帝慈儉愛民自衷不侮鰥寡不廢困窮神鑒其仁錫之屡豐皇帝神武赫然外攘馴服悍戾以蕃善良神予其義助之安疆仁義旣洽民有餘力還以報神神居是飭我我神居作鎮于東有來畢作庶民所同惟此庶民惟皇作極丕應僕志徧為爾德祝皇之壽時泰山同久握圖秉籙歷箕旋斗祝皇之祚泰山等固鎮安二儀混同萬宇下建群黎徧敷錫之億載萬年惟神是依匪神獨依惟天無私有謡康衢述是聲詩

金學士楊伯仁重修東岳廟記畧 臣聞嗜欲將至有開必先天降時雨山川出雲明神之所以佑聖德也嶠山喬岳允猶翕河敷天之下裒時之對聖人之所以昭神功也豈非幽顯之感通報施之明驗歟乃睠岱宗之神秉震籙寔司東方東方者萬物之始故為群岳之長我國家受命之攸在雖德自天啓亦惟神之陰相哉主上在位之十有七年內外晏清禮樂備舉於帝于郊而百神受職民穌物豐靡有菑害凡岳鎮海瀆名山大川率命有司崇飾其廟貌嚴寅其祀事歲時親署祝版遣驛命守臣侍祠皆首於岱宗大定十八年歲在戊戌春岳廟災雖門墻儼若而堂室蕩然主上聞之震悼不已俾治有司不戒之辜旣而歎曰神其或者以宮廟故敝欲作新者乎廼敕庀工度材以聞明年以同知河北路轉運使事徐偉就遷知泰安軍事專領其事彰德軍節度判官王元忠佐之皆選能也命馳驛以圖來上入受訓戒示之期約且擇尚方良工偕往營之出內帑錢以貫計者十有六萬黃金以兩計者二百四十有六及民之願出貲以助者幾七萬千且運南都之材以足之復詔其工役勿煩吾民給以傭直故皆悅而忘勞矣二十一年辛丑冬告成凡殿寢門闥亭觀廊廡齋庫雖仍舊制加壯麗焉詔謂格神之道所貴致潔其當陽之像毋用漆塑以涿郡白玉石為之殿楹高敞勿事蔽障殿閾周阹設為儲胥俾四方士民遠致貢獻者皆遂其瞻禱之心而無褻瀆之患廟之西南隅舊設舍館賓客往來皆止焉自三觀而下十里達于廟禁無樵薪二十二年四月制詔翰林侍講學士楊伯仁記其事臣伯仁

承之禁林職在賛揚聖德豈敢以鄙陋辭謹書詔旨之始末與其經費之多寡叙之拜手稽首而作頌曰東方曰仁萬寳資始神惟岱宗爰主張是雞鳴見日其高巖巖兖州之鎮魯邦所瞻觸石生雲合于膚寸曾不崇朝天下膏潤無慚而下七十二君咸登兹山告厥成勲於皇時金聲迹東土誕膺天命實受神祐我后中興出震應辰禋祀上帝懷柔百神無文咸秩矧此喬嶽宮廟制度天子禮樂災之所生然在不虞舊或未恰新何以圖洪惟聖明監此神意親授規摹選能與事宸衷簡在民願攸同不愆于素按圖奏功臺門將將如鳥斯革廣殿巍巍增陛以級牲酒圭幣薦羞以時敢獻善祝神之聽之聖人之德聖人之壽泰山之高泰山之久聖人之業聖人之基泰山之固泰山之維神居孔安有饗是格生甫及申藩宣方國禮無不答神罔時恫於萬斯年福祿來崇

元長山杜翱撰延禧殿碑記畧 岱宗有祠寔自唐始宋大中祥符聲建今祠大其制一如王者居其殿宇門觀長廊廻閣總八百一十有二楹其內城西南隅有殿曰延禧有堂曰誠明繚以廻廊別以庖湢以待天子行人衘王命以代祀者至則具香幣于殿退齋于堂番思儲精卜日涓吉乃有事于東嶽天齊大生仁聖帝示弗敢褻也三百年來嶽祠再廢再作金季叔擾復毀于寇雉斯殿與堂獨存我世祖皇帝踐祚之七年創構仁安殿以安嶽靈其他則未遑然歲時旣深日就摧壓堂陛廊廡咸非昔若至正丁亥歲值單懷范君德清來提點廟祀則曰國家為社稷生靈計歲遣近臣代祀其所以涓潔精誠者在是今乃推毀弗治可乎遂跡謁諸好禮者捐廩捧金咸樂施弗愛於是掄材召工未閱歲而殿堂廊廡煥然一新又創為新堂五楹前軒後闥高明虛敞以待賓客西為神庫以藏天子賜物復闢東廊設以軒楊高其陛祀以待諸官府有事嶽祠者總計若干楹噫若范君者可不謂勤於其職者哉諸好禮者姓名附載碑陰云

國朝

孝宗敬皇帝御製重脩東嶽廟碑 朕聞自古天子報祀鬼神之禮載在典冊自郊祀天地而下復有所謂名山大川之祭蓋名山大川兩間物形之最鉅者形鉅則氣之所鍾亦鉅而神必依之於是有雨澤之潤有財貨之生

有年穀水旱之祈禱焉以利生人此報祝之所由起也惟泰山在古兗州於方為東故稱東嶽於時為春春主生萬物之始群嶽之長又稱岱宗古者天子巡狩秩祭之所先而東方諸侯在其封內亦得以祭然其禮視三公焉以別於天地也降及後世乃崇以美號至於帝王則與天地無別矣我 聖祖高皇帝有天下之初詔定祀典始復其號曰東嶽泰山之神禮嚴報祀著令至今大聖人超卓之見蓋出尋常萬萬豈特朕所當恪守雖萬世子孫莫之能易也東嶽之廟今徧於天下其在泰山者為專祀歷代所重故廟之規制甲於他方香火特盛我 祖宗列聖自國初以來報祀惟謹廟宇亦屢加脩葺然歷歲既久風侵雨剝棟宇榱桷蓋瓦級磚與夫丹雘藻繪之飾未免傾圮漫漶弘治巳未冬朕承 祖宗禮神之意遣御馬監太監苗逵往脩祀事具以為言即發內帑銀八千餘兩幷在廟積貯香錢命逵會山東鎮巡等官葺之未幾西陲告警逵有督軍之行工不時就壬戌冬再以祀事往乃與鎮守太監李全巡撫右副都御史徐源等議委右布政使俞俊專董其役而分巡

泰山志卷之二 四十三

副使王宗錫往來協同史勤工善越明年夏乃就訖自三殿而下若廊廡若門垣等凡傾者以易圮者以完漫漶者以鮮以潔金碧輝映廟貌深嚴泰嶽明靈既尊且安自是而往陰佑默相我國家之祚於一方之生靈益有賴於無窮矣逵暨鎮巡等官咸奏是舉之盛宜有述以示後爰識巔末幷繫之詩曰鴻濛未判一氣渾然清升濁降始肇乾坤賦形之大惟山與川氣隨形鍾神乃在焉巍巍泰山高入雲煙群岳宗之靡或與肩自古天子秩祭孔虔禮視三公祀典攸傳降及唐宋繹禮相沿殊名美號盇謚謹盇事於惟我 祖志復古先秩祀有詔功邁前編朕承 先烈精誠彌堅祀事載脩廟貌增妍神心鑒悅降福綿延壽我氓祚光我化甄蕩蕩平平億萬斯年

大學士李東陽廟記略

書稱岱宗蓋以東方屬春萬物交代故曰岱為群岳之長故曰宗然而祭之者何也記曰能出雲為風雨又曰民所取財用也惟天子得祭之如帝舜望秩于山川是也若諸侯所封之地有名山者則祭之在周惟魯侯得祭泰山他國不得祭也季氏旅於泰山宜附於僭竊之罪矣三代以前不過為壇而祭之如周制四坎壇祭山林丘陵於壇是也秦漢以來有神仙封禪之事於是又有祠廟之設古者五岳視三公謂視其饔餼牢禮之多寡以為牲器之數也非以三公之爵封之也後世遂封五嶽之神為王為帝垂旒端冕儼若人鬼矣洪惟我 聖祖高皇帝聰明睿智卓冠千古即位之初詔示天下 有曰嶽鎮海瀆皆高山廣水自天地開闢以至於今英靈之氣萃而為神豈國家封號之所可加今依古定制去其前代所封名號於東嶽稱曰東嶽泰山之神嗚呼是舉也裁革瀆禮不經之失所謂質諸鬼神而無疑百世以俟聖人而不惑者矣濟南太守陳君銓走書京師告予曰東嶽泰山神廟傾頹上請得 旨重修巡撫都憲賈公銓與三司官僚合謀經營若按察使王公鉞尤留意焉屬銓綜理其事經始於天順四年八月二十六日落成於五年九月初一日內外煥然一新俾是方之人依而敬之有加於前僉曰不可無紀敢乞為記刻之用示久遠予惟泰山出雲膚寸而合不崇朝而雨天下功德固廣大矣要之是方之人沾其惠澤尤多況又取其財用者乎雖曰朝廷祀典

泰山志卷之二 四十四

所載而是方尤所當敬也今巡撫方面風憲重臣同心協慮重役神廟又得郡守克承委任用體 朝廷之意以表民之所敬所謂所欲與之聚之真可謂民之父母矣彼慢神雷民者視此於心不亦愧乎

學士薛瑄廟記略

東嶽泰山之神故有廟在山之陽 朝廷有大典禮大政務則遣使告焉廟屋既久多圮漏弗治先是守臣嘗奏請修建而未克底 完天順己卯泰安州復以其事達之濟南府因以上請 詔允脩葺于時都憲年公富方議興役而去方副都御史賈公銓繼來乃洎巡按藩臬協議既擇有幹幕職以董其役復俾濟南府知府陳銓月一往以綜理焉銓始至泰安謁修葺嶽廟因所以祗若 朝命致謹大神然尤當以省民財重民力為本以財匱民勞事亦非可因詢及守廟者具言數十年所積禮神之物甚富遂遣人持市木之巨細與其他修屋之不可缺者及既合而匠役皆在官之人而農民不知有役銓既綜理有法不急不徐始事於天順庚辰秋七月辛巳夏五月訖工殿宇周廊門觀繚垣悉皆完治咸願刻石以紀其事山西按察使王允濟南人也以書來求

文於瓊惟孔子有曰必也正名乎夫明則有禮樂幽則
有鬼神其理一也然祀神之道豈可不以正名為先乎
如嶽鎮海瀆在古帝王之世皆以名山川稱之初無以封
號之加蓋以其天地儲形萃秀神氣流通能興雲雨以
澤物能出財用以濟民故雖載在祀典而不可加封號
自前季以來道學不傳幽明之理不明於天下邪誕諂
佞之說曰作於是有封五嶽為王為帝者有封五鎮為
公者有封四海四瀆為公為王者而又各加以美號夫
嶽鎮海瀆其形峙而流其氣神而靈古禮五嶽視三公
四瀆視諸侯而乃崇其筆人其神名既失正神豈顧享
洪惟我 太祖高皇帝定有天下之初即稽古祀神之
典乃頒 詔旨於嶽鎮海瀆諸神曰考諸祀典知五嶽
五鎮四海四瀆之封起自唐世崇名美號歷代有加
禮不經莫此為甚今依古定制凡嶽鎮海瀆並去前代
所封名號止以山水本名稱其神仰惟詔旨所載隆復
古制大洗前訛其所以達幽明之理嚴上下之分允宜
表正斯世垂法將來而為萬古不易之大典孔子所謂
正名者於斯見之猗歟盛哉東嶽泰山之神為諸嶽冠

聖朝既正其名秩其祀而廟弗治又俾所司以時修葺
而巡撫憲臣洎藩臬得綜理其役如銓者不竭民之財
力而克底完新皆可謂祗若 朝廷丕顯休命而致謹
於人神者矣遂序其事而銘之曰 一理宰幹二氣互根
清浮無際濁墜斯存柔行剛峙川洪嶽尊惟此泰山造
化鍾萃巃嵸太虛磅礴厚地胙魯邦瞻實衆嶽最其蓄
罔測其施靡量玄雲寸石甘雨八荒功既載溥厥報宜
彰有廟在陽奉命新葺重臣是承守臣是職民不匱勞
事底完集殿宇廊觀聳卓縈迴高下中度不騫不卑神
氣鬱鬱流通在茲昔古山川明祀有體夫何前季封號
杵起躋嶽於天系三公禮 建我 聖世道復古隆斥絕
僭誕率由大中嶽鎮海瀆悉正其名惟岱宗神神稱允
格迄茲有役咸願石刻述理繼辭以示無極 **尚書周經**
修廟記略 廟以祀山川之神其來已久蓋人心於是乎
瞻敬祭享於是乎登薦而神靈亦於是乎依栖矣故必
壯麗完潔然後可以竭虔妥靈斯固有土者之責哉泰
山有廟在泰安州其殿庭嚴整蓋以累經崇飾之故獨
其廊廡久未修葺都御史王君霽御史陳君璧時巡其

地因請廟而有見焉於是謀之藩臬為重修之舉擇齊
南同知溫廉董其事泰安同知孫璉判官崔震分理之
凡材木瓦甓金石之類以至匠有庸役有廩皆取諸神
惠之羸不以煩民經始於弘治庚戌十月落成于癸丑
九月同知廉以撫巡之命來謁予文以紀于石予惟泰
山五嶽之宗為祀典正神且其膚寸之雲雨及天下天
下之人所以敬禮况其州之人哉况其土之有司哉故
廟廡之修因時而舉乃其分焉爾然嘗聞之神不享非
禮人不可以非禮瀆洪惟我 太祖高皇帝光宅天下
以禮祀神故復神號有詔有律革前古之弊垂
萬世之法蓋自當時民和物豐靡有災害至於今益盛
者皆其景貺之答也然則天下之人所以捧香齎帛奔
走山麓仰觀廟貌果皆仰體 聖祖之意而極崇奉之
道哉不過求生以受福死以免罪不赴所謂七十五司
以墮對燒舂磨之獄而已嗚呼惑哉福善禍淫天之道
也神果能死生人亦奉天以行其禍福耳豈求可得而
禱可免哉今遠近之人紛然狂惑不知止極亦豈非有
土者之責乎誠使守土之吏能如孔門之林放推本

聖意告諭其民曰神能生財物以濟我能作風雨以澤
我能捍大災患以寧我我所以崇奉之者報其功德耳
如有非禮之瀆必致之罪將見自其一州以及天下皆
革其狂惑以正持己以禮接神豈不於治化有補哉予
忝掌民部督有司以化民尤予之責也故謹為之記以
告 **大學士李東陽新廟告成詩** 巖巖岱嶽新廟有作爰
經爰度惟舊規是若載增載拓以光于前 新廟既
構其輝孔炤如輻斯輳如檝斯茂若繪若繡惟功之懋
厥有加于舊惟天降菑鬱攸是崇惟斯 文之惘惟
帝降命有嚴厥工惟中丞之風監司之功 廟祀伊叔
帝命孔肅曰此大事我其可弗告 粢牲爾祝予輔臣
是屬臣拜稽首曷敢弗恪 廟既新止禮既因止聖靈
降監饗吉蠲止天有斯文實享厥也如貞
斯元如冬斯春惟國有明祀于千萬年
東嶽上廟在嶽頂磨崖碑前伍緝之記泰山有上中下三
廟中廟今不可考按州志元至元間提點張志純嘗修

上廟嘉靖間都御史曾銑重修布政使陳儒記闕曰泰山為五
嶽之尊橫亘齊魯跨引江淮矗突雲霄輝映日月巍乎
高哉其天下之奇觀而獨秀者乎我　明天子御極望
于山川徧于群神曰用相我國家維茲嶽乃辛丑北虜
犯順乃申　敕封疆之臣曰其各壯乃金湯峙乃砦堠
用扞衛我國家予一人以寧亦維茲嶽嶤乎嶽之時用
大矣哉維時都察院右僉都御史廣陵曾公銑寔承
簡命保釐東土比至時且告饑公約已裕民發　崇秩祀
而凡為我民徼福者靡不備至是故疏請于　朝得報
京儲數萬石臧粗亦數萬石間乃語諸藩臬庶正曰泰
山感靈皷動海內列茲兵戎之調度顛連之賑卹以暨
百官之匪頒罔弗賴之是其庇我東山者乎聞今廟貌
卬墚弗亟圖之其何以祀乃夏五月謀諸監察御史關
西楊公本深僉同茲議曰其動乃官需毋勤力毋違時
乃厎績已乃祇若成命移檄諸司曰若布政使陳儒王
鴻漸爾其經理諸難曰若按察使余鍠爾其糾察御事
乃罔弗旣厥心亦罔弗慎厥事曰知府劉鑾曰同知王

泰山志卷之二　四十七

景明爾其媽工儁工曰知州馬逢伯爾其率作興事乃
罔弗奔走惟罔功是懼于是群工畢興始于壬寅夏五
月迄于癸卯春三月東嶽殿之脩者四楹南向碧霞坊
之建者一亦南向泰嶽坊亦一西向東官廳之建者六
楹西官廳之建者四楹各南向鐘皷樓對峙于元君之
廟者各東西向如其制工旣訖而是歲雨暘時若東方
厎寧君子謂泰嶽于是乎有神僉乃請勒石于泰山之
巔公以記屬之儒乃拜手稽首颺言曰嗟乎天降時雨
山川出雲會欲將至有開必先言神興也碩茲東嶽孕
秀鍾靈甲于天下則所以貢我民生翊戴我國家者寧
有涯哉是役也創議者為都御史今兵部尚書蔡公經
申議者為都御史胡公纘宗成之者則今中丞氏曾公
也書云三后協心同厎于道其是之謂乎于時協謀則
先任按察使今山西右布政使劉璣左參政雒昂朱紈
右參政張臬韓威左參議盧耿麒右參議張鵬翰副使
呂高王楊談愷徐□義金清潘恩僉事為黃卷吳嘉會
汪東洋黃鰲辛珍□崔鏡都司為貴席李忠法皆得書乃
系以詩用崇厥祀　鴻濛肇判五嶽攸封蜿蜒迤邐泰

岱為宗日觀東升載瞻滄海漠漠白雲玄堂掩靄宣聖
是登過小天下中道弗巔萬古長夜碩茲廟貌秩祀是
將有嚴有翼豈曰弗臧棟隆其飭丹雘其塗匪伊黷祀
安民是圖維時保釐般般如怒先後協心乃茲底績蹟
攀萬仞峻極于天茲茲終古法象儼然誰佑我民睢鳶
靈異時雨時暘百物紛至以裨國需以賑閔庶盛德鴻
休東方伊豫大夫君子仰止
高風萬年歌此永與神功

天貺殿在嶽頂宋眞宗得天書建學士楊億撰碑銘殿今
廢碑存嶽祠時眞宗御製答謝天書序銘王欽若王旦
陳堯叟撰諸壇文皆以天書為言志皆錄之見當時君
相矯誣誇誕上下成風可監已善乎孫奭曰天何言哉
史曰一國之人如病狂然噫王文正且然而況於他人

泰山志卷之二　四十八

乎　**天貺殿碑銘**　臣聞玄天之覆物也陰隲而無私上帝之臨
下也高明而有赫偉昭回而成體其聽孔卑杳寂寞
以希聲厥應如響故周書紀其輔德羲易載其益謙百
祿咸宜于以隆其永命庶徵時若于以降乎嘉生斯皆
自我民而聰明表其道之貞觀者也至乃秉陽而健垂
象於日星得一以清成章於雲漢東璧列位主圖書之
祕文鬼竇瀹精握河洛之命紀蓋乾之緼至賾矣天之
文有爛矣耿靚太古鋪觀往牒三五之世德化醇茂故
伏羲受龍圖以作八卦軒轅得龜篆以朝萬靈放勛獲
玉泥青繩之文帝舜膺赤文綠錯之瑞夏商以降續用
昭明故大禹夢蒼水之符帝乙拜玄王之宇西伯之赤
雀止戶武王之白魚入舟皆盛烈通於神祇茂勳格於
穹厚繇是奇物譎詭以效質珍圖炳煥以告休宣純禧
而奮景衆形寶訓而示靈眷斯固殊尤絕迹曠千載而
罕逢卓異倜儻為百祥之稱首不然者又何以運契於
中和之極兆發乎至治之期雜鞠已遝敘寥寥而無紀合
符之盛啓迪而必先者哉崇文廣武儀天尊道寶應章
感聖明仁孝皇帝陛下之御天下十有二載也纂二聖

之丕基擎八紘之鴻緒中道底定庶邦協和王燭陽明
珠躔軌道頌聲載路瑞氣橫流百工惟時五兵不試仁
風行於無外洪化馳而若神品物茂遂而由儀群黎富
庶而知教徽纆之刑幾措弦誦之聲相聞人自謂於羲
皇家悉為於鄒魯行著而勿踐忠厚之性成天網彌疎寬
大之德著淳源載復治具張皇上方端居穆清之中獨
運陶甄之表執粹精而思道宅清明而在躬極深研幾
淵默雷震揚勲絢景輝光日新固已濬哲之懿升聞側
恒之愛敦洽金玉其度追琢而惟精雲日之表既望而
無極當其愛景長至陰魄下弦斗城覯深虎闈窅窱建
章萬户管籥之有嚴衛尉八屯誰何而載肅銀漢左界
王繩西傾挈壺之漏屢移滕席之對云罷方將凝神於
蠖濩穿體於清閒靜慮合於希微嘉應通於肹蠁俯及
乙夜閱乎嚴扃煥發靈光皎若白晝乃有真官降於霄
極臚語示乎休徵將求衣而起對忽乘飈而滅迹天子
於是申以齋戒致其精明爰及獻歲發春之初祗受大
中祥符玄錫九賓宿設親拜於廣庭八神前驅奉引於
黃道寘之恭館藏於東序乃復肆眚於綿寓易號於初

元惠賚浹於五營爵秩加于群后均合飲之澤以尚齒
推給復之典以貴農皇明誕敷純嘏均被繇是狥東人
之勤請考乾封之舊章將以陟介丘禪社首奉符而行
事刻號以告成揚二聖之休光為天下之壯觀列城除
道有司講儀龜策告猶雲氣呈瑞官象物而咸具民傒
后以來蘇三神眷懷萬邦和會而靈心昭著玄應沓臻
以為庶人靡常循畢星之好雨群小多辟或夏蟲之疑
冰雖況施之殊倫覺悟之咸悉猶復先甲而申告以儆
于清衷方將應期而紹至以彰手絕瑞惟元年仲夏既
望之後夕上復夢神人諭以諄諄之意期以來月錫符
於泰山於是濬發德音申儆執事有依類託寓之異當
疾置飛馳以聞粵林鍾紀辰銅渾叶度肇自初吉以哉
生明惟茲巖巖之峯舂發穰穰之瑞祥光夜燭成十煇
之姿御霱朝躋結九葩之狀是月之六日也粵有梓匠
晨詣靈液亭給斤斸之役草露方溼人迹罕至忽得黃
素於灌莽之上其文有皇帝崇孝育民壽曆遐歲之言
周章震駭亮守飛越亟以白引進使曹利用宣政使李
神福即共捧持以詣封禪經度制置使臣欽若臣安仁

緘縢載嚴騎置來獻皇上周旋欽翼夙夜齋明醇粹內
充典章兼舉命廊廟之元宰暨左右之信臣分授使前
奉導靈貺驛傳云至詔蹕出迎羽衛星陳官師景從弁
冕端委親拜受于苑中玄圖祕文復備示于群下先是
陰雲待旅大雨灌枝滯泥治道之是覩霽服廢禮之為
懼是日也懸寓澄霽佳氣髣髴杲杲之馭蹕光華在
旦羲羲之姿迭娟紛郁郁文五絃之風載薰九光之霞
成絢禎鹽胥悅戩穀來同躬乃綿蕝之儀素已草具畢
旆之駕乃先啓行既備物以吉蠲俾有司而翊衛載以
戚輅入于應門星旄先驅金奏竝作天子方復珥鑾旗
而稅龍馭撫櫜案而坐帷宮穆穆皇皇以俟夫元符之
至也既而步自閶闔率先群司納之殊庭是為秘寳且
復討論前載追求遺軌煇景下燭泰既作時功備云獲
漢亦建宮其後因軌迹而增崇建名稱而不朽首非可
以悉數也乃詔魯郡中飭攸司爰就靈區茂建清宇授
規於哲匠董役以近臣樸斲前施塈塗咸備法大壯而
取象曾不日以克成置寘門谷[illegible]之庭鎮阿閣神房之
麓雲封崛起迴對於軒楹泉源冽清載環於階墄祇告

天貺表以徽名既而慎擇靈辰揭之題榜乃有玄鶴集
于雕甍清唳久之墜羽而去斯乂九皋之仙質千歲之
純精挺胎化之姿告壽昌之兆者也及親封汜檢載揚
標燎降自陰道禪于方丘會朝明堂肆覲東后美澤及
于四海神化馳于六幽天子乃撫節盤桓憑軾游豫周
爰渫覽以邑于茲瞻層構而改容臨清流而發歎金爐
朱火隨馨德以升聞羽蓋清塵彰健行之不息旋軫飲
至天成地平定時計工金相玉振且以為古之哲后褒
紀瑞命方牘所述靈武可徵至若耳露黃龍標於年曆
芝房朱鴈播於樂章或作繪以彰施或緝經以論著皆
所以昭答報降垂示方來爰詔下臣頌茲徽烈恭惟紮
書秘諜荐錫于王最福應之大者也靈宮真宇列峙于
炯對制作之盛者也非有遷雄之博物通達崔蔡之發
篇清麗鄒枚之論精曹王之氣質又曷能敷陳景鑠木
宣鴻明著之金石之刻流乎億萬之祀如臣膚淺豈能
演暢丹命之時爍吻惟勤頌歎游揚雖諮於素蘊博約
溫潤寧企於前修伏紙怔忪媿汗交集銘曰太始棫樸
邃古之初結繩而治斯文闕如三五迭興受命合法河

洛開與乃出圖書岐周發祥鳳止高岡火流於屋魚入
於舟龜啟蒼璋亦符燉煌出金策之賜翦郭啓疆卯刀符
識[宋史]於圖玄執頌絶靡常惟皇建極與天合德
有開必先神休恒則清夜戒朔啟容斯覿旭日朝躋真
符云獲節彼崇巘天帝之孫刺繡[?]議發祉閟[?]泉源
淼涌和景曼溫玄文中錫明靈有赫雲篆騰晶水紈紫
積殊禎響答奇應山谷熊蒸禮成蔘蕭慶洽寰宇暈飛
揭榜雕楣建茲顯號式昭鴻禧金輿玉輅靈[?]揚蕤福
應之盛輝光在茲曾所與奕奈觀巍巍封崇奋蔚淵井
連猗歸然宋構永鎮芳祇[史論]真宗瀆淵既盟封禪事
作祥瑞沓臻天書屢降尊迎真安一國君臣如病狂然
[宋史真宗本紀]曰自祥符以來每有大禮輒奉天書以行事
常悒悒不樂臨終謂其子曰我別無過惟不諫天書一
事公諸子削髮披緇以斂

玉帝觀在岳之絶頂卽古登封臺晉嘗圮廢成化十九年
中使以內帑金貲重建濟南知府蔡晟記石[記略]天子命
聖御馬監太監錢喜歸前代封禪玉冊於舊所且為文致告
蓋盛舉也既奠封筆寄遂于東嶽神祠建清醮三晝夜
晟等以守土咸從事焉預期各明心滌慮宿沐於齋所
醮之日瑞雪漫空鳶鶴翔集觀者如堵噫嘻有是哉此
昔我 聖天子一念之誠之感召也禮成太監錢喜以
岱宗絶頂王帝觀歲久湮圮多出內帑白金命工繕葺
其制視日照觀而增飾焉易梁以棗易柱以石冶鐵為
瓦覽將以垂悠久也命晟宜有言以識因祖述如左復
陳短詩三章上以祝 聖天子萬萬年無疆之壽下以
表承事諸臣之精白小心庶紀太斯觀修舉之所自云
其一 吾皇一念與天通瑞雪翔鳶滿太空靈貺分明昭
帝德小臣拜舞效華封 其二 函香捧王自天來百里寧
辭一騎催陟盡巔峯凝望處五雲旋繞是蓬萊 其三 輪
奐翬飛翠靄籠玉皇臺殿倚層空登臨亦有宣尼興俯
仰乾坤一望中

玉皇廟在嶽之回馬嶺後察司陳察撰記廟前畝許為崖
磴高三丈餘磴盡處為昇仙閣 瀋王撰記[闕里誌]自浙泉之寨
昔道經齊魯抵茲山歷險升高雲巖風壑百折千迴行
次山腰突見新祠曼碩俊有瑞仙巖左十峰嶺右九峰
山巒巖奇特祠據厥勝像設鏐沃冠裳儼如鍾鼓有寔
其主曰昊天玉皇上帝竊惟山莫名於五嶽而泰尤稱
稚蓋自崑崙一脈迢迢馳發至於茲屹然雄鎮固萬山
第一止處憶自結髮遊觀兩都暨江浙諸省歸棲徧吳
嶺十載再起望九嶷過衡陽觀于牂牁越雋歷蒙段氏
墟抵金沙江望銅柱渡河洛驅馳閩陝跡徧二蜀閩粵
崧嵩峩巒駭矚不一然未有若茲山屹焉孤高峻極太
虛至使天下之人竭力協誠齋肅強負駿奔對越者踵
武無虛日精神會合君蒿悽愴若或臨之此豈偶然之
故哉其必有所以為之者矣是則斯地也而有斯祠也
吾不能辯其可否獨念斯人往往數千里趨攀抵茲厥
亦勞止而斯祠適在磴嶝中有廡有庭有泉有茗
勞者少息飢渴者少慰藉沐風雨者得少為避愚夫愚
婦踧踖匍伏心懷戰兢欲平躁釋蒙昧以開而禱祈水
旱疾疫胥此焉依豈天設此以為福民求命之一助也
而可以輕擬議哉[闕里誌]惟泰山五岳之長群望之尊
稚峙一方高接天漢鍾靈秀之氣鬱造物之英真天下
名山之首古今祀典之崇者也其神主成物之始故宇
內群生壽夭休祥福徵禍眚出入依司罔弗欽戴恭惟
我 太祖高皇帝用夏變夷章明憲典首重祀禮嶽瀆
之禋厥誠罔替累朝以來率由舊典惟 皇建極德茂
業熙群辟攸敘風行海內俗化生成嘉靖甲辰秋稔泰
安守臣獻嘉禾瑞麥執政率九卿百職表賀淵衷悅俞
漢儒有曰和氣致祥斯實由我 聖皇法 祖憲天克
誠明祀之感豈非嶽神效靈用徵厥瑞者耶明年乙巳
春有曾明清自斯山募緣於路以回馬嶺玉皇殿一楹
費遠將圮乃增建五楹鐵瓦琉璃莊嚴銅像廊廡續具
復創門閣三楹特館今撫晉中丞曾石塘先生建牙山
左公務適臨命名曰昇仙閣僧詣予請記予惟兩間之
氣造化曰神感而遂通謐信闓闢著乎隱顯山載地靈
宜莫重於岱嶽之巖巖與神之穆穆而他莫及焉 聖
天子功高德厚以明厥報天地之誠擬於嶽考將無往

而弗通以享無窮之祀不亦宜乎

會真宮在州城東南隅舊名奉高宮宋真宗駐蹕改今額

國朝重建玉皇殿學正任式記[記畧]會真宮玉皇殿成當有碑刻以紀其歲月式齋沐拜手言曰一氣之分而輕清上浮者謂之天主宰乎其間者謂之帝吾儒曰昊天上帝彼道家者流尊其名曰昊天玉皇上帝世之曰宮曰觀皆其奉香火之地也會真宮在泰山之陽其創建不可考觀宋祥符間有頌二聖功德碑在宮之南百步許朝觀碑在宮之南一里許傳者謂真宗封泰山駐蹕於此今大定間徙奉符縣為泰安州故宮居州城之巽隅興替靡常所存者僅玉皇殿三間孺基卑下 上遣中使進香帛於方嶽行嶠是祠從衆望以嶽頂昭真祠以聞欲更新之 上可其奏卽下命所司時歲在庚子也於是召公輸於魯甸招匠石於郢郊采徂徠之松新甫之栢是斷是度是尋是尺辛丑昭真觀既作壬寅玉皇殿告厥成巍巍乎浩浩乎松桷有梃旅楹有閑粉飾藻繪妍麗精華金碧耀日月之光丹青奪乾坤之秀像設穆穆赫爾厥靈誠以昭我 聖代敬天事神之意無乎不在也若夫泰山徂徠相映前後奇花吐而玉壓芬芳白雲飛而瑶壇空靜星冠羽衣樂乎以加額者祝 聖天子於萬壽也黃童白叟羅拜於左右者祈斯世斯民於平康也嗚呼天不在於高高而在於咫尺帝不在於冥冥而在吾昭灼過之者寧不秉虔恭存敬畏以思無愧於對越也卯是作不為無益也詩曰路寢孔碩奚斯所作孔曼且碩然則古之作邑修廟者未嘗不得人以任其事也今是宮也奉 天子之命而作之者誰大參邢公表僉憲袁公端也

后土殿在岳南麓距州治三里許數松差類岳祠亦奇古可愛

青帝觀在岳之南麓肇建不知何時宋嘗葺之 國朝弘

治正德間復加修拓宋真宗加青帝懿號曰廣生帝君通志誤為加泰山懿號真宗御製御書贊刻今尚存帝即漢唐所祀五帝之一按漢書及宋天文志青帝天神也而東岳屬焉此廟祀之所由起也[宋加青帝懿號詔]勑中書門下名嶽配天乃衆山之推長盛德在木實萬物之資生寔真宰之斯存蕭靈篇之攸紀青帝真君職司煦育道叶冲虛贊玄化於高明庇群生於溥率真同夙建方志可徵屬嚴駕以時巡爰秘封之成禮式瞻神館冀沐冥休祇率典章載揚懿美奉蘭藉而昭薦極至德於無方用表欽崇永綏福祉宜尊懿號曰青帝廣生帝君覩宇特加修飾故茲詔示想宜知悉[廣生帝君贊]若夫典治喬岳表正靈祇司生發於東方佐聰明於上帝宜乎名冠仙籍德被烝民饗祀典於蕭鄉鏤徽稱於金石者也屬以虔修封禮恭答神休爰薦顯號以致誠述斯文而頌美讚曰節彼岱宗奠茲東土生育之地靈仙之府爰有高真允司明命至神不測虔誠斯應茂實克昭儲祥是繫式奉嘉名用伸精意大中祥符元年十月二十七日御書院摸勒石[御製文]維大中祥符元年歲次戊申十一月戊午朔四日辛酉崇文廣武聖明仁孝皇帝謹遣尚書兵部員外郎部轉告于青帝廣生帝君伏以峻功丕顯誕彰陰隲之仁神化無方實主發生之宇惟高真之攸館乃喬嶽之靈區爰以祇奉元符躬陳大報仰繁景貺克舉上儀式昭之稱以表欽崇之禮合仲致告用達虔誠謹告[漢書]禮樂志云郊外壇為五帝位是為五郊青帝位在甲寅之地又云祀五帝於明堂各以其方又云兆五郊于雒陽立春之日迎春于東郊祭清帝勾芒車旗服飾皆青歌青陽舞雲翹餘四帝服飾禮樂各如其方[宋天文志]石氏云東宮青帝其精蒼龍為七宿其象有角有亢有氐有房有心有尾有箕氏曾房腹箕所糞也司春司木司東岳司東方司鱗蟲三百有六十蒼龍為鱗蟲之長

三皇廟祀伏羲神農黃帝州志書八蜡廟在岳南麓距州

治三里許 御祝 弘治十六年歲次癸亥十一月初一日皇帝遣內官監太監□玄謹以清酌庶羞之
奠致祭于三皇聖帝曰粵惟三皇建于有極百草丰嘗
藥石是資疾痛痾瘵用賴以瘳神聖功巧萬世永賴爰
俎既精虔誠斯達敬伸
祭奠庶其歆格謹告
碧霞靈應宮在嶽絕頂西南下三里許舊名昭真觀宋真
宗東封建　國朝拓建改今額屢經脩葺嘉靖甲寅秋
上命工部員外陳策賫宮帑銀一萬兩重修焉其神曰天
仙玉女碧霞元君四方來謁者捐施金帛珠玉馬羖之
類每歲遣官筦榷以助公帑神之所自見高誨玉女考
學士劉定之尹龍徐溥尚書崔文奎各撰宮記　御祝

州祝及布政使郭韶銅鼓記俱勒貞石宮之東南拱抱
為五花崖東北迤西則嶽頂磨崖日觀諸峯蜿蜒環峙
三面若屛扆前若雙闕由宮門西下石磴三丈許南俯
縣崖下視城郭若畦圃自城郭望之則崖峯森蔽不能
見宮宇此蓋造化靈區真天奇也 高誨玉女考略 泰山玉女神顯靈于天下
其來尚矣世傳為東嶽女蓋謬說也人心崇尚習舛承
訛非特愚夫愚婦之不知雖博雅君子亦未聞有能考
其實者按州志載嶽頂玉女池馬端臨通考紀池側故
有玉女石像泉源壅濁宋真宗東封先營頓置泉忽湧
上升山其流自廣清泚可鑑味甚甘美王欽若請浚治
之像頗摧折詔易以玉石既成上與近臣臨觀復龕石
為龕奉置舊所祭焉唐劉禹錫送東嶽張鍊師詩云久
事元君住紫微而李白遊泰山詩亦云玉女四五人飄

颻下九垓及觀李鍔瑤池記謂黃帝建岱嶽觀嘗遣女
七人雲冠羽衣修奉香火以迎西崑崙真人由是考之
則知玉女必皇帝所遣七女中之修而得仙者後世因
之祠于山而宋元間龕像建觀尤有徵迨我朝拓新殿
宇靈應益著不然則泰山喬嶽之上何緣有此據通考
唐詩所載質之謬記益信 劉定之宮記略 泰山絕頂舊有
祠祀碧霞元君以其最高雲烝雨降材木易朽颷風剛
勁瓦多飄毀祠不能久　今副都御史原傑巡撫山東
謁祠見其隤壓謀新之鋼梁鐵瓦琉璃甎甓之堅固丹
雘青堊藻繪漆飾之輝煥高廣深邃規制增舊其費取
諸官而民不知自昔登山捐施委諸巫祝妄費不可稽
而今紀理之皆有條法云 尹龍記略 昭真祠在泰山絕
頂世傳謂天仙玉女碧霞元君之祠聖天子御極十
有五年命太監陳喜來修祀事明年詔修是祠即故址
增飾之祠殿為間者五以奉元君左右廻廊各三間則
護從之神居焉神道有門鍾鼓有樓恐其麥空壁立易
為風雨所剝蝕故陶土為甎冶鐵為瓦務為堅確黝堊
丹漆金碧交輝視昔有加焉其肖像左右為銅中以

沉香雕龕石座霞帔鳳冠黼黻璫璜而其所費一皆輸
財於神貯之帑藏以充其用而毫芒不取於民自經始
以來綱維其事者大參文安邢表僉憲衞輝劉璋下至
義士耆宿罔不奔走事事所以重上命敬神明也夫泰
山惟鎮東方為五嶽之尊歷代有封禪之典維我
聖每遇登極必遣廷臣以祀方岳又時命中貴有事於
祠或金帛則以將其誠或冠帔旌幢以拂其像蓋神列
之靈既感人實有以致之嘗觀州志昔有猛虎為害禱
之而去飛蝗為災禱之而死以至於民之旱澇祈之
有其驗故遠近衆庶拜瞻之頂靈風颯然知者敦其誠
愚者啓其敬忠者堅其志奸者沮其謀善心以之生欲
心以之窒吁休矣哉其神之惠乎 徐溥記略 弘治八年
春正月巡撫山東都御史熊公翀言泰山絕頂碧霞靈
應宮燬于火宜治事下戶部議謂泰岳有生物功凡祠
關祀典者不宜不飭且神以靈故四方奔走士女操金
帛為禱祈者歲所積甚夥宜令按察憲臣籍之以為工
費詔可乃以屬僉事陳君寬領其籍內帑賜銀百兩以
需副使廖君中司出納焉凡用銀以兩計者七千三百

有奇為大若干千而成熊 公乃致書京師請予記予闕泰山之勝稔矣顧職在 朝署無徐命欲一登而不可
得嘗觀泰安州志備載其形勢祠宇知有所謂碧霞者故閣老劉文安公之記在焉其為辭固奇偉巉聳與茲
山茲景並勝使八讀之真若望扶桑窮日觀飄飄于剛風倒景之外粵自有天地即有山川奇秀所結靈神所
聚邦君之所得祀擴而求之宜亦有不可無者矧國秩祀之所載所以萃人心而延景命於此有資焉是其家
興廢起繫以貽不墜抑豈非有司者之事哉記成系以詩曰岱宗之巔歸一宮兮金碧絢出高龍從兮承乾據
坤秀氣鍾兮神名碧霞誰所封兮雲冠霧裳廟貌隆兮月星光彩氷雪容兮人世杳絕嗟難逢兮門集五縣隨
兩驂兮小大執事靡弗共兮國家明昌年穀豐兮五岳效職茲其東兮刻石紀事垂無窮兮 碑文全記略 太極
判動靜生陰陽山鎮坤維體靜陰也水生天一體動陽也岱岳摩空峯巒拔起去地數千丈絕頂出泉流注石
池清泚可鑑蓋陽根陰之象泉以玉女名必有所稽地志失載記曰山林川谷丘陵能出雲為風雨見怪物皆

泰山志卷之二　五十七

謂之神岱岳毓神上通乾象降靈下土坤道成女天仙玉女之號意以是與碧霞元君之稱則後世加封之典
神廟在茲挹日月之峯擁層巒之秀左則岳頂之峻極右則天門之開朗歷選名勝之所無踰此境之妙意者
神或受 皇天后土之命俾權與造化之機於此不然何威神顯赫如是之大殆不可以易而測也歷代尊奉
已久逮我 朝崇重之典尤盛有寶香異品之頒有華冠錦袍之錫歲時遣官致祭以至奔走天下豪傑父士
女商賈之類皆齋心戒誓道路間關歲進香帛者恒以億萬計金鏹緡錢川臻雲至溢于公帑資歲用賑歲饑
皆於是乎取給孔子以鬼神能使天下之人齊明盛服以承祭祀其斯之謂與嘉靖甲申都憲王公堯封奉
聖天子明命來撫東藩風行海岱躬詣神祠展謁顧瞻祠宇敝壞慨然興歎曰神以福民為心既不享其奉矣
乃以荒祠祠之人情慊乎遂下營繕之令經始於嘉靖乙酉十月己未落成於嘉靖丁亥九月丙子規模壯麗
丹漆晃耀突出煙霞之上巍乎岱岳之間斗柄之南一奇觀也而神亦寧矣夫神寧於上人安於下幽明協贊

和氣熏蒸雨暘時若是以庶草蕃蕪百穀用成 朝廷無東顧之憂未必不自王公一念之誠有以感之後之
秉大政於東土者其尚以王公之心為心則神祠雖千百世猶一日也州守李君棠徵余言勒之貞珉以垂不
朽余為之紀歲月云 郭韶銅鼓記略 今夫山一卷石之多及其廣大草木生之禽獸居之寶藏興焉而況此泰
岱其位東其時春其德元其為物不貳則其生物不測惟夫人亦物也而奔走之而獻遺之孰興之乃為之神
者生生之乎不然或幾乎息矣易曰顯諸仁藏諸用其斯以為盛乎予寅長右轄熙臺潘先生政暇嘗登斯山
感獻遺之物而懼其殄也乃白諸撫大中丞南臯王先生鑄銅鼓四竅其心置槖鑰焉以象四時鼓萬物生
長收藏又為之鼎附之瓶以達絪縕之氣其知所謂鼓之舞之以盡神者與猶未也又欲題諸道德行各識以
銘鼓曰元氣鼓萬物春嗟爾岱神乎神 其一 氣再鼓羅朱夏品物亨乃神化 其二 孰鼓舞秋乃收物之府神之
休 其三 消而息爾鼓爾物歸根元資始 其四 曷曰大德曰生辭香維誠人在洪爐左右和平瓶因不平者情不

泰山志卷之二　五十八

私者乎 其五 神馮人哉人馮神哉 其六 吁淵乎微矣可以幽贊於神明矣予故為之記示後世有考焉已矣
御祝文 維弘治十六年歲次癸亥正月朔初一日己巳 皇帝遣御馬監太監苗逵致祭于碧霞元君曰懿德含
弘仁慈廣霈佑蒼生於壽域敷群品以霑依茲因眇躬偶爽調攝敬祈聖力永佑康寧特以香帛用伸告祭益
彰靈應福佑家邦謹告 維嘉靖十一年歲次壬辰二月庚辰朔十三日壬辰 皇太后遣太子太保王田伯
蔣榮致祭于天仙玉女碧霞元君之神曰 皇帝臨御海宇十有二載 皇儲未見 國本尚虛百神萬民無
不仰望茲特遣官敬詣祠下祗陳醮禮潔修 禋祀仰祈神既默運化機俾予孫發育早錫 元良實 宗社無
疆之慶無任懇悃之至謹告 巡按御史方遠宜撰 州祝文 維神懋權化機駕御陰陽助天育人炳靈泄光
一釀玄功八埏震揚明德俔天昭回七襄崧高維岳閟宮有侐仙馭式歸維此棲宅國有禋祀民有珪帛栁靈
拂和四海来格茲惟守臣曰薦厥常俎豆莫莫鏞鼓鍠鍠維神降止鏐鏘琳琅風霆維車雲漢維裳空歌欽欽

恭舉肅雍庶既斯八式登百穀永貞邦基扶輿清穆祀
禮弗愆維神率育尚饗【通判姚奎告文】惟神位望極天
下之尊明視燭天下之幽靈應奔走天下之人而致香
幣焉夫金貝幣帛人所重也茲不自重而效於神將以
求福利也神不自私轉而輸之藩司充國家之用濟
無告之民將以溥惠澤也撫巡藩臬大臣恐侵漁而無
稽渙散而無徒歲選州縣佐貳官七員以分掌之推府
佐一員以總督之所以專會計而防奸欺也夫舍之者
固為求福利而侵之者必獲咎殃理亦明矣矧國法昭
彰贓貨無厭者殺無赦禍亦慘矣顧前車之覆而多不
知鑒以利易趨人心易動也嘉靖乙酉冬十月奎承乏
總督深慮人心莫測衆志難同相率歃血矢於明神之
前勠期協乃心殫乃力恪恭乃職圖惟善終乃事敢有
私一錢尺幣為求田問舍之資子女玉帛之供者神其
鑒之速殛其身徐滅其子孫大
顯赫赫之靈永為昭昭之戒

天僊行宮在岳之朝陽洞南　周府建

岱岳觀在嶽之南麓王母池西按宋李諤瑤池記觀肇於
軒黃偽周及元張志純俱嘗重建今廢僅存三清小殿
土人稱老君堂內有石刻漢栢二字而栢則無矣古松
類岳祠差小碑刻唐與偽周老氏徒題記行楷書俱有
古法碑雙石並立覆以東盖異哉土人稱鴛鴦碑或云
武曌碑則謬矣

升元觀在嶽之南麓酆都廟西石刻政和尚書省勑牒尚
存元張志純重建改曰朝元觀學士徐世隆記劉惟一
篆碑尚存【升元觀勑牒碑略】尚書省牒在泰寧軍奉符縣升元
觀又云泰寧軍狀據兗州儀曹婁賓亮狀稱
契勘兗州奉符縣泰山之下名曰三宮空洞之天載在
圖經牒奉勑宜賜升元觀額牒至准勑故牒【徐世隆記
略】朝元者何兩儀資生萬物居泰群臣之賀正也故道
家取象名其觀曰朝元古殿摧仆掌教洞明眞人釁天
倪子鵠工掄材鳩將經四年亦勉力成之其費皆出會
真常住岳頂香資及掌教所助淨財夫洞天三十六福
地七十二泰山其一也其興與廢必有
靈祇司之豈不為神物所護持者哉

天書觀即乾元觀今榜曰碧霞元君行宮在州城西里許
宋大中祥符建史載天書降于泰山西南之麓即其地
也觀西隙地今為民居宣和兗守錢伯言碑刻湮穢食稀
之所偶遭鑿嘗移置岳廟古松下文墨士咸稱快焉

長春觀在州城西北隅女道士廢絕久之禪僧寄焉中統
碑刻元和子為女冠誓守慎作記丘神仙牒刻成吉思
皇帝勑旨俱存記稱祖師謂丘神仙妙真則守慎之賜
號也【元和記略】教非道不立人非教不修凡以道為宗
以神為教者莫不剖瞶抉瞽拯沉照昏躋人於長
生之域嗚呼世或有聞而未悟者有聞而悟者是旦暮
一遇之幸也近代幸我祖師設教七眞開天上智下愚
咸使知之男修女學悉為證矣夫全眞之道杳然難言
哉其教也微妙玄通應大悉備在人賢者識其大不賢
者識其小其要色資去欲返樸還淳屏已從人懋功從
德則為遊藩之漸若乃遊心於淡合氣於漠不以是非
好惡內傷其生可以探常學矣妙眞修學無問然矣儻
來不為得去不為失不悅生不惡死冲而用之厥心不
震雖天地晦冥而朗日自照霰雪交集而陽春自舒此
得性之功也動與陽同波靜與陰同德寢無夢覺無憂
虛而待也其生乃全聽之於心冲氣為
和息之以踵谷神不死此保命之効也

龍泉觀又曰斗母宮在岱之小龍口嘉靖二十一年德府重建濟南陳軸記石

風伯雨師廟在州治東按天文志風伯箕星雨師畢星也先是廟廢止遺一石碣成化丙午旱雩不雨或油然雨狀輒為風散知府蔡晟謂其所祭之風頓息矣雨如注因復立廟廟圮知州鄭豸易以壇

高真院在岱之南麓曰金山青帝觀後俗曰眼光殿

三官廟有三其一在岳之中道曰快活三其一在治西關其一在治東關

酆都廟在岱之南麓升元觀東弘治十四年建其神為酆都大帝其左為閻王廟

森羅殿左為閻王廟在岳南三里蒿里社首二山之間有七十五司及三曹對案之神神各塑像俗傳地獄收捕追逮出入死生之說固儒者不道然亦足以警教愚民使之向善而畏惡也張華博物志陸機泰山吟白樂天詩俱見學士徐世隆撰蒿里神廟記

徐世隆記略 蒿里者古挽章之名田横之客傷横而作者也漢李延年分為二曲薤露送王公貴人蒿里送士大夫庶人後世以為人死精魂歸於蒿里有神主之張華博物志陸機泰山吟皆云人死其魂拘於蒿里白樂天詩曰東岳前後魂北邙新舊骨樊

殿直廟記亦言人生受命於蒿里其卒歸於社首蒿里祠距岳廟西南三里許社首壇之左自唐至宋香火不絕禮之者入則肅然凜然出則悚然豈非世人如見真鬼神而然歟吳道子畫地獄變相于成都觀者咸懼罪修福而市屠沽魚肉者不售況入此祠其不寒心而駭目者鮮矣

趙相公廟在社首之陽其神見搜神記及宋人元豐記石

元豐記略 兖之奉高北有岱山焉迺天下之巨鎮也尊之曰東岳神即天齊仁聖帝也自秦漢而下訖逮我朝封禪之禮備焉廟貌威崇殿宇顯敞一如上方制度俾至者加其恭肅噫聰明正直神之德也福善禍淫神之職也幽而罔測顯而有靈則四方之民咸歸仰之在帝廟之西有蒿里山之祠即聖帝輔相之神也其廟號本漢封爵領袖群司掌判陰籍光載祀典靈威不泯　元豐三年姓名缺

城隍廟在州治之西二百武嘉靖壬辰重修學正李鎔記

石

記 陰陽屈伸行四時鼓群動所以斡旋其機軸者非神之所為乎城隍保障一方生民賴之以為命疆域賴之以為安降福祥消灾眚祐善罰惡其鼓動群生者尤大不有神以主宰之而何哉廟為神所棲像為神所肖尤不可敝壞不整泰安城隍廟像年遠廊廡傾圮丹青剥落道人董勉李春募善緣以修飾之煥然增新仍修飾南宮所當祀

玉皇廟像予謂城隍為天下郡邑保障禮

玉皇主宰昊天非南郊禋祀安敢以輕瀆之道人何人但以區區一念之誠不可泯殫心竭力以濟厥務亦可嘉也宜冥冥中必有昭格之者流俗愚頑褻天瀆神者視此可無警乎書之以勒于石

知州許應元

城隍文 惟神聰明仁惠以庇茲一方茲一方之民奔走謹畋勤恪歲事以報神之休靈無斁今嘉穀未植來牟槁死民且逋竄祀事將廢而神罔聞知是神之聰明有時而塞也仁惠有時而卒也不然則茲民載其悳德以罹神殛也不然是守官之無狀掇禍責也官如不職禍止其身品庶每生愚顓傑冥神德孔碩耳聰目明無酷其罰哀此煢煢竭誠以禱神澤沛淋尚饗

三靈侯廟在南天門祀周諫官唐晨葛　周武又附祠岳
廟按通志三人墓在高苑縣
靈派侯廟在州城西南渿河東渓其神舊名曰渿河將軍
後曰通泉侯後晉天福六年劉光度及宋王彧記石俱
存廟中宋真宗東封拓廟封靈派侯元重建教授王真
記〔真記略〕泰山有三溪獨西溪徃秘莫測源來自上方
為瀑布直注山趾洄洑龍湫而出高深委折至郡城
之西百舉武居民飲濯之而呼曰渿渿之東滑地形若
穹龜然廟其上曰靈派侯者宋真宗有事泰山駐蹕於
此始患水泉涸絶俄而涌漲嘉其神異而封建之也泰
安監司噉撒縣尹孫公民獻同謁祠下憫殿像摧壓蓄
與修志已而廟壖為水奔齧祝之水復折而西二公耳
神之靈既熟而又目覩其驗遂更其廟而新之以崇其

泰山志卷之十二　六十三

祀屬僕為記竊聞之山林川澤有利於人者則秩而祀
之唯岱為鎮岳寔發生之所膚寸興雲不崇朝而雨其
流澤又能滋於民物復及萬乘功用顯白神而祠之宜
矣乃作迎送神之詞俾歌以侑詞曰我侯兮何在山之
麓兮水唯渿山幽兮水鳴具我侯兮形聲侯之游兮委
蛇風為馭兮雲為旗坎坎兮擊鼓水妃兮歌舞侯之樂
兮來止徒御雍雍兮赤舃几几我民承事兮既多受祉
侯之去兮悠哉怨憏兮陰霾或來去兮叵測千萬歲兮
愈欽靈德
淵濟公廟在岳頂西南白龍池上有司春秋祀焉歲旱雩
禱自漢唐已然其淵濟神號祠宇則肇於宋元豐壬戌
邑人趙合撰白龍殿記元邑人王天挺撰金師劉瑀填
池靈異記州倅李簡謝雨文州守路希君撰感澤記

國朝學正夏靖撰感雨記俱石刻祠中〔趙合記〕泰岳西南隅有靈泉曰
白龍池岸古石峻淵然罔窮大項巍然而作襟首大峪
環然而為郛郭峩峩而蔚者懸刀秀於上湍湍而鳴者
百丈溢於中秋朝夏暮靄呈波面而為端靈草異花羅
岸徑以爭香縈流天轉涵漾峯旋乃一方雄勝之地登
而玩之者無不嘉而駭焉自漢唐已來至於我宋每歲
投金龍玉簡御香為之禱矣盖龍克雲克雨浹洽萬彙
豐成元元者哉近者春夏不雨驕陽熲熾賢宰大夫楊
繆躬率縣吏民庶祈雨于白龍之神幸龍之明德不越
夕而甘雨降應如影響稼穡以之而興縣境自是而蘇
焉邑民濯直筆白于大夫曰今衆庶感龍之惠願各持
寶貨粉龍堂一所以荅神休仍選材鳩工約而中度麗
而不奢經之營之不逾月而歡樂成矣大夫特牒上司
敷奏天廷乞賜嘉號庶旌龍之効耳〔王天挺記〕淵濟公
之號始於宋其廟於兵亂間為金東莒公燕寧所毀不
數月而寧卒歲在丙戌元帥來燕劉瑀權知泰安州事
守天勝以久旱禱雨於龍池之側時有小白虵出戲於

泰山志卷之十二　六十四

香爵上劉以為神龍所變再拜祝之曰三日之內有雨
則我將為神修廟卜之吉一軍歡呼羅拜經數日無雨
劉怒曰神許我雨今既無雨則無神矣命諸隸卒竭西
崖之石填其池池將滿雷雨暴至如傾霤大如雞外衆
惶怖驚走既晴視之其池中所填之石悉為湍流衝去
皆駭異拜謝服罪即今廟貌劉帥為創始此事士人
往有親見之者權府張侯談之甚詳因併為之記〔李簡
謝雨文〕庚申年二月己亥朔十九日丁巳泰安州倅
李簡謹以剛鬣清酌庶羞之奠再拜稽首祭於淵濟公
之神去歲之秋嚴疾不以李簡愚戇不才俾倅此州時
方苦旱人畜疾疫已忽種麥之期而土脉焦枯未如弗
能入重九前一日禱雨於此是日雷震雨作如響如荅
旱既久非霖雨莫能濟是月望日約太守以下諸僚肩
以荒瘠不恭之辭輙復致禱是夕雨降淋漓三晝夜泉
原千里所在霑足既晴耕夫播種徧滿郊埜不失今歲
來年之望者神之惠也今春復旱遂於上丁前一日太
守勿藥之辰率僚佐致禱於明神所明神閔人之不辜
是夕降甘雨二寸許越三日雷雨復大作萬姓欣欣惟

神之恩敢不明受其賜謹選吉日躬齋潔奏音聲以獻以樂以謝神其饗之路希尹感雨記天下太平方千里之內生植蕃類監郡太守能存亡休戚之天下兵興方千里之內能保黎庶能攘患難能致感通亦在監郡與太守耳凢監郡太守若無文武才畧不清廉肅下不明惠公直則致傷和氣一州生類皆受其害今監郡佳童暨太守路希尹來守是邦兵革之餘井邑丘墟生人幾盡詢問其故不覺涕下况歲乙巳值天久旱民有憂色夏五月望日謹齋戒沐浴躬率屬僚禱于岳麓淵濟公之神屢獲靈應至十八日辛巳大雨飽足既不敢忘又從而歌曰龍之為神變化屈伸能大能小澤及生民或潛或飛或幽或明雲行雨施品物流形袁清記景泰甲戌春三月徂夏不雨二麥萎悴東作靡興民心將至於流移矣郡守楊公定憫民之憂若己之病遂齋沐備禮延紫道正於四月朔設壇草叅祈禱惟謹越五日不雨耆老曰岱麓有淵濟公祠向守茲者遇旱詣禱輒應盍秉厥誠偕官僚耆宿拜跪道塗至祠爇香再拜祝曰惟神血食茲土定與神陰陽表裏懇禱不雨其誰之咎俾

之歲歉衣食不足民何以安粢盛不潔神何以享為神之靈鞭龍致雨夫何難哉詞懇誠切恭禱禮畢至暮復達草叅繼時玄雲四布雷電交作甘雨如注夜二鼓少止翌日再雨不三日又雨公忻然顧余輩曰此時雨也時者不先不後之謂使得雨也先五日而至麥為之忌後五日而至麥奚以秀不秀焉實此雨所以為時也由是萎者以數悴者以榮物意舒暢民心悅懌以為有年矣神之澤民如此合報祀焉謹以牲醴大合樂盛報神恩屬余記之余聞有道之世五日一風十日一雨年穀順成物無疵癘民不夭扎而太平之象見焉乃者雨不違時二麥復蘇東作可興而有年之望也斯民也遭逢上瑞懽忻皷舞而不知誰之為之者良由太守公集誠所感以致然也公字在止西江忠節裔由科目擢今職并書以為記云

關王廟三其一在城內營東街訓導常秉彝有記其一在東關大石橋其一在州西南下張集者尤靈異每遇大旱郡人輦之來州禱輒雨州判聘皇有靈雨記刻石

魯兩先生祠一名泰山書院在州城東南隅祀宋孫明復石守道其廢興具金學士承旨党懷英及 國朝大學士吳寬撰祠記懷英記魯兩先生曰孫明復石守道氏宋祥符天聖間以仁義忠孝之道發於文章為諸儒倡當世大儒如文忠歐陽公文正王公皆尊禮之故其沒也歐陽公為誌其墓蓋比之孟軻韓愈之流其羽翼聖道之功行已治行終始儒如也初兩先生築室泰山下以為學館屬大闕岳祠壖基甫迫乃北徙山麓而以舊館為栢林地歲分施錢為養士之費學者至今賴之而鄉人指以為上書院者則其所從地也大定間岳祠大越明年有詔營建乃命更新廟學已而諸生相與言曰昔兩先生宦學汶上汶學祀之不忘吾儕居其鄉食其德乃可遂已乎於是兩先生諸孫聞其言更出所有作為祠堂於大門之左以成學者之意石

先生之孫震使其姪翊走京師屬其門壻党懷英書其本末將刻諸石懷英曰兩先生之道垂於後世炳如日星奚惡鏤傳雖然有一言焉方孫先生以春秋之學教於魯石先生蓋師事之時給事孔公道輔聞其名自兗來謁孫先生既出應客而石先生執杖屨侍其左右升降拜伏皆扶之其往謝也亦然繇是魯人始識師弟子之禮士風為之一變近世士尚剽竊以從人師親友為恥忠厚之道不著久矣國家尊經養士將使人人為鄒魯固當師承鴻碩以文以入道德之奧而從游兩先生祠下而食其餘庇可以無愧矣吳寬記魯兩先生者為宋泰山先生孫公明復徂徠先生石公守道也祠始建于今泰安州治之西而隣於岳廟金源時遂為廟併元改建于岳麓已而復為浮屠氏據入 國朝乃附祠于州學而規制狹隘祀事簡率無以慰魯人之思至是州守前進士德清胡君珵言于巡撫山東左副都御史無錫盛公謂其事繫風化甚重請于朝事下禮部議從之仍俾有司每歲春仲祀一羊一豕一秩為常典於是胡君復請於藩臬諸公擇地得於州治之東南以成化二十

三年八月建祠鳩工未畢盛公以請老去而眉山吳公來代益重其事趣成之胡君乃以書來請記于石大賢君子所以能使人久而追崇者非區區末學所知顧請之之意堅不可已也惟兩先生在宋盛時泰山來自平陽而寓於魯其學長於春秋著尊王發微簡易公平多得經之本義一時名公賢士高其學行至妻以女或就見之後范魏公富鄭公交薦其賢始授官官止殿中丞徂徠則生於魯者當孫公居泰山之時實師事之其為人好善嫉惡嘗著怪說中國論及唐鑑以為世戒而慶曆聖德詩尤為人所傳誦常以經術教授于鄉後在太學益以師道自居太學自此而興初舉進士甲科官止太子中允盖兩先生平生見於歐陽文忠公墓誌而國史取以為傳者其大畧如此按其言論其世信其為大賢君子卓然出乎流俗而哀然為一方之望者也故在當時並為人所尊仰至即其所居山稱之以配其德可謂至矣泰山雖嘗被薦而人亦嫉之不得盡其用若徂徠之剛直既沒而禍患作幾不能保其遺骸而庇其妻子盖小人之不相容亦勢之所必至者今去之六百年

雖天下知有兩先生而曾為所寓所産之地道德之風藹然猶存宜人尤尊仰之祠象煥焉而不至卒廢人心之公不能自已如此又歐陽公所謂發先生之光者今則愈久而愈光矣兩先生莫虞守臣又推朝廷尊賢之意既加封護惟謹且二氏幸皆有後而石差繁復選其人入學充弟子負曾人之思庶幾繼之因併載其事俾刻之祠下云

宋御史俞吳孫明復詩　舊業居東岱中年謁祭庭要塗無往跡至死守殘經

國朝知州胡瓚謁祠詩　奎星聿應兩先生泰岳徂徠相對青司諫謾勞歌聖德聚徒惟解授遺經分來洙泗源頭水贏得歐陽石上銘明主崇儒尊廟祀百年師道有餘馨

崔公祠在曾兩先生祠東嘉靖癸卯州民建以祀前州判今贈京山侯崔公少宗伯許成名撰祠碑

許宗伯撰碑畧　崔侯之離泰安州也五十年餘矣州人思之如始去然相將建祠癸亨鄉耆泰傑等來懇予文勒石以識思公名震字時起以孫貴贈京山侯祁山西懷仁人勝國時始定居代州祖貴父璟璟尚義好善以積善翁稱之公生而倜儻有大志然屢困文場天順甲申援例為監生成化甲辰選判泰安泰安名郡也東岳在焉四方之人供香火捐金帛者歲每不貲入春尤盛往往生姦猾公至首為禁覈遐邇稱快弘治戊申督輸上谷事竣羨銀七百兩請諸上以代齊河四縣之逋撫方伯戴君珙禮將涯嘉北鄙獨石地遠粟貴軍民苦困京山奏乞太倉之粟已而兌軍臨清粟米豆千二百斛銀五百餘兩白諸部使用修安山水次倉七千餘區迄今攸賴州之預備倉宅闕難守公疏界人闢巷構屋招復業之民居之始免鼠竊之患庚戌督銀給戍邊東還大撫盛公命修泰山神祠既而又命修宣聖廟及祭器語具太宰尹公修學記辛亥預修德藩二郡王府及周孔顏孟諸廟並濟南城池工成能聲益著大撫吳公節委攝肥城事時值歲凶盜起為害京山多方賑貸賞罰明允民幸存活而盜亦弭滅壬子大撫錢君鉞大巡向君文薦堪劇泰以疾歸致然宦情猶熾也會孫元選尚永康長公主乃欣然喜曰

吾復何求遂放情遊覽遍齊魯吳越間[標]期甚適踰年北還道蘇而斃人咸惜之

竹林寺在岳之西南傲來峰下西去州治十里鍾鑄紀年曰明昌遊人過普照入大峪口循溪而上有白龍潭天紳泉僊影崖景特奇勝石壁多古人題刻

普照寺在岳南凌漢峰下去州治西五里古石刻省牒尚存賢學邵賢詩云斜日短筇山徑曲小橋流水寺門開真能模寫佳景

寘福寺在州治嶽廟之間有僧正司州志誤書州北

谷山寺一名佛峪在岳之東北四十里州志誤書西北山左為周

明堂舊址其佳勝具金學士党懷英閻復及杜仁傑記
閻天記佛法自西方來天下名山勝境化爲道場興廢
因緣自有時運嘗讀元魏高僧傳得僧意勝跡之詳而
異之意之叙也以文帝之名及期遂行此其餘緣當有
復興之日矣泰山南向而東騖𨼆東迤而北曰大小峴
其下曰天津河環地百有餘頃山勢四圍蓋周之明堂
在山之東北此其地也道左二里許耕墾之餘瓦礫■
■與沈存中之說高麗制度瓦皆有紋者合又西北行
六七里山光■高下隱見一峯巍然秀拔而下圓曰
谷山也沿澗少北今寺基也嘗有獵蓮華峯側遇意而
終日無所獲每遇之必然獵夫怒積薪將焚之明日遠
坐於高險薪燎不可及獵夫愕而悔謝是夕山下老釋
三四同夢異僧久隱蓮華峯有獵者之厄或問爲誰蓋
曰意云耆老十餘輩更相誘率凡一再行當石掩與處
果訪得之乃扶輿而下至今所忽重不可動而峯嶺重
複掩抱可興寺場衆悟遂止焉粤自兵亂荒山重澤殘
擾殆徧廢置始末不可詳究惟土人名之曰佛峪者舊

矣蓋意之逝也有靈感之異土人以是命名繼有僧善
寧遠步荒梗首至谷山舊址破屋廢圮而已獨山色如
舊出沒起伏蓋遠而益秀善寧獨喜雅契宿心於是日
趨山下句拔栗構谷具結茅而休焉往來山坂無難色
服日給澗勤苦作勞而無怠意短褐芒屨事如初自是
澗隈山脅稍可種藝植栗數千株迨于今亢歲用焉齋
粥所須日益辦共凡三十餘年則谷山初祖也天漢二
年四月間祠官言寺之舊地東至於黒山分水嶺南至
於思谷嶺西至於張遠寨稍北至於逗側山嶺有司可
其請其後僧法朗繼之鋤理荒險不避寒暑經營成就
復三十餘年則谷山第二祖矣今崇谷寺緣契合四方
有識翕然歸向工役趨作日盈百數殿基琢石高踰數
丈若是者三四焉緣塑圖飾不與也崇公經畫作勞能
繼二祖此寺當興時矣蓋意之去來也皆異則其成也
必閱其久也必振今谷山寺尚仍舊名計其歲月蓋七
百有餘歲矣是復興之數云嗚呼異哉杜仁傑記畧凡
選樹道場必去人境遠者爲勝必依山之名而尊者爲
勝然山水回南觀雖拔地倚天其氣翠變態終不至奇

選必之於其險又絶勝也是刹焉乃在泰山之北及訊
諸岳者固殊不類廬山吁異哉可謂具此三美者焉非
有大福惠孰能選是非有大智力孰能繼而闢是初寺
之未基也維意以荒之既基矣維寧以廬之既廬矣維
朗增而廣之既廣矣維崇以文而弘之既後以擊兵日
久主者不一其心而猶復維持之天惜哉今僧謹夏臘日
不清三句許曉然適出倫輩誠法中能象人天之具
勝也居無幾跡海目以泉可飯可溉室坤徧以閣可疏
可畏夷天險以因可爲可不度其工毅有神物陰佐其
役不然則初人能勝其天也如此哉後之來者有能如
謹與綴總葺舊闢新卽是谷山第一祖也又何必重
以老少先後次第分別爲一日謹來拉予以遊所謂谷
山寺者至則見連壞率不盈尺闔風玄闥蓋不數也嘗
謂世之爲浮屠者例置精舍於城府闤闠間欲使上乘
居之幾何其不淆爲門患又有迷途者哉如欲立超三
界一到谷山便知喧靜移人遲速之度何如也若夫山
川之光惟寺緣之隆皆有竹溪翁之文石具在故不復
云閻復七佛閣記天有七曜而四時行地有七澤而九

土寧人有七情而善惡生惟金輪氏立教洞貫三才包
括萬類所謂禪師七佛象數之妙將無契於是乎據經
之所載法界凡七界㞐一佛其光明徧照惠澤普及在
浮圖法中猶玄象之有日星焉百川之有江湖焉故爲
其獨者奉之惟謹岱宗之陰曰谷山道場巖巒回抱林
樹蔚蔽蓋雲山之都會烟霞之窟宅也謹上人與滯補
敝於劫火之餘旣殿中央以居大雄法像謂七佛之壇
不可不嚴於是闢曾崖而閣焉赴京師請爲閣記問諸
興造之蹟曰吾因山以爲基故不假貲而高伐木以
爲材故不煩市易而足以力爲役故不發待擊鼓而集問
閣之大小及爲役幾何時曰揭擠爲三列楹惟五其高
九仞有奇經始於至元十七年春落成於今年之秋問
谷山興置始末曰自元魏高僧意師現化之後凡四傳
而寺緣益大竹谿党公文石具在也復問谷山道場自
歷劫以來有無曰寶閣以連峯爲楹以嶓岳爲礎以雲
虹爲飛棟以烟霞爲浮藻以萬象爲法身視今所作爲
何如上人曰不然吾聞天地之外復有覆載陰陽之外
復有造化故自其大者而觀之須彌一芥子也大千一

衆業也曾何泰山之足云自其細而觀之太空之一塵
恒河之一沙中間自有佛國在仁者無用妄生分別且
為我作七佛閣記予曰即如上人問答語予為若作記
請題而摹諸石上人曰唯唯時至元癸未十一月二日

靈巖寺舊在泰安治內今屬長清距登封之地九十里峯
巒聯屬其實統曰泰山而巨靈巖其別名也盖岳志之
不可遺者其名勝景狀具張公亮寺記泰山西北阯僻山椎翼連
蜀百餘里摩空干雲秀拔萬狀曲如列屏削如立壁矗
如攢劍銳如植圭幨幌掩映城堡環遶虎兕奔突龍蛇
盤屈岔為靈谷呀為洞穴斷為谿磵引為林麓峯卓嶺
聳巒跳巘疊岑木蔭蔚飛泉激越中有川焉厥土衍沃
齊魯通道出于其間左一山特起曰鷄鳴[illegible]北麓絕磵
循峪口上東北二十里險盡地平山勢闢抱四面峭絕
山堵墻蒼巖之下紺殿巘起峻塔貫雲層樓結瑶高門
嵯峨長廊連延遠而望若畫圖中物即是寺也按圖經

本希有佛出現之地後魏正光年法定師始置寺有青
蛇白兎雙鶴二虎之異我朝景德方錫今額先是舊制
質畧率意締構因地任材行列不次景祐中主僧瓊環
者即衆堂東架殿兩層龜首四出南嚮安觀音像文榻
藻拱頗極精麗設籤刻鯨以警昏曉後主事者復置殿
之兩楹闢正門疊石塡澗為回廊庭除顯敞乃為大壯
寺有石三門千佛殿與釋迦殿辟支佛塔皆古制塔西
長松狀若偃盖背一峯聳起百丈北望正方青壁削成
如蒜鷄王半有石龕金容儼然西尖峯可登下視深谷
千仞前有洞東西南三門相通中設羅漢像西南望一
山壁穴如車輪午逹晴日在南飛光透徹講堂東石壁
下一泉曰錫杖又東四五步二泉曰白鶴一見一否又
東北二百步一泉曰甘露門西百步一泉曰黃龍皆為
絕景神宗章聖嘗錫御書恨函鳳篆煇映巖谷皇上復
降御篆飛白為賜天文炳焕雲日相照寺之殿堂廊廡
厨庫僧房間總五百四十僧百行童百有五十舉全數
也東北崖上平處古堂殿基究然石柱礎鐵像下體尚
存盖法定始置于此處後來者遷之也今壁其上僧之

碑穀者講習有居之以遠喧雜川中有一易之四十大
壑千嶬崴租月餘以足經費唐相李吉甫纂十道圖以
潤之棲霞台之國清荊之玉泉合茲寺為四絕慶曆三
年予為長清尉寺居封內周覽絕景不知屬厭餘三則
未之見也爾後十二年之官于承道復過寺主事僧重
凈以記見託暇日因具道山水奇偉經始肯搆盛衰本
末附勒于石或模之遠方俾未遊者見之一覽如目擊
且使知靈跡巨麗信為妙絕又得以較雄勝於三者云

宮室

志宮室何表山川之勝壯城郭之觀也然而具瞻岱岳
所以愼守牧也誠明迎賓所以交神人也過化以瞻聖
貽書院以崇先哲御香以尊　王命以謹神明而皆有
意焉不徒為表勝壯觀而已若夫嚴巖以資登眺環詠

以侈詞章萃美以下雖廢而亦書之或以文徵或以名
著又安知夫廢於今者不有復於後耶

具瞻堂州之政事堂也翰林編脩邢一鳳書扁曰明德觧
元封尚章記石尚存

岱岳堂州之退食堂也省進士方元焕書

誠明堂在岳廟延禧殿凡
朝廷遣大臣有事于岳者居之

迎賓堂在岳祠東齋之南有司宴　王人及大賓客之所

過化樓在斗母觀南其上有孔子鑄像舊扁題曰孔子過

化處大理評事葉彬篆書易今名

飛雲閣在岳南址曰紅門歲久圮廢今累石爲臺上有棟宇下通梁道猶閣之制也方元煥書扁曰梯雲石刻曰蓬玄洞天曰岱宗邢一鳳篆書曰仰止曰青雲梯南有石楔鐫曰宗岳

泰山書院在岳南凌漢峯下舊爲唐詩人周朴菴後爲孫復石介胡瑗講習之地嘉靖間按察僉事盧問之創三楹妥孫石靈位尚賢存古蹟也督學副使鄒賢詩千古清風仰孫石獨遺堂址向岩隈

泰志卷之二 十三

御香亭在誠明堂後凡朝廷遣使賫香於岳祠先置於亭擇吉而後奠神垣周石刻名人詩文

環詠亭在御香亭西周垣蔽許四面皆石刻古今人詩故名有韓琦蔡襄范仲淹歐陽脩石曼卿蘇子美林逋題識神放會真宮詩而放刻則堙沒不可見

巖巖亭取義于詩舊在岳麓王母池東成化間參政張盛移建水簾洞左舊址金姚建築記碑尚存[illegible]夫觀遊太率有二或嗜之以快佚樂無窮之心或托之以寓超邁有用之意快心者未免損於人人遊觀則惟隨之寓意者必将益於民民望益則欣奉之賢不賢之分損益而已也泰山巖巖魯邦所瞻即山之陽距軍城三里有觀曰岱嶽觀之東逶迤跨險百步而近有亭曰巖巖舊矣正隆之季盜賊蠭起附近者剷取戰具之材遂毀去焉大定十有九祀伏祠告災明天子恤神無居亟爲興復疇咨可屬者廟堂僉以徐公爲能上俞所舉俾之就守是邦公下車後政通人和越明年廟功鳩僝規模宏麗倍百於昔其餘廢者具興作者畢振或有一遺朝夕思念懍如也因訪所謂巖巖亭故迹委知觀道士田信言新之道士既聞命卽覓備大役匠指畫經構伐惡木薙奥草基甎壯礎壁石簷雲畢能事於浹旬間虛深亢爽不戶不牖豁然上視泰山尊嚴廣固巷藍散然於莽蒼之間左右諸山峯巒繚繞不召而俱至卻立延望則幽蹊曲徑樵擔僧鋤去往斷續歷可指數至於數百里之景影鶴濱濛杳靄外舉目盡得想而坐息而臥則快哉之風綠阿而來飄忽而升降徜徉不絕西溪之泉噴霜濺雪泠泠然鏘環佩聲其清涼淋溧雖三伏際不知蘊隆蟲蟲者爲爽酷也凡客游觀於天下者有不屈伏退讓以

泰山志卷之二 十四

推高是亭乎既成適以重五日公率僚吏酒餚茶菓以落之并榮以徐公檄擭預坐末因語道士曰今之覽界向之覽界也何物像變換不同如此山葩野卉紅粧紫潤奇石森然爭出而効技乃前日蒼烟白露之荆棘也高甍巨桷翬飛縈映雲容日景浮光而上下乃前日頹垣壞址之荒墟也佳辰令節州人士女嘯歌絃管乃前日風雨晦冥鴟鳥之卑音也今其美哉大爲君子之壯觀偶然耶抑有時耶不然何其一廢二十年而不早謀振起之乎

五松亭當岳之中道亭前有秦封松樹五故名又名御帳以宋真宗言嘉靖三十年六月大水漂沒其亭五松存者三馬知府李遷委本州吏目陳鎮脩復

更衣亭在岳之紅門道左凡衣冠之士登岳至是易便服

以行故名
且止亭在更衣亭西有石刻亭名三大字
環翠亭在蒿里社首二山間登此北眺岱岳餘三面則鞍
牛徂徠諸山蒼翠環峙故名
萃美亭在岳之西趾去州治十里金知州姚建榮建元奉
高尹王悟重修廉訪使徐琰記亭今廢記石移置文廟
記略天下名山巍然而大岩然而尊者泰山而已泰山勝境窈然而深蔚然而秀者西溪而已溪居岱宗之右麓延袤數十里樹林陰翳蹬道崎嶇清泉奇石琨瑤萬狀行愈遠而山愈奇境愈勝極溪之所窮顛崖百丈懸流下瞰望之如垂練天紳泉也大紳之西有巨壑焉一水自天勝巖落爲盤石所散漫瀉於壑之上詹若建瓴

然水簾洞也而又芙蓉懸刀飛鵝獅子諸峯削翠其上黑蜧白龍神潭水府潛竘其下雲烟吐吞晦明變減跳珠濺沫轟雷掣電領接有所不暇真山水之奧宅天壤之奧區也金大定間泰安太守姚公面水簾而瞰天紳創構一亭樽俎不移而諸景咸會因榜之曰萃美坡詩有云江山雖有餘亭榭着難穩登臨不得要萬象各偃蹇吾不知世間得登臨之要有如此亭者乎
靈液亭在岳頂玉女池北宋建今廢
醴泉亭在天書觀宋建今廢
瑞雲亭在會真宮
翠陰亭在乾元觀即天書觀右二亭俱廢名見宣和兗守
錢伯言遊記

觀山亭前守李敀建治宅之東壁間石記尚存
泰安州知州鄭聚東校補
學正陳龍
訓導盧楓
新泰縣教諭林宇中校正
生員劉洋
侯貴
鄧寬
李汝桂同校

泰山志卷之二終

泰山志卷之三

明巡按直隸監察御史婺吴伯朋裁定
山東按察司僉事大梁曹金校訂
順天府儒學訓導歙汪子卿編緝

登覽

登覽志何志登覽之文也夫古今之登岳者衆矣而傳者無幾焉盖名岳奇觀非文無紀磨崖汗簡孰不爲文乃若咀華味雋而傳或寡焉是故君子之慎於文也雖然孔子登之而萬世傳焉而何有於文是故又知夫君子之不徒文爾矣

詩

周

孔子一首

丘陵歌　登彼丘陵峛崺其阪仁道在邇求之若遠遂迷不復自嬰屯蹇喟然回顧題彼泰山鬱確其高梁甫回連枳棘充路陟之無緣將伐無柯患滋蔓延惟以永嘆涕霣潺湲

漢

張衡一首

四思之一　我所思兮在泰山欲往從之梁父艱側身東望涕霑翰美人贈我金錯刀何以報之英瓊瑶路遠莫致倚逍遥何爲懷憂心煩勞

魏

曹植一首

飛龍篇　晨遊泰山雲霧窈窕忽逢二童顏色鮮好乘彼白鹿手翳芝草我知真人長跪問道西登玉堂金樓複道授我仙藥神皇所造教我服食還精補腦壽同金石永世難老

驅車篇　驅車揮駑馬東到奉高城神哉彼泰山五岳專其名隆高貫雲蜺嵯峨出太清周流二六候間置一二亭上有湧醴泉玉石揚華英東北望吴野西眺觀日精魂神所繫屬逝者感斯征王者以歸天效厥元功成歷代無不遵禮記有品程探策或長短唯德享利貞封者七十帝軒皇元獨靈飱霞漱沆瀣毛羽被身形發舉蹈虚廓徑庭升窈冥同壽東父年曠代永長生

仙人篇　仙人攬六著對博泰山隅湘娥拊琴瑟秦女吹笙竽玉樽盈桂酒河伯獻神魚四海一何局九州安所

如韓終與王喬要我於天衢萬里不足步輕舉凌太虛
飛騰踰景雲高風吹我軀迴駕觀紫微與帝合靈符閶
闔正嵳峩雙闕萬丈餘玉樹扶道生白虎夾門樞驅風
游四海東過王母廬俯觀五嶽間人生如寄居潛光養
羽翼進趨且徐徐不見軒轅氏乘龍出鼎湖徘徊九天
上與爾長相須

晉

陸機一首

泰山吟 泰山一何高迢迢造天庭峻極周以遠層雲蔚
宜冥梁父亦有館蒿里亦有亭幽岑延萬鬼神房集百
靈長吟泰山側慷慨激楚聲

王凝之妻謝氏一首

泰山吟 峩峩東岳高秀極沖青天巖中間虛宇寂寞幽
以玄非工復非匠雲構發自然器象爾何物遂令我屢
遷逝將宕斯宇可以盡天年

宋

謝靈運一首

泰山吟 泰宗秀維岳崔崒刺雲天岞崿既嶮巇觸石輒

遷綿登封瘞崇壇降禪藏肅然石閭何晻藹明堂秘靈
篇

唐

李白七首

泰山吟 四月上泰山石平御道開六龍過萬壑澗谷隨
縈迴馬跡遶碧峰于今滿青苔飛流灑絶巘水急松聲
哀北眺崿嶂奇傾崖向東摧洞門閉石扇地底興雲雷
登高望蓬瀛想象金銀臺天門一長嘯萬里清風來玉
女四五人飄颻下九垓含笑引素手遺我流霞杯稽首
再拜之自愧非仙才曠然小宇宙棄世何悠哉 清曉
騎白鹿直上天門山山際逢羽人方瞳好容顔捫蘿欲
就語却掩青雲關遺我鳥跡書飄然落巖間其字乃上
古讀之了不閑感此三嘆息從師方未還 平明登日
觀舉首開雲關精神四飛揚如出天地間黄河從西來
窈窕入遠山憑崖望八極目盡長空閑偶然值青童綠
髮雙雲鬟笑我晚學仙蹉跎凋朱顔躊躇忽不見浩蕩
難追攀 清齋三千日裂素寫道經吟誦有所得衆神
衛我形雲行信長風颯若羽翼生攀崖上日觀伏檻窺

東溟海色動遠山天雞已先鳴銀臺出倒景白浪翻長
鯨安得不死藥高飛向蓬瀛　日觀東北傾兩崖夾雙
石海水落眼前天光搖空碧千峯争攢聚萬壑絶凌歷
緬彼鶴上仙去無雲中蹟長松入雲漢遠望不盈尺山
花異人間五月雪中白終當遇安期於此鍊玉液　朝
飲王母池瞑投天門闕獨抱綠綺琴夜行青山月山明
月露白夜靜松風歇仙人遊碧峯處處笙歌發寂聽娛
清暉玉真連翠微想象鸞鳳舞飄飄龍門衣捫天摘匏
瓜恍惚不憶歸舉手弄清淺誤攀織女機明晨坐相失

但見五雲飛送范山人歸泰山魯客抱白鶴别余往泰
山初行若片雲杳在青崖間高高至天門日觀近可攀
雲山望不及此去何時還
杜甫一首
望岳岱宗夫何如齊魯青未了造化鍾神秀陰陽割昏
曉盪胸生曾雲決眥入歸鳥會當凌絶頂一覽衆山小
劉禹錫一首
送東岳張鍊師東岳真人張鍊師高情雅淡世間稀堪
爲烈女書青簡久事元君住紫微金縷機中抛錦字玉

清壇上着霓衣雲衢不用吹簫伴秖擬乘鸞獨自歸
李義府一首
寓州進叙封禪天齊標巨鎮日觀啓崇祠岩嶤臨渤澥
隱嶙控河沂建岳誠爲長升功諒在兹帝猷符廣運玄
言暢文思飛聲總地絡𢧵化撫乾維瑞策開珍鳳禎圖
薦寶龜東后方肆覲西都導六師天駕移星苑揚旱馭
風司沸鼓喧平陸疑蹕靜通逵汶陽馳月羽蒙陰警電
輜巖花飄曙輦峯葉蕩春旗石閭環藻衛金壇映黼帷
仙階溢秘　靈檢燿祥芝三始貽遐貺萬歲受重釐非

質陶恩獎趨迹奉軒墀觸網淪幽裔乘徼限明時周南
昔已嘆邛西今復悲
蕭楚才一首
奉和展禮岱宗拂漢星旗轉分霄日羽明將追會阜蹟
更勒岱宗銘林戈咽濟岸獸鼓震河庭蘂籥凌寒矯鳥
弓望曉驚巳降汾水作仍深迎渭情
薛克構一首
奉和展禮岱宗龍圖冠胥陸鳳駕指云亭緋烟泛濟浦
綠字啓河汀晝裳晨懸月文戟曙分星四田巡揖禮三

驅道契經行欣奉萬歲豁拚偶千齡

盧照鄰一首

登封大酺歌　日觀仙雲隨鳳輦天門碧雪照龍衣繁絃綺席方終夜妙舞清歌歡未歸

呂洞賓二首

書王母池　昔日曾遊此如今九十春紅塵多少客誰是識予人

再書王母池　昔年留字識曾來事滿華夷遍九垓無賴蛟虬知我字故留蹤跡不沉埋

丁春澤一首

日觀峯賦　泰岳東南峯開一室旁接天路低臨曉日陰霾玉兎動霄漢之微明曉報天雞越氛埃之迥出初其暝色忽籠懸崖倚空獨出清虛之外遥分蒼莽之中隱霧猶白經天漸紅披草樹以燈亂燿波濤而血融及夫林嶺寞消煙雲色變星月寥落以初沒峯巒邐遆而徐見火動山頂輪移水面穿晴隙以飛鏡歷幽窓而走電至若門宇蕭條霜空泬寥凉開曙景暖入殘宵揚晶彩以艴艴散芒角而飄飄露灑交凝風牽影搖望極天涯生從地表激夭弱流之歷歷出陽谷之杳杳萬壑收暝千巖送曉消古砌之晴雪動寒庭之宿鳥遥空冷滑傷寸晷之難留碧嶂岧嶤望輪光而漸小蒸林氣赤騰空影斜灼亂山燒光分水花絶壁孤危覺窺臨之津狹炎輝咫尺信長安之路賖既而背　以徐來泛圓靈之不礙豢水氣以珠暗露松陰而璧碎霞色收錦天風斂黛披寥遠之斜昊豁天門而俯對依巖乍吐咸集齊魯之閭過嶺遥明照及草莽之内由是遠挂寥落高辨絶暝萬象焜煌而畢照六龍夭矯以無寧安得足踏毃峭手扶青冥陳白晝之苦短願陽烏之暫停

宋

范致中三首

呂公洞　朝遊北海暮瀛洲仙珮何年到此遊安得相從問丹訣春風同醉岳陽樓

竹林寺　竹林深處有招提深掩禪關過客稀簷蔔花開春欲暮泠泠鐘磬白雲低

日觀峯　岱岳東南第一觀青天高聳碧嶙峋若教飛上峯頭立應見陽烏浴未乾舊志誤書致中為元人今以岳廟延禧殿前石刻紀年正之

蘇軾一首

遊靈巖寺　醉中走上黃茅岡滿岡亂石如群羊岡頭醉

倒石作牀仰觀白雲天茫茫　歌斅落谷秋風長路人舉首東南望拍手大笑使君狂

梅聖俞一首

登泰山日觀峯　晨登日觀峯海水黃金鎔浴出車輪光隨天行無蹤正是刺我目攢集如劒鋒照耀萬物興磨滅萬物凶草木既無命必聞石間松當時一避雨安得大夫封人而苟不遇抱簡誦六龍

王欽若一首

登泰山　四顧無雲道路開黃麾迎從六龍來三神合祭

光千古萬旅傳呼動九垓幽鳥似通昆閬信真松深隱棟梁材已知身世非常事曾到天門十二迴

元

王奕五首

和元遺山至泰山天從布山張真人　江石書生杖白頭杖藜始得此山遊手摩紅日登三觀袖拂黃埃看九州

泰山　辰齊机魯闕天關左右徹垣列兩班大辰明堂俱翁受黃河東畔少遊山

汶陽封禪壇　祥符天子舊明堂泰漢豐碑宿草荒人世已非壇尚在摩挲老淚濕斜陽

漢柏　蒼膚剝心枯歲月深孫枝已解作龍吟烈風吹起孤高韻猶作峯頭梁甫音

孫明復石守道祠堂　師生高占二山名千載誰云道義輕岳府栢林風雨夜琅然猶帶讀書聲

杜仁傑一首

天門銘　泰山天門無室宇尚矣布山張鍊師為之經構累歲乃成可謂破天荒者也齊人杜仁傑于是乎銘之

元氣裂兩儀具五岳峙真形露惟岱宗儼宜踞仰彌高屹天柱浩千刼空來去誰為鑿起天處匪斤斧乃祝詛

一竅開達底處十八盤盤千步叅初吐抱闔樹日車昊慘曦馭六龍頹奔迴玄躡此徃嘉無數無懷下兵刑措七十君接鑾輅聖道熄彛倫斁揖讓歇纂奪屢忽焉闔梗無路象繙森敕訶護朝百靈由玆戶金璀璨朱閶布九虎蹲萬夫怖我欲叩閽者怒闢何時坦一如故對冕旒獲控愬豁蒙蔽泄塵霧刮政疵剔民蠹上得情下安作額血殫帝聰悟崖不磨蒼壁堅刻我銘期孔固垂萬世正王度

元遺山一首

登岳　泰山天壤間屹如鬱當臺厥初造化手劈此何雄哉天門一何高天險若可階積蘇與累塊分明見九垓扶搖九萬里未可誣齊諸秦皇僭威靈茂陵亦雄才望華行不歸石壇滿蒼苔古今一俯仰感極令人哀奇探志登拓意惬自逞回夜宿玉女祠崩奔湧雲雷雞鳴登日觀四望無氛霾六龍出扶桑翻動青霞堆平生華嵩遊茲山未忘懷十年望齊魯孤雲拂層崖青壁落落雲間開眼前有句道不得但覺胸次高崔嵬徂徠山頭喚李白吾欲從此觀蓬萊

段輔一首

題李白泰山觀日出圖　岱宗鬱鬱天下雄謫仙落落人中龍茲山茲人乃相從氣奪直宰愁豐隆玉堂一任雲霧封長嘯飛渡秦皇松夜呼日出滄海東冉爲斯世開鴻濛鈞天帝君深九重醉舞踏碎青芙蓉天孫玉女爲斂容却視五岳秋毫同長鯨一去不復還乾坤萬里號秋蟲當年咳唾留絕峯至今樹石生香風我欲追之杳無蹤不意邂逅會此中屋梁落月依然空

張養浩一首

登岱　風雲一舉到天關快意平生有此觀萬古齊州烟九點五更滄海日三竿向來井處方知隘今後巢居亦覺寛咲拍洪崖詠新句滿空笙鶴下高寒

徐世隆二首

紀夢　我夢天倪子同登日觀峯骨𩪋清似鶴步健老猶龍方外無官府堂中有岱宗仙閭真福地衩獲會相從

送天倪子遊泰山　九十行年鬢未華道人風骨飽烟霞洞天福地三千里神府仙閭第一家牛膝藥靈斟美醞兎毫盃淨啜芳芽隱居自愛陶弘景莫作山中宰相誇

元好問一首

送天倪子歸布山　太白詩筆布山頭布襪青鞋久一遊擬欲高人叅鸞鏡却嫌凡骨比丹丘雲間茅屋雞犬靜物外烟霞風露秋後日天門重登覽蛻仙巖下幸遲留

天倪卽張志純布山卽布金山在泰山西南杜仁傑銘天門序亦稱布山張鍊師或爲天倪棲真舊地故云

王惲一首

漢柏　蒼栢無城擁漢陵閟宮遺樹鬱崢嶸隹鬼不植明堂礎造化潛通岳頂靈萬壑烟霏封傑幹半空風雨撼秋聲白頭會見東封日柔映鸞旂一色青

張志二首

桃花峪流水來天洞人間一脉通桃源知不遠浮出落花紅泰山喜雨岱宗天下秀霖雨遍人間高臥今何在東山似此山（二詩俱刻大峪溪石州志誤書王惲又誤惲爲鄆）

李簡三首

登岳三峯突兀與天齊天門未到勞攀躋層層石磴出林杪縈迴百折青雲梯盤石甃憇舒清眺澗壑風來號萬竅水聲俄在樹梢頭疑有於菟天外嘯向曉纔登日觀峯手披雲霧閙鴻濛火輪欲上海波赤金霞翻動蒼

泰山志卷之三　十三

龍宮黃河一線幾千里吳越山川直地底爲數齊州九點青更將伏檻窺東溟李白不遇安期生安得羽翼飛蓬瀛朝覲壇朝覲當年築此壇旌旗影裏簇仙班只今惟有青山在日暮孤雲自往還（州志誤書王鄆）酆都峪石洞荒涼樹影孤州人相語是酆都古碑猶說韓擒虎爲問于今尚有無

王旭二首

遊竹林寺石徑俯雲壑竹林開幽境寺古僧徒稀山深嵐氣冷待遊未終興紅日忽倒影曳杖披暝煙長歌下

前篇西溪我愛西溪好披靈麓要往來一州煙景合三面畫屏開薄俗無商隱清時有逸才近巖多隙地松竹更須栽

賈魯一首

登泰山岱宗何崔嵬群山無與比使者久塵囂望之不勝喜無緣凌絕頂詣祠聊致謁夫何一殿存千間恭遺址人言遭刼火金源亂兵裏感此廢昔年傷今未能理飛奏入彤庭經營良在邇奈何齊魯饑百姓食糠秕神兮願效靈穰穰多樂祀行當復故宮金碧蕩瞻視

泰山志卷之三　十四

國朝

曾棨一首（狀元江西人）

從平早行望岳我欲登泰山憑高望八極浪跡十二年蹉跎竟難得今晨馬上忽見之屹立東南半空碧想當洪濛時二氣相鬱蟠大塊戲黃土莫能識其端圓靈降崖崿坤后孕峰巒一朝天地劃開闢但見（千丈萬丈）高嶒峗乃知造化神置此奠坤軸巨靈枕其巔六鰲戴其足愚公不能移長房不能縮天工經營鬼斧鑿削出千數百峯青立玉自從上古來南風吹不平日月出華彩星宿

揚光晶巢崖積氷雪陰壑馳風遶雲霞炫明晦草木發精英上浮金銀氣下潛魑魅形巖巖魯所瞻作鎮朝百靈昆侖以爲父四嶽以爲兄匡廬峩眉乃其子此外培塿皆雲仍齊魯青未了此語何足憑其上萬里天亦借茲山青秦皇漢武巡遊遍玉檢金函重封禪風雨莓苔徙日碑烟雲松栢當時殿由來五嶽秩三公況爾巨鎮山之宗鍾靈毓秀杳莫測磅礴下土專其雄我

皇御天生有聖德廣彰仁化誕布恩澤一舉平安南再舉清漠北車駕時巡過泰山望祭築壇陳玉帛小臣幸此

奉宸遊一見茲山愛山色雖無涓塵補河嶽頗有詞氣填胸臆他年載筆頌神功刻盡泰山山上石

汪廣洋一首丞相高郵人

過泰山偶賦　七十二神州淋漓紫氣浮天低衆山小星拱一峯秋雲騖成龍虎嵐光薄斗牛岱宗與恒嶽引領日東頭

李時勉一首祭酒

巖巖亭送陳參政歸山東　岱宗磅礴不可擬翠色橫秋幾千里峭石巉巖倚天外孤亭屹立當山趾亭前芳草

沒路峻古砌荒凉苔蘚溆幽花拂檻無人採獨鳥時鳴聽者稀晨露浴日千峯紫一杯迸見滄溟水升元觀裏曉鍾聞岱嶽祠前白雲起聖賢大道誰不由乾坤闔闢同周流泰山氣象難爲喻誰遣名亭獨此留君去薇垣有閑日隨處登臨訪遺跡想得凭闌一望餘懷古清吟興何極

王偁一首

岱嶽　齊魯名山仰岱宗崚嶒萬仞玉芙蓉月明海曠連三島雲淨天空插數峯白石謾留名士篆蒼松何用大

夫封我來不盡登臨興更上丹崖第一重

吳節六首祭酒安成人

泰山雜詠　金科玉檢瘞重泉鳳輦霓旌散紫烟七十二君何處去空餘特表鎮山巔右石表碑內詩書已盡焚只將貞石勒功勲青門黃犬知何處有雕蟲學篆文右李斯篆碑十丈高崖劃碧蒼前鐫功德後詞章浯溪亦有中興頌不及東遊紀盛篇右磨崖碑絕頂方池若鏡空浮雲於此閟靈蹤幾廻膚寸成霖去要與蒼生作歲豐右雲池曾與秦皇托舊恩昂霄聳壑露盤根可憐二世空塵土不

及冥松有子孫（右大夫松）幾度天書降紫清宋皇曾此駐龍
旌野花啼鳥年年換猶有人傳御帳坪（右御帳坪）

徐有貞一首（武功伯）

登泰山　啓厥丹崖步步迎眼前靈景變陰晴馬從萬丈
松邊駐人在九重天上行朝見白雲山半起夜看紅日
海東生還知戀　闕心無遠直北分明是　帝京

年富一首（尚書鳳陽人）

禱雪　名尊五嶽鎮山東至聖惟司化育功一炷信香期
感召願霑三白兆年豐

李裕一首（按察使）

登泰山　歷遍群山夕照催恍疑身到紫霄回漢秦封禪
俱無迹唐宋碑銘半是苔紫氣當時凝御帳嵐光徹夜
暎仙臺英靈豈獨爲霖雨又與天朝產異材

周豪一首（僉事）

登泰山　重巒疊嶂上摩空一下瞰諸山夐不同泰華峯頭
青藹藹仙人掌上玉芙蓉一凌絕頂知天近五夜滄溟
見日紅赫赫霞君人敬仰　無端牲帛往來通

張盛一首（參政）

初登泰山　岱宗仰望欝嵳峩萬壑千巖氣象多雨過春
光橫翠黛烟迷曉色露青螺秦王封禪碑還在漢武祈
靈事不磨今日我來登眺處蒼天咫尺手堪摩

張文一首（郎中）

大夫松　風雨巖前駐六龍青松贏得大夫封扶蘇謾有
安秦策不及當時半日功

徐源一首（主事）

登岱宗　岱嶽登觀絕頂來汶流雙曲抱徂徠人隨箭括
天門度馬別肩輿峴嶺回封禪臺高瞻白石磨崖字古
蝕蒼苔金輿玉輦誰重過惟見秦王一土坯

喬縉一首（主事）

登泰山　東嶽巍巍步亦難籃輿載我上雲端峯排日觀
三千丈路繞天門十八盤高礙斗牛登處近青分齊魯
望中寬瓣香將敬元君廟願祝　皇圖萬億年

司馬垔一首（御史）

登泰山　茲遊自負亦奇哉擘霧披霏指顧開萬丈翠屏
天上立一輪紅日望中來尼丘故隴鍾靈氣秦漢豐碑
沒古苔却憶　君親在西北五雲深處首重回

畢瑜三首 副使貴溪人

明皇展禪泰山詩自咏東周舉輦無因此地遊朝聘不聞來東帛會盟惟識有諸侯異時遂作先千古王霸興亡付一丘莫向高臺尋舊跡斷碑殘礎不勝愁 州志誤作范致沖

舍身崖東岳含靈本好生此崖元不是秦坑痴兒獨昧謀身計肯負人間不孝名

獨足盤屹立峯巔類獨夫祖龍爲此欲何圖東南王氣依然在誰道亡秦不是胡

趙英一首 御史蘭州人

登泰山次司馬韻絶頂登臨眼欲昏聲高只恐上方聞東瞻滄海襟千里北望 璧京戴五雲秦漢禮儀成故事石孫聲價重斯文吾 皇曾不論封禪萬載令人頌放勲

泰山志卷之三　十九

夏寅一首 副使華亭人

泰山東方爲岱衆山宗萬域人心仰止同七十二君封禪後數千年事渺茫中鯤遊北海雲長黑鷄驗中宵日已紅弱水蓬萊在何處群仙初别 大明宫

潘禎二首 提學

登泰山大翼垂雲須九萬天游今日殆忘還千年誰更觀滄海老脚吾方到泰山雨過春巖龍自戲松生太古鶴常閒題詩不盡孤高意起立中峯看世寰 神仙鶴背也超然泰岳朝騎凌紫烟山壓東濱盤大地路横北斗到青天手中日月誰同看象外風光我得先一笑人間空萬古太清聊倚興無邊

王弼一首 員外郎

登泰山下蟠滄海上青天太古誰先採此巔萬嶺蒙羞雲霧裡九州分界戶庭前道高孔子登時見功陋秦皇禪後鐫獨羨當年李太白坐臨紅日觀雲煙

泰山志卷之三　二十

邵莊一首 主事

登泰山好風吹我上層霄四望茫洋景致饒玉牒有文存故事古碑無字認前朝海東日出中宵見山半雲生下界遥從此信知天下小擬追宣聖思飄飄

黄景一首 尚書

祠岱宗不果登覽有作幾代英君幾度封穿雲也只恁般峯巒唐紀載聞經史典禮公明仰 祖宗天若有門人可到仙那無蹟客難逢乾坤自是歸 眞主料得山靈笑祖龍

王經一首 僉事

【登泰山】開闢乾坤峙此山有生何幸得躋攀衣高漸覺星辰近到此方驚宇宙寬突出孤峯擎日月亘綿萬里發林巒追思五載東巡日三代君臣共克艱

張岫一首 參政

【登泰山】鷄鳴海曙射　神宮石徑縈紆上碧空回馬嶺前瑯樹古水簾洞口野花紅松擎御帳溶溶月鴈避天門獵獵風盡日攀蘿登絶頂此身疑在五雲中

劉丙一首 御史

【登泰山】凌空何事獨徘徊欲賦慚非宋玉才歸路宛從天上下吟聲爭向霧中開磨崖字古人難讀御帳臺空水自哀嘯我風霜長跋涉山靈可許再重來

潘楷一首 御史溧陽人

【登岱】天門天外迥佇覽萬山微峭壁從空落烟霞繞座飛路通仙島近心與世塵違勝有徜徉興酣歌馬上歸

王守仁五首 尚書餘姚人

【登泰山】曉登泰山道行行入烟霏陽光散巖壑秋容淡相輝雲梯掛青壁仰見蛛絲微長風吹海色飄颻送天衣

峯頂動笙樂青童兩相依振衣將往從凌雲忽高飛揮手若相待丹霞閃餘暉凡軀無健羽悵望不能歸　天門何崔嵬下有青雲浮泱漭絶人世迥豁高天秋暝色從地起夜宿天上樓天鷄鳴半夜日出東海頭隱約蓬壺樹縹緲扶桑洲浩歌落青冥遺響入滄流唐虞變楚漢滅沒如風漚窺矣鶴山仙秦皇豈堪求金砂費日月頹顏竟難留吾意在龐古泠然馭凉颷相期廣成子太虛共遨遊枯槁向巖谷黄綺不足儔　穹崖不可極飛步凌烟虹危泉瀉石道空影垂雲松千峯互攢簇掩映

青芙蓉高臺何嶢削傾側臨崆峒失足隨烟霧碎骨顛崖中下愚竟難曉摧折紛相從吾方坐日觀披雲嘯天風赤水問軒后蒼梧叫重瞳隱隱落天語閶闔開玲瓏去去勿復道濁世將焉窮　塵網苦羈縻富貴眞露草不如騎白鹿東遊入蓬島朝登泰山望洪濤隔縹緲陽輝出海雲來作天門曉遂見碧霞君翩翩起員嶠玉女紫鸞笙雙吹入晴昊舉首望不及下拜風浩浩擲我玉虛篇讀之殊未了傍有長眉翁一一能指道從此煉金砂人間跡如掃

【登泰山】歐生誠楚人但識廬山高廬山

之高猶可討尋文若夫泰山仰視恍惚吾不知其尚在青天之下其色直出青天上我欲倣擬試作泰山高但恐丘垤之見未能測識高大筆底難具狀扶輿磅礴元氣鍾突兀半遮天地東南衡北恒西有華俯視傴僂誰雌雄人寰茫昧乍隱見雷雨初解開鴻濛繡壁丹梯烟霏靄對海日初湧照耀蒼翠平麓遠抱滄海灣日觀正與扶桑對聽濤聲之下瀉知百川之東會天門石扇豁然中開幽崖邃谷聚積隱埋中有避世之流龜潛雌伏飡霞吸秀於其間往往恠譎多仙才上有百丈之飛湍

懸空絡石穿雲而直下其源疑自青天來巖頭膚寸出烟霧須臾滂沱遍九垓古來登封七十二主後來相效紛紛如雨玉檢金函無不爲只今埋沒知何許但見白雲猶復起封中斷碑無字天外日日磨剛風飛塵過眼倏超忽飄蕩豈復留其踪天空翠華遠落日辭千峯魯郊獲麟岐陽會鳳明堂既毀閟宮與頌宣尼曳杖逍遥一去不復來幽泉鳴咽而含悲群巒拱揖如相送俯仰宇宙千載相望隴山喬岳尚被其光峻極配天無敢頡頏嗟予瞻眺門牆外何能彷彿窺室堂也來攀附躡遺

跡三千之下不知亦許再拜占末行吁嗟乎泰山之高其高不可極忽然回首此身不覺已在東斗傍石刻起誤今以本集正之

張簪一首都御史晉州人

五松　岱岳中途笑祖龍帝無三世納降從此須恩澤還顛倒不在兒孫却在松

盧瓊一首御史浮梁人

秦松　大夫樹下無遺澤嗚咽泉頭常怨聲尺土不封乖父子翻將恩典及無名嗚咽泉在歸德州秦扶蘇死所

陳琳五首侍郎莆田人

岱岳謾題　奇峯崒嵂屹中立拔地插天百千尺興雲吐霧漲烟嵐下壓坤輿尊鰲極五嶽之尊此無對雨露神功同覆載孕賢毓聖濟兖閭斯文命脉千年在巍巍矗矗鎮東服虞周曾此駕黄屋車書文軌拱明堂東主輯瑞朝群牧爾後宣尼再登眺俯視寰瀛衆山小秦漢以來此義微神女玉皇兩茫渺作福作威知有無祝釐香火來八表玉檢金函事已非天皇道君空擾擾祥符金字碑方瀆高里玉簡十有六尊王發微明春秋額有秦

山孫明復徂徠先生聖德　須慶曆至今名猶馥我來殷
勤一拜瞻仰止高風袪塵俗參天拂地勢齊雲岱嶽奇
觀海內聞金闕漫傳祠玉女碧霞浪說有元君秦碑無
字真可笑漢禪乾封何足云鄒魯聖賢天下少磨崖須
紀此山勳 同令狐御史登泰山絶頂 萬仞岡頭御帳開
秦松漢柏亦奇哉酷憐古蘚陪儒侶可是山靈許再來
絶頂風高五月寒危松怪石似龍盤天門幾度來驄
馬御帳當年駕翠鑾碧蘚封中尋漢禪五雲深處諦秦
觀東山莫漫濡毫興霖雨蒼生望謝安　茫茫滄海半

山巖天壁躋攀步步艱猶覺風雲生足下却疑身世出
人間鬢顛看鏡驚將老廊廟懸情未許閑暫息塵蹤隨
謝屐逢瀛洞裏採仙關 和王陽明御帳坪韻 足躡天
梯上憑崖眼自空彌高宗孔道啓幻笑秦封留殷雲崖
下蝌蚪石壁中星辰如可摘絶頂寄吾蹤
秦金一首 尚書錫山人
登泰山 石磴縈紆十八盤眼中風景渺無端東瞻日觀
蓬瀛近南指天門宇宙寛長嘯頓醒塵世夢壯懷聊洗
腐儒酸金書玉檢俱陳迹秦漢遺碑莫謾看

柴奇一首 通政使崑山人
[illegible] 朝出登封門起攬衣上巖有與歷巘玩濤猶及茲
晨極目日觀東海水浩無垠秦事今已遠壇社空荊榛
撫景增嘆息群山自嶙峋
邊貢六首 尚書歷城人
登岱 岱宗山秀首靈屯壁立烟霄萬古存幽府化機盤
地軸上清真氣接天門霞標日觀青松麗春透龍泓碧
水溫薄暮振衣峯頂石蓬萊東眺海雲昏　北上天門
日未斜剛風吹我度谽谺仙人洞古留丹鼎玉女祠高

護碧霞深澗千年猶凍雪陰崖四月始桃花秦封漢禪
俱牢落細讀苔碑感歲華　玉皇祠畔一凭闌絶頂風
高夏亦寒北去塵沙通瀚海西來天地是長安青雲迥
隔三千界白日平臨十八盤似有飛仙度幽壑鳳笙聲
裊珮珊珊　巖嶂崔嵬雲霧升泰山靈秀古今稱百千
萬地豈重有三十八年纔一登貝殿深春來供客松崖
落日下樵僧中天夕磬泠泠發知在烟巒第幾層 御帳
[illegible] 白日天門近青山御帳空亭虛從眺覽樹古自登封
過鳥層空上鳴泉萬壑中翠華春不返惆悵昔人蹤 回

【馬嶺】回馬嶺前春日西澗花巖草欝萋萋上方鍾落不
知處惟見白雲巖畔棲

喬宇二首 尚書太原人

【登岳】五岳誰爭長東皇萬物先晦明分日月呼吸變雲
烟厚脉中盤地神功上配天雲亭問封禪千古竟茫然
百靈朝拱處空籟聽琅璈地据中原勝天臨下界高
雲山雙老眼江海一秋毫欲訪蓬瀛去從誰借六鰲 州志

通志誤處爲北通志誤爲程敏政作今以親書篆刻正之

許逵一首 尚書

【登岳】一上青霄路幾重峻巖險壑亂如從靖安齊魯真
椎鎮高壓蓬瀛有文峯

王廷相一首 尚書儀封人

【登岱】五岳俱神峻名尭泰岱偏半巖回駿馬絶頂俯雲
烟一覽小天下三更見日躔蓬萊疑咫尺直恐礙飛仙

趙鶴四首 提學揚州人

【登岱】分明蒼秀接雲開誰鑿□冨□混沌胎山壓星辰從
下看海浮天地自東迴一時巡狩雍容禮千古嵩高獻
作材載說皇朝稱祀詔始知神□哲□三才 自註云革前代瀆加封號

一上道岑萬丈蒼天風應為襲衣裳鷄鳴往往看東
日人語時時到下方雲磴石鍾聲連海樹春浮花氣入山
堂四時未歇登遊興翻說崖禽喚客忙　轉轉官旌度
幾峯不知花外有鳴鐘春空一望青蒼裏曉殿齊開紫
翠重山鳥歸時知雨意崖松到處換雲容平生奇賞輸
今日便欲淋漓浩蕩胷　東皇祠下走靈氛今古祈靈
贊有文不斷香燈千里至有時鍾磬四山聞雨聲直過
僧家竹鴻影平低客路雲却變三人花底飲不妨對影
到斜曛

許成名一首 侍郎東昌人

【登岳】曉踏雙峯萬里明嵐光雲氣散高晴遥分東海連
空碧俯詠群山與地平池有風花搓玉珮橋留春草坐
塵纓秦皇石上堪登嘯千古令人感慨生

李東陽一首 大學士長沙人

【望岳】偶上奎文閣來觀泰岳峰半空翻碧浪平陸走蒼
龍紫變沾嵐濕青憐發黛濃長原隨迤邐高樹助蒙茸
幢節迎還送戈矛擊更衝烟霞變明晦雲雨驗豐凶混
沌天初闢精靈地所鍾分疆書禹貢肇域紀尭封挹浅

臨滄澥憑虛揖華嵩行尊宜作丈名重合稱宗外欽神
無迹中涵德有容廟嚴王者象植古大夫松北闕身長
繫東鞀境暫逢崖蹟愁日觀谷嘯想風從　聖主齋心
切儒臣樂事慵饔飧歎驛塵輿從假官儞歲旱當憂國
民勞恐病農我方順一笏誰共手雙節日月蹉跎易淡
湖限隔臯蒼飛翰為翼飄泊信萍蹤濯熱思晞髮凌秋
憶瀲胸酒闌多爽氣涼思晚惺鬆

章拯二首 尚書金華人

登岳書感 千古明堂空悵望予今環道頗平夷已迷漢
武五車石却笑秦王無字碑日觀登封終不固天書行
詐亦何爲監司盡括金錢施流俗爭趨玉女祠

捨身崖 由來好生地詎有舍身崖一死輕秋葉伊誰倡厲階

李夢陽三首 提學河南人

問鄭生泰岱 昨汝登東岳何峯是絕峯有無丈人石幾
許大夫松海日低波鳥巖雷起窟龍誰言天下小化外
亦王封　俯首無齊魯東瞻海似杯斗然一峯上不信
萬山開日抱扶桑躍天横碣石來君看秦始後仍有漢
王臺

擬四愁歌之一 我所思兮在泰山側身東望阻齊
關南有龜蒙東肅然仙人贈我綠瓊丹招我東遊扶桒
問我欲從之途路艱東望河濟涕滂滂

馬汝驥一首 侍郎陝西人

送大宗石熊峯東祀 三微開歲紀百禮洽時禋帝啓玄
符日天頒翠節辰使星搖璧府卿月照天津道出齊封
舊書求魯殿新尼丘迴杳靄岱岳對嶙峋碑刻非秦禪
柴燔代舜巡金泥和五色玉檢閟千春嶺陟青龍繞泉
臨白鶴馴望洋分島嶼觀日爭烟塵德已精靈契形須
夢寐親懷歸歌大雅矚望輔洪鈞擬獻嵩高曲抽毫愧
不神

周相一首 僉事松陵人

登岳 兗鎮標神異東方壓岱宗歲星輝八極玄女降三
宮雲氣成雙闕炎精生赤虹千年森漢柏古道鬱秦松
金篋昭靈秩芝房照碧叢唐碑舊紀曆漢勒幾登封入
嶺天門曉停驂御帳空丹霞迎紫蓋孤嶂削芙蓉獨瞰
三千界旋攀第一重層樓明日觀聖水樹蓮峯春址盤
香火禋壇納化工秉時揮　玉策周覽極龍從

葉份一首 提學婺源人

泰山吟 岱山長群岳巨鎮標東維岩嶤臨渤澥巀嶭控
河沂靈區迴洞府福地啓崇祠石閭何晻靄珪芬閟葳
甤虞巡柴望湮周狩明堂隳遐哉七十君版牒空名垂
秦皇無靈氣漢武非仙才封松鬱中坂植栢滿南陲我
來值春月疊嶂開雲霾天門步寥廓盤道歷透迤欸謁
碧霞君寒漱玉女池沉吟挹玉簡擘窠向崖碑雲臥逼
象緯神遊鴛蚪螭朝登日觀峯日出扶桑枝呼吸變烟
霧下界行風雷俯視渺茫氣焉能辯瀛裨遂思騎黃鶴
圓方隨所之

王裕一首 提學
石表 柴望當年告治平誰知風起鮑魚腥惟有石表依
然在蔓草寒烟夕照明
張鯤六首 副使鈞州人
登岳 道假三齋出形真五岳先珪壇雲樹采貝闕露花
寒狩典聞虞日封碑見漢年登臨重回首紫氣帝鄉偏
瞑色迴吳楚靈光集鬼神殿虛雲霧出門側斗牛隣
笙鶴來還去仙芝秋復春齋宮夜不寐吾意欲脩真
春山三月萬木榮東谿西谿春鳥鳴如聞山海通靈氣

何處樓臺更五城 巖巖亭上聊容與巖岫光槎楚客
袍何處仙人吹鐵笛隔溪童子薦櫻桃 懸磴盤梯天
路長高空雲霧濕衣裳金銀宮闕知隣近鳥自嚶嚶花
自香 玉虛宮殿元孤夋夜半深奇獨自行玄鶴遂聞
乘月度白雲近見與沙平
張邦敎八首 敘事
泰山雜咏 震維生長地歷代表殊庥拜禮勤終歲祈求
遍九州勢雄神鬼宅迹勝鳳麟遊八境通喬岳香雲爛
欲流 右至泰安州 天王出狩時玉帛萬邦隨柴望遵虞制恩

威協禹規齊君終罷毀季旅竟奚爲千載存遺址青陽
在指麾 右周明堂 千仞排巉崿生疑鳥雀愁蒼茫橫古道縹
緲接飛樓月宿風塵夕猿清草樹秋明時苛政絶行坐
仰乇丘 右巖巖亭夫子聞婦人哭處 絶頂山窮處是名泰觀峯一覽
天地開四顧煙雲重虛壇森羽靜秘籙青霄通從此登
封禪求仙使海中 右泰觀峯始皇封祀處 梁父東巡地青鸞翊翠
華露盤縈蔓草丹灶委涎蝸曉日追風騎秋風沆海槎
深幽詢往迹石表半沉沙 右秦時漢封祀處 磨崖高百尺功德
此劉銘典誥文全古篆字半青可能尤日月應不畏

簡選一代中興頌悠悠付巨靈（右唐磨崖碑） 官家曾駐蹕今
復闕蓬萊蘿洞頹金榜松坪削玉臺深湫龍蛻去高樹
鶴飛回應笑天書閣明珠浪作媒（右御帳宋真宗行幸處） 自稱皇
帝下封王郡縣新頒守令章將相之餘皆省物無情草
木亦恩光（右大夫松）

鄭善夫四首（郎中閩縣人）

登岳 巨靈盤盤閶闔門日觀峯頭玉冊存黃峴西行看
落日碧霞南面拜元君 秦皇自謂功無量擬揭空碑
古帝前磨崖小篆三千字何似開元十四年 吾憶泰
山孫處士春秋三傳尚須編只今四海無青眼欲向何
門乞俸錢 東岳乾坤定黃河一縷分日排瀛海浪天
入薊門雲魯道傷吾志秦碑自夕曛未堪疏遠目萬里
正祲氛

方豪二首（副使開化人）

登岳 三月無風上泰山巖花谷鳥共盤桓因憐鄭老看
山癖亦日烟蘿帶病攀（自註云吾友鄭繼之曾以六月來登） 日觀峯頭紫
霧開啓然回首望蓬萊野人自是烟霞骨應有神仙月
下來

楊祜八首（僉事錢塘人）

登岳 朝發泰山麓暮登泰山椒度壑既窈窕陟巘亦岧
嶤峯日匿逾曜崖氷寒未消霜猿紛叫嘯風木怒鳴號
身緣遐舉輕目以聘睞勞憩石偶危坐臨深鬱長謠
茲山何峻極盤磚亘百里鳥道五丁鬪雲標三觀起雪
磵無冬春煙嵐互蒼紫星垂崖戶外人度青天裏陽枝
晞日華陰谷飛霞綺仙靈此窟宅幽異詎能紀 振衣
躋雲峯倚杖眺明堂芴芴鬱佳氣歷歷殊井彊周王昔
時巡觀民覲東方皇皇四海一肅肅群后蹌升堂奠蒼
璧端已居青陽鬱事曠千載慨然情內傷 秋氣已堪
悲登山轉寥泬對酒睠將歸感時傷暮節霜淒衣鴈翔
潦盡群龍穴秦碑苔蘚滋漢墠神光滅千巖灑寒風萬
壑飛晴雪寶劍拂扶桑長嘯高雲裂 泰山屹擘與天
通七十二峯元氣中下施雲雨澤后土上貫星宿搓紫
宮懸崖古栢落空翠架壑危松度遠虹我來憑高俯滄
海夜坐觀日扶桑東 殊方此日逢重九絕岳高吹散
遠愁漢時秦封空往事紫萸黃菊自深秋天清樓閣明
三觀野曠山河辯九州獨是懷親憂國意白雲滄海共

悠悠　伐鼓秋臥夜床清萬籟　飛聲斥月明何事仙人
騎白鹿碧霞洞口謾吹笙　日觀觀秦峯霞作標扶桑夜
見海門潮樓船方士何年到玉檢金書久寂寥

陳沂二首參政寧波人

登岳 飛軒臨絕頂懸磴更岧嶤谷響松風接天空海霧
消琳宮環紫極玉節下青霄路指天門外來迎笙磬遥
一入登封路乾坤自此分諸峯會元氣亂石散星文
仰面攀青磴回頭看白雲飛梁架窮壑鳴溜四山聞

朱節一首御史山陰人

登岳 塵途日擾擾夢寐惟雲山茲晨天風涼晉雲護仙
闕我欲往扣之驅車出人寰登登踰絕壁身在煙霞間
澗底環珮聲輕風送潺湲群峯手可挹儼若趨仙班大
觀盪塵襟敢辭登陟難故山猿鶴在俗駕何時還

胡纘宗九首都御史陝西人

望岳 忽聽笙歌玄鶴群即看樓殿紫霞文斗邊細露邀
新月鳥外孤峯挂夕曛漢帝金壇歌石碣秦皇玉刻隱
苔紋騎龍李白今何處日觀天門空白雲　倏倏望岳
丹霄上颯颯乘風紫極邊半壁秦松懸日月當空周觀

出雲烟峯期太華翩躚起影落扶桑曉霓騫更度三溪
見雙鶴忽從青帝接群仙　山下秋日正皜皜山上秋
雨還冥冥夜來巖畔挂星斗曉起澗底興雷霆陰陽變
幻倏忽異天地闔闢蒼茫靈何當結廬向山住朝朝吟
對芙蓉青 登岳 春半看山山已青振衣先到五松亭曉
分日月懸岩壁晴列蛟龍擁翠屏天啓重門馮北斗雲
擎三觀照東溟秦皇宋主自行幸絕巘窮崖空斷銘
帝闕紅雲蓋仙壇白日光千盤驚到頂一曲笑臨堂倚
檻盡秦越磨崖空漢唐恍然坐天上神思欲飛揚　海

天初縱目八極思悠悠太華彈丸出扶桑勺水浮秦松
雲不斷宋簡玉空留落日猶回首黃河窈窕流　懸崖
隨鳥出絕頂冒雲躋俯仰乾坤小憑陵星斗低日峯紅
照海玉觀碧沖霓子夜援琴坐天宮動曉雞　諸峯羅
宇下一柱立寰東石表千叢集天門百折通元宵山有
月落日袖無風孤峭不能寢海雲中夜紅　突兀青天
上翩躚碧海邊風高鰲欲動雲落鳳初鶱歷歷盡齊魯
層層入象躔流霞傳素手醉倚五龍眠

楊志學七首尚書長沙人

次胡可泉望岳 絳霄迥出天門上飛瀑高懸日觀邊星
斗垂垂臨絶𪩘逢瀛渺渺隔蒼烟雙龍噴沫千巖動孤
鶴凌風萬里騫我亦平生愛丘壑欲從此地學神仙
天上仙人自不群龍書鳥篆太玄文秦皇臺上雨初霽
漢帝壇西日未曛鬱鬱古松停鶴馭巖巖峭壁繡苔紋
羽童兩兩垂青髻挽起山頭禮白雲 **登岳** 平明登岱麓
日影半巖紅雲忽山腰起泉多石眼通芙蓉開繡壁翡
翠落丹楓彷彿隨仙子飄飄凌太空　月嶂崚嶒起天
門窈窕開孤懸崖欲墮偪仄徑難迴松偃晝成幄谿奔

響若雷振衣聊縱目詩興共崔嵬　山氣曉來重作陰
還乍晴日從雲外見人在霧中行雨過千巖爭風迴萬
壑清仙人杳難遇時聽步虛聲　雨容瞻岱岳直上最
高峯倏忽雲千變蜿蜒山萬重秦碑金字刻漢檢紫泥
封勝跡今銷歇巖花日日濃 **遊竹林寺** 西天復此門山
半一泉溫雲聲時時動龍珠日日翻飛揚李白句傾倒
孔融尊歸路夕陽好涼風吹廣原

李學詩二首 編脩平度州人

登封壇 燔柴想象明堂禮沉璧荒蕪日觀峯壇出白雲

猶漢瑞亭盤翠蓋豈秦松議冲犢見劉光武聽納何如
唐太宗當宁聖明兼舜禹夔龍自不獻東封 **快活三** 人
情輕便易世路重艱難不走巉巖路誰知快活三 **大夫**
松 四海蒼生憔悴盡五株松樹獨封官仁民愛物秦顛
倒何怪當年共揭竿

楊維聰一首 狀元固安人

登封臺 封禪當年侈數君升中曾此事彌文金泥閟久
明禋玉石檢樓餘清晝雲紫氣漫傳宮闕現白毫爭見
老翁耘二儀高厚如何報遥望長安空夕曛 **秦松** 五株

松樹何年植傳自秦皇早策勲偃蓋青葱存御幄論脂
沉鬱結靈紋翠華想駐雲霞色清磬曾驚虎豹群日暮
悲風起烏咽秦聲猶自不堪聞

王諷三首 主事

登岳 開闢此巖秀形藏吾道尊寘中迴日月象外自乾
坤愚谷通齊路靈光辯魯門浮生正漂泊擬欲叫天閽
　天地還高下河山自鬱盤燔柴虞狩典沉璧漢封壇
吐內風雲氣虛無殿閣寒斜陽下深澗翹首望長安 **無**
字碑 岱岳峯頭無字碑古相傳人說是秦時東遊鳳輦空

寥落野草野花春自悲

蒋瑜一首 御史

〔登岱〕夜到碧霞天芝旁，恋月眠听经来白鹤。烧药起丹烟，盾（磨）药云中度明星。锺外八县乘风欲飘，举三岛会群仙。

張鐸二首 御史蘇州人

〔登岱〕曲坂縈迴翠鮮滋，瑤宮貝宇碧參差。長天斜倚峰紋圻，寒日遥隨岳影移。香火何年傳漢時，岚雲終古護秦碑。却驚身在層霄上，絕頂翩翩雁度遲。

〔望岳〕泰岳東來鎮古丘，遥從雲際俯芳洲。寒沙夕抱璇臺迴，積雪春融碧樹浮。悵望雲塵搔短髮，凄凉物候動鄉愁。銀宮玉宇參差見，縹緲重登海上樓。

邵經濟三首 知府仁和人

〔登岱〕衡飈禮岱宗，迎旭凌飛巘。絕壑斷蒼麓，崇岡級頹阪。湮淪寒氣鬱，遂歷韶光晚。山櫻花始然，高槲葉初剪。輶車苦凌軋，藤葛聿攀挽。春明洵可乘，吾子未應返。小憩發靈巖，尋真意方遠。

岱宗躋其巔，合沓雲霧起。盤盤出蜚鳥，殷殷積玄軌。玄軌無停轂，赤景有恒晷。卓哉此岱宗，萬古矗東鄙。靈異日樓托，靜鎮示崇紀。金函胡不經，玉簡誕且靡。露華臨封石，古墨渫深泚。

步磔日觀峯，峯頭日剛午。睇彼東海東，矯矯扶桑樹。扶桑睎朝暾，陽烏濯靈羽。乾極欻昕吞，離光奄員宇。普照兹大觀，恒矚匪珍賭。虞淵一揚休，子夜信採取。藉頡餐明霞，攬吟吸玄圃。

劉淮一首 御史

〔登岱〕吾昔遊岱宗，躡雲四十里。渤海入覽，明日觀下界。起步虛摩赤霄，回首極西砦。松下逢羽人，僊頬欣彼美。遺我千歲苓，食之可不死。松古尚秦封，風雨歷年紀。金篋玉策存，誰探得生齒。登兹小天下，因風覽行趾。

廖道南二首 編脩蒲圻人

〔望岳〕岱宗高龍從，群峯凌紫穹。日觀影扶桑，月嶂烟朦朧。飛泉走其下，宛然雙白龍。上有玉女池，銀河瀉長虹。玉女散天花，萬朵青芙蓉。仙人王子喬，絳節朝上宮。遺我金檢書，期我遥相從。我欲從之游，雲路險且重。何當謝塵鞅，睎髮咸池東。

咸池有僊國，乃在帝座旁。紫虛懸玉牓，絳闕輝琳琅。曲瓊挂綺疏，晻靄摇星潢。祥烟裊叢林，葳蕤花樹香。安期與韓衆，雙騎丹鳳凰。采采金光

草和彼紫霞漿朝翔天門闢夕息帝女桑俯視濁世士奔走駒隙光願言夌飛濤遨遊東海洋

咏日觀

元化無停機陽明自周始纖纖殘月沒烱烱曙星起宿霧沉江干朝霞覆壇畤羊胛徹東夷鷄首占內史乾象涵眞精人文煥新美扶英散葳蕤若華紛旖旎河伯乘玄鯨山祇駕蒼兕潭影驚蛟螭林光寵蘭芷重輪美彤雯疊玦贍黃珥豐蔀匪所宜離烜乃其理赤手扶羲輪丹心貫天紀願爲雙飛乩乘雲駕千里

王寵一首 吳郡人

登岱

五嶽視侯秩無如東岱尊六龍開御道三峯揷天門舉手蓬萊近盪胸齊魯吞安期煉玉處帷見五雲屯

陳鳳梧一首 御史廬陵人

登岳

剛風吹上最高層寒氣稜稜骨亦淸雲起半空方作雨天臨絕頂忽開晴松濤坐聽千巖響奎壁行看五夜明自信玆遊眞不偶飄飄雙袖羽翰輕

曾銑一首 都御史揚州人

登岳

石壁連雲紫翠重天工削出玉芙蓉泉流不斷千峯雪嶺道常懸萬丈虹岱岳有靈昌國祚臺臣何補願年豐登臨自覺無塵襟脫九點齊烟一覽中

蔡經二首 尚書侯官人

登岳

石磴縈迴十八盤天風吹雪晝生寒蒼苔半蝕磨崖字碧草斜侵封禪壇日觀俯臨靑海上蓮峯高逼白雲端齊亭一覽河山壯便欲抽毫頌治安

五松亭

嶺畔行宮御帳開翠華金輦此曾來五松自擬沉恩澤二世誰知並草萊惟有白雲閒聚散祇留靑嶂尚崔嵬椎圖索寞空惆悵古木鳴禽聲正哀

岳倫一首 主事宣府人

登岳

千盤泰山頂盤盤度流雲越觀迴吳會秦觀羅星文鐘聲散虗谷松栢留夕曛蓬萊近可望紫氣接氤氳

爾靜一首 給事中

登岱

絕岳孤城外山行聽曉鐘空崖留漢碣古道列秦松石磴銀河轉瑤臺璚露重未酒愁落日猶上最高峯

周玹楊志學胡纘宗聯句三首 周給事中應城人

泰山行臺

一天京闕四筵淸 五華 庭樹山風動曉晴 石崖 泰岱千巖月欲上徂徠萬壑松初鳴 可泉 歌憐白苧花前嫋舞參霓裳[illegible]山下輕 五華 長晝疎簾淹客坐紫薇

玄鶴下瑤京石崖　斜風細雨坐槐庭疊嶂層巒戶不扃可泉　花下壺觴催晝漏燈前歌舞啟雲屏五華　中丞天馬來西極司寇秋鵬起北溟石崖　郄羨金閨香案吏五雲瑣闥望中青可泉　涼日清尊寫素心金風綠樹動高吟石崖　疎簾縹緲迴青鳥古殿輝煌映碧岑五華　當壓泰峯晴靄靄隔溪松柏鬱森森同袍不厭同音賞可泉　萬里雲霄美盍簪五華

胡經一首少卿廬陵人

登岳　乾坤開此土東岱峙鴻濛已訝三台近真堪四岳宗齊天雲漠漠旭日海融融萬象清塵想飄然一寄蹤

張袞二首祭酒江陰人

舍身崖　舍身崖崖深萬丈真禍階人間兒女痴且愚往往投崖生前骸父母提携豈不愛忍心割置三年懷白日羽翰既茫昧西方緣業空爾輩哀愚勸石方思道譬俗廻聽知有教民彝天理本自然胡不為臣死忠子死孝

日觀峯　日觀臨雲表扶桑暾影初山川留勝迹感慨獨愁予玉笈秦王秘金箱漢武書百年封禪地功德欲何如

潘塤一首都御史淮安人

登岳　蕩蕩資生德悠悠報本心風雲通肹蠁日月快登臨顥氣浮宸極靈氛下石林翩翩雙鶴駕飛上碧雲岑

潘珍一首婺源人

南天門和陳石峯　重門萬仞倚天開直上平虛亦快哉雲隔塵寰看不見出門一笑下天來

蕭璆一首僉事江西人

秦松　鬱鬱崖上松受護自神理虬軫駕天門翠蓋無暑雨揚志玄宜端邪復羨金紫顧蒙大夫號千古負深恥

胡伸一首

秦松　五松矗矗凌霄漢千載猶蒙秦帝恩草木喜瞻龍馭過儒生翻自抱深冤

龍瑄一首江東人

秦松　二世空為萬國圖咸陽宮闕已荒蕪當年駐蹕東封處惟見蒼髯五大夫

白世卿一首僉事陝西人

登岳　着屐登高地詩人得共遊五更常見日三伏早生秋雨向山腰起泉當石眼流岳靈通變化萬里走神州

姚奎三首 太僕丞常熟人

泰山晚行 曉天紅日放高晴小坐山輿踏雪行凍樹裹花春有迹寒溪結玉水無聲煙銷絕頂群峯露風度虛巖萬籟生老衲雲深知我過數聲清磬出松迎

五松歌 用東坡韻 黑龍潭中蛇毋出霜鱗剥落腥雲濕毿毿長髯十兩針挺挺直骨三千尺神靈呵護元氣鍾驅霆戰雨撐蒼空堅剛節操振今古濫爵肯受秦王封波濤滿地陰風起萬籟颸颸成律呂材堪柱國苦弗試蕭然遺棄空山裹青青顏色無秋冬吞冰吐雪經磨礲工師一日如相逢終當獻入蓬萊宮　蒙恬大将扶蘇子萬里策勳封不與却将官爵授五松祖龍顛倒乃如此咸陽一火二世亡五松留得摩蒼蒼真宗六龍昔巡幸亦名御帳揚休光猗歟松兮遇知己傷哉處世多奇士負才抗節竟沉淪不及寒松万八多矣我來幾度坐清影綠陰滿地蒼烟冷撫摩長顧發哀歌空山落日愁奈何

章恍一首 太僕丞會稽人

登岳 瞻彼岱岳尊屹屹崙峙九州空光碧天合倒景黃河流朋從肆登陟振珮凌冽秋仰視九霄曠俯覽八極周宣尼有遺迹悵望心悠悠

張鵬一首 御史沁陽人

登岳用杜甫韻 斜陽俯崦嵫登臨日未了徘徊遍諸峯吟賞達昏曉仙巖訪芝童高樂遂飛鳥勝遊難再來紅顏非少小

周鄉一首

登岳 回薄千峯簇逶迤萬壑連靈圖標地紀稚勝控封躔露浥三芝秀光疑八石鮮迎書悲宋事封樹憶秦年昌險探遺跡捫崖讀古鐫時巡方曠絕登禪幾相沿檻俯飛虹落簷合倒景偏奇觀大無限便擬謁真仙

鄭大同一首 太卿

登泰山 五嶽此為勝千年靈足徵夢魂吾久到道岸聖先登齊魯空千里星辰僅一層　皇朝崇大禮漢時不須稱

楊撫一首 知府餘姚人

登泰山 名山天下有得似岱宗無深谷函星斗中天啓畫圖幾迴千氣象一覽盡寰區追訪虞周事樵人咲我迂

梅守德六首 右給事中宣城人今提學副使

登岱頂二首 喬嶽平生勞夢想天門今日遂攀躋層巒迥出青霄上曲逕回看白日低雲氣東連蓬海外煙光西與太華齊却慚作賦非能事盡日淹留思欲迷

曉氣氤氳開洞府巖光噴薄出雲根參差紺宇臨丹壑紫翠煙蘿挂石門滄海波濤浮日月朝昏風雨別乾坤行行漸覺塵寰小五嶽應推此獨尊

玉皇巔上倚危闌萬頃烟霞入壯觀仙樂似聞霓羽奏天風時拂斗牛寒九霄雲護秦壇古千載苔封漢碣殘

歲莫登臨多感慨不堪回首望長安

靈巖一首 振駕沿脩渚褰帷度碧岑寰中捐俗鞅物外愜招尋石磴千厓轉風泉萬壑深白雲殘照裡隱映一禪林 杖錫臨丹壑珠宮隱翠微基臺高金粟影龕護鍈禪衣香樹流雲滿巖光逐鳥飛尋幽懽不極迢遞却忘歸

甘露泉一首 一脉靈源何處尋百花香氣徧叢林洗心真是三昧水潤物猶為九夏霖碧樹蒼厓相掩映天光雲影共浮沉臨流便覺離塵坌清興翛然欲濯纓

詹明一首 廉使

登泰山 登登泰岳山乾坤睇只尺杖屨躡雲雷星斗礙冠幘一顧塵氛消清風生兩腋再顧心神舒川源滿肝膈更服堂倚空歇馬殿射碧穹南天門兀兀舍身石山輿下高樹皷吹導前戟昏黑抵絕巘神祠聳天脊光靈怖此心奚翅仰烜赫歆饗集萬方山海貯金帛一揚扢山阿松泉和絲革夜半東决背海底討日赤

許應元五首 副使錢塘人

岱宗 岱宗肅蕭標東紀絕頂虛傳不死庭碑憶漢封三

觀過樹留秦岱五松青陽池日浴深能見陰洞雲流乍可聽此日風煙聊振袂休將峴首嘆沉冥 岱宗夫何如岩嶤出雲表登茲俯蒙繹吾欲觀魯道闕里窈且崇昔人已陳草尚想吳門匹今知天下小

同泰行人登高里環翠亭 杳騎青林駐登臺翠句新雲山存吏隱詞藻待王人花日初停午蘭襟欲麗春憐君竹溪興竟夕對清真

重過泰山 山城曾試吏十載更登危丘壑心期在年光髮鬢衰物情聊對酒習性尚躭詩自是一聲叟文離侶昔時

泰山別諸門人 朝出乾封門言涉洋河水朱

陽麗初暉征雲一何駛顧瞻緬夙昔風景復相似魯山
猶在望吾行自玆始
范瑟一首郎中歷城人
登岳雲河漠漠棲巖畔風影冷冷十八盤玉女泉飛山
亦潤芙蓉峯絶暑猶寒百年塵世三春夢萬里乾坤一
咲看暮倚石闌星斗近不知身在白雲端
馬驎一首知州陜西人
登岳崚嶒泰岳回天地此日登臨慷慨長萬壑風聲喧
草木滿山雲氣濕衣裳秦封漢畤形盤踞魯甸齊丘勢

渺茫一逕漸通天上界欲從何處問青皇
黄省曽一首
懐泰嶽齊魯開東岱山邐空青未休長安元帶眼吳會舊
舍眸去待山雞報孤看海日流稷丘君若在吾得攤琴
遊
王邦瑞一首僉事宜陽人
泰山頌嘉靖乙未午月庚午主子東遊言陟泰岳仰瞻
峻極祇若神明惟我　國家秩望之典　今皇中和之
休仁德溢流真此東土因㫺作頌用紀遐觀頌曰帝山

乎巍泰岳巍巍維天爲大維山則之寘寘玄化赫赫神
祇鑒觀在上青陽是司功先四隩德贊二儀膚寸與霖
扶桑麗杲柴望明堂瓊芝瑤草秦越非遐齊魯如抱絶
頂浮雲天下可小堯舜無爲仲尼有道百王仰止萬世
攀登鴻濛太始無得而稱高不可極厚不可增彼秦與
漢侈志繁興金函玉笥徒媿山靈於維皇明中和建極
天地定位山川效職廟祀孔嚴祥光四塞降甫及申爰
及稼穡億萬斯年真我邦國
蔡汝楠二首知府德清人

同許泰安登萬里環翠亭萬里亭元勝風花春載柔還
陪仙吏躅得共白雲遊仗劍蓮華净傳杯竹葉浮如何
葛洪宅星座俯芝丘泰山書院古柏影移馨香近聲搖
戸牖清空中白雪餘海上古龍精小憩依春翠高樓憶
鳳鳴晚來雲稍起神動岳崢嶸
高誨三首通判合肥人
登岳翠削芙蓉萬朶開瑞烟繚繞護仙臺瑶池宴罷金
虬去明月并空紫鳳來兩霽歸雲棲樹杪夜深出日見
蓬萊向時未到天門上九點熒齊㒶秪浪猜　踏碎芙蓉

萬壑秋無端造物與心游斗聯西北天樞近海坼東南
地軸浮涼影月窺雲外楊寒聲風滿鴈邊樓胸中塵土
都消却一枕淸泉不斷流　石梯萬折凌天表曾疊峰
巒青未了巉巖飛瀑半空落冷濺氷花結林杪南天回
首眼界闊烟霧沉沉寰宇小興高漸覺風生腋岳頂迴
旋看泰石俯凭日觀望蓬萊曉浴金烏海波赤舉頭西
北神京在五色晴雲時靉靆青天可捫星可摘沆瀣淋
漓濕東壁欲呼玉帝呈琅玕山高風露羅衣寒渺渺天
空下笙鶴平收宇宙胸中寛桃花峪口路深邃怪石嶙

峋懸若墜五松鬱虞吐紫烟欲訪仙人在何處金泥玉
檢埋秋草七十二編斷遺臺寒鴉啼上野棠枝涼月娟
娟山石老

李烱然一首 郎中

舍身崖 舍身崖下深難測每怪輕生世上人我亦有身
偏自重舍時除是爲君親

成周一首 主事無錫人

登岱 崔巍泰岳首稱宗睥睨乾坤一顧空吞吐烟雲迷
下界盪摩日月淬高峯　秦碑無字名空在唐刻磨崖鮮

自封逐客窮攀傷往事不勝癯骨受剛風

周津一首 御史慈谿人

明堂 成周天下八百年東巡朝會明堂前遺址依然孟
軻力到今登眺留真傳

鄭芸一首 御史

登岱 未了紅塵事聊辭白玉關披雲從月闕跨鶴下人
間世味淡如水夢魂多在山留連憇龍峪何日再躋攀

湯紹恩一首

登岱 曉露天門放遠矚岱靈有約幸無違山雲擁道迎

仙蓋海日開嵐上繡衣萬里輿圖收泰時九霄象緯拱
神扉追思千古登封蹟暮靄荒臺掩翠微

傅鎮二首 御史

登泰山 芝蓋天門路雲旗日觀臺目含滄海小橋跨赤
城嵬松豈秦封础碑疑頌漢開禪書今可上誰賦長卿
才　泰殿倚秋山高開紫翠間星軺迎日下仙掌躡雲
攀巖立天低宇晴披曜照褰省方慚受簡恭代禮神還

李綸一首 僉事

登絶頂 雨霽登臨興轉生群山數點發新青風迴華表

擡空漢闕擁踐宮過太冥輯瑞尚存虞舜澤傳燈獨有
魯宣經乾坤俯仰知何際萬里浮槎一使星

王廷幹二首 行人涇陽人

登岱 泰岳逼中天登臨萬象懸臺觀滄海日殿拂紫微
烟山水名誰並乾坤勝獨專岧嶤何可極摧筆白雲連
絶頂試登攀風烟縹緲間舜巡留社稷禹鑿舊河山
月宇天門道芝房青海灣英靈窮八極此地隔塵寰

劉燾一首 推官天津衛人

從推察侍御二月登山阻雪 過眼鶯花春未殘再隨驄

馬步山盤雲浮碧殿爐烟細雪滿蒼崖樹色寒秦嶺應
憐行路險漢宮疑似降仙難日觀峯上瞻東海空憶飛
霞駕彩鸞

王汝孝一首 編脩東平人

登泰山 仗曉步層峯吟眸望轉通懸崖卿日斷石磴拂
雲龍齊魯千年秀乾坤一指中禪封昔此地登眺意無
窮

郭鋆一首 洪洞人

登泰山 峯巒壁立翠雲屯太極初分此嶽存鬱鬱古松
蟠御帳層層石磴接天門山桃野杏花爭發曲澗方泉
水正溫秦漢登封遺往蹟歸來天色欲黃昏

經彥寀一首 寺副全州人

登岱 岱山宗積翠鬱岧嶤春日登臨上碧霄耳畔側聞天
語近峯頭平對玉宸朝漫憐美乇驂鸞鳳會見乘槎犯
斗杓安得憑虛凌八極盡將民瘼達神堯

汪伊一首 寺副徽州人

遊竹林寺 勝地幽懷久肩輿冒暑來攀藤行曲徑嗽石
聽轟雷古木環宮殿輕雲落酒盃掃苔看臥刻鐘磬出

林隈

仲言永二首 知州寶應人

登岱 層巖高閣敞晴暉十載重臨夢不遠玉女獻花開
雪釀仙翁留訣進霞衣青霄此日瞻三象碧巘何年築
一扉遊賞方殷烟月上風林遥送暮鐘微 **玉皇閣** 危閣
倚層霄山河入望遥天橫關塞鴈日抱海門潮霧露開
朱旆雲霞度碧簫自然幽賞契不用社僧招

林應麒一首 府同知僊居人

遊石屋 仙郎雅興好幽尋共訪仙閭入碧林繡壁忽開

丹地穴靈泉漩泄洞天深上方雲磴空中轉下界烟花
望裡陰娩我支離久漂泊始從塵世識初心
浦應麒一首編脩無錫人
遊岱嶽秀色千峯合靈源萬籟潺啓疆開曠野禹服奠
高山星漢當頭近煙雲滿目班悠然小天下遺跡若爲
攀
杜泰一首進士長清人
登岳寰海稚蟠獨此山金莖瑶草秘封壇崑崙西望烟
雲渺滄海東連宇宙寬

谷繼宗一首進士歷城人
元日登泰山南壇試筆仙壇栢酒新誰於草莽識詞臣
南山先祝千年壽北斗長瞻萬里春雪抱翠屏鷹自化
雲披丹壑鹿多馴王喬終作吹笙侶不敢乘鸞謁紫宸
劉爾牧一首進士東平人
登岳青帝眞源迥霞芬鬱律齊谷風吹海樹晴日邑山
虞金闕雲邊出玉繩象外低誰言坤極小禹貢盡雕題
陶欽皐六首御史彭澤人
登泰山南州秀色結衡廬泰岳孤稚更不虛此日仙靈

來劒珮中天樓觀下庭除青霞獨擁秦松嶂絳節雙懸
玉帝居石室秖今迷往路侍臣何地訪丹書　逶遲仙
使伴村春處處天風灑石淙澗底惣無黄犢飲峯頭長
有白雲封誰憐詞客歌谷樹慢聽山僧散午鐘飯對胡
麻帥自餉轉來瑶草定相逢　幾年淸夢如天姥七月
肩輿來泰山靈氣齊浮仙闕紫嵐光細染客衣斑直擠
身在烟霞外空使名垂宇宙間日傍丹梯愁窈窕風生
玉樹夜闌珊　獨扣重門謁岱宗東皇坐處彩雲濃空
移蓬海非三島莫問天台第幾松爐熏斜壓仙人杖山

色平臨古殿鍾從此秋懷定成癖青霄白露洗芙蓉酬
泰安學正林鳴鸞天孫昨渡河上客此聞歌游嶽堪同
賞詩篇許更過侵星凌絕頂浴日見恩波慨爾林和靖
翛疎意故多甄范成敘翰揚登泰橫列宿傍慘淡曉雲
張海日千峯小河流一線長投詩來野興對酒惜年光
但卜楊雄宅無心武帝鄉
徐紳一首御史建德人
登泰山曾聞天上玉皇宮絳節星壇向此逢半夜日光
搖海色四時香霧捲天風金函玉檢通群帝五嶽三山

第一峯回首下方城郭在不知雲壑幾重重

吳遵一首 御史海寧人

登岳 泰嶽崚嶒倚碧霄陰厓白晝白風濤西懸鳥道天門迥東指扶桑日觀高秦樹尚依清蹕路漢壇虛拱玉宸朝長安此去應千里北斗城深睇望勞

吳伯朋四首 御史義烏人

登岳 泰岳由來一洞天振衣清曉上危顛千年齊魯登臨外萬里江河咫尺間漢畤秦封餘蔓草蒼松翠栢自雲煙凌空頓有飛揚意漫酌流霞喚謫仙

又次吳初泉韻 蓬玄峭磬挿丹霄龍口飛泉噴白濤天入扶桑滄海濶地臨汶濟碧霞高纔登越觀思鄉國又戀長安望帝朝滿眼乾坤俱甲馬不堪南北正疲勞

絶巘渾疑在絳霄潺潺流水帶松濤千巖雨過天光淨三觀風寒日色高讀盡碑崖憐異代書無封禪感 清朝春山啼鳥斜陽外歸路崎嶇未覺勞

遊靈巖寺次歸千佐韻 東巡千里驅車轂康濟何能成虐碌我聞古寺名絶勝乘興杳然入山谷洞口窅豁別有天懸崖倒石俯瞰田禪房深深依花木鐘磬冷冷度雲烟呼取老僧來相揖爲

問玆山開闢迹指點殘碑空記年往事都付春風前洞天雙鶴歸何處獨上山頭試甘泉凭高暫憩松陰下未數東山相匹亞忙來秖得今日閑且對明月坐清夜問君何事底艱辛只爲浮名絆此身明朝攬轡又南去應被青山咲殺人

方正脩四首 主事呂城人

登岳 岳麓俯凝眺幻宇盡塵埃因憶羨門子曾霄瞰九垓 陶侃夢八翼側身飛雲門碧霞差亦近稽首問天孫 日月懸雙彈乾坤一大荒最高峯頂上端拱坐於皇 孔眼天下小扶桑入大觀五雲試翹首何處是長安

沈應龍一首 都御史烏程人

登泰山 五嶽岱稱宗雄峙齊魯界屹然障東維中原地氣會殊方傾仰止有懷竟茫昧秉鉞酬夙期巡歷振行旆明禋陟危巔精神原夙戒有禱應即隨神功信廣大亢暵降時雨彤雲布靈靄河淤餉道湮甘泉發清瀨祇承 天子命寔惟神攸賴禮成撫清景六合真可臨山空絶塵囂悠然聞天籟飛僊招我遊乘鸞忽長邁援我

祭玄訣飡霞吸沆瀣日觀俯滄瀛紅光吐輪蓋吳越望
中迷黃河曲如帶臨風拾瑤芝坐石吟松檜秦封與漢
時殘碑荒草外弔古復憂時撫膺增感慨北虜猶陸梁
倭夷又顛沛稽首問崧巒何如獲康泰

曾鈞一首 都御史鍾陵人

泰山紀遊 名山東峙獨崔嵬千丈靈光接上台金削芙
蓉迎日出玉爲樓閣倚天開罏煙風煖浮秦樹石檢年
深鎖漢臺一覽乾坤空萬刼落霞飛彩入吟杯

雍焯 御史臨洮人

遊岱嶽題名 巡按山東監察御史雍焯偕布政司叅政
林應亮按察司副使牟朝宗王教王撫民僉事任希祖
都司署都指揮僉事牛天賜以嘉靖甲寅冬十月之晦
登茲山刲羊藝幣肅拜于碧霞宮既乃東上揖嶽神省
燕室爰遂升高伏謁　天帝捫石表眡寶庫追嘆秦漢
之誇侈也因之眺望海石上夕雪晨霽陽駁方升巖谷
晶輝煙雲陟降相與詫茲遊也諒不偶然爰命郡官紀
諸崖壁

登泰山二首 千里齊城仰岱宗青山盤礴秀穹崇峯高
日觀瞰蒼海岳擅天齊旦域中百代登封傳盛事萬方
香火戴玄功清朝一覽靈巖上雲淨風消曠宇空　從
來聞說此山高一上崔嵬眼界豪龍峪顧瞻出萬仞天
門咫尺摩曾霄升中有表傳秦漢柴望無人頌姒陶覽
跻諸峯盼空廓雲霞茫渺海天遥

何廷鈺二首 御史邵武人

登岳 萬仞驚看絕巘高一人登此百人勞宿願已酬民
力竭賞心贏得一揮毫　探奇此地步丹梯酌罷閒看
處處題獨憶宣尼登眺後無言悟教古今誰

馬三才三首 御史仁和人

登岳 層巒萬仞闢新霽乘暇登臨逸興偏山出雲重飛
鳥外林深春盡落花前天門迢遞丹霄路海日蒼茫碧
樹煙十二齊疆何處覓麥苗盈隴水盈川　覽勝春遊
萬里來僊宮縹緲入雲隈秦松披拂仍餘蔭漢帝登封
空故臺石壁有輝騷客賦岱宗無補使臣才丹宸白髮
頻回首惆悵峯頭各一迴

玉女池 玉女何年去名猶在
水濱雲疑晝眉客月似洗粧人風外聽鸞佩天邊憶鳳
輪不逢仙子降空拂鏡中塵

登泰山憶小巖偕公美人曾約岱山遊別後獨登最上頭秦漢舊封懸碧落乾坤勝槩點浮漚海明日觀三更曉風動天門九夏秋對景觸懷遂不見夜看江月在揚州

續夢登登十八盤忽訝空中行輪雲今日跡寬夢昔年情松拱一天翠草生萬壑青此聯乃庚午夢中句也山靈不我棄應許定斯盟

嘉靖戊午夏六月公暇登嶽行見崖壑森聳松草蔚茂宛如庚子夢中景物吁亦異矣哉因續成篇以博笑云

燕人古松段顧言作右二首巡按山東監察御史

姜良翰參政全華人

遊泰嶽篇泰嶽突屼中天起盤礴神州數千里鳥道聯綿六六灣龍樓偃卷三千址隱隱隆隆宿霧中綿屏飛瀑編羅綺絕壁高攀白玉榆懸崖俯瞰青螺嶷更有奇觀日觀東扶桑縹渺烟波通晴霞蕩漾赤碼碯曉日震耀青芙蓉蓬壺點點遙瑤席溟渤僅擬浮杯筒淩空不覺星辰遠直誇罔象追鴻濛忽然驚雷起山麓電走星馳振林谷須臾日沒宇宙傾萬頃風濤鬼神哭雲迷路險不可登一步一迴愁折軸泰嶽何岧嶢亭亭阻且遙秦皇宮闕烟雲迥漢武旌旗草木彫英雄一去豪華盡殘碑斷簡空寥寥我來近自崑崙比欲向三山訪南極無端失脚墜皇州歘歸不歸長太息亦有青城累石居胡麻飯冷丹鑪熄南郡苔荒諸葛廬東山草蔓安公闕青壁瀉銀河山深長薜蘿偶從征旆登天闕琅仙玉女許經過未能擺脫歸猿鎖且隨舞袖歌春和山河大地終然幻世事悠悠何討了行植芝田十萬畦應須不負商山老

徐文通八首參議永康人

岱宗岱頂層霄十八盤中原蕭瑟思漫漫振衣日觀二秋曙倚劍天門六月寒風雨黃河通瀚海星辰紫極近長安小臣願獻蓬萊頌閶闔高懸謁帝難

巖巖泰岳立穹蒼昏曉由來異下方瞻鵠靈光浮曙闕鬱葱佳氣護明堂夜探海日臨蓬島朝撥山雲禮玉皇携手群公多大雅莫虛星斗論文章

紫氣騰空護漢都山川杳靄入看無乾坤忽合東溟注日月還臨北極扶秋色歸鴻淹客合鬢清樽過雨對蓬壺

凭高[illegible]問前朝事帝子不回空大夫
天簇翠巒青帝居魯陰晝鎖漫踟躕中原郡國秋笳晚
萬里山河夕照虛玉女空傳三島藥秦皇不駕五雲車
當年却笑相如誕身後還遺封禪書
岱宗宮闕碧崔嵬一望蒼煙萬里開疊巘中天盤玉柱
縹雲東海接蓬萊秋風試問尋源客夕照還登封禪臺
玉露金莖應咫尺俯身霄漢此徘徊
朝踰白水謁春宮天外征塵滯海東總轡扶桑懷馭日
振衣使者欲乘風十年舊跡他鄉盡萬里憑欄秋色中

聞道胡兒窺漢月請纓直擬擺和戎
何物青浮天地東崔嵬變幻鬼神功海寒宮闕金銀色
山接崑崙雨露通龍馬河深秦石在鳳凰秋遠漢臺空
御杯搖落傷懷抱作賦誰能冠世雄
芙蓉高削玉臺幽絕頂躋攀盡九州白晝風濤秋不息
青宮日色曉含愁天空萬里浮雲盡地拆中原碣石收
回首翠華千載事祇留松柏護貔貅
陪侍御殷公登岱一首
霞宮高聳白雲層迢遞天門驄馬登龍虎霄眠驚曙日風雷晝捲避霜鷹樹前鼓角諭

燕塞雨後江山望秣陵覽巒誰深天下計秋來要使海
波澄

王世貞六首 副使吳郡人

登岱
緋宇虛無岱色邊岩嶤飛磴界蒼烟峯迴嶂聳紛
相拱石圻松蘿裊自懸過雨雙龍爭玉峽擘雲孤鶴拄
青天平生故有崢嶸意識尓應從太始前
翹首精神欲奮揚幾從開闔見陰陽千崖忽敞中原日
六月長飛使者霜在昔鈞天青帝坐即今封地白雲鄉
還應五嶽都游徧乞取安期火棗嘗

奔崖瀑落擁晴雷策石驅龍輦道開匹練天縈吳觀出
金泥日射漢封回河流挾雨俄千帶海色搖空僅一杯
莫向封壇論王氣祇應塵世有仙才
尚憶秦松帝蹕留至今風雨未全收天門倒瀉銀河水
日觀翻懸碧海流欲轉千盤迷積氣誰從九點辯齊州
人間處處乘城輙矯首蒼茫過自愁
幞衣吾欲臥天門中夜憑欄起自論半割乾坤懸對抱
低垂星斗亂堪捫狂呼六博仙人箸渴問三漿玉女盆
為道崑崙更奇絕還從博望訪河源

壁立芙蓉萬古看削成松檜隱高盤中峯翠壓徂徠色
絕頂青收碣石寒梁甫吟成還遂自和茂陵書就欲誰干
依微尚有吳閶在欲向秋風問羽翰

李嵩四首 副使歸德人

叨從登岱 使者東登太乙壇雲從鸞鷺漢衣冠九霄風
動豺狐遠六月霜飛草樹寒日觀俯看人世隘天門北
望
帝廷寬省方獨有臣時瞽狂擬
皇圖與泰安

封禪岧嶤天半亭陰陽變態任山靈夕暉忽弄金銀色
暮靄翻成樓閣形遥望閶門疋練白俯憐滄海一杯青
中霄紫翠煙嵐裏萬丈寒光見法星

嵯峨泰嶽出層空萬壑千巖一徑通象緯平臨青帝觀
煙雲長繞碧霞宮雪濤夏湧三冬白海日晴搖五夜紅
泰碣漢臺俱在眼古今俯仰意無窮

十年不到泰山巓此日重登倍憫然泰樹摧殘今幾在
唐碑磨滅竟誰傳空餘絳字臨丹壑不見青鸞駕紫煙
日暮高寒天路迥更於何處訪真詮

王遴 僉事北平人

登岱絕句十首

玉皇頂 每嘆苦塵喧無由脫塵網絕頂遂攀躋始知天
地廣

日觀峯 盪樣湧金烏岧嶤破幽壤願將五夜觀天下同
瞻仰

漢封臺 岱宗自古今武帝空赫赫鸞輿西入關苔蘚臺
中碧

玉女池 生托黃帝室道匹昊天妹靈泉瀉方池恍忽鳴
玉珮

秦斷碣 霸業如流水雄圖似去雲誰知煨燼後淪落復
斯文

仙人橋 絕澗架危橋不見仙人度海上幾時廻空使昔
人慕

捨身崖 開闢始天地人生孰不死所惜不在身崖下多
豺螘

白雲洞 造化鍾靈竅玆洞深幾許不見青鸞回但見白
雲去

其八 少負青雲想今上青雲梯一入天門裏回首青雲低

五大夫松 帝子去不還大夫空自立日暮北風吹時向沙丘泣

又登嶽二首 天地開奇觀褰帷陟岱宗雲霞生絕澗河漢沒孤峯玉女青鸞駕金泥白帝封悠悠皆幻想回首但塵蹤

峻極邈無際直登最上巔乾坤一覽小造化四時偏秦碣風雲斷虞書日月懸茂陵封禪稿空使後人憐

陪古松段侍御登岱嶽一首 巖巖瞻氣象浩浩接神天攬轡扳驄使觀風到日邊三山明海樹疋練淡吳烟對酒惜餘興石橋共問仙

萬仞紅塵上一身碧落中天門開峭壁龍口掛蒼穹雲覆盤疑絕峯迴路始通臨危詎自愛附隼擊長空

登嶽次日遇雨山房共坐悵然久之再作一首 陰陽恣變化風雨忽相逢欲覩齊天勢無由更倚筇溪聲千嶂瀑雲挿萬年松長安何處是兀坐對愁容

王紹元二首 御史金溪人

登岱岳 驅車歷齊魯東望王女峯瞻彼泰山岑五嶽專名宗雲霓貫雪嶠石磴縈岙叢東觀掠扶桑西眺弱海溶上有玉髓泉揚英接空濛周流十二亭中列蕊珠宮秦松鬱蒼蒼漢栢糾虬龍登封七十帝效厥稱元功跡綿事已矣玉帛隨飆風卓哉軒皇老秘妙奪天工渴漱流瀣液飢吸朝霞紅一舉蹈虛鄗年與茲山同至道豈遠而元命在厥躬吾非斯人與浮世徒忡忡

蕊宮珠闕鬱嵯峨門倚青天掛碧蘿鎖斷半山環日月望窮千里帶江河泰壇王氣崇幽渺漢綍金書射太和昭代聖王皆舜禹喜無封事入山阿

孫應奎四首 左布政餘姚人

河清撫臣祗 命報岱宗獲與陪祀禮成而返作望嶽 少慕五嶽遊夢寐亦勞止馳驅三十年俯身登闕里是時河始翕顯佑歸 帝祉撫臣肅恭 命報禮虔禋祀職事叨祼將對越靈孔邇嘗聞太平頂白日烟霧紫便擬上天門峭立登封址夜半扶桑紅獨觀天地始無端促回馬冥搜憾遺理但見仰彌高磅礴大無涘影落滄

海平柱卓乾坤起所幸識渾淪萬有包含此因之思具
瞻四方入綱紀鄒魯世所宗秦漢蹟徒侈獻述明堂心
泥封茂陵耻　聖治方唐虞東巡一道揆輯瑞合群工
護蹕及泉水身叅百官富䆮觀宗廟美勝遊豈姑待欲
速戒中毀吾志切有期嚮荅谷神唯

欽命脩理岱廟因視工登嶽 拾級登登上泰岑萬峯羅地
白雲深調琴澗落天河水積翠臺分月樹陰薄海縱觀
同物與中台成位兩間心更賓日馭開長夜獨倚高明
望孔林　百王靈貺仰攸同香火當天有閟宮風雨歲

時行造化文章鄒魯破鴻濛齋居晚宿青霞上絳節朝
叅紫氣中七十二君齊燮理絪氳扶日盪遥空是日細雨多雲氣
行盡冉榆逼上台白雲宮闕逈蓬萊弄丸夜色明
三島長嘯天聲動九垓江海東來看砥定乾坤平覽一
徘徊定應宅父登臨處只在高頭不用猜

魏良貴二首按察使新建人

登岱宗即事有述是日積雨初霽 杖策高尋玉女峯
披雲始見碧霞宮山含雨意嵐光動日射天門紫氣重
絕壁虛疑存漢蹟斷碑何處覔秦封憑高舉手運六合

宣父遺蹤在眼中　岱宗靈秀欝龍從俯視東南百二
峯上界樓臺懸日月中天積翠削芙蓉登臨頓覺人寰
小呼吸真看帝座通稽首明禋何所祝願言　聖壽此
山同

楊宗氣五首按察使陝西人

登泰嶽四首附小序 予讀孟子書孔子登泰山而小天
下未常不起登天之嘆嘉靖庚戌竊叅齊藩政迺春日
獲陟其巔俯瞰八埏洞觀六合形神飛越宇宙咸空孔
子之見詎敢妄擬孟氏之言信不我誣既而甲寅乙卯

復再登眺覽勝探奇心愿頗足夫百年寄旅慨蓬梗之
飄遥幾度儒觀感浮生之真遇敬擬鄙作用紀歲時
巍巍泰嶽鎮齊東此日登臨天地空西盡函關雲嶺直
東來海渤曉霞紅秦碑虛無淩霄上魯殿參差在眼中
時有幽人騎白鹿乘風便欲駕青驄
宦跡幾番登泰嶽明禋禮數剩瞻依始皇何日觀蓬海
御帳經年送落暉斷碣苔封新刻滿故宮形在昔人非
白雲孤鶴時來往我欲相邀一振衣
翠微雲瑣天門迴碧海波搖野望明巖壑陰幽行鬼魅

芙蓉削出勝蓬瀛秋風御路　虎春檯斜日封臺想漢旌
千古丹丘同日月何人從此得長生
一上巔崖眼便寬乾坤萬里坐中看封禪臺迥天光近
日觀峯迴海色闌覽勝果然天下小憑虛頓覺歲時寒
紫霄華蓋塵凡隔翻怪吾生行路難
遊靈巖寺翠巘崔嵬萬木稠珠宮貝闕在高頭長松蔭
日諸天靜古塔凌霄石徑幽世代文章留斷碣乾坤名
勝即丹丘却憐塵鞅違僧定空對煙霞夜暮愁

裴紳七首 擬學副使蒲州人

泰山篇岱岳何崔嵬彷彿凌三台攀緣四十里望在白
雲堆下瞰青濛濛元氣蕩無垓日月懸雙闕照耀金銀
臺蒼松掛絕壁素鶴拂丹隈更上玉皇頂天風如欲催
烈烈無時歇雷雨爭喧豗聳身逼閶闔極目望蓬萊烏
沒天仍遠雲昏晝不開中央見滄海光搖僅一杯雄哉
鎮萬古俯視盡栝疊真人冥宦棲茅龍偏見猜憶昔秦
皇帝求仙海上來羽衣落金爵雄文空斷崖踵之有漢
武孟浪非仙胎徐氏載秦女樓船竟不回羨門何處是
丹丘安在哉乃識翠華晏終令當代哀我來極覽眺竟

日而徘徊因之嘆往事荒唐不可裁沉吟殊未已探討
惜難該短述謝山靈終慚作賦材**登泰岳**三十六盤何
嶮巇曉來登眺自忘疲眼看山頂疑無路身在雲端不
自知嬴氏五松寧故物唐人千仞有磨碑古今興廢只
常事金簡玉函亦太奇　詰旦肩輿度逶迤陰晴變化
亦堪奇登高更眺仙人掌覽勝還過玉女池雲裏頻穿
雙袖濕峯頭一覽萬山卑天門長嘯仍回首萬里清風
向我披**祀嶽紀事**皇帝二十有二春撫臣將命祀嶽神
褭柔仰體綸音重文告驚看御墨新縹緲香雲圍紫蓋

喧闐笙磬落高旻臬臣對越情無極願祝洪禧及兆民
題靈巖千佛古寺環山碧此日登臨愜所聞瑞鶴千年
巢寶樹靈泉一派洗塵氛達摩泛海袈裟在支遁開山
世界分遙望翠微僧舍遍鐘聲朝暮下白雲　再度菩
提境於時春又深衆峰攢寶刹一徑步雲林坐愛松蘿
色時欣鐘磬音上乘如可得早晚欲相尋　林靄山門
合峯迴徑路分岩嶤連岱麓清淨出人群法雨來空界
是日微雨天花散貝文時方憂旱切缽底望風雲

王教二首 副使華亭人

登泰山泰山之高何奇哉三十六盤路縈迴金烏半夜
海底浴碧桃千樹池邊栽秦松漢栢供御帳金簡玉笈
餘經臺瓣香春仲肅拜禮和風晴日天門開　冥冥元
氣壓洪濛太始還司造化功海宇區分杯掌視山形羅
列子孫同宣尼此日曾開睫莊叟何年識御風七十二
君空故事　聖朝崇正禮偏隆**謁靈巖**重巖延佇聳古
刹隱峯環一勺靈泉爽千年寶樹香百衲袈裟看化鐵貝葉
誦心洋（是寺經卷收藏獨多）欲借東林宿蒲團意頗長

牟朝宗二首（副使賓州人）

登泰山岱宗奇峭倚天東冊府封題禮數崇齊魯地偏
形獨勝古今時異仰皆同荒臺人指秦皇碣幽壑松蟠
宋帝宮幾欲尋源渾未識凭高萬里御長風**登日觀峯**
天風不落地半是泰山遮足底雲生處平看曉日斜

俞憲一首（參議無錫人）

泰山頂上作迥絕使人懼古今稱岱宗瀟巒分汶水丘
垤俯群峰晴蓋時沾雨風雲屢盪胷乾坤歸壯麗臺殿
入春容指顧青齊小迴看鄒魯重荒碑秦代跡廢畤漢
人蹤仰止訓初服登臨逼晚鍾幸逢　恭已日無復議

東封

趙勲五首（僉事番禺人）

登泰山奇峰高處白雲邊雄蓋乾坤毓聖賢蓬島烟靈
擅東服上青真氣往金天虞巡柴望禋宗古周狩明堂
禮意虔獨怪漢秦封禪冊玉簽金篋總塵篇　南天陡
壁望中迷絳節冲霄上玉梯手揬銀河寰宇小身連牛
斗太虛低朝參止許徂徠近襟帶曾無海岱齊勿訝女
媧空着脚補天今我亦招提**謁玉女廟**際天朱閣動瑤
琳龍口泉飛百尺深煙竈有丹留妙訣碧霞無計換清

陰靈光返照芙蓉色烟境空存羽翰音沉璧未緣誇慶
曆憑虛聽對肅冠簪**五大夫松**蓬瀛蒼翠冠天門千古
名封澤尚存青帝五雲開御帳王皇仙地種靈根霜侵
月影來丹鶴鴈盡秋空隱白猿躡足龍盤回首望鬱然
惟爾共乾坤**登日觀**月明道士靈巖來夜半重登封禪
臺銀漢中天看斗北金波浮影報暘回火山乍見焚東
海曦馭俄驚耀上台萬里朱光呈瑞氣赤霞紅漲望中
開

曹金四首（僉事祥符人）

春山 雨後朝暉靜嶽壇百年臨眺屬春殘初經帝帳方
壺曉漸入天門宇宙貫雙引管籥通玉關徧尋封禪倚
雲磬瑾臺古寺清尊晚看竹吟風興未闌 五嶽嶙峋
五氣橫東皇開闢自蒼精根盤海岱窮三島壁立天樞
建一擎石釜雲封奉處士蕭條臺謝魯桓卿丘陵雅曲
人難和小魯峰前春望平 霜節凌煙坐翠微翛然恍
與世相違數聲清磬飄何處幾片閒雲照客衣玉女池
連春草動僊人鶴傍彩霞飛登巒堆許山僧住一任鶯
花對落暉 合身崖 危崖幾萬仞捐命亦何為汨水江邊

樹清風嶺上祠前身應契鬢後事竟阿誰幻業千年障
空餘白骨知

李遂一首 知府新建人

遊靈巖寺 芳春再上靈巖寺拙吏乘閒便勝遊萬壑烟
霞塵外賞三齊風物望中收泉分石溜雙鳴鶴泉名雙鶴 樹
隱金沙並結虬却恨此生多世諦上方徒羨未能留

項守禮二首 知府奉化人

登嶽次侍御吳初泉公韻 簾洞更衣入紫霄風吹御帳
起松濤羊腸鳥背盤盤曲龍口天門節節高過化樓前
懷往哲登封臺上慨先朝何當拋却塵寰慮乘興重來
不憚勞 次侍御吳龙山公韻 萬仞嵯峨倚碧天好風送
我到山顛彈丸赤縣微茫外杯勺黃河縹緲間南望白
雲凝暮靄東瞻紅日帶晴煙十洲蓬島應非遠海上何
勞漫覓仙

朱應奎一首 知府丹徒人

登泰山 我昔曾過泰岳前未暇登眺即言還豈獨山靈
笑我俗勝事相孤亦悵然今日重來須縱目攬衣直上
山之巔不妨舉手近天日但教穩步渡雲烟天仙地迥

碧霞繞日觀基高紫氣聯隱隱尤可辯岡嶺茫茫何處
覓桑田身跡恍如塵世外光景疑為混沌先更欲憑虛
何所往人生即此是登仙

陳中二首 知府沔陽人

遊泰山宿碧霞宮公館 遊覽乘閒過岱宗躋攀曲磴幾
千重未從絕頂躭清興已聽群山度晚鐘寒夜暫將丹
竈訪洞門詎許白雲封悠然借宿石床月肯數華陽第
二峰 次早登泰山絕頂 起望山頭宿霧籠行行指點借
山翁雲移宮觀千門曉路入峰巒絕頂通圖畫天開留

勝槩笑談聲劇逼會空從來登眺知多少悟道何人第
一功
林悅一首 府同知太平人
登泰山 泰嶽從來紀勝遊乾坤雲物望中收天門俯瞰
群峰碧日觀遙瞻一鏡浮封禪空碑空往事巡行御帳
浪傳留古今多少興亡跡獨有山靈總未休
王乾元一首 府同知寶雞人
御帳古松 山盤御帳此穹窿五樹秦松倚碧空漢闕唐
宮成寂寂洞雲海雨尚濛濛蒼烟繚亂秋霜淡黛影婆

娑曉日紅意扣玄玄尋大藥茯苓根外種還童
邵濬六首 長史太平人
遊泰山 遙望天門碧落間懸崖絕壁苦躋攀泰封松樹
斜侵路漢紀雲氣晝出山東海日華開遠睫長安風景
逼顏顏近天一步無高處看盡奇觀薄暮還 遊靈巖 人
說此山多勝槩我來雙脚倦登遊肩輿繞出諸天外清
樂平臨萬壑幽聽鳥忽疑雙鶴叫凌霄獨上五花樓何
時淨把塵心洗坐石長吟最上頭 織袈裟 朗公獨立東
山頭袈裟委地無人收猶有山僧說遺跡也留一字記

春秋 甘露泉 味高僧數盧山水今日初聞甘露泉便取
龍團烹瑳竹清風兩腋散茶烟 石龜巖 山僧五百一時
來龜飽靈泉口自開今日僧稀泉亦涸空留頑石委蒼
苔 飛錫泉 何人飛錫始開山法定禪師在此間下有靈
泉堪洗杖又驚化作老龍還
馬應禎一首 通判孟津人
登岳 嶃嵒岱嶽古來傳今日登臨勢果然靄靄雲烟生
足下莫於此外更求天
陳龍一首 學正莆田人

登泰山 散步東山第一嵩松盤旋巘崿意難窮水簾澗落
千層雨御帳松號萬壑風浩蕩天門容我入飄飄仙子
許誰逢寅賓石上觀滄海俄吐輪光挂太空
林宇中一首 教諭瓊州人
登岱 崑崙一脉東崔嵬卓寰宇玉柱挺層霄瓊樓疊翬
瑤甃鞭裊六龍鯤浪溯群鯆鬱鬱虬松阿芬芬蓬島圃
潸流瀑布幾洞捲珠簾雨峯丈人擁星杓虹梁浸山赤金
函石室皆玉女天池儛我欲往從之烟霞隔岩谷徐徐
步絕巔若已天孫睹宿月惕晨燿寒風拂衣襟東溟盪

火鳥類浴沾靡翡翔飛奮軏瑳空群陰斂無滸山岩亦有
知逐逐金輪旿況此肖形人戈揮日旋午願誦崧高篇
年年降申甫

方元煥三首 舉人臨清人

登岳東岳嶕嶢迴碧落千巖萬壑盡陰陰雲霞玉殿龍
又合風雨金函翙氣沉松桂淨依三日搨登臨逆寄十
年心壯遊不負追司馬禹穴龍門意更深　午月肩輿
扳石徑火雲裊裊散諸天五松高倚仙人杖三觀寒飛
王女泉蜃閣附蒸溟海氣胡塵西動鴈門烟不堪絕頂

頻回首莫使浮雲起日邊**登傲來山**岱宗西望堪乘興
五馬逢迎一舉杯蘿徑高探岔子寨竹林深護遂公臺
雲開野屋空中出風起山花水上來漫說武陵能避俗
人間此地亦蓬萊

蘇濬一首 舉人濮州人

登岱岳平生湖海原空濶覽勝今登第一山夾道濃醺
楓葉赤垂君倒染菊花斑九州禹貢微茫外千里堯封
指顧間星斗瞻依真咫尺夜溪環珮響珊珊

王子謙二首 庠士歷城人

登岱遇雨曉凭危岳逼高寒俯瞰溟濛宇宙寬方愛亂
雲塡萬壑忽驚急雨失群巒平生自謂凌虛易到此翻
歌行路難辛有古碑秦漢在剔磨苔蘚縱奇觀　曉風
翕習撼翠微曉雨霏霏濕人衣陰崖萬古自壁立懸瀑
濺石時驚飛燒香野客猶攀蔦獻奈山人應掩扉爲頌
風伯掃雲霧欲放新晴趁晚歸

馬森二首 左布政福建人

登岱五嶽由來獨岱宗疊巒雜樹翠重重盤迴石磴天
門道縹緲烟霞日觀峰巨鎮已標存舜典斷碑何事數

秦封登臨不盡高山意已又當年有故蹤**宿岱頂道房**
碧霞宮畔小幽居雲外山低若太虛玉女池中泉最潔
文人峰上雪偏疏坐看洋靄渾成幻睡覺清宜更寂如
夜半四空無色界月明正好入階除

劉璽六首 按察使唐縣人

岱岳登望嘗聞東嶽峻今上最高峰吳楚蒼茫外燕齊
指顧中豈風時振袂灝氣忽橫空不道塵寰迥翻疑僊
界通　石竇穿青嶂仙橋駕碧虛具數皆培塿汶泗漫
縈紆樹色浮空遠泉聲落澗徐彩雲天外下彷彿見霓

裾
日觀東溟近天門上界低陰晴異林壑風雨隔山
谿雲去衣猶濕峰回望轉迷追遊渾未倦不覺夕陽西
幽興殊未已歸途遡晚風籃輿穿木末鼓吹落雲中烟
鎖層巒碧霞翻落照紅回頭瞻御帳猶見大夫松【暮春】
【宿靈巖寺】撲面楊花趁晚風三分春色忽成空登臨自
愧非佳興奔走誰憐是病翁千里鄉心勞夢寐一杯清
茗且從容何時得遂田園樂攜到東窓日已紅　昔年
曾宿上方幽此日重來鬢已秋世態從教人萬變高情
應逐水東流巖洞白雲清宦況一泓甘露洗鄉愁山僧

莫訝頻來往蓬轉萍浮不自由
王貴一首運同知清江人
【登泰山】絕牽布裹奮輿輕險絕能消半日程漢栢秦松
空往跡孔登孟語此經行沿崖忍見逃亡壑躡蹬巉闇
然對聲惟有七十二泉在願言常潤汲

王明
呂顒六首登州知府陝西寧州人
【遙參亭】舊名草參老親參政分守時改云　參亭入廿祀易草以遥名豈
為授香紀還肅謁禮誠皇君誓春日麗金棟曉雲輕簷拜

緣分牧臨風重感情【祖殿瞻題】趨庭憶往日登覽廿年
前宿雨青岩媚光風白鳥翩橋危雲共度壁迥日相聯
羽蓋聊為問赤城列廣仙【御帳巖】山入蒼穹裏人因會
列仙明光流日月淑氣靄雲煙漢帝崇封日秦皇纂石
年蒼松若有對跡薄幸逢緣【大夫松】老松三代舊不敢
問行年托脉青雲表呈華赤日邊自知仙可庇常與鶴
相憐豈為封題在清風春自研【福廟偶題】塵緣終日未
能脩飄泊流光海盡頭駐馬偶隨香火使春風拂拂白
雲流　層層磴與碧雲齊百里瞻躋日未西舉目漫傳

天下小一坯進往果端倪

記

宋

洪邁容齋隨筆應劭漢官儀載建武封禪事每稱天子爲國家其叙山勢峭嶮登陟勞困之狀極工予喜誦之其畧云是朝上山騎行往往道峻峭下騎步牽馬乍步乍騎且相半至中觀留馬仰望天闕如從谷底仰觀抗峯其爲高也如視浮雲其峻也石壁窅窱如無道徑遥望其人端如行朽兀或爲白石或如雪久之白者移過樹乃知是人也殊不可上四布僵臥石上亦賴賫酒脯處處有泉水復勉强相將行到天關自謂已至也問道中人言尚十餘里其道旁山脅仰視巖石松樹鬱鬱蒼蒼若在雲中俛視谿谷碌碌不可見丈尺直上七里賴其羊腸逶迤名曰環道往往絙索可得而登也兩從者扶掖前人相牽後人見前人履底前人見後人頂如畫重累人初上此道行十餘步一休稍疲咽脣焦五六步一休牒牒遽頓地不避燥濕前有燥地目視而兩脚不通又云封畢詔百官以次下國家隨後明日太醫令問起居國家云昨上下山欲行迫前人欲休則後人所蹈道

峻危險國家不勞 又云東山名曰日觀雞一鳴時見日欲出三丈所秦觀者望見長安吳觀者望見會稽周觀者望見嵩山凡記文之工悉如此而未嘗見稱於昔賢秦吳周三觀亦無曾用之若今應劭書脫畧惟劉昭補注東漢志僅有之亦非全篇也

邵伯溫聞見錄云昔龎兖曹與一二友祠岱岳因登絶頂行四十里宿野人之廬前有樂龜地多鬼箭天麻玄參之類將五鼓初各仗策而東僅一二里至太平頂叢木中有眞宗東封壇遺址擁褐而坐以伺日出久之星斗漸稀東望如平地天際已明其下則暗又久之明處有山數峯如臥牛車蓋之狀星斗盡不見其下尚暗初意日當自明處出又久之自大暗中日輪湧出正紅色騰起數十丈半至明處却半有光全至明處却全有光其下亦尚暗日漸高漸變色度五鼓三四點也經眞廟帳宿之地石上方柱篆甚多又經龍口泉大石有鑄如龍吻其口水自中出又經天門十八盤峯巒秀聳北眺靑齊諸山可指數信天下偉觀也

襲慶守錢伯言遊覽記宣和己亥九月二十四日自奉王

旨至泰符催視岳祠後一月伯言至自兗明日具香燭
以告上吉巳而罷醮于會真宮獨登瑞雲亭早飯于行
館遂同令寇韋丞呂光問祠官曹欽承萊蕪令韓僖道
士蘇彥弼謁岱岳觀留連池上復自金母洞過青帝觀
觀文僖丞相遺刻遂遊白龍潭奠御苑王芽於水中愛
其泉石之勝迺相與策杖散步還過雞籠峰始復肩輿
躬走社首山視禪壇訪遺迹晚入乾元觀小飯翠陰亭
而歸

元

杜仁傑撰東平張宣慰登泰山記皇帝中統元載擢用
宿儒宣撫十道公首與其選公治河東有異政考為天
下最最上親召勞以危酒至以字呼朝野榮之越四年
上復命公為東平宣慰使嘗曰曲阜是夫子之庭泰山
為中原神岳皆在境下所當親祀以至元重九前三日
辦嚴以行由沂州門出時天宇晦冥望日至林廟拜三
聖墓雨氣猶未艾信宿抵岳祠明旦登西華門雲則載
陰載晹雨則間作間止咫尺三觀在墨潑染間刹那千
百其變公謂所親曰登頂之約盍不敢定苟晴矣乃行

否則恐勞而人既而五鼓將作陰為之解駁三唱未終
星為之芒錯于是州刺史張汝霖奉符令張侄司戶王
天挺及從者三百指具有輿輦公而上已而過黃峴飲
於護駕泉次御帳少憩去天門猶不翅十五里路漸隘
林樹四合既其鋪望之天光凝碧如紺珠薄暮至絕頂
由東以望見山影黕黑偃臥無際頃觀李斯碑僅得數
字其餘漫不可識下自登封壇皆歷代磨崖亦復剝裂
惟唐明皇御製紀泰山銘其字大如桃深幾寸泥金錯
落猶有存者日沒少頃寒氣已逼人如仲冬時從者燎

薪圍坐以待旦參昴中公起步自王女池登日觀峯六
合蹇開肅然無纖滓待茶茶時東方曨曨乍離乍合移
晷日露其半恍然如入無量金色界中凡在行者莫不
嘆詫及迴又得西影直抵昧谷若與崑崙爭長雄公輒
奮髯驚叫曰吾此行凡三見岱宗面目吾願足矣噫予
自壬辰北渡三十餘年凡九來未嘗覩此奇事雖欲勿
紀得乎古者有天人之辯謂人無所不至惟天不容僞
真知言哉公純誠人也蓋無往而不協無動而不言無
禱而不應是行之異乃一節耳雖然天下之事固有邂

近相合者多矣昔衞旱伐邢師興而雨或者謂適與雨
會則非也此特純歸之天烏在所謂由人乎哉至於揮
劍成河變晝爲夜或有此理如韓吏部開衡山之雲蘇
端明借海藏之春皆我輩之餘事安用詫爲因公此來
書諸石以示來者奉高王禎書　刻延禧殿前

國朝

尚書喬宇序畧比歲山東饑亢旱千里水泉枯涸運道阻
艱上特遣宇祭告東岳東鎮東海諸神入境之日即大
霽雨齊魯之地皆霑足祭之日前後又復雨仰思岳神

靈異益虔代祀之禮祀畢乃登絶頂入山之初望之若
近愈上愈不能到盖重岡蔽其前巨壑偃其下近雖不
露其高而遠則見之道屈曲而上几五十餘盤經大小
天門東西巖上泰觀越觀峰謁碧霞祠觀始皇封禪碑
超然四望了無限隔下視群峰若培塿在地白雲起自
半山間倏忽隱見變化滅没莫知其處謂之曰小天下
信其然矣

翰林編脩李學詩登岱宗記畧嗟乎山一也未登仰之彌
高既登則高者復下既下則下者復高峯巒殊而烟霞
異非山之變登者自變之耳山固自若也世之馳騁於
浮雲富貴之途者而性天遂變曾不能知泰山之視浮
雲顧以浮雲爲泰山之變其與未登初見泰山者一也
予之惺然頓悟不爲浮雲所眩而真得大觀於泰山者
非今日既登之力乎

巡按山東監察御史段顧言登泰山記夫泰山天下宗
山也自昔虞帝肇祀孔子用登而泰山之望益雄長乎
天下矣予以問俗之暇追往哲之故踪尋對時之樂事
乃呼僕肩輿盤轉數十巉崖方陟絶頂去入間殆不啻

百千萬丈矣時則三司十君子已先予至遂相與步虛
縱觀但見四圍諸山若孫若子俱環侍以向山中紛盪
滸氣晦明變幻倏忽萬態不可方物要皆造化生生之
意發泄此山殆騰布而莫之成象者也吁亦奇矣哉因
而極目宇內則九州八極咸收襟抱于是乎俯仰萬物
則堪輿一藝髙滄海止杯水天低月近而星斗若掛于
岩壑之畔然者不覺神爽奮揚凌駕霄漢恍然別在一
乾坤矣噫嘻乎泰山之高高入九天之上而登之者真
可以小天下也與哉諸若日觀霞宮秦封漢紀與夫仙

人橋玉女池斷碑名筆之遺蹟又皆泰山勝槩可以備尋幽吊古之逸興者也嗟乎豈徒爾哉竊聞道無往而不在心無時而可忽登斯山也居其高則可以思下臨其險則可以思懼望

闕則可以動忠嚮顧雲則可以興孝思見洙泗而對巖巖又可以思孔孟而慰依歸之素也豈徒爾哉予幸諸君之盛集而且承其託不辭蕪俚聊以志歲月云爾諸君為誰藩參則金華姜君良翰永康徐君文通臬憲則南昌張君希舉吳郡王君世貞巴渝陳君善治歸德李君

嵩南皮張君謐北平王君遴巴渝張君師价都閫則鄆陽李君春華也

嘉靖戊午夏六月癸未識

參議尚絅**遊泰山記畧**成化丙午春藩臬將巡行郡邑余與少參蠡吾王君世用憲僉淇水劉君廷珪天台潘君應昌約日偕行乃以正月丁卯發濟南余與世用向夕宿靈巖寺戊辰抵泰安州己巳廷珪應昌皆來庚午黎

明詣草參亭拜東岳祠遂肩輿出城北行五里及泰山之麓由紅門路過高老橋傍有水簾洞洞左為巖巖亭少憩經馬棚崖回馬嶺路漸陡峻再行至黃峴嶺陟嶺東下徑路平坦俗謂之快活三延轉而上及御帳盖宋真宗駐蹕之所蜿蜒而上歷十八盤至南天門東北行二里及昭真宮謁碧霞元君由宮後稍北有東岳神祠祠陰刻唐開元磨崖碑遂上登封臺有玉帝殿前建石表高丈餘或云秦之無字碑復轉東南至日觀峯舍身崖在峯之下西望則有月觀泰觀諸峯北望則有獅鴉

鵝鴿二崖若西南之丈人峯東南之徂徠山尤其秀拔其青嵐鴈飛二嶺馬蹄桃花二峪與東西二神霄山大小二懸石蛻仙巖明月嶂龜陰埠楊老園皆在指顧間而下瞰汶泮二河如拖練耳人云秋氣晴肅可以見海余與世用廷珪應昌酌於昭真宮之別室再酌於巖巖亭酒力微醺夕陽欲墜神思飛爽飄然踦滄濵凌宇宙之氣槩也山下有呂巖洞王母池白鶴泉則以薄晩不能及其他峯崖林壑幽邃之地佳景尚多不能悉記辛未出城之西門禮玉女殿即宋天書觀遂至蒿里山探

鬼仙洞令道士執燭以往陰氣侵人不可深入時廷珪有事于東兗余有事于青萊應昌將校士于他郡獨世用分治泰安乃布席張樂爲予三人者餞別歡飲竟夕而罷夫登覽古今樂事也泰山天下奇觀也四人同遊藩臬和德也不可不記勝地不常盛筵難再繼此而復來遊者亦將以興慨慕追歳月云耳是碑在巖巖亭嘉靖九年棠陵子題

其旁曰方豪由泰山絕頂迴觀尚少參遊記山川如故英烈何存快哉傷哉後十五年方子之友見之則又如方子之悲悲方子也

督學按察僉事葉份

題石刻觀海二字

昔顏柳以善書鳴唐至今稱之必曰顏筋柳骨然魯公以忠烈顯公權以正諫著炳烺宇宙豈徒以其書耶心齋張公曩爲御史守關武皇北狩抗疏回鑾風采凝然匹休往哲平生究心字學尤善大書嘗其濡毫伸紙氣定神閒得心應手端嚴遒勁蓋有出于顏柳筋骨之外者然世方以茂節高勲占公大受而游情楮墨公固以爲藝成而下矣頃者公書觀海二大字鐫諸泰山之崖其字畫之妙如吾前所云噫字心畫也公宋中肆外惟變所適究所至焉海岱爭崇深可也然亦有嚴嚴氣象而難於爲水者耶

右稱心齋人品氣節固宜但過許書法優於顏柳則謬矣賞鑑家當自知之

郡判姚奎

遊石屋記

泰山東數里許有石屋世傳碧霞元君煉真之所予公暇欲往觀焉從者曰徑隘不可輿迺易服帽貂以帛帶結腰短策芒鞋命道士劉教弘爲前導行三四里無復蹊徑披蒙茸攀巉巖傴僂而上愈進愈險下瞰巔崖驚汗浹背又三里盤旋轉一岡而石屋在望矣有羽士四人歡然而迓予青松絕壑間前峯後擁迺獲濟焉瞪目縱眺上有削鐵奇峯千朶前有夷地可半畝入其中豁然而深朗然而虛明石竇涓涓凝結

王柱大十圍高丈餘晶瑩可鑒麓有元君手印玉指宛然後有石床則元君偃息處左偏一竅透絕頂頂有石樓可坐三四人氷滑不能升躋攀數磴而下力疲臥石床毛骨洒洒旁有聖水池清冽而甘不盈不涸下有石曰牛心甚奇怪又下有洗鶴灣深不可測一鶴鳴于上似與人聲相應和寔真仙境界與塵寰迥絕人之遊泰山者每以道左日窮焉書於斯罕到孰知石屋之多奇迺爾哉石屋於予惜乎遇之晚也嗟夫世之豪傑士固有終身未之遇者遇矣而晚奚病焉（道左日窮以下全用杭之石屋志文）

泰安學生李鎔撰姚別駕總巡泰山記

泰山絕頂有神祠曰天仙玉女碧霞元君岱岳毓神上通乾象英靈丕應理或然也遠近持瓣香徼福於神者肩摩轂擊歲常數十萬人至則羅拜歡呼競以貯獻動數百萬計臺憲藩臬俸廩餼幣凡百經用或於茲焉取給而征斂不及於民凋瘵之餘賴以蘇息益國裕民關繫於此詎可主之非人耶嘉靖乙酉撫按藩司精選州縣廉能官分掌厥務時東昌別駕雪漁姚先生膺總巡之選先生曰利權俗吏事也吾人視之當如鴆毒豈容毫縷自污乃集百執事顧神誓戒俾竭乃心綜理微密覬覦者不得逞其奸寸鏹縷絲罔或遺漏始于是冬孟月踰年季春之十日計收金銀錢幣畜產約三萬緡珠玉袍旛弗與也視往歲加增三之一籍上藩司以備歲用先生廉恕立法嚴而不苛御下峻而尚簡待士恭而能愛總巡餘半載饔餼一取於家東昌俸金數驛取之以贍貧士其官給廩錢則易芻豆俾飼官馬損己利物常情所不堪先生不以為難也泰山之巔會巒百餘丈俗號舍身崖有為匹婦之諒者輙矢於神自投以殞流俗以為壯烈先生

嚴禁諭遣之俠活三路平而臨下有深崖險甚夜行失足而傷亡者屢矣先生捐俸植木欄自是全活者衆臺臬諸司委以訟牒斷決如流附城為客邸者數百家前此嘗科斂之先生曰蝸涎自潤顧欲漁獵之耶吾不忍也鄉老鄒瑀董將鐫石以振勵後人屬僕以記先生海虞人名奎學博辭昌曾未數月著泰山紀行累數千言泰安名士李文瀚馬載道高民悅諸賢相與倡和顧僕譾陋曷彰厥美擊泰岳以寫韶英有遺音者矣勉書以貽之（嘉靖五年）

郡判高誨遊泰山記泰山在州治北高四萬餘尺延袤幾
二百里名峯七十有二其嶆峴列巘森然而供秀者弗
可勝紀古爲東鎮天下之山莫高焉予徃歲偕計上春
官取道登謁時甚寒倉卒以未獲盡觀奇勝爲恨嘉靖
壬午冬予由青城轉東萊司馬臺檄督岱宗事癸未春
三月六日肩輿出自北城門踰小橋二里道左右亂石
棊布近麓有廟祀池舘俱壯麗左有老栢數株相傳漢
武帝東封時所植也又二里至紅門跨道爲飛雲閣道
傍爲更衣亭楔扁曰宗岳循溪崖天麻黄精諸藥土人

負筐采之又五里至高老橋有漢壽亭侯祠祠前桃李
始華稍前爲水簾洞泉自大紳巖出飛流垂練聽之泠
泠然下有小石橋通泉于溪左爲巖巖亭登之畢見景
物又四里至馬棚崖稍前爲回馬嶺山石漸峻且奇林
木亦幽邃溪崖有椒有梅杏櫻桃山居者資以爲利又
五里至黄峴嶺西行折東北上而復下又西行折東北
則下而復上雖屈曲下上率坦易凡三以里計亦三遊
人疲于峻陟至是舒快名曰快活三古風西巖有竹繁
茂又五里至御帳宋真宗駐蹕之所五松高數丈秦皇

避雨其下封大夫云竹林僧獻松花餅啖之香美復進
甌茶問之曰東巖所產味亦清苦又五里至大小龍口
兩山懸削水從石峽噴瀉上有古松偃仰若蟠虬然又
五里至十八盤崖間楸樹野棠山榴獼桃或花或實石
磴齒齒倚空仰視似有不可至者乃傴僂攀援以上盤
盡至峽口高處石門題曰南天門有三靈廟又東北二
里爲元君祠左側石方池曰玉女泉一名聖水甘寒清
冽汲以烹茗味可比浮槎龍泉又東北至岳神祠祠後
有唐磨崖碑二一爲開元紀泰山銘一爲乾封朝覲頌

側多古人題詠蘚蝕不可讀又北上至絶頂有玉帝祠
祠前石表丈餘一名秦王無字碑又東南行至日觀峯
人云雞鳴時見日出有石函方丈許人云成化間雨水
衝決得玉檢以獻命中使瘞舊所即此峯之西巍然而
突出者秦觀峯也稍南而獨見者越觀峯也峯之下壁
立萬仞者舍身崖也崖之右則試心石仙人橋也延竚
四望滄溟東圻河流天傾而汶水湯湯秪環一綫西南
萬山伏地殆如米撮惟徂徠尼父僅露脊可指耳近顧
諸峯若丈人若回鴈若蓮花若明月若東西神霄雲烟

相盪勢若爭雄其不能以一峯名而附之以見者如拱
如揖澶然有孌孌聽命之狀真奇觀也予始至瘦石嶙
峋剛風怒嚎溪竹崖松宜雪宜月其尤足聽聞者樵斧
之聲與崆峒應答既而鳥鳴花麗萬谷皆春泉香可啜
蔬美可餐山容于是乎忻忻然而人亦得以樂之至於
溪雲出沒而陰晴變化于立談之頃此又造物者之翕
張而莫知其所以然也夫山之景象奇于冬麗于春而
遊人或拘于時止于暫予以公事久于斯而又頻于下
上則夫山之情狀景之變態古人遊豫登眺之迹靡不
襲其芳而踵之茲遊也可不謂獨勝乎書以紀歲月

僉事黃鰲　九日登岱記　嘉靖乙巳夏予以防秋董戍德州
九月朔聞侍御南渠黃公東巡既遍由沂而北歷兗濟
以至泰安予迎而侍之適未至而重陽且屆期焉刺史
仲言永曰九日登高舊事也請追之予然而告之曰九
日天之勝也凡一丘一阜皆足以記時今泰山地之勝
也自古封而禪之凡得以躡其巔者皆足以齒壯遊予
闡産也乃逢是日而獲登之願不勝與於是改制登山
之輿詰旦爰登而刺史從焉窮其所至山中古今所傳

前人之述備矣惟是日也天朗氣清金風載爽坐玉皇
之頂撫沒字之碑則見聯絡岳鎮翼我　皇圖萬河控
秦吳之盛覽裔蔿夷夏之觀廓如也既而日忽忽其將
暮景翳翳以偕入百靈萬籟之噓作焉吾焉而夷猶之
心曠神怡景物偕融灝氣同流若有以揖太乙而參之
焉者不敢以荒也退而就館舍旦復躡日觀峯則見心
房之野昧爽朏明黑雲驅而上浮黃雲擁而下升朦朧
掩靄之間忽有點若朱丹若火焰破重霧而耀紅光奇
觀也須更而半出雲間則天明景藏予且歸矣歸而下

歷水簾洞聞其東有石經為王右軍所筆但山峻峪深
不可以行耳乃息肩輿攀緣而上杖屨而下則見盤石
若礪大書貝葉體在而神思飛逸歷千萬載爛然與天
文上下日相昭回鬼神呵護之功哉間有為蘚石落而
破壞者有為水浸溜而就平者豈造化亦有所忌也與
世傳真草小書與此大相迥別或疑其未必出諸右軍
云既而西訪竹林禪刹無以觀也惟有所由之峪則恍
若山陰蘭亭之狀泉落百丈之崖若拖練而下篤齋湯
子題曰瀑布淵深白龍之池雩則取水迎而禱之予題

曰霖原細流屈曲而出可以浮觴夾流獨石可以盤坐
溪山掩映嵐光洗濬可以題詠又出而磐石横亘粹若
白璧方之經石爲小聞有前人之作求之弗得則天又
且暮而歸惘惘然有未盡之懷也吾徒春元劉一桂者
知其處且携匠搨之以獻乃元初天曆間辟世之士之
所作也噫予南人獲遊巳國最晚信宿盖得天地古今
之勝豈非遇與刺史君曰九日登泰山閲諸編帙末之
前覩也可以無紀乎遂記之又爲之詞曰泰山兮崔嵬
九日兮淒淸登絶頂兮龍從乘天風兮震鶩雜芳珮兮

陸離飲菊酒兮酩酊追遺蹤兮不可見問太空兮冥冥

泰安州知州鄭褧東校補
學正陳龍
訓導盧鳳
新泰縣教諭林宇中校正
生員劉泮　侯貴
尹鳳儀
李汝桂同校

泰山志卷之三終

書泰山志後

夫俯仰内莫大乎山川故敘山川者必先嶽瀆敘嶽瀆者
必先泰河然而四時神其機流峙顯其象吾人著功用以
襄其化是一道也是故嶽瀆分而後星紀明焉星紀明而
後分野定焉君子居方辨物不先山川而何哉嘗觀諸古
今國都有志藩省有志郡縣有志下逮一梵一祠龍岡漲
瀦之末亦或紀其盛而志焉至於岱宗之巨鎮乃遺而弗
志何也意者志郡國則附録焉夫固同他山而槩舉矣是
故古今所以畧之也吾歙汪白野先生慱雅多識君子嘗

遊泰安日覽泰岱之勝遂究極群書裒集兹志期年有成
然亦勞矣後之觀者覽形勝考歷代律同異辨方隅徵驗
帝王之典籍可以據而不惑凡自無懷而下或㢘音軌或懸
無甚殊尤則後之爲封禪之説者可以靳矣自松喬而下
或隱或顯無甚靈秘則後之爲丹鼎之説者可以靳矣自
覡巫而下或祓或禬無甚稽驗則後之爲禱祀之説者可
以靳矣若夫登臨頫景寓目大觀而洪編鉅辭成方岳實
録此則與聖賢小天下者同歸焉是宜志之詳也覽者準
古證今即新推舊庶可以爲仰觀俯察之一助云

泰山志卷之四

明監察御史燮吴伯朋裁定

山東按察司僉事梁曹金校訂

順天府儒學訓導歙汪子卿編纂

岳治

岳治何州治之在岳也夫經以四岳名官史以泰山名郡志岳而必以治言亦經史之遺意耳是故書因革以見古今官僚以重保釐學校以崇教化城池以戒不虞公署以重臺省而又星野以觀天文封疆以察地利賦貢以共經費凡以達政而求治之道也守岳者覽之則二典所咨十二牧允元之意庶乎其有得矣

因革 州在周春秋時爲魯地後屬齊爲博邑秦爲奉高博二縣屬齊郡漢爲奉高博二縣屬泰山郡東漢晉因之南北朝劉宋因之元魏改博爲博平與奉高仍屬泰山郡隋開皇六年改奉高曰岱山十六年改博平曰汶陽尋改曰博城大業仍以岱山屬魯郡唐武德五年於縣置東泰州貞觀元年州廢省梁父嬴肥城岱山四縣入博城乾封元年更名乾封總章元年又曰博城神龍元年復曰乾封屬兗州魯郡宋開寶五年移乾封於岱岳鎮即今治城南大中祥符元年改曰奉符屬襲慶此上以州志修又通志考政和八年改兗州爲襲慶府岳麓升元觀石刻政和八年六月尚書省勅牒內書兗州泰寧軍奉符縣而不書襲慶宣和已亥石刻書襲慶軍府與二志不合何耶姑傳疑俟考金初爲泰安軍大定二十三年陞爲州領奉符萊蕪新泰三縣元屬東平路正元五年析隸省部領縣四視金增長清皇明洪武元年省奉符入州割長清與州並隸濟南府編里九十有七東隅保西隅保北隅保南隅保西南保羊樓保封巒保已上附郭禹村保萬峪保沈村保故城保申村保良南保房村保柳里保薛庄保已上在州東南元賢鄉汶河保棗蘇保南送保攀任保鄒店保西逯保西

牛保武庄保侯村保已上在州西南文河鄉梁庄保白塔保石黍保南望保羊舍保西望保古城保山羊保力里保已上在州東南紫源鄉大吳保舊縣保山口保北仇保東平保南留保西諸保北望保顏張保已上在州南云亭鄉清泉保延東保下村保趙庄保謝村保南村保新興保牛山保栗林保已上在州東石泉鄉淳于保官庄保半上保顏謝保香城保張候保東向保西子保上望保已上在州西南安牛鄉東史保下張保柳林保崔村保西徐保磚舍保汶河保王史保過村保已上在州西南運河鄉田村保黃前保故縣保百送保苗庄保柴城保祝陽保宮里保西界保已上在州東南元山鄉杜村保濟河保河灣保新村保南仇保雙村保汶西保魚池保孝門保已上在州西南堤城鄉靜封保哨峪保山陰保張留保新店保石碑保曲溝保西張保田庄保已上在州東石碑鄉領縣二新泰編里二十有一萊蕪編里四十有二

條屬 州官五員知州一方古之侯牧同知一其職兵糧判官

二田賦馬政各有司存吏目一

學校 儒學在州治東其制前廟中正殿東西兩廡前泮宮門及泮池西北啓聖祠西南宰牲所外櫺星門後學中明倫堂東西齋房號舍後敬一亭正北學正衙及訓導衙一東西訓導衙各一創自宋開寶間金大定間知州徐偉重建 國朝洪武元年同知陳文祐重修正統六年知州施守仁修建門堂齋廡天順六年知州李琪重修增剏書樓三楹今廢及書舍三十楹未備者知州張玘繼成之成化十五年學正任式移學路於廟東成化十八年知州賈宣增修又於廟學之南立射圃亭三楹成化二十二年知州胡瑄

又市民地充拓學基遷殿廡堂齋於中稍北而深廣之又立科貢題名二碑于堂之左右嘉靖十年知州李敃重修嘉靖三十一年參議張旦委本州同知馬斯蘭重修其學官共四員學正一訓導三道德經術端模範厥責均焉

風俗 人情樸厚俗有儒學馬端臨輿地考 去洙泗百餘里人好儒術李謙文廟記 風俗淳朴而尚儉素張從仁文廟記 國朝風化大行習俗丕變士尚詩書民執常業視昔益加美焉李錦撰州志

城池 州舊爲土城築於金大定二十年久多崩圮如丘阜可徑池堙可涉嘉靖癸未臺省監正德辛未之患議設險守國乃檄濟南通判王雲與阪鍤爲石城七里六十步堞高而池深雄據岳麓襟帶泮溱門四南曰乾封北曰登封東曰靜封西曰望封鄭人馬經撰城記刻石登封門裏 近連年霪雨城多崩壞嘉靖三十二年沂州兵備任希祖檄知州鄭聚東重修之頗爲完固

公署 州堂具宮室志州南百武許爲府舘又百武爲撫按行臺臺之左越會真宮爲按察司布政司稍南爲分巡道後又一分司右惟太僕寺一署州東北儒學後爲馬廠

州西二百武爲惠民藥局局之南爲醫學學之西曰城隍廟右爲陰陽學望封門外四百武許爲巡檢司今移置天保寨 又西百武爲演武廳廳前有金虜旁碑僧正司在寘福寺道正司在岱廟預備倉在州治後漏澤園在城西二里蓋倉儲以備凶荒以需餽餉有司切務也而漏澤則周官掩骼之意王政不遺故得以附書之

星野 晉天文志載魏太史令陳卓十云泰山入角六度唐天文志云降婁玄枵其神主於岱山宗歲星位焉宋中興天文志載王奕云泰山入角十二度馬端臨象緯考州郡躔

次及考范蠡張良譙周京房張衡諸葛孔明諸家星書並同　按山東通志引晉書言循岱岳衆山之陰主虛危循岱岳衆山之陽上婁胃引唐書言濟陰齊魯主心房氏盖我

朝清類分野據二書之說以定星野之次而通志因之夫以心房氏言岱猶爲近之乃若虛危北宿也婁胃西宿也而可以東方言耶聞之易曰在天成象在地成形漢書曰陰陽之精其本在地而上發於天要必有一定之理而可以二三其說耶又按古天文圖書降婁魯分也

玄枵則吳越楊州之次也歲星十二歲周天非有定位而唐志云云圖復云云要亦所謂其神主岱而非躔次之謂邪夫王者齊政本於璿璣不可不知而亦不易知也故今志以王奕馬端臨爲正而餘則傳疑以候夫明於占步者究焉

封疆

州境北越泰山之陰六十里曰仙臺嶺爲歷城縣界南六十里抵汶河爲寧陽泗水二縣界東越萊蕪百四十餘里爲蒙陰縣界由萊蕪東北七十里抵杓山爲淄川縣界西北七十里抵長城嶺爲章丘縣界州西六十里抵魚池爲肥城縣界東南越新泰二百餘里爲泗費蒙陰三縣界西南百三十里抵張城爲東平州界西北四十里抵界首爲長清縣界西南九十里抵罡城壩爲寧陽縣界古之博平高平鉅平南城梁父蛇丘汶陽嬴柴今皆爲治內地也

貢賦

洪武二十四年賦地五千五百八十頃五十六畝四分三釐（夏稅小麥八千九百七十六石二斗三升四合五勺絲綿三百一十二斤三兩五分七釐五毫秋糧粟米二萬九百四十四石）成化十八年賦地五千九百六十五頃八十一畝二分肆釐（夏稅小麥九千六百七石四斗四升四合七勺七抄絲綿三百三十五斤

九兩二錢三分一釐一毫秋糧粟米二萬二千四百一十七石三斗七升一合一勺）歲額商稅及課程鈔共二千二百七十四錠四貫一百八十文歲額貢活鹿二隻雜皮三百四十張（鹿皮六十五張獐皮三十張山羊皮二百五張綿羊皮一十張狐皮一十張麂皮二十張）孳牧馬匹十八群共馬八百八十匹（兒馬一百七十六匹騍馬七百四疋）

治績

治績何治岳之良吏也志之何章往以興來也以續言何治之實而功之著也夫古今岳牧而稱良者衆矣而志何寥寥然書其尤焉爾矣盖匪績弗書匪著弗信匪

績暨著而稱良焉郡乘有之茲故可略也書一以勸萬也夫章往以興來史之法也書一以勸萬法之要也夫郡志者古列國之史也而岳有志焉史之變也又烏可以例觀之哉

漢

陳俊南陽西鄂人建武中泰山太守行大將軍事張步連結泰山群盜與俊戰於嬴俊大破之追至濟南克復諸縣一郡始平定後遷琅琊太守齊地素聞俊名入境盜皆解散

李固漢中南鄭人順帝永和六年荆州刺史先是荆州盜起彌年特以固治荆固到荆遣吏勞問境內赦寇盜前釁與之更始於是賊衆自縛歸首固遣還相招半歲間餘黨悉降奏南陽太守高賜等臧穢賜等重賂梁冀冀千里移檄而固持之愈急冀遂徙固爲泰山太守時泰山盜賊屯聚數年郡兵千人莫能誅討固到罷兵歸農但選留任戰者百餘人以恩信招綏之未踰年賊皆彌散

皇甫規桓帝時泰山太守先是泰山賊叔孫無忌寇郡縣中郎將宗資累征不克公車特徵拜規守泰山規到廣設方畧寇虜悉平

苑康泰山太守先是郡多豪猾康嚴教令人莫敢犯以事忤常侍侯覽誣罪徙日南泰山民詣闕訟其冤詔許還郡

韓韶潁川人靈帝時泰山賊公孫舉僞號數年守令莫能制及韶爲嬴長賊聞其賢相戒不入境流民入邑界者萬餘韶開倉賑之主者爭謂不可韶曰長活溝壑之人以此伏罪含笑入地矣太守素知重之竟不以罪

宗茂昌邑人泰山太守先是郡中多盜民多散亡茂到郡旬月襁負而至者千餘家

呂虔任城人泰山太守時郭祖等依山爲寇虔到郡廣布恩信招降群盜簡其驍健者補戰士郡由是有精兵濟南黃巾賊徐和等攻掠城池虔引兵擊破之曹操使督青州諸郡兵討東萊群寇功遷騎都尉去任十餘年大著威惠無復寇患

晉

賈堅儒康帝時泰山太守爲民立小學以興教化叛將[illegible]

冠郡傳逆戰死之

魏

申恬魏元嘉時泰山太守都督魯東平濟北三郡軍事威惠並著吏民懷之

唐

韋安石京兆萬年人任乾封尉累遷德州刺史政平而操絜吏畏民懷

金

楊伯淵真定藁城人海陵時知泰安軍有惠政民刻石紀

思累遷山東東路轉運使正隆末群盜蜂起州郡往往罹害獨濟南賴以生全

和安禮宣宗時知泰安軍貞祐初山東被兵或勸其遁去安禮曰我去城誰與守豈可避難負國恩乎元兵至力戰旬日城陷不屈而死

徒單繹世宗時泰安刺史以廉績著

董積躬青城人爲奉符令政平訟簡有古循吏風

元

趙王燕人也至元間爲奉符令有善政既去民勒石頌恩

國朝

陳文佑潮潭人洪武初泰安同知擢知州公勤廉慎擢守湖州

熊以淵靖安縣人初任蕭山丞應求賢擢判杭州秩滿擢守泰安廉靜寬平民懷撫字

李銳陝西蘭縣人登進士由刑部主事謫判兗擢守泰安廉勤懋著未幾内艱去吏民思之

陳以忠宛平縣人由進士守泰安爲政廉平有實德及民歷七載擢戶部郎中累官布政使

葛鈇華亭人任泰安同知廉靜愛民卒無以爲棺州民悲慟聞於憲者遣官護其櫬歸

高嶼北京錦衣衛人登弘治壬戌進士以監察御史調新鄉令正德辛未擢守泰安剛明沉毅抑豪横招流亡視民如子時劇盜劉六劉七楊虎齊彦明等各有衆數千人横行中原所過州縣殘破者十六七先是三月一日賊破泰安城縱火荼毒州長貳以罪去四月嶼蒞政於殘破之餘簡士卒設守禦土城舊頹圮倉卒修繕莫能堅完五月四日賊奄至城下移時去七月二日賊擁衆

攻城嶼督兵臨禦有驍賊號破城王率衆登城我兵少却嶼怒罵曰平時養爾輩何為子先死職事爾輩能獨生乎引刀自刎衆抱持曰願為公効死力鄧鳳等奮激賈勇殺破城王餘醜怖懾而退乘勝擊走之八月賊至塹汶河嶼發兵擊之追及王兒莊斬七賊首十二月賊復至城下知嶼有備遂去不復來矣嶼當大寇攻圍躬擐甲胄倥傯危急之時裁決機宜譬詩書若素定無疾言遽色後逾年擢都水郎中民鐫石頌功德尋擢濟南守終山東按察副使子進登進士累官山西按察副使

戴經嘉興人舉鄉試正德戊寅守泰安不攜妻孥廉而仁愛政公平無私恩重惜民財時

武廟將南巡其倅貳謂宜斂民以備經曰寧以身殉職弗為也性耿介不能阿順當路或多見忤致中傷論劾當送部左遷遂棄官歸其之官時攜二篋歸裝如之未嘗有所加先是省祭張達有捕盜功經取帑繈為賞去之日以俸金補繈達聞之持繈固辭帑人亦爭代補經皆不聽至今州人曰戴公一私不行一錢不取盖確論也

許應元錢塘人登嘉靖壬辰進士知泰安州以文章飾吏事治先禮教有古良吏風先是泰安文士不振落莫四秋榜元至思有以風之乃修拓泰山書院崇重先賢簡拔諸才彦延名師教之時復親為課藝磨濯丕變自後連舉鄉試者皆出其門節用愛民訟無宽滯有豪右不法致訟賂顯官請託不聽竟杖殺之市賈有無故餽白金者怒麾而出其他伺顏色者皆屏息無復敢以餽進踰二年以優績調泰州累遷廣西副使泰安人至今稱廉惠不能忘

人物

詩曰嵩高降神生甫及申尼丘鄒嶧壤接泰山寔生孔孟萬世宗師而况泰安人才有弗鍾於岳靈者哉夫志自漢魏而下氣節才猷道德經術班班可考乃若制科獻士書之而無所擇焉雖古今品藻未易顛頏要亦彬彬乎文獻之足徵矣至于壼儀内德經籍揚芬雖曰原於風化而扶輿清淑無間剛柔故志以列女終焉

漢

王章字文卿泰山鉅平人家貧寄止人舍盜主人牛衣臥主人見而笞之後就學京師以文學為諫議大夫敢言

有聲累遷京兆尹草疏劾大將軍王鳳其妻止之曰汝忘牛衣對泣時邪不從因遇害

羊陟字嗣祖泰山梁父人少有學行舉孝廉累遷冀州刺史奏按貪濁所在肅然三遷尚書令時太尉張顥等與宦豎相結姻私公行貨賂疏請罷黜薦前太尉劉寵司隸校尉許冰幽州刺史楊熙凉州刺史劉恭益州刺史龎艾清亮在公宜舉升進帝嘉之拜河南尹計日受俸常食乾飯茹菜禁制豪右京師憚之會黨事起免官禁錮卒於家

羊續字興祖泰山平陽人祖侵司隸校尉父儒爲太常續以功臣後累官南陽廬江二郡守討平黃巾諸寇其在南陽時丞獻生魚續受而懸之門以杜其後靈帝欲以續爲太尉時拜三公者皆輸東園禮錢三萬續乃坐使人舉緼袍示之曰臣之所有惟此而已左騶白之帝不悅故不登公位而徵爲太常未及行卒敕泰山守賻其家

三國

鮑信泰山平陽人少有大節靈帝時拜騎都尉知董卓必爲亂勸袁紹襲卓紹畏卓不敢發時曹操起兵信乃與弟韜以兵應表信行破虜將軍汴水之敗信被創韜死於陣勸操規大河之南以待袁紹之變後表爲濟北相黃巾賊入州界操擊之被圍於壽張信殊死戰以救操得潰圍出信遂沒

鮑勛字叔業信之子魏文帝爲太子時郭夫人弟有罪勛爲魏郡都尉治之文帝爲請不從及即位勛數直諫帝益忿之後以非辜下廷尉鍾繇等請之不許竟殺之勛廉而能施死之日家無餘貲

高堂隆字升平泰山平陽人高堂生後泰山太守薛悌命爲督郵郡督軍與悌爭論名悌而呵之隆按劍叱曰昔魯定見侮仲尼歷階趙彈秦箏相如進缶臨臣名君義之所討也督軍失色悌驚起止之後仕魏青龍中大治殿舍及崇華殿災星孛淫雨之變隆皆據引經典上疏切諫帝曰觀隆奏使朕懼哉又請改正朔易服色殊徽號異器械帝從之遷光祿勳及卒帝嘆曰天不欲成吾業邪高堂生舍我亡也

臧霸字宣高泰山華人父飛爲縣獄掾私殺人太守怒令

收械詣府霸年十八將客數十人要奪之與父亡命東海以勇壯聞黃巾起霸從陶謙擊破之拜騎都尉曹操表霸爲瑯琊相操在兗州以徐翕毛暉爲將後叛投霸操語劉元德欲霸送二人首霸曰霸所以能自立者以爲此也願爲之辭操聞而義之後討黃巾戰孫權累立功封良城侯卒諡威

孫觀字仲臺泰山人與臧霸俱起討黃巾曹操破呂布使霸招觀兄弟厚遇之征定青徐群盜功次於霸封都亭侯兄康亦以功封列侯觀與操會南皮拜青州刺史從

征孫權於濡須口爲流矢所中力戰不顧操勞之曰將軍被創深重而猛氣益奮果當爲國愛身乎轉振威將軍創甚卒子毓嗣累官青州刺史

羊琇字稚舒景獻皇后之從父弟也父耽官至太常兄尚書右僕射琇少舉郡計參鎮西鍾會軍事從平蜀及會謀反琇正言極諫還錫爵關內侯琇涉學有智筭少與武帝親狎每接延同席嘗謂帝曰若富貴見用任領護各十年帝戲而許之初帝未爲太子而聲論不及弟攸文帝素意之琇密爲武帝畫策甚有匡救又觀察文帝爲政損益應所顧問之事皆令武帝默識之及文帝與武帝論當世之務人才可否武帝答無不當由是儲位遂定及帝爲撫軍命琇參軍事帝即位後擢琇爲左衛將軍封甘露亭侯累遷中護軍加散騎常侍琇典禁兵豫機密寵遇甚厚初杜預拜鎮南將軍朝士畢賀皆連榻而坐琇與裴楷後至曰杜元凱乃復以連榻而坐客耶遂不坐而去卒贈輔國大將軍開府儀同三司諡曰威

晉

羊祜字叔子續之孫五歲時令乳毋於鄰家園桑樹下探取金鐶李氏驚曰此吾亡兒所失乃知其前身爲李氏子晉武帝時爲尚書右僕射都督荊州諸軍事出鎮南郡開設庠序綏懷遠近甚得江漢之心與吳人開布大信降者欲去聽之減戍邏之卒以墾田八百餘頃其始至也軍無百日之糧及季年乃有十年之積祜在軍輕裘緩帶身不被甲鈴閤之下侍衛才十數人石城以西盡爲晉有修德信以懷之慨然有吞吳之志每與吳人交兵尅日方戰不爲掩襲計將帥有欲進譎詐之策者

輒飲以醇酒使不得言吳將鄧香掠夏口祜募勇士生縛香既至宥之香感其恩率部曲而降祜出單騎行吳境刈穀爲糧皆計所侵送絹償之每會衆江沔遊獵常止晉境若禽獸先爲吳人所傷而後爲晉兵所得者皆封還之於是吳人翕然悅服稱羊公而不名祜與陸抗對壘使命交通抗稱祜之德量雖樂毅諸葛孔明不能過抗嘗病祜饋之藥抗服之幕士多諫抗曰豈有酖人羊叔子哉抗每告其戍曰彼專爲德我專爲暴是不戰而自服也各保分界而已無求細利孫皓聞二境交和

以詰抗抗曰一郡一邑不可以不信義況大國乎臣不如此是祜專其德也祜寢疾求入朝面陳伐吳之策晉主遣張華就問舉杜預自代及卒晉主素服哭之吳人聞之罷市哭嘗遊襄陽峴山襄人立廟建碑於上望其碑者無不流涕因名曰墮淚碑贈侍中太傅征南大將軍南城侯謚曰成今徂徠之陽有地曰羊祜城其故居也

胡毋輔之字彥國泰山奉高人高祖班漢執金吾父原練習兵馬山濤稱其才堪邊任舉爲太尉長史終河南令輔之少擅高名有知人之鑒性嗜酒任縱不拘小節與王澄王敦庾敳俱爲太尉王衍所眤號曰四友澄嘗與人書曰彥國吐佳言如鋸木屑霏霏不絕誠爲後進領袖辟別駕太尉掾並不就後以家貧求試繁昌令始節酒自勵有聲遷尚書郎掾討齊王冏賜爵陰平男累轉司徒左長史復求外出爲建武將軍樂安太守避亂渡江元帝以爲安東將軍諮議祭酒遷揚武將軍終湘州刺史

羊曼字祖延太傅祜兄也父暨陽平太守曼少知名州禮

辟皆不就避難渡江元帝以爲鎮東參軍轉丞相主簿委以機密歷黃門侍郎尚書吏部郎晉陵太守以公事免曼任達縱溫嶠庾亮阮放桓彝同志友善並爲中興名士時州里稱陳留阮放爲宏伯高平郗鑒爲方伯泰山胡毋輔之爲達伯濟陰卞壼爲裁伯陳留蔡謨爲朗伯阮孚爲誕伯劉綏爲委伯而曼爲黰伯凡八人號兗州八伯擬古之八俊知王敦不臣終日散髮裸體閉戶酣醉故得不與其難蘇峻作亂加前將軍率文武守雲中龍門王師不振或勸曼避峻曼曰朝廷破敗吾安所

求生勒衆不動遂遇害峻平追贈太常

羊鑒字景明泰山人父濟匈奴中郎將兄煓歷太僕兖徐二州刺史鑒爲東平太守累遷太子左衛率後討蘇峻以功封豐縣侯徙光祿勲卒

劉寔泰山人博通古今清修絜已爲吏部郎參相國軍事終太尉弟智少貧窶負薪自給讀誦不輟以儒行稱

羊欣字敬元泰山南城人曾祖兟晉徐州刺史祖權黄門郎父不疑桂陽太守欣少靖默博覽經籍善書不疑令烏程時欣年十二王獻之爲吳興太守甚愛之獻之嘗夏月入縣欣著新絹裙晝寢獻之書裙數幅而去欣書由是益工起家輔國參軍隆安中朝廷漸亂欣優游不復仕進會稽王世子元顯每使欣書扇辭不奉命元顯怒擿之恬不爲意

羊烈字信卿泰山鉅平人琇之八世孫也魏梁州刺史祉之弟烈少通敏好讀書以理學名天統中除大中大夫兼光祿少卿終驃騎將軍義州刺史

南北朝

羊玄保泰山南城人祖楷晉尚書都官郎父綏中書侍郎

玄保在宋武帝爲鎮軍參軍司徒王弘知重之頃之入爲黄門侍郎善弈棊文帝亦好弈與賭郡玄保戲勝補宣城太守歷丹陽會稽吳郡太守文帝以玄保廉素寡欲故頻授名郡爲政雖無殊績而去後必常見思文帝嘗曰每有好官缺我未嘗不先憶羊玄保孝武即位爲金紫光祿大夫以謹嚴見知大明五年加散騎常侍特進玄保自少至老謹祠祭四時珍新未得祠薦者不敢先嘗卒謚曰定兄子希尚書左丞嘗疏請寬山湖之禁後討劉思道遇害

羊侃字祖忻泰山梁父人漢南陽太守續之裔也祖規之宋武帝之臨徐州辟祭酒從事會薛安都舉彭城降北規之陷魏魏授衛將軍營州刺史父祉魏侍中金紫光祿大夫侃少而瓌偉身長八尺雅愛文史博涉書記尤好左氏春秋孫吳兵法弱冠隨父在梁州立戰功中補别將尋以平羌功遣使持節征東大將軍領泰山太守進爵鉅平侯因父祉有南歸之志奔還梁大統三年至建業授徐州刺史并其兄默三弟忱給元皆拜刺史侃封高昌縣侯六年出爲雲麾將軍晉安太守郡内肅清

頃之徵太子左衛率大同三年車駕幸樂遊苑侃預宴
時少府奏新造兩刃矟成長二丈四尺圍尺三寸高祖
因賜侃馬令試之侃執矟上馬左右擊刺特盡其妙高
祖嘉之製武宴詩三十韻以賜侃侃即席應詔高祖覽
曰吾聞仁者有勇今見勇者有文可謂鄒魯遺風英賢
不絕六年遷司徒左長史八年遷都官尚書九年出爲
衡州刺史太清元年徵爲侍中二年復爲都官尚書以
禦侯景功加侍中軍師將軍詔送金五千兩銀萬兩絹
萬疋以賞戰士侃辭不受部曲千餘人並私加賞賚矜

泰山志卷之四　二十一

侃長子鷟爲景所獲執來城下侃曰我傾宗報主猶恨
不足豈復計此一子幸汝早殺之數日復持來侃謂鷟
曰久以汝爲死猶復在邪吾以身許國誓死行陣終不
以爾死生進退因引弓射之賊感其忠義亦不之害景
遣傅士哲乎謂侃曰侯王遠來問訊天子何謂閉拒不
時進納尚書國家大臣宜啓朝廷侃曰侯將軍奔王之
後歸命國家重鎮方城懸相任寄何所患苦忽致稱兵
今驅烏合之卒至王城之下豈有人臣而至於此吾荷
國重恩當禀承廟筭以掃大逆耳不能妄受浮說幸謝

將軍早自爲所士哲又曰侯王事君盡節不爲朝廷所
知正欲面啓至尊以除奸佞既居戎旅故帶甲來朝何
爲作逆侃曰主上臨四海將五十年聰明睿哲無幽不
照有何奸佞而得在朝欲飾其非寧無詭說且將軍親
舉白刃以向城闕事君盡節乃若是邪乎無以應乃曰
在北之日久挹風猷每恨平生未獲披叙願去戎服得
以相見侃爲之免冑乎瞻望久之而去其爲北人所欽
慕如此後大雨城崩賊乘之突入侃令多擲火爲火城
以斷其路徐於內築城賊不能進十二月疾卒詔給東

泰山志卷之四　二十二

園秘器布絹各五百疋錢三百萬贈侍中護軍將軍
羊鴉仁字孝穆泰山鉅平人少果勇有膽力自魏歸梁封
廣晉縣侯征伐青齊間累遷都督司淮冀殷應西豫等
七州諸軍事鎮懸瓠侯景反攻臺城鴉仁率所部入援
爲景所獲以爲五兵尚書鴉仁常思奮發謂所親曰吾
受寵朝廷今社稷傾危身不能死以至於此死有餘憤
因泣下後竟出奔將赴江陵遇害史臣曰羊侃鴉仁值
太清之難並竭忠奉國侃臨危不撓鴉仁守義殞命可
謂志等松筠心均鐵石古之殉節斯其謂乎

羊鵾字子鵾隨父侃臺城內陷竄於陽平為侯景所獲待之甚厚及景敗鵾密圖之乃隨其東走景於松江戰敗惟餘三舸下海欲向蒙山會景倦晝寢鵾語海師此中何處有蒙山汝但聽我處分遂直向京口至胡豆洲景覺大驚問岸上人云郭元建猶在廣陵景大喜將依之鵾拔刀叱海師使向京口景欲投水鵾拔刀斫之景乃走入船中以小刀抉船鵾以矟入刺殺之世祖以為持節通直散騎常侍都督青冀二州諸軍事明威將軍青州刺史封昌國縣公食邑二千戶賜錢五百萬米五千

石布絹千疋又領東陽太守加散騎常侍平峽中除西晉州刺史破郭元建於東關遷使持節信武將軍東晉州刺史

傅伏泰山人仕北齊以戰功累遷東雍州刺史周克荊州遣人以其子來招降伏曰事君有死無二此兒不忠不孝願即斬之後聞後主已獲乃仰天大哭率衆入城於廳事前北面哀號良久然後降

羊敦字元禮泰山鉅平人性尚簡素博涉書史以父靈引死王事授給事中累遷廣平太守有治能屬歲饑饉敦民採藕根食之遇有疾苦鮮衣質米以恤之朝廷嘉其清白賜穀千斛絹百疋卒于官吏民奔哭贈吏部尚書謚曰貞

隋

徐洪客泰山人隋末山東大水饑莩滿野李密取黎陽倉大濟得勝兵三十餘萬洪客獻書於密以為大衆久聚恐米盡人散師老厭戰難以成功勸密乘進取之機因士馬之銳沿東指南直向江都執取獨夫號令天下密壯其言以書招之洪客竟不出莫知所之密大稱異君

子曰洪客之謀奇而正非惟李密不及唐初諸人皆不及也天下未嘗無才或隱於屠販或寄於盜賊洪客優游黃冠中而抱匡時之畧懷濟世之具顧人不能知耳然李密不足與言豈洪客未知晉陽興師或無路以自達而於密發之耶以此書觀之其胸中之奇固多矣而迄不自見豈其不及唐室之興而死歟抑如黃石公魯仲連之流歟嗚呼其可謂高士也夫

宋

石介字守道兗州奉符人學篤而志大雖在畎畝不忘天

下之憂以謂時無不可爲爲之無不至不在其位則行
其言吾言用功利施於天下不必出乎已吾言不用雖
獲禍咎至死不悔其遇事發憤作爲文章極陳古今治
亂成敗以指切當世賢愚善惡是是非非無所諱忌世
俗頗駭其言由是謗議喧然而小人尤嫉惡之相與出
力必擠之死介安然不惑不變曰吾道固如是吾勇過
孟軻矣及卒而姦人有欲以奇禍中傷大臣者猶指介
以起事謂其詐死而北走契丹請發棺以驗賴天子察
其誣得不發棺而保全其妻子介世爲農家父丙始以

仕進官至太常博士介年二十六舉進士甲科爲鄆州
觀察推官南京留守推官御史臺辟主簿未至以上書
論赦罷秩滿遷鎮南節度掌書記判嘉州軍事判丁內
外艱去官躬耕徂徠之下葬其五世未葬者七十喪服
除召入國子監直講是時兵討元昊久無功海內重困
天子奮然思欲振起威德而進退二三大臣增置諫官
御史所以求治之意甚銳介躍然喜曰此盛德事也雅
頌吾職其可已乎乃作慶曆聖德詩以寓褒貶分別邪
正指斥夏竦累數百言詩出孫明復曰子禍始於此矣

其後所謂姦人作奇禍者乃詩之所斥也介自閑居徂
徠後官于南京常以經術教授及在太學益以師道自
居門人弟子從之者甚衆太學之興自先生始其斥佛
老時文則有怪說中國論曰去此三者然後可以有爲
其戒姦臣宦女則有唐鑑曰吾非爲一世之鑑也其辭
博辯雄偉而憂思深遠其爲言曰學者學爲仁義也仁
急於利物義果於有爲惟忠能忘其身篤於自信者乃
可以力行也以是行於已亦以是教於人所謂堯舜禹
湯文武周公孔子孟軻楊雄韓愈氏者未嘗一日不誦

於口思與天下之士皆爲周孔之徒以致其君爲堯舜
之君民爲堯舜之民亦未嘗一日少忘於心至於遇世
驚衆人或笑之則曰吾非狂癡者也是以君子察其行
而信其言推其用心而哀其志其直講歲餘杜祁公薦
之天子拜太子中允丞相韓琦又薦之乃直集賢又歲
餘始去太學通判濮州方待次于徂徠以慶曆五年七
月卒於家年四十有一友人歐陽修哭之以詩以謂待
彼謗焰熄然後先生之道明矣介沒後妻子凍餒不自
勝韓琦富弼分俸買田以活之後二十年歐陽修銘其

墓曰徂徠之巖巖與子之德兮魯人之所瞻汶水之湯湯與子之道兮愈遠而彌長道之難行兮孔孟皇皇一世之屯兮萬世之光曰吾不有命兮安在夫桓魋與臧倉自古聖賢皆然兮噫子雖毁其何傷

姜潛字至之泰山奉符人從學於石守道田況舉召試學士院爲明州録事參軍以母思鄉求致仕吴奎韓絳共薦徙兖州又薦爲國子直講神宗聞其賢召訪以治道對曰有堯舜二典在顧陛下致之之道何如知陳留數月青苗令下潛即移疾去縣人詣府留之不得

李亘字可大泰山奉符人少學有智慮以進士擢尚書郎建炎末陷於劉豫使守大名與麥唐佐謀密陳豫可取狀於朝募卒劉金等十餘人往返事泄遇害贈官立祠曰愍忠

金

党懷英字世傑泰山人父純睦馮翊人仕爲泰安軍録事參軍因家焉懷英舉大定進士授莒州軍事判官累遷翰林學士承旨博洽善屬文尤工篆籀當時稱爲第一卒謚文獻其書法文章今可見者闕里杏壇二大字岱祠碑額魯兩先生祠碑東昌府學三絶碑

元

石珪泰山奉符人宋徂徠先生守道之聞孫也世以讀書力田爲業躰貌魁偉膂力過人倜儻不羈金貞祐南渡兵戈四起珪率少壯負險自保與滕陽陳敬宗聚兵山東破張都統李霸王兵於龜蒙山宋將鄭元龍以兵迎敵珪敗之於亳陽遂乘勝引兵入盱眙會宋賈涉誘殺連水忠義軍衆迎珪爲師稱太尉戊寅元主使葛不罕與宋議和巳邪珪令麾下劉順入覲元主元主慰勞之

且敕珪曰如宋議和不成吾與爾未結一家吾必榮汝順還告珪心感服日夜思降庚辰宋果渝盟珪棄其妻龍氏子金山伏劍渡淮宋將追之曰太尉同完汝妻子珪不顧宋將沉珪妻子於淮珪遂率順及李温因孛里歸木華黎辛巳木華黎承制授珪光禄大夫濟兖單三州兵馬都總管山東路元帥佩金虎符癸未元主詔曰石珪棄妻孥提兵歸順戰勝攻取加授金紫光禄大夫東平兵馬都總管山東諸路都元帥餘如故秋七月珪破曹州與金將連戰數晝夜糧絶而援兵不至臨陣馬

仆被擒至汴金主誘以上爵使揖珪怒曰吾官至光祿
復能受封他國耶假我一朝當縛爾以獻金主大怒烝
殺于市珪怡然就死無變色烈哉珪之死也惜不于華而于夷耶珪之先也世為宋之臣子而厥祖徂徠先生以春秋名世而貽其家春秋內夏外夷而珪也未之思也且夫殺其妻子者宋人而所以殺之者珪也視吳起樂羊子之忍也有以異乎無以異乎
石天祿珪之子也東平路元帥歷濟兗二州管民總管

國朝

郭士原泰安州人勇略過人累立戰功歷陞中軍都督府
都督進爵寧陽侯

王圭字廷器泰安人性樸儉篤學舉洪武鄉試任山西夏
縣教諭以德學名當道薦為御史辭不就儒官清素四
十八年以子貴封戶部員外郎年四十喪偶不復娶壽
幾百歲子二牧山西鄉試第一育賜進士累官山西左
布政稱剛直清白俱為鄉評所重
杜英泰安人貢授溫州府同知擢廣西參議時黎季犛叛
據州郡英督兵討平之俘其男女三十餘人
文皇帝賜璽書擢左布政兼鎮撫夷方久之感瘴癘卒年
四十有四

傅裕字克寬泰安人舉順天八年鄉試判真定府擢倅延
安所至稱廉仁榆林參將郭英豪橫不法獄屬裕讞鞫司
臺臣欲從末減英以五百金賂裕裕不受持法愈厲致休
進秩知府林居無請謁鄉人稱譙厚長者云
張異泰安下張保人篤學敦行勤勞養父母寒暑不怠父
死廬墓三年母死如之由州學生卒業成均官山西布
政司檢校

制科獻士共一百八十六人

制科五十九人洪武癸未朱懋湖廣左參政永樂乙酉徐奇五臺

縣訓導王整蒲城縣知縣王圭夏縣教諭以子貴封郎中戊子呂紳戶部主事陳
英馬揄監察御史辛卯楊忠刑部郎中劉善鎮遠府知府袁弘淮安府教
授李白昌黎縣縣丞甲午朱鳳儀慶雲縣縣丞李殷薛瑾監察御史
李良丁酉劉玉吳堡縣知縣王純樂平縣訓導聶禎工部員外李勲
福建按察司經歷庚子武功景陵縣知縣侯宣癸卯陳立登庚戌進士隴
西縣知縣王迪陽曲縣教諭宣德丙午王牧圭之子解元南和縣訓導李芳洛南
縣訓導乙卯郭琰思州府知府正統壬子周昭周府長史辛酉甄鑽
絳縣縣丞王麟迪之子博士甲子馬進深州判官盧迪寶雞縣知縣丁卯王
育圭之子登戊辰進士山西左布政使景泰庚午安恒新鄭縣知縣劉震山西都司

斷事丙子郭旻琰之子無極縣訓導天順己卯傅裕鏞之子延安府知府劉愷
岳州府通判田畿獲鹿縣知縣成化戊子周冕昭之子登乙未進士太僕寺丞畢
珎庚子高巘解元登甲辰進士乾州知州癸卯王龍杞縣知縣周旻昭之
子冀州知州范懋丙午閻岱靖州知州張潤璽之子登丁未進士弘治壬
子李瑾順義縣知縣乙卯張忠登己未進士平陽府知府正德丁卯高霖
嶽之子隆慶州知州癸酉馬經太谷縣知縣高雲嶽之子己卯孫璋邯鄲縣知
縣嘉靖壬午封尚章解元甲午張琥丁酉劉一桂
張瓚桂之子庚子吳僖丙午安科壬子
高桂雲之子

獻士一百三十七人洪武甲子劉讓監察御史丙寅岳守正大理
寺寺丞戊辰杜英廣西左布政使庚午張福工部司務壬申董芳工部郎中
癸酉謝貫河南府知府丙子張儼監察御史戊寅夏達戶部主事庚辰
邵麟眞寧縣知縣壬午楊盛忻州同知甲申劉徽侯官縣知縣丙戌楊
弘乾州判官永樂戊子高節澤州知州庚寅王賓岢嵐州判官壬辰蹤
朴懷柔縣主簿甲午霍信饒州檢校丙申蘇信昌黎縣縣丞丁酉張
俊襄城縣主簿戊戌張異山西布政司檢校王翰秦府典儀庚子曹通
府知事甲辰周溥永清縣縣丞丙午張忠虞城縣知縣戊申姜衡
理問己酉程朋宣德丁未郭嘷鳳陽府檢校庚戌李敬

王英沁水縣主簿壬子李寬高邑縣知縣甲寅鄭昭萬泉縣知縣正統
丙辰李懋平陽府知府戊午傅鏞陳州學訓導以子裕封府同知己未封貴
黎城縣縣丞壬戌苗盛黎城縣縣丞癸亥梁材甲子杜亨英之子甯
田縣縣丞田俊懷慶府經歷丁卯李翔臨城縣主簿甄純己巳張昭
東光縣縣丞景泰庚午高清江浦縣典史辛未李宏卣之子寶應縣主簿周
寧鎮江府經歷壬申蘇茂嘉興縣縣丞癸酉趙昇李敬金吾左衛經歷
甲戌楊安乙亥楊最楊鱓丙子趙敦滑縣縣丞賈希
誼懷慶府照磨天順丁丑王行簡安邑縣縣丞戊寅王述河間縣縣丞
己卯劉澤民大興縣縣丞辛巳張麟壬午李節河東運司運判癸

未杜麃安吉縣縣丞甲申陳佐龍門衛經歷成化乙酉韓琄丙
戌周璟丁亥郭健李恭臨縣教諭戊子周憲庚寅張
拯解州吏目乙未曲泰通之子遵化縣訓導丙申宋浩汲縣縣丞戊戌李貫
永寧縣主簿己亥張羽庚子李梅陸安州判官壬寅苗興癸
卯袁吉大倉經歷乙巳劉錫保安衛經歷丁未馮壽弘治戊申
于時茶陵州吏目庚戌馮茂南京所吏目辛亥張惠忻州吏目壬子崔
鳳癸丑壽驥重慶府審理乙卯杜琰亨之子易州訓導丙辰劉湜定興
縣縣丞鮑玘南雄府推官丁巳李性之戊午周鸞吳縣主簿張豪
己未馬讓進之子夏邑縣縣丞辛酉宋儒浩之子芮城縣教諭壬戌李璽

癸亥許讓 甲子杜世昂無錫縣縣丞 正德丙寅周達河間府經
歷 丁卯高儒大同都司都事 己巳王輔仁偃城縣教諭 庚午薛祿鳳陽
縣主簿 辛未劉鉉六安州同知 癸酉柳茂大同縣教諭 甲戌盧繼宗
儀封訓導 甄恭 丙子壽騤驥之弟懷慶府經歷 丁丑侯繼先信之孫蒲州同知
己卯李翹南樂縣教諭 耿環泰州學正 庚辰李漳璉之子縣知縣 漳李選
徐溝縣知縣 嘉靖壬午余鱗 文彥道慶都縣縣丞 癸未朱軻固安
縣教諭 乙酉王鎧鄆州學正 丙戌李達稷山縣訓導 丁亥楊智解之孫均
州判官 己丑李欽紹興府照磨 庚寅周書河間縣主簿 辛卯劉進南皮
縣主簿 壬辰王臣 癸巳封尚貞忻州同知 齊魯任丘縣主簿 甲午

馬縉經之弟光祿寺署丞 乙未鄒弘文 丙申田時耕魯府紀善 戊戌
周昂新野縣知縣 己亥李樂榆杜縣教諭 李觀民魯府教授 庚子
王文通羅次縣知縣 鄧雯解州同知 辛丑文卿彥道之子 王藩龍之子 壬
寅白忠 癸卯楊文淵智之子 甲辰何東魯伊陽縣訓導 乙巳
李文美 丙午劉穆 戊申王京 己酉王紳 庚戌
侯養正繼光之子 辛亥梁恕 壬子洪訓 癸丑韓傑

例貢五十五人

曹鉉贛州府經歷 張連寧晉縣知縣 曲通 張宣三元縣縣丞 張燧
王環臨潼縣知縣 張璽 侯信沔縣知縣 王宣牧之子絳州同知 楊弘

薛英鴻臚寺序班 劉俊萬泉縣知縣 劉寧 孫紹開城縣典史 韓整信陽
縣典史 李志洛川縣典史 安鎧榆次縣典史 程達鵬之孫和順縣主簿 劉守道
鎧之子蕭縣知縣 封憲茂州知州 魯良 曹震陽曲縣縣丞 王訓環之子耀州判
官 侯軏信之子高平縣主簿 張敬宗宿遷縣主簿 王賓育之子曲陽縣知縣 王貞
育之孫亳州判官 傅汝霖裕之子 王功宣之子馬邑縣知縣 張棋忠之子慶府典寶
劉璋畯之子中部縣縣丞 張桂武陟縣主簿 王藻龍之子定州吏目 張演全州吏目
劉湯臣 張尚義階州吏目 張大成 王莒環之孫 杜涇世昂
之子河東運副 安樞泰州判官 周孟麒鸞之子宿州吏目 王承儒功之子 安櫝
施惠高郵州判官 張紳耳州衞知事 鄒弘道鎮寧州吏目 王一元龍之

孫靈川縣主簿 范韶 程大本達之孫 安桂櫝之弟 施恩惠之弟 張思
齊 施忠 李思獻 楊文浹

附錄科貢題名記 編修劉守記 泰安州學自國初以
來登進士者若干人登鄉舉者若干人各書其姓名于
壁德清胡侯埴以名進士來知州事篤意學校乃始合
而書之於碑以昭示來久適考績來京以余忝執筆從其
太史後俾為之記昔韓退之謂南方之山獨衡為宗其
神必靈而郴之為州又當中州清淑之氣窮而鬱積者
其神氣之所感必有魁奇忠信材德之民生其間信斯
言也衡山五岳之一耳獨為其南方之山所宗其神既
靈矣然則五岳之長名曰岱宗舉天下之山皆宗之其
神之靈豈衡匹哉而泰安之為州岱宗擁其北禪亭峙
其右宮山翼其左近而汶濟河流其前遠則大河鉅海
匯環其外中州清淑之氣殆於是焉絪縕盤紆而停蓄
非窮而鬱積者比則其神氣之所感魁奇忠信材德之
生其間者又豈偏州下邑之可擬哉況又遭逢盛世

光嶽氣完文風丕振士之矯名鄉書策名天府者後先相望其亦宜矣胡侯乃復砌而列之其表章先達勉勵後進之心不亦至乎吾知是碑之立人將歷指其名而尚論其世矣彼將曰是爲魁奇者是爲忠信者是爲材德兼全者斯無忝乎山川之所生而增重科目矣否則曰是庸碌者是夸詡者是有材無德者則爲山川羞爲科目累可不戒哉可不勉哉[illegible]記

皇帝十有八年之冬進士德清胡君廷器以　朝命出守山東泰安州既至按學宮關狀作前後歲貢士表有爲之立石題名者越明年政和民懽修舉闕墜乃礲石悉書諸士氏名以垂示無窮伻來京師徵予言以記之洪惟我　國家羅致賢才圖惟化理百餘年間

聖祖神宗前創後述惟科貢之途是闢迨我

皇上丕承大統以人文化成天下餘二十年其作人重道之心尤惓惓焉故縉紳章縫之士雖或抉異能沐殊恩膺顯爵苟其發軔不由科貢之途非惟已有餘憾入亦莫之重也士之得列名於茲者厥惟艱哉雖然天下學校之士由歲貢集于京師者一舉遂千餘人亦皆隨世以謀利祿與庸衆人同存亡而已求其道德功業卓然可以名當世而垂無窮者蓋寥寥焉噫其始擅鄉曲之譽獲貢

天子之廷其終成就止於利祿之資而已衆人之所推重有司之所選擇國家之所造就豈端爲是哉君子謂胡君此舉有得乎風勵之道歷茲以往是邦之士將必有鑒先進之臧否淑慝而知所勸戒焉者爲書于石庶幾嗣守是邦者有以知君徵意之所存

列女十一人

魏景獻帝后羊氏諱徽瑜泰山南城人父道上黨太守母陳留蔡氏漢中郎將邕之女也聰敏有才行

晉惠帝后羊氏諱獻容泰山南城人祖瑾父玄之太安元年冊立

魏羊耽妻辛氏字憲英隴西人魏侍中毗之女也聰慧有才鑒初魏文帝得立爲太子抱毗項謂之曰辛君知我喜不毗以告憲英憲英嘆曰太子代君主宗廟社稷者也代君不可以不戚主國不可以不懼宜戚而喜何以能久魏其不昌乎弟敞爲大將軍曹爽參軍宣帝誅爽因其從魏帝出而閉城門爽司馬魯芝率府兵斬關赴爽呼敞同去敞懼問憲英曰太子在外太傅閉城人云將不利國家於事可得爾乎憲英曰事不可知然以吾度之太傅殆不得不爾明皇帝臨崩把太傅臂屬以後

事此言猶在朝士之耳且曹爽與太傅俱受寄託之任而獨專權勢於王室不忠於人道不直此舉不過以誅爽耳敞曰然則敞無出乎憲英曰安可以不出職守人之大義也凡人在難猶不卹之爲人執鞭而棄其事不祥也且爲人任爲人死親暱之職也汝從衆而已敞遂出宣帝果誅爽事定後敞歎曰吾不謀於姊幾不獲於義其後鍾會爲鎮西將軍憲英謂兄子祜曰鍾士季何故西出祜曰將爲滅蜀也憲英曰會任事縱恣非持久處下之道吾畏其有他志也及會將行請其子琇爲

參將憲英憂曰他日吾爲國憂今日難至吾家耳琇固
請於文帝不聽憲英謂琇曰行矣戒之古之君子入則
致孝於親出則致節於國在職思其所司在義思其所
立不遺父母憂患而已軍旅之間可以濟者其惟仁恕
乎會至蜀果反琇竟以全歸祜嘗送錦被憲英嫌其華
反而覆之其明鑒儉約如此泰始五年卒年七十九
國朝李氏禹村保李政女生而淑靜適官庄保崔宣稱賢
婦年二十六夫亡家貧孝養翁姑死葬以禮撫其孤四
人皆成立年逾六十終始一節有司疏旌其門

李氏致仕知縣李瑾女舉人高雲妻正德辛未遇流賊攻
陷州城李恐被污用刀自刎咽喉幾斷賊驚愕遁去有
司以聞　詔旌其門陳氏謝村保陳壽女雲之繼室也
正德辛巳雲病故時陳年二十一歲遺孤桂生甫半月
陳以死自誓家貧女紅爲生親戚罕見其面見今五十
四歲始終全節有司以聞　詔旌其門一門雙節
天吉再臨盖曠典也
劉氏舊縣保民王誥妾董氏西牛保民李悅妻蕭氏汶西
保民范思恭妻正德辛未五月強賊進城恐遭污辱俱
投井淹死有司以聞　詔各表其門
續氏劉氏鳫生趙進忠之妾嘉靖戊申進忠病故二氏號
慟越三日半夜從容紫束自經而死時續氏年二十五
劉年二十一分殉命事楊適臨本州聞其事扁其門曰
雙節未及旌表

物產

今夫山寶藏興焉貨財殖焉是故言物產者莫尚乎山
而况岱爲天下之名山也乎嘗觀禹貢岱畎絲枲鉛松
怪石神農經載泰山諸藥石而山海經曰其上多玉其

下多金多水玉道書福地記曰泰山多芝草玉石是物
產之聞于昔也然而昔有者今無或古無而今有之志
載其所有而惟藥品爲多豈神山福地氣化之所滋者
固異於他山歟
木有秦松漢栢唐槐皆紀于岳于祠與徂徠新甫並傳矣
它若椿梧梓檜楸槲桑柘榕欒榆椰楊楝雖皆有之顧
登封之地無喬林豊檖而取材于工師者或寘焉岳多
石少土固難於滋植然而人見其濯濯也是豈山之性
哉

果有梨栗棗柿梬杏桃李柰石榴銀杏櫻桃林禽核桃蒲
萄羊棗文冠果無花果諸品多植于岳址園林其在岳
者多野生曰山榴獮桃野棠
花有牡丹芍藥紫薇凌霄夜合辛夷長春麗春梔子玉簪
萱葵臘梅薔薇鷄冠鶯粟山丹月季蘭蕙茨菰石竹菊
百餘種蔓生於樹曰藤花可蔬鹿葱花別名曰黄花菜
珎美稱於天下而土人賤之不以供客
藥以泰山著圖經者三十有九種曰青芝赤箭景天遠志
天門冬千歲虆徐長卿太乙餘糧石龍芮石鍾乳石硫

黄白石脂赤石脂白石英紫石英玄石磁石滑石雲毋
石絡石草龍骨伏翼蛞蝓松肪柏實茯苓丹參茵陳茵
芋女萎狼毒連翹藜蘆澤漆瞿麥香附子玄胡索惟天
麻獨異于它產但鮮而難致有名在圖經而不以泰山
言者四十有九種曰蒼术黄精黄連黄芩玄參蝦參苦
參沙參菖蒲知母益母貫衆山查山藥地黄地榆地丁
南星枸杞木蘭防風荆芥芫花花椒百部百合草烏巢
胡牽牛桔梗藁本芎藭漏蘆鬼箭麥門冬葳靈仙白蘚
皮青木香鬼見愁車前子硝石長石青蒙石金星石銀

星石金銀花馬兜鈴王不留行諸品惟沙參獨良石花
可已心疾傳金瘡擦患相之可茶狀如蒙山而氣味亦
稍相類此則圖經所未載者
穀有黍稷稻麥菽粟芝蔴胡麻巨勝黍黄白黑三種稷黄
黑二種稻紅白二種麥有麳麰蕎三種菽青黄赤緑黑
刀扁諸種粟百餘種曰九里香花裏黄其最佳者
貨有絲有木綿細絹葛可爲絺有麻蘇蜜蠟
茶薄產巖谷間山僧間有之而城市則無也山人採青桐
芽曰女兒茶泉崖陰趾茁如波稜者曰仙人茶皆清香

異南茗黄芩芽皆爲茶亦佳松苔尤妙
蔬蒔於畦圃者弗志其野生曰蘑菇蕨薇遂芹枸杞椿楝
榕欒芽俱可菹香美並異八麻樹芽和麋粥亦佳曰枸
骨芽曰旁春土人茸之
五金出萊蕪之黄山亦有黄白二土石焦二炭土可堅可
圬炭石可薪而焦良於冶頗爲民利故又曰八寶山是
爲岳東支麓其西麓曰桃花峪山人昔嘗採白金礦山
海經云其下多金是也又云其上多玉今不可見土人
云岳巔間嘗一炫光彩意者其玉蘊之輝與

原缺第四十一页

以鑒幾微以圖治安者必先於茲山焉可也

漢昭帝元鳳三年春正月泰山大石起立高丈五尺大四十八圍入地深八尺三石爲足立處有白烏數千集其旁是年僵柳復起生虫食柳葉成紋曰公孫病已立符節令睢弘以爲石陰類下民象當有庶人爲天子者坐妖言伏誅其後宣帝起於民間

宣帝元康元年鳳凰集泰山赦天下　三年春神雀集泰山

成帝河平元年泰山桑谷有鳶焚其巢郡人孫通等聞山中群鳥鳶鵲聲往視見巢爇盡墮地中有三鳶鷇燒死樹大四圍巢去地五丈五尺易曰鳥焚其巢旅人先咲後號咷京房易傳曰人主暴虐鳥焚其巢其後趙飛燕姊妹專寵後宮有子者殺之并殺其母帝崩后坐誅此焚巢殺子後號咷之應也一曰王莽貪虐而任社稷之重卒成易姓之禍云

章帝元和二年二月辛未幸泰山黃鵠三十經祠壇上東北過于齋宮翺翔升降

晉武帝泰始四年七月泰山崩墜三里京房易傳曰自上下者爲崩泰山之石顛而下厥應聖人受命人君虜是後懷愍二帝俱辱虜庭淪胥於北元帝中興於南此其應也

元帝太康二年六月泰山大水蕩析三百餘家溺死六千餘人時平吳後王濬爲元功而詆劾妄加荀賈爲無謀而並蒙重賞收吳姬五千納之後宮此其應也

成帝咸康八年趙石虎建武八年有石然于泰山八日而滅

宋孝武帝大明元年七月白雀見泰山

東魏宣武帝景明三年八月辛巳泰山崩湧水十七處

武定六年四月泰山甘露降

後齊天統初泰山封禪壇玉璧自出太岱山王者易姓告代之所王璧所用之幣而自出將有異姓王者用幣之象其後齊亡地入于周及高祖受周禪天下一統焚柴泰山告祠之應也

隋文帝開皇十四年將祀泰山令使者致神像于祠未至數里野火欻起燒像時帝信讒猜忌滕王瓚失志而死功臣多被夷滅其後太子勇被戮

唐高宗永徽二年七月泰山大水　十三年十一月戊子
雉雉馴飛泰山齋宫內大封禪所以告成功祀事無重
於此者而野鳥馴飛不忌禁衛不祥
宋眞宗大中祥符元年五月泰山醴泉出丁丑王母池水
變紅紫色按史乾封縣民王用田中有童兒掊土得靑
錢數十爭取之錢墜石罅因發石湧泉二十四眼味極
甘美又枯石河有湧泉二十五眼一眼出層阜之上經
宿勢浸盛引數派雙魚躍其中有果實流出似李差小
味甚甘制置使王欽若貯水以獻六月庚戌賜百官詔

建亭賜額曰靈液六月王欽若至乾封上言泰山醴泉
出天書見有靈芝三萬八千二百五十本夫醴泉芝草固理之所有
乃若天書之降吾誰欺欺天乎　十二月泰山王女白龍王母池醴泉
出丁酉賜輔臣新醴泉　六年十月泰山興工有鳥狀
鳥咮趾皆赤役夫稍懈即飛鳴作起之聲衆工見其來
奮鍤爭進將晡而去日以爲常目爲催工鳥
仁宗嘉祐三年七月泰山上瑞麥圃凡五本
元世宗至元九年九月泰山淫雨河水溢圮田廬害稼
成宗元貞元年六月泰山大水

武宗至大元年九月泰山大水
仁宗延祐元年三月泰山霜雪三日
文宗天曆元年泰山大水
順帝元統元年泰山淫雨河水溢大饑　至正六年春
二月泰山奉符縣大饑地震七日他縣亦然
國朝成化二十一年春二月三月泰山屢震遣官祭之
正德十六年春三月岱廟東廊火
嘉靖八年泰山蝗九年十年如之　十六年六月泰山
水漂溺數百人十一月州城火延燒數十家　二十一

年泰山蝗不爲災　二十二年泰山夏再稔麥粟有一
本三穗至五穗者知州馬逢伯獻于朝　二十九年十
二月岱廟火正殿門廊俱焚古樹碑刻亦多毀者　三
十年六月泰山大水御帳衝壞人多溺死　三十二年
泰山大饑民相刼奪行旅不通　三十三年春泰山大
饑餓莩枕藉貧民多取其肉食之

雜志

岳十有三志悉矣而復以雜言何　曰不倫於志而不得
以遺於志也昔者聖人贊易兩篇十翼以發其蘊而必

有雜卦傳焉志法其例義以附諸野史之拾遺與夫酉
陽湘中之類云爾其諸雜而不越者乎
堪輿家云泰山之麓水交流孔林獨茂蓋指泮溹洮洗
汶漸而言吾夫子之生也豈偶然哉是故其終也曳杖
之歌泰山自任公姓振振世禄罔替則岳靈之篤於孔
氏者其有窮乎
峪石刻金剛經俗傳王右軍書雖縉紳文人亦以爲然
其字大尺餘楷書八分相雜無古法決非名家其不爲
右軍明矣意者金元人書耳且此經爲番僧鳩摩羅什

所譯於後秦姚興弘始五年始入中國距蘭亭書記之
時幾六十載而右軍已下世矣况晉自永嘉之亂宗社
播遷神州陸沉泰山非晉有使逸少尚存亦不得至岳
而書之也
周漢明堂相去三十里史書之明矣通志州志以周爲
漢以漢爲周宋加青帝之號而曰泰山元刻張志詩而
曰王惲又訛惲爲鄆范致冲宋人也而列于元石刻喬
宇詩而曰程敏政德祐作廟記而曰　御制凡此舛謬
已畧見於各志茲復類以贅焉欲觀者之致詳耳

岳刻諸名家可爲書法者篆則李斯二十八字（玉女池後）宣
和大定二碑額（岳祠）會真宮李白詩四面碑　國朝喬宇
詩文（岳祠）邢一鳳書寅賓二字于日觀峯八分則開元
磨崖御書葉彬補書百八字回馬嶺三字崖巔有開元
紀泰山銘四字如斗申燧補書秦始皇紀泰山銘皆有
古法楷則張待制宣和修廟碑（岳祠）伯仲虞褚追踪鍾
王宋真宗御書青帝贊陰字碑党懷英姜立綱二賢祠
碑習嘉言代祀記姚驥書端中丞祈雪碑皆有帖意
行則錢龔慶遊覽記尹待詔祥符四碑（俱岳祠）草則汪廣

洋（詩刻延禧殿前）魏閑許應元（詩刻環詠亭）大書則盛秋林岱宗（遙參
亭）林焞忠孝廉節（岳頂磨崖）方元煥第一山皆遒勁追古不
以焞書覆毀唐刻而遺之亦春秋美惡具見之意
岳巔有雲作龜狀必雨白色三日雨黑不崇朝雨土人
占之其應不爽
高誨勝覽云嘗臘月衝雪登岳至御帳雲烟模糊至十
八盤天宇開霽俯矚山腰猶有雲靄及下山大雪如故
冬春之交諸崖谷出烟霧寒甚初尚可指數頃則靉
靆蒙覆盡失山形少霽溪壑林木及樓閣簷牙凝結氷

花珠聯粉綴如畫　嘗於春時晨觀山半雲布平舖絢
爛一色宛然倒看天宇　四月以後山多蒸濕不可居
五六月亦寒衣必綿臥必炕早暮如深秋　夏時暴
雨山半風激雲湧雷聲電光皆出其下隱約見麓地白
波沉漭如海頃忽雲升岳巔則上下皆雨　人飲諸崖
水多瀉惟瑤池白鶴水簾五花玉女數泉甘美元君祠
東崖一竅泉滴如珠晝夜出一斛許其味尤佳
喬家宰白巖題汶河詩刻　御香亭云九峯南望碧嵯
峨汶水平添一丈波渡口客來休便過北溪山雨正滂

泰山志卷之四　　四十八

沱其詩作於正德間汆波滂沱蓋有所指而於君子進
止之機有戒之之意焉環詠亭刻貞菴題捨身崖一絕
深戒小人與喬詩警世同而志弗錄何也蓋詩貴微婉
和平而崖詩噪直無風人旨故曰美則愛愛則傳信矣
泰安州知州鄭聚東校補
學正陳　寵
訓導盧楓
新泰縣教諭林宇中校正
生員侯貴　尹鳳儀
鄧冕　李汝村

泰山志卷之四終

汪子卿泰山志四卷書目中有之四庫
未著錄存目亦云天一閣藏山志皆未進呈
者祇武夷鄭射二種列之存目此種未進
呈也甲寅仲冬四卅周至識